Psychologie

Edith Konecny • Maria-Luise Leitner

BRAUMÜLLER

Mit Bescheiden des Bundesministeriums für Unterricht, Kunst und Kultur für den Unterrichtsgebrauch an nachstehend angeführten Schultypen als geeignet erklärt:
GZ 25.299/1-V/9/05 für die 7. Klasse an **allgemein bildenden höheren Schulen** im Unterrichtsgegenstand **Psychologie und Philosophie.**
GZ 25.299/1-V/9/05(a) für den IV. Jahrgang an **Handelsakademien** im Unterrichtsgegenstand **Philosophischer Einführungsunterricht;** für **Höhere Lehranstalten für wirtschaftliche Berufe** im Unterrichtsgegenstand **Psychologie und Philosophie;** für die 2.–5. Klasse an **Bildungsanstalten für Kindergartenpädagogik** und an **Bildungsanstalten für Sozialpädagogik** im Unterrichtsgegenstand **Pädagogik**.

Dieses Schulbuch wurde auf der Grundlage des Rahmenlehrplans erstellt; die Auswahl und die Gewichtung der Inhalte erfolgen durch die LehrerInnen.

Dieses Schulbuch folgt den Bestimmungen der **Neuregelung der deutschen Rechtschreibung**.

An dieser Stelle möchten wir Frau MinR Mag. Maria Dippelreiter unseren Dank für ihre kompetente Beratung, speziell bezüglich der Lehrinhalte für die Bildungsanstalten für Kindergartenpädagogik und für Sozialpädagogik, aussprechen.

Schulbuchnummer: 0106

10. Auflage 2009 (10.00)

Quellennachweis: siehe S. 384

Umschlag: Grieder Graphik, A-2083 Pleissing
Basisdesign für Innengestaltung: Atelier Gstöttner, A-1070 Wien
Ausarbeitung: Bernhard Feigelmüller, A-3580 Horn
Druck: Druckerei Berger, A-3580 Horn

ISBN 978-3-7003-1721-0

Inhalt

Vorwort

Mit dieser Auflage des Lehrbuches „Psychologie" haben wir uns wie stets bemüht, die neuesten wissenschaftlichen Erkenntnisse auf dem Gebiet der Psychologie zu präsentieren und dabei die gegebenen Verhältnisse, d.h. den Ist-Zustand des politischen und sozialen Hintergrundes, zu berücksichtigen.

Es ist uns ein besonderes Anliegen, vor allem jene Inhalte vorzustellen, die Selbsterkenntnis, Problembewusstsein und Kritikfähigkeit fördern und dazu beitragen, Wesensart und Verhaltensweisen anderer Menschen besser verstehen und respektieren zu lernen. Wir haben in dieser Auflage auch einige psychologische Aspekte der zunehmenden Globalisierung beleuchtet und möchten die LeserInnen anregen und bestärken, in diesem Zusammenhang ihre Überlegungen zu psychologischen Phänomenen der Erziehung, Bildung, Beschäftigung, Emanzipation, etc. auch auf die Bereiche der Multi- bzw. Interkulturalität auszuweiten. Wir Autorinnen hoffen, in diesem Sinne nicht nur Sachkompetenz zu fördern, sondern auch Orientierungshilfen geben und Hilfestellungen für Aufgaben anbieten zu können, die von uns allen gemeinsam psychologisch und sozial kompetent zu bewältigen sind.

Psychologisches Wissen kann wie jede andere wissenschaftliche Erkenntnis zum Nutzen oder zum Schaden des Menschen angewendet werden. Kennen wir aber dank der Psychologie die kleinlichen und erbärmlichen Motive und Hintergründe unserer Hinwendung zum Negativen, fällt uns die Entscheidung für das Positive schon sehr viel leichter. Die Erkenntnis, dass z.B. die Ursachen für Krieg zwar in wirtschaftlichen Problemen und politischen Interessen begründet sind, jedoch erst im Zulassen sozialer Ungerechtigkeiten, im Fehlen von Zivilcourage und Solidarität, in Neid, Angst, Vorurteil, Minderwertigkeitsgefühl des Einzelnen den nötigen Nährboden finden, stellt bereits einen ersten kleinen Schritt zur Vermeidung kriegerischer Auseinandersetzungen dar.

Unser Bekenntnis zu einem verantwortungsvollen Standpunkt der Humanität und Toleranz findet seine formale Entsprechung, indem wir die scheinbar wertfreie schlagwortartige Darstellung von Inhalten vermeiden und in ganzen Sätzen Stellung beziehen. Diese Verfahrensweise erleichtert auch LeserInnen, denen keine Lehrperson zur Verfügung steht, die Lektüre. Wir empfehlen in diesem Fall besonders, sich des Glossars am Ende des Buches als Erklärungshilfe zu bedienen.

Viel Freude bei der Lektüre des vorliegenden Buches wünschen Ihnen

Ihre Autorinnen

Erklärung der Symbole

A Anmerkungen am Anfang der Kapitel sollen anregen, sich mit dem Thema auseinanderzusetzen.

B Begriffe, die einer näheren Erklärung bedürfen, werden hier besprochen und erklärt.

? Fragen lockern die Kapitel auf und motivieren die SchülerInnen, die Themen in Bezug zu sich selbst, zu eigenen Erfahrungen zu sehen und regen zur Diskussion an.

T Tests machen neugierig und fördern das aktive Mit-Tun während des Unterrichts.

Z Zusammenfassende Bemerkungen und Fragen zum Schluss der Kapitel zeigen nochmals die Zusammenhänge auf.

Mit einem Verweispfeil ➢ versehene Begriffe sind im Glossar näher erläutert.

Kapitel 1

DIE PSYCHOLOGIE ALS WISSENSCHAFT VOM MENSCHEN

A

Menschenkenntnis – oder was wir dafür halten

Psychische Phänomene – was alles in uns vorgeht

Psychologische Richtungen – man kann den Menschen auf verschiedene Weisen betrachten

Methoden der Psychologie – Bemühungen um Objektivität haben noch nie geschadet

Einzelgebiete – eine künstliche Einteilung, dem Überblick zuliebe

Anwendungsbereiche – Psychologie findet auch dort statt, wo wir sie nicht vermuten

Die Beharrlichkeit der Erinnerung, 1931 *Salvador Dalí*

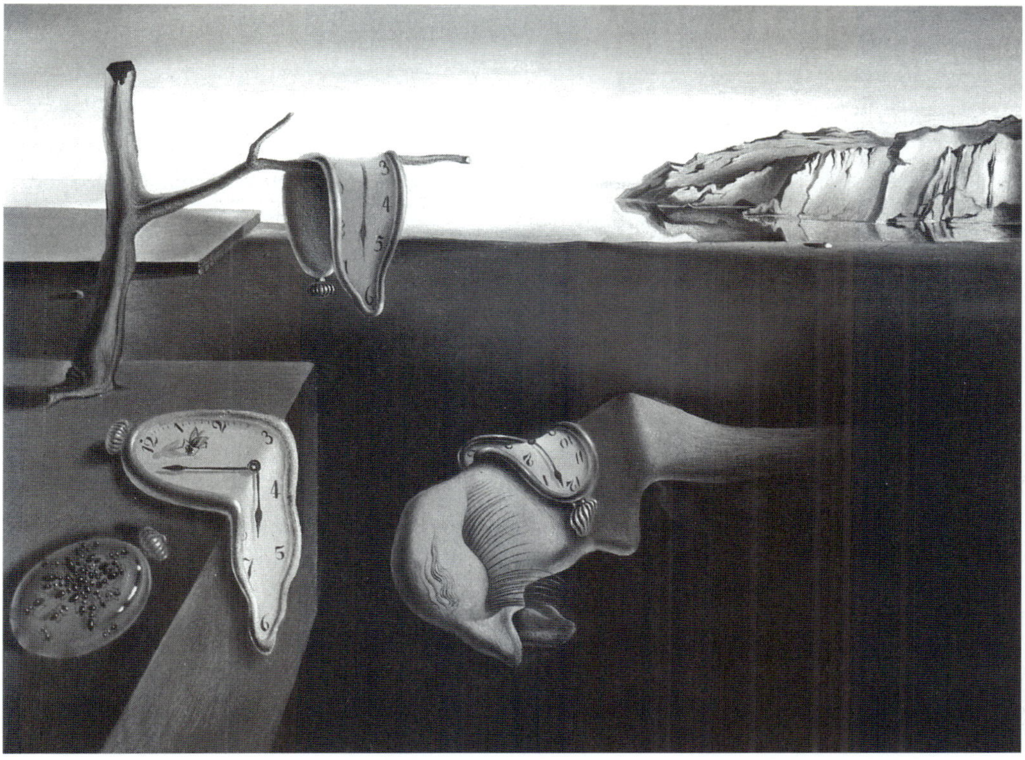

IN DER HOTELHALLE

Wir saßen in der Halle des großen Hotels, in einer jener Hallen, in denen es immer aussieht wie im Film – anders tuts der Film nicht. Es war fünf Minuten vor halb sechs; mein Partner war Nervenarzt, seine Sprechstunde war vorüber, und wir tranken einen dünnen Tee. Er war so teuer, daß man schon sagen durfte: wir nahmen den Tee.

„Sehen Sie", sagte er, „es ist nichts als Übung. Da kommen und gehen sie – Männer, Frauen, Deutsche und Ausländer, Gäste, Besucher … und niemand kennt sie. Ich kenne sie. Ein Blick – hübsch, wenn man sich ein bißchen mit Psychologie abgegeben hat. Ich blättere in den Leuten wie in aufgeschlagenen Büchern."

„Was lesen Sie?" fragte ich ihn.

„Ganz interessante Kapitelchen." Er blickte mit zugekniffenen Augen umher. „Keine Rätsel hier – ich kenne sie alle. Fragen Sie mich bitte."

„Nun … zum Beispiel: was ist der da?"

„Welcher?"

„Der alte Herr … mit dem Backenbart … nein, der nicht … ja, der …"

„Der?" Er besann sich keinen Augenblick.

„Das ist … der Mann hat, wie Sie sehen, eine fulminante Ähnlichkeit mit dem alten Kaiser Franz Joseph. Man könnte geradezu sagen, daß er ein getreues Abbild des Kaisers sei – er sieht aus … er sieht aus wie ein alter Geldbriefträger, den die Leute für gütig halten, weil er ihnen die Postanweisungen bringt. Seine Haltung – seine Allüren … ich halte den Mann für einen ehemaligen Hofbeamten aus Wien – einen sehr hohen sogar. Der Zusammenbruch der Habsburger ist ihm sehr nahe gegangen, sehr nahe sogar. Ja. Aber sehen Sie doch nur, wie er mit dem Kellner spricht: das ist ein Aristokrat. Unverkennbar. […]"

„Verblüffend. Wirklich – verblüffend. Woher kennen Sie das nur?"

Er lächelte zu geschmeichelt, […].

„Ich bin ein Nervenarzt, wie andere auch – nur eben mit einem Blick. Mit dem Blick." Er rauchte befriedigt.

„Und die Dame da hinten? Die da am Tisch sitzt und auf jemand zu warten scheint – sehen Sie, sie sieht immer nach der Tür …"

„Die? Lieber Freund, Sie irren sich. Die Dame wartet nicht. Sie erwartet wenigstens hier keinen. Sie wartet … ja, sie wartet schon. Auf das Wunderbare wartet sie. Lassen Sie … einen Moment …"

Er zog ein Monokel aus der Westentasche, klemmte es sich ein, das Monokel fühlte sich nicht wohl, und er rückte es zurecht.

„Das ist … Also das ist eine der wenigen großen Kokotten, die es noch auf dieser armen Welt gibt. Sie wissen ja, daß die Kokotten aussterben wie das Wort. Die bürgerliche Konkurrenz … Ja, was ich sagen wollte: eine Königin der käuflichen Lust. Minder pathetisch: eine Dame von großer, aber wirklich großer Halbwelt. Donner … Donnerwetter … haben Sie diese Handbewegung gesehen? Die frißt Männer. Sie frißt sie. Das ist eine … Und in den Augen – sehen Sie nur genau ihre Augen an … sehen Sie sie genau an … in den Augen ist ein Trauerkomplex, ein ganzer Garten voller Trauerweiden. Diese Frau sehnt sich; nach so vielen Erfüllungen, die keine gewesen sind, sehnt sie sich. Daran gibt es keinen Zweifel. Fraglich, ob sie jemals das finden wird, was sie sucht. Es ist sehr schwierig, was sie haben will – sehr schwierig. Die Frau hat alles gehabt, in ihrem Leben – alles. Und nun will sie mehr. […]"

„Doktor … Sie sind ein Cagliostro* … Ihre Patienten haben nichts zu lachen."

„Mir macht man nichts vor", sagte er. „Mir nicht. Was wollen Sie noch wissen? Weil wir grade einmal dabei sind …"

„Der da! Ja, der Dicke, der jetzt aufsteht – er geht – nein, er kommt wieder. Der mit dem etwas rötlichen Gesicht. Was mag das sein?" […]

„Der Mann ist Weinhändler. Entweder der Chef selbst oder der Prokurist einer großen Weinfirma. Ein energischer, gebildeter Mann; ein willensstarker Mann – ein Mann, der selten lacht und trotz des Weines nicht viel von Humor hält. Ein ernster Mann. Ein Mann des Geschäftslebens. Unerbittlich. Haßt große Ansammlungen von Menschen. Ein Mann des Ernstes. Das ist er." […]

Und da ergriff mich die Neugier, da ergriff sie mich. Noch saßen alle analysierten Opfer da – alle. Ich schlängelte mich an den Hotelportier heran, der von seinem Stand aus die Halle gut übersehen konnte. Und ich sprach mit ihm. Und ließ etwas in seine Hand gleiten. Und fragte. Und er antwortete. Und ich lauschte:

Der österreichische Höfling war ein Nähmaschinenhändler aus Gleiwitz. Die große Hure mit dem Trauerkomplex eine Mrs. Bimstein aus Chicago – nun war auch ihr Mann zu ihr an den Tisch getreten, unverkennbar Herr Bimstein. Der Prokurist der großen Weinfirma war der Clown Grock. […]

Und nur der Psychologe war ein Psychologe.

** Alessandro Graf v. Cagliostro (1743–1795), Alchimist, Abenteurer, Geisterbeschwörer, eigentl. Betrüger*

Aus: Tucholsky, Kurt: Gesammelte Werke 1930, Bd. 8. Rowohlt Tb 1985, S. 181 ff.

1. *Aus welchen Merkmalen der genannten Personen zieht der Psychologe seine Schlüsse?*
   Diskutieren Sie, wie seine Beurteilung der Personen zustande gekommen sein mag.
   Ordnen Sie seine Art der Urteilsfindung der „Alltagspsychologie" oder der wissenschaftlichen Psychologie zu?
2. *Nennen Sie Bereiche, bei denen so „sorglos" mit Psychologie umgegangen wird wie in obigem Text.*
3. *Welche Einstellung des Autors zur Psychologie bzw. zu Psychologen wird in diesem Text deutlich?*

Die sog. „Alltagspsychologie" ist oft mit vorschnellen Aussagen über Menschen und deren Verhalten und „guten" Ratschlägen zur Hand. Wir kennen solche Aussagen von Ratgeber-Ecken in Zeitungen und Zeitschriften, von Rundfunk und Fernsehen, von uns selbst, wenn wir z.B. einem/einer FreundIn in einer schwierigen Lebenssituation mit unseren Tipps wohlmeinend zur Seite stehen wollen, usw. Solche Aussagen müssen nicht unbedingt falsch sein, können aber nicht als wissenschaftliche Aussagen Geltung haben, weil sie Ergebnisse von Einzelerfahrungen oder Zufällen sind.

Als **wissenschaftlich gilt eine Aussage**, wenn sie abgesichert und begründet ist (im Unterschied zum unabgesicherten, subjektiven Glauben oder Meinen).

EINLEITUNG

Der Begriff „Psychologie" leitet sich aus dem Griechischen ab (psyche = Seele) und bedeutet die Lehre von den seelisch-geistigen (psychischen) Erscheinungen. Die Begriffe „Seele" und „seelisch-geistig" sind jedoch schwer fassbar, daher ist folgende Definition heute üblich:

B

*Die **Psychologie** ist die Lehre vom Erleben und Verhalten des Menschen. (Das „Bewusstsein" ist in diesen Begriffen inkludiert; manche psychologische Richtungen führen neben Erleben und Verhalten das Bewusstsein gesondert an.)*

1. Gegenstand und Ziele der Psychologie

Gegenstand der Psychologie: Erleben und Verhalten des Menschen.

Ziele der Psychologie: Beschreibung, Erklärung, Vorhersage und Kontrolle des Verhaltens.

- **Beschreibungen** sind gesammelte Daten über Erleben und Verhalten und die Bedingungen, die ihnen zugrunde liegen. Es werden z.B. Berichte darüber gesammelt, welche Bedingungen (Umweltreize) ein bestimmtes aggressives Verhalten fördern. Die Beschreibung zeigt Tatsachen auf, ohne daraus Schlüsse zu ziehen. Sie gibt Antworten auf die Frage **„Was ist?"**.
- Von **Erklärungen** spricht man, wenn die Gesetzmäßigkeiten oder Kausalmechanismen (= Zusammenhänge von Ursache und Wirkung), die einen bestimmten Sachverhalt hervorgebracht haben, aufgezeigt werden. Als erklärt gilt demgemäß ein Phänomen in der Psychologie, wenn die Gesetzmäßigkeiten, die einem bestimmten Erleben bzw. Verhalten zugrunde liegen, aufgewiesen werden können. Bsp.: **Weil** ein bestimmtes Verhalten belohnt wurde, wird es wiederholt. Erklärungen geben also Antwort auf die Frage **„Warum ist das so?"**. Die Psychologie muss oft Annahmen treffen über das, was im Individuum vorgeht, weil sich das unmittelbare Erleben der direkten Beobachtung entzieht. Hunger, Mitleid usw. zeigen sich beispielsweise in einem bestimmten Verhalten, sind jedoch selbst nicht beobachtbar. So erschlossene, nicht direkt beobachtbare Verhaltensbedingungen nennt man ➢ **intervenierende Variable**.
- **Vorhersagen** sind Aussagen über die zukünftige Auftretenswahrscheinlichkeit von Ereignissen oder Zusammenhängen. Bereits vorhandene Forschungsergebnisse werden auf zukünftige Situationen angewendet. Konnte z.B. eine bestimmte Anzahl von Versuchspersonen unter ganz bestimmten Bedingungen ihre Lernleistung in der Vergangenheit steigern, wird erwartet, dass dies unter gleichen Bedingungen für alle weiteren Untersuchungen und Versuchspersonen gilt. Die Vorhersage beantwortet die Frage **„Warum wird das geschehen?"**. (Wird das wieder geschehen, weil ... ?)
- **Kontrolle** des Verhaltens liegt vor, wenn der ➢ Psychologe/die Psychologin ein Verhalten nach Belieben herbeiführen, aufrechterhalten oder beenden kann und es möglich ist, Form, Stärke oder Auftretensrate zu beeinflussen. Verhaltenskontrolle ist ein wich-

tiges Mittel zur Prüfung theoretischer Überlegungen. Darüber hinaus bietet die Kontrolle Möglichkeiten der Verhaltensänderung bei Individuen, was besonders bei psychologischen ➢ Therapien von Bedeutung ist. Missbräuchlich angewendete Verhaltenskontrolle sind z.B. ➢ Manipulation, Gehirnwäsche, etc. (Nach ***Zimbardo***)

2. Das Wesen psychischer Erscheinungen

Den anorganischen und organischen Realitätsbereich können wir objektiv untersuchen, psychische Vorgänge und Zustände hingegen kennen wir nur aus unserem subjektiven Erleben, sie sind einer direkten Beobachtung durch andere nicht zugänglich. Folgende Merkmale unterscheiden sie von den anorganischen und organischen Bereichen:

- Sie sind **unkörperlich** (immateriell). - Man kann sie weder sehen noch hören noch durch irgendwelche Apparate von außen her erfassen.
- Sie sind von Raum und Zeit **unabhängig**. - Ein jeder kann sich mit seinen Gedanken und Vorstellungen an beliebige Orte und in beliebige Zeiten versetzen.
- Sie sind durch ein Merkmal charakterisiert, das man als ➢ **Bewusstsein** bezeichnet. - Wir fühlen und denken, wir nehmen Vorgänge in unserer Umwelt wahr, wir sind fähig zu lernen usw. Das Ich als Zentrum unseres Bewusstseins kennt das Wissen von der Außenwelt und das Erleben der Objekte außerhalb von uns (**Gegenstands-Bewusstsein**), aber auch das Wissen um sich selbst als das Subjekt des Erlebens (**Ich-Bewusstsein**): Wir können unser eigenes Erleben reflektieren, und wir können unsere eigenen psychischen Reaktionen beurteilen. Vieles von dem, was in uns vorgeht, dringt aber nicht bis in unser Bewusstsein, sondern bleibt unbewusst (s. Kap. „Tiefenpsychologie", S. 174 ff.).

3. Die psychischen Erscheinungen im Überblick

Es sind verschiedene Versuche unternommen worden, die psychischen Phänomene nach bestimmten Merkmalen zusammenzufassen.

Die Klassifikation nach *H. Rohracher* unterscheidet

- **Psychische Kräfte: Instinkte, Triebe, Gefühle, Motivation, Willenshandlung**. Sie setzen ein Ziel und steuern Erleben und Verhalten des Menschen so, dass dieses Ziel erreicht wird.
- **Psychische Funktionen: Wahrnehmen, Lernen, Gedächtnis, Denken, Sprache**. Sie zeigen den Weg, wie ein Ziel erreicht werden kann. Sie nehmen Informationen auf, speichern und verarbeiten sie, um sie in den Dienst der psychischen Kräfte zu stellen.

Neuere Klassifikationen orientieren sich an gängigen Informationsverarbeitungsmodellen und unterscheiden beim Wahrnehmungsprozess

- **Input** (Umweltreize): Informationsaufnahme durch Wahrnehmung der Umwelt - auch des eigenen Körpers - mit den Sinnen
- **Informationsverarbeitung** (wechselseitige Beeinflussung psychischer Phänomene im menschlichen Organismus): **Wahrnehmung** wird durch angeborenes Erkennen mitbestimmt; wir **lernen** Wahrgenommenes und haben Wahrgenommenes im **Gedächt-**

nis. Auch **Denken** (Probehandeln), ➢ **Motivation** (Triebe, ➢ Motive) und ➢ **Emotion** (Gefühlsleben) wirken bei der Informationsverarbeitung mit und beeinflussen so den

- **Output** (feststellbares Ergebnis der ➢ Informationsverarbeitung), der sich als (modifiziertes) äußeres Verhalten und/oder inneres Erleben präsentiert.

Ein Beispiel möge veranschaulichen, wie psychische Phänomene das Verhalten des Menschen bestimmen und wie unterschiedlich eine ganz einfache Handlung motiviert sein kann:

Ich verspüre Durst (**Trieb**, innere Motivation). Mein **Gedächtnis** sagt mir, dass es in der Küche etwas Trinkbares gibt. Ich **nehme** dort die Wasserleitung bzw. den Kühlschrank **wahr** und lösche meinen Durst mit Wasser oder einem anderen Getränk (Triebbefriedigung). –
Eine Getränkewerbung im Fernsehen (**Wahrnehmung**, äußerer Anreiz) veranlasst mich zu derselben Handlung. Die Zielreaktion Trinken (wie oben) findet statt, ohne dass ursprünglich ein innerer Trieb auf Befriedigung drängte. Es wurde aufgrund eines Anreizes ein Bedürfnis geschaffen. –
Auch ➢ Stress (innere Motivation) kann zu Trink- oder Essreaktionen führen. –

Der genaueren Behandlung der Phänomene „Wahrnehmung“, „Gedächtnis und Lernen“, „Denken“, „Motivation“ und „Emotion“ ist jeweils ein eigenes Kapitel in diesem Buch gewidmet.

1. *Stellen Sie sich vor, Sie lernen für eine Prüfung. – Welche psychischen Vorgänge werden in dieser Situation bei Ihnen wirksam?*
2. *Sie genießen Ihre Freizeit im Fitness-Center. Inwiefern sind psychische Phänomene daran beteiligt?*
3. *Schildern Sie mit den angeführten Begriffen einen möglichen Verlauf der folgenden Situation: Sie haben beschlossen abzunehmen, müssen aber einiges einkaufen. Ihr Weg führt Sie in einen Supermarkt. Was könnte passieren?*
4. *In welchen Situationen trinken üblicherweise auch Nicht-AlkoholikerInnen manchmal Alkohol?*

4. Richtungen der Psychologie

Bis ins 19. Jh. war die Psychologie ein Teilgebiet der Philosophie. Im 19. Jh. untersuchten die Pioniere der wissenschaftlichen Psychologie, ***Helmholtz, Weber*** und ***Fechner***, die Beziehung zwischen physikalischen Phänomenen und Wahrnehmung. ***Fechner*** bezeichnete diese Beziehung als ➢ „Psychophysik“. Im Jahre 1879 wurde von *W.* ***Wundt*** (1832–1920) in Leipzig das erste Psychologische Institut gegründet. Er untersuchte die Wahrnehmung, aber auch Denken und Gedächtnis und bediente sich dabei der Methode der ➢ Introspektion.

Die verschiedenen Richtungen der Psychologie, die im Folgenden vorgestellt werden, sind heute von unterschiedlicher Bedeutung hinsichtlich ihrer Anwendung und z.T. nur noch historisch relevant. Sie unterscheiden sich hauptsächlich in der methodischen Vorgangsweise, die natürlich einem bestimmten – von der jeweiligen Richtung abhängigen – Menschenbild gerecht werden muss.

DIE TIEFENPSYCHOLOGIE

Die Tiefenpsychologie wurde von dem Wiener Arzt *Sigmund **Freud*** (1856–1939) zur Jahrhundertwende begründet und bis zum Beginn des Zweiten Weltkriegs von ihm selbst weiterentwickelt. Die Tiefenpsychologie geht von unbewussten seelischen Vorgängen aus, die in der „Tiefe" des Menschen ruhen und das menschliche Handeln motivieren. *S. **Freud*** zufolge sind dies ererbte, biologisch festgelegte Triebe. Bereits in früher Kindheit entstehende Konflikte, die im Bestreben nach Erfüllung von Triebwünschen einerseits und Verboten der Gesellschaft andererseits begründet sind, bestimmen die spätere Persönlichkeit. Die Tiefenpsychologie umfasst eine Reihe von „Schulen", die ursprünglich alle von ***Freud*** ausgehen, dessen Theorie jedoch erweitern bzw. modifizieren. Die ➢ Theorien und ➢ Hypothesen tiefenpsychologischer Richtungen basieren vor allem auf der Beobachtung von Kindern und Neurotikern sowie auf der Selbstbeobachtung (meist im Rahmen einer ➢ Psychotherapie). Sie verzichten auf das naturwissenschaftliche ➢ Experiment, das sich für ihren Untersuchungsgegenstand – vorwiegend das ➢ Unbewusste – auch nicht als angemessen erweist.

Die wichtigsten tiefenpsychologischen Strömungen (s. Kap. „Tiefenpsychologie") sind:

- die ➢ **Psychoanalyse** von *Sigmund **Freud***
- die ➢ **Individualpsychologie** von *Alfred **Adler***
- die ➢ **Analytische Psychologie** von *C. G. **Jung***
- die ➢ **Neopsychoanalyse**, die mit den Namen *Karen **Horney**, Harald **Schultz-Hencke*** und *Erich **Fromm*** u.a.m. verbunden ist.
- In ähnlicher Weise bemühen sich die von der Philosophie (Phänomenologie ***Husserl**s* und ***Heidegger**s*) beeinflusste ➢ **Daseinsanalyse** *Ludwig **Binswanger**s* und die ➢ **Existenzanalyse** *Viktor E. **Frankl**s* um ein Verstehen des Menschen.

DIE ERLEBNISPSYCHOLOGIE

Als Hauptvertreter dieser Richtung gilt die Wiener Schule (*Karl **Bühler***, 1879–1963, und *Hubert **Rohracher***, 1903–1972). Beobachtung und Beschreibung des eigenen Erlebens werden als Forschungsmethode anerkannt, aber es werden auch ➢ „objektive" Methoden verwendet. Dazu gehören z.B. apparative Messungen physiologischer Begleitzustände psychischer Prozesse; aus den physiologischen Geschehnissen kann mit Vorsicht auf die begleitenden psychischen Vorgänge geschlossen werden.

DER BEHAVIORISMUS

Der Anfang des 20. Jahrhunderts in den USA von *John B. **Watson*** (1878–1958) begründete Behaviorismus geht davon aus, dass menschliches Verhalten durch Umweltbedingungen determiniert ist. Das von außen beobachtbare, objektiv messbare Verhalten ist alleiniger Gegenstand der Psychologie.

Die Vertreter des Behaviorismus forderten wissenschaftliche Exaktheit, man sprach z.B. nicht von „Vorstellung" oder „Empfindung", sondern davon, dass die Versuchsperson auf einen „Reiz" (Stimulus) „reagiere". Daher wird diese Richtung auch als S-R- (Stimulus-Response-) Psychologie bezeichnet. Untersucht wird, wie bestimmte Stimuli in der Umwelt bestimmte Reaktionen bedingen, wie also ein bestimmtes Verhalten gelernt wird. Die stattfindenden Prozesse zwischen Reiz und Erleben (➢ Informationsverarbeitung) interessieren dabei nicht, weil sie sich der exakten wissenschaftlichen Messung entziehen.

Weitere Vertreter: *C. **Hull*** (1884–1952), B. ***Skinner*** (1904–1990), *E. **Thorndike*** (1874–1949)

DIE GESTALTPSYCHOLOGIE

Die zu Beginn des 20. Jh. von ***Köhler*** (1887–1967), ***Koffka*** (1886–1941) und ***Wertheimer*** (1880–1943) begründete so genannte Gestaltpsychologie geht von der Tendenz des Menschen aus, Ganzheiten (Gestalten) wahrzunehmen und nicht eine Summe von Einzelteilen: „Das Ganze ist mehr als die Summe seiner Teile." Auch der Mensch muss als Ganzheit angesehen werden. Die Gestaltpsychologie steht damit in Gegensatz zum ➢ Behaviorismus, der meint, durch genaue Analyse von Teilbereichen das Ganze erklären zu können. Auf dem Gebiet der Wahrnehmungspsychologie war die Gestaltpsychologie sehr erfolgreich. Ihre Methode der Selbstbeobachtung aber genügte den Anforderungen moderner Wissenschaft nicht mehr.

DIE KOGNITIVE PSYCHOLOGIE

Aus dem Ungenügen der mechanistischen Sicht des Menschen (als passiv auf „Reize" reagierend), wie sie der ➢ Behaviorismus nahe legte, und aus dem Bestreben, die wichtigen mentalen Zwischenprozesse zwischen Reiz und Reaktion zu erforschen, hat sich eine neue theoretische Richtung etabliert, die so genannte Kognitive Psychologie. Diese Richtung ordnet den inneren Vorgängen wieder mehr Bedeutung zu und schließt damit an die Erlebnispsychologie an. Die Prozesse des Wahrnehmens, Erinnerns, Lernens, Problemlösens, Denkens und Entscheidens werden hier unter dem Sammelbegriff „Kognition" (engl. cognition) zusammengefasst. Diese kognitiven Prozesse werden zusammen mit den Strukturen des Gedächtnisses, der Begriffe und Einstellungen unter dem Begriff ➢ „Informationsverarbeitung" zusammengefasst. Fragen, wie z.B. Menschen Reize aus der Umwelt interpretieren, wie sie sich aufgrund von Erinnerungen und Erwartungen entscheiden oder wie aktuelle Erlebnisse die Erinnerungen verzerren, werden nicht nur durch subjektive Selbstbeobachtung geklärt, sondern die Analyse der einzelnen Schritte der Informationsverarbeitung erfolgt vorwiegend durch Fremdbeobachtung der Erlebnisindikatoren (z.B. Augenbewegungen) nach dem behavioristischen Anspruch strenger Forschungsmethodik. Es haben sich daher einige Behavioristen dieser Richtung angeschlossen.

Ein Schlüsselbegriff der Kognitiven Psychologie ist die **Einsicht** in Zusammenhänge, aus denen sich die „kognitive Ordnung" ergibt. Aufgrund der Einsichten kann der Mensch subjektive **Erwartungen** (ein weiterer Schlüsselbegriff) über die Konsequenzen seines Verhaltens aufbauen. Die Gedanken sind sowohl Ergebnisse als auch Ursachen beobachtbarer Handlungen. Daraus ergibt sich die Möglichkeit **einsichtigen Handelns**: Der Mensch kann sich

Ziele setzen und entscheiden, welche Handlungen er durchführt und welche er unterlässt. Dabei spielen Nützlichkeitserwägungen („Lohnt sich dieses Ziel?“) und Erfolgserwartungen („Wie wahrscheinlich ist es, dass ich dieses Ziel erreiche?“) eine Rolle. Er kann auch Handlungen bereuen, was beweist, dass eine Kognition als Ergebnis einer Handlung auftreten kann.

Im Rahmen dieser Forschungsrichtung wurden zahlreiche Programme zur „Selbstregulation“ entwickelt, z.B. für das Erlernen von selbstbewussterem Auftreten (vgl. dazu S. 100).

DIE HUMANISTISCHE PSYCHOLOGIE

Die Humanistische Psychologie ist eine Reaktion auf Behaviorismus und ➢ Psychoanalyse. Von *Abraham* ***Maslow*** (1908–1970) begründetet, ist sie weiters mit den Namen *Charlotte* ***Bühler****, Carl* ***Rogers****, Erich* ***Fromm****, Viktor E.* ***Frankl*** u.a.m. verbunden. Sie will ein ihrer Ansicht nach durch die genannten Richtungen verzerrtes Menschenbild zurechtrücken, es „humanisieren“ und einen Beitrag zu einer besseren menschlichen Entwicklung leisten.

Der Behaviorismus sieht im Menschen – so lautet der Vorwurf – eine passive, auf Reize reagierende „Maschine“, und die Psychoanalyse ein von Trieben bestimmtes Wesen; auch stelle letztere mehr das krankhafte als das gesunde Seelenleben in den Vordergrund ihrer Betrachtungen. Demgegenüber möchte die Humanistische Psychologie Selbstentfaltung und **Selbstverwirklichung** des Menschen fördern, wobei den Kategorien des **Sinnes** und der **Sinnverwirklichung** eine besondere Bedeutung zukommt. Sie kombiniert ➢ empirische und nicht empirische Ansätze und macht sich die Erkenntnisse und Methoden der Naturwissenschaften, der Sozialwissenschaften und der Kulturgeschichte zunutze. Die Humanistische Psychologie hat auch viele Impulse aus der ➢ Analytischen Psychologie *C. G.* ***Jung****s* und der ➢ Existenzphilosophie erhalten.

RICHTUNGEN DER PSYCHOLOGIE – Zusammenfassung

TIEFENPSYCHOLOGIE	• *Selbst- und Fremdbeobachtung* • *Forschungsgegenstand: auch das Unbewusste (Hypothesen aus Selbst- und Fremdbeobachtung)* • *nicht experimentell*
ERLEBNISPSYCHOLOGIE	• *Selbstbeobachtung* • *Forschungsgegenstand: Erleben* • *subjektiv, aber unter Einbeziehung auch objektiver Methoden*
BEHAVIORISMUS	• *Fremdbeobachtung* • *Forschungsgegenstand: nur Verhalten* • *objektiv-experimentell*
GESTALTPSYCHOLOGIE	• *Selbstbeobachtung* • *Forschungsgegenstand: Mensch als Ganzheit*

KOGNITIVE PSYCHOLOGIE	• *beobachtet Verhalten (= Schritte der Informationsverarbeitung) an anderen* • *Erleben (als Informationsverarbeitung) wieder Gegenstand der Forschung*
HUMANISTISCHE PSYCHOLOGIE	• *Selbst- und Fremdbeobachtung, Methodenvielfalt* • *wenig forschungsorientiert (Reaktion auf die „akademische" Psychologie)* • *Aufruf zur Erneuerung des psychologischen Denkens im Geiste des Humanismus*

Welche psychologische Richtung könnte jeweils hinter den folgenden Aussagen stehen? Es geht um einen/eine SchülerIn, dem/der das Lernen schwer fällt.

- *Das schlechte Gewissen, das der/die SchülerIn immer bekommt, wenn er/sie sich ablenken lässt, hindert ihn/sie daran, überhaupt wieder einen Lernversuch zu unternehmen.*
- *Denken Sie daran, wie frei Sie sich fühlen werden, wenn Sie sich nach der bestandenen Matura den Freuden des Lebens hingeben können. Es lohnt sich, dafür jetzt eine kurze Zeit Verzicht zu leisten.*
- *Man sollte dem/der SchülerIn alle zwei Stunden eine „süße" Belohnung bringen.*
- *Diesem/dieser SchülerIn fällt es besonders schwer, sich auf Mathematik vorzubereiten. Seine/Ihre Eltern haben ihm/ihr schon in der Volksschule erklärt, er/sie sei dafür unbegabt.*

5. Wissenschaftliche Methoden der Psychologie

Die Aufgabe der wissenschaftlichen Psychologie ist es, Gesetzmäßigkeiten des Erlebens und Verhaltens zu erforschen. Es soll z.B. untersucht werden, welche Bedingungen am besten geeignet sind, Kinder zu sozialem Verhalten (Hilfsbereitschaft, Solidarität usw.) anzuleiten; oder es soll erforscht werden, wie sich bei erwachsenen Menschen die Beeinträchtigung des Selbstwertgefühls auf das Erleben und das Verhalten auswirkt, usw.

Um zu gültigen Ergebnissen zu kommen, muss die Psychologie verschiedene Bedingungen erfüllen:

1. **Klar definierte Begriffe**: Um Missverständnisse möglichst auszuschließen, muss der Bedeutungsgehalt der verwendeten Begriffe (wie z.B. ➢ „Affekt“, ➢ „Intelligenz“ usw.) genau definiert werden.

- *Nennen Sie aus Ihrem eigenen Erfahrungsbereich Beispiele für Missverständnisse in der Verständigung!*

2. **Angemessene Methoden**: Die angewendeten Methoden müssen dem psychologischen Gegenstand (Erleben, Verhalten) entsprechen, um zu wissenschaftlich gültigen Erkenntnissen zu führen. Zu diesen Methoden gehören
   - **Beobachtung**
   - **Experiment**
   - **Diagnostische Verfahren** wie ➢ **Exploration** und ➢ **Interview**, psychologische ➢ **Tests** (mit dem Ziel, individuelle Persönlichkeitsmerkmale zu erfassen) sowie die Untersuchung des Lebenslaufes.

DIE BEOBACHTUNG

*Unter **Beobachtung** versteht man die Wahrnehmung eines Vorganges mit dem Ziel der Feststellung seiner wesentlichen Merkmale.*

Gegenstand der Beobachtung sind „Versuchspersonen“ (Vpn) (oder „Versuchstiere“) und ihr Verhalten oder Erleben.

Man unterscheidet **Selbstbeobachtung** (Introspektion) und **Fremdbeobachtung** (Beobachtung ➢ objektiv feststellbaren Verhaltens an anderen, einschließlich der Registrierung physiologischer Vorgänge durch Apparate).

Bei der **systematischen Beobachtung** sind die Beobachtungsgesichtspunkte exakt festgelegt („standardisiert“), z.B. durch genaue Angaben der zu beobachtenden Merkmale, der Zeit, des Ortes usw. Die **unsystematische Beobachtung** hat keine streng vorgegebenen Bedingungen.

Beobachtungen können weiters in künstlichen Situationen, unter so genannten **Laboratoriums**-Bedingungen, durchgeführt werden, oder es wird ein Verhalten in seinem **natürlichen** Ablauf beobachtet (z.B. Mitglieder einer Gruppe bei einer Diskussion).

DAS PSYCHOLOGISCHE EXPERIMENT

Wie uns die Ergebnisse der Forschungen zur „sozialen Wahrnehmung“ (s. S. 67 f.) vor Augen führen, nehmen wir die Umwelt nicht ➢ objektiv wahr. Sie wird durch unsere eigenen Erwartungen, Voreingenommenheiten, etc. verzerrt. (Zur Wirkung solcher **Verzerrungen unserer Wahrnehmungen** s. S. 305, „Versuchsleitereffekt“, „Rosenthaleffekt“.) Außerdem bieten sich Beobachtungsgegenstände in einer natürlichen Alltagssituation meist nicht isoliert dar, sondern sind in eine eher **komplexe Situation** eingebunden. So wie eine Figur auf einem lebhaften Hintergrund für den Betrachter „verschwimmen“ kann und erst bei Beseitigung dieses Hintergrundes schärfer hervortritt, wird ein Beobachtungsgegenstand möglicherweise erst beim Herauslösen aus seiner natürlichen Umgebung für den Beobachter deutlich. Aus den beiden genannten Gründen – der Subjektivität der Wahrnehmung und der Komplexität der Situationen – werden in der wissenschaftlichen Psychologie ➢ Experimente durchgeführt.

*Ein **Experiment** ist die absichtliche, planmäßige Auslösung eines Vorgangs zum Zweck der Beobachtung.*

Kennzeichen eines Experiments	***Beispiel für ein Experiment***
*1. **festgelegte Fragestellung** (Aufstellung einer Hypothese)*	*Kann aggressives Verhalten auch durch Nachahmung gelernt werden?*
*2. **absichtliche, planmäßige Auslösung** eines Vorgangs zum **Zweck der Beobachtung**: BeobachterIn führt Vorgang durch selbst gewählte Versuchsbedingungen herbei, d.h. er/sie manipuliert die Beobachtungs-„Objekte“ (in der Psychologie meist Versuchspersonen)*	*Aus einer Kindergartengruppe werden zwei Untergruppen gebildet, beide werden beobachtet. (Wie oft kommt aggressives Verhalten vor?) Dann wird eine Gruppe manipuliert (=Versuchsgruppe), d.h. sie bekommt einen Zeichentrickfilm vorgeführt, in dem aggressiv gehandelt wird. Die andere Gruppe wird nicht manipuliert (=Kontrollgruppe); am Vergleich der Ergebnisse soll sich zeigen, ob die Hypothese zutreffend war. (Ist die Versuchsgruppe in der zweiten Spielphase aggressiver?)*
*3. **genügend Versuchspersonen; richtige Auswahl** (Stichprobe) der zu untersuchenden Personen aus einem größeren Bevölkerungsganzen (Population) hinsichtlich Geschlechtszugehörigkeit, Alter, sozialer Schicht, Schulbildung usw. (repräsentative Stichprobe)*	*Mehrere Kinder, nicht nur zwei oder drei; die Kindergartengruppe besteht aus Buben und Mädchen, alle sind im gleichen Alter und hinsichtlich sozialer Herkunft „gemischt“.*

*4. **gleich bleibende festgelegte** (standardisierte) **Bedingungen**, d.h. für alle Versuchspersonen die gleiche Situation*	*Man könnte den Versuch mit einer gleich bleibenden Anzahl von Kindern gleichen Alters usw. auch in einer anderen Kindergruppe durchführen.*
*5. **Ergebnisse** sollen quantifiziert (**in Zahlen ausgedrückt**) werden; die zahlenmäßige Erfassung kann z.B. durch Computer, Videoaufzeichnung, Registriergeräte erleichtert werden.*	*Gezählt wird die Häufigkeit der aggressiven Handlungen; es erfolgt ein Vergleich zwischen der Beobachtung der ersten/zweiten Spielphase jeweils in der Versuchs- und in der Kontrollgruppe.*
6. Experiment soll so angelegt sein, dass aus ihm zuverlässige Aussagen im Hinblick auf die Fragestellung abgeleitet werden können	*Wenn der Unterschied signifikant (beträchtlich) ist, ist die Hypothese bestätigt.*

1. *Versuchen Sie in Absprache mit Ihrer Lehrperson folgendes Experiment:*

   Eine Schülergruppe (z.B. eine Unterstufenklasse) lernt ein kurzes Gedicht.
   Aufgrund eines unmittelbar darauffolgenden Feueralarms muss diese Schülergruppe unverzüglich das Schulhaus verlassen.
   Die Kontrollgruppe (z.B. Parallelklasse) lernt dasselbe Gedicht in derselben Zeit, jedoch ohne nachfolgenden Feueralarm. –

   Vergleichen Sie die Reproduktionsleistungen beider Gruppen! Achten Sie darauf, allen Kriterien, die ein Experiment erfüllen muss, Rechnung zu tragen!

2. *Sie können natürlich auch ein anderes Experiment durchführen.*

DIAGNOSTISCHE VERFAHREN

In der psychologischen Diagnostik, vor allem bei psychologischen ➢ Tests, müssen ebenfalls zahlreiche methodische Probleme bewältigt werden. (S. Kap. „Differenzielle Psychologie“, S. 277 ff.)

6. Einzelgebiete der Psychologie und ihre Bedeutung

Die Allgemeine Psychologie beschäftigt sich theoretisch mit den Gesetzmäßigkeiten des Erlebens und Verhaltens. Zu diesem Forschungsbereich gehört vor allem die Untersuchung der psychischen Phänomene **Wahrnehmung**, **Gedächtnis und Lernen**, **Denken**, ➢ **Motivation**, ➢ **Emotion**. (Siehe die entsprechenden Kapitel im 1. Teil dieses Buches, bis S. 173.)

Spezielle Forschungs- und Anwendungsgebiete der Psychologie (siehe dazu die Kapitel S. 174 ff.):

- Die ➢ **Tiefenpsychologie** befasst sich mit dem ➢ Unbewussten und den Auswirkungen unbewusster Prozesse auf die bewusste Persönlichkeit.
- Die ➢ **Klinische Psychologie** beschäftigt sich mit psychischen Abweichungen und Verhaltensauffälligkeiten und den entsprechenden Behandlungsmöglichkeiten. (S. Kap. „Psychische Abweichungen und Behandlungsmethoden“ S. 208 ff.)
- Die ➢ **Entwicklungspsychologie** widmet sich der „Entwicklung“ des Menschen von der Geburt bis zum Tod mit allen Veränderungen im Erleben und Verhalten. Hier werden auch Einflüsse im pränatalen Stadium (vor der Geburt) untersucht.
- Die ➢ **Differenzielle Psychologie** (Psychologie der Persönlichkeit) interessiert sich für die Individualität der Menschen und die Unterschiede bezüglich ihrer Persönlichkeitsmerkmale, z.B. Intelligenz, Emotionalität, etc.
- Die ➢ **Sozialpsychologie** untersucht Erleben und Verhalten des Menschen in der Wechselbeziehung mit seiner sozialen Umwelt. Als Mitglied der Gesellschaft prägt der einzelne Mensch einerseits das Bild der gesamten Gesellschaft, wie er andererseits die kulturellen Gegebenheiten seiner Zeit widerspiegelt.
- Die ➢ **Umweltpsychologie** (Ökologische Psychologie) beschäftigt sich mit der Beziehung zwischen Umweltverhältnissen (z.B. Umweltverschmutzung, Überbevölkerung, Wohnverhältnissen usw.) und psychischen Merkmalen (z.B. psychischer Gesundheit, Wohlbefinden, Verantwortungsgefühl). Die schlimmsten Umweltschädigungen werden durch Kriegshandlungen verursacht.

7. Anwendungsbereiche der Psychologie

Der 1953 gegründete Berufsverband Österreichischer Psychologen und Psychologinnen (BÖP) mit Sitz in Wien vertritt folgende Gebiete:

KINDER-, JUGEND- UND FAMILIENPSYCHOLOGIE

Die Kinder- und Jugendpsychologie soll Kindern und Jugendlichen, die an psychischen Störungen leiden, helfen und ihre Eltern bei der Überwindung von Erziehungsschwierigkeiten unterstützen. Erziehungsprobleme betreffen fast immer die ganze Familie. Besonders in der Kinder- und Jugendpsychologie hat sich Teamarbeit bewährt; das Team besteht meist aus einem Arzt/einer Ärztin und einem ➢ Psychologen/einer Psychologin, die für die diagnostische Arbeit verantwortlich und an der Behebung von Problemen durch Beratung und Behandlung beteiligt sind. Im Team mitwirkende SozialarbeiterInnen befassen sich besonders mit der Erhebung der Umweltverhältnisse und der ➢ Anamnese (Erhebung der Vorgeschichte oder Entwicklungsgeschichte des Kindes oder Jugendlichen).

SCHULPSYCHOLOGIE

Der Schulpsychologie obliegt die Untersuchung der Bedingungen des Lehrens und Lernens, sie untersucht das Verhalten von LehrerInnen und SchülerInnen, gruppendynamische Abläufe und ➢ Konflikte in Schulklassen, Lernprobleme, Verhaltensauffälligkeiten, usw. Um die Ursachen der Schwierigkeiten zu erkunden, wird eine diagnostische Untersuchung (vor allem mit Hilfe von ➢ Tests) vorgenommen, bestimmte Maßnahmen werden vorgeschlagen (z.B. Lernhilfen, Schulwechsel). In manchen Fällen übernehmen PsychologInnen selbst die Betreuung. Auch zur Feststellung der Schulreife werden SchulpsychologInnen zu Rate gezogen.

KLINISCHE PSYCHOLOGIE

PsychologInnen, die als MitarbeiterInnen in psychiatrischen und neurologischen Kliniken, Kinderkliniken, auf Stationen für ➢ psychosomatische Erkrankungen oder in Spezialkrankenhäusern (z.B. für Hirnverletzte oder Unfallgeschädigte) oder aber in freier Praxis tätig sind, können sowohl psychologische Theorie als auch Praxis in den Dienst von Menschen stellen, die eine psychische Erkrankung oder Verhaltensauffälligkeit aufweisen. PsychologInnen in der Klinik sind auf dem Gebiet der Diagnostik, in der ➢ Psychotherapie und in steigendem Maße auch in der experimentellen Forschung tätig.

GESUNDHEITSPSYCHOLOGIE

Zu ihren Aufgabengebieten gehört die Erarbeitung und Umsetzung von Gesundheitskonzepten, also Gesundheitsförderung und -erhaltung, Beratung und Behandlung von Menschen, die Verantwortung für ihre Gesundheit übernehmen wollen, z.B. bei Übergewicht, Rauchen, Alkoholabhängigkeit, Krisenbewältigung, etc. Als immer wichtiger erweist sich psychologische Hilfestellung bei Traumatisierungen wie z.B. nach Kriegsereignissen, Naturkatastrophen und sonstigen Fällen von Gewalttaten.

FORENSISCHE PSYCHOLOGIE (GERICHTSPSYCHOLOGIE)

In Strafverfahren werden vom Gericht neben ➢ PsychiaterInnen häufig PsychologInnen als Sachverständige hinzugezogen. Diese können z.B. die Glaubwürdigkeit der Aussage eines Kindes überprüfen, dem Gericht Ursachen für die Handlungsweise eines straffällig gewordenen Menschen verständlich machen, feststellen, ob der/die Angeklagte sich des begangenen Unrechts im Augenblick der Tat bewusst war, und ob er/sie die Entscheidungsfreiheit hatte, nach dieser Einsicht zu handeln usw. Die Entscheidung über die Strafwürdigkeit liegt aber in jedem Fall beim/bei der RichterIn.

BERUFSBERATUNG

PsychologInnen können mittels Daten aus persönlichen ➢ Interviews und Persönlichkeits- und Eignungstests dem Klienten/der Klientin eine Entscheidungshilfe für die Berufswahl geben.

ARBEITS- UND BETRIEBSPSYCHOLOGIE

PsychologInnen in einem Betrieb befassen sich mit Fragen der Auswahl und Eignungsprüfung von BewerberInnen, mit der innerbetrieblichen Schulung und Fortbildung. Außerdem werden die äußeren Arbeitsbedingungen untersucht, z.B. die Wirkung von Beleuchtung, Temperatur, Farbe, Lärm etc. auf Leistung und Wohlbefinden der Arbeitenden. Wichtige Gebiete sind die Humanisierung von Arbeitsbedingungen und die Unfallverhütung (z.B. durch Anpassung der Apparaturen an die Verarbeitungskapazität der menschlichen Leistungsfähigkeit).

ORGANISATIONSPSYCHOLOGIE

Aufgabe der OrganisationspsychologInnen ist es, Strukturen, Rangordnung und Kompetenzhierarchien in menschlichen Gemeinschaften festzustellen, Gruppenleistungen z.B. durch ➢ Motivation der Gruppenmitglieder oder Veränderung der Gruppenstruktur anzuheben, Führungskräfte zu schulen, Konfliktlösungsstrategien anzubieten, usw.

MARKT- UND WERBEPSYCHOLOGIE

Die PsychologInnen der Marktforschung beschäftigen sich hauptsächlich mit den psychologischen Gesetzmäßigkeiten von Angebot und Nachfrage. WerbepsychologInnen erforschen Konsumbedürfnisse und Verbrauchergewohnheiten und testen die Konsumentenreaktionen auf das Angebot der Werbung in Presse, Rundfunk, Fernsehen, usw.

VERKEHRSPSYCHOLOGIE

VerkehrspsychologInnen arbeiten vor allem in den medizinisch-psychologischen Untersuchungsstellen. Gemeinsam mit ÄrztInnen und TechnikerInnen wirken sie an Gutachten zur Fahrtüchtigkeit mit oder an verkehrspädagogischen Maßnahmen, um z.B. Kinder und alte Menschen mit den erhöhten Anforderungen des Straßenverkehrs vertraut zu machen. Sie arbeiten mit bei der Gestaltung von Verkehrsschildern unter Anwendung der Wahrnehmungspsychologie, usw.

Neben diesen Bereichen gibt es noch eine Anzahl anderer Arbeitsgebiete, wie z.B. **Umwelt-** und **politische Psychologie**, **Freizeit-**, **Sport-**, **Heerespsychologie** (s. S. 344 ff.).

1. *Welchen Anwendungsgebieten sind folgede Bereiche zuzuordnen: Essstörung, Gestaltung von Warenverpackung, Stadterleben, Depression, Leistungsmotivation?*
2. *Diskutieren Sie, welche Aufgaben SchulpsychologInnen im Interesse der SchülerInnen wahrnehmen sollten.*
   In welchem Fall würden Sie den Schulpsychologen/die Schulpsychologin aufsuchen?

Z

1. *Was ist der Gegenstand der Psychologie?*
2. *Durch welche Charakteristika zeichnen sich psychische Vorgänge aus?*
3. *Welche psychischen Phänomene kennen Sie, und nach welchen Gesichtspunkten könnte man sie einteilen?*
4. *Welche Rolle spielt die Selbstbeobachtung in der Psychologie?*
5. *Welche Bedeutung kommt der Beobachtung anderer (Fremdbeobachtung) für die Psychologie zu?*
6. *Wodurch unterscheidet sich die systematische von der unsystematischen Beobachtung?*
7. *Was verstehen Sie unter einem „Experiment", und aus welchen Gründen spielt es in der Psychologie eine Rolle?*
8. *Welche Merkmale hat ein Experiment?*
9. *Welche Richtungen der Psychologie kennen Sie, und wodurch unterscheiden sie sich?*
10. *Wodurch unterscheidet sich die Allgemeine Psychologie von der Differenziellen Psychologie?*
11. *Welche Probleme gehören in den klinischen Bereich der Psychologie?*

Aus: Karli Berger: Wir Supermänner

Kapitel 2

MATERIELLE UND ORGANISCHE GRUNDLAGEN DES PSYCHISCHEN GESCHEHENS

A

Der Mensch – eine leiblich-seelische Ganzheit

Das Zentralnervensystem – Voraussetzung für körperliche und psychische Leistungen

Das vegetative Nervensystem – Sympathicus und Parasympathicus, Gas- bzw. Bremspedal unserer Leistung

Stress – mehr als eine moderne Lebensphilosophie

Methoden der Gehirnuntersuchung – Einblicke in das komplizierteste Informationsverarbeitungssystem

Bewusstseinsgrade – zwischen Tiefschlaf und gespannter Aufmerksamkeit

Zwei Gehirnhälften – die Tag- und Nachtseiten unserer Persönlichkeit?

Aus: Psychologie heute

EINLEITUNG

Psychische Vorgänge entstehen nur im lebenden Organismus. Dieser ist aus anorganischen Substanzen aufgebaut, seine Funktion wird durch chemisch-physikalische Prozesse aufrechterhalten. Psychische Erscheinungen, wie z.B. die Wahrnehmung, bedürfen bestimmter chemischer und physikalischer Gegebenheiten (z.B. elektromagnetischer Schwingungen), die man als **Reize** bezeichnet (s. Kap. „Wahrnehmung" S. 41 ff.).

Psychisches bedarf der anorganischen und organischen Realitätsbereiche der Natur als seiner Grundlage, wie folgendes Schema zeigt:

NATURBEREICHE

MATERIELL	***ORGANISCH PHYSIOLOGISCH***	***PSYCHISCH***
(Physik, Chemie)	*(Biologie, Physiologie ...)*	*(Psychologie)*
Kenntnis nötig zum Verständnis des Zustandekommens von Wahrnehmung und Empfindung durch äußere Reize	*Kenntnis nötig zum Verständnis des Zentralnervensystems – Abhängigkeit des seelischen Erlebens von Gehirnprozessen*	*Eigentlicher Bereich der Psychologie*
REIZ	***ERREGUNG***	***ERLEBEN***

1. Das Leib-Seele-Problem

Die Frage nach dem Zusammenhang zwischen psychischem Erleben und Körperlichkeit hat die Menschen immer wieder beschäftigt. Diese Frage wird in der Philosophie als „Leib-Seele-Problem" bezeichnet, das von verschiedenen Philosophen sehr unterschiedlich behandelt wurde. Im Folgenden nennen wir einige der wichtigsten Lehren:

Die monistischen Lehren vertreten die Auffassung, dass nur **eine** Substanz wirklich ist. Hier unterscheidet man

- **Idealismus**: Das Körperliche ist Produkt oder Erscheinungsweise des – allein existierenden – Geistigen.
- **Materialismus**: Hier ist umgekehrt das Seelenleben bloß eine Funktion der Materie bzw. materieller Prozesse. (Das Denken verhält sich zum Gehirn etwa so wie der Dampf einer Lokomotive zur Lokomotive.) Der dialektische ➢ Materialismus betrachtet das ➢Bewusstsein als die differenzierteste Ausdrucksform der Materie.

Die dualistischen Lehren gehen von zwei Substanzen (bzw. **zwei** „Seiten" **einer** Substanz) aus:

- Die Lehre vom **psycho-physischen** Parallelismus: Die leiblichen und seelischen Ereignisse laufen, obwohl sie grundsätzlich in keinem Zusammenhang stehen, parallel ab.
- Die Theorie der **psycho-physischen Wechselwirkung**: Zwischen Körper und Seele besteht ein gegenseitiges kausales Verhältnis, d.h. die Seele kann im Körper Änderun-

gen bewirken, der Körper wiederum in der Seele. Moderner ausgedrückt: Physiologische Ereignisse (nervöse Erregungen) sind Ursachen der entsprechenden Erlebnisse (z.B. Gefühle), und die Erlebnisse wirken ihrerseits auf das physiologische Geschehen.

- Die **dualistische Interaktionstheorie**: Diese vom Hirnforscher *John* ***Eccles*** gemeinsam mit dem Philosophen *Karl* ***Popper*** entwickelte ➢ Theorie besagt im Wesentlichen, dass Gehirnvorgänge zwar Voraussetzung, aber nicht allein ausreichend für ein Bewusstsein sind. Schallwellen z.B. sind physikalische Phänomene der Außenwelt, die erst durch unsere Wahrnehmung für uns zum Ton werden. Der „Ton" als solcher kommt in der Tatsachenwelt nicht vor, sondern wird erst durch unsere Wahrnehmung geschaffen. Ebenso verhält es sich mit Farbe, Form, usw. Diese Theorie geht von einer doppelten, teils materiellen, teils ideellen, Realität aus.

Daneben gibt es Theorien, die das „Leib-Seele-Problem" als ein bloß scheinbares betrachten:

Bekannt ist die **Identitätstheorie** von ***Spinoza*** (1632–1677), der die seelischen und körperlichen Erscheinungen als zwei Seiten derselben Wirklichkeit betrachtet. Der Dualismus von Leib und Seele bestehe nur scheinbar (weil dies unserem Verstand so erscheine), in Wirklichkeit seien beide „ein und dieselbe Sache". Die ➢ Hypothese von der Identität physiologischer und seelischer Ereignisse, die allerdings durch „zwei unabhängige und inkommensurable [nicht vergleichbare] Erkenntnisweisen erfahren werden" (*Konrad* ***Lorenz***), wird heute von vielen Naturwissenschaftern geteilt, u.a. vom Atomphysiker *Niels* ***Bohr***, der das Zusammenwirken von Leib und Seele analog der physikalischen Beschreibung vom Licht als Teilchen und Welle auffasst.

- *Suchen Sie eine Form der fächerübergreifenden Erarbeitung des Leib-Seele-Problems, z.B. mit den Gegenständen Physik, Biologie, Philosophie und/oder Religion.*

Dass Psychisches auf Körperliches wirkt und umgekehrt, ist evident. In welcher Weise und mit welchen Folgen diese Wechselwirkung stattfindet, ist ein spezieller Aspekt des Leib-Seele-Problems, der in den Aufgabenbereich der ➢ **Gesundheitspsychologie** und der ➢ **psychosomatischen Medizin** fällt. Ziel der Gesundheitspsychologie ist es, die psychologischen Einflüsse auf das Gesundbleiben und Erkranken, die Ursachen für Erkrankungen und die Reaktionen auf das Kranksein zu erforschen. Die psychosomatische Medizin beschäftigt sich mit jenen körperlichen Erkrankungen, bei denen psychische Vorgänge und Lebenssituationen wesentlich mitbeteiligt sind (s. auch S. 30 f.).

1. *Haben Sie schon einmal die Erfahrung gemacht, dass Ihr Körper auf positiv/negativ empfundene Erlebnisse reagiert?*
2. *Welche der folgenden Krankheiten/Gebrechen könnten psychische Ursachen haben? – Begründen Sie Ihre Antwort.*

Kopfschmerzen	*Schlafstörungen*	*Krebs*
Masern	*Herzinfarkt*	*Gastritis*
Durchfall	*Aids*	*Beinbruch*
Weitsichtigkeit	*Übelkeit*	*Bluthochdruck*

Es ist erwiesen, dass psychische Faktoren bei der Entwicklung vieler schwerer Krankheiten (einschließlich Herzerkrankungen, Krebs und Schlaganfällen) Einfluss haben, ebenso bei Störungen wie Magengeschwüren, hohem Blutdruck, Infektionskrankheiten, Migräne, Rückenschmerzen, Hautkrankheiten, Übergewicht, Asthma und Diabetes. (Nach ***Zimbardo***)

Als bedeutendste Todesursache in westlichen Industriegesellschaften gilt heute der **Lebensstil**, zu dem u.a. Rauchen, Alkoholkonsum, schädigende Essgewohnheiten, Bewegungsmangel, Mangel an Schlaf und zu viel ➢ Stress gehören. Für viele solcher krank machender Lebensgewohnheiten sind psychische Ursachen verantwortlich, jedoch besteht die Möglichkeit, sie zu verändern oder Menschen davon abzuhalten, solche Gewohnheiten überhaupt erst zu entwickeln.

(Zu Alkoholkonsum, Essgewohnheiten bzw. -störungen – Anorexia nervosa, Bulimie – siehe die Kapitel „Motivation" bzw. „Psychische Abweichungen". Zu Stress und seinen Auswirkungen auf Körper und Psyche siehe Punkt 4 dieses Kapitels, zur Schlafforschung Punkt 7.)

2. Die Abhängigkeit der psychischen Prozesse vom Gehirn

Die medizinische Forschung hat viele Beziehungen zwischen Gehirnvorgängen und subjektivem Erleben festgestellt, sodass es als gesicherte Tatsache gelten muss, dass das Erleben des Menschen an die Funktionsfähigkeit seines Gehirns gebunden ist.

- Wird das Gehirn **funktionsunfähig**, z.B. bei Bewusstlosigkeit, hört jedes psychische Geschehen auf.
- Wird die Gehirntätigkeit durch **Zufuhr bestimmter Substanzen verändert**, so verändert sich auch das subjektive Erleben. Alkoholgenuss führt zu charakteristischen Veränderungen des psychischen Erlebens: Die Hemmungen fallen, das Denken wird ungeordnet, die Stimmung verändert sich. Rauschgifte wie Lysergsäure (LSD), Kokain, Meskalin usw. erzeugen Zustände hochgradiger Entspannung mit gehobener Stimmung, zum Teil auch mit wahrnehmungsähnlichen Vorstellungen (➢ Halluzinationen). Bei Einnahme einiger solcher Substanzen, sei es auch nur probeweise, besteht die Gefahr der Sucht, die zu einer irreparablen Schädigung des Gehirns und in der Folge auch zum Tod führen kann.
- Die psychischen Leistungen sind an das Vorhandensein bestimmter Hirnpartien (**Zentren, Regionen**) gebunden und fallen aus, wenn diese Zentren funktionsuntüchtig werden. Würde z.B. die Sehrinde (der Anteil der Großhirnrinde, in dem die Sehbahn endet)

zerstört, könnte der Mensch trotz intakter Augen nicht sehen; ebenso wenig könnte er trotz intakter Ohren hören, wenn das Rindenzentrum des Gehörs ausfiele.

- Die geistige Entwicklung hängt von der **Gehirnentwicklung** ab. Der Säugling mit seinem unausgereiften Gehirn ist nicht zu jenen seelisch-geistigen Leistungen imstande wie ein erwachsener Mensch, dessen Gehirn vollständig entwickelt ist.
- Sowohl die geistigen Leistungen als auch die Trieb- und Gefühlserlebnisse des Menschen werden durch die Sekrete ➢ **endokriner Drüsen** (z.B. der Schilddrüse und der Keimdrüsen), die durch den Blutkreislauf in das Gehirn gelangen, in entscheidender Weise beeinflusst. Bei unzureichender Entwicklung der Schilddrüse etwa bleibt die Ausbildung der geistigen Fähigkeiten weit hinter der Norm zurück.

Gehirnprozesse sind unerlässliche Voraussetzungen für bewusstes Erleben. Ungeklärt ist jedoch, wie aus Gehirnprozessen psychische Vorgänge und Zustände entstehen. Nicht immer ist mit Sicherheit zu entscheiden, ob ein nervöser biologischer Prozess im Gehirn tatsächlich Seelisches bewirkt, ihm unmittelbar zugrunde liegt (Substrat des Erlebens) oder lediglich Begleiterscheinung (Korrelat des Erlebens) ist.

B

ABHÄNGIGKEIT PSYCHISCHEN GESCHEHENS VOM GEHIRN

KÖRPERLICHE VORGÄNGE		*PSYCHISCHE VORGÄNGE*
Gehirn funktionsunfähig	–	*Fehlen seelischen Erlebens*
Gehirntätigkeit verändert	–	*Veränderung seelischen Erlebens*
Funktion der Gehirnregionen	–	*Zustandekommen bestimmter seelischer Vorgänge*
Gehirnentwicklung	–	*Geistige Entwicklung*
Endokrine Drüsen	–	*Beeinflussung seelischen Geschehens*

3. Aufbau und Funktion des Nervensystems

Das zentrale Nervensystem (ZNS) besteht aus Gehirn und Rückenmark.

Das periphere Nervensystem besteht aus der Gesamtheit der Nervenleitungen, die das ZNS mit den einzelnen Körperteilen verbinden.

Die von den Sinnesorganen in das ZNS führenden Zellen und Nervenleitungen bilden das **afferente**, die vom ZNS in die Organe führenden Leitungen das **efferente** System.

Funktionell unterscheidet man verschiedene „Systeme“, welche mit diesen von der Anatomie beschriebenen Teilen des Nervensystems nicht verwechselt werden dürfen. So zieht sich z.B. das System für willkürliche Motorik von der Hirnrinde (im ZNS) über das Rückenmark (noch immer ZNS) durch das periphere Nervensystem bis zu seinen Erfolgsorganen, den Muskeln. Das vegetative Nervensystem z.B. besteht wiederum aus Kernen im Hypothalamus (einem Teil des Gehirns, also innerhalb des ZNS) und einem weit verzweigten peripheren Fasersystem. Mit dem vegetativen Nervensystem hängt das System der Drüsen mit innerer Sekretion (➢ endokrines System) zusammen.

DAS ZENTRALNERVENSYSTEM

DIE GANGLIENZELLE

Innerhalb des cortico-spinalen Systems kann man die graue und die weiße Substanz unterscheiden. Die graue Substanz besteht aus ca. 15 Milliarden mikroskopisch kleiner Nervenzellen. Diese Zellen haben fadenförmige Ausläufer: mehrere **Dendriten** und einen **Neuriten** (auch Axon genannt). Die Neuriten stellen die Verbindung zur nächsten Nervenzelle her; diese Verbindungsbahnen zu anderen Hirn- oder Rückenmarkstellen sind von weißen Markscheiden umgeben und bilden die weiße Substanz.

Die Anatomie bezeichnet die Nervenzellen als Ganglienzellen, in der Physiologie heißen die Ganglienzellen mit allen ihren Fortsätzen (sowohl den Leitungsfasern, den Neuriten, als auch den Ausläufern der Zelle, die nicht der Erregungsleitung dienen, den Dendriten) auch **Neuronen** (Abb. 1). Innerhalb der Ganglienzelle befindet sich flüssiges Plasma, in welchem der Zellkern liegt. Unter anderem befinden sich innerhalb der Zelle die nach ihrem Entdecker benannten „***Nissl***-Schollen", welche die Ribonucleinsäure (RNS) enthalten. Die RNS spielt derzeit in der neuropsychologischen Forschung eine große Rolle, vor allem im Hinblick auf Gedächtniserscheinungen und Lernprozesse.

Geht eine Ganglienzelle zugrunde (z.B. durch Gehirnverletzung oder schädigende Substanzen wie Alkohol, Rauschgift), kommt es – so die Wissenschaft bisher – zu keiner Regeneration; es kann höchstens ihre Funktion zum Teil oder ganz von einer anderen Zelle übernommen werden. Neueste wissenschaftliche Erkenntnisse bestätigen allerdings, dass unter bestimmten Bedingungen eine Regeneration stattfinden kann.

Im Gehirn und Rückenmark bestehen unübersehbar viele axonale Verbindungen zwischen den Ganglienzellen und Gangliensystemen. Sie haben den Zweck, „Erregungen" – das sind elektrochemische Prozesse innerhalb der Zellen – zu leiten. Im Ruhezustand ist das Innere der Nervenfaser negativ in Bezug auf die Oberfläche. Wird der Nerv erregt (etwa wenn ein Rezeptor der Netzhaut durch eine elektromagnetische Schwingung gereizt wird), so wird das Faserinnere positiv. Dies verursacht einen Stromfluss, der wie eine Welle die Nervenfaser entlang läuft. An den Endstellen der Neuriten befinden sich die **Synapsen**, das sind Kontaktstellen zu einem Zellkörper, an denen bei Erregung Stoffe freigesetzt werden, die die Erregung auf die Nervenzelle übertragen.

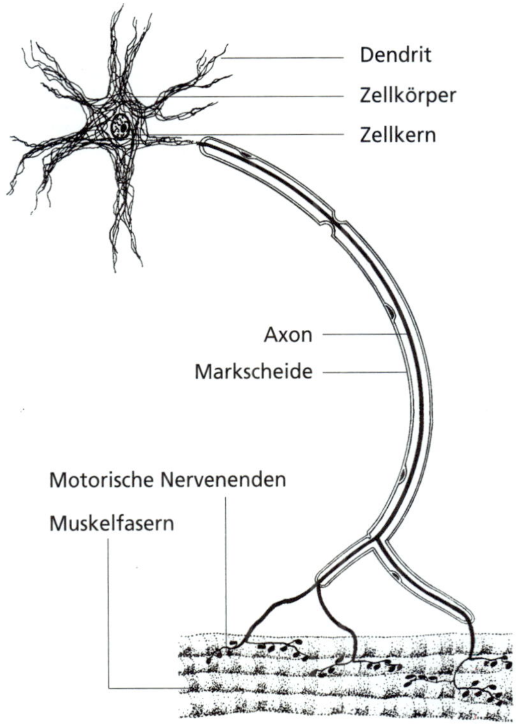

Abb. 1: Eine Nervenzelle

DAS GEHIRN

Durchschneidet man ein präpariertes Gehirn, so findet man außen eine dünne graue Schicht, die **Hirnrinde** (den Cortex). Der Cortex gehört zum Hauptteil des Gehirns, dem **Großhirn** (Cerebrum). Die Großhirnrinde ist stammesgeschichtlich (phylogenetisch) der jüngste, vielleicht noch in Entwicklung begriffene Teil unseres Gehirns. In den Ganglienzellen des Cortex liegt die Grundlage des bewussten Erlebens. Das Großhirn ist mit dem Rückenmark durch den Hirnstamm verbunden. Am hinteren Teil des Gehirns unter dem Großhirn ist das **Kleinhirn** (Cerebellum), dessen Funktion unter anderem in der Erhaltung des Gleichgewichts und der Körperhaltung besteht. Die beiden Hälften des Großhirns (die **Hemisphären**) sind durch ein starkes Bündel von Nervenfasern, dem Balken, miteinander verbunden. Jede Hemisphäre des Großhirns kann in vier Lappen eingeteilt werden: Stirnlappen, Scheitellappen, Schläfenlappen und Hinterhauptlappen (vgl. Abb. 2).

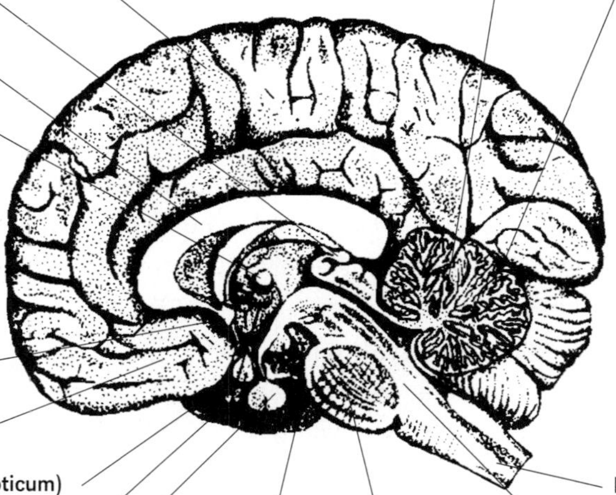

Abb. 2: Längsschnitt durch das Gehirn *nach Hauss*

Graue Regionen liegen auch im Inneren des Gehirns – es sind dies die subcorticalen Ganglien bzw. Gangliensysteme. Sie gehören zu den phylogenetisch älteren Teilen unseres Gehirns: Dort befinden sich z.B. die Zellsysteme, die für die Aufrechterhaltung des Lebens – für Atmung, Blutdruck, Wärmeregulation usw. – unerlässlich sind. Zwischen diesen und den Ganglien des Cortex besteht eine umfangreiche wechselseitige Kommunikation.

Bei einem Längsschnitt durch das Gehirn findet man ungefähr in der Mitte einen schmalen länglichen Spalt: die dritte Hirnkammer oder den **dritten Ventrikel**. Er wird zu beiden Seiten von zwei walnussgroßen, rundlichen Gangliensystemen begrenzt, den Thalami. Der **Thalamus** ist eine wichtige Schaltstation, über welche alle von den Sinnesorganen (➢ sensorischen) und aus der Peripherie (➢ sensiblen) zum Großhirn aufsteigenden (afferenten)

Bahnen laufen. Am Boden des dritten Ventrikels befindet sich ein höchst wichtiges Gangliensystem, der **Hypothalamus**. Er ist neben dem limbischen System (limbus = Saum) der interessanteste Hirnteil für die Beobachtung psychophysischer Zusammenhänge (vgl. S. 32 ff.).

Das **limbische System**, so genannt, weil sein hauptsächlicher Anteil wie ein Saum die Stammganglien des Großhirns (die seitlich von den Thalami liegen) umgibt, stellt eine anatomisch komplizierte und weit verzweigte, aber funktionell zusammenhängende Einheit dar, die die affektive Färbung des Erlebens und Verhaltens mitbestimmt. Ob etwas als lustvoll oder unlustbetont erlebt wird, hängt mit von Vorgängen im limbischen System ab.

Die Gehirnzentren

*Ein **Gehirnzentrum** ist ein Gangliensystem, dessen Funktion für das Zustandekommen einer bestimmten körperlichen oder psychischen Leistung unerlässlich ist.*

Manche psychische Prozesse sind vollständig an die Funktion von Zentren gebunden, für andere sind ausgedehnte Hirnanteile oder das ganze Gehirn notwendig.

Die vordere Zentralwindung der Hirnrinde bildet als **motorisches Zentrum** das Zentrum für willkürliche Bewegungsabläufe. Die Zellen der hinteren Zentralwindung des Scheitellappens sind für die Bewusstwerdung der Körperempfindungen, z.B. Schmerz, Temperatur und Spannung notwendig – man spricht daher bei der hinteren Zentralwindung auch von der **Körperfühlsphäre** (s. Abb. 3). Eine direkte Beziehung der Funktion zwischen peripheren Körpergebieten und der Hirnrinde ist nachweisbar: So führt z.B. die elektrische Reizung eines bestimmten Gebietes der vorderen Zentralwindung zur Bewegung eines Beines, das motorische Rindenfeld steuert auf diese Weise die Körperbewegungen. Im sensorischen Rindenfeld treffen die Signale ein, die die Sinnesorgane des Körpers zum Gehirn schicken. Da jedem Körperteil ein bestimmter Teil der Gehirnoberfläche zugeordnet werden kann, ist es möglich, den gesamten Körper auf die Hirnoberfläche zu „projizieren". Auf diese Weise erhält man bizarre „Homunculi" (Abb. 3), die grafisch zeigen, wie viel Hirnrinde für verschiedene Körpergebiete zur Verfügung steht. Man kann daraus ersehen, dass hier das Gesicht und die Hände viel mehr Fläche einnehmen als der Rest des Körpers.

Sehr wichtige **sensorische Zentren** (Sinneszentren) sind: die ***Heschl***'sche Querwindung im Schläfenlappen des Gehirns für das Hören; die ***Calcarina***-Rinde im Hinterhauptlappen für das Sehen. Ihre Zerstörung führt dazu, dass der Mensch auch bei intaktem Ohr bzw. Auge nicht mehr hören bzw. sehen kann: zur so genannten „Rindentaubheit" bzw. „Rindenblindheit". Wird das Rindenzentrum neben der Sehrinde zerstört, sieht der Mensch zwar, erkennt aber nicht, was er sieht (**optische Agnosie**, auch ➢ „Seelenblindheit" genannt). Wird das Zentrum, das dem Sprachverständnis dient, verletzt, hört der Mensch zwar, versteht aber nicht, was er hört – es sind für ihn sinnlose Laute geworden (**sensorische Aphasie** oder Sprachverständnisstörung). Fällt das motorische Sprachzentrum aus, dann versteht man zwar alles, kann aber die Wörter nicht aussprechen (**motorische Aphasie**).

Schädigungen des Stirnhirns (das erst beim Menschenaffen auftritt und beim Menschen eine besonders starke Ausprägung zeigt) haben komplexe Persönlichkeitsstörungen zur Folge. Bei Verletzungen oder Erkrankungen dieses Hirnteiles können je nach Lokalisation verschiedene Verhaltensänderungen, wie Verlust der Kritikfähigkeit, Enthemmung, Distanzlosigkeit, Taktlosigkeit, kriminelle und sexuelle Entgleisungen, beobachtet werden.

PRIMÄRES MOTORISCHES RINDENFELD (ZENTRUM) PRIMÄRES SENSORISCHES RINDENFELD (ZENTRUM)

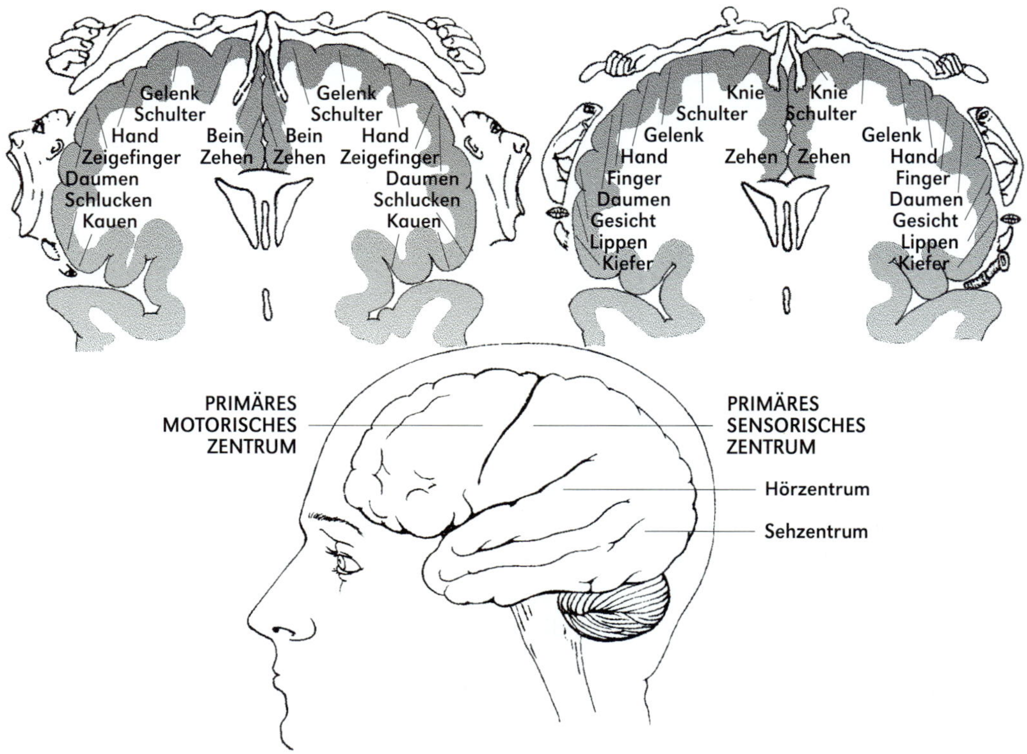

Abb.3: Primäre motorische und sensorische Zentren *nach Zimbardo*

Die motorischen und sensorischen Areale des Cortex liegen entlang des Sulcus centralis. Das motorische Areal liegt genau vor ihm (frontal), das sensorische Areal genau hinter ihm. Die einander entsprechenden Teile des Körpers werden von Punkten repräsentiert, die einander der Windung entlang genau gegenüberliegen. Die Körperrepräsentation ist auf den Kopf gestellt. Das bedeutet, dass die Beine und Füße oben und auf den Innenflächen zwischen den Hemisphären repräsentiert sind, die Hände und Arme darunter und der Kopf ganz unten. Die größere Präzision von Sensibilität und Kontrolle in Kopf und Händen gegenüber anderen Teilen des Körpers ist angezeigt durch die größeren Repräsentationsareale im Cortex.

DAS VEGETATIVE NERVENSYSTEM

Das vegetative (autonome) Nervensystem ist für das Zusammenspiel wichtiger Organfunktionen wie Atmung, Herztätigkeit und Stoffwechsel verantwortlich und verursacht körperliche Veränderungen bei Gemütszuständen und ➢ Affekten. Aus diesem Grund ist es besonders für die Psychologie der ➢ Emotionen von Bedeutung. Es lässt sich in zwei große Gruppen von Nervenzellen und -leitungen unterteilen: das **sympathische** und das **parasympathische System**. Beide Systeme wirken antagonistisch, d.h. sie haben gegenteilige Funktionen, die in ihrer Zusammenarbeit den Organismus im „biologischen Gleichgewicht" erhalten. Der Sympathicus ist der Nerv der Leistungssteigerung, der Parasympathicus sorgt für die Schonung und Erholung des Individuums.

„**Sympathicotonie**“ (Überwiegen des Sympathicus) ist gekennzeichnet z.B. durch allgemeine Erregung mit Pulsbeschleunigung, Erweiterung der Herzgefäße, Blutdruckerhöhung, weite Pupillen und Neigung zum Schwitzen. Erhöhte Magen- und Darmtätigkeit sind in diesen Situationen nicht von Vorteil und werden daher gehemmt. Seelische Korrelate dieses Zustands sind Erregbarkeit, Angst, Konzentrations- und Schlafstörungen. Mit starker Erregung des Sympathicus reagiert der Körper auf ➢ **Stress** (s. Punkt 4 dieses Kapitels).

„**Parasympathicotonie**“ oder „Vagotonie“ (Überwiegen des Parasympathicus) bezeichnet umgekehrt einen Zustand vermehrter parasympathischer Innervation und ist mit langsamerer Pulsfrequenz, niedrigem Blutdruck, Neigung zu kalten Händen und Füßen verbunden. Personen, bei denen die Tätigkeit des Parasympathicus überwiegt, neigen eher zu psychischem Antriebsmangel.

Anatomisch verlaufen die Fasern des Sympathicus in der Nähe der Wirbelsäule als „Grenzstrang“, während ein großer Teil der parasympathischen Fasern den 10. Hirnnerv, den „nervus vagus“, bildet. Die Fasern des Sympathicus und des Parasympathicus verlaufen

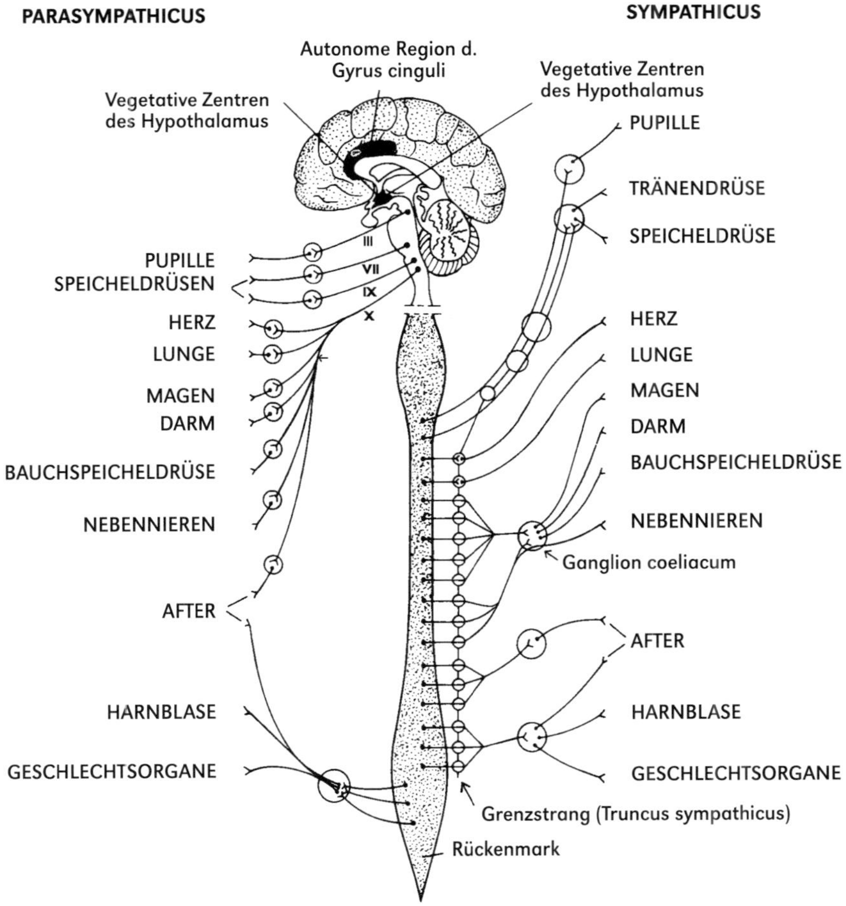

Abb. 4: Schematische Darstellung der beiden Anteile des VNS, des Parasympathicus (links) und des Sympathicus (rechts). Die in Großbuchstaben geschriebenen Organe sind die „Erfolgsorgane“. nach Hauss

sehr kompliziert, verzweigt und oft mit motorischen oder ➢ sensiblen und ➢ sensorischen Nervenfasern zu einem gemischten Bündel vereinigt. Aufgrund dieser teilweisen Vereinigung mit motorischen oder sensorischen Nervenfasern kann das Vegetativum auch durch Vorstellungen und willentliche Übungen beeinflusst werden, was besonders wichtig bei Entspannungsübungen ist (z.B. ➢ **Autogenes Training** zum Abbau von Stress).

B

BEISPIELE FÜR WIRKUNGEN DER VEGETATIVEN NERVEN

ERFOLGSORGAN	*ERREGUNG DES SYMPATHICUS* ***(adrenerge Impulse)***	*ERREGUNG DES PARASYMPATHICUS* ***(cholinerge Impulse)***
HERZ		
Herzschlagfrequenz	*Beschleunigung des Herzschlags*	*Verlangsamung des Herzschlags*
GEFÄSSE		
der Haut	*Gefäßverengung*	*keine Innervation*
der Muskeln	*Gefäßverengung und -erweiterung*	*keine Innervation*
der Genitalien	*Gefäßverengung*	*Gefäßerweiterung*
BRONCHIEN	*Erschlaffung*	*Kontraktion*
SPEICHELDRÜSEN	*Sekretionshemmung*	*Sekretionsanregung des dünnflüssigen Fermentspeichels*
MAGEN-DARMTRAKT	*Hemmung der Peristaltik und der Drüsentätigkeit*	*Anregung der Peristaltik und der Drüsentätigkeit*
BLASE	*Entleerungshemmung*	*Harnentleerung*
MÄNNL. GENITALIEN	*Ejakulation*	*Erektion*
PUPILLEN	*Erweiterung (Mydriasis)*	*Verengung (Miosis)*

?

- *Für weitere Informationen über die Funktion des Nervensystems steht Ihnen sicherlich einschlägige Literatur in Ihrer Bibliothek bzw. im Buchhandel zur Verfügung. – Geben Sie Ihre Informationen an interessierte MitschülerInnen weiter (etwa in Form eines Referats)!*

4. Stress – Ursache, Auswirkung, Bewältigungsstrategien

PHYSIOLOGISCHER UND PSYCHISCHER STRESS

Der Lebensstil westlicher Industriegesellschaften ist wesentlich vom Phänomen Stress bestimmt. Was ist Stress und wie beeinflusst Stress Körper und Psyche?

*„**Stress** ist ein Muster spezifischer und unspezifischer Reaktionen eines Organismus auf Reizereignisse, die sein Gleichgewicht stören und seine Fähigkeiten zur Bewältigung strapazieren oder überschreiten. Diese Reizereignisse umfassen eine ganze Bandbreite externer und interner Bedingungen, die allesamt als Stressoren bezeichnet werden. Ein **Stressor** ist ein Reizereignis, das vom Organismus eine adaptive Reaktion verlangt.“* *(Zimbardo)*

Physiologische Stressreaktionen: Nimmt ein Individuum **äußere Bedrohung** – etwa durch einen Angreifer – wahr, tritt eine physiologische Veränderung ein, die den Organismus auf Flucht oder Kampf vorbereitet. Es kommt zu einer **Alarmreaktion**, indem der Hypothalamus auf das vegetative Nervensystem (s. S. 26 f.) wirkt und die Hypophyse aktiviert. Die Adrenalin-Ausschüttung wird in Gang gesetzt, wodurch wiederum die Milz angeregt wird, mehr rote Blutkörperchen auszuschütten. Das Knochenmark produziert mehr weiße Blutkörperchen, um Infektionen zu bekämpfen. Die Leber produziert mehr Zucker, um mehr Energie für den Körper bereitstellen zu können. Atmung und Herzschlag werden schneller, der Blutdruck höher, die Blutgefäße enger. Der Organismus zeigt also sinnvolle Stressreaktionen, um mit genügend Energie für eine etwaige Flucht oder einen Kampf gerüstet zu sein. Diese physiologischen Stressreaktionen, in denen der Körper aktiviert wird, um gegen Aggressoren vorzugehen, haben sich in der Menschheitsgeschichte bewährt. Unser Organismus zeigt allerdings dieselben Stressreaktionen auf psychische Stressoren. In diesem Fall kann der Organismus aber den Stress nicht durch körperliche Aktivität abbauen.

Psychische Stressreaktionen können bei größeren Veränderungen der Lebensumstände eintreten, z.B. durch neue Wohnorte, neue Jobs, Schulen, Partnerbeziehungen, Krankheiten, Tod von Angehörigen, Misserfolge verschiedenster Art. Der in Sozialberufen tätige Personenkreis ist Stresssituationen in erhöhtem Maße ausgesetzt (s. S. 32, 151, 347, **Burnout-Syndrom**). Auch kleine tägliche Ärgernisse können Stress auslösen. Darüber hinaus gibt es gesellschaftlich bedingte Stressoren wie Umweltstressoren oder wirtschaftliche Stressoren.

Der kanadische Endokrinologe *Hans **Selye***, der Pionier der Erforschung der Stressreaktion, fand eine ganze Reihe von Stressoren, die die Körperfunktionen bedrohen. Sie alle erfordern eine Anpassung des Organismus, ***Selye*** spricht von einem so genannten „allgemeinen ➢ Adaptationssyndrom“, das durch die Abfolge dreier Phasen gekennzeichnet ist:

- Die **Alarmreaktion** besteht aus den physiologischen Veränderungen, durch die ein bedrohter Organismus unmittelbar die Wiederherstellung seines normalen Funktionierens anstrebt. Die körpereigene Abwehr zur Wiederherstellung des inneren Gleichgewichts wird mobilisiert.

- Eine **Phase der Resistenz** folgt, wenn die stressauslösende Situation anhält. Der Organismus versucht einen Widerstand gegenüber dem Aggressor zu entwickeln. Die Resistenz scheint durch vermehrte Hormonausschüttung aus der Hypophyse und der Nebennierenrinde bewirkt zu werden. Der Organismus passt sich damit diesem einen Stressor an, aber seine Resistenz anderen Stressoren gegenüber ist reduziert.
- Die **Phase der Erschöpfung** tritt ein, wenn die erhöhte Hormonausschüttung nicht aufrechterhalten werden kann, der Organismus kann sich nicht an den Dauerstress anpassen. Die Folge ist Zerstörung von Körpergewebe oder gar Tod.

Psychische Stressreaktionen sind – im Unterschied zu den physiologischen – erlernt. Sie sind von unseren Wahrnehmungen und Interpretationen der Welt abhängig und enthalten demnach **Aspekte** des **Verhaltens**, der ➢ **Emotion** und der ➢ **Kognition**.

- **Verhalten**: Leichter Stress aktiviert, mäßiger Stress führt zum Abbruch von Verhaltensweisen oder zu wiederholten stereotypen Handlungen (Herumlaufen im Kreis, ...), schwerer Stress hemmt und führt zur Unbeweglichkeit (erlernte Hilflosigkeit), andauernder Stress durch mehrere Stressoren führt zu Reizbarkeit, Ungeduld, Konzentrationsstörung.
- **Emotion**: (Selten freudige) Erregung über spannende Herausforderung, eher negative Gefühle wie Reizbarkeit, Wut, Ängstlichkeit, Mutlosigkeit, ➢ Depression. Opfer von Katastrophen, Folter, Vergewaltigung usw. reagieren oft mit einer ➢ **posttraumatischen Belastungsstörung** (ungewolltes Wiedererleben der traumatischen Situation in Träumen und Erinnerungen).
- **Kognition**: Ein Teil der Aufmerksamkeit, die der anstehenden Aufgabenbewältigung gewidmet werden sollte, wird für Stressbewältigung verwendet. Daher werden z.B. alternative Möglichkeiten beim Problemlösen nicht erkannt, Prozesse der Urteilsbildung und Entscheidungsfindung erschwert: Hohe Stressbelastung beeinträchtigt die intellektuelle Entwicklung von Kindern.

PSYCHOSOMATISCHE KRANKHEITEN

Eine lang andauernde Stressreaktion kann zu psychosomatischer Krankheit führen. Man nimmt an, dass ➢ Stress mehr als die Hälfte aller Krankheiten mitverursacht. Stressoren können dabei folgendermaßen wirksam werden:

- Chronischer Stress, der aus der Wahrnehmung von Bedrohung (also durch ➢ Emotionen und Denkprozesse) entsteht, kann zu Ausfällen der physiologischen Funktionen und zu Krankheit führen. Die „automatischen" physischen Stressreaktionen treten auf, obwohl sie als Reaktion auf psychische Stressoren unangemessen sind. (Physische Stressreaktionen sind z.B. angemessen, wenn sich der Mensch auf Bärenjagd befindet, sich von einem bissigen Hund bedroht fühlt usw., nicht jedoch, wenn ihm z.B. ständig ein unbewältigbares Pensum an Büroarbeit aufgezwungen wird.) Ein chronischer psychischer Stressor führt dann zu einer Krankheit, wenn ein Teil seines körperlichen Systems „verwundbar" und der Stil der Stressbewältigung nicht effektiv ist, z.B. wenn der Stressor nicht bewusst wahrgenommen wird. Viele psychosomatische Störungen, wie z.B. Magengeschwüre, können ihre Ursache in physiologischen oder in psychischen Faktoren haben oder in einer Kombination von beiden.

- Wenn die Mechanismen des allgemeinen ➢ Adaptationssyndroms nicht angemessen funktionieren, wenn sie etwa in extremer oder überflüssiger Weise eingesetzt werden, zeigt der Körper eine Überreaktion, z.B. eine allergische Reaktion auf Blütenstaub.
- Schließlich kann auch Erschöpfung, die aus einem ständigen Anpassungsprozess resultiert, zu körperlicher Erkrankung führen. Diese Phase der Erschöpfung wird erreicht, wenn der Stressor nicht entfernt wird. Man kann diesem Umstand vorbeugen, indem man sich die Adaptationsenergie gut einteilt, statt auf „falschen Alarm" zu reagieren.

MÖGLICHKEITEN DER STRESSBEWÄLTIGUNG

In der Stressreaktion gibt es Unterschiede. Manche Menschen bewerten einen Stressor als interessante Herausforderung, andere brechen in vergleichbaren Situationen zusammen. Es kommt darauf an, welche **Ressourcen** dem Individuum zur Bewältigung einer Stresssituation zur Verfügung stehen, z.B. besondere persönliche Fertigkeiten, Freunde, medizinische oder psychologische Betreuung, finanzielle Mittel usw. Es gibt auch verschiedene Techniken der Stressbewältigung, die für verschiedene Personen unterschiedlich effektiv sind.

Problemzentrierte Bewältigung: Versuche, den Stressor zu beeinflussen, z.B. durch Zerstören, Entfernen oder Verringern der Bedrohung, durch Schließen von Kompromissen, Flucht usw.

Emotionszentrierte Bewältigung: Veränderung der Gedanken und Gefühle ohne Beeinflussen des Stressors; Ziel ist, das durch den Stressor verursachte Unbehagen zu verringern, und zwar mittels

- **Abwehrmechanismen des Ich**: ➢ Verdrängung, Verleugnung oder ➢ Rationalisierung (s. Kap. „Tiefenpsychologie").
- **Veränderung der Körperreaktionen** durch ➢ Biofeedback und Entspannung (Meditation, Progressive Muskelentspannung, ➢ Autogenes Training, ➢ Hypnose). (Zu den einzelnen Techniken s. Kap. „Psychische Abweichungen und Behandlungsmethoden", ab S. 208.)
- **Veränderung kognitiver Strategien**: Die Veränderung des Denkens über bestimmte Stressoren ist oft hilfreicher als z.B. Entspannungstechniken. Ein ➢ kognitives „Durchspielen" stresserzeugender Szenen kann die Stressreaktion messbar senken. Die Veränderung des Denkens über die eigene Persönlichkeit („in dieser Situation habe ich nicht richtig reagiert" statt „ich weiß ja, dass ich nichts tauge"; „ich konnte diese Prüfungsfrage beantworten, weil ich mich gut vorbereitet hatte" statt „ein glücklicher Zufall, dass ich diese Prüfungsfrage bekommen habe") ist eine weitere Möglichkeit der Stressbewältigung.

Eine überaus wichtige Rolle bei der Stressbewältigung kommt der **sozialen Unterstützung** zu. Es ist erwiesen, dass das Fehlen sozialer Unterstützung Menschen anfälliger für Krankheit und Tod macht. Isolation macht nicht nur anfälliger, sondern ist selbst ein bedeutender Stressor. Soziale Beziehungen wie Familie, Freunde, Kollegen, Nachbarn sind eine wichtige Hilfe, Probleme des Lebens zu bewältigen. Soziale Unterstützung im Sinne von Zusammenarbeit und Solidarität mit den BerufskollegInnen ist auch Voraussetzung, um das Burn-out-Syndrom (s. S. 29, 151, 347) bewältigen zu können.

1. *Sie stehen unmittelbar vor einer wichtigen Prüfung. – Welche körperlichen Zustände/Vorgänge können Sie an sich feststellen? Inwiefern werden Ihr Verhalten, Ihre Emotion und Kognition beeinflusst?*
2. *Machen Sie sich eine Liste von Situationen, die für Sie persönlich stressreich sind. – Vergleichen Sie in kleinen Gruppen und besprechen Sie gemeinsam, welche Strategien zur Stressbewältung sich in solchen Situationen als effektiv erweisen könnten.*
3. *Diskutieren Sie die gegenwärtige gesellschaftliche Bedeutung von Stress. Welches Image genießen gestresste Personen, z.B. ManagerIn, SchauspielerIn, Hausfrau/Hausmann, SekräterIn, Schulkind?*

5. Methoden zur Untersuchung der Gehirnaktivitäten

Stress und psychosomatische Krankheiten lassen eindeutig auf das Zusammenwirken von Körper und Psyche schließen. Bei der Untersuchung lebender Gehirne wurden weitere Beispiele für psycho-physische Beziehungen gefunden. Die wichtigsten Techniken zur Gehirn-Untersuchung sind: Stimulation, Gehirnläsion, Aufzeichnung durch ➢ Elektroenzephalogramm (EEG), intra- oder extrazelluläre Registrierung, ➢ Computer-Tomografie.

Stimulation bestimmter Gehirnteile:

Wichtige Erkenntnisse über psycho-physische Beziehungen wurden durch die Methode der elektrischen Gehirnstimulierung gewonnen. Dabei werden einem Versuchstier feine, bis in die Spitze isolierte Nadeln oder Kanülen durch den Schädelknochen eingestochen und in das Innere des schmerzunempfindlichen Gehirns geleitet. Die Enden der Elektroden ragen aus dem Schädel heraus und werden mit ganz schwachem Strom gereizt. Die Reizung kann auch aus der Ferne erfolgen, sodass diese Versuche auch an frei beweglichen Tieren unter natürlichen Bedingungen durchgeführt werden können. Der Schweizer Physiologe und Nobelpreisträger *Walter* ***Hess*** fand im Hypothalamus mehrere Zentren, z.B. ein Zentrum, bei dessen Reizung das Tier einschläft (**Schlafzentrum**) oder ein anderes, bei dessen Stimulierung das Tier zu trinken beginnt (**Durstzentrum**) usw.

Weitere Beispiele für psychophysische Zusammenhänge:

In einem 1954 von ***Olds*** und ***Milner*** durchgeführten ➢ Experiment wurde Versuchstieren (Ratten) die Möglichkeit gegeben, sich durch Betätigung eines Hebels selbst an einer Stelle im limbischen System (vgl. S. 25) zu stimulieren. Die Tiere reizten sich bis zu 7.000-mal in der Stunde, so lange, bis sie erschöpft waren. Offensichtlich zwingt dieses „Wiederholungszentrum" die Tiere, eine soeben durchgeführte Verhaltensweise wie das Hebeldrücken laufend zu wiederholen.

Ein Psychologenteam berichtete in der Zeitschrift „Science", dass **Aggressionen** bei Ratten auf chemischem Wege sowohl erweckt als auch abgeschaltet werden können. Die ForscherInnen wählten für ihre Versuche zwei Gruppen von Ratten aus: Eine Gruppe bestand aus Tieren, die äußerst friedfertig gegenüber Mäusen waren, die andere aus besonders aggressiven Tieren. Nach Injizierung eines Präparats in einen Teil des Hypothalamus verwandelten sich die friedlichen Ratten in Mäusetöter; die aggressiven Ratten, die ein anderes Präparat erhielten, ließen die Mäuse längere Zeit um sich herumlaufen, ohne ihnen etwas anzutun.

Der Zusammenhang zwischen aggressivem Verhalten und korrespondierenden Hirnanteilen wurde auch an Kampfstieren untersucht. Ein bereits zum Angriff übergehender Stier konnte durch Reizung eines bestimmten Abschnittes des Hypothalamus zum sofortigen Einhalt gebracht werden. Bei Stimulierung eines anderen Gehirnteils (des Mandelkerns) konnten die Tiere zu aggressivem Verhalten veranlasst werden (nach ***Delgado***).

Es ist interessant, dass auch solche „künstlich" herbeigeführte Verhaltensweisen je nach der Situation, in der sich ein Tier befindet, auf unterschiedliche Art zum Ausdruck kommen können. Wurden beispielsweise Gibbonaffen im Freien stimuliert, dann waren sie lediglich übermütig: Sie tollten wild herum und schrien laut. Erfolgte die Stimulierung jedoch im Käfig, ließen die Affen ihre Aggressionen an den Genossen aus. Bei einem anderen Versuch schlug ein Affe heftig auf einen fremden ein, zeigte aber keinerlei Feindseligkeit gegenüber seiner Freundin.

Manche Affenarten zeigen in ihrem Sozialgefüge eine strenge hierarchische Ordnung, in der jedes Tier einen bestimmten Rangplatz einnimmt. Der „Chef" erreicht seine Stellung durch Aggressivität und hält seine Horde mit drohenden Gebärden in Schach. Verschiedene Experimente mit Gehirnstimulierungen und operativer Entfernung des Mandelkerns haben gezeigt, dass die gleiche Maßnahme von Tier zu Tier, je nach dessen Rang in der Gruppe, aber auch dessen Persönlichkeitsmerkmalen, verschiedene Auswirkungen hatte. „Dave", der ursprüngliche Führer, rangierte nach der Operation auf der untersten Stufe, die Leitung wurde von „Zeke" übernommen, der nach einer Operation ebenfalls an das untere Ende der Hierarchie geriet, allerdings etwas oberhalb von „Dave". Ganz anders wirkte sich die Entfernung des Mandelkerns auf den aufgerückten Rangersten „Riva" aus, der bereits vor der Operation besonders angriffslustig gewesen war. Er blieb auch nach dem Eingriff an der Spitze und verteidigte seine Stellung unberechenbar aggressiv und bösartig – möglicherweise deshalb, weil der ihm rangnächste Affe „Herbie" ein äußerst ruhiges Tier war.

In einem anderen Experiment wurde das soziale Gefüge von Affen verändert, indem diese neu in verschiedene Käfige verteilt wurden. Ein Affenweibchen mit dem niedrigsten Rang innerhalb eines Käfigs wurde durch Stimulation zu Feindseligkeit angeregt; sie zeigte zwar aufgeregtes Gehabe, hielt aber ihre Aggressivität unter Kontrolle. Sie griff nur einmal an, während sie selbst 24-mal angegriffen wurde. Sie wurde in eine andere – sanftere – Kolonie versetzt, in der sie gleich den zweithöchsten Rang einnahm. In dieser neuen Umgebung griff sie nach derselben Stimulation andere Affen 79-mal an und wurde selbst überhaupt nicht angegriffen.

Diese Ergebnisse zeigen, dass soziale Verhaltensweisen bei Tieren entscheidend durch die Umgebung und die jeweilige Situation beeinflusst werden.

Gehirnläsion:

Erkenntnisse über Gehirnläsionen (Zerstörung von Gehirnteilen), die auf „natürliche" Weise (durch Unfälle, Krankheiten, usw.) beim Menschen entstanden waren, wurden durch Ergebnisse von Laboruntersuchungen an Tieren und Operationen an Menschen ergänzt und konnten so wichtige Aufschlüsse über Gehirnfunktionen geben. So zeigte z.B. die Durchtrennung der Nervenfasern, die den Stirnlappen mit anderen Hirnregionen verbinden, den Verlust der emotionalen Anteilnahme, des Gefühls von sich selbst, des Interesses für die eigene Zukunft usw.

Aufzeichnung der Gehirntätigkeit:

- Im Jahre 1924 entdeckte der deutsche Psychiater ***Berger***, dass im menschlichen Gehirn elektrische Spannungsschwankungen auftreten. Wenn man einem Menschen Elektroden am Kopf anlegt und sie über einen Verstärker mit einem schreibenden Registriergerät verbindet, können diese elektrischen Vorgänge aufgezeichnet werden. Die mit dem Elektroenzephalografen registrierten Gehirnwellen heißen **Elektroenzephalogramm** (EEG). Das EEG zeichnet sowohl die ständige spontane Gehirnaktivität auf als auch die durch einen Reiz bedingten (➢ evozierten) Potenziale (s. auch S. 35 ff.). Die Eigenschaften der evozierten Potenziale sind je nach Gehirnregion, Reiz und geistigen Prozessen verschieden und geben insofern Aufschluss über die Gehirntätigkeit. Mittels EEG können pathologische Veränderungen nachgewiesen werden, die Hinweise auf das Vorliegen bestimmter Hirnleiden wie Epilepsie oder Hirntumore geben können.
- Weitere Möglichkeiten der Aufzeichnung von Gehirnaktivität: die Aufzeichnung innerhalb einer Zelle (**intrazelluläre Registrierung**) oder die Aufzeichnung außerhalb einer Zelle (**extrazelluläre Registrierung**) mittels Mikroelektroden. In oder an einem Neuron angebracht, geben sie Aufschluss über das neuronale Geschehen, z.B. über die Mechanismen der Informationsverarbeitung.
- Die **Computer-Tomografie** hat die oben angeführten Möglichkeiten weit überboten und ist für die medizinische Diagnostik und ➢ Therapie von großer Bedeutung. Sie wurde – teils in Teamarbeit – von (Atom-)Physikern, Computer-Fachleuten, Mathematikern und Ärzten entwickelt. Neben der heute schon als „klassisch" zu bezeichnenden Computer-Tomografie mittels Röntgenstrahlen ermöglichen neueste Technologien die Aufzeichnung detaillierter Bilder durch Positron-Emissions-Tomografie (PET) oder durch Kernspintomografie (Magnetresonanztomografie), wobei besonders letztere genaue Daten (durch Feststellung der Konzentration der Wasserstoff-Atome im Gewebe) über die Beschaffenheit und Funktionsweise des Gehirns bzw. über dessen Schädigung liefert. Der Computer ermöglicht eine dreidimensionale Betrachtung des Objekts. Er kann beliebig viele Schnittebenen vom Gehirn sichtbar machen, sodass dem geschulten Betrachter dieser Bilder, dem Neurologen, die Feststellung von Ausmaß und genauer Lokalisation einer Schädigung möglich ist. Es kommt natürlich darauf an, die festgestellten Abweichungen richtig zu deuten, d.h. die richtige ➢ Diagnose zu stellen.

1. *Ersuchen Sie Ihren/Ihre Physik-LehrerIn um detaillierte Auskünfte über (bzw. gemeinsame Erarbeitung der oben angeführten) Techniken der Gehirnuntersuchung, insbesondere der neuesten diesbezüglichen Technologien! Vergleichen Sie dazu die Funktionsweise der Röntgen- und der Ultraschall-Untersuchung.*
2. *Wie Versuche an Affen bewiesen haben, ist es möglich, durch Gehirnstimulation deren soziale Verhaltensweise zu verändern, wobei Umgebung und jeweilige Situation der Tiere diese Veränderung entscheidend beeinflussten. – Diskutieren Sie, ob sich aus diesen Ergebnissen Schlüsse auf das Sozialverhalten des Menschen ziehen lassen.*
3. *Schon die geringste Beeinflussung (Stimulation, Verletzung, ...) des Gehirns kann merkliche physische und psychische Veränderungen des Individuums herbeiführen. Welche Folgerungen ergeben sich daraus Ihrer Meinung nach für das Beherrschen diverser menschlicher Fähigkeiten, z.B. Übernehmen von Verantwortung, Intelligenzleistungen, Musikalität, Aggression, ...? Denken Sie auch an den Begriff des „geistig abnormen Rechtsbrechers"!*

6. Die „Wachheit" des Bewusstseins

Im Inneren des verlängerten Rückenmarks befindet sich eine Region dichter Verflechtungen von Zellen und Fasern, die als Retikularzone (**formatio reticularis** oder „Netzwerk") bezeichnet wird. Dort treffen Verzweigungen (Kollateralen) der Sinnesnerven ein, die die Sinneszentren der Hirnrinde mit den einzelnen Sinnesorganen verbinden und sich von hier aus in die übrigen Rindengebiete verbreiten. Es gibt also zwei verschiedene Wege, auf denen Erregungen aus den Sinnesorganen in die Hirnrinde gelangen: einerseits die direkte Nervenleitung, die in das entsprechende cortikale Zentrum führt, in dem die Empfindung entsteht, und andererseits die „retikuläre Umleitung", die über die Seitenverzweigungen der Sinnesnerven in die formatio reticularis und von dort in die übrigen Rindengebiete, vor allem ins Stammhirn, verläuft.

Die Erregungsausbreitung aus dem retikulären System in die ganze Hirnrinde bewirkt einen allgemeinen, unspezifischen Erregungszustand, der in einem bestimmten Ausmaß konstant vorhanden sein muss, damit bei Hinzukommen ganz spezifischer Erregungen der Sinneszentren überhaupt erst Wahrnehmungen zustande kommen können. Sinkt das retikulär bestimmte Erregungsniveau zu stark ab, kommt es zum Einschlafen. Dieses System garantiert das Vorhandensein von Bewusstsein durch kontinuierliche Erregung der Hirnrinde, es reguliert aber auch die Bewusstseins-Helligkeit, d.h. verschiedene Abstufungen der Wachheit. Die Funktion dieses aufsteigenden retikulären Aktivierungs-Systems (ARAS) besteht darin, dass das Ansteigen der Aktivierung bis zu einem bestimmten Niveau zu optimaler Leistung führt, weiteres Ansteigen (z.B. bei psychischer Erregung) jedoch rasche Leistungsverschlechterung bewirkt. Mit dieser Theorie kann auch das Wiedererstehen des menschlichen **Ich-Bewusstseins** nach dem Schlaf und dem Zustand der Bewusstlosigkeit erklärt werden; durch die langsame Aktivierung der ganzen Hirnrinde beim Aufwachen wird auch das gewohnte „Ich" wieder bewusst. Die unspezifischen Erregungen sind die Grundlage für die allgemeine Wachheit und damit auch für die Möglichkeit des Auftretens von Bewusstseinsinhalten.

7. Bewusstseinszustände

In der psychologischen Forschung wurde mittels EEG die Art der hirnelektrischen Aktivität untersucht. Folgende Zusammenhänge mit der jeweiligen Bewusstseinslage wurden festgestellt:

Alpha-Wellen: Im entspannten Wachzustand, im Zustand geistiger und körperlicher Ruhe, treten bei den meisten Menschen regelmäßige rhythmische Schwingungen von 8–13 Hz (= Wellen pro Sekunde) auf.

Beta-Wellen: Sinnesreize, z.B. Ton oder Licht und geistige Aktivität, bewirken eine kurze Blockierung der Alpha-Tätigkeit. Es zeigen sich kleinere, unregelmäßige Schwankungen, die höhere Schwingungszahlen aufweisen und die Alpha-Tätigkeit überlagern. Es sind dies Wellen mit einer Frequenz von 14 – 30 Hz.

Theta-Wellen: Im Zustand der Ermüdung, im leichten Schlaf oder in tiefer Entspannung treten Wellen mit 4–7 Hz auf.

Delta-Wellen: Im Zustand des Tiefschlafs entstehen Wellen von 0,5–3 Hz.

Aufgrund des EEG-Bildes kann die jeweilige Bewusstseinslage erkannt werden (nach ***Guttmann***):

B

BEWUSSTSEINSLAGE	***EEG-BILD***	***SCHLAF-STADIUM***
GEISTIGE AKTIVITÄT	*Beta-Wellen (14–30 Hz)*	*A-Stadium*
ENTSPANNTER WACH-ZUSTAND	*Alpha-Wellen (8–13 Hz)*	
EINSCHLAFSTADIUM	*Alpha-Wellen nehmen ab, Theta-Wellen (4–7 Hz)*	*B-Stadium*
LEICHTSCHLAF	*Delta-Wellen (2–3 Hz) Schlafspindeln (12–15 Hz)*	*C-Stadium*
MITTELTIEFER SCHLAF	*Delta-Wellen (1–3 Hz) vereinzelt Theta-Wellen*	*D-Stadium*
TIEFSCHLAF	*Delta-Wellen (0,5–3 Hz)*	*E-Stadium*

Eine wichtige Entdeckung und der Ausgangspunkt für die moderne Schlafforschung war auch die Beobachtung von sehr schnellen Augenbewegungen, den ➢ „rapid eye movements" (**REM**), in einem Schlafstadium, das vom EEG-Bild her dem Einschlafstadium (B) entspricht. Diese periodisch auftretenden Augenbewegungen, die beim Erwachsenen insgesamt ca. 20% der gesamten Schlafdauer ausmachen (beim Säugling sind es 50%), können mit dem **Elektro-Oculogramm** (EOG) registriert werden.

Der Nachtschlaf beim gesunden Erwachsenen läuft in 3–5 Schlafzyklen ab, in denen jeweils Stadien unterschiedlicher Schlaftiefe einschließlich des REM-Stadiums durchlaufen werden. Die anderen Zyklen werden als **NREM**- (**nonREM**) Schlaf bezeichnet. Der REM-Schlaf wird auch als **„paradoxer Schlaf“** bezeichnet, weil er sich deutlich vom NREM-Schlaf abhebt: Es zeigt sich eine hohe ➢ cortikale Aktivität, und es treten häufig kleine Muskelzuckungen an Armen, Beinen und im Gesicht auf, sowie die oben genannten Augenbewegungen.

Beim Wecken aus dem REM-Schlaf werden von Versuchspersonen mit hoher Wahrscheinlichkeit Träume angegeben (*nach **Aserinski & Kleitman, Dement***). In ➢ Experimenten, bei denen freiwillige Versuchspersonen in mehreren Nächten aus dem REM-Schlaf geweckt, also am Träumen gehindert wurden, konnten Händezittern, erhöhte Ängstlichkeit und allgemein erhöhte Reizbarkeit festgestellt werden. Bei manchen Personen traten sogar Sinnestäuschungen, vor allem visueller Art, auf (s. S. 48). Auch vermehrten sich bei den Probanden in der Folge während des Schlafes die REM-Phasen, so, als müsste das versäumte Träumen nachgeholt werden. ***Dement*** schloss aus den Ergebnissen dieser Traumentzugsexperimente (= Traum-Deprivation), dass Träume offenbar eine wichtige biologische und psychologische Bedeutung haben (s. Kap. „Tiefenpsychologie“ S. 174 ff.).

Der menschliche Organismus gehorcht etwa einem 24- bis 25-Stunden-Rhythmus: Schlaf, Körpertemperatur, Urinproduktion, hormonales Geschehen usw. sind diesem **circadianen Rhythmus** angepasst (circadia bedeutet „ungefähr ein Tag“). Er beruht auf Prozessen, die ununterbrochen stattfinden, auch wenn sie z.B. durch Wasser- oder Nahrungsentzug, durch Drogen, erzwungene Aktivität usw. gestört werden. Dieser Zyklus kann jedoch beeinflusst werden: Durch systematischen Einsatz von hellem Licht z.B. kann man den Tag für den menschlichen Organismus verlängern. Licht hemmt die Produktion des schlaffördernden Hormons Melatonin aus der Zirbeldrüse. Doch selbst bei unverändertem Licht werden noch geringe Mengen Melatonin ausgeschüttet. (*Nach **Zimbardo***) Der circadiane Rhythmus wird bei Menschen, die Schichtarbeit leisten, erheblich gestört. Sie arbeiten, wenn ihre Körperuhr auf Schlaf steht, und schlafen, wenn sie auf Aktivität steht. Schlaf- und Verdauungsstörungen und Leistungsabfall können die Folge sein.

1. *Überdenken Sie Ihre Schlafgewohnheiten (Zeit, Dauer, Lichteinfluss, ...). Welche Komponenten müssten Sie mit Rücksicht auf Ihre Gesundheit beibehalten/ändern?*
2. *Nennen Sie Berufe, in denen Schichtarbeit geleistet wird.*

   Diskutieren Sie das Problem der Schichtarbeit im Hinblick auf deren wirtschaftliche oder soziale Notwendigkeit einerseits und den circadianen Rhythmus des menschlichen Organismus andererseits!
3. *Geben Sie eine verbale Interpretation der Grafik auf S. 38.*

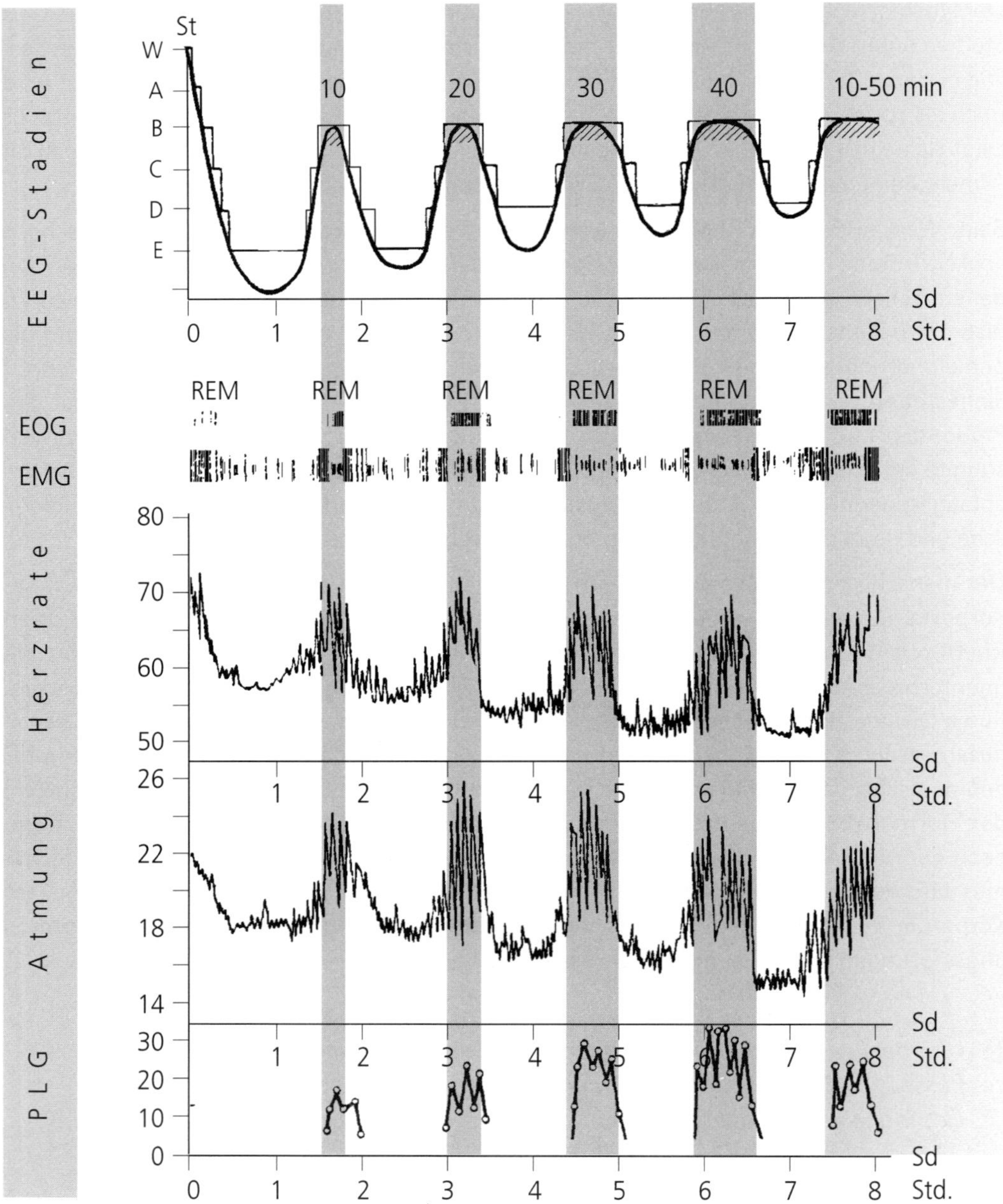

EOG: Augenbewegungen
PLG: Peniserektion
EMG: Muskelaktivität
///: Traumaktivität
REM: Rapid Eye Movements

Abb. 5: Verlauf verschiedener physiologischer Maße in einer Nacht

8. Die zwei „Arten des Bewusstseins“

Das Großhirn ist in zwei Hälften geteilt, die durch ein dickes Bündel von Fasern (s. S. 24) miteinander verbunden sind. Die linke Körperhälfte wird hauptsächlich von der rechten Hemisphäre, die rechte Körperhälfte hauptsächlich von der linken Gehirnhälfte kontrolliert. Beide Hemisphären tragen zwar zu Sprach- und Gedächtnisleistungen, zur Wahrnehmung und zu kognitiven wie emotionalen Prozessen bei, sie tun dies aber auf unterschiedliche Weise.

Roger ***Sperry*** und Mitarbeiter haben PatientInnen beobachtet, bei denen wegen schwerer epileptischer Anfälle die beiden Gehirnhälften operativ durchtrennt worden waren, in der Hoffnung, dass bei einem Anfall in der einen Hemisphäre die andere imstande sein würde, die Kontrolle über den Körper zu übernehmen. Nach Verlassen der Klinik zeigten diese Menschen im täglichen Leben fast keine Auffälligkeiten, die ➢ Tests aber, die von ***Sperry*** und Kollegen entwickelt wurden, erbrachten den Nachweis, dass die beiden Gehirnhälften verschiedenartige Funktionen haben. Wenn z.B. ein/e PatientIn einen Bleistift, den er/sie nicht sehen konnte, mit der rechten Hand betastete, konnte er/sie ihn in Worten beschreiben. Hatte er/sie den Bleistift jedoch in der linken Hand, war ihm/ihr eine verbale Beschreibung nicht möglich. Die rechte Hand konnte zudem noch schreiben, aber keine Bilder zeichnen, bei der linken Hand war es umgekehrt. ***Sperry*** schreibt über seine Untersuchungsergebnisse: „Alles, was wir bisher gesehen haben, deutet darauf hin, dass die Operation bei diesen Menschen aus einem Geist zwei gemacht hat, dass sie also zwei getrennte Bewusstseinssphären haben.“ (*Nach* ***Ornstein***)

Auch andere Forschungsergebnisse der letzten Jahrzehnte haben übereinstimmend gezeigt, dass die beiden Gehirnhälften auf verschiedene Funktionen spezialisiert sind.

Die **linke Gehirnhälfte**, die mit der rechten Körperhälfte verbunden ist, hat vorwiegend mit analytischem, logischem Denken zu tun. Dieses Denken ist linear und imstande, zeitlich aufeinander folgende Informationen zu verarbeiten. Es ist vor allem für den sprachlichen und abstrakt-mathematischen Bereich zuständig. Die linke Gehirnhälfte dominiert bei 95% aller Rechtshänder und bei etwa 70% der Linkshänder die sprachlichen Funktionen. Bei 5% der Rechtshänder und 15% der Linkshänder wird die Sprache von der rechten Gehirnhälfte dominiert. Für die restlichen 15% Linkshänder sind die sprachlichen Funktionen auf beide Gehirnhälften verteilt.

Die **rechte Gehirnhälfte**, die die linke Körperhälfte kontrolliert, scheint überwiegend auf eine ganzheitliche Weise zu funktionieren. Sie ist hauptsächlich für die Orientierung im Raum zuständig und kann Informationen gleichzeitig, wenn auch diffuser, verarbeiten. Sie steht für die kreative Fantasie, für bildnerische, musikalische und allgemein künstlerische ➢ Kreativität. Sie ist besser als die linke Gehirnhälfte für Synthese geeignet. Bei Verletzungen der rechten Hirnhemisphäre kommt es oft zu räumlicher Desorientierung sowie Störungen der Aufmerksamkeit und der Wahrnehmung.

Die beiden Gehirnhälften scheinen für zwei Bewusstseinsmodi zu stehen, die einander zwar polar entgegengesetzt sind, aber komplementär zusammenarbeiten. Das Zusammenwirken dieser komplementären Arbeitsweisen in Form von Intellekt und Intuition bewirkt erst die höchsten menschlichen Errungenschaften. Es wird allerdings oft die Meinung vertreten, dass westliche Erziehungssysteme die Fähigkeiten überbetonen, die die Dominanz der linken Gehirnhälfte begünstigen, z.B. Wortflüssigkeit, logisches Denken, etc. (*Nach **Zimbardo***)

Die Dualität im menschlichen ➢ Bewusstsein ist in anderen Kulturen schon vor langer Zeit erkannt worden. So unterscheiden etwa die Hopi-Indianer die Funktion der beiden Hände: Die eine ist zum Schreiben da, die andere zum Musikmachen. Für die Mohave-Indianer ist die linke Seite die mütterlich-weibliche, rezeptive Hälfte des Menschen, die rechte die väterlich-männliche, aktive.

Symbolhaft wird die rechte Seite oft mit „richtig", „angemessen", „gerecht", „tugendhaft" assoziiert, die linke Seite mit etwas Bedrohlichem, Bösem, Tabuisiertem (vgl. lat. sinister = links, linkisch, Unheil kündend).

?

- *Machen Sie die Augen zu und versuchen Sie, jede Hälfte Ihres Körpers für sich zu spüren! Versuchen Sie, mit den beiden Seiten Ihres Körpers gefühlsmäßig Kontakt aufzunehmen! Können Sie Unterschiede spüren?*

Das Yin-Yang-Symbol
(Das fernöstliche weiblich-männliche Prinzip)

Z

1. *Geben Sie je ein Beispiel für eine monistische bzw. dualistische Auffassung vom Leib-Seele-Problem.*
2. *Inwiefern kann der Lebensstil die Gesundheit gefährden?*
3. *Was versteht man unter Gehirnzentren?*
4. *Für welche Funktionen ist das vegetative Nervensystem zuständig?*
5. *Was ist Stress und im Zusammenhang damit das „allgemeine Adaptationssyndrom"?*
6. *Wie entstehen psychosomatische Krankheiten?*
7. *Welche Möglichkeiten der Stressbewältigung kennen Sie?*
8. *Welche Methoden zur Untersuchung der Gehirntätigkeit kennen Sie?*
9. *Nennen Sie Beispiele für psychophysische Zusammenhänge.*
10. *Wie erklärt man sich die „Wachheit" des Bewusstseins?*
11. *Was versteht man unter REM-Schlaf?*
12. *Was versteht man unter dem „circadianen Rhythmus"; welche Bedeutung hat er im Hinblick auf das Berufsleben?*
13. *Welche Funktionen sind der linken/rechten Gehirnhälfte zuzuordnen?*

Kapitel 3

EMPFINDUNGEN UND WAHRNEHMUNGEN

Wahrnehmung – mehr als ein physikalischer oder chemischer Vorgang

Reiz und Erleben – Grenzen unserer Wahrnehmung

Farben und Farbsymbolik – wie Farben auf unsere Psyche wirken

Wahrnehmungstäuschungen – wovor auch der Schlaue nicht gefeit ist

Gestalt, Raum, Zeit– Ordnungsprinzipien unserer Wahrnehmung

Einflüsse auf die Wahrnehmung – wir sehen das, was wir sehen wollen

Werbung – Wahrnehmungspsychologie zu ökonomischen Zwecken

Der Gemüsegärtner, 1590

Giuseppe Arcimboldo

Wo ist der Gärtner? Stellen Sie das Bild auf den Kopf!

EINLEITUNG

Die Sinnesorgane, Auge, Ohr, Nase, Zunge und Haut, informieren uns über die Vorgänge in unserer Umwelt. Die zu den Sinnesorganen oder Rezeptoren gehörenden nervösen Systeme leiten diese Information weiter ins Zentralnervensystem. Dort werden sie – entsprechend den vorangegangenen Erfahrungen – z.B. zu motorischen Befehlen verarbeitet, sodass der Bewegungsapparat auf die Wahrnehmung der Außenwelt entsprechend reagiert (z.B. Ausweichbewegung bei Wahrnehmung eines herannahenden Fahrzeugs).

1. Der Wahrnehmungsprozess

DAS SUBJEKTIVE BILD DER AUSSENWELT

Die Außenwelt, die wir wahrnehmen, die wir „kennen", gibt es nur in unserem subjektiven Erleben. Die ➢ objektive Außenwelt der Physik besteht aus Atomen, Strahlungen und Energien. Sie hat weder Farbe noch Gestalt, weder Wärme noch Kälte: Diese Qualitäten entstehen und bestehen erst in unserer Empfindung und Wahrnehmung. Wir sehen nicht die Moleküle, aus denen sich Gräser zusammensetzen, sondern wir sehen eine Wiese und nehmen sie als grün wahr. Wir empfinden die Strahlen der Sonne als Wärme, ihr Fehlen als Kälte. Den Lichtstrahl selbst können wir nicht sehen; erst, wenn er als **Reiz** unsere Augen trifft, entstehen in ihnen nervöse Erregungsprozesse, welche in das Gehirn bis zur Hirnrinde weitergeleitet werden. Es entsteht die Sinnesempfindung „hell", und wir nehmen eine Lichtquelle wahr. Die Wahrnehmung selbst entsteht nicht in den Sinnesorganen und den äußeren rezeptiven (aufnehmenden) Apparaten, sondern im Gehirn. Die Weiterleitung der nervösen **Erregung** von dem Augenblick an, in welchem ein physikalischer oder chemischer Reiz von außen ein Sinnesorgan trifft, bis zur Verarbeitung im Gehirn ist zunächst ein biologischer (physiologischer) Vorgang. Erst durch Hinzutreten psychischer Vorgänge, wie Auswählen, Vergleichen, Ordnen, Zusammenfügen, Assoziieren usw. entstehen stabile, geordnete Perzepte (Ergebnisse des gesamten Wahrnehmungsprozesses), die für den Reizempfänger subjektiv relevant sind.

Dieser komplizierte, meist unbewusste **Wahrnehmungsprozess** wird in drei Stufen gegliedert:

1. Sensorische Empfindung: Umwandlung physikalischer Energie in neurale Aktivität, im visuellen Bereich etwa Umwandlung in die Empfindung der **Merkmale** (zweidimensional, trapezförmig, ...) **eines Netzhautbildes**. Schon auf dieser Stufe kommt es zu einer Reizauswahl, z.B. Zellen der Netzhaut werden nicht gleichmäßig stimuliert, sondern sie betonen Grenzlinien und Helligkeitsunterschiede. Über diesen Input erhält das Gehirn Informationen über die Merkmale des betrachteten Objekts.
2. Wahrnehmung im engeren Sinn: Bildung einer inneren Repräsentation eines Gegenstandes und eines erlebten Perzepts des äußeren Reizes, z.B. drei Linien, die von den Gehirnzellen identifiziert wurden, werden als Buchstabe H, als Dreieck oder als die römische Zahl III erkannt, je nachdem, welche Information der Kontext bereitstellt. Die Informationen der Rezeptoren werden also durch Gehirnprozesse geordnet und modifiziert, sodass die Eigenschaften der Reize in erkennbare Muster und Formen umgewan-

delt werden. Das zweidimensionale, trapezförmige Netzhautbild beispielsweise wird als perspektivisch verzerrtes Rechteck gesehen. Wahrnehmungsprozesse auf dieser Stufe können auch Schätzungen der Größe, der Form, der Bewegung, der Entfernung von Gegenständen sein. Die Merkmale des Netzhautbildes werden so zu **Merkmalen** des Gegenstandes. Die Fragestellung auf dieser Stufe ist: **Was ist dieser Gegenstand**?

3. Klassifikation: Die Eigenschaften der wahrgenommenen Gegenstände werden in vertraute Kategorien eingeordnet. Mentale Prozesse (Erwartungen, Wissen, ➢ Motivation), Persönlichkeitsmerkmale, soziale Erfahrung, etc. werden eingesetzt, um das Wahrgenommene zu erfassen. Das rechteckige Objekt (bzw. trapezförmige Netzhautbild) wird z.B. aufgrund der bisher erworbenen Erfahrungen und Begriffe der Kategorie Fenster zugeordnet. Die Funktion des Hindurchsehens hat es mit vielen dieser bereits bekannten Objekte gemeinsam. Auf dieser Stufe geht es also darum, die **Merkmale der Funktion eines Gegenstandes** zu erkennen. Die entsprechende Frage ist: **Wozu dient dieser Gegenstand**? Unsere Welt ist kein Konglomerat aus Einzelwahrnehmungen, sondern sie wird als ein bedeutungsvolles, in einem größeren Gesamtzusammenhang stehendes Ganzes erlebt.Wir ordnen unsere Informationen und fassen sie zu größeren Bestandteilen zusammen. Diese Informationsblöcke werden Schemata genannt. Solche Schemata sind z.B. Freunde, Restaurants, Filme, Verkehrsmittel usw. Sie stammen aus verschiedensten Quellen und beziehen sich auf verschiedenste Orte, Anlässe, Gegenstände, etc.

Die schematische Darstellung auf den beiden folgenden Seiten gibt eine Übersicht über die Reize und Rezeptoren der menschlichen Sinne, des Weiteren über die Verarbeitung der Umweltreize auf den drei Stufen des Wahrnehmungsprozesses, nämlich Empfindung, Wahrnehmung und Klassifikation (wobei die beiden letzteren sich auf das Beispiel des visuellen Bereichs beschränken). Die Prozesse des Informationsflusses von einer Stufe zur nächsten (im Schema durch horizontale Pfeile gekennzeichnet) sind:

- „**Bottom-up**“-Prozesse: So werden jene Prozesse bezeichnet, in welchen die Aufnahme, Filterung und Analyse relevanter Informationen stattfindet, ausgehend von der Stimulation der Rezeptoren über Empfindung, Wahrnehmung bis hin zur Klassifikation. Man nennt sie auch „datengeleitete“ Prozesse, weil sie von der ➢ sensorischen Information, den Rohdaten direkter Erfahrung, geleitet werden.
- „**Top-down**“-Prozesse: Das sind jene Prozesse, die im Gehirn entstehen und die Auswahl, Organisation oder Interpretation von Sinnesdaten beeinflussen. Gedanken, vorhandenes Wissen, Wertsysteme, etc. kontrollieren, wie eintreffende Reize behandelt werden, ob sie als relevant eingeschätzt werden, ob und wie sie weiterverarbeitet werden.

Beide Prozesse stehen in ständiger ➢ Interaktion miteinander und bestimmen so die Art der Wahrnehmung der Umwelt. Allerdings wird das, was unsere Sinne aus allen Umweltreizen aufnehmen, stark von der **Aufmerksamkeit** beeinflusst (s. S. 68 f.).

B

DER WAHRNEHMUNGSPROZESS

--------→ „Bottom-up" Prozesse ←--------

Reiz →	Sinnesorgan/ Sensorische Prozesse →	1. EMPFINDUNG
physikal./chemisch	**biolog./physiolog.**	**physiolog./psychisch**
Elektromagnetische Schwingungen	*Auge (Stäbchen und Zapfen)*	*Helligkeit Farbe*
Mechanische Schwingungen	*Ohr (Inneres Ohr, Basilarmembran, Schnecke usw.)*	*Ton, Geräusch usw.*
Chemische Substanzen Physikalische Reize	*Nase (Riechzellen, Riechepithel ...)*	*Geruch*
	Gaumen, Zunge (Geschmackspapillen)	*Geschmack*
Physikalische Reize (mechanische, Druckreize ...)	*Haut (Tastkörperchen, Druckpunkte ...)*	*Berührung Tastempfindung*
Noch ungeklärt	*Wärme- und Kältepunkte auf der Haut*	*Temperatur-empfindungen*
Jeder zu starke Reiz	*Besondere Nervenenden (Schmerzpunkte)*	*Schmerz*
Physikalisch (Druckreize)	*Ohr (Labyrinth, Lymphe) Gleichgewicht*	*Lageempfindung*

Empfindungen wie „rot", „grün", „heiß", „kalt" usw. werden vom erwachsenen Menschen meist unbewusst und nur selten in reiner Form erlebt – am ehesten noch Hitze- und Kälteempfindungen oder plötzliche, ungewohnte Schmerzempfindungen. Im Prozess der Wahrnehmung bringen wir das, was wir empfinden, in einen geordneten, verstehbaren Zusammenhang, wie aus folgendem Beispiel ersichtlich:

Ein kleines Kind erblickt in seiner Umgebung einen gelben Fleck. Wenn es diesen „Fleck" berührt oder in die Hand nimmt, so gesellen sich zu dieser optischen Empfindung andere Empfindungen („rund", „hart" usw.), bis die einzelnen Empfindungen für das Kind Bedeutung bekommen; es stellt fest, dass das Ding, das es entdeckt hat, ein „Apfel" ist – auch wenn es diesen noch nicht benennen kann. Ab nun wird es beim Anblick eines Apfels nicht mehr reine Empfindungen haben, sondern es wird ihm der ganze Komplex von „rund, hart, gelb" bewusst.

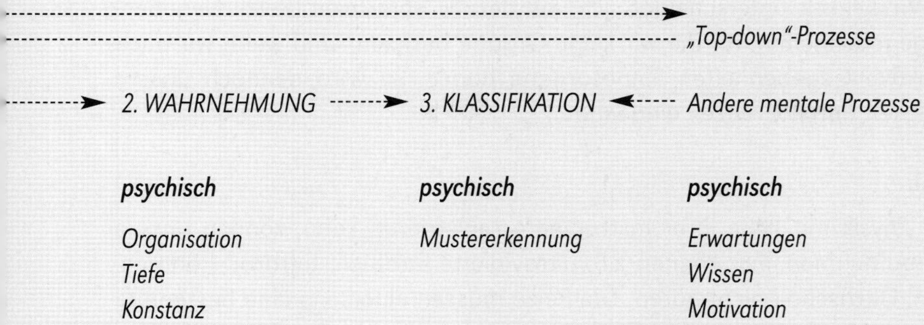

(Nach Zimbardo)

Die bewusste Wahrnehmung, die am Endpunkt dieser komplizierten „Berechnungen" des Nervensystems steht, weist folgende **Merkmale** auf:

- Das Wahrnehmungsbild ist **bedeutungsvoll**. Die eintreffenden Informationen werden mit gespeicherten Erfahrungsmustern „verglichen" und in bereits vorhandene Bezugssysteme eingebettet.
- In der Verarbeitung werden **Verzerrungen** bei der Aufnahme korrigiert (s. dazu die auf S. 64 f. beschriebenen ➢ Experimente mit der Umkehrbrille).
- Die auf unzählige Sinnesrezeptoren verteilten Sinnesinformationen werden zu einem **geschlossenen Wahrnehmungsbild** integriert (s. S. 61 f., „Gestaltwahrnehmung").
- Die Eindrücke aus der Umgebung und von der eigenen Person (Selbstwahrnehmung) sind zu einem **Weltbild** vereint, in dessen Mittelpunkt das eigene Ich steht.

REIZ UND ERLEBEN

Unsere subjektive Wirklichkeit unterscheidet sich von den ➢ objektiven (Reiz-) Gegebenheiten: Es gibt Reizgegebenheiten, für die wir keine Organe besitzen. Und wenn wir auch für bestimmte objektive Gegebenheiten Sinnesorgane haben, so wird dennoch unsere Wahrnehmungsfähigkeit durch Grenzen eingeengt.

DIE REIZSCHWELLE

Viele Reize, die die Physik mit Hilfe ihrer Instrumente registrieren kann, können unsere Sinnesorgane nicht aufnehmen. Wir können z.B. ultraviolette Strahlen, Infrarot, Röntgenstrahlen nicht sehen, Ultraschall nicht hören. Die Reize müssen einerseits eine bestimmte **Qualität**, andererseits eine gewisse **Intensität** besitzen, damit wir eine Empfindung haben können.

Qualitätsschwelle (qualitative Reizschwelle): Ein Reiz muss eine bestimmte Qualität haben, um in Empfindungen umgesetzt werden zu können. Diese Qualität ist

- **beim Sehen**: Elektromagnetische Schwingungen im Bereich von 400 Billionen Hz (untere Reizschwelle) bis 800 Billionen Hz (obere Reizschwelle) pro Sekunde. Bei 400 Billionen Hz haben wir die Empfindung „rot", bei 800 Billionen Hz die Empfindung „violett".
- **beim Hören**: Luftschwingungen zwischen 16 Hz und 20.000 Hz pro Sekunde.

Verschiedene Lebewesen haben eine andere „subjektive Wirklichkeit" als der Mensch. So konnte z.B. ***v. Frisch*** nachweisen, dass die Sinnesorgane der Bienen für einen anderen Strahlenbereich empfindlich sind als das Auge des Menschen; sie können kein „Rot" sehen, wohl aber nehmen sie das für den Menschen unsichtbare „Ultraviolett" wahr.

Intensitätsschwelle (quantitative Reizschwelle): Ein Reiz, der seiner Qualität nach eine Empfindung auslösen kann (z.B. die Strahlenfrequenz von 600 Billionen Hz), führt erst dann zu einer Empfindung, wenn er eine bestimmte Stärke erreicht. Die Stärke wäre hier die Anzahl der einfallenden Strahlen pro Flächeneinheit. Oder: Schwingungen einer Membran unterhalb einer bestimmten Amplitude lösen, auch wenn sie eine für das Ohr adäquate Schwingungszahl haben, noch keine Sinnesempfindung aus; erst wenn die Amplitude größer wird und die Intensität des Reizes dadurch zunimmt, kann dieser vom Menschen wahrgenommen werden.

*Die **Reizschwelle** kann demnach definiert werden als der Übergang vom Unmerklichen zum Eben-Merklichen (untere Reizschwelle) bzw. vom Merklichen zum Nicht-mehr-Merklichen (obere Reizschwelle).*

Unterschiedsschwelle: Der Physiologe *Ernst* ***Weber*** machte 1834 die Beobachtung, dass das Gewicht eines Vergleichsgegenstandes um ein ganz bestimmtes Maß erhöht werden muss, damit es zu einer merkbar stärkeren Empfindung kommt. Dieses Maß ist immer **relativ** zum vorhergegangenen: Je höher das vorausgegangene Gewicht ist, umso mehr muss der Vergleichsgegenstand in Relation dazu wiegen, damit ein Unterschied spürbar wird.

Weber und seine Schüler konnten diese Beobachtung auch auf andere Sinnesgebiete ausdehnen, und der Physiker *Gustav Theodor* ***Fechner*** formulierte schließlich das zu Ehren ***Weber****s* so genannte

Weber*'sche* **Gesetz**: Die Reizstärke muss in einem gleich bleibenden Verhältnis steigen, damit aufeinander folgende Reize als eben merklich stärker empfunden werden.

Weber fand z.B., dass ein Gewicht, das auf die Hand aufgesetzt wird (etwa ein Briefkuvert) um etwa 1/3 erhöht werden muss, um als merklich schwerer empfunden zu werden. Andere Forscher untersuchten weitere Sinnesmodalitäten und fanden dabei die ***Weber****'sche* Konstante bestätigt, sie ist jedoch bei verschiedenen Sinnesorganen und -modalitäten unterschiedlich groß. Geschmacksunterschiede können wir weniger differenziert feststellen als unterschiedliche Lautstärken. Für Tonhöhen und Helligkeiten besitzen wir ein sehr gutes Unterscheidungsvermögen. Die folgende Tabelle zeigt die Prozentsätze für die ***Weber****'schen* Konstanten für einige verschiedene Reizarten (nach ***Herkner***):

Tonhöhe	0,3%
Lautstärke	9,0%
Helligkeit	1,6%
Gewichte (gehoben)	2,0%
Geschmack von Salzlösungen	25,0%

Das ***Weber****'sche* ***Gesetz****, das allerdings nur für mittlere Bereiche der Reizstärke gilt, lautet abgekürzt: Die relative Unterschiedsschwelle ist konstant.*

- *Sie können die Unterschiedsschwelle bei Tonhöhe, Gewicht, Helligkeit etc. an sich selbst oder an einem Mitschüler feststellen. Es werden dabei u.U. auch Schmerzschwellen festzustellen sein; diesen Bereich sollten Sie aus Gesundheitsgründen meiden!*

DAS ADAPTATIONSNIVEAU (ANPASSUNGSNIVEAU)

Sowohl die Reiz- als auch die Unterschiedsschwellen sind von Art und Aufbau des Sinnesorgans abhängig; sie sind daher bei allen Menschen ziemlich gleich. Es gibt aber auch subjektive Maßstäbe unserer Wahrnehmung, nach denen wir Dinge und Situationen bewerten. Sie richten sich nach der jeweiligen Situation und nach der persönlichen Erfahrung.

Jeder/Jede AutofahrerIn weiß aus eigener Erfahrung, dass ihm/ihr eine Geschwindigkeit, die er/sie im Stadtverkehr als hoch empfindet, beim Verlassen der Autobahn, auf der er/sie ein wesentlich höheres Tempo fuhr, unverhältnismäßig niedrig vorkommt. Eine Person, die über ein hohes Einkommen verfügt, wird den Eintrittspreis zum Opernball als weniger teuer empfinden als jemand, der vom Existenzminimum leben muss. Ein Mensch, der ständig schwere Lasten zu tragen hat, wird ein Gewicht eher als leicht bezeichnen als ein anderer, der an schwere Lasten weniger gewöhnt ist.

Jene „durchschnittliche" Situation, nach der wir die Gegebenheiten unserer Umwelt gemäß unserer vorangegangenen Erfahrung einschätzen, bezeichnet man als **Adaptationsniveau**. (Das ist z.B. jener neutrale Bereich, in dem ein Gegenstand von einer Person weder als schwer, noch als leicht eingeschätzt wird).

SENSORISCHE DEPRIVATION (REIZENTZUG)

In unserem täglichen Leben sind wir ständig einer Unzahl von Reizen ausgesetzt. Was geschieht aber, wenn wir von den meisten oder gar von allen uns umgebenden Reizen abgeschirmt werden? Bereits zu Beginn der Fünfzigerjahre des 20. Jahrhunderts wurden in Kanada ➢ Experimente über die Wirkung des Reizentzuges, der „sensorischen Deprivation" durchgeführt. Diese und auch viele folgende Versuche haben gezeigt, dass in solchen Situationen bei den meisten Menschen **veränderte Bewusstseinszustände**, wie sie z.B. auch aus den Berichten über die Wirkung bewusstseinsverändernder Drogen (z.B. LSD) bekannt sind, entstehen können.

Die Experimente laufen im Allgemeinen so ab: Freiwillige Vpn (Versuchspersonen) sitzen oder liegen in einem vollkommen abgedunkelten und von Geräuschen abgeschirmten Raum (camera silens). Schon wenige Stunden genügen im Allgemeinen, um den Eindruck von einer **„Welt ohne Reiz"** zu erhalten. Die Vpn werden angehalten, laufend über ihre Erlebnisse zu berichten, die Äußerungen werden auf ein Tonband aufgenommen. Den Tonbandberichten zufolge versuchen sich die meisten Vpn anfangs in Gedanken mit etwas zu beschäftigen – mit ihrer Arbeit, mit Erlebnissen und Problemen usw. Mit der Zeit treten aber bei dem Versuch, sich zu konzentrieren, immer mehr Schwierigkeiten auf. Im weiteren Verlauf des Versuches entstehen bei vielen Vpn optische **Trugwahrnehmungen**, wie Punkte, Lichter, Muster, und schließlich kann es zum Auftreten lebhafter Bilder kommen, die so farbig und intensiv sind, dass manche Vpn von ihrer Echtheit vollkommen überzeugt sind.

Das Auftreten solcher Trugwahrnehmungen oder Halluzinationen (Wahrnehmungen, die ohne objektive Reize auftreten und für real gehalten werden) kennen wir auch aus Berichten von Menschen, die im realen Leben **extremen Isolationsbedingungen** ausgesetzt waren. Bei den Bergleuten von Lengende, die zwei Wochen unter der Erde verbringen mussten, hatten neun der elf verschütteten Personen lebhafte, farbige Sinnestäuschungen; drei davon erlebten echte Halluzinationen (sie sahen z.B. Gärten mit Apfelbäumen, Palmen, grüne Wiesen, weidende Kühe usw.). Von Schiffbrüchigen werden ähnliche Vorfälle berichtet.

Das Erleben sensorischer Deprivation muss aber nicht immer unangenehm sein, es werden auch bei verschiedenen Meditationstechniken ähnliche Erlebnisse geschildert. Die sensorische Deprivation wird wohl erst dann als bedrohlich empfunden, wenn man es nicht in der Hand hat, sie selbst jederzeit abzubrechen. So wird z.B. bei einer „Gehirnwäsche" die völlige Isolierung von Menschen dazu benützt, sie mürbe und gefügig zu machen; die Deprivation führt zu einem enorm gesteigerten Bedürfnis nach Reizen und damit zu erhöhter Beeinflussbarkeit für ➢ Suggestion und Propaganda, die in der weiteren Phase einer Gehirnwäsche eingesetzt werden.

2. Das Sehen

Da sich der Mensch in seiner Umwelt in erster Linie mit Hilfe des Sehens orientiert, werden hier einige wichtige Aspekte der visuellen (optischen) Wahrnehmung beschrieben.

DAS FARBSEHEN

DIE ENTSTEHUNG DER FARBWAHRNEHMUNG

Für das Zustandekommen von Farbwahrnehmungen sind Erregungsprozesse in **drei Arten von Rezeptorzellen** auf der Netzhaut verantwortlich. Es handelt sich dabei um drei Gruppen von Zapfen, die jeweils für Rot, Grün oder Blau empfindlich sind. In jüngsten Untersuchungen konnte nachgewiesen werden, dass tatsächlich drei Gene die Entwicklung der für das Sehen von Rot, Grün und Blau notwendigen Proteine steuern. (Nach ***Zimbardo***) Welche Farben gesehen werden, hängt von der Schwingungsfrequenz der auf die Netzhaut einfallenden Strahlen ab. Man kann bekanntlich das Sonnenlicht in einzelne Farbkomponenten zerlegen, die das Farbspektrum ergeben. Dieses reicht von Rot (400 Billionen Hz) bis zu Violett (800 Billionen Hz). Langsamere Schwingungen (Infrarot usw.) sowie schnellere (Ultraviolett) führen beim Menschen nicht mehr zu Farbempfindungen. Wenn die Strahlen der Sonne auf einen Gegenstand fallen, so können diese zur Gänze **reflektiert** (zurückgeworfen) oder nur zum Teil reflektiert, zum Teil **absorbiert** (verschluckt) bzw. fast ganz absorbiert werden; ob es zur Reflexion oder Absorption der Strahlen kommt, hängt von der molekularen Beschaffenheit des Gegenstandes ab. Wenn wir einen Gegenstand anblicken, der sämtliche Strahlen reflektiert, sodass diese zur Gänze auf unsere Netzhaut fallen und dort alle drei Zapfen-Typen gleichmäßig reizen, so kommt es zur Empfindung des Weiß; sofern einige Strahlen absorbiert, andere wieder reflektiert werden, kommt es – je nachdem, wie stark die Schwingungsfrequenzen die verschiedenen Gruppen von Zapfen auf unserer Netzhaut anregen – zu einer entsprechenden Farbempfindung im Spektrum von Rot bis Violett.

Wahrnehmung der Farbe SCHWARZ

Wenn die elektromagnetischen Schwingungen durch einen Gegenstand zur Gänze absorbiert werden, wird die Netzhaut bei dessen Anblick von keinen Schwingungen getroffen, und so können auch keine physiologischen Erregungen entstehen. Dass es trotzdem zur Empfindung „Schwarz" kommt, liegt daran, dass man bei geschlossenen Augen nicht „nichts", sondern ein dunkles Grau wahrnimmt, das „subjektive Augengrau".

Wahrnehmung von MISCHFARBEN

Meist wird die Netzhaut nicht von Lichtstrahlen der gleichen Schwingungsfrequenz (homogenes Licht) getroffen, sondern von einer Mischung verschiedener Schwingungsfrequenzen (**polychromatisches** – im Gegensatz zum **monochromatischen** – Sehen). Wir können dann entsprechend dieser Mischung Farben sehen, die im Spektrum gar nicht repräsentiert sind, z.B. die Purpurfarbe, die durch eine Mischung von Rot und Violett entsteht.

Die Gesetze, denen die Mischung von Farben unterliegt, wurden schon von ***Newton*** entdeckt. Zahlreiche weitere Untersuchungen ergaben:

- Für jede Farbe gibt es eine Ergänzungs- oder **Komplementärfarbe**; so ist z.B. die Komplementärfarbe für Rot das Grün, für Blau das Gelb usw. Wird eine Farbe mit ihrer Komplementärfarbe gemischt, ergibt dies ein Grau. Aus zwei bunten Farben wird also eine unbunte Farbe.

  Die Beziehungen zwischen den Farbpaaren Rot-Grün und Gelb-Blau zeigen sich z.B. bei der **Farbenblindheit**, bei der immer beide Farben des Paares betroffen sind; es gibt eine Rot-Grün-Farbenblindheit, die fast nur bei Männern vorkommt, und eine viel seltenere Blau-Gelb-Farbenblindheit. Farbenblinden fehlen eine oder mehrere der drei Arten von Zapfen, durch deren Zusammenwirken das Farbempfinden zustande kommt: Einige Ganglienzellen werden durch Licht aktiviert, das Empfindungen von Rot auslöst, aber Empfindungen von Grün hemmt, andere Zellen arbeiten genau umgekehrt. Zusammen bilden diese beiden Arten von Ganglienzellen die physiologische Basis des Rot-Grün-Systems der gegenseitigen Hemmung. Andere Zellen bilden das Blau-Gelb-System und das Schwarz-Weiß-System, indem sie die Erträge der drei Arten von Zapfen in unterschiedlicher Weise kombinieren. Fehlt nun eine Art der drei Zapfen, wird daher nicht nur eine Farbe, sondern auch die entsprechende Komplementärfarbe, z.B. das Rot-Grün-System als Ganzes, nicht wahrgenommen.

  Eine weitere Beziehung zwischen den genannten Farbpaaren wird durch die Erscheinung des **negativen Nachbildes** bestätigt: Fixiert man längere Zeit einen roten Gegenstand und blickt dann auf eine graue Fläche, so sieht man ein Abbild des Gegenstandes in Grün (und umgekehrt). Das Gleiche gilt für das Farbpaar Gelb und Blau (Abb. 9).

- Werden zwei nicht **komplementäre** Farben gemischt, so entsteht eine neue Farbe, die im Spektrum dazwischen liegt und derjenigen Farbe ähnlicher ist, die im Gemisch vorherrscht. Die Ausdrucksweise „dazwischen" bezieht sich auf den „Farbenkreis" (Abb. 6), in welchem die Farben in ihrer spektralen Aufeinanderfolge (wie z.B. beim Regenbogen) kreisförmig angeordnet sind, sodass sich das langwellige Ende (Rot) mit dem kurzwelligen Ende (Violett) trifft.

  Jede Kombination von zwei oder mehr Farben, aus der eine bestimmte neue Farbe entsteht, heißt **„additive Farbmischung"** (Abb. 6).

Abb. 6: Farbmischung: subtraktiv (rechtes Bild) und additiv (linkes Bild). Die subtraktive Farbmischung wird im Vierfarbendruck angewendet, die additive kann man bei der Mischung von buntem Licht in einem abgedunkelten Raum erleben.

Von **„subtraktiver Farbmischung“** spricht man, wenn das Aussehen einer Farbe durch das Wegnehmen bestimmter Strahlungskomponenten verändert wird. So wird z.B. ein aus allen Lichtern des Spektrums zusammengesetztes Weiß farbig, wenn es durch einen Filter geschickt wird, der einige Strahlungen absorbiert und andere durchlässt.

- Aus der Mischung der Farben **Rot**, **Grün** und **Violett** können alle beliebigen Farben erzeugt werden.

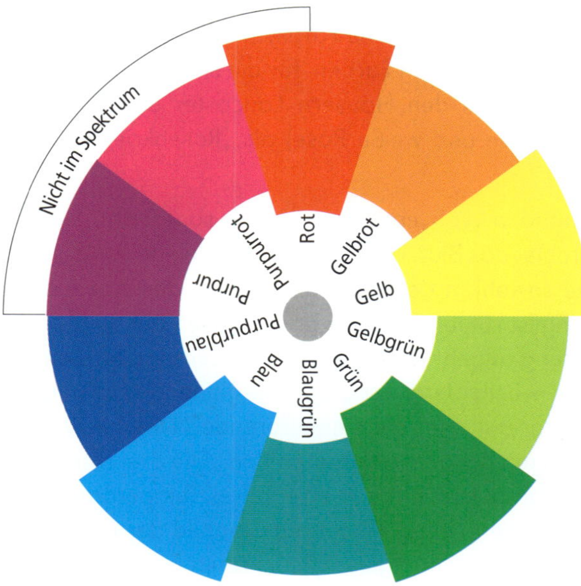

Abb. 7: Der Farbenkreis. – Es gibt vier einzigartige Farbtöne (Rot, Gelb, Grün und Blau), die einander nicht ähneln. Daneben befinden sich im Farbenkreis Farbtöne, die nicht im Spektrum enthalten sind (das Purpur). Gleiche Anteile von Komplementärfarben (Tönen, die einander auf dem Farbenkreis gegenüberliegen) erzeugen Grau, wenn sie gemischt werden.

Abb. 8: Bunter Simultankontrast: Die Umfeldfarben beeinflussen die Farbe der drei Streifen. Legen Sie über die Mitte der Abbildungen einen weißen Papierstreifen, der die Berührungsstellen der Hintergrundfarben abdeckt – und die Farben der Streifen werden sich scheinbar verändern. Der Simultankontrast ist immer wirksam; da die Augen umherschweifen, wird er jedoch ständig unterbrochen.

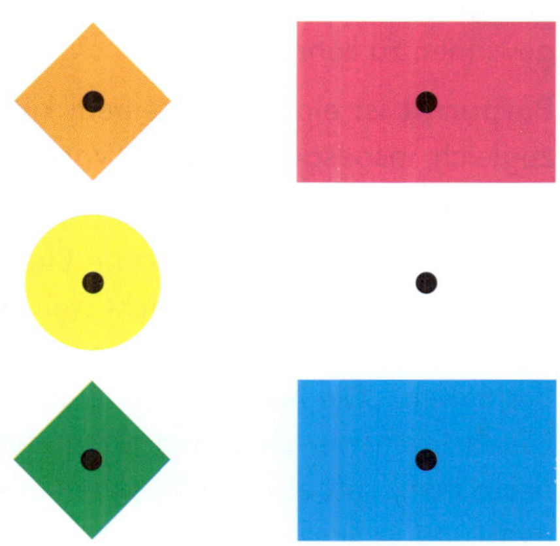

Abb. 9: Farbiges Nachbild: Fixieren Sie etwa eine Minute lang den schwarzen Punkt auf dem gelben Kreis und schauen Sie dann auf den schwarzen Punkt rechts. Beschreiben Sie, was Sie sehen!

PSYCHOLOGISCHE WIRKUNG VON FARBEN UND FARBSYMBOLIK

Die MalerInnen aller Zeiten wussten die Ausdruckskraft der Farben in ihren Werken zu nutzen. Man weiß heute, dass Farbempfindungen über das vegetative Nervensystem auf den Menschen wirken. Personen, die unter Aufregung leiden, lehnen das erregende Rot ab und bevorzugen ein dunkleres Blau, weil ihr Zustand keine aufreizenden Einflüsse mehr erträgt und ihr ganzes Streben auf Ruhe, Entspannung und Erholung ausgerichtet ist (***Lüscher***). Die Farbsymbolik ist zwar nicht bei allen Völkern gleich, in unserem Kulturkreis jedoch ziemlich einheitlich. So drückte sich z.B. die mittelalterliche Farbsymbolik besonders deutlich in der „Sprache der Kleidung“ aus; Familien hatten Farben, für die sie sich stritten. Die englischen Thronkämpfe (1455–1485) zwischen den Häusern Lancaster und York sind wegen der Wappen der beiden Familien (rote und weiße Rose) als „Rosenkriege“ in die Geschichte eingegangen.

Rot ist eine erregende Farbe. Wenn jemand in Wut „entbrannt“ ist, so sagt man: „Er sieht Rot“. Der Kinderreim „Rot ist die Liebe, rot ist das Blut, rot ist der Teufel in seiner Wut“ zeigt, dass sich die Erregung der roten Farbe sowohl in der Liebe als auch in der Wut äußern kann. Die erotisierende Tangobeleuchtung ist rot, und rote Laternen weisen auf der ganzen Welt den Weg dorthin, wo sexuelle Erregung angepriesen wird. Rote Rosen sind ein Zeichen der Liebe. Der Maler *Arnold* ***Böcklin*** hat wochenlang versucht, ein glühendes Orangerot herzustellen, um damit ein Tuch zu malen, auf dem die sinnbetörende Nymphe Kalypso sitzt, *Franz* ***Marc*** hat nach eigenen Aussagen bei dem bekannten Bild „Die drei roten Pferde“ diese deshalb rot gemalt, weil sie ein impulsives, rasch erregbares Temperament signalisieren. Die Farbe Rot ist in der katholischen Liturgie nicht nur Sinnbild der Liebesglut, die als Flamme auf den Häuptern der durch den Pfingstgeist Erleuchteten erscheint. Es korrespondiert auch mit der Farbe des Blutes der Märtyrer und symbolisiert das Opfer. Rot ist die Farbe der russischen Revolution – die Farbe der kraftvollen Umwälzung. Die Kelten färbten vor einem Kampf ihre Haare rot, um auf magische Weise Kriegsglück herbeizuzwingen, und im Mittelalter glaubte man noch, durch das Blut getöteter Helden selbst Mut gewinnen zu können.

Purpurrot ist ein Rot mit einem kühlen Blau-Anteil. Es wirkt imponierend und verhalten zugleich, insgesamt prächtig. Von den Königen hieß es, sie seien „in Purpur geboren“.

Blau hingegen repräsentiert ein physiologisches und psychisches Grundbedürfnis: die Ruhe. ***Goethe*** deutet die Farbe Blau als „ein reizendes Nichts“ und meint, dass wir Blau deshalb gerne ansehen, „nicht weil es auf uns dringt, sondern weil es uns nach sich zieht“ (vgl. die „blaue Blume“ der Romantik). ***Kandinsky*** äußert sich über die Farbe Blau folgendermaßen: „Die Neigung des Blaus zur Vertiefung ist so groß, dass es gerade in tieferen Tönen intensiver wird und charakteristischer, innerlicher wirkt. Je tiefer das Blau wird, desto mehr ruft es den Menschen in das Unendliche, weckt in ihm die Sehnsucht nach Reinem und schließlich Übersinnlichem. Blau ist die typisch himmlische Farbe. Sehr tief gehend entwickelt das Blau das Element der Ruhe. Zu Schwarz sinkend, bekommt es den Beiklang einer nicht menschlichen Trauer. Es wird wie eine unendliche Vertiefung in die ernsten Zustände, wo es kein Ende gibt und keines geben kann.“ Blau ist die Erfüllung des Ideals der Einheit, der Verbundenheit, Treue und des Vertrauens: daher auch der blaue Mantel der Gottesmutter Maria. Als friedliche, entspannte Ruhe hat Blau den Zweck zu regenerieren und Kräfte zu sammeln.

Violett vereinigt in sich Rot und Blau. Es gilt im römisch-katholischen Kirchenkult als Farbe der wahren Bußgesinnung, der Demut, Bescheidenheit und heiligen Abgeschiedenheit. In der mittelalterlichen Glasmalerei der Kirchenfenster wirkt es geheimnisvoll.

Im **Grün** sind nach ***Kandinsky*** Gelb und Blau als paralysierte Kräfte verborgen, die wieder aktiv werden können. Daher liegt im Grün eine lebendige Möglichkeit, Grün ist die Farbe der erwachenden Natur und die Farbe der Hoffnung, der jungen Liebe. Jäger kleiden sich in Grün, da leuchtende Farben das Wild „vergrämen".

Gelb wird oft als problematische Farbe bezeichnet: Gelb gilt als Farbe des Neides, des Hasses, des Hungers, ja sogar der Angst. In einem Chanson aus dem 15. Jahrhundert drückt der Sänger seinen Gemütszustand in der Kleidung aus: „Grau und Gelb kann ich wohl tragen, weil ich der Hoffnung müde bin." Mancherorts waren im Mittelalter Dirnen verpflichtet, das „Gelb der Schande" zu tragen; ebenso zählten Ketzer, Juden, Bettler und Henkersfrauen zu den Leuten, die die gelbe Farbe tragen mussten. Gelb ist auch die Farbe der betrogenen Ehemänner in Frankreich (zumindest in Sprichwörtern, etwa: „seine Frau machte ihn von Kopf bis Fuß gelb" = sie betrog ihn aufs Schlimmste). Gelb ist jedoch eine ambivalente Farbe, die ***Goethe*** folgendermaßen sieht: „Wenn nun diese Farbe, in ihrer Reinheit und hellem Zustand angenehm und erfreulich, in ihrer ganzen Kraft aber etwas Heiteres und Helles hat, so ist sie dagegen äußerst empfindlich und macht eine sehr unangenehme Wirkung, wenn sie beschmutzt oder einigermaßen ins Minus gezogen wird. So hat die Farbe des Schwefels, die ins Grüne fällt, etwas Unangenehmes." Nach der „schönen Seite" betrachtet, dient Gelb vielfach als „Ersatz" für das feurige Rot. Es gleicht dem Gold der Sonne und wird in analoger Weise verwendet. Rot und Gelb wurden bei der römischen Hochzeit verwendet, Gold und Rot waren Zeichen der byzantinischen Macht. Das Habsburger Reich, in dem „die Sonne nicht unterging", wählte als Sinnbild seines Weltreiches die Farben Schwarz und Gelb.

Die Farben **Weiß** und **Schwarz** haben eine Beziehung zueinander und wurden seit altersher mit dem Mond in Zusammenhang gebracht. Da der Mond den biologischen Rhythmus der Frau beeinflusst, ist es nicht verwunderlich, dass bei vielen Völkern der Mond als weibliche Erscheinung aufgefasst wird. Analog zu den Phasen des Mondes (Neumond = schwarz, zu- bzw. abnehmender Mond, Vollmond = weiß) wurde auch das menschliche Leben in drei Phasen zerlegt: Geburt, Leben und Tod. Im indoeuropäischen Raum trifft man häufig eine Dreiheit der Schicksalsgöttinnen, die sich vom Mond in seinem „Schicksal" herleiten lassen; jedem Zeitabschnitt wurde eine der drei „Heiligen Frauen" zugeteilt. Diana war z.B. eine „weiße Göttin", Hekate, eine Göttin im kleinasiatischen Raum, war schwarz; sie führte bei Nacht mit Fackeln die „Wilde Jagd" an.

Die Farbe **Weiß** ist hell, „engelsgleich". Sie ist auch eine Farbe der Mutter Gottes in der katholischen Liturgie und symbolisiert Reinheit und Unschuld. Bräute tragen ein weißes Brautkleid mit einem weißen Schleier.

Schwarz symbolisiert Trauer und Hoffnungslosigkeit. Bei dem Versuch, Gefühle zu malen, wird bei dem Stichwort „nagender Kummer" von Versuchspersonen häufig die Farbe Schwarz – oft in Verbindung mit Grau – gewählt. Schwarz ist eine lebensfeindliche Farbe: Tod, Trauer, Pest, Dämonen, Totenzüge werden damit in Verbindung gebracht.

Allerdings sind die beiden Farben manchmal auch austauschbar: Bei den Griechen und Römern z.B. konnte bei Begräbnissen sowohl Schwarz als auch Weiß getragen werden. Die

Witwen französischer Könige mussten weiße Kleider als Trauerfarbe tragen. Andererseits gelten „Schwarze Madonnen“ als besonders hilfreich und wundertätig, und die schwarze Kleidung kann auch bei erfreulichen oder feierlichen Anlässen angelegt werden. (Nach ***Gross***)

?

1. *Nennen Sie Ihre Lieblingsfarbe. – Welche Vorstellungen und Gefühle verbinden Sie damit?*
2. *Nennen Sie einige menschliche Organisationen (religiöse, politische, sportliche, ...) mit bestimmten Farbsymbolen.*
3. *Sammeln Sie Beispiele aus der Werbung (z.B. in Illustrierten), bei denen Ihrer Meinung nach Farben gezielt zum Kauf anregen sollen. Stellen Sie Ihren MitschülerInnen Beispiele vor.*

Mit blauer Dominante, 1951 *Ernst Wilhelm Nay*

DIE TIEFENWAHRNEHMUNG

Das Bild, das bei der Betrachtung von Gegenständen auf unserer Netzhaut entsteht, ist zweidimensional. Dass die Gegenstände unserer Umwelt uns plastisch, körperhaft, dreidimensional erscheinen, verdanken wir der Tatsache, dass wir zwei Augen haben. Für die Tiefenwahrnehmung sind vor allem zwei Mechanismen maßgebend:

Die **Konvergenz** (s. Abb. 10): Beim Betrachten entfernter Dinge drehen sich die Augen weniger stark nach innen als beim Anschauen näherer Dinge. Der jeweils erforderliche Konvergenz-Winkel wird dabei zum „Entfernungsmaß", das zum Gehirn weitergeleitet wird.

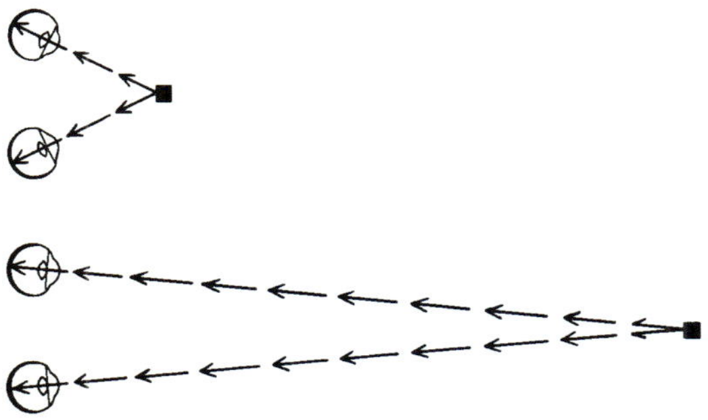

Abb. 10: Konvergenz der Augen

Die **Disparation**: Sie ermöglicht Raumwahrnehmung, ein „stereoskopisches" Sehen. Der Abstand zwischen den Augen beträgt ungefähr 7 cm, daher erhalten beide etwas verschiedene Bilder. Dieser geringe Unterschied zwischen den Bildern wird als Disparation bezeichnet.

Die Verbindung dieser beiden Mechanismen – der Konvergenz der Augen und der Disparation – ermöglicht erst eine gleich bleibende, sich der jeweiligen Entfernung anpassende Tiefenwahrnehmung. Die monokulare Tiefenwahrnehmung (mit einem Auge) ist daher hauptsächlich auf die **Erfahrung** mit der visuellen Umwelt angewiesen. Allerdings erfordert auch die binokulare Tiefenwahrnehmung (mit zwei Augen) eine Interpretation der Sinneseindrücke. Durch Erfahrung lernen wir viele unterschiedliche Informationsquellen zu nutzen, die uns eine räumliche Orientierung ermöglichen.

Auch die bildende Kunst verwendet solche Signale, um räumliche Wirklichkeit auf einer Fläche zu vermitteln (s. Abb. S. 56). Dabei spielt die **Perspektive** eine große Rolle: Gegenstände im Raum erscheinen mit zunehmender Entfernung verkleinert, parallele Gerade scheinen in der Ferne zusammenzutreffen. Die Verhüllung weit entfernter Gegenstände durch Unreinheiten der Luft, die so genannte **„atmosphärische Perspektive"**, trägt ebenso zur räumlichen Auffassung bei wie die **relative Größe**, d.h. die teilweise Verdeckung von Gegenständen durch davor befindliche andere, sowie die Verteilung von **Licht** und **Schatten**.

DAS BEWEGUNGSSEHEN

Beim Bewegungssehen wirken drei Komponenten zusammen:

- **Bewegungen des Netzhautbildes**: Gegenstände werden bewegt gesehen, wenn durch denselben Reiz nacheinander verschiedene Stellen der Netzhaut gereizt werden. So ent-

La Mezquita, Cordoba 1936 *M. C. Escher*

stehen die meisten Bewegungswahrnehmungen, die wir im Alltag haben, z.B. gehende Menschen, fahrende Verkehrsmittel usw.

- **Körperempfindungen**: Bewegen wir uns an ruhenden Objekten – Bäumen, Häusern, etc. – vorbei, werden verschiedene Netzhautstellen durch diese Objekte gereizt. Aufgrund unserer Körperempfindungen spüren wir aber, dass nicht die Häuser um uns sich bewegen, sondern wir uns selbst.
- **Erfahrung**: Nicht nur die Körperempfindungen bewirken, dass für uns die Umwelt stabil bleibt. Auch unsere Erfahrung und unser Wissen darüber, dass nicht die Häuser sich bewegen, sondern nur wir selbst uns bewegen können, tragen dazu bei. Die Erfahrung setzt sich also gegen die retinalen Reizgegebenheiten (Wirkung der Reize auf der Netzhaut) durch.

Unter **Bewegungstäuschung** versteht man eine unrichtige Wahrnehmung von tatsächlich stattfindender Bewegung. Meist wird dabei das bewegte Objekt als ruhend, die ruhende Umgebung hingegen als bewegt wahrgenommen. Es gibt Bewegungstäuschungen, von denen man sich aufgrund der Erfahrung distanzieren kann, anderen hingegen unterliegt man unter allen Umständen, ob man sie glaubt oder nicht. Der Blick von einer Brücke in einen strömenden Bach vermittelt z.B. den Eindruck, dass wir mit der Brücke dahinfliegen, wir wissen aber, dass sich das Wasser bewegt und nicht die Brücke. Wir wissen auch aus Erfahrung, dass nicht der Mond über den Himmel jagt, sondern dass sich die Wolken bei starkem Wind schnell bewegen.

Von **Scheinbewegung** sprechen wir, wenn wir ein ruhendes Objekt fälschlich für bewegt halten. Große Bedeutung hat das Phänomen der Scheinbewegung durch den **Film** bekommen: Es werden Bilder in rascher Aufeinanderfolge (24 pro Sekunde) dargeboten. Auf diese Weise entsteht zwischen den aufeinander folgenden Bildern, die sich ein wenig voneinander unterscheiden, eine Scheinbewegung, die insgesamt eine bewegte Handlung ergibt. Eine einfache Scheinbewegung ist der so genannte „Daumensprung“: Hält man seinen Daumen nahe vor die Nase und schließt abwechselnd das linke und das rechte Auge, dann scheint sich der Daumen sprunghaft hin- und herzubewegen. Wenn zwei nicht allzu weit voneinander entfernte Lichter abwechselnd aufblinken, haben wir den Eindruck, als bewege sich **ein** Licht hin und her.

- *Nennen Sie Bewegungstäuschungen aus Ihrem Erfahrungsbereich!*

DIE OPTISCHEN TÄUSCHUNGEN

Es gibt eine Reihe weiterer Täuschungen, die innerhalb aller Sinnesgebiete auftreten können. Sie kommen auf der **sensorischen Ebene** (Sinnesempfindung, Wahrnehmung im engeren Sinne) und/oder auf der **Ebene der Klassifikation** (s. S. 43) zustande. Im Folgenden werden einige Täuschungen auf dem Gebiet der visuellen Wahrnehmung besprochen.

Die so genannten **„geometrischen-optischen“** Täuschungen demonstrieren in überzeugender Weise, dass die retinalen Reizgegebenheiten keineswegs für die gesehene Größe und Form ausschlaggebend sein müssen. Es handelt sich hier um Täuschungen auf **sensorischer Ebene** (Abb. 11 bis 14).

Abb. 11: Müller-Lyer'sche Täuschung. Beide Strecken sind gleich lang, erscheinen uns jedoch verschieden lang.

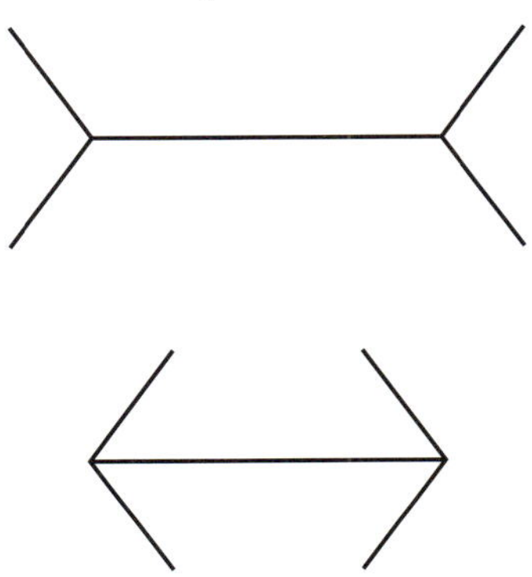

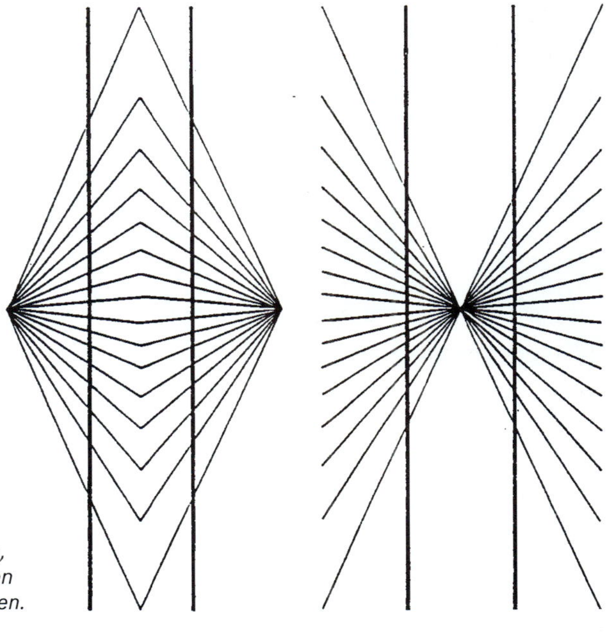

Abb. 12: Das Hering'sche Muster oder die Fächertäuschung. Die beiden geraden Strecken, die parallel zueinander verlaufen, erscheinen uns wegen der strahlenförmigen Linien, die über sie geführt werden, gebogen.

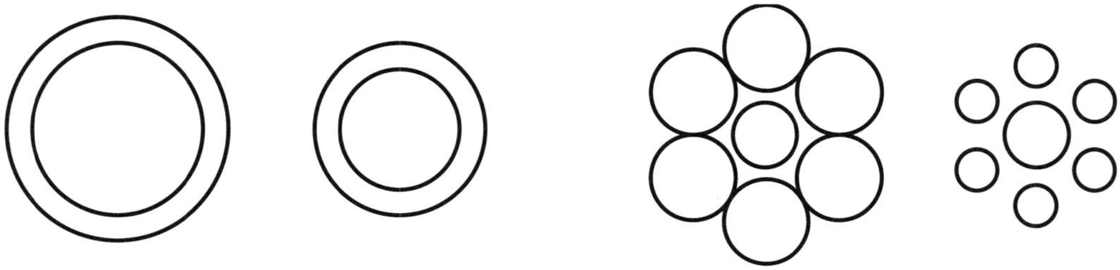

Abb. 13: Größentäuschung durch eine Kontrastwirkung: In der linken Zeichnung sind der linke innere und der rechte äußere Kreis gleich groß. In der rechten Zeichnung sind die inneren Kreise gleich.

In **perspektivischen** Zeichnungen, die einen in die Tiefe gestaffelten dreidimensionalen Raum vortäuschen, erscheint eine gleich groß gezeichnete Figur im „Hintergrund" größer als die Figur „vorne". Figuren, die auf einer perspektivischen Darstellung „weiter entfernt" sind, müssen kleiner gezeichnet werden, damit sie uns gleich groß erscheinen (s. Abb. 14).

Abb. 14: Beide Figuren sind gleich groß. Die obere erscheint jedoch größer, da ihre Umgebung den Eindruck erweckt, sie sei weiter weg.

Abb. 15: Kippbilder. Was ist zu sehen? Bild 1: Zwei Gesichter oder eine Vase? Bild 2: Weisen die schwarzen Flächen nach oben oder nach unten? Bild 3: Ist die Frau alt oder jung?

Bei gleicher Reizanordnung auf der Netzhaut können aber auch **verschiedene Wahrnehmungen im engeren Sinne** entstehen, wie man bei der Betrachtung eines **Umspring-** oder **Kippbildes** feststellen kann (Abb. 15). Bei mehrdeutigen Figuren mit gleichen Umrissen ergibt sich die Mehrdeutigkeit auf der **Ebene der Klassifikation**.

Abb. 16: Unmögliche Drei-Balken-Konstruktion aus Japan

Abb.17: Wasserfall, 1961, von M. C. Escher. Worauf beruht die Täuschung des ständig nach unten fließenden Wassers, das ein Rad bewegt? Vergleichen Sie mit der unmöglichen Drei-Balken-Konstruktion.

Bei Betrachtung so genannter unmöglicher Figuren werden in uns Deutungskonflikte hervorgerufen; auf einer zweidimensionalen Vorlage wird durch verschiedene „Kniffe" (z.B. Schattierungen) Dreidimensionalität vorgetäuscht, und so werden Gebilde geschaffen, die es in der Realität nicht gibt (s. Abb. 16).

In der Kunst können mit dieser Technik ganz überraschende und eindrucksvolle Effekte erzielt werden (s. Abb. 17).

DER AMES'SCHE RAUM:

Dass sich die retinalen Gegebenheiten gegenüber der Erfahrung nicht durchsetzen, gilt im Allgemeinen auch für die Wahrnehmung von Objekten in verschiedenen Entfernungen. Das Netzhautbild eines Menschen in 200 m Entfernung z.B. ist nicht größer als ein Schreibmaschinenbuchstabe in normaler Leseentfernung. Trotzdem erscheint uns dieser Mensch beträchtlich größer. Wir wissen aus Erfahrung, wie groß ein Mensch ungefähr ist, und dieses Wissen steuert unsere Wahrnehmung. Man nennt dieses Phänomen **Größenkonstanz**. Nicht immer bleibt diese Konstanz bestehen, z.B. dann nicht, wenn wir mit unbekannten Umständen konfrontiert werden, bei denen Erfahrung und Netzhautabbildungen in einen ➢„Konflikt" geraten. Das folgende ➢ Experiment soll dies veranschaulichen.

Der ***Ames***'sche Raum

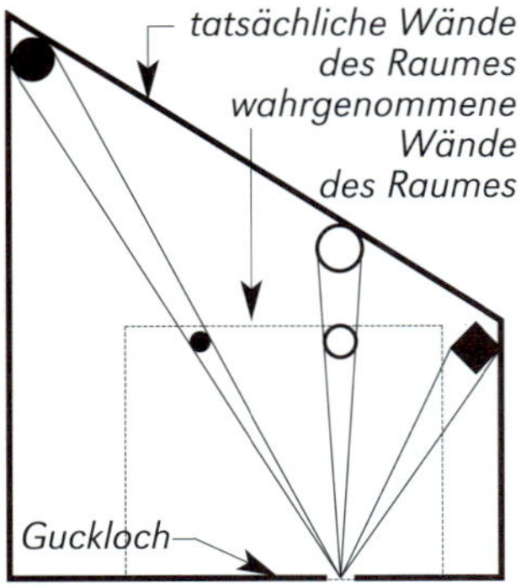

- ● *tatsächlicher Platz und Größe des „kleinsten" Mannes*
- • *wahrgenommener Platz und Größe des „kleinsten" Mannes*
- ◯ *tatsächlicher Platz und Größe des „mittleren" Mannes*
- ○ *wahrgenommener Platz und Größe des „mittleren" Mannes*
- ◆ *der „größte" Mann*

Wenn der/die BeobachterIn mit einem Auge durch das Guckloch in den asymmetrisch gebauten Raum sieht, kann er/sie aufgrund des Netzhautbildes allein nicht beurteilen, wie weit entfernt die Wände des Raumes sind, denn infolge des monokularen Sehens fehlen die Tiefenhinweise. Es setzt sich spontan die aus der Erfahrung stammende Annahme durch, dass es sich um einen rechteckigen Raum handelt. Aufgrung des illusionären symmetrischen Charakters des Raumes, bei dem in Wirklichkeit die eine Ecke viel näher ist als die andere, erscheint die Größe der drei Männer merkwürdig verzerrt.

?

- *Wenn Sie gerne basteln, fertigen Sie nach obiger Skizze einen Ames'schen Raum aus Pappkarton an (achten Sie darauf, die Fenster an der schrägen Rückwand perspektivisch zu zeichnen)! Lassen Sie eine Murmel aus der linken hinteren Ecke die schräge Wand nach rechts vorne entlangrollen!*

Auch die Architektur bedient sich der optischen Täuschung. Bei Bauwerken der Antike z.B. führen Abweichungen von der exakt geometrischen Bauweise (Horizontale und Vertikale) dazu, dass das Bauwerk lotrecht und ebenmäßig erscheint. Der Parthenon auf der Akropolis (s. Abb. S. 61) wirkt wunderbar harmonisch, obwohl an ihm in Wahrheit kaum eine gerade Linie vorkommt. Die Säulen z.B., die gleichmäßig vertikal erscheinen, konvergieren in Wirklichkeit nach oben usw.

Der Tempel der Athena Parthenos (der Parthenon) auf der Burg von Athen. 5. Jahrhundert v. Chr.

3. Die Struktur der Wahrnehmung

DIE „GESTALTEN"

Wir nehmen die Welt nicht als Summe von isolierten Elementen wahr, sondern erleben sie gegliedert und gestaltet. Wir erleben Ganzheiten, „Gestalten". So nehmen wir z.B. beim Anblick eines Dreiecks nicht drei isolierte Striche oder beim Hören eines Musikstückes nicht unzusammenhängende Einzeltöne wahr, sondern wir sehen ein Dreieck und hören eine Melodie. Die Gestalten sind etwas ganz Neues, aus den Elementen nicht Ableitbares, sie besitzen **Gestaltqualität**. Ein gleichseitiges Dreieck bleibt ein solches, ob man es groß oder klein, mit schwarzer oder mit roter Tinte aufzeichnet. Eine Melodie kann in verschiedenen Tonarten gespielt werden (die „Elemente" der Melodie sind verschieden), sie bleibt trotzdem die gleiche Melodie. Die Elemente können also „transponiert" werden, doch die Gestalt, die Ganzheit bleibt die gleiche: **Das Ganze ist daher mehr als die Summe seiner Teile**.

Die **Tendenz zur Prägnanz** oder zur **„guten Gestalt"** gilt als grundlegendes strukturierendes Prinzip unserer Wahrnehmung. Dabei ist eine Anzahl von untergeordneten Gestalttendenzen oder **Kohärenzfaktoren** vorhanden, das sind unter anderen:

- **Nähe** (räumlich oder zeitlich)

  Elemente, die nahe beieinander liegen, werden als stärker zusammengehörig betrachtet als weiter voneinander entfernte Elemente.

- **Gleichheit** oder **Ähnlichkeit** der gesehenen Einzelheiten.

  Ähnliche Elemente werden als zusammengehörig wahrgenommen, im Vergleich zu anderen Elementen, deren Entfernung voneinander gleich groß ist, die aber weniger ähnlich sind.

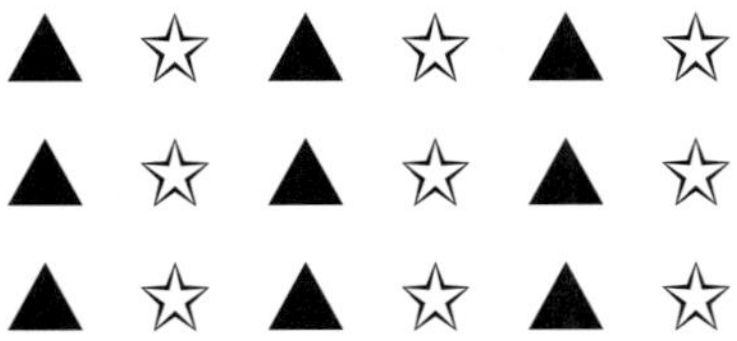

- **Kontinuität**

  Wir betrachten Elemente als zusammengehörig, wenn sie eine Fortsetzung vorausgehender Elemente zu sein scheinen. Hier sehen wir die Kurvenlinie als eine Figur und die rechteckige Linie als eine andere.

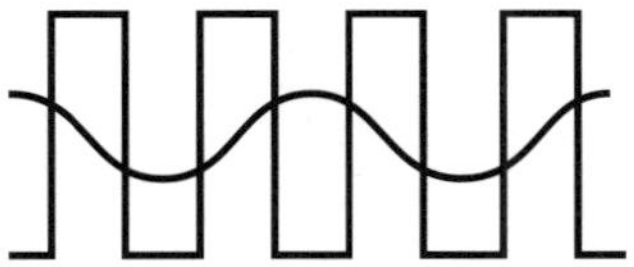

- **Geschlossenheit**

  Wir neigen dazu, unvollständige Figuren als vollendet wahrzunehmen. Eine Figur, wie z.B. das Dreieck rechts kann aus nur wenigen Anhaltspunkten entstehen.

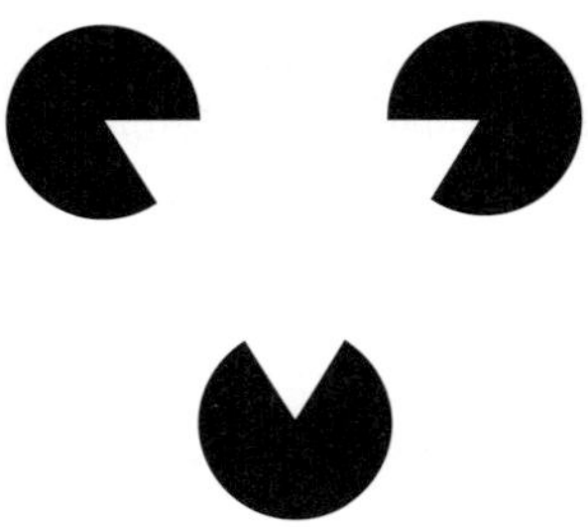

Die Gestaltfaktoren stellen Gruppierungsgesichtspunkte unserer Wahrnehmung dar, deren Sinn es ist, die Welt möglichst einfach und übersichtlich zu machen. Darüber hinaus sind sie für den Ausdrucksgehalt und den **ästhetischen Wert** von Gebilden, z.B. von Bauwerken, verantwortlich: Eine „**gute Gestalt**" mit den Proportionen des so genannten „Goldenen Schnittes" (Abb. 18) vermittelt den Eindruck von Harmonie und Schönheit, wie er uns u.a. von Bauwerken aus der Antike oder der Renaissance bekannt ist. Die Prägnanztendenz (Tendenz zur guten Gestalt) ist nicht nur für die wahrnehmungsmäßige Erfassung der Welt bedeutsam, sie bestimmt das Harmoniebedürfnis des Menschen insgesamt, das vom Bedürfnis, ein schief hängendes Bild zurechtzurücken bis zu Eingriffen in gesellschaftliche Bereiche – im Sinne eines „Zurechtrückens" – reicht, und zu Harmonie, Gerechtigkeit usw. drängt.

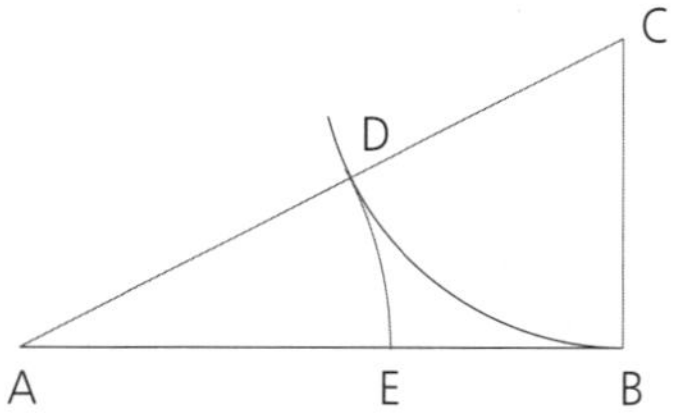

Abb. 18: Goldener Schnitt.
Die Teilung einer Strecke in der Weise, dass sich die Länge der Strecke AB zur Strecke AE so verhält wie diese zur Strecke EB. (AB : AE = AE : EB)

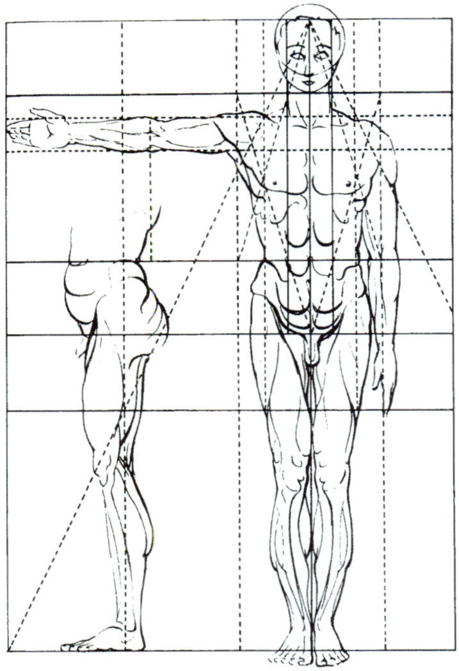

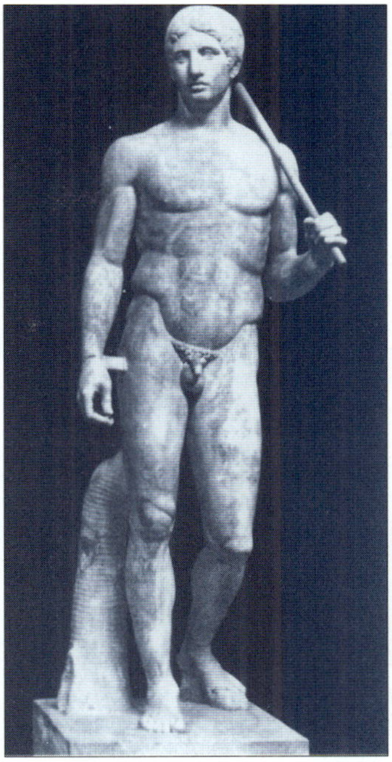

Abb. 19: Die griechische Kunst, scheinbar realistisch, besteht aus fast ebensoviel Proportionsberechnungen. Links: Körperproportionen nach dem Goldenen Schnitt. Rechts: Polyklet: Der Doryphoros

DIE RAUMWAHRNEHMUNG

Wir erkennen die räumliche Anordnung von Dingen unserer Umwelt, ebenso die räumlichen Beziehungen hinsichtlich ihrer Stellung, Richtung und Entfernung, Größe und Ausdehnung. Das Raumerleben ist uns selbstverständlich. Die Frage, wie eine räumliche Wahrnehmung zustande kommt, kann die Psychologie noch nicht beantworten. Weder Physik noch Philosophie konnten bisher klären, was Raum eigentlich ist. In der Philosophie stehen einander zwei Auffassungen gegenüber: Der ➢ **Empirismus** behauptet, dass die Raumauffassung aus der Erfahrung stamme und aus der Verbindung von Tast- und Seheindrücken entstehe. Der ➢ **Nativismus** hält demgegenüber die Raumauffassung für „eine notwendige Vorstellung a priori"; die Anschauung des Raumes sei angeboren (***Kant***).

Die Psychologie konnte bisher auch keine Entscheidung zwischen diesen beiden Meinungen treffen; es liegen lediglich Einzelergebnisse über das räumliche Erleben und sein Zustandekommen vor. So hat man z.B. eine ungefähre Vorstellung davon, wie ein kleines Kind nach und nach die räumliche Anordnung der Gegenstände seiner Umwelt durch Erfahrung erkennt. Wie das Kind aber zu einem räumlichen Erlebnis kommt, ist nicht geklärt. Beim Neugeborenen spielen Sehen und Greifen noch keine Rolle – lediglich das Tasten mit dem Mund. Die ersten Raumempfindungen eines Kindes dürften am eigenen Körper entstehen, und zwar im Mund durch Vorstrecken der Lippen und der Zunge. Der Psychologe *Karl* ***Bühler*** sprach vom **Mund**- oder **Ur-Raum** des Neugeborenen. Im zweiten oder dritten Lebensmonat bildet sich der **Greif**- oder **Nahraum** aus, dann durch das Sehen und Kriechen der **Fernraum**.

Das Erkennen von **räumlicher Tiefe** scheint eine angeborene Fähigkeit zu sein. In einem Versuch wurde ein „visueller Abgrund“ gebaut (s. Abb. 20) – eine Vertiefung ist hier mit einer starken Glasplatte bedeckt und somit ungefährlich. 36 Kinder im Alter von 4–6 Monaten, von denen anzunehmen ist, dass sie noch keinerlei Erfahrung mit Gefahren der Tiefe haben, wurden von ihren Müttern mit Zurufen gelockt, die Glasplatte mit dem darunter befindlichen „Abgrund“ zu überqueren. Obwohl die Kinder die Glasplatte betasten konnten, wagten es nur drei, über die Platte zu kriechen, die anderen bewegten sich weg bzw. begannen laut zu weinen (s. auch die Kap. „Motivation“, S. 131 ff. und „Emotionen“, S. 160 ff.). Untersuchungen an ganz jungen Tieren (Lämmern, Katzen, einer einen Tag alten Ziege, 24 Stunden alten Küken) erbrachten das gleiche Ergebnis.

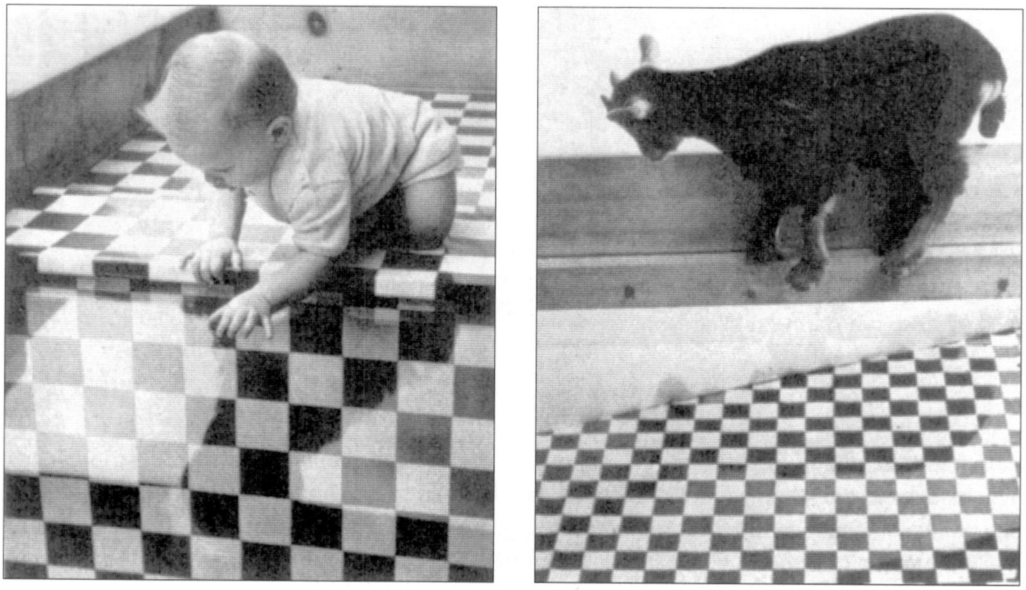

Abb. 20: Die „visuelle Klippe“. Obgleich das Kind die Glasplatte mit den Händen berührt und so taktilen Beweis hat, dass eine feste Unterlage vorhanden ist, weigert es sich, dem Zuruf seiner Mutter zu folgen und darüberzukrabbeln. Die einen Tag alte Ziege bewegt sich frei auf der „flachen“ Seite, aber sie wagt sich ebenfalls nicht auf die „tiefe“ Seite.

Am Psychologischen Institut in Innsbruck wurde 1951 endgültig bewiesen, dass es keine unveränderliche Raumanordnung gibt. Die Netzhaut des Auges liefert keine den gereizten Netzhautstellen entsprechende unveränderbare „Raumempfindung“. Den Vpn der Innsbrucker ➢ Experimente wurden so genannte **„Umkehrbrillen“** aufgesetzt, die die „Welt auf den Kopf“ stellten; nach einigen Tagen wurde die Welt trotz Brille wieder aufrecht gesehen. Diese Experimente wurden noch ausgeweitet: Man konstruierte Brillen, die die Konturen verzerrten, die farbige Säume an den Gegenständen erzeugten, und sogar solche, die die Rechts-Links-Anordnung vertauschten. Nach entsprechend langen bis zu 124 Tage dauernden Gewöhnzeiten wurde die Welt stets wieder normal erlebt, obwohl die Netzhautbilder umgekehrte, verzerrte, vertauschte Bilder liefern mussten. Nachdem die Brillen abgenommen wurden, zeigte sich ein Nacheffekt: Die Welt war nun ohne Brille wieder umgekehrt, vertauscht, verzerrt. Nach der Abnahme der Umkehrbrille dauerte dieser Nacheffekt nur einige Minuten; bei den Verzerrungsbrillen war der Nacheffekt aber außerordentlich stark.

Diese Ergebnisse sprechen für den Empirismus, soweit es sich um die räumliche Ordnung handelt. Über das Zustandekommen der Raumwahrnehmung können sie aber nicht Aufschluss geben.

DIE ZEITWAHRNEHMUNG

Jedes Erlebnis hat eine zeitliche Ausdehnung. Spricht man z.B. das Wort „Konzerthaus" aus, so sind beim Aussprechen der dritten Silbe „-haus" die vorangegangenen beiden Silben „Konzert-" noch bewusst. Diese kleine Zeitspanne, in welcher ohne Gedächtnisanstrengung das eben Vergangene noch verfügbar ist, wird in der Psychologie als ➢ **„psychische Präsenzzeit"** (nach *W. **Stern***) bezeichnet. Ihre Dauer wird mit 6 bis 12 Sekunden angegeben.

Ein weiteres Kriterium des Zeiterlebens ist der so genannte **„Moment"**. Das ist die Dauer eines Reizes, den man gerade noch gesondert wahrnehmen kann. Er liegt **beim Menschen bei 1/18 Sekunden**; aufeinander folgende Sinnesreize, von denen jeder Einzelne weniger als 1/18 Sekunde dauert, werden nicht mehr getrennt, sondern miteinander verschmolzen wahrgenommen. Im Film oder Fernsehen entsteht bei einer Darbietung von 24 Bildern pro Sekunde der Eindruck einer ununterbrochenen Bewegung. ➢ Experimente haben erbracht, dass Schnecken einen Moment von 1/4 Sekunden haben; hätten wir einen so langen Moment wie die Schnecke, könnten wir z.B. eine Pflanze wachsen sehen. Hätten wir einen kürzeren Moment, wie z.B. der Schwertfisch mit 1/30 Sekunden, würden uns alle Bewegungen in der Umwelt verlangsamt erscheinen.

Es muss angenommen werden, dass das **Zeiterleben** und die **Zeitschätzung** von organischen Gegebenheiten abhängen, in erster Linie wahrscheinlich vom Stoffwechsel. Es ist aber auch möglich, dass unser „Zeitsinn" im vegetativen Nervensystem liegt, welches den Stoffwechsel reguliert. (s. auch S. 26 ff.) Das Zeiterleben kann bei Menschen und Tieren durch **pharmakologische Substanzen** verändert werden: Sedativa (dämpfende Mittel, wie z.B. Brom) oder Excitantien (Erregungsmittel, wie z.B. Koffein), Alkohol und andere Drogen lassen die Zeit subjektiv langsamer oder schneller verstreichen. Die Menschen verfügen – in verschieden starker Ausprägung – offensichtlich über eine **„organische Uhr"**, die es ermöglicht,

- Zeitspannen ohne alle Hilfsmittel überraschend genau zu schätzen.
- sowohl während des Tages als auch in der Nacht beim zufälligen Aufwachen die Zeit genau anzugeben.
- auf die Minute genau zu einer durch Vorsatz oder durch Gewohnheit bestimmten Zeit aufzuwachen.

Neben organischen Gegebenheiten wird die Zeitwahrnehmung und Zeitschätzung des Menschen durch **psychologische Faktoren** beeinflusst. Für das subjektive Zeiterleben ist von Bedeutung, in welchem Zustand (z.B. Erregung, Angst, Müdigkeit) und in welcher Situation wir uns befinden bzw. welche Ereignisse innerhalb einer Zeitspanne stattfinden: Im Zustand der Langeweile oder Untätigkeit, auch bei Stille verstreicht die Zeit subjektiv langsam. Das Gleiche gilt, wenn wir uns vor einem bedeutsamen Ereignis befinden, z.B. vor einer Prüfung, oder wenn wir einer Reise entgegenfiebern. Sind wir aber in einem angeregten Zustand, z.B. bei einer fröhlichen Gesellschaft, beim Tanz, bei einer guten Unterhaltung, kann die Zeit subjektiv wie im Flug vergehen.

?

- *Welche Einstellung haben Sie zur Zeit? Diskutieren Sie die Subjektivität der Zeitdauer anhand verschiedener Unterrichtsstunden oder anderer alltäglicher Aktivitäten.*

4. Nicht-sensorische Einflüsse auf die Wahrnehmung

Neben der Erfahrung, die für die Verarbeitung von Reizen zu bewussten Wahrnehmungen eine wichtige Rolle spielt, gibt es weitere psychische Vorgänge, die die Wahrnehmung mitgestalten:

DIE EINSTELLUNGEN

Beim Ansehen eines Umspringbildes (s. Abb. 15, S. 58) kann man entweder das eine oder das andere Bild – also die Figur oder den Grund (als Figur) – sehen wollen und sieht sie dann auch wirklich, d.h. man kann sich so „einstellen", dass man die Figur oder den Grund sieht. Ein anderes Beispiel: Wir sehen ein zur Hälfte gefülltes bzw. zur Hälfte ungefülltes Glas und werden es – je nachdem, wie wir eingestellt sind, als „halb voll" oder als „halb leer" erleben.

➢ Einstellungen spielen bei der **Strukturierung unserer Wahrnehmung** eine hervorragende Rolle. Wir sind keine passiven Reizempfänger, sondern wir treffen aus der Vielfalt aller Wahrnehmungen mehr oder weniger bewusst eine **Selektion** (Auswahl) zugunsten jener Wahrnehmungsinhalte, die für uns subjektiv wichtig sind. Suchen wir z.B. in einer belebten Straße ein Lebensmittelgeschäft, stellen wir uns also bewusst darauf ein, ein solches zu finden, so treten dabei alle anderen Wahrnehmungssignale in den Hintergrund, bis wir unser Ziel erreicht haben. Es kann sein, dass wir bei intensiver Suche andere Geschäfte, Häuser, Autos, ja sogar Bekannte, übersehen.

B

***Einstellung** ist das Bewusstwerden ausgewählter Erlebnisinhalte aus den objektiv gegebenen Erlebnismöglichkeiten.*

Was ist für uns subjektiv bedeutsam, was führt zu Einstellungen? Unsere Bedürfnisse, Hoffnungen, Wünsche, Interessen, aber auch Gesinnungen und Willensentschlüsse führen zu Einstellungen, durch die die Wahrnehmungswelt nach ihrer subjektiven Bedeutsamkeit strukturiert wird. Da die Ursachen von Einstellungen individuell verschieden sein können, werden verschiedene Menschen dieselbe Wirklichkeit u.U. ganz verschieden wahrnehmen.

SOZIALE WAHRNEHMUNG

Neben kurzzeitigen ➢ Einstellungen, wie sie oben am Beispiel der Suche nach einem Lebensmittelgeschäft beschrieben wurden, gibt es aber auch länger anhaltende, manchmal sogar das ganze Leben dauernde Einstellungen, die besonders in der alltäglichen sozialen ➢ Interaktion eine wesentliche Rolle spielen. Wir alle nehmen uns und unsere Umwelt in einer ganz bestimmten Bedeutung wahr, sozusagen durch eine persönliche Brille. Es ist uns nicht möglich, die Welt ohne eine solche subjektive Interpretation aufzufassen. ➢ PsychologInnen untersuchen die **Ursachen und Wirkungen solcher persönlichen Interpretationen** unter dem Titel ➢ **„soziale Wahrnehmung"**. Die soziale Wahrnehmung resultiert einerseits aus unserem **augenblicklichen Zustand** (z.B. Zustand der Verliebtheit, der Angst, der Wut usw.), andererseits auch aus unseren persönlichen Einstellungen, die eine Folge unserer „Lerngeschichte" sind, d.h. unserer **bisherigen Erfahrungen**. Vor allem durch Erziehung und Erfahrung kultureller und gesellschaftlicher ➢ Normen eignen wir uns bestimmte Meinungen und Überzeugungen an (z.B. politische Einstellungen oder Einstellungen dem anderen Geschlecht gegenüber), die bewirken, dass wir die Umwelt und die Menschen in ihr in einer ganz bestimmten Bedeutung wahrnehmen:

Ein verliebter Mensch wird an der Person seiner Zuwendung alle erdenklich positiven Eigenschaften sehen, während negative Merkmale, die vielleicht der Umwelt auffallen, der eigenen Sichtweise gänzlich verborgen bleiben.

Ein/e KriegsberichterstatterIn wird je nach seiner/ihrer politischen Einstellung bei Beobachtung der kriegerischen Auseinandersetzungen in Ex-Jugoslawien ➢ selektiv jene Ereignisse wahrgenommen haben, die seine/ihre Einstellung pro Kroatien/pro Serbien **bestätigen** und zu ihr passen. Er/Sie wird dennoch überzeugt sein, ➢ objektive Berichte geliefert zu haben. (Auf absichtlich manipulierte Berichte wird hier nicht eingegangen.)

Nicht selten wird ein und dieselbe Verhaltensweise bei Mitgliedern der eigenen Gruppe z.B. als Standfestigkeit und lobenswerte Prinzipientreue wahrgenommen, bei Mitgliedern einer fremden oder feindlichen Gruppe aber als verwerfliche Borniertheit und gehässige Intoleranz interpretiert. Manche Verhaltensweisen, z.B. Zeremonien und Rituale, sind in der eigenen Gruppe etwas Selbstverständliches. Analoge Arten des Verhaltens werden, wenn sie bei Außenstehenden wahrgenommen werden, oft als befremdlich oder gar lächerlich empfunden, so wird z.B. die Hochachtung, die der Hindu der sprichwörtlich gewordenen „Heiligen Kuh" entgegenbringt, belächelt, während die Hochachtung, die wir dem Auto widmen, selbstverständlich ist.

Die unterschiedlichen „sozialen Wahrnehmungen" können bis zu Wahrnehmungsverzerrungen und ➢ **Vorurteilen** mit allen bekannten negativen Folgen führen (s. Kap. „Sozialpsychologie" S. 314 ff.). Beispiele aus der Geschichte sind die Hexenprozesse, in deren Folge eine große Anzahl unschuldiger Menschen zu einem grausamen Tod verurteilt wurde. Als Hinweis darauf, dass eine Person mit dem Teufel im Bunde sei, genügten (neben der Verdachtsäußerung verschiedener übler Taten wie Verzehr kleiner Kinder, Verhexen der Milch usw.) körperliche Merkmale und Ausdrucksmerkmale, die man an den betroffenen bedauernswerten Opfern fand bzw. zu finden glaubte: den „bösen Blick" oder so genannte „Hexenmale".

*Max **Frisch*** beschreibt in seinem Stück „Andorra" das Schicksal eines Mannes, der einer kollektiven Wahrnehmungsverzerrung zum Opfer fällt. Von seiner Umwelt, die annimmt, es handle sich bei dem Findelkind Andri um einen Jungen jüdischer Herkunft, ist dieser solange antisemitischen Vorurteilen ausgesetzt, bis der inzwischen älter gewordene Andri am Ende selber glaubt, er sei „geldgierig, verlogen, feige, usw." – (Dieses Stück von *Max* ***Frisch*** lockt den Leser überdies geschickt in eine Falle: Das „ungerechte" Schicksal Andris, des „unechten" Juden, rührt den Leser, doch empfände er dieses Schicksal ebenso ungerecht, wenn Andri ein „echter" Jude wäre?)

?

1. *„Ich finde, dein Pullover passt nicht zu der Hose, die du trägst."*
   - *Wie reagieren Sie auf diese Kritik, wenn sie von einem/einer FreundIn vorgebracht wird?*
   - *Wie reagieren Sie, wenn sie von einem Menschen geäußert wird, den Sie nicht leiden können?*
2. *Besprechen Sie gemeinsam in Gruppen, wo Sie im Alltagsleben auf Vorurteile als Folge verzerrter sozialer Wahrnehmung stoßen.*
   - *Wie reagieren Sie in solchen Situationen?*
3. *Vergleichen Sie Zeitungsmeldungen zu einem ganz bestimmten politisch brisanten Thema (günstig wäre natürlich, einen solchen Vergleich über einen längeren Zeitraum hinweg durchzuführen)! Versuchen Sie, die politische Einstellung der einzelnen Zeitungen anhand ihrer Beiträge zu erkennen!*

Aus: Karli Berger: Wir Supermänner

DIE AUFMERKSAMKEIT

Bei der ➢ Einstellung auf bestimmte Inhalte wird den subjektiv wichtigen Dingen erhöhte Aufmerksamkeit zugewendet, den weniger wichtigen Gegenständen oder Ereignissen kommt reduzierte Aufmerksamkeit zu. Das Über-Angebot an Informationen wird einer ➢ Selektion unterworfen.

Die **selektive Aufmerksamkeit** ist die Fähigkeit, bestimmte subjektiv wichtige Merkmale aus der Menge der Umweltreize zu beachten, andere irrelevante Reize gleichzeitig mehr oder weniger zu ignorieren. Ein bekanntes Beispiel in diesem Zusammenhang ist das so genannte **Cocktail-Party-Phänomen**: TeilnehmerInnen einer Party haben die beachtliche Fähigkeit, sich mit anderen TeilnehmerInnen zu unterhalten und ihnen zuzuhören, obwohl es um sie herum sehr laut ist und alle Leute durcheinander reden. Die selektive Aufmerksamkeit spielt eine große Rolle bei Methoden, die in der Werbepsychologie verwendet werden (s. S. 70 ff.).

5. Die Bedeutung der Wahrnehmungspsychologie in der modernen Gesellschaft

MEINUNGSBILDUNG UND MANIPULATION

Wahrnehmungsprobleme spielen in vielen Bereichen eine wesentliche Rolle (s. auch Kap. „Sozialpsychologie" S. 314 ff.).

- Die **Meinungsforschung** bedient sich psychologischer Methoden, z.B. der Befragung von mehr oder weniger repräsentativen Bevölkerungsteilen (s. S. 12 und 304), um verschiedene **Meinungen,** ➢ **Einstellungen** und **Verhaltensweisen** von Menschen zu erkunden. Der/Die AuftraggeberIn kann über die Datenerhebung hinaus auch die **Ausarbeitung von Beeinflussungsmethoden** verlangen, um Meinungen modifizieren bzw. manipulieren zu können. In der Meinungsforschung werden an erster Stelle das **Kauf- und Verbrauchsverhalten** der KonsumentInnen und die **Wirkung von Werbemitteln** untersucht. Außerdem wird die **Wirkung der Medien** auf die Meinungsbildung erforscht. Dabei wird auch untersucht, wie viel Information aufgenommen und im Gedächtnis behalten wird.

  Die Erforschung der politischen Meinungen, vor allem die **Wahlforschung**, gehört ebenfalls hierher. Für die Überzeugungsarbeit in der Politik ist es z.B. von Interesse zu wissen, wie ein/e KandidatIn bei den künftigen Wählerinnen und Wählern ankommt, ob z.B. häufige Fernsehauftritte seinem/ihrem Image nützen. (Untersuchungen haben bewiesen, dass das der Fall ist.)

- In der **Sozialforschung** werden Studien über die **Arbeitswelt**, die Einstellung zu **Bildung**, das **Freizeitverhalten**, das **Gesundheitswesen**, **Wohnungsfragen** und dgl. erstellt. Man möchte z.B. wissen, welchen Einfluss bestimmte Geräusche auf die Arbeitsleistung in einem Betrieb haben, wie weit monotone Tätigkeiten Auswirkungen auf die Gesundheit und die psychische Verfassung haben, ob die Arbeit in Großraumbüros Vorteile oder Nachteile im Hinblick auf die zwischenmenschlichen Beziehungen der ArbeitnehmerInnen und auf die Arbeitsleistung bringt usw. ArchitektInnen sind wiederum daran interessiert zu wissen, welche Gebäude als anregend und schön oder als hässlich und monoton empfunden werden. Bei der Konzeption von öffentlichen Gebäuden, etwa Verwaltungsgebäuden oder Schulen, sollten die Bedürfnisse der BenützerInnen berücksichtigt werden.

1. *Welche Informationen über gesunde Ernährung können Sie ad hoc geben?*
   - *Erinnern Sie sich, aus welchen Quellen diese Informationen stammen?*
   - *Wählen Sie Ihre Nahrung entsprechend diesen Informationen aus?*
2. *Sind Sie der Meinung, dass ein/e BundesministerIn vom Amt zurücktreten muss, wenn Untergebene in ihrem/seinem Ressort gravierende Fehler begangen haben?*
   - *Erinnern Sie sich an Medien-Informationen (Zeitung, Fernsehen, ...), durch die Ihre diesbezügliche Meinung beeinflusst wurde?*
3. *Diskutieren Sie, wie sehr Ihrer Meinung nach Zeitungen, Zeitschriften, Bücher, Radio, Fernsehen auf die Meinungsbildung wirken.*
   - *Wie versuchen Sie persönlich, sich eine Meinung zu bilden?*
   - *Welche Informationen bzw. Eindrücke haben Sie bewogen, „Ihre" Zahnpasta, „Ihre" Teigwaren, „Ihre" Automarke zu bevorzugen, zu den Themen „Autobahnbau" und sog. „Sozialschmarotzer" „Ihre" Meinung zu haben, „Ihre" Partei zu wählen?*

Aus: Karli Berger: Wir Supermänner

DER EINFLUSS VON WERBEMITTELN AUF DAS VERHALTEN VON KONSUMENTINNEN

In der Werbung werden viele wahrnehmungspsychologische Erkenntnisse genutzt. Grundvoraussetzung für die Wirkung von Werbung ist ein Mindestmaß an **Aktivierung**. Sie ist für eine effektive Informationsaufnahme, -verarbeitung und -speicherung (s. Kap. „Gedächtnis“) notwendig. Damit Werbung nicht der Reizselektion zum Opfer fällt, bedient sie sich starker Auslöser, z.B. farbiger Abbildungen, erotischer Darstellungen usw. Diese Art der „Animierung“ trägt dazu bei, dass potenzielle KundInnen das Produkt bemerken und sich seiner erinnern. Aufgrund der klassischen ➢ Konditionierung (s. S. 91 ff.) sollen sie damit angenehme Empfindungen verbinden, z.B. durch die Assoziation einer Coca-Cola-Dose mit einem einladenden Palmenstrand und anziehenden Mädchen/Männern.

Beispiele für „verführungsträchtige“ Methoden der **Gestaltung des Warenangebots** in Supermärkten (nach *„Einführung in die Verführung“: Kammer für Arbeiter und Angestellte, Wien*):

- Die Art der **Verpackung**: Grafische Gestaltung und Farbe der Verpackung haben Einfluss auf die Wirkung des Produkts. Oft findet man wenig Inhalt in einer besonders schönen „Geschenkpackung“. Das folgende ➢ Experiment zeigt die Wirkung der Farbe (*Vance **Packard***: „Die geheimen Verführer“): Ein Institut gab Hausfrauen drei verschiedenfarbige Pakete mit dem gleichen Waschpulver und bat sie um ihr Urteil über die vermeintlich verschiedenen Waschpulversorten. Ein Paket war gelb, das zweite blau und das dritte blau mit gelben Farbtupfen. Die Hausfrauen beurteilten zu einem hohen Prozentanteil das „gelbe“ Waschpulver als zu scharf, das „blaue“ als zu wenig wirksam. Das Waschpulver in der blau-gelben Verpackung wurde überwiegend positiv beurteilt.
- Die **Platzierung**: Diejenigen Artikel, die am häufigsten gebraucht werden, befinden sich meist weit entfernt vom Eingang, damit der Kunde/die Kundin an möglichst vielen Waren vorbeigehen muss, die ihn/sie zum Kauf anregen.
- Die **Regalgestaltung**: Da die meisten Menschen einen angeborenen „Rechtsdrall“ haben, befinden sich die am meisten Gewinn bringenden Artikel auf der rechten Seite der Regale. Außerdem werden sie häufig in Augenhöhe bzw. Armhöhe platziert, denn in dieser bequemen Höhe wird am leichtesten zugegriffen. Warenfülle reizt zum Kauf, darum werden halbleere Regale immer wieder aufgefüllt.
- Waren in **dekorativen Ständern** werden bis zu viermal so häufig gekauft.
- Gedämpfte Unterhaltungsmusik bewirkt eine gelockerte **Atmosphäre**.
- Den KundInnen soll suggeriert werden, dass sie viel **Zeit** für ihren Einkauf zur Verfügung haben. Es gibt daher keine Uhren im Supermarkt.
- Unmittelbar **vor den Kassen** der Supermärkte befinden sich Körbe mit Süßigkeiten und Spielzeug, die die Kinder für das Warten „entschädigen“ sollen.

Ein möglichst großer Einkaufswagen soll den Eindruck fördern, dass man noch nicht genug gekauft habe. (Aus: AK Wien, Einführung in die Verführung)

1. *Wie würden Sie einen Supermarkt einrichten? – Zeichnen Sie den Grundriss einer Supermarkthalle, schneiden Sie Papierstreifchen in passender Größe zurecht – sie sollen die einzelnen Regale darstellen – und ordnen Sie diese auf dem Grundriss so an, dass ein Plan für einen*
   - *verkaufsstrategisch optimal eingerichteten*
   - *kundenfreundlichen Supermarkt entsteht!*
2. *Überdenken Sie Ihr eigenes Kaufverhalten (in Lebensmittelgeschäften, Mode-, Kosmetik- und Sportabteilungen) und beschreiben Sie die Reize, auf die Sie beim Kauf reagieren.*

Die Gestaltung der Werbung muss natürlich dem **Produkt**, der jeweiligen **Zielgruppe** (Jugendliche, Kranke, AutofahrerInnen, VersicherungsnehmerInnen, ...) und dem in Anspruch genommenen **Medium** (Zeitschrift, Radio, Fernsehen, ...) angepasst sein. Die Klassiker der Werbeliteratur, *V.* ***Packard***: Die geheimen Verführer, und *D.* ***Ogilvy***: Geständnisse eines Werbemannes u.a. geben detailliert Auskunft zu diesem Thema.

- *Kreieren Sie je eine Anzeige und einen Werbespot für eine Arznei, einen Sportartikel, ein alkoholisches Getränk, eine Versicherung. Berücksichtigen Sie dabei möglichst viele Aspekte und Bestandteile einer effektiven Werbung.*

MÖGLICHKEITEN DER KONSUMENTENERZIEHUNG

- Der beste Schutz vor den „geheimen Verführern" ist das **Wissen um die Möglichkeiten der ➢ Manipulation**. Allerdings sind die ausgelösten Reaktionen, wie z.B. die Aktivierung, weit gehend der bewussten Kontrolle durch die Betroffenen entzogen; daher sind vor allem Kinder für den schönen Schein, den die Werbung vermittelt, anfällig.
- Sehr wichtig ist **geplantes Einkaufen** mit einer vorher erstellten Liste, sodass man weiß, was man braucht und sich nicht erst an Ort und Stelle im Supermarkt anregen lassen muss.
- Es empfiehlt sich, daran zu **denken, dass der/die VerkäuferIn mehr am Umsatz interessiert** ist als an der Person des Verbrauchers. Versandhäuser verschicken einschmeichelnde Briefe mit persönlicher Anrede, stellen „Diplome" für gutes Kaufverhalten aus und versprechen „kostbare" Geschenke für den Fall einer Bestellung von Produkten.

- *Entziehen Sie sich dem Einfluss der Werbung, wenn Sie z.B. ein angepriesenes Produkt erst recht nicht kaufen?*

WAHRNEHMUNGSPROBLEME IM STRASSENVERKEHR

Der zunehmende Straßenverkehr zwingt zu immer mehr Vorkehrungen, um die Verkehrssicherheit zu erhöhen. Dabei ist es – vor allem für die FahrerInnen – wichtig, Wahrnehmungsbedingungen zu schaffen, die zu situationsangepasstem Verhalten führen. Andere Gesichtspunkte, wie Fahreignung oder Alkoholisierung am Steuer, spielen natürlich auch eine Rolle.

- **Leitprinzipien** sollen die FahrerInnen zu angepasstem Verhalten führen, **Hemmungsprinzipien** haben die Funktion, falsches Fahrverhalten vermeiden zu helfen (***Klebelsberg***). Das Leitprinzip verbessert die Wahrnehmungsbedingungen aufgrund **gestaltpsychologischer** Tendenzen: So ist etwa die visuelle Führung durch Bodenmarkierungen eine „offene Gestalt", bei der beim/bei der FahrerIn das Bedürfnis besteht, sie zu schließen (s. S. 62), indem dieser Führung gefolgt wird. Bodenmarkierungen geben oft genauere Informationen als ein allgemeines Verkehrszeichen allein. Der/Die FahrerIn kann z.B. mit Hilfe der Bodenmarkierungen kontinuierlich den Verlauf einer kurvenreichen Strecke erfassen, wodurch die Gefahr von Fehlverhalten geringer wird. Bodenmarkierungen dienen auch als „optische Bremsen", z. B. Hinweise auf Straßenverengung.
- Als ➢ objektive Kriterien für die **optimale Wahrnehmbarkeit** gelten z.B.: der Kontrast eines Zeichens, d.h. sein Helligkeitsgrad im Vergleich zu seiner Umgebung; die Struktur, d.h. die Gestaltung eines Zeichens – je einfacher und prägnanter, desto besser ist die Wahrnehmbarkeit.
- Die **subjektive Bedeutsamkeit**, die schon im Abschnitt über ➢ „Einstellungen" besprochen wurde (s. S. 66), spielt auch hier eine Rolle. Verkehrszeichen, die auf eine bevorstehende Geschwindigkeitsbeschränkung oder Polizeikontrolle hinweisen, werden besser wahrgenommen als Zeichen, die eine allgemeine Vorsicht signalisieren, einen Fußgängerübergang ankündigen oder auf die Nähe von Schulen oder Krankenhäusern aufmerksam machen.
- Der **Aufmerksamkeits-Umfang** ist auf zwei gleichzeitig vorgegebene Zeichen beschränkt, mehr Zeichen können nicht gleichzeitig scharf erfasst werden.

Z

1. *Was versteht man unter „objektiver" und „subjektiver" Welt?*
2. *Wie entstehen Empfindungen und Wahrnehmungen?*
3. *Was sind „Bottom-up"- bzw. „Top-down"-Prozesse?*
4. *Was versteht man unter „Reizschwelle"? (Geben Sie einige konkrete Daten an!)*
5. *Was ist die „Unterschiedsschwelle"?*
6. *Geben Sie ein Beispiel aus dem Alltag für den Adaptationsvorgang!*
7. *Schildern Sie die Folgen eines vollkommenen Reiz-Entzuges!*
8. *Wie entsteht die Farbwahrnehmung?*

9 *Welche psychologischen Eigenschaften oder Wirkungen würden Sie der Farbe Rot oder der Farbe Weiß zuordnen?*

10 *Wie kommt es zur Bewegungswahrnehmung?*

11 *Beschreiben Sie einige optische Wahrnehmungstäuschungen!*

12 *Welche Rolle spielt die Erfahrung bei der Wahrnehmung?*

13 *Was sind „Gestalten"? Worin unterscheiden sie sich von anderen Wahrnehmungsinhalten?*

14 *Welche Stadien der Raumwahrnehmung gibt es in der Entwicklung des Kindes?*

15 *Gibt es eine unveränderliche Raumanordnung? (Vergleichen Sie Ihre Antwort mit den Innsbrucker Versuchen zur Raumwahrnehmung!)*

16 *Geben Sie ein Beispiel für die Wirkung der Einstellung bei der Wahrnehmung!*

17 *Was verstehen Sie unter „sozialer Wahrnehmung"?*

18 *Was versteht man unter „selektiver Aufmerksamkeit"?*

19 *Nennen Sie einige Problemkreise, die für die Meinungsforschung interessant sind! Wofür sollen die Ergebnisse dieser Befragungen dienlich sein?*

20 *Können Sie sich weitere Fragestellungen für die Meinungsforschung vorstellen, die für viele Menschen wichtig wären?*

21 *Kennen Sie einige Ergebnisse der Werbepsychologie, die nachweislich die Kaufbereitschaft steigern?*

22 *Wie stehen Sie zum Einsatz werbepsychologischer Methoden (z.B. im Fernsehen)?*

23 *Wie könnten Sie sich vor einer unerwünschten „Verführung" durch Werbung schützen? Zählen Sie einige Möglichkeiten auf, die Ihnen späteren Ärger ersparen!*

24 *Nennen Sie einige wahrnehmungspsychologisch begründete Maßnahmen im Straßenverkehr, die die Sicherheit der VerkehrsteilnehmerInnen (AutofahrerInnen, FußgängerInnen, Kinder ...) erhöhen können!*

25 *Glauben Sie, dass die Verbesserung der Wahrnehmung im Straßenverkehr allein eine optimale Sicherheit garantiert?*

Kapitel 4

GEDÄCHTNIS UND LERNEN

A

Das Gedächtnis – die Schatztruhe unserer Erfahrung

Speichersysteme – frisch gelernt ist halb vergessen

Gedächtnishemmungen – blinder Eifer schadet oft

Lerntypen und Lerntechniken – Lernen ist lernbar

Lerntheorien – was wir gar nicht lernen „wollen“
- Erfolg ist das Geheimnis
- was Vorbilder bewirken
- Superlearning, das Lernrezept für die Zukunft?

„Mami, Mami, der Papi ist schon wieder vor Erschöpfung über meinen Hausaufgaben eingeschlafen!“

Aus: Heckenschütz/Rauschenbach: Lehrer-ärger dich!, S. 81

EINLEITUNG

Ohne sein Gedächtnis könnte der Mensch keine Erfahrungen sammeln, weder über die Außenwelt noch über sich selbst. Erst die Fähigkeit zum Einprägen, Behalten und Wiedererkennen liefert die Grundlage für die Kontinuität des Erlebens. Hätte der Mensch diese Fähigkeit nicht, könnte er sich z.B. nach dem Schlaf oder einer Bewusstlosigkeit nicht erinnern, wer er ist, er würde keinerlei Bezug zu seinem früheren Leben finden. Mit Hilfe des Gedächtnisses ist es möglich zu **lernen**, d.h. neues Wissen und neue Verhaltensweisen zu erwerben und frühere Erfahrungen für die Zukunft zu verwerten. Wir unterscheiden das Wissensgedächtnis und das Verhaltensgedächtnis.

Das Wissensgedächtnis ist verantwortlich für Einprägung und Reproduktion vor allem verbaler Inhalte, durch die es zum Erwerb von Wissen kommt. *Hermann* ***Ebbinghaus*** (1850–1909) erforschte schon im 19. Jahrhundert, meist im Selbstversuch, das „reine" Gedächtnis mittels sinnleerer Silben wie „mub", „nuf", „tok" usw., also Lautgebilden ohne Bedeutung, um die Einprägung eines von der Erfahrung unabhängigen Lernmaterials zu studieren.

Für das Verhaltensgedächtnis war die Entdeckung des „bedingten Reflexes" durch den Russen *Iwan* ***Pawlow*** von ausschlaggebender Bedeutung. Amerikanische Psychologen formulierten schon früh ➢ Lerntheorien, die vor allem den Erwerb von Verhaltensweisen zu erklären versuchen. Ein Kind, das sich z.B. an einem Ofen verbrennt, macht eine schmerzliche Erfahrung und „lernt" dabei wahrscheinlich, dass ein heißer Ofen besser zu meiden ist. Ein Handelsvertreter, der erfährt, dass er mit einer bestimmten Art der Argumentation und des Auftretens gut „ankommt", wird ebenfalls „lernen", dieses Verhalten häufig anzuwenden.

1. *Auf welchen Gebieten kann sich der Mensch durch Lernen Kenntnisse/Fertigkeiten aneignen? Nennen Sie einige Beispiele aus Beruf (z.B. Sprachen) und Freizeit (z.B. Sport).*
2. *Ordnen Sie nun Ihre oben angeführten Beispiele nach deren Zugehörigkeit zum Wissens- bzw. Verhaltensgedächtnis!*

Das Wissensgedächtnis

1. Die Bedeutung des Gedächtnisses

Einem Menschen mit durchschnittlichem Gedächtnis steht eine mehr oder weniger große Anzahl von Wörtern seiner Muttersprache zur Verfügung. Der Umfang dieses Wortschatzes ist vom Bildungsstand und von den Sprachgewohnheiten abhängig. Wer zusätzlich eine andere Sprache lernt, kann sein Repertoire erheblich erweitern. Zum Umgang mit der Sprache gehört auch die Kenntnis der grammatikalischen Regeln und gewisser landeskundlicher sprachlicher Eigenheiten.

Es gibt wahre „GedächtniskünstlerInnen", die sich z.B. an die Namen von ungefähr 100 Personen erinnern, die ihnen nur ein einziges Mal vorgestellt wurden. Ein junger Mann kennt den gesamten Fahrplan der Bundesbahnen auswendig, ein anderer kann für jedes beliebige Datum den richtigen Tag angeben. Wenn man z.B. fragt: „Welcher Tag war der 6. August 1926?" sagt er wie aus der Pistole geschossen: „Das war ein Freitag!"

Bei Gehirnerschütterungen kommt es oft zu einer Gedächtnislücke (**retrograde Amnesie**), die eine unbestimmte Zeitspanne vor dem Unfall betrifft. So konnte sich z.B. ein Bub, der bei einem Autounfall eine schwere Gehirnerschütterung davontrug, gerade noch daran erinnern, „zuletzt im Kaffeehaus ein Eis gegessen zu haben", an die Fahrt vom Kaffeehaus zum späteren Ort des Unfalls und an den Unfall selbst hatte er jedoch keinerlei Erinnerung.

Ein hirngeschädigter Patient, dessen Erinnerungsfähigkeit stark eingeschränkt war, sah in der Küche eine angezündete Gasflamme, wusste aber nicht mehr, dass er selbst sie angezündet hatte. In der Zwischenzeit hatte er sich nur umgedreht und seine Tochter, bei der er wohnte, gefragt: „Was machen Sie hier? Wo ist meine Tochter?" Er konnte sich weder an eine gerade zurückliegende Handlung erinnern noch seine Tochter erkennen.

Das Gedächtnis kann in seiner Bedeutung für das Leben des Menschen gar nicht hoch genug eingeschätzt werden. Auch die Gruppe, das Kollektiv, die Nation beziehen aus der Erinnerung an die gemeinsame Vergangenheit ihre Identität und Kontinuität. Vergangene Ereignisse werden durch mündliche Überlieferung weitergegeben, aber auch in so genannten „externen Gedächtnisspeichern" aufbewahrt, z.B. in Büchern, Bibliotheken, Filmen, Dokumenten usw. (im Gegensatz zum „internen Speicher" im eigenen Kopf). Wie beim individuellen Gedächtnis gibt es auch beim kollektiven Gedächtnis ➢ **Verdrängungen** (s. dazu Kap. „Tiefenpsychologie"): Unangenehme, peinliche, das Selbstwertgefühl herabsetzende Erinnerungen werden „vergessen". Hier bieten externe Gedächtnisspeicher die Möglichkeit, vergangene Geschehnisse aufzuarbeiten und zu bewältigen.

1. *Es wird behauptet, dass in manchen Staaten Geschichtsfälschung betrieben werde. – Was verstehen Sie unter objektiver Geschichtsschreibung? Können Sie Beispiele nennen?*

2. *Verfassen Sie über die Tatsache „Steirisches Huhn legte Riesenei"*
   - *in Einzelarbeit wahlweise einen etwa 100 Wörter umfassenden Bericht für eine Umweltschutz-Zeitschrift, eine biologische Zeitschrift, ein Fremdenverkehrs-Werbeblatt, ein Informationsblatt einer wundergläubigen Sekte oder eine Werbeschrift für den Bauernmarkt etc. Finden Sie jeweils die passende Schlagzeile! Vergleichen Sie die Arbeiten Ihrer KollegInnen!*
   - *als Klassenarbeit einen objektiven Bericht gleichen Umfangs. Verfahren Sie dabei sachlich, wertfrei, verfolgen Sie kein bestimmtes Interesse (Sie wollen nicht unterhalten, nicht belehren, nicht warnen etc.) und achten Sie darauf, kein Detail zu betonen. Mit welchen Schwierigkeiten sind Sie dabei konfrontiert?*

In unserem Computer-Zeitalter ist der Mensch auch einem „technischen Gedächtnis" ausgeliefert. Es gibt immer mehr Datenbanken, Karteien, Archive, in denen persönliche Daten von Bürgern festgehalten werden. Diese Dateien stehen unter Umständen einem Zugriff offen, der von den Betroffenen nicht gewünscht wird. Dadurch kann sich ein ➢ Konflikt zwischen dem gesellschaftlichen Bedürfnis nach Öffentlichkeit und dem individuellen Bedürfnis nach Privatheit ergeben, z.B. in der Frage einer Verkehrssünderkartei: Soll eine solche eingerichtet werden? Welche Personen und Daten sollen eingetragen werden? Wer darf in diese Daten Einblick nehmen? usw. (nach ***Schönpflug***).

1. *Wären Sie damit einverstanden, dass man Ihre genauen persönlichen Daten – inklusive all Ihrer Fehlstunden samt genauer Begründung – in Ihrer Schule / an Ihrem Arbeitsplatz speichert? Begründen Sie Ihre Entscheidung!*
2. *Erhalten Sie gelegentlich an Sie persönlich adressierte Werbezuschriften von Firmen, die Ihnen unbekannt sind? Wie erklären Sie sich, dass diese im Besitz Ihrer Adresse sind?*

2. Grundlagen und Funktionsweise des Gedächtnisses

Bei der Gedächtnisleistung lassen sich zwei Prozesse gegeneinander abgrenzen:

- Das **Speichern** (Behalten)

Gedächtnisinhalte bestehen zunächst aus Informationen, die aus der Umwelt aufgenommen und dann für unbestimmte Zeit im Gehirn aufbewahrt werden.

- Das **Abrufen** (Erinnern, Reproduzieren, Wiedererkennen)

DAS SPEICHERN

Platon lässt in einem seiner Dialoge seinen Lehrer ***Sokrates*** sagen, dass sich in unserer Seele eine Wachstafel befinde, ein Geschenk der Mutter der Musen, der Mnemosyne, in der sich unsere Wahrnehmungen abdrücken. Bei dem einen Menschen sei diese Tafel kleiner, bei dem anderen größer; bei dem einen bestehe sie aus weicherem, bei dem anderen aus härterem Material. Das, was wir sehen, hören, denken oder erleben, ist dort eingeprägt, und wir können uns so lange daran erinnern, als das Abbild davon sich auf der Tafel erhält. Wenn es aber verwischt wird, so haben wir es vergessen. ***Platon***s Bild ist bis auf den heutigen Tag lebendig geblieben; es wurde als Vorstellung von organisch verankerten Gedächtnisspuren oder Engrammen von Naturwissenschaftern weiter verfolgt.

Es gibt derzeit zwei begründete Annahmen für solche „Spuren" im Gehirn, wobei nicht geklärt ist, welcher von beiden der Vorzug zu geben ist bzw. ob nicht beide nebeneinander ihre Berechtigung haben:

Eine ➢ Hypothese bezieht sich auf die Bildung von „Gedächtnismolekülen" durch Protein-Synthese. Proteine sind Eiweißstoffe, die aus Aminosäuren aufgebaut sind. Eine dieser Aminosäuren ist die Ribonuclein-Säure (abgekürzt RNS, s. dazu S. 23). Es ist bekannt, dass sich die RNS beim Lernen verändert und dass in ihr Erfahrungen festgehalten, „einkodiert", sind. Die andere Hypothese lautet: Die Speicherung erfolgt durch elektrophysiologische Erregungsleitungen im Gehirn. Mit dieser Hypothese sind z.B. die verschiedenen ➢ Gedächtnishemmungen (s. S. 84 f.) gut erklärbar.

Derzeit geht man von **„Speichersystemen"** im Gehirn aus, wobei auch hier zwei Möglichkeiten in Betracht gezogen werden: Nach der ersten Hypothese gibt es mehrere Speicher, nach der zweiten Hypothese nur einen einzigen, der jedoch mehrere Bearbeitungsstufen hat.

Das Mehrspeichermodell nennt folgende Speicher:

Ultra-Kurzzeitspeicher
Eine Information gelangt zunächst in diesen Speicher und verbleibt dort 10 bis 20 Sekunden. Man spricht auch vom „unmittelbaren Gedächtnis", einer ganz kurzen Zeit, in der soeben Wahrgenommenes unmittelbar, ohne Gedächtnisanstrengung, bewusst ist. Wenn man z.B. das Wort „Leichtmetall" ausspricht, so ist das „Leicht-" noch im ➢ Bewusstsein, wenn man „-metall" sagt (s. „Präsenzzeit", S. 65). Bei dieser Speicherung ist die Aktivität der Neuronen so kurz, dass es zu keiner Einprägung kommt. Sie wird wieder gelöscht, falls der Gedächtnisinhalt nicht in den

Kurzzeit-Speicher
gelangt. Dieser Speicher, der auch als **Kurzzeitgedächtnis** (short term memory) bezeichnet wird, ist in Dauer (einige Stunden) und Umfang begrenzt. Erwachsene merken sich nach einmaliger Darbietung ca. 7 Lernelemente (Silben, Buchstaben, Zahlen). Die Speichermenge nimmt allerdings zu, wenn die einzelnen Elemente in sinnvolle Einheiten, z.B. Sätze, zusammengefasst werden. Man kann die Flüchtigkeit des Kurzzeit-Gedächtnisses an sich selbst unmittelbar beobachten. Will man jemanden anrufen, dessen Telefonnummer man nicht kennt, sieht man im Telefonbuch nach, und nun beginnt der Wettlauf mit der Zeit: Sofern man die Nummer nicht notiert oder aus dem Buch abliest, muss man schnell wählen, da sich die Ziffern rasch im Gedächtnis verflüchtigen. Nachdem die in den Kurzzeit-Speicher gelangten Gedächtnisinhalte – bildlich gesprochen – daraufhin „abgetastet" werden, ob es sich lohnt, sie sich länger zu merken, werden sie dementsprechend entweder vergessen oder aber in den

Langzeit-Speicher
(long term memory) übernommen. Es bedarf nicht unbedingt einer bewussten Lernabsicht, sondern es kann etwas auch ohne Absicht im **Langzeitgedächtnis** haften bleiben. Zu den eindruckvollsten Argumenten für die Trennung in ein Kurzzeit- und ein Langzeitgedächtnis gehört die unterschiedliche Organisation des Lernstoffes nach kurzem und langem Behalten. ➢ Experimente haben nachgewiesen, dass im **Kurzzeitgedächtnis** eine ➢ **„sensorische"** Ordnung herrscht, dass Gedächtnisinhalte vor allem nach akustischen Merkmalen wie Klangähnlichkeit behalten werden. Klangähnlichkeiten sind z.B. „Laus, Graus, Maus, hinaus". Der Bedeutungsgehalt findet sich z.B. bei: „Bild, Gemälde, Porträt". Der Wortlaut von Sätzen wird tatsächlich bald nach dem Hören oder Lesen vergessen. Im **Langzeitgedächtnis** hingegen werden die Inhalte nach ihrer **„semantischen"** Ordnung, also ihrem Sinngehalt „kodiert"; der Sinngehalt bleibt länger erinnerlich.

Eine Alternative zum Mehrspeichermodell ist das

Einspeichermodell mit mehreren **Bearbeitungsstufen**

oder – anders ausgedrückt – mit verschiedenen „Tiefen" der Verarbeitung. Wenn man sich nur für wenige Sekunden einige Wörter oder eine Telefonnummer merken will, dann genügt eine geringe Verarbeitungstiefe des wahrgenommenen Gedächtnisinhaltes. Will man jedoch einen sinnvollen Satz behalten, werden tiefere Verarbeitungsebenen befasst. Die

Dauerhaftigkeit einer Gedächtnisspur wird von der „Tiefe der Analyse“ des Wahrgenommenen bestimmt.

Dass ein Gedächtnisstoff schon bei der Einspeicherung geprüft, verändert, bearbeitet wird, beweist ein Experiment, bei welchem Versuchspersonen verschiedene Geschichten vorgegeben wurden. In jeder dieser Geschichten befand sich ein „kritischer Satz“. So lautete z.B. in einer Geschichte über die Erfindung des Fernrohres durch den holländischen Optiker ***Lippershey*** der kritische Satz: „Er schickte darüber einen Brief an Galileo, den berühmten italienischen Naturforscher.“ Später wurden die Versuchspersonen nach dem kritischen Satz befragt, wobei sie aus vier Möglichkeiten wählen sollten:

- In der vorgegebenen Form
- In veränderter grammatikalischer Form („ein Brief wurde an Galileo, den ... gesandt“)
- In veränderter Wortstellung („er schickte an Galileo, den ..., einen Brief“)
- In veränderter Bedeutung („Galileo, der berühmte ..., schickte ihm darüber einen Brief“)

Es zeigte sich: Der Satz wurde in **inhaltlicher** Bedeutung behalten, nicht jedoch die Wortstellung und die Grammatik. Die veränderte Bedeutung wurde von den Versuchspersonen meist abgelehnt. Man kann also annehmen, dass die Sätze beim Einspeichern ihrer sprachlichen Form entkleidet wurden und lediglich ihr Sinn- und Bedeutungsgehalt ins Gedächtnis übernommen wurde (nach *Jacqueline* ***Strunk-Sachs***).

?

Jede der vier folgenden Aufgaben enthält 11 zu merkende Elemente.

Welche der vier Elementgruppen merken Sie sich am leichtesten?

Nummerieren Sie die Aufgaben nach diesem Gesichtspunkt und vergleichen Sie Ihre Ergebnisse mit denen Ihrer KollegInnen.

- *17, 2, 39, 46, 8, 23, 94, 1, 56, 12, 73*
- *ruhig sehr aber Besucher er aufmerksam misstrauisch die schien beobachtete und*
- *Er sang einen betonierten Teppich, während sie schlafend gelbe Zäune schwamm.*
- *Eins, zwei, drei, im Sauseschritt*
  läuft die Zeit, wir laufen mit.

DAS ERINNERN UND DAS VERGESSEN

Die vier wichtigsten Erkenntisse der Gedächtnisforschung sind:

1. Bei Anstieg des Lernstoffs steigt der Lernaufwand unverhältnismäßig hoch an.

Der Forscher *Hermann* ***Ebbinghaus*** formulierte dieses nach ihm benannte **„Gesetz von Ebbinghaus“**. (S. Abb. 21, S. 81)

Die **„Lernkurve"** zeigt, dass für 6–7 Silben eine einmalige Wiederholung genügt, um sie fehlerfrei wiederzugeben. Für das Einprägen von 12 Silben sind bereits 16 Wiederholungen, für 24 Silben sogar 44 Wiederholungen notwendig.

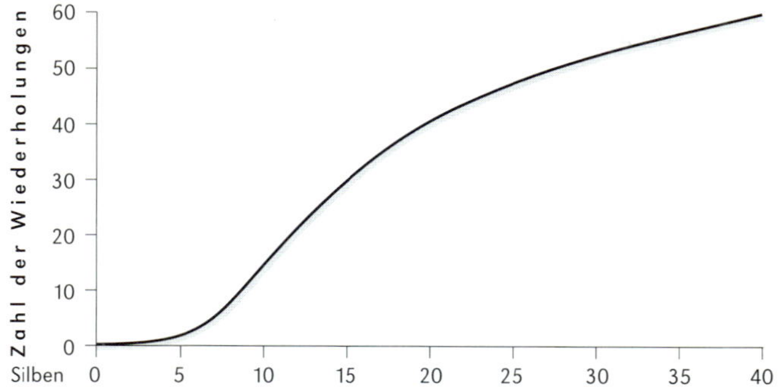

Abb. 21: Gesetz von Ebbinghaus, Lernkurve

1. *Lesen Sie die folgenden Silben einmal langsam durch, decken Sie dann die Aufgabe ab und wiederholen Sie die Lautgebilde:*

   MUB ZAB NOF TUZ MEV JOZ

   ....

2. *Verfahren Sie wie oben mit folgenden Silben:*

   GOB KEF PID WOP NAF TEG JIS VEK ZAF MUP ZAS TUB

   ....

   Achten Sie nicht nur auf die Zahl der fehlerlos reproduzierten Silben, sondern auch darauf, in welcher Position sie ursprünglich standen (Anfang, Mitte, Ende der abgedruckten Reihe). Am deutlichsten wird dies, wenn Sie die behaltenen Silben in der abgedruckten Reihe unterstreichen.

3. *Nun können Sie ausprobieren, wie oft Sie die zwölf genannten Silben wiederholen müssen, um Sie fehlerfrei reproduzieren zu können. Vergleichen Sie dazu die Zahl Ihrer Wiederholungen beim Lernen der sechs Silben (also der halben Anzahl) aus der vorletzten Aufgabe!*

4. *Welche Schlüsse ziehen Sie aus den oben gestellten Aufgaben und deren Lösung für Ihr Lernverhalten? Was sollten Sie also tun, um Lernen möglichst effizient zu gestalten?*

5. *Wiederholen Sie die Silben morgen – ohne sie nochmals einzulernen – und stellen Sie fest, wie viele Sie davon behalten haben!*

Aufgrund des **Gesetzes von *Ebbinghaus***, aber auch anderweitig erstellter „Lernkurven" für sinnvolles Material ergibt sich, dass es günstig ist, sich nicht zu viel Lernstoff auf einmal einprägen zu wollen, sondern den **Stoff in kleinere Mengen einzuteilen**. Bei sinnvollem, zusammenhängendem Lernmaterial empfiehlt es sich, sich zunächst einen Gesamtüberblick zu verschaffen, also z.B. das Inhaltsverzeichnis anzusehen und den Stoff einmal durchzugehen, um ihn erst dann **in sinnvoll zusammenhängende Teile aufzugliedern** und zu lernen.

2. Zeitliche Aufteilung bei der Wiederholung der Lerneinheiten führt zu besseren Lernergebnissen.

Ebbinghaus veranlasste drei Gruppen, sich einen Lernstoff mit der gleichen Anzahl von Wiederholungen einzuprägen. Bei der ersten Gruppe waren die Wiederholungen auf 3, bei der zweiten auf 6 und bei der dritten auf 12 Tage verteilt. Die Gruppe, die den Stoff in 12 Tagen lernte, erbrachte die beste Gedächtnisleistung. Die gleiche Anzahl von Wiederholungen erbringt also bessere Ergebnisse, wenn zwischen den einzelnen Wiederholungen Pausen eingeschaltet werden.

3. In der Zeit nach dem Einprägen vergessen wir zuerst rasch, später langsamer.

Ebbinghaus erstellte als Erster eine **„Vergessenskurve"** (vgl. Abb. 22), die den Verlauf des Vergessens zeigt, wenn ein einmal eingeprägter Stoff nicht wiederholt wird. Anfangs zeigt die Kurve einen starken Abfall, dann wird sie deutlich flacher; wir vergessen zunächst sehr rasch, dann langsamer. Von einer Liste mit beispielsweise 20 Silben können am Lerntag nur noch 40–60%, also 8–12 Silben, richtig wiedergegeben werden. Auch am 2. und 3. Tag ist der Gedächtnisverlust noch groß, und erst ab dem 4.–5. Tag verlangsamt er sich deutlich. Bei sinnvollem Material vollzieht sich das Vergessen nicht so schnell, der Verlauf der Kurve jedoch bleibt im Großen und Ganzen gleich. Das, was man ohne Wiederholungen für längere Zeit behalten hat, bleibt auch später im Gedächtnis.

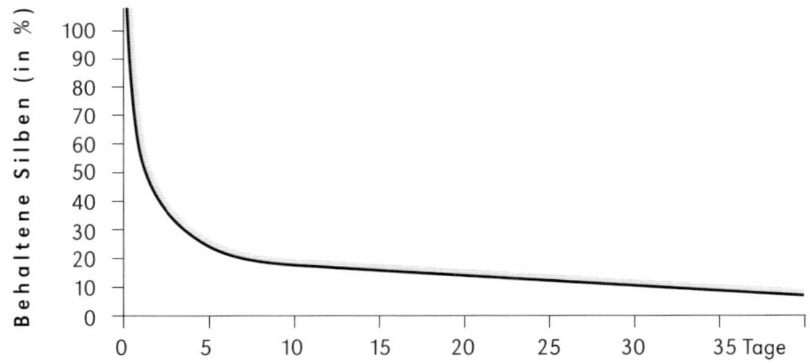

Abb. 22: Vergessenskurve

4. Beim erneuten Lernen eines bereits eingeprägten Lernstoffes „erspart" man sich eine Anzahl von Wiederholungen.

Diese Methode heißt deshalb auch **„Ersparnismethode"**. Die „Vergessenskurve" zeigt, dass man bald nach dem ersten Erlernen öfter wiederholen sollte, noch bevor man zu viel vergessen hat. Später kann man die Wiederholungen seltener ansetzen. ***Ebbinghaus*** benötigte nach einer Stunde (nach Abschluss der Lerndurchgänge für Silben) nur noch die Hälfte der ursprünglichen Lernzeit, ersparte sich also beim Wiedererlernen 50%. Beim Wiedererlernen nach 6 Tagen betrug die Ersparnis immerhin noch ein Viertel, nach einem Monat nur noch ein Fünftel der anfänglichen Lernarbeit.

1. *Versuchen Sie, die gelernten 12 Silben am 6. Tag nach dem Einprägen zu reproduzieren. Vergleichen Sie die Ergebnisse: Wie viele Silben konnten Sie einen Tag nach dem Lernen wiedergeben?*
2. *Wenn Sie die Geduld aufbringen, können Sie die Silben am 6. Tag bis zur fehlerfreien Reproduktion wiedererlernen, um zu erfahren, wie viele Wiederholungen Sie sich im Vergleich zum erstmaligen Erlernen ersparen. (Vergleichen Sie Ihr Ergebnis mit dem von* ***Ebbinghaus****!)*

Die Abbildung 23 zeigt die durchschnittliche Anzahl von Wiederholungen, die an vier aufeinander folgenden Tagen notwendig waren, um 6 Stanzen aus ***Byrons*** „Don Juan" zu erlernen. Am ersten Tag benötigte ***Ebbinghaus*** über 50 Wiederholungen bis zur Beherrschung des Textes, am zweiten Tag nicht ganz 30, am dritten Tag waren es weniger als 20 und am vierten Tag schließlich waren nur wenig über 10 Wiederholungen notwendig.

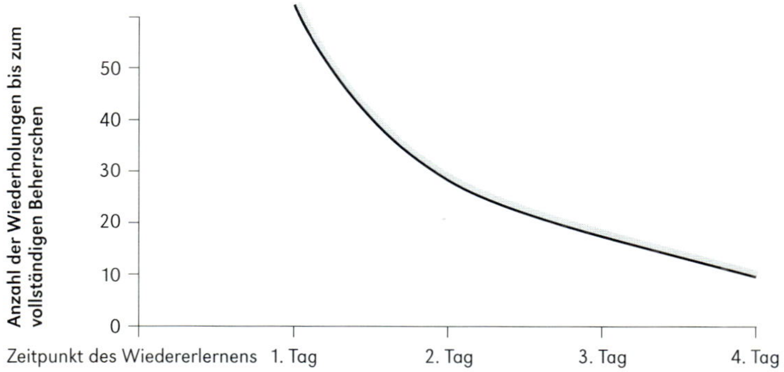

Abb. 23

BEEINFLUSSUNG DER GEDÄCHTNISLEISTUNG

Es gibt Situationen, in denen es zum „Transfer" (Übertragung) von einem Lerninhalt auf einen anderen kommt. **Positiver Transfer** liegt vor, wenn gegenwärtiges Lernen durch vorangegangenes Lernen gefördert wird; beim **negativen Transfer** (➢ **„Gedächtnishemmung"**) wird es behindert.

Positiver Transfer (Förderung der Gedächtnisleistung)

Positiver Transfer findet nicht nur bei Wissensaufgaben statt, sondern vor allem bei **motorischen Fertigkeiten**, z.B. im Rahmen von sportlichen Betätigungen oder beim Spielen eines Instruments usw. Ein positiver Transfer ist zu erwarten, wenn eine neue Aufgabe die gleichen oder sehr ähnliche Reaktionen erfordert wie die vorher gelernte. So steigert z.B. das Ballwerfen mit der linken Hand die Geschicklichkeit für das Spiel mit der rechten Hand und umgekehrt.

Beim **mentalen Training**, bei dem bestimmte motorische Betätigungen nicht wirklich, sondern nur in der Vorstellung geübt werden, kann es zu Fortschritten kommen, die genauso groß sind wie beim realen Training. Das ➢ Mentaltraining spielt derzeit z.B. in der Sportpsychologie eine Rolle: So kann etwa das mentale Nachvollziehen bestimmter Schifahrtechniken zu besseren Ergebnissen in der Praxis führen.

Transfer findet auch beim **Denken** und **Problemlösen** statt: Hat z.B. jemand anhand eines Problems gelernt, für sich selbst neuartige Gesichtspunkte zu entwickeln, so wird er/sie in der Lage sein, bestimmte Problemlösestrategien auch in Verbindung mit anderen Problemen anzuwenden. Personen, die beispielsweise die Gelegenheit hatten, ein- oder mehrmals einen psychologischen Intelligenztest durchzuführen, werden sich im Allgemeinen in Hinkunft auch bei anders aufgebauten Intelligenztests leichter tun als Personen ohne „Testerfahrung".

Transfer ist auch von Bedeutung bei der **Förderung kreativer Fähigkeiten**: Es ist erwiesen, dass eine allgemeine Kunsterziehung, die Beschäftigung mit musischen Inhalten, ein wirksames Mittel zur Förderung kreativer Fähigkeiten auch auf anderen Gebieten ist.

- *Geben Sie Beispiele für positiven Transfer im schulischen Bereich und im Alltag!*

Negativer Transfer **(Gedächtnishemmung)**

- **Hemmung durch zeitliche Nähe zweier Lernvorgänge**

  Retroaktive (rückwirkende) Hemmung: Wenn nach Einprägung eines Lerninhaltes A (z.B. französische Vokabeln) sofort ein zweiter Lerninhalt B (z.B. mathematische Formeln) eingeprägt wird, so wird der erste Lerninhalt A schlechter behalten, als wenn ihm kein anderer gefolgt wäre. Gehirnphysiologisch wird dies (*von **Rohracher***) so erklärt, dass einem Lernprozess Erregungsprozesse in den Ganglienzellen der Hirnrinde zugrunde liegen, die etwas länger andauern als das bewusste Einprägen (so genannte postmentale Erregungen). Diese postmentalen Erregungen werden durch die den zweiten Lernprozess B begleitenden Erregungen (mentale Erregungen) gestört.

  Proaktive (vorwirkende) Hemmung: Umgekehrt wird auch die vorangehende Beschäftigung mit Lernmaterial die Einprägung nachfolgenden Materials hemmen. Ich werde also von den mathematischen Formeln (Lernstoff B) weniger behalten, wenn ich mich vorher mit den französischen Vokabeln (Lernstoff A) beschäftigt habe.

  Die **Ähnlichkeitshemmung** (***Ranschburg**'sche* **Hemmung**, so benannt nach einem ungarischen Psychologen) ist ein Sonderfall der rückwirkenden Hemmung: Sie besteht darin, dass zwei einander ähnliche Inhalte, wenn sie nacheinander gelernt werden, schlechter behalten werden als zwei einander unähnliche Inhalte. Beispiel: Wenn man sich gerade eine Telefonnummer gemerkt hat und kurz darauf eine andere behalten will, so können die Nummern leicht durcheinander kommen.

- **Assoziative Hemmung**

  tritt auf, wenn eine bestehende Verbindung von zwei miteinander assoziierten Inhalten zugunsten einer neuen zerstört werden soll. Wird z.B. die Telefonnummer unseres/unserer langjährigen Freundes/Freundin geändert, so fällt es uns besonders schwer, auf die neue Nummer „umzulernen“, weil uns in Verbindung mit unserem/unserer FreundIn zunächst immer die alte Nummer einfallen wird.

- **Affektive Hemmung**

  Nicht nur nachfolgendes Lernen stört die Einprägung eines vorher gelernten Stoffes, sondern auch ein nachfolgender ➢ Affekt. In einem ➢ Experiment wurde Kindern ein Märchen vorgelesen, in welchem ein Waldgeist einem Kind versprach, ihm die Freiheit zu geben, wenn es sich sechs Wörter (z.B. „Zaun“, „Sonnenblume“ usw.) merkte. Nach dem Vorlesen dieser Wörter stürzte eine Hilfsperson des Versuchsleiters in die Klasse und rief: „Im Nebenhaus brennt es, die Klasse muss geräumt werden!“ Als dann gesagt wurde, dass der Brand gelöscht sei, und die Kinder wieder in die Klasse gehen konnten, hatten sie sich im Durchschnitt nur 1,3 Wörter gemerkt. In einem Kontrollversuch ohne Affekt auslösenden Zwischenfall merkten sich die Kinder im Durchschnitt 3,5 Wörter.

Stellen Sie (in Partnerarbeit) fest, welche Gedächtnishemmungen in den folgenden Beispielen vorliegen:

- *Fritz sieht sich unmittelbar nach der Vorbereitung für eine Chemieprüfung einen Horrorfilm an. Am nächsten Tag führt die Prüfung zu einem schlechten Ergebnis.*
- *Herr Müller trifft regelmäßig seinen Bürokollegen X und dessen Frau zum Tennisspiel. Dabei tritt er bisweilen ins Fettnäpfchen, weil er die frisch angetraute Frau X manchmal mit dem Vornamen der geschiedenen Frau X anredet.*
- *Sabine schafft es bis zum Vorabend der Prüfung nicht, den gesamten Prüfungsstoff für Biologie zu lernen. Das letzte Kapitel lernt sie noch rasch in der Früh vor Unterrichtsbeginn. Das Prüfungsergebnis ist enttäuschend.*
- *Karl hat gerade das Lernen der Englisch-Vokabeln abgeschlossen, als man ihm telefonisch mitteilt, dass sein Freund einen Unfall hatte.*
- *Ilse lernt unmittelbar hintereinander Latein- und Französisch-Vokabeln. Die Reproduktionsleistung beider Inhalte stellt sie nicht zufrieden.*

LERNTYPEN

Individuelle Unterschiede spielen beim Vorgang des Lernens eine große Rolle. Untersuchungen haben gezeigt, dass verschiedenen Wahrnehmungsgebieten (Sehen, Hören, Schreiben ...) ein unterschiedlicher Einprägungswert zukommt. Manche Menschen lernen z.B. besser, wenn sie den Lerninhalt lesen, andere bevorzugen das Mitschreiben eines Gedächtnisinhalts usw. Der französische Psychiater ***Charcot*** berichtete als Erster über das

Vorhandensein verschiedener „Lerntypen“: Ein Kaufmann hatte vor einem Unfall besonders lebhafte visuelle Vorstellungen; wenn er sich an etwas erinnern wollte – so sah er z.B. einen erhaltenen oder selbst geschriebenen Brief in der Vorstellung so lebhaft vor sich, dass er ihn nur (in seiner Vorstellung) „abzulesen“ brauchte. Nach dem Unfall traten diese anschaulichen Vorstellungsbilder nicht mehr auf, dafür hatte er nun besonders lebhafte akustische Vorstellungen. Bei der Erinnerung an eine Person sah er nicht mehr ihr Bild, sondern hörte vielmehr ihre Stimme. Bei diesem von ***Charcot*** beschriebenen Menschen handelt es sich um einen ausgesprochenen Extremfall von visuellen und akustischen Vorstellungsbildern. Im Übrigen gibt es in seltenen Fällen Menschen, bei denen so lebhafte visuelle Vorstellungen eines einmal gesehenen Inhalts auftreten, dass sie das Vorgestellte anschaulich vor sich sehen. Menschen mit dieser Fähigkeit werden **Eidetiker** genannt.

Man unterscheidet folgende **Lerntypen**:

Der **visuelle** Typ lernt am meisten durch Beobachtung, er behält eher gesehene Dinge.

Der **akustische** (auditive) Typ lernt am besten durch Zuhören.

Der **motorische** (haptische) Typ lernt vorwiegend durch eigene Handlungen, durch Anfassen und Fühlen, also durch praktische ➢ Manipulation – bei theoretischem Stoff durch Mitschreiben (mit Handschrift, nicht mit Maschine).

Der **verbale** Typ lernt vorwiegend anhand von Begriffen bzw. Formeln, sozusagen verbal-abstrakt, also rein durch den Intellekt. Auf diesen ➢ Lerntyp sind die meisten Unterrichtsformen zugeschnitten.

Der **Gesprächstyp** lernt in der ➢ Kommunikation, durch Zuhören und Sprechen; Missverständnisse werden durch Diskussion beseitigt.

?

1. *Welchem Lerntyp entsprechen Sie am ehesten? Aus welchen Verhaltensweisen ziehen Sie diesen Schluss?*
2. *Welche Art des Unterrichts können Sie sich vorstellen, um möglichst allen Lerntypen gerecht zu werden? Planen Sie unter diesem Aspekt in Gruppen je eine Psychologie-Stunde.*

Fast jeder/jede SchülerIn findet bald von selbst heraus, in welcher Form er/sie am leichtesten lernt. Es wird bei der Unterrichtsgestaltung für alle Lerntypen ein Verfahren geeignet sein, das **visuelle**, **akustische** und **motorische** Komponenten gleichzeitig beinhaltet, z.B. lautes Lesen oder Nachschreiben des Gehörten und/oder Nacherzählen, freie Wiedergabe, Gespräch über den neuen Lerninhalt, z.B. beim Erlernen einer fremden Sprache. Es müsste dabei gewährleistet sein, dass ein Lerninhalt nicht nur mechanisch nachgesagt oder nachgeschrieben wird, sondern **aktiv**, bewusst, mit **Einsicht** verarbeitet wird.

Innerhalb einer Rangordnung verschiedener, gleichzeitig verwendeter Wahrnehmungsfunktionen nimmt z.B. das Diktat eine der ersten Stellen ein. Es umfasst drei Wahrnehmungsgebiete: das akustische beim Hören des Diktats, das motorische beim Niederschreiben und das optische beim Sehen des Geschriebenen. Das Mitschreiben eines Vortrags z.B. beinhaltet schon ein aktives Mitgestalten in Form einer sinnvollen Gliederung des Geschriebenen nach logischen Gesichtspunkten (also z.B. Unterteilung eines Lernstoffes entsprechend einem gemeinsamen Bedeutungs- oder Begriffsumfang). Eine sinnvoll gegliederte Mitschrift stellt bereits einen günstigen Schritt zum Einspeichern dar (s. S. 78 ff.), wodurch ein späteres Abrufen aus dem Gedächtnis effektiver wird.

LERNTECHNIKEN

Die Art und Weise, wie man lernt, hat einen bedeutenden Einfluss auf die Gedächtnisleistung, auf die „Tiefe" der Einspeicherung (s. S. 79 f.). Folgende Techniken können das Einprägen eines Stoffes in der Alltagspraxis erleichtern:

- **Durchsehen und Überlick verschaffen**

  Es ist günstig, sich zuerst einen Gesamtüberblick zu verschaffen, bevor man kleinere Einheiten lernt, d.h. ein Buch oder ein Kapitel durchzublättern, Inhaltsverzeichnis, Kapitelüberschriften, evtl. Zusammenfassungen und Überschriften über den einzelnen Abschnitten anzusehen. Man erinnert sich besser an Fakten, wenn man das allgemeine Thema kennt. Daher ist es ungünstig, mit der ersten Zeile anzufangen und Wort für Wort zu lesen, bevor man weiß, was das übergeordnete Thema ist.

- **Stoff verteilen**

  Größere Stoffmengen sollte man in kleinere Einheiten unterteilen und sich diese gesondert einprägen. Wenn möglich, sollte man den Stoff nach übergeordneten Gesichtspunkten einteilen, z.B. nach logischer Zusammengehörigkeit. Dabei ist gleich zu überlegen, wie man die zur Verfügung stehende Lernzeit pro Abschnitt einteilt.

- **Fragen zum Material stellen**

  Es ist sinnvoll, sich immer wieder zu fragen, welches die wesentlichen Punkte im jeweiligen Abschnitt oder Kapitel sind. So kann man sich besser auf das Lernmaterial einstellen und fördert damit die „Tiefe" der Durcharbeitung des Stoffes. Man sollte auch versuchen, die wichtigsten Fragen zum Kapitel noch vor dem Lesen des Kapitels zu beantworten, um die Richtigkeit der Antworten beim Lesen zu überprüfen.

- **Lesen des Stoffes**

  Viele SchülerInnen und StudentInnenen lenken ihre Aufmerksamkeit beim Lesen des Materials zu sehr auf Einzelheiten. Dabei verlieren sie die große Linie und haben Schwierigkeiten, den Gesamtzusammenhang zu erfassen. Daher ist das „Durchsehen und Überblick verschaffen" ebenso wie „Fragen zum Material stellen" sehr wichtig. Wenn überdies dem Lerninhalt Interesse entgegengebracht wird, ist das von Vorteil, der Lernende sollte aber zumindest durch ein positives Ziel (z.B. Erfolg) motiviert sein. Konzentrieren Sie sich beim Lesen auf das Wesentliche, sorgen Sie für eine ungestörte Atmosphäre, tun Sie nicht gleichzeitig Verschiedenes, z.B. Radio hören, und vermeiden Sie nach Möglichkeit emotionale Erregung.

- **Aktives Rezitieren**

  Aktives Rezitieren bedeutet: aktive Aufmerksamkeit statt passivem Erleben. Wenn man während des Lesens wichtige Punkte des Lernstoffes niederschreibt, laut liest oder unmittelbar nach dem Lesen frei zu reproduzieren versucht, erfasst man den Sinn eher und entgeht der Gefahr, etwas mechanisch herunterzuleiern.

- **Wiederholen**

  Einzelne Abschnitte oder Übungen sollte man sich nicht massiert in kurzer Zeit, z.B. knapp vor einer Prüfung, einprägen. Da die erste Wiederholung am stärksten wirkt, soll man sie möglichst bald nach der ersten Einprägung ansetzen. In den ersten 10 Tagen vergisst man mehr als in den darauf folgenden 5–6 Wochen. Die weiteren Wiederholungen sollen auf längere Zeit aufgeteilt werden. 10 Wiederholungen an einem Tag wirken nicht so gut wie eine Wiederholung 10 Tage hindurch. Daher ist es wichtig, sich genug Lernzeit zu nehmen. Je schwieriger der Stoff, desto mehr Wiederholungen sind notwendig. Einen Stoff, den man längere Zeit zuvor, z.B. zu Beginn des Semesters, gelesen und dann wiederholt hat, sollte man kurz vor der Prüfung (aber nicht zu kurz!) noch einmal ansehen.

  Beim Wiederholen soll ebenso vorgegangen werden wie unter „Durchsehen und Überblick verschaffen" (S. 87) beschrieben: Können Sie auf die Fragen antworten, die Sie sich anfangs gestellt haben? Wissen Sie, wie das Material aufgebaut und gegliedert war? Bei regelmäßiger Wiederholung benötigen Sie zunehmend weniger Zeit, um das Gelernte zu behalten.

- **Mitarbeit im Unterricht**, **Mitdenken** und richtiges **Mitschreiben** erleichtern das Lernen zu Hause. Wer ohne mitzudenken mitschreibt, muss später mühevoll rekonstruieren, was die Notizen bedeuten. Andererseits neigen SchülerInnen, die im Unterricht mitdenken, dazu, zu wenig mitzuschreiben. Bis sie dann den Stoff durcharbeiten können, vergeht Zeit, und sie haben die Bindeglieder zwischen ihren Notizen vergessen. Deshalb sollte sich jeder/jede SchülerIn angewöhnen, so mitzuschreiben, dass er/sie auch nach einiger Zeit mühelos den Sinnzusammenhang des Aufgeschriebenen erkennen kann. (Nach *F.* ***Sedlak*** und nach ***Zimbardo***)

Die Punkte „Durchsehen" (engl. „**s**urvey"), „Fragen" („**qu**estion"), „Lesen" („**r**ead"), „Rezitieren" („**r**ecite") und „Wiederholen" („**r**eview") bilden die Grundlage einer effektiven Lernstrategie, der **SQ3R**-Methode (***Morgan** und **Deese**, **Higbee**, zit. nach **Zimbardo***).

1. *Fassen Sie die genannten Lerntechniken kurz zusammen und ergänzen Sie sie durch Lerntipps, die aus dem gesamten Kapitel bisher hervorgehen, sodass sie insgesamt eine möglichst günstige Lernsituation beschreiben!*
2. *Beobachten Sie Ihr Lernverhalten ein bis zwei Wochen hindurch, und machen Sie sich dazu Notizen, wobei Sie nach effizientem und wenig wirkungsvollem Lernverhalten trennen.*
3. *Bemühen Sie sich darum, Verhaltensweisen, die das Lernen erschweren, aufzugeben! (Denken Sie daran, wie viel Zeit und Mühe Sie dadurch sparen können!)*

SUPERLEARNING, SUGGESTOPÄDIE

Als Begründer des Superlearnings, auch Suggestopädie genannt, gilt der bulgarische Psychiater *Georgi* ***Lozanov***. Er stellte fest, dass unter suggestiven Bedingungen, z.B. unter

Anwendung von ➢ Autogenem Training, klassischer Musik, Atmungstechniken usw., die zu einem vollkommen entspannten Zustand führen, eine Steigerung der Gedächtnisleistung in erheblichem Umfang zu beobachten ist. Es wird berichtet, dass bei Anwendung der von ***Lozanov*** geforderten Bedingungen 200–250 Vokabeln (oder entsprechendes Wissen) am Tag gespeichert werden können.

- Die Regeln für Superlearning sind (nach *G.* ***Beyer***):

  1. Man benötigt klassische oder moderne Tonbandmusik von insgesamt einer Stunde Dauer (bei 4 Stunden Lernen 4-mal hintereinander).
  2. Der/Die Lernende muss sich in einen Zustand der totalen Entspannung versetzen. Dieser Zustand heißt auch „Alpha"-Zustand, weil im entspannten Zustand Alpha-Wellen im Gehirn vorherrschen (s. S. 36). Man kann dies durch Autogenes Training (s. S. 28 und 219) oder durch Selbsthypnose erreichen. Selbstverständlich darf keine äußere Störung vorhanden sein.
  3. Während des Lernens wird der Lernstoff von einem Band vorgesprochen, einmal laut und mit Nachdruck, dann leise geflüstert, dann wiederum in normal nüchterner Stimmlage, dies mehr oder weniger in Zufallsfolge. Damit wird erreicht, dass die Reize nicht monoton sind und die Aufmerksamkeit größer wird.
  4. Während des Lernens atmet man in einem ganz bestimmten Rhythmus, der der Yoga-Atemtechnik entlehnt ist. Der Sinn dieser Atemtechnik liegt in einer besseren Sauerstoffzufuhr zum Gehirn und damit in einer verbesserten Konzentration. Gleichzeitig wird die Alpha-Phase aufrechterhalten.
  5. Immer dann, wenn z.B. ein Vokabel vermittelt wird, muss die Atmung angehalten werden, wodurch ein Moment höchster Aufmerksamkeit erzielt wird (dies ist vergleichbar einem Spaziergang im dunklen Wald, wenn plötzlich etwas im Gebüsch knackt, und man in äußerster Spannung zu atmen aufhört). Beim Superlearning wird dieses Phänomen absichtlich provoziert.

- Eine etwas modifizierte und erweiterte Methode wird in Deutschland in suggestopädischen Fremdsprachenkursen und Fortbildungsveranstaltungen für Lehrer und Trainer angeboten (PLS – „Psychologische Lernsysteme", entwickelt von *Gesine* und *Klaus* ***Hinkelmann***).

- Das von *F.* ***Beer*** und *G.* ***Guttmann*** an der Wiener Universität entwickelte Wiener Unterrichtsmodell, eine „Lernmethode unter Selbstkontrolle", fußt auf der ➢ empirischen Tatsache, dass das menschliche Gehirn messbaren elektrischen Potenzialschwankungen unterliegt, sobald sich eine Person in lernbereitem Zustand befindet:

  Jeder Punkt der Gehirnoberfläche ist mehr oder weniger stark elektronegativ aufgeladen. In ➢ Experimenten konnte gezeigt werden, dass die Lernleistungen der Versuchspersonen deutlich stiegen, wenn sich ihr DC-Potenzial (Gleichspannungspotenzial) um einen kleinen Betrag in Richtung Elektronegativität verschoben hatte, wenn also das negative Erregungsmaximum genau im Moment der Aufgabendarbietung eingetreten war. (Um diese minimalen Unterschiede feststellen zu können, musste eine eigene Messmethode entwickelt werden). In dieser Phase erhöhter Aktivierung kann die Lernfähigkeit um durchschnittlich 25% gesteigert werden, was zuerst in Versuchen mit sinnleeren

Silben, aber auch mit komplexerem Material wie Begriffslernen festgestellt werden konnte. Ziel war es nun, diesen lernbereiten Zustand willkürlich herzustelllen und so für den praktischen Schulalltag nutzbar zu machen. Dies ist möglich durch ➢ Konditionierung, wobei die Vp lernt, ihr DC-Potenzial willkürlich zu beeinflussen, weiters durch diverse – vor allem für SchülerInnen in Unterrichtsstunden geeignete – Entspannungsprogramme. Der erzielte Entspannungszustand (unter Musik-Einsatz und Vorstellen einer äußerst angenehmen Situation) soll etwa 5 Minuten anhalten und dann abrupt von einer 5 Minuten-Lernphase abgelöst werden. In dieser kurzen Zeitspanne der erhöhten Aktivierung muss die **Kern**-Information des Lernstoffs dargeboten werden, und zwar pro Unterrichtsstunde nie mehr als **eine**, wobei diese nicht mehr als 7 Elemente umfassen darf. Ein entsprechender Aufbau der Unterrichtsstunden muss von den Lehrpersonen vorbereitet werden.

Guttmann und ***Beer*** verweisen auf die Wichtigkeit der in westlichen Kulturen meist vernachlässigten Anwendung von Entspannungstechniken, denn: Höchstleistungen sind nur durch abwechselnde Aktivierung und Entspannung zu erreichen, wie auf empirischem Wege (s. oben) nachgewiesen werden konnte.

Aus: Söllinger/Konecny/Mateja: Erlebte Sprache 4, S. 108

Das Verhaltensgedächtnis

1. Die Bedeutung der Lerntheorien

Die größtenteils in der ersten Hälfte des 20. Jahrhunderts erarbeiteten Lerntheorien wurden unter der Bezeichnung „Lernpsychologie" zu einem weitverzweigten Gebiet der Psychologie. Sie beschäftigt sich vor allem mit der Frage, wie neue Verhaltensweisen erworben bzw. alte Verhaltensweisen durch neue ersetzt werden können. Die Ergebnisse der lerntheoretischen Forschungen spielen eine bedeutende Rolle in der angewandten Psychologie, vor allem in der klinischen und pädagogischen Psychologie. Die ➢ **Verhaltenstherapie** (Verhaltensmodifikation) versucht, unerwünschte Erscheinungen des Verhaltens (z.B. neurotische Ängste, Stottern, Zwangshandlungen usw.) zu beseitigen (s. S. 221 ff.).

2. Lernen durch Erfahrung

Um überleben zu können, muss der Mensch in der Lage sein, aus früheren Erfahrungen zu lernen. Dabei sind vor allem zwei Fähigkeiten hilfreich:

- Die Fähigkeit, aus gewissen Hinweisen oder Signalen das Eintreten bestimmter Umweltereignisse zu erkennen bzw. vorherzusagen.

Der Mensch bewegt sich mit Neugierde in der Welt, er beobachtet mit Interesse, was um ihn herum geschieht. Mit dieser ➢ **Orientierungsreaktion** (Was-ist-los?-Reaktion, „Explorationsverhalten") kann er schnell Signale erkennen, deren Folgen er deuten kann. Er kann z.B. aufgrund eines klaren Himmels am Morgen eines Sommertages darauf schließen, dass ein herrlicher Badetag bevorsteht. Noch wichtiger ist die Fähigkeit, Gefahren zu erkennen. Wenn sich beispielsweise einem Menschen beim Überqueren der Straße ein/e MotorradfahrerIn in rasender Geschwindigkeit nähert, wird er versuchen, sich in Sicherheit zu bringen. Mit der Vermeidungsreaktion entgeht er einem Sturz oder zumindest einem Schrecken.

- Die Fähigkeit, die „Konsequenzen" vorherzusehen, die die Umwelt auf das eigene Verhalten zeigt: Was passiert, wenn jemand auf eine bestimmte Art handelt?

Wenn ich strenge, aber gerechte LehrerInnen habe, werde ich annehmen können, dass meine Bemühungen, mir den Lernstoff anzueignen, meine Mitarbeit und mein bekundetes Interesse am Gegenstand positive Konsequenzen wie eine gute Beurteilung, Wertschätzung usw. oder aber im umgekehrten Fall negative Folgen z.B. in Form einer weniger guten Note nach sich ziehen werden. Sehr interessant ist in diesem Zusammenhang das Entstehen gewisser Verhaltensweisen und ➢ Einstellungen, die man als „abergläubisch" bezeichnet. Das abergläubische Verhalten besteht darin, eine bestimmte Beziehung zwischen dem eigenen Verhalten und gewissen Umweltereignissen herzustellen, die in Wirklichkeit gar nicht besteht. Mexikanische Indianer glaubten beispielsweise, dass die Sonne nur dann täglich aufgehe, wenn sie ihr Menschenblut opferten. Ein Talisman, den man stets bei sich trägt, bringt einem Glück und schützt vor Unglück. Man steht zufällig mit dem linken Fuß auf und „weiß", dass dieser Umstand daran schuld ist, dass einem die Straßenbahn vor der Nase wegfährt, dass man ein wichtiges Heft zu Hause vergessen hat und dann auch noch zu spät in die Schule kommt.

3. Die wichtigsten Lerntheorien

DIE KLASSISCHE KONDITIONIERUNG

Der Begriff der Konditionierung ist seit den weltberühmt gewordenen ➢ Experimenten des russischen Physiologen und Nobelpreisträgers *Iwan P.* ***Pawlow*** zum so genannten „bedingten Reflex" in die Psychologie eingeführt worden und bildet die wesentliche Grundlage der meisten ➢ Lerntheorien (s. Abb. 24, S. 92).

Pawlow zeigte in seinen ➢ Experimenten Hunden Futter, worauf sie (natürlicherweise) mit verstärktem Speichelfluss (einem **biologischen Reflex** – **unbedingten Reflex**) reagierten. Wurde nun den Hunden gleichzeitig mit dem Futter ein Glockenton geboten (ein **neutraler ➢ Stimulus** – **bedingter Reiz**, der nicht von selbst eine biologische Reaktion auslöst), so zeigte sich nach mehrmaligen Versuchen, dass die Hunde schon beim Ertönen der Glocke allein – ohne dass ihnen das Futter gezeigt wurde – den biologischen Reflex des Speichelflusses produzierten. Sie hatten sich daran gewöhnt, dass das Ertönen der Glocke bedeutete: Das Futter ist da! Der ursprünglich neutrale Reiz (Glockenton) wurde durch die Koppelung an den biologischen Reiz (Futter), zu einem so genannten bedingten oder konditionierten Reiz. Diesen Vorgang nennt man ➢ **Konditionierung**: Es wird kein neues Verhalten gelernt, sondern auf künstliche (neutrale) Reize mit angeborenem Verhalten reagiert. Die zeitliche Koppelung von neutralem und biologischem Reiz soll 1/2 Sek. bis maximal 5 Sek. betragen. Die einzelnen Schritte im Überblick:

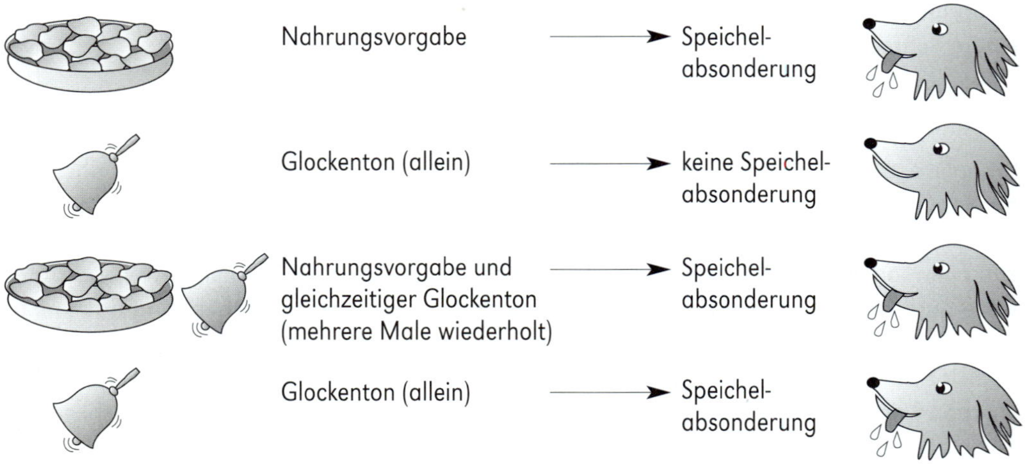

Abb. 24

*Beim **klassischen Konditionieren** erfolgt eine raum-zeitliche Verknüpfung einer Reaktion mit einem neutralen Reiz. Der neutrale (konditionierte) Reiz ist ein Reiz (Stimulus), auf welchen eine Reaktion eintritt, die ursprünglich nur auf einen biologischen (unbedingten) Reiz erfolgte. Der Reflex (die Reaktion), der nun auf den konditionierten Reiz hin auftritt, wurde von **Pawlow** „bedingter (= konditionierter) Reflex" genannt.*

Wurde der konditionierte Reiz (Stimulus) dann längere Zeit hindurch allein, ohne biologischen Reiz, dargeboten, so erlosch auch der konditionierte Reflex; die Versuchshunde „kamen" sozusagen „darauf", dass sie jetzt beim Ertönen des Glockentons kein Futter mehr erhielten. Diesen Vorgang nannte ***Pawlow*** die „Löschung des bedingten Reflexes" oder Extinktion.

SCHEMA EINER KLASSISCHEN KONDITIONIERUNG

1	*UCS* *unkonditionierter Stimulus* *(Futter)*	→	*UCR* *unkonditionierte Reaktion*
2	*UCS + neutraler Stimulus* *(Futter) (Glocke)*	→	*UCR*
3	*CS* *konditionierter Stimulus* *(Glocke)*	→	*CR* *konditionierte Reaktion*

Manche nicht angeborenen, sondern erworbenen Verhaltensweisen können mit dem Vorgang der klassischen Konditionierung erklärt werden, so z.B. viele **emotionale Reaktionen**, vor allem erworbene Angst. Wie Angst „gelernt" werden kann, lässt sich an dem berühmt gewordenen Experiment des amerikanischen Psychologen *John B.* ***Watson*** zeigen. Ein gesundes Kind, später als „Little Albert" bekannt geworden, spielte gerne mit Ratten und zeigte keinerlei Furcht vor ihnen. ***Watson*** koppelte nun den Anblick einer Ratte mit einem äußerst unangenehmen Geräusch, bei dem das Kind naturgemäß mit Angst reagierte. Wurden Geräusche und Anblick der Ratte öfter gleichzeitig dargeboten, so entwickelte sich beim Kind auch Furcht vor Ratten, selbst dann, wenn kein Geräusch mehr auftrat. Im späteren Verlauf fürchtete sich das Kind dann bereits vor Dingen, die einer Ratte ähnlich waren, z.B. vor Fellstücken und vor Wollknäueln.

Diesen Vorgang der Ausbreitung der Konditionierung auf andere Objekte nennt man in der Psychologie **Generalisation**. Ähnlich gelernte und generalisierte Angst können wir z.B. beim Zahnarzt beobachten. Der Zahnarzt/die Zahnärztin bereitet uns manchmal Schmerzen, vor denen wir natürlicherweise Angst empfinden. Diese Angst dehnt sich (generalisiert) bereits auf das Wartezimmer aus, auf das Hören des Bohrers, auf den Anblick der Geräte. Ein weiteres Beispiel: Es ist uns einmal nach dem Essen einer bestimmten Speise übel geworden, möglicherweise wird uns später schon beim Anblick dieser Speise oder bloß, wenn ihr Name genannt wird, schlecht.

Für die **Extinktion** einer klassisch erworbenen Verhaltensweise ist es notwendig, sich immer wieder den konditionierten Reizen auszusetzen. Erst wenn wir vor diesen nicht davonlaufen, wird der Teufelskreis der Angst unterbrochen, die Angst wird neutralisiert und verschwindet; Flugangst überwinden wir, indem wir fliegen, Angst vor Aufzügen, indem wir Aufzug fahren, Angst vor Hunden, indem wir uns mit Hunden „anfreunden". Wenn eine konditionierte Reaktion aber vermieden wird, hat sie wenig Chance, sich aufzulösen. Es wurden daher verhaltenstherapeutische Techniken zur Bekämpfung gelernter Angstreaktionen entwickelt (z.B. die **systematische ➢ Desensibilisierung**, s. S. 221 f.).

Anwendungsgebiete der klassischen Konditionierung: Klassisch konditionieren kann man alle Reaktionen, die nicht dem Willen unterliegen, also vegetativ gesteuerte Funktionen (Blutdruck, Herzrate, ...), emotionelle Reaktionen (Angst, Zuneigung, ...); besondere Bedeutung hat die klassische Konditionierung in der ➢ Verhaltenstherapie, bei der Behandlung ➢ psychosomatischer Krankheiten.

1. *Geben Sie Beispiele für klassische Konditionierung (auf welche Signale reagieren Sie?)!*
2. *In welchen der von Ihnen genannten Beispiele spielt Generalisation eine Rolle?*
3. *Sind Ihrer Meinung nach Experimente wie das mit „Little Albert" ethisch vertretbar?*
4. *Was halten Sie von Tierversuchen? – Bilden Sie in der Klasse zwei Gruppen, die in der Diskussion pro bzw. contra Tierversuch argumentieren.*

Aus: Sowjetunion heute

LERNEN AM ERFOLG (INSTRUMENTELLE UND OPERANTE KONDITIONIERUNG)

Das Erlernen neuer Verhaltensweisen hängt auch davon ab, ob der Mensch die Konsequenzen seines Verhaltens als Erfolg oder Misserfolg erfährt.

INSTRUMENTELLE KONDITIONIERUNG

Anfang des 20. Jahrhunderts begann der amerikanische Psychologe *Edward L.* ***Thorndike*** mit experimentellen Untersuchungen von Lernprozessen bei Tieren. Eine hungrige Katze wurde in einen Käfig, an dessen Außenseite sich eine Schüssel mit Futter befand, gesperrt; sie versuchte so lange, den Öffnungsmechanismus des Käfigs (so genannte „Problem-Box") zu finden und zu betätigen, bis ihr dies durch Herumprobieren, d.h. durch Lernen auf der Basis von **Versuch und Irrtum**, gelang. Das gelungene Öffnen des Käfigs führte zu einem Erfolg, der Befriedigung des Nahrungstriebes. Instrumentelle Konditionierung beruht also auf Bedürfnisreduktion; gelernt wird, was die Bedürfnisspannung (z.B. Hunger) reduziert.

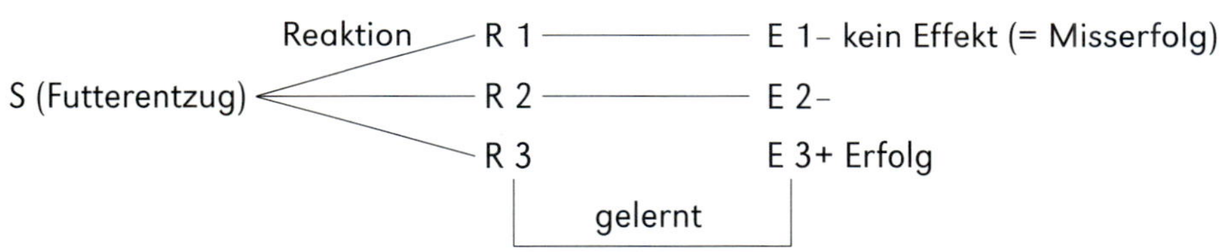

Der ➢ Stimulus Hunger ist ➢ Motivation für die Reaktionen R1 und R2, die jedoch nicht zum gewünschten Erfolg bzw. Effekt (E1–, E2–) führen. Erst die dritte Reaktion R3 ist erfolgreich (E3+, Befriedigung des Nahrungstriebes) und wird daher gelernt. Das Suchen und Durchprobieren von Verhaltensweisen ist dabei Mittel, „Instrument" der Verringerung oder Beseitigung der Triebspannung und führt zur Verfestigung des Gelernten. Diese Art des Lernens wird deshalb als instrumentelles Lernen (**instrumentelles Konditionieren**) bezeichnet.

Es zeigte sich, dass die Versuchstiere beim Wiederholen immer schneller die richtige Handlungsweise fanden: sie hatten aufgrund ihrer Erfahrungen gelernt, aus den vorhandenen Möglichkeiten jene Alternative auszuwählen, die den gewünschten Effekt herbeiführte (**selektives Lernen**).

Diese Theorie („Effekttheorie") geht davon aus, dass sich jeder Organismus im Optimalzustand in einem biologischen Gleichgewicht (Prinzip der **Homöostase**) befindet. Ist der Gleichgewichtszustand nicht gegeben, wird jedes Lebewesen bestrebt sein, die Balance so bald wie möglich wiederherzustellen. Hiebei werden alle jene Reize bevorzugt, die zu diesem Ausgleich hinführen.

Instrumentelle Konditionierung *ist Verknüpfung eines bestimmten Verhaltens mit seinen Folgen. Der Erfolg wird durch das „Instrument" der richtigen Reaktion erreicht.*

Aus seinen Versuchen leitete ***Thorndike*** verschiedene „Lerngesetze" ab, z.B. das „**Gesetz des Effekts**": Die Stärkung oder Schwächung der Verknüpfung hängt von ihren (positiven oder negativen) Folgen ab.

Anwendungsbereiche instrumenteller Konditionierung: Sie ist überall dort anwendbar, wo Bedürfnisse oder Interessen befriedigt werden sollen, z.B. bei der Tierdressur, die auf Futterentzug beruht. Der Mensch zeigt dort ein Versuchs-Irrtums-Verhalten, wo ihm die Einsicht bei Problemlösungen fehlt.

Man kann den Unterschied zwischen klassischer und instrumenteller bzw. operanter Konditionierung auf folgende Kurzformel bringen:

> B
>
> ***Klassische Konditionierung:*** *Reaktion nur abhängig vom Reiz, der der Reaktion vorangeht*
>
> ***Instrumentelle und operante Konditionierung:*** *Reaktion abhängig vom Erfolg, der der Reaktion folgt*

OPERANTE KONDITIONIERUNG

Der amerikanische Verhaltensforscher *Burrhus F.* ***Skinner*** beschäftigte sich weniger mit Verhaltensweisen, die durch die klassische Konditionierung im Sinne ***Pawlows*** auftreten (Reiz muss der Reaktion vorangehen), als – im Anschluss an ***Thorndike*** – mit jenen Verhaltensweisen, die durch die ihnen folgenden Konsequenzen gesteuert sind.

Skinner bezeichnet das Verhalten, das auf diese Art entsteht, als **operantes Verhalten** („operant behavior"). Es handelt sich um zufällig auftretendes Verhalten, das durch Rückwirkung (to operate = wirken) der Umwelt verstärkt wird, sodass sich die Wahrscheinlichkeit einer Wiederholung dieser Reaktion erhöht. (Eine Bedürfnisreduktion ist bei dieser Art des Lernens nicht Voraussetzung). Lernen wird hier nach einem Regelkreissystem erklärt:

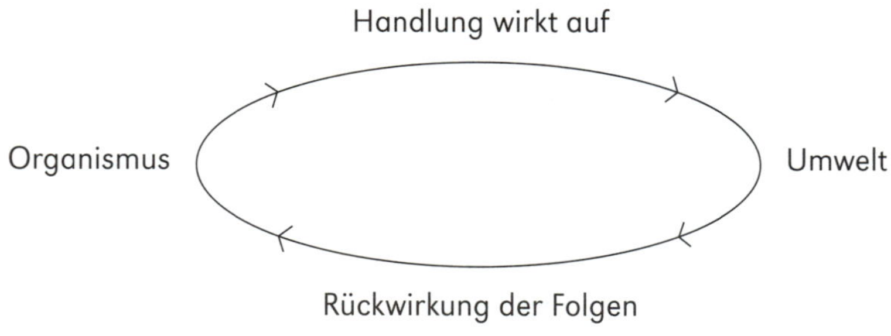

Die von der Umgebung ausgehenden ➢ Stimuli kann man hinsichtlich ihrer Effekte einteilen in

- **Positive Verstärker** („reinforcer"): Die Umwelt bekräftigt das Verhalten durch Belohnung. Diese Belohnung kann biologisch wichtig (z.B. Essen, Trinken, usw.) oder sozial angenehm (Lob, Anerkennung usw.) sein. Besonders wirksam bzw. besonders widerstandsfähig gegen ➢ Extinktion sind sog. intermittierende (gelegentliche) ➢ Verstärker wie z.B. Gewinnspiele.

- **Bestrafung**: Reize oder Reaktionen der Umgebung auf ein Verhalten, die als schmerzhaft oder unangenehm empfunden werden (z.B. soziale Missbilligung, Kritik, physische Schmerzen usw.). Ein Verhalten, das bestraft wird, wird in seinem Auftreten „gehemmt".
- **Negative Verstärker** („reinforcer"): Um negative Konsequenzen zu vermeiden, wird „unerwünschtes" Verhalten unterlassen. Ein an den Sicherheitsgurt gekoppelter Alarm z.B. dient einer negativ verstärkenden Funktion; sein störendes Geräusch hört erst auf, wenn der Fahrer sich angegurtet hat (nach ***Zimbardo***).

Welche Ereignisse im individuellen Fall als Verstärker wirken, kann nur ➢ empirisch in konkreten Situationen festgestellt werden. Wenn wir also fragen, warum sich ein Mensch in dieser oder jener Weise verhält, dann müssen die Ursachen, seine Lerngeschichte, analysiert werden. Diese Lerngeschichte ist nach ***Skinner*** immer durch äußere Kontrollen entstanden, die wahren Ursachen liegen nicht im Menschen, etwa in Form von Anlagen. Er stellte eine Anzahl von „Lerngesetzen" auf, welche beschreiben, wie man ein bestimmtes Verhalten aufbauen oder modifizieren (bzw. manipulieren) kann. ***Skinner*** beschreibt in seinem Roman „Futurum II" eine utopische Gesellschaft, in welcher Menschen nach Verstärkungsplänen gesteuert, „kontrolliert", werden und lediglich solche Verhaltensweisen zeigen, die von der Gemeinschaft positiv empfunden werden. Trotz der optimistisch geschilderten Umstände drängen sich dem Leser manchmal Parallelen zu *Aldous* ***Huxleys*** Roman „Schöne neue Welt" auf.

Skinner, der (ähnlich dem Problem-Käfig von ***Thorndike***) einen Experimentierapparat – bekannt als Skinner-Box (s. Abb. 25) – entwickelt hat, konnte z.B. Tauben dadurch, dass er jede ihrer Kopfbewegungen in einer bestimmten Richtung mit Futter belohnte, dazu bringen, dass sie sich im Kreis drehten, also Verhaltensweisen ausführten, die nicht zu ihrem natürlichen Verhaltensrepertoire gehören. Auch die Weltraumaffen waren operant konditioniert: Denn wie sollte man ein Tier dazu bringen, Hebel und Tasten nach einem bestimmten Plan zu betätigen? Man konnte nur warten, bis das Tier zufällig den vorgesehenen Knopf oder Hebel drückte, worauf es belohnt wurde und so die neue Verhaltensweise lernte.

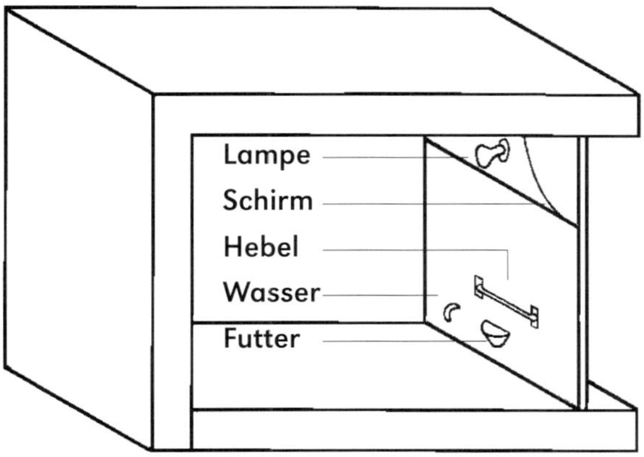

Abb. 25: Skinner-Box. – Drückt das Versuchstier (z.B. eine Ratte) auf den Hebel, fällt eine Futterpille in den Napf, oder es fließt Wasser in den Käfig. Mit Hilfe von Lichtreizen kann das Tier konditioniert werden, den Hebel zu drücken.

B

INSTRUMENTELLE UND OPERANTE KONDITIONIERUNG

BEZIEHUNG ZWISCHEN VERHALTEN UND KONSEQUENZEN

VERHALTEN HAT

ANGENEHME KONSEQUENZ	*Einsetzen einer angenehmen Konsequenz (positiver Verstärker):* • *Verhalten tritt häufiger auf*	*POSITIVE VERSTÄRKUNG*
KEINE KONSEQUENZ	*Ausbleiben eines erwarteten positiven Verstärkers „TIME-OUT“:* • *Verhalten tritt seltener auf bis hin zur*	*LÖSCHUNG*
UNANGENEHME KONSEQUENZ	*Einsetzen einer unangenehmen Konsequenz (Strafreiz):* • *Verhalten tritt seltener auf*	*BESTRAFUNG*
VERMEIDUNG EINER UNANGENEHMEN KONSEQUENZ	*Dem Strafreiz kann ausgewichen werden:* • *unerwünschtes Verhalten wird seltener* • *neues Verhalten tritt häufiger auf*	*NEGATIVE VERSTÄRKUNG*

Anwendungsbereiche der operanten Konditionierung: **Jedes** Verhalten, **jedes** Lernen im ➢ kognitiven, emotionalen, sozialen Bereich kann operant verstärkt werden. Operante Konditionierung spielt daher in der Erziehung eine bedeutende Rolle. Besonders wirksam erweist sich das operante Konditionieren weiters beim „Programmierten Lernen“ und in der ➢ Verhaltenstherapie (einzelne kleine Lernschritte werden verstärkt); auch beim Glücksspiel ist operantes Lernen bedeutsam (da man nicht immer gewinnt, d.h. nicht jede Reaktion verstärkt wird, aber immerhin verstärkt werden **könnte**, ist dieses Lernen besonders schwer löschbar!).

1. *Geben Sie Beispiele für instrumentelles und operantes Lernen im kognitiven Bereich.*
2. *Die operante Konditionierung stellt die Bedeutung von Belohnung und Strafe in den Vordergrund. – Was empfinden Sie, wenn Sie belohnt werden? Welche Art der Belohnung bevorzugen Sie für sich?*
3. *Versetzen Sie sich in die Situation des/der*

Strafenden *Was empfinden / denken Sie?*	*Bestraften* *Was empfinden / denken Sie?*

SOZIALES LERNEN (Modelllernen)

Die Entwicklung vieler Verhaltensweisen, Einstellungen und Eigenschaften beim Kind, aber auch im weiteren Verlauf des Lebens, kommt zum Teil durch Verknüpfung von Reizen (vgl. klassische ➢ Konditionierung s. S. 91 ff.) bzw. durch gezielte Bekräftigungen (also „Lernen durch Verstärkung“, s. S. 96 ff.) zustande, doch damit allein wäre der Mensch in seiner Umwelt nicht lebensfähig.

Ein Großteil unseres Lernens wird durch die **Beobachtung** von Personen („**Modellen**“), die ein bestimmtes Verhalten zeigen, angeeignet, und zwar durch deren Imitation (*A.* ***Bandura***). Dieses „soziale Lernen“ oder „Lernen durch **Imitation** bzw. Identifikation“ findet überall dort statt, wo eine andere Person als Vorbild auftritt. Kinder beobachten Verhaltensweisen von Erwachsenen, erinnern sich daran und sind motiviert, sie zu wiederholen. Das Kind sieht seiner Mutter zu, wie sie Kuchen bäckt und bäckt für seine Puppe mit, der/die Jugendliche bewundert einen Filmhelden und ahmt dessen Kleidung nach. Als Modellpersonen wirken vor allem jene Personen – seien es nun lebende Vorbilder oder Personen, die uns in Büchern, Erzählungen, Fernsehen oder Film begegnen –, deren Verhalten günstige Konsequenzen hervorbringt. Der Filmheld, der imstande ist, auf faire Weise seine Gegner zu besiegen, eine hübsche Partnerin zu gewinnen oder sonst wie Erfolg zu haben, erzielt bei Kindern und Jugendlichen eher Vorbildwirkung als der Tollpatsch, der bei jeder Gelegenheit auf die Nase fällt. Bedenklich wird es, wenn eine Person, die sich aggressiv verhält, für ihre Aggressivität „belohnt“ wird, z.B. indem sie sich auf brutale Weise besonders erfolgreich durchsetzt oder gar soziales Ansehen gewinnt (s. dazu S. 142).

Das Beobachtungs- und ➢ Imitationslernen bzw. ➢ **Modelllernen** spielt eine wesentliche Rolle bei der ➢ **Sozialisation**, durch die Kinder oder Jugendliche lernen, ihr Verhalten und ihre ➢ Einstellungen dem allgemeinen Wertsystem ihrer Kultur anzupassen. So werden zahlreiche Eigenschaften, wie z.B. Selbstkontrolle, die Fähigkeit zu Verzicht, zu „prosozialem", menschenfreundlichem Verhalten usw. auf dem Wege des sozialen Lernens erworben. Leider ist auf diesem Wege auch das Erlernen gegenteiliger Eigenschaften möglich. Der Erwerb so komplexer Verhaltensmuster im Rahmen des sozialen Lernens ist nur durch die Wirkung ➢ kognitiver Fähigkeiten und Prozesse möglich. Das, was in der Umwelt beobachtet und beobachtend gelernt wird, wird nicht mechanisch übernommen, sondern muss erkannt, gedeutet, verglichen und integriert werden. Die kognitiven Fähigkeiten erlauben es den Lernenden, sich verschiedene Folgen ihrer Handlungsweisen **vorzustellen** (z.B.: „Wenn ich von diesen Pilzen esse, dann wird mir voraussichtlich schlecht.") und Problemlösungsmöglichkeiten zu **überdenken** (z.B.: „Wenn ich rechtzeitig bei der Verabredung sein will, dann muss ich meinen Freund bitten, mich mit seinem Auto hinzubringen, denn mit der Straßenbahn schaffe ich es nicht mehr.").

Das Erfassen der Beziehung zwischen einer Handlung und deren Folgen, die „Wenn-dann"-Beziehung, welche sowohl durch passives Erleben (Beobachtung) als auch durch aktive Teilnahme gelernt wird, bezeichnet man in der Psychologie als **symbolisches Lernen**: Vorstellungen, Gedanken, Wörter können als symbolische Repräsentanten der Wirklichkeit bezeichnet werden. Auf dem Weg des symbolischen Lernens werden beispielsweise allgemeine Regeln für sozial angemessenes Verhalten erlernt. Durch Beobachtung anderer Menschen, durch eigenes Ausprobieren, erfasse ich etwa: „Wenn ich zu viel von mir selbst spreche, dann werden mich die anderen als selbstbezogen oder selbstgefällig bezeichnen und in der Folge den Umgang mit mir meiden." Oder: „Im Augenblick ist nicht der ideale Zeitpunkt, mein Anliegen vorzutragen, da es nicht zum Thema passt. Ich muss auf einen günstigeren Augenblick warten!" Solche inneren Gespräche laufen meist automatisch ab, ohne uns bewusst zu werden, steuern aber unsere Einstellungen und unser Verhalten. Es kann dann z.B. zu selbstschädigendem „Selbstmanagement" kommen; Personen mit niedriger Selbsteinschätzung halten folgenden Dialog mit sich selbst: „Wie seh ich denn aus? Furchtbar! Ich bin zu fett, aber das ist nicht einmal mein ganzes Problem. Ich bin ja auch furchtbar blöd ..." Unser Selbstbild hängt z.B. vom Verhältnis der negativen zu den positiven Formulierungen ab, die wir über uns selbst in solchen inneren Dialogen wählen. Solche negative Gedanken führen dann zu Gefühlen der Angst, der Enttäuschung oder der Scham. Die Gefühle steuern in weiterer Folge unser Verhalten: wir meiden bestimmte Situationen, verhalten uns ungeschickt und selbstschädigend. (Nach ***Zimbardo***)

Man findet heute immer mehr psychologische Publikationen auf dem Markt, in denen ➢ **kognitive Strategien** zum Abbau negativer Einstellungen und Verhaltensweisen und deren Ersatz durch produktivere im Rahmen von mehr oder weniger umfassenden Programmen vorgeschlagen werden (z.B. unter dem Titel: „Manipulationsversuche erkennen und nicht auf sie eingehen" oder „Sage niemals ja, wenn du nein meinst" usw.). Vielleicht lohnt es sich, das eine oder andere Programm in einer Gruppe von Personen mit ähnlichen Problemen auszuprobieren, weil die Gruppe sowohl den Rahmen für ausgiebiges Proben geben kann als auch die unterstützende emotionale, ermutigende Atmosphäre schafft. (S. z.B. das Abmagerungsprogramm durch die „Weight Watchers".)

Anwendungsbereiche des Modelllernens: dort, wo verbale Instruktion zu kompliziert ist (z.B. Sport, Tanzen, praktische Fertigkeiten, usw.); große Bedeutung hat Modelllernen im sozialen Bereich bzw. generell für die Erziehung des Menschen, besonders wenn das Modelllernen durch kognitive Prozesse unterstützt wird.

❶ *Geben Sie Beispiele für soziales Lernen!*

❷ *Nehmen Sie zu den folgenden Aussagen Stellung:*

- *„Eine gesunde Watschn hat noch keinem geschadet!"*
- *„Liebe – statt Hiebe!"*

„Das wird dich lehren, deine Schwester zu schlagen!"
Aus: Zimbardo/Ruch: Lehrbuch der Psychologie, S. 480

❸ *Um welche Lernart handelt es sich in den folgenden Beispielen:*

- *Bei Grün gehen Sie über die Kreuzung, bei Rot bleiben Sie stehen.*
- *Peter hat bei „6 aus 45" gewonnen.*
- *Sie bekommen Angst, wenn Sie im Wartezimmer des Zahnarztes/der Zahnärztin das Geräusch des Zahnbohrers hören.*
- *Der/Die LehrerIn lächelt wohlwollend, nachdem der Schüler/die Schülerin die gestellte Aufgabe richtig gelöst hat.*
- *Sie helfen einer jungen Mutter, den Kinderwagen in den Autobus zu heben.*
- *Jemand ruft „Achtung!" Sie bleiben sofort stehen.*
- *Ein/e SchülerIn bekommt eine gute Zeugnisnote, obwohl er/sie beim Test in diesem Fach nicht ganz ehrlich war, wovon der/die LehrerIn allerdings nichts wusste.*
- *SchülerInnen verhalten sich einem/einer autoritären LehrerIn gegenüber äußerst diszipliniert. Inwiefern haben hier alle Beteiligten gelernt?*

B

VERHALTENSGEDÄCHTNIS – LERNTHEORIEN

KLASSISCHE KONDITIONIERUNG

Pawlows *Lehre vom bedingten Reflex*

LERNEN AM ERFOLG

- *INSTRUMENTELLE KONDITIONIERUNG*

Thorndikes *Effekttheorie*

Es werden jene Reaktionen gewählt, die Bedürfnisspannungen reduzieren.

Selektives Lernen nach dem Effektprinzip.

- *OPERANTE KONDITIONIERUNG*

Skinner

RESPONDENTS:

An bestimmte Reize gebundene Reaktionen

OPERANTS:

Spontan auftretende Handlungen, an keinen bestimmten Reiz gebunden.
Als Verstärker wirken Konsequenzen des Verhaltens.

LERNEN DURCH IMITATION (MODELLLERNEN)

„Soziales" Lernen. Beobachtete Verhaltensweisen werden nachgeahmt, besonders jene, die positive Konsequenzen bei Modellpersonen haben.

Z

1. *Was versteht man unter „Kurzzeit-“ und „Langzeitspeicher“?*
2. *Welche Aussage trifft das Gesetz von* ***Ebbinghaus****?*
3. *In welchem Verlauf vollzieht sich das Vergessen?*
4. *Wie soll man Lernstoff zeitlich und mengenmäßig optimal unterteilen?*
5. *Welche Gedächtnishemmungen, die den Einprägungs- bzw. Reproduktionsprozess beeinträchtigen, sind Ihnen bekannt?*
6. *Beschreiben Sie das Wiener Modell nach* ***Guttmann*** *und* ***Beer****!*
7. *Was versteht man unter „Verhaltensgedächtnis“?*
8. *Wozu dient die „Orientierungsreaktion“?*
9. *Beschreiben Sie den Unterschied zwischen klassischer und operanter Konditionierung!*
10. *Was versteht man unter „Generalisation“?*
11. *Erklären Sie den der „Extinktion“ (Löschung) zugrunde liegenden Vorgang!*
12. *Beschreiben Sie das „Gesetz des Effekts“!*
13. *Geben Sie Beispiele für operantes Lernen in der Erziehung!*
14. *Beschreiben Sie das Imitations- bzw. Modelllernen!*
15. *Nennen Sie einige Verhaltensweisen, die aufgrund von Nachahmung gelernt werden können!*
16. *Denken Sie sich je ein Beispiel für sozial angemessenes und sozial unangemessenes Verhalten aus!*

Kapitel 5
SPRACHE UND DENKEN

A

Begriffsbildung – oder: Von der Schwierigkeit, Obst zu pflücken

Grenzen meiner Sprache – Grenzen meiner Welt?

Denken als Problemlösen – Probieren oder Studieren?

Intelligenz – Schlüssel zum Erfolg?

Kreativität – Sind nur Genies kreativ?

René Magritte
Der Traumschlüssel,
1930

EINLEITUNG

Die Aufgabe der Psychologie liegt nicht in der Beurteilung der Wichtigkeit und Bedeutung eines Gedankeninhalts, sondern in der Erforschung der psychischen Prozesse, die zum Denken führen, in der Beobachtung des Denkens selbst sowie der Bedeutung, die dem Denken für das Seelenleben des Menschen zukommt.

Fällt auch die Auseinandersetzung mit den Inhalten unseres Denkens in den Problembereich der Philosophie, so soll hier doch nicht unerwähnt bleiben, dass das Denken unsere Handlungen bestimmt, und dies nicht immer mit wünschenswerten Ergebnissen.

- *Wie beurteilen Sie die folgenden Worte des Philosophen Sir Karl* ***Popper*** *(1902–1997):*

  „[…] Wir haben alle unsere Philosophien, ob wir dessen gewahr werden oder nicht, und die taugen nicht viel. Aber ihre Auswirkungen auf unser Handeln und unser Leben sind oft verheerend. Deshalb ist der Versuch notwendig, unsere Philosophien durch Kritik zu verbessern. Das ist meine einzige Entschuldigung dafür, dass es überhaupt noch Philosophie gibt.“

  Aus: Popper, K.: Objektive Erkenntnis, S. 22

1. Der Zusammenhang von Sprache und Denken

DIE ENTSTEHUNG VON BEGRIFFEN

Wir denken in Begriffen; Begriffe erfassen die wesentlichen Merkmale von Dingen und ermöglichen es, jedes Ding infolge seiner Merkmalskomplexe als einem Begriff zugehörend zu erkennen. Um eine ordnende Erfassung der Welt möglich zu machen, fasst der denkende Mensch Dinge nach ihren gemeinsamen wesentlichen Merkmalen in Kategorien (Klassen) zusammen, d.h. er schafft **Begriffe** und bezeichnet diese mit **Namen**.

Wenn man einen Begriff nennt, z.B. „Baum“ sagt, weiß jeder, was gemeint ist, es ist nicht mehr notwendig, alle einzelnen Merkmale aufzuzählen, die einen Baum als Baum erkennen lassen. Der Begriff der „Reifeprüfung“ kann z.B. mit verschiedenen Synonymen wie Matura, Abitur benannt werden. Dass der Begriff nicht der Name ist, mit dem man ihn bezeichnet, sondern das von einer Sache geistig Erfasste, erleben wir auch dann, wenn uns der Name für etwas nicht einfallen will, obwohl es uns „auf der Zunge liegt“; beispielsweise, wenn wir von der Prüfung sprechen wollen, mit der man die AHS abschließt, und wir „wissen, was wir meinen“, aber der Name „Matura, Reifeprüfung“ fällt uns nicht ein (so genannte ➢ **linguale Hemmung**). Was wir in diesem Fall erleben, ist der unanschauliche Gedanke, der bloße, „nackte“ Begriff ohne einen Namen. Der Begriff ist nicht der Name des Erfassten, aber er bedarf dieses Namens, um mitgeteilt werden zu können. Zu diesem Zweck verbindet sich der Gedanke assoziativ mit einem Wort, und dieses Wort wird so zu dem **Namen für den Begriff**, den dieser Gedanke ausdrückt.

- *Überlegen Sie, in welcher Beziehung der Begriff „Apfel" zu den unten angeführten Phänomenen steht:*
  - 
  - *das Wort „Apfel"*
  - *der Apfel, in den Sie jetzt herzhaft hineinbeißen können, sofern Sie einen zur Verfügung haben*
  - *Obst*

THEORIEN ZUM SPRACHERWERB

Zur Erklärung des Spracherwerbs stehen zwei Theorien zur Verfügung.

- Die **lerntheoretische** Auffassung besagt, dass Sprache wie jedes andere Verhalten durch Verstärkung gelernt wird. Die ➢ **Lerntheorie** bietet zur Erklärung des Spracherwerbs zwei einander ähnliche Versionen an. Die erste Version lautet, dass die Lautproduktion des Säuglings von den Bezugspersonen ➢ **selektiv verstärkt** werde, d.h. jene Laute, die in der Sprache der Bezugspersonen vorkommen, werden verstärkt, andere Laute werden nicht verstärkt. Das Kind produziert dann allmählich nur noch Laute, die in seiner sozialen Umgebung „erwünscht" sind. Die andere Version, die von ***Mowrer*** entwickelte ➢ **autistische Sprachtheorie**, geht davon aus, dass die Lautproduktion der Bezugspersonen mit Nahrung, Schutz, Wohlbefinden assoziiert wird und das Kind daher die Laute der Erwachsenen nachahmt. Durch das Sprechen dieser Laute verstärkt sich das Kind selbst.

  Der lerntheoretische Ansatz lässt jedoch viele Fragen offen, so z.B. konnte die Tatsache, dass Kinder viele Sätze formulieren, die sie nie gehört haben können, mit der Nachahmungstheorie nicht geklärt werden.

- Der **psycholinguistische Ansatz** *Noam **Chomsky**s* scheint daher zielführender zu sein. Er geht davon aus, dass allen Menschen die Fähigkeit, mit den ➢ linguistischen Gemeinsamkeiten aller Sprachen umzugehen, angeboren ist. Das Kind lernt, dieses angeborene sprachliche Potenzial auf jene ganz bestimmte Sprachgesellschaft hin auszurichten, in die es hineingeboren ist. Es realisiert von den angeborenen allgemeinen Sprachaspekten jene spezifischen, die in „seiner Sprachgesellschaft" zur Verständigung notwendig sind. Dem psycholinguistischen Ansatz zufolge werden nicht Wortketten gelernt, sondern **Transformationsregeln** angewendet. Laut ***Chomsky*** sind die durch die Sprache vermittelten Gedanken mit ihrer Bedeutung in einer Tiefenstruktur verwurzelt, die der/die SprecherIn nie direkt ausdrückt. Der/Die SprecherIn wandelt diese Tiefenstruktur nach ganz bestimmten Transformationsregeln in eine Oberflächenstruktur um, die dann als morphologisches und syntaktisches Sprachgebilde gesprochen oder geschrieben wird. Diese Umwandlung erfolgt intuitiv, unbewusst. Wir verwenden viele Transformationsregeln, z.B.: Der Satz „Die Frau, die du auf dem Foto siehst, ist meine Mutter" kommt nach der Regel zustande, dass wir einfache Kernsätze in andere Kernsätze „einbetten". Die entsprechenden Kernsätze lauten: „Du siehst eine Frau auf dem Foto." „Diese Frau ist meine Mutter." Weitere Transformationsregeln sind: Bildung von Fragen, Imperativen, Passivsätzen, Negationen, etc.

- *Wie beurteilen Sie die genannten Theorien zum Spracherwerb?*

HAUPTSTADIEN DER GEISTIGEN ENTWICKLUNG

Der Schweizer Psychologe *Jean* ***Piaget*** beschäftigte sich Mitte des 20. Jahrhunderts mit dem Zusammenhang von Denken und Sprache und unterschied folgende Phasen der geistigen Entwicklung beim Kind:

1. Sensumotorische Phase (Geburt bis 2. Lj.)

Diese Stufe gehört eigentlich noch nicht zur Entwicklung der Intelligenz, des Denkens im engeren Sinn, aber es werden hier die Grundlagen und Voraussetzungen der Intelligenz Erwachsener gelegt. Das Kind erwirbt durch die tätige Auseinandersetzung mit der Umwelt die Konzepte des **Raumes**, der **Zeit** und der **Kausalität**. Zum Beispiel entdecken Kinder zwischen dem 6. und 8. Lebensmonat, dass ein Gegenstand auch dann noch weiter existiert, wenn man ihn nicht mehr sieht. Versteckt man den Ball vor den Augen des Kindes unter einer Decke, beginnt es aktiv nach ihm zu suchen, was anzeigt, dass das Kind bereits eine **innere Repräsentation** dieses Gegenstands hat.

2. Symbolisch-vorbegriffliches Denken (2.–4. Lj.)

Hier setzt die Entwicklung der Intelligenz im engeren Sinne ein. Diese Entwicklungsstufe ist durch die **Verinnerlichung von Handlungen** gekennzeichnet. Das Kind ist nun zu symbolischen Spielen in der Lage, es beginnt, Dinge als Symbole für andere Gegenstände zu verwenden: Ein Stückchen Seife stellt im Spiel ein bestimmtes Nahrungsmittel dar, ein Knäuel Wolle ein Raubtier usw. Obwohl das Kind über Symbole und Zeichen verfügt, besitzt es noch keine Begriffe, sondern verwendet **Vorbegriffe**. Es ist noch an Einzelheiten orientiert und kann keine übergeordneten Begriffe bilden (z.B. „Obst" für Äpfel, Birnen ...).

3. Präoperationales, anschauliches Denken (4.–7. Lj.)

Auf dieser Stufe kann das Kind den Unterschied zwischen einer **Klasse** von Gegenständen und den **Elementen**, die zu dieser Klasse gehören, erkennen. Man zeigt einem Kind von ca. fünf Jahren Bilder mit einer Gruppe von Erwachsenen und Bilder mit einer Gruppe von Kindern, davon drei Knaben und fünf Mädchen. Im folgenden Frage- und Antwortspiel: „Zeig mir die Erwachsenen" zeigt das Kind korrekt. „Zeig mir die Kinder" zeigt das Kind ebenfalls richtig. Es zeigt auch richtig, wenn man nach den Knaben und nach den Mädchen fragt. Nun kommt die entscheidene Frage: „Gibt es mehr Mädchen oder gibt es mehr Kinder?" – „Mehr Mädchen." – „Sind es wirklich mehr Mädchen?" – „Ja, weil es weniger Knaben sind". Das Kind ist also imstande, die Klasse der „Kinder" in „Mädchen" und „Knaben" zu differenzieren. Nach der Differenzierung ist es aber nicht mehr in der Lage, sie geistig wieder rückgängig zu machen und die Mädchen wieder in die Klasse der „Kinder" zu subsumieren. Das Denken in dieser Phase ist **noch nicht reversibel**. Ist eine Unterklasse (Mädchen) einmal gebildet, ist sie sozusagen fixiert und kann für den notwendigen Vergleich nicht mehr in die Oberklasse integriert werden.

Kinder in dieser Phase denken eher eindimensional (linear); ihre Aufmerksamkeit ist meist auf einen einzigen Aspekt gerichtet. Mehrdimensionale Größen, wie die Konstanz des Volumens oder Gewichts eines Stoffes, wenn sich dessen Form ändert, machen Schwierigkeiten. Bei der berühmten „Umfüllaufgabe" von ***Piaget***, bei der Kinder dieser Altersstufe Wasser oder Kugeln von einem niedrigen, aber breiten Gefäß in ein hohes und schlankes umfüllen, antworten sie oft mit „jetzt ist (sind) es mehr!"

4. Stufe der konkreten Operationen (7.–12. Lj.)

Auf dieser Stufe gelingt die unter Punkt 3) genannte Aufgabe bereits. Auf die Frage: „Was ist ein Hund?" folgt als Antwort: „Ein Tier", „ein Säugetier", „ein Haustier" – die typischen Antworten jüngerer Kinder aber lauten hier: „ein Dackel", „er bellt" oder „er kann beißen". Das Denken auf dieser Stufe bezieht sich allerdings noch auf **konkrete Objekte**, **Klassen** und **einfache Relationen**.

5. Stufe der formalen Operationen (ca. ab 12. Lj.)

Piaget bezeichnet diese Stufe als ➢ adoleszente Phase der ➢ kognitiven Entwicklung. Das Denken muss sich nicht mehr auf konkrete Objekte, Klassen und einfache Relationen beschränken. Es kann vielmehr Aussagen deduktiv ableiten und ist nicht mehr an konkretisierende Bedingungen geknüpft. Eine Person, die dieses Stadium erreicht hat, kann Probleme unter verschiedenen Gesichtspunkten betrachten, vergleichbar einem Schachspieler, der in Ruhe über seine Züge nachdenkt und dem aktuellen Geschehen gedanklich voraus ist, wobei er gleichzeitig mehrere Möglichkeiten in Betracht zieht.

Kritik an *Piaget*s Theorie:

Bis in die Siebzigerjahre des 20. Jahrhunderts glaubte man, mit der Theorie ***Piaget*s** eine endgültige Antwort auf die Frage, wie die ➢ Intelligenz der Kinder reife, gefunden zu haben. Doch schon bald danach kamen Zweifel an der Richtigkeit dieser Phasenkonzeption auf; in den Neunzigerjahren durchgeführte ➢ Experimente scheinen diese Zweifel zu bestätigen und legen den Schluss nahe, dass sich die Intelligenz der Kinder auf viel komplexere Weise entfaltet.

Die Kritik an ***Piaget*s** Theorie richtet sich vor allem gegen dessen Konzeption der **voroperationalen** Phase, insbesondere also gegen die Behauptung, Kinder seien in diesem Entwicklungsstadium bei ihren Urteilen über die Welt grundsätzlich unfähig, mehrere Informationen gleichzeitig zu berücksichtigen und sinnvoll zu kombinieren. Experimente bestätigten, dass Kinder durchaus in der Lage sind, mehrere Informationen sinnvoll zu verknüpfen, dass sie aber andererseits keine „Theorie" dazu liefern können, **wie** sie das tun. So z.B. berücksichtigen sie beim Ballwerfen intuitiv sowohl die Höhe der Bahn als auch die Entfernung zum Ziel; sie haben also ein praktisches Know-How, einen Ball in die richtige Flugbahn zu bringen, sodass dieser ein bestimmtes Ziel erreicht, ihre theoretischen Kenntnisse bleiben jedoch deutlich hinter diesem praktischen Wissen zurück. So etwa können sie die Kraft, die zum Ballwerfen nötig ist, nicht auf einer Skala einstellen.

Eine Reihe weiterer Untersuchungen bestätigte diese Diskrepanz zwischen Praxis und Theorie. Es ist daher anzunehmen, dass ***Piaget*** den Kindern bei seinen Untersuchungen theoretische Kenntnisse abverlangte, die dann hinter ihrem praktischen Wissen zurückblieben. Außerdem ist zu berücksichtigen, dass Kinder den seriösen Absichten der Erwachsenen zumeist vertrauen und daher bemüht sind, selbst die bizarrsten Fragen in deren Sinne zu beantworten. (Nach: GEO Wissen, Aug. 1992)

Die Tabelle auf den nächsten beiden Seiten zeigt eine Übersicht über die Entwicklung von Denken und Sprache. Aufgrund obiger Ausführungen kann es sich nur um grobe Richtlinien handeln.

BEZIEHUNG ZWISCHEN DENKEN UND SPRECHEN

Zwischen Denken und Sprache besteht eine sehr enge Wechselwirkung. Auch die Entwicklung der Fähigkeit zu denken und die Entwicklung der Fähigkeit zu sprechen stehen zueinander in einem Verhältnis wechselseitiger Abhängigkeit. Auf diese Abhängigkeit zwischen Denken und Sprache beziehen sich in der einen oder anderen Weise z.B. die Arbeiten von *Benjamin L.* ***Whorf*** und *Claude* ***Lévi-Strauss***.

- ***Whorfs*** ➢ Hypothese des ➢ **linguistischen Relativitätsprinzips** besagt, dass die Sprachstruktur etwas Grundlegendes und das Denken je nach dem sprachlichen „Standort" und System relativ veränderlich und von diesem abhängig sei. Seinen Standpunkt, dass das **Denken in sehr weitem Umfang von der Sprache geprägt** werde, belegt ***Whorf*** mit Beispielen aus der Sprache der Hopi-Indianer: Die Grammatik dieser Sprache kennt keine Tempora, sondern kurz dauernde Ereignisse werden einfach mit Verben ausgedrückt (für die es nur eine „zeitlose" Form, weder Vergangenheit noch Zukunft usw. gibt), lang andauernde Ereignisse werden durch Substantiva bezeichnet. Damit wird zugleich auch die für andere Sprachen, z.B. für die deutsche Sprache, selbstverständliche Unterscheidung zwischen Gegenständen, die durch Hauptwörter, und Handlungen, die durch Zeitwörter ausgedrückt werden, unterlassen. Unterschiede des Wortschatzes bedeuten zugleich auch Unterschiede in der Begriffsabgrenzung: Die Hopi haben z.B. für alles, was fliegt, sei es Vogel, Insekt oder Flugzeug, nur **ein** gemeinsames Wort.
- Umgekehrt wies ***Lévi-Strauss*** darauf hin, dass sich die **Denkweise auf die Sprache auswirkt**, was er an dem besonderen Beispiel der politischen Ideologie darlegt: Totalitäre Staaten z.B. prägen ihren eigenen Sprachstil.

BEZIEHUNG ZWISCHEN SPRACHE UND SOZIALSCHICHT

Die Sprache ist das wichtigste Kommunikationsmittel zwischen Menschen, das wesentliche Mittel zur Herstellung und Erhaltung von Gemeinschaft. Die Ergebnisse der ➢ Entwicklungs- bzw. der ➢ Sozialpsychologie zeigen, dass das Denken des Menschen sich nur in der Gemeinschaft mit Menschen, in der sprachlichen ➢ Kommunikation, entwickeln kann.

In verschiedenen ➢ empirischen Arbeiten wurde der Einfluss gesellschaftlicher Faktoren auf die Entwicklung der Sprache und die sprachliche Kommunikation untersucht. Angehörige verschiedener sozialer Schichten sprechen nicht die „gleiche Sprache". Kinder aus der Unterschicht lernen später sprechen, ihr Wortschatz ist geringer und die Sprache weniger differenziert (z.B. verwenden sie im Durchschnitt mehr Substantiva und weniger Adverbien, bilden einfachere Sätze mit weniger untergeordneten Nebensätzen usw.). Die schichtspe-

ENTWICKLUNG VON SPRACHE

AUSDRUCK (Ich-bezogen)	Vorstadium	Schreien (Stimmung, Gefühlsentladung)
APPELL (Du-bezogen)		allmähliche Kontrolle über Lautbildungsorgane
		Lallen: zufrieden; Schreien: Not
	Stadium der 1-Wort-Sätze	einzelnes Wort hat Satzwert, Beginn echten Spracherwerbs, – einige Wörter
	Stadium der 2-Wort-Sätze	80% Substantiva, 20% Verba ohne Satzgefüge, noch grammatikalische Fehler, bis ca. 50 Wörter
DARSTELLUNG (Sach-bezogen)	Stadium des geformten Mehrwort-Satzes	Flexion durch Analogiebildung; Aneinanderreihung von Hauptsätzen, bis ca. 300 Wörter bis ca. 1000 Wörter
	Stadium der Satzüber- und -unterordnung	alle Wortarten vorhanden; Grundprinzipien der Sprache erlernt
		Passivsätze, Erweiterung des Wortschatzes
		komplizierte Satzkonstruktionen, abstrakte Begriffe, direkte Rede, gefühlsbetonte Darstellung

Die obige Tabelle zeigt die gemeinsame Entwicklung von Sprache und Denken beim Menschenkind von der Geburt bis zur Vollendung des 11. Lebensjahres. Ab dann gilt die Entwicklung von Sprache und Denken als weit gehend abgeschlossen; es bedarf aber der Festigung und steten Erweiterung durch Erfahrung und Übung sowohl der Sprache als auch des Denkens. Insofern ist Lernen auf diesen Gebieten nie wirklich abgeschlossen.

Der Stufe der **sensumotorischen Intelligenz** nach ***Piaget*** entsprechen das sprachliche Vorstadium, in welchem das Kind bloß seine Befindlichkeit mittels Schreien ausdrückt (die Sprache hat in diesem Stadium reinen **Ausdrucks**-Charakter, ist ausschließlich Ich-bezogen), das Stadium der Ein-Wort-Sätze, das mit Ende des 1. Lebensjahres erreicht wird, und der Zwei-Wort-Sätze am Ende des 2. Lebensjahres. Von Ein-Wort-Sätzen und Zwei-Wort-Sätzen spricht man, weil ein einziges Wort bzw. zwei Wörter (meist Subjekt und Prädikat) allein genügen, Mitteilungen von Satz-Bedeutung auszudrücken. Das Wort „Mama“ kann ausdrücken: „Ich habe Hunger“, „Halt mich!“, „Ich will das Bilderbuch anschauen!“ Zwei-Wort-Sätze vermögen auch Nicht-Mitglieder der Familie zu verstehen: „Michi Durst!“, „Papa spazieren!“ Ab etwa dem 4. Lebensmonat gewinnt die Sprache **Appell**-Funktion hinzu, d.h. sie wendet sich an ein Du, das Kind will von diesem Du etwas Bestimmtes haben, wie z.B. Nahrung, Zuwendung, Trost ...

ENTWICKLUNG VON DENKEN

0; 0–0; 2	Sensumotorische Intelligenz: Konzepte von Raum, Zeit und Kausalität werden erworben; noch keine Intelligenz im eigentlichen Sinne
0; 4–0; 6	
0; 6–1: 0	
1; 0–1; 6	
1; 6–2; 0	
2; 0–2; 6 3; 0–4; 0	Symbolisch-vorbegriffliches Denken: „Vorbegriffe" werden entwickelt; keine echte Abstraktionsleistung, da Kind noch an Einzelheiten orientiert ist; Kind verwendet Dinge symbolisch für andere Dinge
ab 4; 0	Anschauliches Denken: Kind kann Klassen erfassen, aber nicht die Beziehungen zw. den Klassen (nur 1 Dimension wird berücksichtigt)
ab 7; 0	7; 0–11; 0: Stufe der konkreten Operationen
ab 11; 0:	Stufe der formalen Operationen: abstraktes Denken, Denken über Denken gelingt

Erst auf der Stufe des **symbolisch-vorbegrifflichen** Denkens, ab dem 2. Lebensjahr, erlangt die Sprache das Stadium des geformten Mehr-Wort-Satzes. Nun wird es dem Kind möglich, Sprache sachbezogen zu gebrauchen, mit Mehr-Wort-Sätzen kann man bereits Sachverhalte darstellen, d.h. die Sprache gewinnt Darstellungs-Charakter.

Anschaulich-voroperationales Denken beginnt etwa ab dem 4. Lebensjahr. In diesem Alter sind die Grundprinzipien der Sprache erlernt. Dieser Entwicklungsstufe des Denkens entspricht das Stadium der Satzüber- und Unterordnung im sprachlichen Bereich. Mit einem Wortschatz von etwa 1.000 Wörtern kann sich das Kind nun sehr gut verständigen.

Während der Stufe der **konkreten Operationen** zwischen dem 7. und 11. Lebensjahr kommt es zu einer beachtlichen Erweiterung des Wortschatzes und zur Verwendung von Passivsätzen; schließlich, auf der Stufe der **formalen Denk-Operationen**, wird u.a. abstraktes Denken, der Gebrauch abstrakter Begriffe in der Sprache möglich.

zifischen Sprechweisen werden als ➢ **linguistische Kodes** bezeichnet: Die bei Angehörigen der Unterschicht beobachtete Sprechweise heißt **restringierter (eingeschränkter) Kode**, die Sprechweise der Mittelschicht (Angestellte, freie Berufe, AkademikerInnen usw.) **elaborierter (ausgearbeiteter) Kode**.

1. *Diskutieren Sie die – doppelte – Problematik der Zuordnung der beiden genannten Sprachkodes zur „Unter"- bzw. „Mittelschicht". Lassen sich hier klare Abgrenzungen bzw. Zuordnungen vornehmen?*
2. *Vergleichen Sie die beiden folgenden Textstellen hinsichtlich*
   - *Wortschatz*
   - *Satzbau*
   - *Stilmittel*

EIN MANN MIT ALLEN EIGENSCHAFTEN, ABER SIE SIND IHM GLEICHGÜLTIG
EIN FÜRST DES GEISTES WIRD VERHAFTET, UND DIE PARALLELAKTION ERHÄLT IHREN EHRENSEKRETÄR

Es ist nicht schwer, diesen zweiunddreißigjährigen Mann Ulrich in seinen Grundzügen zu beschreiben, auch wenn er von sich selbst nur weiß, daß er es gleich nah und weit zu allen Eigenschaften hätte und daß sie ihm alle, ob sie nun die seinen geworden sind oder nicht, in einer sonderbaren Weise gleichgültig sind. Mit der seelischen Beweglichkeit, die einfach eine sehr mannigfaltige Anlage zur Voraussetzung hat, verbindet sich bei ihm noch eine gewisse Angriffslust. Er ist ein männlicher Kopf. Er ist nicht empfindsam für andere Menschen und hat sich selten in sie hinein versetzt, außer um sie für seine Zwecke kennen zu lernen. Er achtet Rechte nicht, wenn er nicht den achtet, der sie besitzt, und das geschieht selten. Denn es hat sich mit der Zeit eine gewisse Bereitschaft zur Verneinung in ihm entwickelt, eine biegsame Dialektik des Gefühls, die ihn leicht dazu verleitet, in etwas, das allgemein gut geheißen wird, einen Schaden zu entdecken, dagegen etwas Verbotenes zu verteidigen und Pflichten mit dem Unwillen abzulehnen, der aus dem Willen zur Schaffung eigener Pflichten hervorgeht. Trotz dieses Willens überläßt er aber seine moralische Führung, mit gewissen Ausnahmen, die er sich gestattet, einfach jenem ritterlichen Anstand, der in der bürgerlichen Gesellschaft so ziemlich alle Männer leitet, solange sie in geordneten Verhältnissen leben, und führt auf diese Weise mit dem Hochmut, der Rücksichtslosigkeit und Nachlässigkeit eines Menschen, der zu seiner Tat berufen ist, das Leben eines anderen Menschen, der von seinen Neigungen und Fähigkeiten einen mehr oder weniger gewöhnlichen, nützlichen und sozialen Gebrauch macht. Er war es gewohnt, sich aus natürlichem Trieb und ohne Eitelkeit für das Werkzeug zu einem nicht unbedeutenden Zweck zu halten, den er schon noch rechtzeitig zu erfahren gedachte, und selbst jetzt, in diesem begonnenen Jahr der suchenden Unruhe, nachdem er das steuerlose Treiben seines Lebens eingesehen hatte, stellte sich bald wieder das Gefühl ein, auf dem Wege zu sein, und er gab sich mit seinem Plan gar keine besondere Mühe. Es ist nicht ganz leicht, in einer solchen Natur die sie treibende Leidenschaft zu erkennen; Anlage und Umstände haben sie vieldeutig geformt, ihr Schicksal ist noch durch keinen wirklich harten Gegendruck entblößt worden, die Hauptsache ist aber, daß ihr zur Entscheidung noch etwas fehlt, das ihr unbekannt ist. Ulrich ist ein Mensch, der von irgend etwas gezwungen wird, gegen sich selbst zu leben, obgleich er sich scheinbar ohne Zwang gehen läßt.

Aus: Musil, Robert: Der Mann ohne Eigenschaften. 1. Buch. Rowohlt 1981, S. 151f.

DER STEIRISCHE LEBENSLAUF

hödlmosers eigenhändig geschriebener lebenslauf, der bewerbung zum gemeinderat beigelegt

3 jahre nach meiner geburt, die ich persönlich im jahre 1933, u. zw. am 23. 12. in kumpitz bei fohnsdorf in der steiermark erlebt habe, erblickte ich, franz josef hödlmoser, meinen vater in der gestalt des josef franzbauer.

ich weiß noch, daß ihn meine selige mutter, die alte hödlmoserin, anna hödlmoser, beim weggehen angespuckt hat, weil er nicht mein vater hat sein wollen.

seit damals habe ich den alten franzbauer sehr gehaßt.

unser bauernhof, der hödlmoserhof, ist eine halbe stunde über kumpitz.

zusammen mit großvater und großmutter hödlmoser habe ich dort meine kindheit verlebt.

bald darauf sind sie gestorben.

die alte hödlmoserin, meine selige mutter, hat mich so weit gebracht, daß ich mit 7 jahren schon die 2-klassige volksschule in allerheiligen mit dem fahrrad besuchen habe dürfen, die ich nach 5jähriger lehrzeit mit dem abschlußzeugnis abschließen habe können.

dann hat meine mutter, die selige hödlmoserin, einen recht starken almkaffee gemacht und wir haben gefeiert, aber ohne den alten franzbauer.

weil ich mit 12 jahren schon fertig gewesen bin, bin ich schon sehr früh selbständig geworden.

mit meiner seligen mutter, die ist 5 jahre später in einer grazer heilanstalt gestorben, leider, habe ich die wirtschaft geführt.

der alte franzbauer, mein leiblicher vater, hat inzwischen eine kalteneggertochter aus allerheiligen geheiratet und ist sehr reich geworden.

aus dieser ehe ist dann der junge franzbauer sepp entsprungen, der arme.

auch mir hat der alte franzbauer nie was gezahlt.

weil er mich noch dazu gereizt hat und weil ich einen sehr schnellen charakter besitze, habe ich ihn eigenhändig am 15. märz 1950 in der brathendlstation timmerer in möderbrugg erstochen.

heute würde ich das wahrscheinlich nicht mehr tun, denn ich habe dann meine zeit bis 1960 im gefängnis in leoben und judenburg verbringen müssen.

es hat aber auch den großen vorteil gehabt, daß ich mit vielen wichtigen leuten zusammengekommen bin.

zwischen 1953–1958 habe ich mich auch mit der bibliothek des kreisgefängnisses leoben ausgebildet; das hat mir auf meinem weiteren lebensweg sehr geholfen.

dann bin ich gleich 1 jahr lang in das bergwerk fohnsdorf arbeiten gegangen, wo ich als huntbremser bei der sortierung beschäftigt worden bin.

ich habe abgerechnet, weil mich die pflicht als bauer gerufen hat.

jetzt bin ich wieder in meinem mutterhaus über kumpitz und lebe mit meiner gattin fani hödlmoser, geb. hinterleitner, die ich am 22. 8. 1966 geheiratet habe, und meinem sohn schurl hödlmoser, geb. am 20. 1. 1967, zusammen und bin bauer.

mein hof geht gut.

ich habe auch verwandte in fohnsdorf, hetzendorf, sillweg, rattenberg, aichdorf, zistl und bretstein, sowie in st. peter ob judenburg im möschitzgraben.

mein zweiter sohn ist unterwegs und ich möchte nun gerne gemeinderatsmitglied werden.

ich habe 2 ha boden mit wald, 1 stadel, 1 traktor, 12 kühe mit 1 stier und 2 ochsen geerbt und viele kontakte.

franz josef hödlmoser

Aus: Gruber, Reinhard P.: Aus dem Leben Hödlmosers. dtv 10867, S. 54ff.

Diese unterschiedlichen Sprechweisen werden mit unterschiedlichen Sozialbeziehungen und Familienstrukturen in Mittel- und Unterschicht in Zusammenhang gebracht. In der Unterschicht sind die „Rollen" innerhalb der Familie starrer definiert, die ➢ Normen für den Einzelnen sind daher auch stärker festgelegt; aus diesem Grund ist (aufgrund einer ➢ Hypothese von ***Bernstein***) die Mitteilung individueller Gefühle und Bedürfnisse nicht erforderlich, die Gespräche dienen mehr der gegenseitigen Bestätigung von Konformität und Solidarität. Restringierter Kode vermittelt emotionale Nähe, worauf besonders der Sprachtheoretiker ***Labov*** hingewiesen hat. Bei der Mittelschicht spiegelt die Sprache die weniger starre Rollenverteilung in Beruf und Familie und die größere Orientierung an Zielen, wie Entfaltung individueller Erfahrungen und Leistungen, wider: Daher werden Gefühle und individuelle Bedürfnisse differenzierter ausgedrückt.

Eine differenzierte Ausdrucksweise erfordert einen entsprechend großen Wortschatz. Die deutsche Sprache umfasst ungefähr 500.000 Wörter (inkl. Fachwortschatz sogar mehr als 1 Million). Vom vollen Umfang des Wortschatzes wird jedoch nur eine geringe Anzahl von Wörtern verwendet; ein Mensch mit gut entwickelter Standardsprache verwendet etwa 20.000 Wörter, ein Mundartsprecher kommt mit ca. 5.000 Wörtern aus. Der passive Wortschatz, d.h. die Anzahl der Wörter, die nicht verwendet, aber verstanden werden, ist wesentlich größer.

Die unterschiedlichen Sprachkodes können eine Barriere zwischen Angehörigen beider Schichten darstellen und zu Benachteiligungen führen, z.B. in der ➢ **Psychotherapie**, die häufig aus Gesprächsführungen besteht (vgl. dazu S. 224, Rollenspiele, S. 225), vor allem aber an höheren **Schulen**, wo der Lernerfolg vom Sprachniveau des Schülers/der Schülerin abhängt; er/sie wird bei Leistungsüberprüfungen in vielen Fällen günstiger beurteilt, wenn er/sie sich entsprechend eloquent zeigt. Insofern kann der verfügbare Sprachkode die Möglichkeiten der späteren **Berufswahl** erheblich beeinflussen.

DER SPRACHERWERB IN DER MIGRATION

Die in den letzten Jahren zunehmende Anzahl fremdsprachiger SchülerInnen an Österreichischen Schulen hat dem Thema „Sprachbarriere" neue Brisanz verliehen.

Fälle von „echtem" Bilingualismus, also wenn ein Kind von Anfang an zwei Sprachen simultan erwirbt (z.B. weil die beiden Elternteile verschiedene Muttersprache haben) und in beiden Sprachen bzw. Kulturen denkt und „lebt", sind selten; es setzt sich meist eine Sprache als Primärsprache durch. Der Erstspracherwerb, normalerweise der Erwerb der Muttersprache, ist im Wesentlichen etwa mit Beginn des Schulalters abgeschlossen. Das Kind hat zwar nun die sprachlichen Grundlagen erworben, bedarf aber zur Weiterentwicklung seiner Erstsprache der schulischen Aktualisierung und Förderung. Wird diese Weiterentwicklung unterbrochen, etwa dadurch, dass das Kind nur noch in fremder Sprache unterrichtet wird, leidet sowohl die Entwicklung der Erstsprache als auch der fremden Unterrichtssprache. Diese unzulängliche Kenntnis beider Sprachen zeigt sich oft erst später, wenn das Kind mit abstrakten Begriffen operieren soll (s. Tabelle Entwicklung von Denken und Sprache, S. 110 f.).

Die Frage, ob nicht-deutschsprachige Kinder in Österreich ausschließlich in deutscher Sprache oder auch in ihrer Muttersprache unterrichtet werden sollen, ist abgesehen von der Problematik, dies in der schulischen Praxis optimal umzusetzen, längst entschieden worden. Eine Reihe von Untersuchungen belegt, dass die Unterbrechung des Erwerbs der Erstsprache nicht nur diese bestimmte Sprache, sondern die Entwicklung der Sprachfähigkeit allgemein behindert. Die Folge sind eingeschränkte Lese-, Schreib- und sonstige Schulleistungen. Weitere Argumente sprechen für einen Unterricht in der Erstsprache von Kindern nicht-deutscher Muttersprache: Förderung der Fähigkeit zur sprachlichen Analyse, zur Entwicklung von Spracherwerbsstrategien, zur sprachlichen ➢ Kreativität; positive Einflüsse auch auf die nonverbale Intelligenzleistung, positive Einflüsse auf das Selbstwertgefühl und die Einstellung zur eigenen Gruppe (besonders wichtig bei Muttersprachen mit geringem Sozialprestige, wie z.B. Türkisch, Serbisch); vor allem aber größere Toleranz bilingualer Menschen und ihre geringere Anfälligkeit gegenüber ➢ Ethnozentrismus. (Nach *BM f. Unterricht, Kunst und Kultur:* Informationsblätter des Referats für Interkulturelles Lernen Nr. 3/98)

?

1. *Welchen Stellenwert messen Sie dem Sprachniveau eines Menschen bei? Diskutieren Sie die Sprachproblematik der so genannten Unterschicht und der fremdsprachigen SchülerInnen. Gibt es Parallelen?*
2. *Sammeln Sie Vorschläge zur Integrationsförderung nicht-deutschsprachiger MitschülerInnen. Was könnten Lehrpersonen und SchülerInnen beitragen (z.B. Bücher in der Muttersprache dieser Kinder in der Schulbibliothek, Pausengespräche, usw.)*
3. *Inwiefern berücksichtigt unser Schulsystem den sprachlichen und geistigen Entwicklungsstand der SchülerInnen? Unterscheiden sich die in den Volksschulen angewandten Lehrmethoden von jenen der höheren Schulen? – Versuchen Sie, diese Frage in der Gruppe anhand vergleichbarer Fächer (z.B. Rechnen / Mathematik, Musikerziehung u.a.) zu klären.*

2. Das Problemlösen

ARTEN DES PROBLEMLÖSENS

Probleme können grundsätzlich mit zwei Methoden gelöst werden:

1. **Versuch-Irrtum-Lernen**: Die Lösung eines Problems erfolgt mehr oder weniger zufällig durch Herumprobieren. Das Versuch-Irrtum-Lernen kommt zur Anwendung, wenn für die Lösung eines Problems keine früheren Erfahrungen oder Kenntnisse verwertet oder reproduziert werden können. Bei Geduldspielen oder Puzzlespielen z.B. kann man durch Herumprobieren zum Ziel gelangen.
2. **Analysierendes Denken**: Die Problemlösung kommt durch logische Schlussfolgerungen zustande. Es ist effektiver, die gestellte Aufgabe zu analysieren; dabei wird eine gewisse Erfahrung vorausgesetzt – man überlegt die Konsequenzen des Verhaltens, vergleicht mit ähnlichen Problemen und den dabei aufgetretenen Folgen bestimmter Handlungen und sucht die zielführende Aktion aus. Man gelangt also zur Einsicht, worauf es ankommt, das Problem zu lösen.

- *Versuchen Sie, die folgenden Denkaufgaben zu lösen und beobachten Sie, welche Problemlösungsstrategien Sie dabei anwenden!*

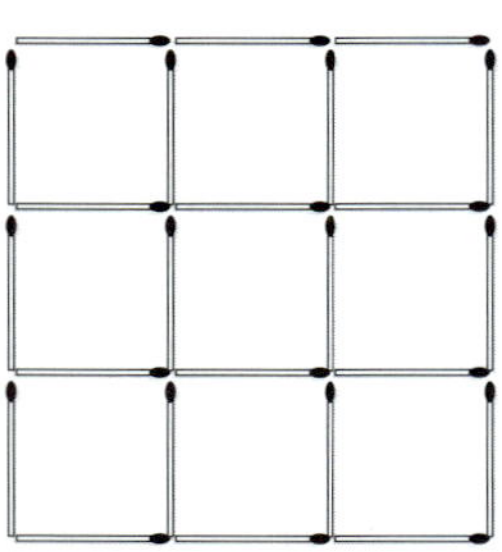

- Aus dem gezeigten großen Quadrat, welches neun kleinere Quadrate enthält, sollen zwei Quadrate gemacht werden – durch Entfernen von 8 Streichhölzern.
- Wenn man die obige Figur nochmals aufbaut, wieder 8 Streichhölzer wegnimmt, um dadurch aber drei Quadrate zu erhalten?
- Noch ein Problem, ausgehend von derselben Figur: 8 Streichhölzer sollen so umgelegt werden, dass drei Quadrate entstehen.

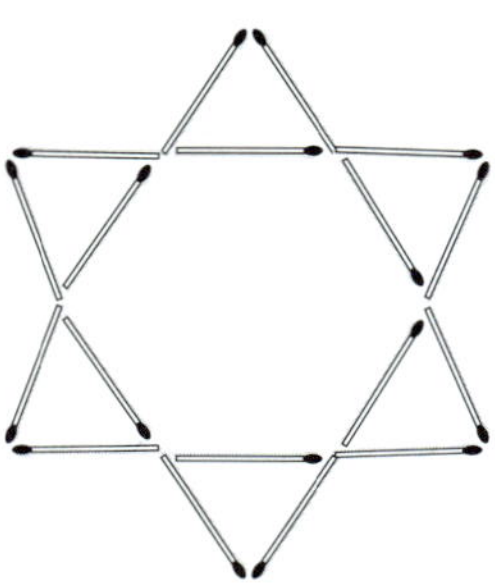

- Zum Schluss der gefahrlosen Spielerei mit Streichhölzern ein Stern:

  Lassen sich daraus sechs gleiche vierseitige Figuren (Rhomben oder Parallelogramme) bilden, wenn sechs Streichhölzer umgelegt werden?

- In die Nähe der Streichholz-Aufgaben gehört die folgende, bei der uns allerdings Streichhölzer nichts helfen:

  Angenommen, Sie hätten vor Jahren einen quadratischen Swimmingpool in Ihrem Garten anlegen lassen und an dessen Ecken vier kleine Birken angepflanzt. Inzwischen sind daraus vier wunderschöne kräftige Bäume geworden. Außer den Birken sind indessen auch noch Ihre damals unberücksichtigten Nachkommen herangewachsen. Sie müssen den Pool vergrößern lassen, und zwar wollen Sie ihn partout doppelt so groß haben und auch wieder quadratisch. Also weg mit den Birken! Oder?
  (Zeit-Limit: eine Minute)

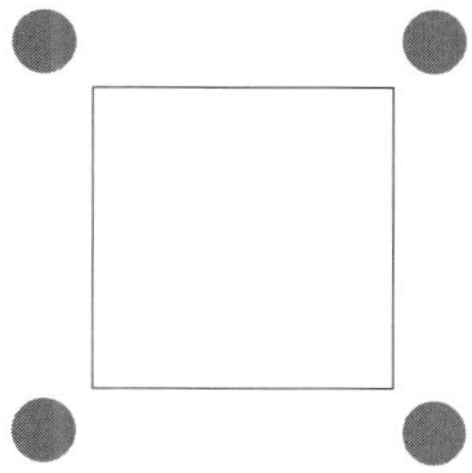

Aus: Hochkeppel, Willy: Denken als Spiel. dtv 965, S. 66f.

So leicht solche Probleme auf den ersten Blick zu sein scheinen, sie fordern doch eine Fähigkeit heraus, die von Psychologen als „figurale adaptive Flexibilität" bezeichnet wird. Damit sind Beweglichkeit und Schnelligkeit gemeint, mit welchen man Veränderungen an räumlich-figürlichen Gebilden auffassen kann. So ist es nicht verwunderlich, dass Streichholz-Probleme, „Match-Problems", auch in Intelligenz- und Kreativititäts-Tests vorkommen.

- Das nächste Problem verlangt einige Überlegung, bevor Ordnung in den Wirrwarr der wirklichen und möglichen Beziehungen gebracht ist (Lösung s. S. 130):

  In einem Vorort von Genf gibt es eine hübsche kleine Kolonie, so international wie selten. Sie besteht aus fünf Häusern, die – Grundstück an Grundstück – längs einer Zufahrtsstraße liegen. In jedem wird geraucht, getrunken und ein Haustier gehalten, und seien es auch nur Bienen.

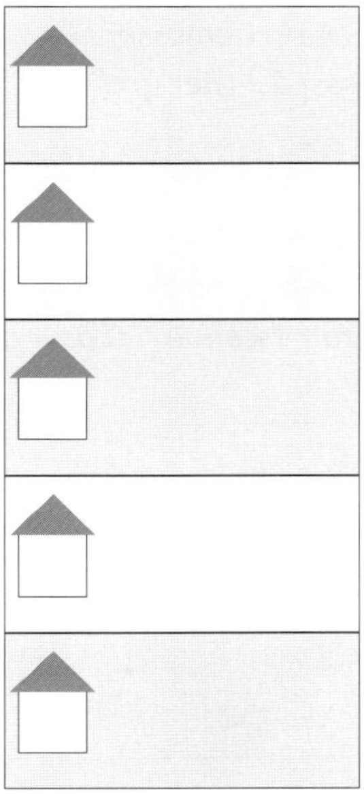

a Der Engländer wohnt in dem roten Haus.
b Der Spanier hat einen Hund.
c In dem grünen Haus wird Kaffee getrunken.
d Tee trinkt der Russe.
e Und gleich links neben dem weißen steht das grüne Haus.
f Der Mann, der „Reval" raucht, züchtet Bienen.
g „Chesterfield" raucht man in dem gelben Haus.
h In dem Haus in der Mitte gibt es Milch zu trinken.
i Der Norweger wohnt übrigens im ersten Haus.
k Der Herr, der „Players" raucht, ist der Nachbar des Herrn mit der Katze. Denn sein Haus liegt neben dem dieses Herrn.
l „Chesterfield" werden, nebenbei bemerkt, im Hause neben jenem geraucht, in dem das Pferd steht.
m Derjenige, der Zigarren raucht, trinkt auch Orangensaft.
n Der Japaner hingegen raucht nur „Camel".
o Das Haus des Norwegers steht, um es nicht zu vergessen, neben dem blauen Haus.

Bleibt nur noch zu fragen: Wer trinkt Wasser? Und wem gehört eigentlich das Zebra?

Aus: Hochkeppel, Willy: Denken als Spiel. dtv 965, S. 32f.

DIE ROLLE DER ERFAHRUNGEN

Sind hier Erfahrungen nur Mittel, um schneller ans Ziel zu gelangen, so gibt es auch Situationen, in denen die Lösung eines Problems nur gefunden werden kann, wenn gewisse Kenntnisse und Erfahrungen über das Material vorhanden sind. ***Birch*** konnte z.B. in seinen berühmten Versuchen mit Schimpansen zeigen, dass die Tiere anfangs sehr lange brauchten, um zum zielführenden Verhalten zu gelangen. Die Schimpansen sollten eine außerhalb des Käfigs befindliche Banane herbeischaffen. Die Tiere hatten bisher nicht die Gelegenheit gehabt, mit Stöcken zu hantieren, und es gelang ihnen auch in 30 Minuten nicht, die Banane mit einem Stock heranzuholen. Nur eines der Tiere, das beim Herumspielen zufällig die Banane mit dem Stock berührte, löste die Aufgabe. Hierauf gab man den Affen Gelegenheit, innerhalb von drei Tagen viermal eine halbe Stunde mit den Stöcken zu spielen und stellte sie anschließend vor die gleiche Aufgabe; sie wurde von allen Tieren innerhalb von 20 Sekunden gelöst. Diese und andere ➢ Experimente zeigen, dass höhere Tiere die Erfahrungen, die sie mit bestimmten Materialien gemacht haben, bei der Problemlösung richtig anwenden können.

Oft können Erfahrungen nur realisiert und in bestimmten Aktionen verwertet werden, wenn die Lösung durch Anleitung, Beispiel, Hinweise auf die Schwerpunkte des Problems erleichtert wird. Die Verwertbarkeit einer Erfahrung kann aber auch von der Erfahrung selbst abhängen: Es ist ein Unterschied, ob die Lösungswege nur mechanisch eingelernt wurden oder ob das richtige Vorgehen schrittweise mit dem entsprechenden Verstehen des Lösungsweges aufgebaut wurde. Verstandene Erfahrungen können leichter verwertet und verallgemeinert, d.h. auf andere Probleme übertragen, werden.

?

1. *Versuchen Sie, folgende Abfüll-Aufgabe nachzuvollziehen:*

   Sie sollen eine Flüssigkeitsmenge von 20 Litern abmessen. Es stehen zwei Krüge zur Verfügung, einer fasst 29 Liter und der andere 3 Liter.
   Lösung: 29 – 3 mal 3 = 20

2. *Versuchen Sie nun, auf ähnliche Weise folgende Aufgaben zu lösen:*

Aufgabe	*Fassungsvermögen Krug 1*	*Krug 2*	*Krug 3*	*Abzumessende Menge*	*Lösung*
1	*21*	*127*	*3*	*100*	
2	*14*	*163*	*25*	*99*	
3	*18*	*43*	*10*	*5*	
4	*9*	*42*	*6*	*21*	
5	*20*	*59*	*4*	*31*	
6	*23*	*49*	*3*	*20*	
7	*15*	*39*	*3*	*18*	
8	*28*	*76*	*3*	*25*	

(Lösung: s. S. 130) *(nach Schönpflug, S. 270 f.)*

Erfahrungen (Gewöhnungen) können auch hemmend wirken: Eine einmal als richtig erkannte Vorgangsweise, z.B. bei Rechenaufgaben, wird oft beibehalten, auch wenn einige Aufgaben durch eine andere Methode einfacher zu lösen wären. Diese Ersparnis an Denkaufwand scheint zwar im Moment ökonomisch zu sein, ist aber nicht immer zielführend. Besonders nachteilig können sich festgefahrene Gewohnheiten auswirken, wenn die Lösung eines Problems eine ungewohnte, originelle Verwendung eines Gegenstands erfordert. In einem Experiment ließ der Versuchsleiter die Vpn Objekte in bestimmten Funktionen verwenden; danach mussten im Hauptversuch die gleichen Gegenstände ganz anders als vorher gebraucht werden. Nur 43% der Personen lösten diese Aufgabe, während von einer anderen Gruppe von Vpn, die keinen Vorversuch mit den Gegenständen gemacht hatte, alle die richtigen Lösungen fanden.

DIE INTELLIGENZFORSCHUNG

DER BEGRIFF DER INTELLIGENZ

Die Intelligenzforschung hat gegen Ende des 19. Jahrhunderts begonnen. Obwohl viele Versuche unternommen wurden, den Begriff der ➢ Intelligenz zu definieren, gibt es bis heute keine unter PsychologInnen allgemein anerkannte Definition.

❶ *Welche der hier folgenden Definitionen erklärt den Begriff „Intelligenz" Ihrer Meinung nach am treffendsten, welche kommt Ihrer Auffassung am wenigsten nahe?*

1. *Unter Intelligenz versteht man jene Fähigkeiten, die den innerhalb einer Kultur Erfolgreichen gemeinsam sind (**Anastasi** / **Foley**, 1949).*
2. *Intelligenz ist die zusammengesetzte oder globale Fähigkeit des Individuums, zweckvoll zu handeln, vernünftig zu denken und sich mit seiner Umgebung wirkungsvoll auseinander zu setzen (**Wechsler**, 1961).*
3. *Intelligenz ist ein Oberbegriff (eine gedankliche Abstraktion) für eine zurzeit noch nicht genau bestimmbare, wahrscheinlich aber recht große Anzahl von unterschiedlichen „Denkfähigkeiten", „Faktoren" bzw. „Dimensionen", die das Niveau und die Qualität der Denkprozesse einer Persönlichkeit charakterisieren und intelligentes Verhalten in mannigfachen Problemsituationen und an unterschiedlichsten Denkmaterialien erlauben (**Guthke**, 1972).*
4. *Intelligenz ist die allgemeine Bezeichnung für die generelle Fähigkeit des Einsicht Gewinnens und des Erfassens von komplexen Beziehungen im Vollzug von Problemlösungen (**Drever** / **Fröhlich**, 1971).*
5. *Intelligenz ist das, was Intelligenztests messen (**Bohring**, 1923); heute als „operationale" Definition bezeichnet, also als Defini-*

tion eines Gegenstands durch die Messoperationen und das Messinstrument, mit denen der Gegenstand gemessen wird.

2. *Vergleichen Sie Ihr Ergebnis mit den Auffassungen Ihrer MitschülerInnen! Setzen Sie sich mit den einzelnen Definitionen kritisch auseinander (z.B. Def. 1: Was bedeutet „Erfolg"?)!*
3. *Wie beurteilen Sie die Definition Nummer 5?*
4. *Stellen Sie fest, ob diesen Definitionen eine gemeinsame Aussage zugrunde liegt!*

INTELLIGENZTHEORIEN

Seit Beginn der wissenschaftlichen Psychologie versuchte man, „intelligentes" Verhalten durch verschiedene ➢ „Tests" zu erfassen (s. S. 284 ff.). Einer der ersten Intelligenz-Forscher war *Francis* ***Galton***, der Vetter von *Charles* ***Darwin***. Von ***Galton*** stammt auch die Idee, Testergebnisse mit Hilfe der ***Gauß***'schen Normalverteilungskurve (s. S. 287 f.) zu interpretieren. Verschiedene ➢ Hypothesen über die Intelligenz kamen aufgrund der Anwendung der Korrelationsrechnung (s. Anhang S. 379) und der ➢ Faktorenanalyse zustande.

- So beruhen heute noch viele ➢ Intelligenztests (z.B. der ***Hamburg-Wechsler***-Intelligenztest, s. S. 288) auf der Annahme des Engländers ***Spearman***, dass es eine **„allgemeine Intelligenz"** gebe, die in jeder intelligenten Leistung eine Rolle spiele, ob es sich um die Lösung eines technischen Problems handelt, um die Erfassung logischer Zusammenhänge oder um die Fähigkeit, sich sprachlich differenziert auszudrücken usw. Neben diesem **„g-Faktor"** (**Global-Faktor**), der in jeder Leistung „drinsteckt", gibt es unzählige „**Spezialfaktoren**" (**s-Faktoren**), die zusätzlich zum g-Faktor an einer Leistung beteiligt sind und so das Spezifikum dieser Leistung ausmachen. Wer also einen hoch ausgeprägten g-Faktor hat, der wird bei allen Aufgaben gut abschneiden.
- Amerikanische Psychologen, z.B. **Thurstone**, haben im Gegensatz dazu die Auffassung vertreten, dass es keine „allgemeine" Intelligenz gebe, sondern vielmehr eine Anzahl von „gleichberechtigten", voneinander unabhängigen Intelligenzfaktoren; Faktor bedeutet dabei Klasse oder Kategorie zusammengehörender, ähnlicher Fähigkeiten. So kann jemand z.B. auf sprachlichem Gebiet sehr begabt sein, bei rechnerischen Aufgaben aber versagen usw. ***Thurstone*** hat eine Theorie von 7 **„Primärfähigkeiten"** (Faktoren) aufgestellt (s. S. 288).
- Der Amerikaner ***Guilford*** nimmt in seinem „Intelligenz-Struktur-Modell" sogar 120 Intelligenzfaktoren an. Wichtig bei diesem Modell ist die Darstellung der Fähigkeiten des **konvergenten** Denkens, die sich auf Aufgaben beziehen, bei denen nur **eine** richtige Lösung möglich ist (z.B. bei Rechenaufgaben) und die Fähigkeiten des **divergenten** Denkens, welche sich in Aufgaben mit **verschiedenen** Lösungsmöglichkeiten manifestieren (eine Aufgabe könnte z. B. lauten: „Was könnte alles passieren, wenn die Menschen Gedanken lesen könnten?"). ***Guilford*** versteht unter divergentem Denken kreative Fähigkeiten als Teilbereich der Intelligenz und hat eine Reihe von Kreativitätstests zur Messung dieser Begabung konstruiert.

  Ein weiterer wichtiger Intelligenzfaktor, auf den ***Guilford*** aufmerksam gemacht hat, ist jener der ➢ **sozialen Intelligenz**: Sie bezieht sich auf Fähigkeiten, die man mit

„Menschenkenntnis“, ➢ „Empathie“, „Takt“, „diplomatische Fähigkeit“ usw. umschreiben könnte. Sie setzt die Begabung voraus, sich in die Situation anderer Menschen hineinversetzen zu können, das nicht-verbale Ausdrucksverhalten anderer Menschen richtig einzuschätzen. Menschen mit guter sozialer Intelligenz sind z.B. der/die „einfühlsame FreundIn“, der/die „LehrerIn, der/die seine/ihre SchülerInnen versteht und richtig einschätzt“ oder der/die „clevere Kaufmann/Kauffrau“, der/die „diplomatische VerhandlungspartnerIn“ usw. ***Guilford*** und andere PsychologInnen haben Tests entwickelt, die diese Fähigkeiten messen sollen.

Der folgende Test soll einen Eindruck solcher Tests, deren Gültigkeit noch nicht eindeutig erwiesen ist, vermitteln. Er heißt: „Schwierige soziale Situation“. Im Testheft ist eine Anzahl sozialer Situationen zeichnerisch dargestellt und verbal beschrieben:

„Herr M. trifft zufällig einen Freund, Herrn Peter H., auf der Straße. Dem Herrn M. ist dies sehr peinlich, weil er ihm seit mehreren Wochen eine Schuld von EUR 150,– hätte zurückzahlen sollen. Infolge der Rückzahlung anderer Schulden war er dazu jedoch nicht in der Lage gewesen. Von diesen Schulden hatte er seinem Freund Peter H. jedoch nichts erzählt.“

Die Instruktion an die Testperson lautet: „Wenn Sie sich in die Situation von Herrn M. hineinversetzt haben, werden Ihnen wahrscheinlich mehrere Möglichkeiten einfallen, wie man das Gespräch eröffnen könnte. Schreiben Sie diese bitte auf.“

- *Welche Möglichkeiten fallen Ihnen ein, das Gespräch klug, geschickt und diplomatisch zu eröffnen?*

- Gerade die Begriffe **„Soziale Intelligenz“** oder ➢ **„Emotionale Intelligenz“** (***Daniel Goleman***) sind in letzter Zeit in den Vordergrund gerückt (s. auch S. 120 f.). Sie entspringen offenbar einer Unzufriedenheit mit dem traditionellen Intelligenz-Begriff, da dieser die in menschlichen Gemeinschaften so wichtige Fähigkeiten wie z.B. Kommunikation, ➢ Kreativität, Einfühlungsvermögen, Teamfähigkeit usw. nicht erfasst. In den neuen Technologien, ökonomischen Umbrüchen, demografischen Veränderungen und kulturellen und sozialen Folgen dieser genannten Veränderungen kommen Anforderungen auf den Menschen zu, die ihm neue Kompetenzen abverlangen. Um dem Anpassungsdruck standzuhalten, war die Erfordernis des „lebenslangen Lernens” noch nie so wichtig wie heute. Selbstbehauptung und Selbstschutz sind unerlässlich, um sich gegen Ausbeutung, Überforderung und systematische Verblödung trotz oder gerade wegen Informationsüberflutung zu wehren. Intelligent auf die Anforderungen der Zeit zu reagieren, erfordert

kritisches Denken: Das bedeutet, ➢ selektiv mit Informationsfülle umgehen, komplexe Zusammenhänge erkennen, verstehen, analysieren, urteilen, abstrahieren, Transfer (s. S. 83 f.) nützen. Kritisch denken zu **wollen**, zu **können** (traditioneller Intelligenz-

Begriff) und das Ziel der Problemlösung zu erkennen und im Auge zu behalten gehören wesentlich dazu. Alle diese Teilfähigkeiten können trainiert werden.

langsames Denken: Das bewusste rationale Denken analysiert und kalkuliert rasch und ungeduldig, der „sinnliche Verstand" reagiert rasch auf die Informationen unserer fünf Sinne, die dritte Denk- und Lernform des **unbewussten intuitiven Denkens** aber **benötigt Zeit**, Muße, Entspannung, Meditation und wird oft vernachlässigt. Dieses Wissen, das wir allmählich und unbewusst gesammelt haben und das nötig ist, in der Praxis intuitiv, sozusagen mit traumwandlerischer Sicherheit das Richtige zu tun, hat oft keine Chance, aufzutauchen, weil wir ihm dazu keine Zeit geben.

Selbstmanagement: Dies ist die Fähigkeit, die Bedürfnisse des Selbst, des Beziehungs- und des Arbeitslebens so auszubalancieren, dass kein Lebensbereich die anderen dominiert oder gar erdrückt. Die Fähigkeit, persönliche Werte zu verwirklichen, Talente und Interessen zu pflegen, schützt davor, die Arbeitswelt so dominieren zu lassen, dass ➢ Stress und Unbehagen die Lebensqualität beeinträchtigen.

perspektivische Intelligenz: Hiezu gehört die Fähigkeit, sich nicht auf eine „Augenblickspersönlichkeit" reduzieren zu lassen, sich selbst in die **Zukunft** zu projizieren, sich seinen Lebenslauf realistisch vorstellen zu können. Dies bedarf der Selbstermutigung zur **Fantasie** und beinhaltet auch den spielerischen Wechsel von Möglichkeiten, verschiedene Sichtweisen bei sich und anderen zuzulassen und tolerieren zu können. Als besonders wertvoll, mit (den eigenen) Widersprüchen umgehen zu können, erweist sich dabei die Fähigkeit zur (**Selbst**-) **Ironie**.

In der Wirtschaft wird zunehmend Wert auf diese und ähnliche Qualitäten gelegt, die jedenfalls über die alten Intelligenzkonzepte weit hinausgehen. Untersuchungen bestätigten, dass erfolgreiche ManagerInnen und Führungskräfte sie in besonderem Maße aufweisen (s. auch Aspekte der „Organisationspsychologie", S. 346 ff.).

INTELLIGENZ: ANLAGE – UMWELT

- *Diskutieren Sie in der Klasse die Frage, wie weit Sie Intelligenz für eine vererbte Anlage halten oder für eine erlernbare Fähigkeit.*

Die oben gestellte Frage war lange Zeit eine von vielen ➢ Emotionen begleitete Streitfrage:

- Der Behaviorist ***Watson*** erstellte mit seinem ➢ Experiment mit einem einjährigen Kind (s. S. 93) ein Argument für die ➢ **Milieutheorie**. Nach ***Watson*** ist es möglich, mittels Beeinflussung innerhalb eines bestimmten Milieus aus jedem Menschen alles Beliebige, einen Priester, Soldaten, Kriminellen, Menschenfeind, Gelehrten usw. zu machen.
- Der ➢ **Nativismus** hingegen vertrat die Auffassung, dass intellektuelle Fähigkeiten zum größten Teil angeboren, vererbt seien. Die VertreterInnen des Nativismus stützten ihre Meinungen auf Familienuntersuchungen und Untersuchungen eineiiger Zwillinge.

Der Engländer ***Galton*** veröffentlichte im Jahr 1869 Befunde über 415 berühmte Männer. Von diesen Männern hatten 31% berühmte Väter, 41% berühmte Brüder, 48% berühmte Söhne.

Bei den Zwillingsuntersuchungen, vor allem von *Cyril* ***Burt***, zeigte sich, dass Intelligenztest-Werte eineiiger Zwillinge (die ja eine völlig identische Anlage haben) sehr hoch miteinander korrelierten. Eineiige Zwillinge, die kurz nach ihrer Geburt voneinander getrennt worden waren, hatten zwar geringere Ähnlichkeiten der Test-Werte als miteinander aufgewachsene, aber immerhin noch größere als gemeinsam aufgewachsene zweieiige Zwillinge. Die Objektivität dieser und vergleichbarer Resultate wurde allerdings angezweifelt.

- Die Fragestellung ist heute auch eine andere: **Wie wirken Potenzial (Anlage) und Umwelt zusammen**? Jeder Mensch ist in seine Umwelt eingebettet, von der für ihn fördernde Anreize ausgehen, aber auch Wirkungen, die seine Antriebe hemmen bzw. unterbinden. Das genetische Potenzial kann sich erst in einer günstigen Umwelt voll entfalten. So entsteht eine **Wechselwirkung** der Faktoren Anlage und Umwelt.

So zeigen z.B. Untersuchungen in Säuglingsheimen, dass Kinder mit positiven Anlagen bei Mangel an liebevoller Betreuung intellektuell unterentwickelt bleiben. Kinder, mit denen man sich mehr beschäftigt, lernen früher sprechen und entwickeln sich auch hinsichtlich Konzentration und Forschungseifer rascher. 13 Waisenhaus-Kinder mit einem Durchschnittsalter von 19 Monaten, die bei einer Intelligenzuntersuchung weit unterdurchschnittliche Werte erhalten hatten, wurden in eine Anstalt für geistig behinderte Frauen gebracht. Dort erhielten sie „Stiefmütter". Diese Kinder wurden mit einer Kontrollgruppe von Kindern ähnlichen Alters verglichen, die höhere Intelligenztestwerte erhalten hatten, aber im Waisenhaus verblieben waren. Die Adoptivmütter entwickelten ein zärtliches und warmes persönliches Verhältnis zu den Kindern und wendeten ihnen Aufmerksamkeit zu, die sie im Waisenhaus nie erhalten hatten. Bereits in den ersten 9 Monaten nach der Überweisung zeigten die Kinder einen deutlichen Anstieg ihrer ➢ Intelligenzquotienten von 7 bis 58 Punkten (im Durchschnitt 32 Punkte), während bei den Kindern, die im Waisenhaus verblieben waren, im gleichen Zeitraum ein durchschnittlicher Intelligenz-Verlust von 21 Punkten zu verzeichnen war. (Nach ***Zimbardo***)

Versuche bestätigten auch, dass Singen und Musizieren die Gehirnfunktion positiv beeinflussen können und so u.a. zu einer Steigerung der Intelligenzleistungen führen. Im Rahmen des Europäischen Forums Alpbach im Sommer 1999 wurde auf eine Langzeitstudie an SchülerInnen zwischen sieben und zwölf Jahren in Berliner Schulen hingewiesen. Diese SchülerInnen hatten nach vier Jahren erweiterter Musikerziehung einen signifikant höheren Intelligenzquotienten im Vergleich zu SchülerInnen, die diese Musikerziehung nicht genossen hatten. Als Ursache vermutet man eine bessere Durchblutung des Gehirns und/oder eine bessere Verbindung beider Gehirnhälften. Wesentlich dabei ist, dass eine aktive Beschäftigung mit Musik (Singen, Spielen eines Instrumentes, Tanzen) stattfindet, theoretischer Musikunterricht allein genügt nicht.

Viele Forschungsergebnisse weisen darauf hin, dass unter gewissen Bedingungen eine deutliche Erhöhung oder ein Abfallen der Intelligenztestwerte erfolgt. Dabei scheint die „psychologische Umwelt" – wie im oben zitierten Beispiel die liebevolle Zuwendung – eine noch größere Rolle zu spielen als die „physische Umwelt". Intelligentes Verhalten entfaltet sich also nicht wie angeborene Instinkte bei niederen Tieren (bei höheren Tieren kann auch instinktives Verhalten durch Erfahrung modifiziert werden; s. S. 118, 132), sondern es bedarf spezieller Erfahrungen in einer Umwelt, die stimulierend wirkt.

?

1. *Die Gen-Forschung scheint in Zukunft Möglichkeiten zu bieten, auf Geschlecht, Gesundheit und Fähigkeiten (z.B. Intelligenz) Ungeborener Einfluss zu nehmen. –*

   Diskutieren Sie die Möglichkeiten und Gefahren einer solchen wissenschaftlichen Errungenschaft.

2. *Informieren Sie sich über Anwendung und Wirkung von Musiktherapie im psychotherapeutischen Bereich. Ihr/e MusikerzieherIn und Ihr Schularzt / Ihre Schulärztin sind Ihnen sicher gerne mit Auskünften, Literaturempfehlungen etc. behilflich. (Denken Sie auch an das „Om"-Singen tibetanischer Mönche!)*

B

PROBLEMLÖSEN

KONVERGENTES DENKEN:	*Versuch-Irrtum* *analysierendes Denken*
INTELLIGENZTHEORIEN:	*„Allgemeine Intelligenz" **(Spearman)*** *7 „Primärfähigkeiten" **(Thurstone)*** *Intelligenz-Struktur-Modell mit 120 Faktoren (**Guilford**)* *soziale / emotionale Intelligenz (**Guilford / Goleman**)*
PROBLEM VON ANLAGE UND UMWELT DER INTELLIGENZ:	*NativistInnen (vorwiegend angeboren)* *MilieutheoretikerInnen (vorwiegend durch Umwelt gestaltet)* *Wechselwirkung von genetischem Potenzial und Umwelt*

3. Das produktive Denken (Kreativität)

WAS IST KREATIVITÄT?

„Kreativität" (lat. „creare": zeugen, schaffen, erschaffen) bedeutet, dass im Menschen Gedanken und Ideen entstehen können, die etwas ganz Neues enthalten, das aus der Erfahrung allein nicht zu erklären ist. Eine schöpferische Idee kommt aber nicht gänzlich ohne Erfahrungsgrundlage aus:

„Eine jede wissenschaftliche Idee, die dem Gehirn eines Forschers entspringt, knüpft stets an ein konkretes Erlebnis an, an eine Entdeckung, eine Beobachtung, eine Feststellung irgendwelcher Art, ob es sich nun um eine physikalische oder astronomische Messung, eine chemische oder biologische Beobachtung, ein ausgegrabenes Kulturdenkmal handelt – und der Inhalt der Idee besteht darin, dass sie dieses Erlebnis in Zusammenhang und in Vergleich bringt mit gewissen bereits vorliegenden andersartigen tatsächlichen Erlebnissen, daß sie also eine Brücke schlägt von einem zum anderen und dadurch die zunächst lose nebeneinanderstehenden Tatsachen durch eine feste Beziehung miteinander verbindet."

(Max Planck, 1944)

Kreative Menschen haben die Fähigkeit, ein Problem aus einer **neuen Perspektive** zu betrachten. Zwischen **vorher unbezogenen Erfahrungen** werden **neue Beziehungen** geknüpft, die von den herkömmlichen Schemata abweichende Einfälle hervorbringen. Wer eine gute Idee hervorbringen will, muss viele Ideen hervorbringen, darunter wahrscheinlich auch schlechte. Das bedeutet das Zulassen von intuitiven, mitunter naiven, chaotischen, sogar widersprüchlichen Ideen. (*Niels **Bohr*** hatte keine Probleme damit, sich das Licht als Teilchen wie auch als Welle vorzustellen). Aus Berichten schöpferischer Menschen geht hervor, dass der neue Einfall nicht aus bewussten Vorgängen entsteht, sondern dass er plötzlich aus dem ➢ „Unbewussten" herausspringt. Den Berichten zufolge ist dem Einfall jedoch eine intensive Beschäftigung mit dem Problem vorangegangen, sodass dieses lange „mitbewusst" neben dem bewussten Erleben vorhanden war.

Die psychologische Forschung hat sich darauf geeinigt, den Begriff Kreativität nicht für außerordentliche Leistungen genialer Menschen zu reservieren, sondern ihn auch für alltägliche banalere Leistungen zu verwenden. So kann das Komponieren einer Symfonie als kreativer Akt neben dem Erfinden eines neuen Kochrezeptes stehen.

Welche der hier genannten Tätigkeiten bezeichnen Sie als kreative Leistung?

- *ein Bild malen*
- *ein Kochrezept erfinden*
- *einen Garten anlegen*
- *Fernsehen*
- *Fotografieren*
- *Ballonfliegen*
- *ein Ofenrohr zu einer Lampe umfunktionieren*
- *eine Mathematikaufgabe lösen*
- *Schifahren*
- *ein Plakat entwerfen*
- *Teppiche weben*
- *ein Buch schreiben*
- *Schach spielen*

Prüfen Sie Ihre Kreativität mit Hilfe der folgenden Tests:

1. *Versuchen Sie, möglichst viele der Kreise durch einfache Zeichnungen zu ergänzen und ihnen eine – unter den Kreis geschriebene – Deutung zu geben (Beispiel: Sonne, Fahrrad).*

   Sie haben vier Minuten Zeit!

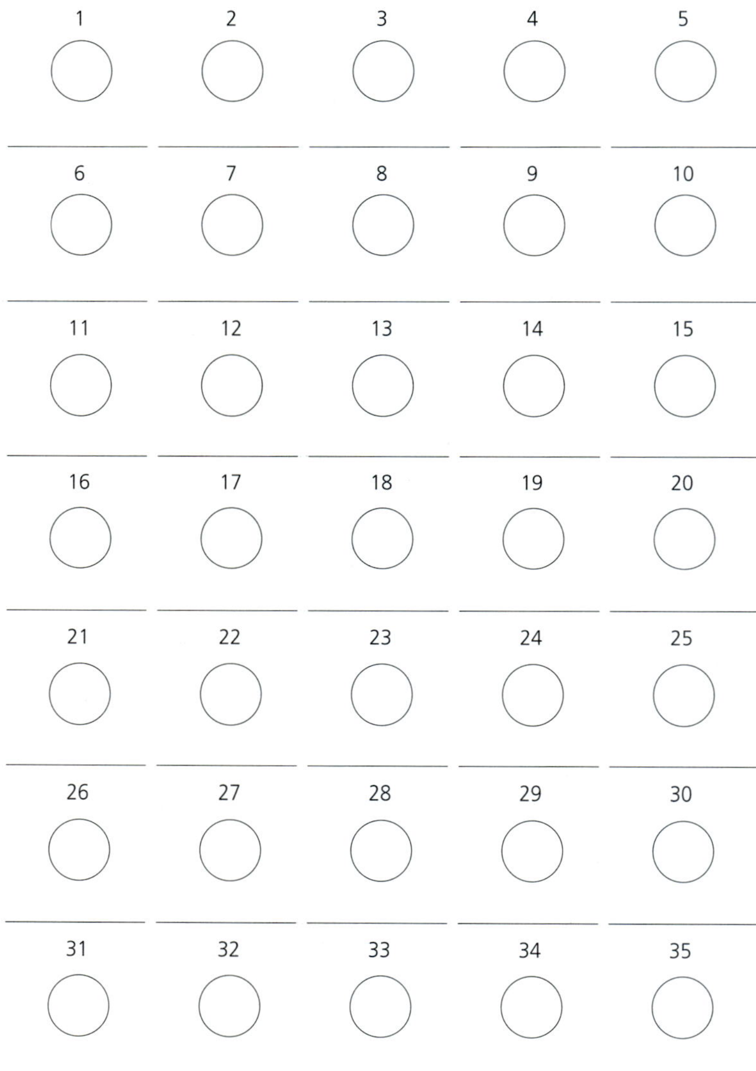

2\.

Nennen Sie möglichst viele Tätigkeiten, die man normalerweise

- *unter Wasser nicht ausführen kann* ____________________

- *mit einem Koffer in der Hand nicht tun kann* ____________________

(Überlegen Sie schnell, geben Sie viele kurze Antworten!)

3\.

Was hätte es zur Folge, wenn alle Menschen plötzlich gezwungen wären, alles, was sie denken, auszusprechen? ____________________

ASPEKTE DER KREATIVITÄT

Anlass für die psychologische Kreativitätsforschung in den USA (1950) gab die Entsendung des ersten russischen Sputniks ins Weltall und die daraus entstehende Angst, zwar genügend angepasste Menschen, aber zu wenig originelle WissenschafterInnen zu „produzieren". Die Arbeiten der deutschen GestaltpsychologInnen (s. S. 8 f.), vor allem ***Wertheimer**s* Buch „Produktives Denken", wurden wieder populär, und die ➢ PsychologInnen begannen, sich mit Eifer dem Gebiet der Kreativität zuzuwenden. Dabei wurden vor allem drei Aspekte untersucht: die Persönlichkeit kreativer Menschen, der kreative Prozess und das kreative Produkt.

- Die **Persönlichkeit** kreativer Menschen

  Die Analyse von Lebensläufen schöpferischer Menschen, Selbst- und Fremdbeschreibungen sowie Ergebnisse psychologischer ➢ Tests haben gezeigt, dass sich diese Menschen durch ausgeprägte Neugierde und weit gespannte Aufmerksamkeit auszeichnen sowie durch die Fähigkeit, Probleme zu entdecken, die von weniger kreativen Personen übersehen werden. Intensive Hingabe an ihre Arbeit und starkes Unabhängigkeitsstreben gehören ebenfalls zu den wesentlichen Zügen schöpferischer Personen.

- Der kreative **Prozess**

  Da sich der kreative Prozess weit gehend der objektiven Beobachtung entzieht, konnte hinsichtlich einer ➢ Theorie seines Verlaufs noch keine Übereinstimmung erzielt werden, doch sprechen Selbstbeobachtungen Kreativer dafür, dass der kreative Prozess in Phasen verläuft. Hier das **Vier-Phasen-Modell** von ***Poincaré***:

1. **Vorbereitungsphase**: Ein Problem wird entdeckt und löst Denkakte aus. Es kommt zu antagonistischen (widersprüchlichen) Tendenzen, die das Gleichgewicht des Individuums stören. Aufgrund gestaltpsychologischer Theorien wohnt dem Menschen die Tendenz zur „guten Gestalt“, d.h. zur Ordnung inne, die dazu drängt, das Problem zu lösen. Kreative Personen nehmen in dieser Phase jede Information, jedes Wissen auf, legen sich aber noch nicht fest, sondern lassen das Problem „in Schwebe“.

2. **Inkubationsphase**: Hier wird das Problem „ad acta“ gelegt; von manchen kreativen Menschen wird diese Phase auch als Zeit der Ratlosigkeit beschrieben, in welcher kein Weg zum Ziel zu führen scheint.

3. **Illuminationsphase**: Oft wird ganz plötzlich eine Lösung gefunden. Die neuen Gedanken können während der merkwürdigsten Umstände auftreten, wie in manchen Anekdoten mitgeteilt wird. ***Archimedes*** soll das nach ihm benannte Prinzip während des Sitzens in der Badewanne eingefallen sein; *Gustav Th.* ***Fechner*** beschreibt, wie ihm die Erkenntnis über die Gesetzmäßigkeit psychophysischer Zusammenhänge während des Aufwachens im Bett kam; auch der Regisseur *Ingmar* ***Bergman*** schilderte in einem Interview den Vorgang schöpferischer Tätigkeit in ähnlicher Weise.

4. **Verifikationsphase**: Nach der von heftigen Gefühlen begleiteten Illuminationsphase wird die kreative Idee, das kreative Produkt kritisch beurteilt und oft in harter Arbeit revidiert und reorganisiert. In dieser Phase liegt die schwierige Aufgabe einer adäquaten ➢ Kommunikation der Ergebnisse; denn als wirklich kreativ werden nur jene Menschen bezeichnet, die außer neuen Ideen auch Wege finden, diese Ideen anderen Menschen kreativ zu präsentieren.

- Das kreative **Produkt**

  Von einem kreativen Produkt wird gefordert, dass es neu, originell, brauchbar, harmonisch usw. sein solle. Es ist schwierig, ➢ objektive Kriterien für ein kreatives Produkt festzulegen (diese Aufgabe fällt in den Bereich der philosophischen Ästhetik), denn die Beurteilungskriterien sind von den jeweiligen Wertvorstellungen einer Gesellschaft abhängig.

FÖRDERUNG DER KREATIVITÄT

- Der Verlauf des kreativen Prozesses zeigt, dass die Entstehung von Ideen und Assoziationen, also des Rohmaterials, zunächst ungeordnet, spielerisch ist und **nicht durch eine zu frühe Zensur behindert** werden darf. ➢ **Brainstorming** ist eine der Methoden, dem Fluss von ungeordnetem Rohmaterial ungehemmt seinen Lauf zu lassen und so Kreativität zu fördern. Beim Brainstorming in der Gruppe, dessen Vorteile besonders auch im modernen Management genutzt werden (die Gruppe ist produktiver als ein Einzeldenker; s. auch „Organisationspsychologie“), sind wichtige Grundregeln einzuhalten: Zunächst sind Ideen ohne Berücksichtigung ihrer Qualität erwünscht, Ungezwungenheit ist willkommen, negative Kritik unerwünscht. Der Sinn des Trainings besteht vor allem darin, dem/der Einzelnen in der Gruppensituation zu helfen, seine/ihre Fantasievorstellungen, Ideen und Assoziationen **ohne Hemmungen** auszusprechen; der Wegfall von Hemmungen ist eine wesentliche Voraussetzung für Kreativität.

- Erst nach Abschluss des Ideen-Sammelns kommt es zur „hinausgeschobenen Beurteilung", bei der die Brauchbarkeit und Qualität der Ideen bewertet werden und das Material einer Kontrolle unterworfen, geordnet und mit der Realität konfrontiert wird.

Die Synthese beider Prozesse kennzeichnet die ➢ Kreativität.

1. *Zweifellos können Umwelteinflüsse die Entwicklung kreativer Fähigkeiten hemmen bzw. fördern:*

   Welche Möglichkeiten gibt es Ihrer Meinung nach, Kreativität in bestimmten Bereichen (etwa am Beispiel eines Unterrichtsgegenstandes) zu fördern? Versuchen Sie mittels Brainstorming zunächst Vorschläge zu sammeln.
2. *Welche Verhaltensweisen bzw. Gewohnheiten wirken sich hemmend auf die Kreativität aus?*
3. *In welchem Tätigkeitsbereich / in welcher Situation sind Sie besonders kreativ?*
4. *Simulieren Sie in einer Gruppe eine Sitzung, in der das Konzept eines neu zu gründenden Kindergartens diskutiert werden soll. Folgende Rollen sollen dabei den Gruppenmitgliedern zufallen: KindergärtnerIn, Eltern, finanzielle Förderer des Projekts usw. Denken Sie dabei an Räumlichkeiten, Ausstattung, pädagogische Ziele usw.*

PRODUKTIVES DENKEN (KREATIVITÄT)

DIVERGENTES DENKEN:	*Persönlichkeit* *Kreativer Prozess (4 Phasen)* *Produkt*
UMWELTEINFLÜSSE:	*Hemmend:* *festgefahrene Vorstellungen,* *Angst vor Blamage* *Fördernd:* *Spontaneität* *nicht zu frühe Zensur* *(„Brainstorming")*

Z

1. *Welche Rolle spielt die Sprache bei der Begriffsbildung?*
2. *Welche Beziehung besteht zwischen Denken und Sprache?*
3. *Was demonstriert die „Umfüllaufgabe" nach* ***Piaget*** *im Hinblick auf die geistige Entwicklung des Kindes?*
4. *Beschreiben Sie die Sprache in verschiedenen sozialen Schichten!*
5. *Beschreiben Sie die Sprachproblematik nicht-deutschsprachiger Kinder!*
6. *In welcher Art können Probleme gelöst werden?*
7. *Vergleichen Sie die Intelligenztheorien von* ***Spearman, Thurstone*** *und* ***Guilford****!*
8. *Welche wichtigen menschlichen Qualitäten sind mit dem Begriff der sozialen Intelligenz angesprochen?*
9. *Nennen Sie die drei grundlegenden Teilaspekte, die das Phänomen Kreativität bestimmen!*
10. *Beschreiben Sie das 4-Phasen-Modell des kreativen Prozesses nach* ***Poincaré****!*
11. *Welche Faktoren fördern, welche hemmen die Entfaltung der Kreativität?*

Lösung von S. 117:
Der Norweger trinkt Wasser. Dem Japaner gehört das Zebra.
Lösung von S. 118:
Durch die Einstellung auf die Aufgaben 1–5 (Formel: Krug 2 – Krug 1 – 2-mal Krug 3) ist man versucht, die Aufgaben 6, 7 und 8 ebenso zu lösen. Dies ist für 6 und 7 möglich, einfacher anwendbar ist allerdings die Formel Krug 1 –/+ Krug 3. Aufgabe 8 ist nur mit dieser Formel zu lösen.

Kapitel 6
MOTIVATION

Motivation – was uns zum Handeln (z.B. zum Rauchen, zum Spanisch lernen, ...) bewegt

Instinkte – gibt es das „instinktive" Handeln beim Menschen?

Triebe, Motive – Menschliches, allzu Menschliches

Sexualität, Aggression – was die Welt bewegt

Interessen – was uns lieb und „wert" ist

Konflikte – unvermeidbares, unlösbares Übel?

Altruismus – maskierter Egoismus?

Drogen – die teuerste Möglichkeit, der Realität zu entfliehen

Michael Smuc

EINLEITUNG

Wodurch wird ein Mensch veranlasst, sein Verhalten beizubehalten oder zu ändern? Menschliches Verhalten und Handeln werden durch verschiedene schwer zu isolierende psychische Vorgänge motiviert. Dazu gehören: ➢ Triebe, Bedürfnisse, Erwartungen, Denkprozesse usw. Sie alle wirken als ➢„Motivation" für Verhaltensweisen und ergeben in ihrem Wechselspiel mit der Umwelt die „seelische Dynamik" des Menschen.

Überlegen Sie, welche Beweggründe Sie zu folgenden Handlungen veranlassen:

- *ein Moped (Auto) anschaffen*
- *Sport betreiben*
- *eine bestimmte Fernsehsendung anschauen*
- *ein Tagebuch schreiben*
- *Diskotheken besuchen*
- *sich modisch kleiden*
- *einen Sprachkurs besuchen*

1. Theorien der Motivation

INSTINKTTHEORIEN

Ähnlich dem Tier handelt auch der Mensch – zumindest am Beginn des Lebens (z.B. ist der Saugreflex angeboren) – instinktiv, seine ➢ **Instinkte** werden jedoch sehr bald in spezifisch menschlicher Weise durch Lernprozesse überformt.

Instinktives Verhalten ist den meisten Tieren so gut wie angeboren; die Natur sorgt auf diese Weise dafür, dass alles für die Erhaltung des Einzelindividuums und einer ganzen Art Notwendige schon früh im Leben aller Tiere ohne oder mit nur geringem Lernaufwand vorhanden ist. **Instinkthandlungen** sind nicht Einzelhandlungen, sondern bestehen aus einer Handlungsabfolge (z.B. der Beuteerwerb), die als Wechselwirkung von innerer Stimulierung (z.B. hormoneller Sekretion) und Umweltstimulierungen (z.B. Aufscheinen von Beutetieren) zu verstehen ist, auf die das Tier mit angeborener Sensibilität reagiert. Instinkthandlungen werden (meist) durch einen äußeren Reiz, den man als **Schlüsselreiz** oder „**Signalreiz**" bezeichnet, automatisch, angeborenermaßen in Gang gesetzt. Bei höheren Tieren finden sich im Instinktprogramm so genannte „Lernlücken", in welche das Tier „hineinlernen" kann oder muss. So haben Versuche an männlichen Äffchen, die bis zur Geschlechtsreife isoliert aufgezogen worden waren, gezeigt, dass ihnen das Paarungsverhalten bei einer späteren Zusammenführung mit Weibchen nicht gelingt. Sie benötigen hiefür Vorbilder.

Die ➢ **Ethologie** (vergleichende Verhaltensforschung), mit ihren wichtigsten Vertretern *Konrad* ***Lorenz*** und *Irenäus* ***Eibl-Eibesfeldt***, befasst sich mit der Erforschung des Verhaltens von Tieren und stellt **Vergleiche** mit menschlichen Verhaltensweisen an. Die psychologische Forschung hat ihr Interesse mehr auf die **Unterschiede** zwischen tierischem und menschlichem Verhalten konzentriert und weniger auf die Gemeinsamkeiten. Es hat sich gezeigt, dass viele wichtige Verhaltensweisen des Menschen eher erlernt als angeboren sind. Auch die Forschungsergebnisse der **vergleichenden ➢ Anthropologie**, z.B. jene von *Margaret* ***Mead*** und *Ruth* ***Benedict***, zeigen sehr unterschiedliche Verhaltensweisen bei Menschen verschiedener Kulturkreise, sodass von Instinktverhalten beim Menschen immer nur im Zusammenhang mit Lernen gesprochen werden kann. Es ist heute allgemein anerkannt, dass sowohl **externe** (Umwelt-) als auch **interne** (biologische) Faktoren bei der ➢ Motivation des Menschen zusammenwirken.

Im menschlichen **„Imponiergehabe"** scheinen sich noch Analogien zu tierischen Instinkthandlungen zu zeigen, wie Verhaltensforscher festgestellt haben: Wie der Hahn seinen Kamm schwellen lässt, der Pfau ein Rad schlägt oder die Katze ihr Fell sträubt, so setzt sich der Mensch Hüte oder Kronen auf, polstert die Schultern, versieht sich mit Orden, um auf andere Eindruck zu machen, zu imponieren. Umgekehrt ist jede Art von Verkleinerung, (wie das Ziehen des Hutes, ein Verneigen oder Niederknien) ein Zeichen der Höflichkeit, des Wohlwollens, vielleicht auch eine Erniedrigung analog zur **„Demutsgebärde"** bei Tieren. Wenn ein schwächeres Tier diese Gebärde vor einem stärkeren Tier der eigenen Art macht (sich auf den Rücken wirft, den Schwanz einzieht, den Kopf auf die Erde legt), löst dies eine angeborene Aggressionshemmung beim Widersacher aus. Das stärkere Tier lässt dann von feindseligen Handlungen ab. Auf den Erfolg einer Demutsgebärde einem menschlichen Feind gegenüber kann nicht vertraut werden.

- *Welche Instinkthandlungen sind Ihnen aus dem Biologieunterricht bekannt (bei Mensch bzw. Tier)?*

TRIEB- UND MOTIVATIONSTHEORIEN

TRIEBTHEORIEN

Der ➢ **Trieb** ist eine Handlungmotivation mit primär biologischen Voraussetzungen, zum Unterschied vom ➢ **Motiv**, dessen Voraussetzungen primär psychologisch und sozial bedingt sind. Ähnlich schwierig wie die Beschreibung der Triebe ist auch ihre Einteilung. Grundsätzlich unterscheidet man

Primäre Triebe: Diese so genannten vitalen Triebe, z.B. Hunger und Durst, sind angeboren und biologisch zweckmäßig. Im subjektiven Erleben sind sie durch das Dranghafte ausgezeichnet. Sie sind kein Vorgang, sondern setzen einen Vorgang in Gang, geben ihm seine Richtung und setzen ihm ein Ziel, nämlich die Triebbefriedigung, die die unlustvolle Spannung aufhebt und in der Regel ein lustvolles Erleben bewirkt.

Sekundäre (erworbene) Triebe: Sie werden durch ➢ Konditionierung gelernt (z.B. Eifersucht, Dominanz, Drogensucht usw.). Bestimmte Reize verbinden sich immer wieder mit bestimmten Reaktionen. So entwickelt sich allmählich eine erlernte Gewohnheit.

Die psychoanalytische Triebtheorie

Ihrem Begründer *S.* ***Freud*** zufolge gibt es zwei **angeborene** menschliche Grundtriebe, den **Lebenstrieb (➢ Eros**) und den **Todestrieb (➢ Thanatos**). Der Eros dient der Erhaltung des Lebens, der Thanatos äußert sich als nach innen gerichtete Selbstzerstörung einerseits, andererseits als nach außen gerichtete Aggression. ***Freud*** postulierte, dass psychische Energie (Spannung) die Menschen zu Aktivitäten dränge, die diese Spannung reduzieren. Er war auch überzeugt, dass viele Möglichkeiten der Triebbefriedigung erlernbar seien.

Die lernpsychologische Triebtheorie

Besonders die Vertreter der Lernpsychologie verweisen auf die Beteiligung des **Lernens** bei der Triebbefriedigung:

1. Ein biologisches Bedürfnis (Hunger) löst einen Trieb aus.
2. Dieser unspezifische Triebzustand liefert Energie für Aktivitäten (Nahrungssuche).
3. Führt eine dieser Aktivitäten zu einem Ziel (Nahrungsaufnahme), das spannungsreduzierend wirkt, so hört der Organismus auf, tätig zu sein.
4. Die ➢ Verstärkung (Spannungsreduktion) festigt die Verbindung (Assoziation) zwischen dem Zielreiz (S) und der erfolgreichen Reaktion (R). Die wohl tuende Spannungsreduktion durch Nahrungsaufnahme festigt z.B. die Assoziation zwischen Nahrung und Kühlschrank.

Oft werden erst durch äußere **Anreize** Bedürfnisse geschaffen, ohne dass ursprünglich ein Trieb zugrunde liegt. So kann uns z.B. eine appetitlich angerichtete Speise zum Essen motivieren, obwohl wir eigentlich satt sind. Die LerntheoretikerInnen sprechen hier von **Antizipation** (Vorwegnahme) von Zielen und **Verstärkungen** (Belohnungen). Die Wirtschaft macht sich diese Erkenntnisse in der Werbung zunutze.

Die Rolle des **optimalen Erregungsniveaus**: Sowohl die ➢ psychoanalytische als auch die lernpsychologische Triebtheorie behaupten, dass alle Aktivität auf Spannungsreduktion gerichtet ist. Dies erklärt nicht, dass menschliche Individuen im Gegenteil auch Spannungserregung suchen. Es dürfte für jeden Organismus ein optimales Erregungsniveau geben. Unter diesem Niveau wird Stimulation gesucht, um z.B. der Langeweile zu entgehen; ist das Niveau überschritten, wird weitere Spannung vermieden. Der Organismus wird demzufolge immer wieder in ein Gleichgewicht, in ➢ **Homöostase**, gebracht. Die Kritik am Homöostase-Prinzip betonte, dass dieses hauptsächlich für die leiblichen Bedürfnisse Geltung habe, dass damit aber nicht alle menschlichen Verhaltensweisen erklärt werden können, z.B. wenn ein Mensch aus Forschungsdrang seine Gesundheit ruiniert oder für seine Ideale Nachteile in Kauf nimmt, einem anderen Menschen zuliebe auf Gewinn verzichtet usw.

MOTIVATIONSTHEORIEN

Die Humanistische Motivationstheorie

Abraham H. ***Maslow***, ein Vertreter der ➢ Humanistischen Psychologie, dessen zentrales Thema die **Selbstverwirklichung** ist, berücksichtigt sowohl spannungsreduzierende als auch spannungssteigernde Aktivitäten. Er geht davon aus, dass zwei Arten von Bedürfnissen die menschliche Daseinsführung beeinflussen: die Defizit- und die Wachstums-Bedürfnisse.

Defizit-Motive:

- Physiologische Bedürfnisse wie Essen, Trinken, Schlafen ...
- Sicherheitsbedürfnisse wie Zukunftsvorsorge, Schutz ...
- Soziale Bedürfnisse wie Liebe, Kontakt, Zugehörigkeit ...
- Bedürfnis nach Achtung wie Ansehen, Anerkennung, Prestige, Leistung ...

  Letzteres beinhaltet einerseits das Bedürfnis, sich bei einer Aufgabe zu bewähren, andererseits die Anerkennung durch andere zu erzielen. Die Leistungsmotivation spielt eine wichtige Rolle in unserem Leben, insbesondere in der schulischen und beruflichen Laufbahn (s. Motivation in Organisationen, S. 360 ff.).

Wachstums-Motive:

- Bedürfnis nach Selbstverwirklichung, Stufe des Zu-sich-selbst-Kommens; der/die MalerIn muss malen, der/die DichterIn schreiben usw., jeder Mensch kann diese Stufe – seinen Möglichkeiten entsprechend – erreichen.
- Bedürfnis nach Transzendenz, Bedürfnis, über sich selbst hinauszugelangen und sich so als Teil der höheren Welt des Kosmischen und Göttlichen zu begreifen. Diese höchste Stufe fügte ***Maslow*** erst später hinzu.

Die Bedürfnisse sind entsprechend ihrer „Mächtigkeit" hierarchisch geordnet. Die dringlichsten Bedürfnisse sind die physiologischen; erst wenn diese befriedigt sind, werden die Sicherheitsbedürfnisse aktiviert usw. Dennoch wird beim Aufsteigen in die höhere Stufe die ältere nicht verlassen, sondern es schließt jede Stufe die früheren Stufen mit ein. Eine Fixierung auf einer niedrigeren Stufe (z.B. übermäßiges Bedürfnis nach eigener Absicherung) kann die Entfaltung auf einer höheren Stufe behindern.

Die hierarchisch angeordneten Bedürfnisse werden in der „***Maslow***-Pyramide" dargestellt:

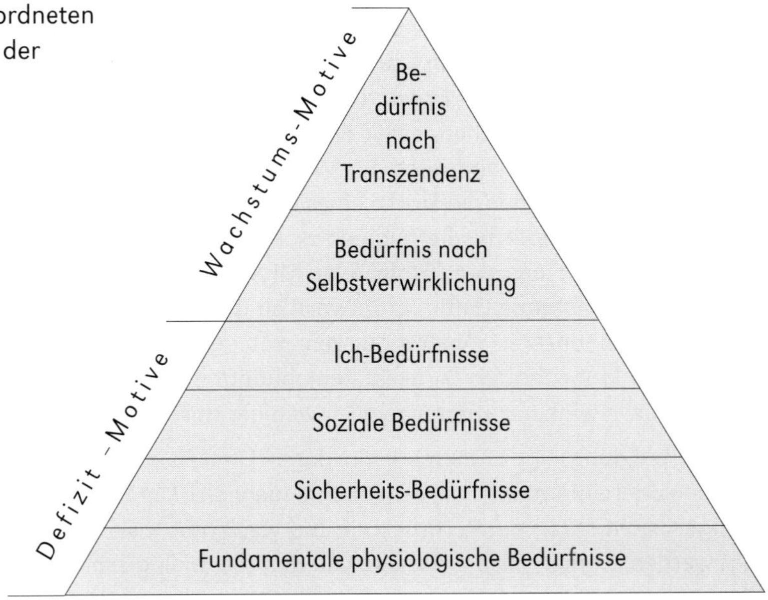

Ordnen Sie folgende Bedürfnisse den einzelnen Bedürfnisstufen zu:

- *Mitgliedschaft beim Sportverein*
- *Krankenversicherung*
- *Reifeprüfung*
- *Naturverbundenheit*
- *Herstellung von originellen Keramiken*
- *Sexuelle Betätigung*
- *Familientreffen*
- *Aufenthaltsgenehmigung*
- *Geiz*
- *Verfassen eines politischen Appells*

Die Kognitive Motivationstheorie

Diese Theorie geht davon aus, dass bei vielen ➢ Trieben **kognitive** Komponenten wie Lernen, Gedächtnis, Denken eine bedeutende Rolle spielen. So wird z.B. Aggression nicht mehr als reiner Trieb klassifiziert, sondern anerkannt, dass verschiedene Formen des **Lernens** beim Zustandekommen aggressiven Verhaltens beteiligt sind. Zur Befriedigung des Nahrungstriebes hält man z.B. nach Essen Ausschau (**Wahrnehmung**), man erinnert sich, dass im Kühlschrank eine Suppe steht (**Gedächtnis**), oder man überlegt, wie man zu einer entsprechenden Befriedigung kommen könnte (**Denken**). Der Begriff „Motivation" wird hier für jene Kräfte verwendet, die sowohl aus uns als auch als Reaktion auf Umweltereignisse erfolgen.

„**Kognition**" ist ein Sammelbegriff für alle Erkenntnisvorgänge. Erkenntnisvorgänge wie Erwartungen, Lernen, Denken usw. sind wichtig für die Orientierung in der Umwelt und die Ausrichtung auf Ziele. Die „**Erwartung**", d.h. die subjektive Einschätzung der Wahrscheinlichkeit, ein Ziel zu erreichen, spielt eine zentrale Rolle. Wird diese Wahrscheinlichkeit als gering erachtet, dann wird auch der Verhaltensimpuls auf ein Ziel hin schwach sein. Das bedeutet, dass nicht nur die Stärke eines Bedürfnisses, sondern auch die Einschätzung der Chancen, dieses Bedürfnis befriedigen zu können, das Verhalten bestimmt. Wesentlich ist außerdem, ob wir uns den Erfolg oder Misserfolg unseres Handelns selbst zuschreiben oder äußere Umstände dafür verantwortlich machen. Wenn wir z.B. überzeugt sind, dass das Ergebnis unserer Anstrengungen von einem/einer ungerechten PrüferIn oder einem/einer launenhaften Vorgesetzten abhängt und nicht von unseren Bemühungen, werden wir uns in Hinkunft wahrscheinlich weniger anstrengen.

Die Befriedigung eines Triebes kann durch Denken gesteuert und eine Zeit lang aufgeschoben oder unterdrückt werden, aber je mehr sich die Triebe dem „Vitalen" nähern, umso weniger leicht sind sie unterdrückbar und verzichtbar; sie müssen schließlich doch befriedigt werden. Je mehr sich die Triebe von den rein biologischen, „vitalen" Drangerlebnissen wie dem Nahrungs- oder Sexualtrieb entfernen, umso mehr sind sie in ihrer Form und ihrem Auftreten durch ➢ Umwelt-, Kultur- und Erziehungseinflüsse modifizierbar.

1. *Erklären Sie das Zustandekommen folgender Tätigkeiten anhand der oben angeführten Trieb- bzw. Motivationstheorien:*
   - *Konkurrenzverhalten*
   - *jemanden besuchen*
   - *Schlafen*
   - *Kaffee trinken*
   - *einen beruflichen Weiterbildungskurs besuchen*

?

TRIEB – UND MOTIVATIONSTHEORIEN

B

PSYCHOANALYTISCHE THEORIEN	*LERNTHEORETISCHE THEORIEN*
Eros, Thanatos angeboren; Verhalten gesteuert durch Streben nach Homöostase	*Lernen duch Verstärkung; Lernen durch Imitation = Modelllernen*
HUMANISTISCHE THEORIE	*KOGNITIVE THEORIEN*
Streben nach Erfüllung von Wachstumsmotiven; zuerst müssen Defizitmotive befriedigt sein	*Verhalten gesteuert durch subjektive Einschätzung der Wahrscheinlichkeit, ein Ziel zu erreichen*

2. Einige wichtige menschliche Motive

SEXUALITÄT

Obwohl es sich beim Sexualtrieb des Menschen um einen biologischen ➢ Trieb handelt, wird er von psychischen Faktoren, wie Lernvorgängen, Identifikationen und Konfliktverarbeitungen, mitbestimmt. Dies erklärt auch, dass Störungen der sexuellen Reaktion oft durch psychologische und weniger durch physiologische Faktoren verursacht werden.

MERKMALE DES SEXUALTRIEBES

Immer schon wurden Nahrungstrieb und Geschlechtstrieb als weltbewegende Kräfte angesehen. Es gibt aber einen wichtigen Unterschied zwischen den beiden Trieben: Der Nahrungstrieb hat ein einziges Ziel, nämlich die Nahrungsaufnahme; wird diese lange entbehrt, wird der Hunger zum stärksten Trieb, und erst das Stillen des Hungers ist lustvoll. Sexualität hingegen zielt nicht nur auf Spannungsreduktion, sondern sexuelle Erregung (Spannungssteigerung) wird ebenso aktiv angestrebt. Der Sexualtrieb kann nicht nur durch fast jeden vorstellbaren Reiz angeregt werden, er kann auch zu einer ungewöhnlichen Spannbreite von Verhaltensweisen führen. Er lässt sich auf andere Ziele verschieben; beim sexuellen Begehren ist schon die Vorbereitung der Erfüllung lustvoll, ja sogar das Entbehren oder andere Zwischenziele oder -stufen können als erregend erlebt werden. In diesen Zwischenzielen kann sich der Geschlechtstrieb sogar erschöpfen, während dies beim Hunger nicht der Fall ist. Im ritterlichen Minnesang des Mittelalters z.B., der der Verherrlichung des Frauendienstes galt, wird immer wieder die nicht-erfüllte Liebessehnsucht besungen.

SEXUALITÄT UND SOZIALISATION

„Sexuelle Scripts" sind sozial erlernte Programme sexueller Reaktion. Sie enthalten unausgesprochene Anweisungen, was wann wie und mit wem zu tun ist. Sie kombinieren soziale ➢ Normen, individuelle Erwartungen und bevorzugte (gelernte) Verhaltenssequenzen. Sexuelle Scripts sind „Anweisungen" für die meisten Menschen einer bestimmten Kultur, einer sozioökonomischen Schicht, eines Geschlechts usw., sie enthalten aber auch individuelle Merkmale, die durch die sexuelle Erfahrung einer Person, ihrer Gedanken darüber usw. zustandekommen. (Nach ***Zimbardo***)

- *Sigmund* ***Freud*** hat auf den Zusammenhang zwischen **Sexualität und Kulturentwicklung** hingewiesen (z.B. in seinem Werk „Das Unbehagen in der Kultur"). Er nennt das Begehren des Geschlechtstriebes ➢ **Libido** und beschreibt, wie sich erst der durch die Ansprüche der Kultur „zielgehemmte" Sexualtrieb anderen seelischen Zielen zuwendet. Dabei ist es sowohl für den Einzelnen als auch für die Gesellschaft wichtig, dass ein Teil der sexuellen Energie für kulturell wertvolle Ziele verwendet wird. ***Freud*** bezeichnet diesen Vorgang als ➢ Sublimierung. Die Sublimierung gelingt aber nur dann, wenn dem Menschen Ziele zur Verfügung stehen, denen er sich mit Freude und Begeisterung zuwenden kann, und der Geschlechtstrieb nicht durch Umwelteinflüsse, vor allem durch die Erziehung, in übertriebenem Maß gehemmt oder unterdrückt wurde. Aber nicht die Sublimierung der gesamten Energie des Geschlechtstriebes ist das Ziel, sondern nur jenes überschüssigen Teiles, der über die angemessene Befriedigung hinaus vorhanden ist. Wenn sich ein Mensch jedoch aus freiem Entschluss zum vollständigen Verzicht auf die Sexualität entscheidet – was durchaus nicht abnormal, wenn auch selten ist – dann ist die Sublimierung der gesamten Triebenergie nötig.

Eine gesunde Trieberziehung, mit einem Gleichgewicht zwischen den Ansprüchen der Geschlechtlichkeit und den Ansprüchen der Kultur, ist sowohl für das Wohlbefinden des Individuums als auch für die Erhaltung der Gemeinschaft notwendig. Sie ist durchaus im Entwicklungsprogramm des Menschen vorgegeben; ein gewisses Maß an Selbstbeherrschung und an Verzichtleistung ist „normal" und akzeptabel. Gewöhnlich wird als Ursache der Verächtlichkeit des Geschlechtsgenusses das „Triebhafte" desselben angesehen. Der weniger Beschränkungen unterliegende Nahrungstrieb ist allerdings ebenfalls „animalisch", wie viele andere Regungen auch. Gerade der Sexualtrieb aber wird vielfach mit Ekel, Schuld, Scham und Schande assoziiert, mit zahlreichen Verboten belegt und mit Strafen geahndet. Dennoch übt die Sexualität eine ungeheure Macht aus, die weder durch Abschreckung der Jugend noch durch Trennung der Geschlechter oder Schmähungen gemindert werden kann. Die Missachtung oder Unterdrückung der Sexualität kann aber – es ist ein wesentliches Verdienst *Sigmund* ***Freuds***, dies erkannt zu haben – den Menschen deformieren und ihn in seelische Bedrängnis bis zur Erkrankung bringen. ***Freud***, der mit seinen Erkenntnissen und deren Publikation ein Tabu gebrochen hat, musste dafür mit gesellschaftlicher Ächtung bezahlen. Der Theologe und Psychotherapeut *W.* ***Noll*** beschäftigt sich intensiv mit der klerikalen Sexualfeindlichkeit und deren Einfluss auf den religiösen Menschen, weist aber darauf hin, dass Prüderie und Geschlechtsfeindlichkeit weit über den Rahmen der Kirche hinausgehen. Auch der bekannte österreichische Psychotherapeut und Psychiater *Erwin* ***Ringel***, der sich stets als überzeugter praktizierender Katholik deklarierte, hat auf den Zusammenhang zwischen Verdrängung der Sexualität (besonders aus religiösen Gründen) und neurotischer Erkrankung („ekklesiogene Neurose") hingewiesen. Er bestätigte die Tatsache, dass kirchliche Neurotisierung nicht immer direkt, sondern auch und gerade über kirchlich beeinflusste Eltern, Großeltern und Erzieher in Kindergärten und Heimen bewirkt wird. Als Verursacher ekklesiogener ➢ Neurosen nennt er aber neben der Verdrängung der Sexualität auch die Erziehung zu strengem Gehorsam und zur Unterdrückung der Gefühle zugunsten einseitiger rationaler Erwägungen.

- Im Zuge der fortschreitenden Emanzipationsbestrebungen der Frau scheinen sich neue **Auffassungen der Geschlechtsrollen** durchzusetzen – vorbehaltlich einer Reihe von hartnäckig bestehenden ➢ Vorurteilen. ***Freud*** hat aufgezeigt, dass die Aufspaltung des Weiblichen in eine zärtliche und eine sinnliche Komponente, welche das Sittenbild des Bürgertums des 19. Jahrhunderts prägte, eine Fehleinstellung infolge der Tabuisierung des Geschlechtlichen darstellt. So war ein „gespaltenes" Frauenbild entstanden, dem man unterschiedliche Erwartungen und Einschätzungen entgegenbrachte. Der „anständigen (Ehe-)Frau" wurde Respekt gezollt, das sexuelle Begehren galt der „leichten Frau" oder der „Dirne", die man deshalb aber gering achtete. Auch heute noch wird auf sexuellem Gebiet mit zweierlei Maß gemessen. Während man bei Männern polygame Verhaltensweisen als besonders männlich toleriert oder gar bewundert, wird eine Frau mit ähnlichen Verhaltensweisen eher verachtet und als unmoralisch verurteilt. Die sexualmoralische Toleranz der Öffentlichkeit huldigt dem Supermann und verurteilt die „Nymphomanin". Umgekehrt wird ein Mann eher als Sexmuffel, Pantoffelheld oder müder Krieger belächelt, während es für die Frau keine analogen Bezeichnungen gibt. Nach wie vor scheint jedenfalls die umstrittene Ansicht, dass Männer – im Gegensatz zu Frauen – eben polygam veranlagt seien, verbreitet zu sein.

  Die Voraussetzungen für eine gesunde Entwicklung der Sexualität sollen von Kindheit an gegeben sein: die beste Garantie für ein Gelingen dieser Entwicklung sind Eltern, die selbst ein gesundes Verhältnis zur Sexualität haben.

- Ein Ziel der ➢ **Psychohygiene** besteht daher darin, sowohl zu einer gesunden Einstellung zur Sexualität zu kommen als auch zu einer gesunden Triebbeherrschung ohne negative Gefühle, wie z.B. Schuld oder Hemmungen. Übermäßige Beherrschung und Verachtung des Geschlechtlichen wirken sich auf den Einzelnen wie die Gemeinschaft negativ aus. Schlimmstenfalls kann das den Hass der Geschlechter bewirken; anstelle gegenseitiger Achtung und Ehrlichkeit breiten sich Verlogenheit und Berechnung im Liebesleben aus. Mangel an Reife zeigt sich in Sensationslust, übler Nachrede und Schadenfreude, die den anderen gerne im wahrsten Sinne des Wortes „entblößt" sehen möchte (nach ***Federn***).

Dem Sexualtrieb zu sehr nachzugeben schadet dem gesunden Gleichgewicht zwischen Triebansprüchen und kulturellen Anforderungen, darin sind sich alle Ratgeber einig. Ein „Don-Juanismus" ist nicht Zeichen einer gesunden Triebentwicklung, sondern das Zeichen eines seelisch unreifen Menschen, der in der Beziehung zum anderen Geschlecht eher Bestätigung sucht als eine emotionale Bindung. Ein „Zwang zur Sexualität" schadet der Entwicklung ebenso wie übertriebene Kasteiung, wenn mit diesem Verhalten einem Diktat der Mode oder der Umgebung entsprochen wird. (Hierher gehört auch das Gefühl vieler Jugendlicher, nur mit Freund bzw. Freundin in der Gruppe anerkannt zu sein). Überhaupt ist alles, was das Individuum vergewaltigt und unter ein ➢ kollektives Reglement zwängen will, ungünstig für die seelische Reife und Gesundheit eines Menschen, trotz der Notwendigkeit, sich in einem gewissen Rahmen der Gemeinschaft anzupassen. Würde jeder seinen eigenen Trieben und Wünschen freien Lauf lassen, wäre ein halbwegs reibungsloses Zusammenleben kaum möglich.

1. *Ist es Ihrer Meinung nach vertretbar, verschiedene Maßstäbe bei der Beurteilung weiblichen und männlichen Sexualverhaltens anzulegen?*
2. *Es werden bereits Kurse angeboten, in denen man „richtiges" Flirten lernen kann. Zeitschriften und Fernsehen geben Ratschläge hinsichtlich Wann und Wie sexueller Betätigung. Was halten Sie davon?*
3. *Analysieren Sie – evtl. in Kleingruppen – einige Werbespots, Plakate, etc., die sich erotischer bzw. sexueller Motive bedienen! Welche Zusammenhänge bestehen zwischen dem angebotenen Produkt und Sexualität? Welche Rollen werden den Geschlechtern zugeordnet?*

AGGRESSION

THEORIEN ZUR ENTSTEHUNG VON AGGRESSION

1. Aggressivität ist ein **angeborener Trieb**, der sich von innen her aufstaut und daher notwendigerweise nach Entladung drängt. Die aggressive Energie kann prinzipiell nicht verhindert werden, sie kann lediglich in harmlosere oder sogar sozial wertvolle Betätigungen wie z.B. in sportliche Spiele, Wettkämpfe, Holzhacken usw. „umgeleitet" (➢ sublimiert) werden. Diese Theorie wird von *S.* ***Freud*** und *K.* ***Lorenz*** vertreten.
2. Aggression tritt **reaktiv** auf, d.h. als Folge von Umweltereignissen, vor allem von ➢ Frustrationen. Die Neo-Psychoanalytiker, u.a. *H. Stack* ***Sullivan*** und *E.* ***Fromm***, vertreten diese Auffassung. *H.* ***Schultz-Hencke*** sieht die Aggression nicht als Zerstörungs-, sondern als Bemächtigungsantrieb an, der sich beim Kind im Laufe der motorischen Entwicklung in der Auseinandersetzung mit der Umwelt ausbildet (also reaktiv), und erst dabei einen unter Umständen zerstörerischen Charakter entwickeln kann.

   Die Lernpsychologen ***Dollard*** und ***Miller*** haben in ihrer bekannten **„Frustrations-Aggressions-Hypothese"** postuliert, dass Aggressionen immer durch Frustrationen ausgelöst werden, und umgekehrt, dass Frustrationen immer zu Aggressionen führen.

Man weiß heute, dass dies keineswegs stets der Fall sein muss, dass auch andere Reaktionsweisen auf Frustrationen erfolgen können.

3. Aggressives Verhalten wird **gelernt**, und zwar durch **Imitation** (Nachahmung) und durch ➢ **Verstärkung** (Belohnung). Die meisten Lernpsychologen, z.B. *Albert* ***Bandura***, vertreten die Auffassung, dass aggressives Verhalten im Laufe der Erziehung „gelernt" wird; man nennt diese Theorie deshalb „soziale ➢ Lerntheorie". Nicht nur aggressives Verhalten, sondern auch soziales Verhalten, wie überhaupt ein großer Teil des Verhaltensrepertoires des Menschen wird auf diese Weise gelernt. Eine Gesellschaft, die aggressive Modelle liefert, sei es in ihren Erziehungspraktiken (wie Härte, Schläge usw.), sei es durch Verherrlichung von „Helden", die sich z.B. in Film und Fernsehen aggressiv durchsetzen, wird auch aggressive Kinder hervorbringen. Daher weist die soziale Lerntheorie im Zusammenhang mit aggressivem Verhalten immer wieder auf die schädigende Wirkung von brutalen Filmen hin.

   Die Lerntheorie behauptet weder, dass der Mensch aggressionslos auf die Welt käme, noch bestreitet sie die angeborene Bereitschaft zu aggressivem Verhalten. Forscher schätzen, dass etwa 50% der Unterschiede in der Aggressivität durch genetische Einflüsse bedingt sind. (Nach ***Zimbardo***) Der Säugling versteift sich und schreit, weil er sich noch nicht anders mitteilen kann – man wird hier kaum von Aggressivität sprechen. Das kleine Kind schreit und stampft, ohne dass es dies eigens „lernen" müsste, es kann dies „von Natur aus". Ob es aber diese Verhaltensweisen seltener oder häufiger zeigt, ob es sie mit zunehmendem Alter beibehält oder abbaut, ob es schreit, wenn die Mutter einmal „Nein" sagt, hängt von Lernprozessen ab. Lernen bestimmt also nicht, ob ein Mensch aggressiv sein kann, sondern in welchem Maß er es ist.

AUSLÖSUNG AGGRESSIVEN VERHALTENS

Wie Alltagserfahrungen und viele psychologische ➢ Experimente zeigen, ist die Aggression zwar keine notwendige, aber eine doch recht häufige Antwort auf ➢ **Frustrationen**. Frustrationen führen im Allgemeinen zu einer **Aktivierung** des Organismus, deren biologischer Sinn darin liegt, ihn in eine erhöhte Bereitschaft zu Kampf und Verteidigung (Ärger, Wut, Zorn, evtl. auch Angst) oder zur Flucht (Angst) zu versetzen. Die durch Frustration hervorgerufene Aktivierung wird sich aber nur in „gelernten" Verhaltensweisen äußern. Ein kleines Kind kennt noch nicht allzu viele konstruktive Verhaltensweisen, es wird daher wahrscheinlich schreien, zerren, weinen usw., wenn es sich frustriert fühlt. Diese elementaren Affektäußerungen können aber später zu eindeutigen ➢ Aggressionen werden, wenn sie sich zu einer mehr oder weniger gewohnheitsmäßigen Form der zwischenmenschlichen Auseinandersetzung etabliert haben.

Da das Kind durch Imitation lernt, kommt dem elterlichen Vorbild größte Bedeutung zu (➢ „**Imitations**"- oder ➢ „**Modelllernen**"). Der Umgang der Eltern miteinander und ihr Verhalten dem Kind gegenüber haben Auswirkungen auf die Entwicklung des Kindes. Eltern ist oft nicht bewusst, dass sie dem Kind, wenn sie es anschreien oder gar körperlich strafen (z.B. wenn das Kind ein Geschwister geschlagen hat), als aggressives Modell dienen. Man spricht hier von einem **„Bumerang-Effekt"** der Bestrafung. Es ist allerdings zwischen dem „Lernen" aggressiven Verhaltens und seiner tatsächlichen Ausführung zu unterscheiden. Kinder mit strafenden, hart erziehenden Eltern beschränken die tätliche Nachahmung meist auf Bereiche außerhalb der Familie, wo also keine Bestrafung zu erwarten ist. Getreu dem elterlichen Vorbild leben sie ihre Aggressionen bei Schwächeren, z.B. Mitschülern oder Tieren aus. Für das Erlernen aggressiver Verhaltensweisen spielen die **Konsequenzen** eine ausschlaggebende Rolle. Sind die Konsequenzen positiv, dann wirken diese gleichsam als „Belohnungen", als „Bekräftigungen", und dadurch wird die Auftretenswahrscheinlichkeit des betreffenden Verhaltens für die Zukunft erhöht.

Belohnungen bestehen z.B.

- in der erlebten **Herabsetzung emotionaler Spannungen**

  Z.B. in der erfolgreichen **Durchsetzung** der eigenen Wünsche und Interessen („instrumentelles Lernen", „Lernen am Erfolg", s. S. 95 ff.). Das Kind, das brüllt, bis ihm seine Eltern die Wünsche erfüllen, um ihre Ruhe zu haben, hat einen offenkundigen Erfolg erlebt, der/die MitbürgerIn, der/die sich in einer Menschenmenge vordrängt und noch Karten zu einer begehrten Vorstellung ergattert, ebenso.

- in der **Zuwendung von Aufmerksamkeit**

  Aggressionen sind u.a. Mittel, um **Beachtung** zu finden; TerroristInnen wollen z.B. durch ihre Anschläge der Welt bestimmte Probleme ins Bewusstsein rücken. Der/Die TerroristIn erregt nicht nur Aufmerksamkeit, er/sie bekommt auch die Anerkennung seiner/ihrer Gruppe. Das Verhalten vieler aggressiver Personen wäre kaum zu erklären ohne die wechselseitige Bestätigung, die sie aus ihrer eigenen Gruppe erhalten. Die Bevölkerung lehnt diese Personen meist ab, aber auch eine solche nicht anerkennende oder sogar missbilligende Beachtung kann aggressives Verhalten fördern: So neigen manche Kinder z.B. in der Schule zu „störendem" Benehmen, weil sie auf diese Weise (und nur auf diese Weise) Aufmerksamkeit erwecken können.

- in der **Abwendung von Nachteilen**

  Z.B. durch eine warnende Drohung („Du kannst etwas erleben, wenn du dir wieder mein neues Kleid ausborgst!"), durch Flucht oder Gegenwehr.

- in der **positiven Selbstbewertung**

  In manchen Kulturen werden Aggressionen aus Selbstachtung praktiziert, z.B. bei „verletzter Ehre", in welchem Fall die (meist männlichen) Angehörigen der Familie verpflichtet sind, Blutrache zu üben. Auch in unserem Kulturraum waren vor nicht allzu langer Zeit Duelle im Morgengrauen im Falle einer „Brüskierung" oder sonstigen Herabsetzung der eigenen Selbstachtung üblich. Aggression aus Selbstachtung bedeutet oft eine überempfindliche Reaktion auf etwas, das vermeintlich das Selbstwertgefühl verletzt. In Untersuchungen an Gewalttätern hat sich gezeigt, dass dies ein sehr häufiges ➢ Motiv für aggressive Handlungen war; oft wurde „Männlichkeit" mit „Entschlossenheit" gleichgesetzt, und der Täter „musste" sich in Situationen verteidigen, die sein Selbstwertgefühl verletzten. Doch hat er oft selbst diese Situationen heraufbeschworen.

- im **Leiden eines anderen**

  Der Schmerz eines anderen Menschen kann als angenehm empfunden werden, wenn das Leiden einen „Übeltäter" trifft, der uns angegriffen oder provoziert hat. „Rache ist süß!", „Geschieht ihm recht, dem Gauner!" usw. sind Ausdruck von Schadenfreude. Dabei muss die Vergeltung selbst nicht vom Geschädigten ausgeführt werden, Hauptsache, der Provokateur leidet. Eine „gerechte Strafe", die die/den Kriminelle/n, die/den korrupte/n PolitikerIn, die/den grausame/n DiktatorIn trifft, stellt offensichtlich ein Gleichgewicht her, welches vorher durch den Übeltäter gestört wurde. Das Ausgleichsprinzip dient dazu, Verstöße gegen die ➢ Normen zu ahnden und die Waage der Gerechtigkeit wieder ins Lot zu bringen. Damit wird – so ist die theoretische Auffassung – die Gültigkeit der Norm und damit die feste Orientierung, die diese Normen vermitteln, wieder erlangt.

Beim **Sadismus**, einer pathologischen (krankhaften) Form der Aggressivität, verursacht das Leiden des Opfers tiefe Befriedigung und Vergnügen. *Erich* ***Fromm*** ist der Auffassung, dass hier das offensichtliche Ziel das Erlebnis totaler **Herrschaft** über ein anderes Wesen ist, wobei die Ausdruckserscheinungen und sonstigen Handlungen der gequälten Opfer (Schreien, Weinen, Unterwürfigkeitsgesten usw.) ein besonderes Hochgefühl vermitteln. ***Fromm*** nennt ***Stalin*** als Beispiel für die Ausübung eines besonderen seelischen Sadismus: ***Stalin*** ließ z.B. Frauen und Kinder höchster Parteifunktionäre verhaften und in Arbeitslager stecken, während die Männer weiter ihrer Arbeit nachgehen und ihre Ergebenheit zeigen mussten; sie durften es nicht einmal wagen, um ihre Entlassung zu bitten.

Die Beseitigung von Aggressionen kann möglicherweise nur erreicht werden, wenn Bekräftigungen entfallen. Jedoch scheint es, dass manche berechtigte Bedürfnisse mit aggressivem Verhalten durchgesetzt werden müssen, weil friedliche Mittel nicht überzeugen. Man sollte aber immer zuerst nach Möglichkeiten suchen, Erfolge mit friedlichem Verhalten zu erreichen.

AGGRESSIONSHEMMUNG

Von Aggressionshemmung sollte man nur dann sprechen, wenn jemand auf Aggression „gestimmt" ist, sie aber unterlässt. Wenn sich jemand friedlich verhält, weil er gar kein aggressives Bedürfnis hat, ist der Ausdruck „Aggressionshemmung" unangebracht.

Tiere beenden Kämpfe mit ihren Artgenossen, wenn sich das unterlegene Tier auf den Rücken wirft, dem Sieger die Kehle darbietet, und solchermaßen mit „Demutsgebärden" beim Sieger eine „Tötungshemmung" auslöst. *Konrad* ***Lorenz*** spricht von einem „moralanalogen Verhalten" und meint, dass auch der Mensch eine Reihe von natürlichen Hemmungen besäße, die jedoch durch die heutigen Waffen, vor allem Feuerwaffen, außer Kraft gesetzt würden. Der Anblick von Leid und Qual bewirke beim Menschen noch die instinktiven Hemmungen, die aber bei zunehmender Entfernung (wie z.B. zwischen einem Bomber-Piloten und der angegriffenen Bevölkerung) immer weniger funktionieren.

- In den berühmten ➢ Experimenten von ***Milgram***, in denen Versuchspersonen aufgefordert wurden, einem angeblichen „Schüler" für dessen Fehler elektrische Schläge zu verpassen, zeigte sich tatsächlich, dass die Hemmung, ein solches Verhalten auszuführen, mit Zunahme der räumlichen Nähe größer wurde. Dennoch bewies dieses Experiment, dass hier auftretende Hemmungen (die Versuchspersonen verteilten elektrische Schläge, zeigten aber meist Anzeichen von heftigem Widerwillen) außer Kraft gesetzt wurden, und zwar aus **Befehlsgehorsam**, Gehorsam gegenüber dem in einem weißen Mantel autoritär auftretenden Versuchsleiter. Auch die Interviews, die ***Mantell*** mit Freiwilligen im Vietnam-Krieg sowie mit Kriegsdienstverweigerern führte, ergaben, dass Gewalttaten verübt werden, „weil man das tun muss, was von einem erwartet wird" (nach ***Nolting***).

- Neben einer möglichen Aggressionshemmung aus **Mitgefühl** mit dem Opfer treten Aggressionshemmungen auch dort auf, wo eine **Bestrafung** befürchtet wird: Wir werden in vielen Situationen nicht aggressiv, weil wir unangenehme Folgen fürchten. Bei aggressivem Verhalten gegenüber Vorgesetzten könnte u.U. Entlassung drohen, auf Aggression gegenüber Familienmitgliedern kann Tadel oder Liebesentzug folgen usw.
- Eine weitere Ursache für Aggressionshemmungen sind **moralische Hemmungen**. Gegenüber schwächeren Personen unterlässt man aggressive Handlungen nicht aus Angst vor Bestrafung, sondern infolge der eigenen moralischen Bewertung. Nicht die Reaktion der anderen, sondern die **Selbstbewertung** ist hier der Hemmungsfaktor. Die Selbstbewertung entsteht im Laufe der Erziehung. Verletzungen der eigenen Wertmaßstäbe führen zu Schuldgefühlen, zu einem „schlechten Gewissen".

Die Frage, unter welchen Umständen **Hemmungen außer Kraft** gesetzt werden, ist für eine Gesellschaft wichtig. Es gibt eine Anzahl von Methoden, Hemmungen zu beseitigen und aggressive ➢ Einstellungen und Verhaltensweisen zu fördern. *F.* ***Hacker*** spricht von „Rechtfertigungen am laufenden Band", um doch aggressiv sein zu können: „Sie fühlen sich legitimiert, die Tyrannen und Herrscher, die Partisanen und Revolutionäre, sie alle dienen einem höheren Zweck, nur einem jeweils anderen: der legitimen Durchsetzung des Herrschaftsanspruches eines Herrenvolkes, der Befreiung des Vaterlandes, der Verhinderung weiterer unsinniger Gräueltaten, der endgültigen Herstellung des Friedens und der Bekräftigung, dass Derartiges in Hinkunft nicht mehr möglich sein solle. So lassen sich auch für die übelsten Massaker, ob Lidice, My Lai oder anderswo, irgendwelche Entschuldigungen vorbringen." (Nach ***Nolting***)

WIE KANN MAN KONSTRUKTIV MIT AGGRESSIONEN UMGEHEN?

Auch wenn es schwierig scheint, so sollte doch immer wieder versucht werden, aggressives Verhalten zu reduzieren und durch konstruktive Lösungen zu ersetzen. Die ➢ Lerntheoretiker haben hiefür verschiedene Ansätze ausgearbeitet (nach ***Nolting***):

- Man kann durch die **Neubewertung einer Situation**, durch die veränderte Interpretation einer Sachlage (➢ kognitiver Aspekt) auch die Gefühlslage verändern (emotionaler Aspekt). Dies geschieht im Alltag häufig, wenn jemand sagt: „Es war nicht bös gemeint!" oder „Es war nur ein Missverständnis!" Wenn der/die aggressiv Gestimmte dies als glaubwürdig akzeptiert, weil er/sie sich in die Lage des Provokateurs hineinversetzen kann, wird sein/ihr Ärger wahrscheinlich verfliegen. Solche Einstellungen können schon bei Kindern gefördert werden, indem man ihnen Fragen stellt wie: „Warum glaubst du, dass Hansi sich so und so benimmt?" oder „Was glaubst du, wie Anni jetzt zumute ist?" usw. Auch im Rahmen einer partnerzentrierten Gesprächsführung kann man lernen, sich auf das Erleben des anderen zu konzentrieren, mehr auf ihn einzugehen, und dadurch einerseits vielleicht weniger oft unbewusst verletzend zu sein, andererseits aber auch dem anderen Fehler ohne Ärger zuzugestehen.
- Die Überbewertung bestimmter **Bedürfnisse**, wie Geld, Macht, Ruhm, Besitz usw., sind häufig Anlass für aggressives Verhalten. ***Fromm*** berichtet, dass in aggressiven Kulturen das Eigentum eine größere Rolle spielt als in nichtaggressiven. Die Menschen aufzufordern, nicht nach diesen „Gütern" zu streben, scheint eine brauchbare Lösung für einzel-

ne Menschen, nicht aber für alle zu sein. Es kommt vielleicht gar nicht darauf an, bestimmte ➢ Motive nicht zu haben, sondern darauf, die oben genannten Werte nicht „übermächtig“ werden zu lassen (***Fromm***).

- Eine **kritische Haltung gegenüber aggressiven Modellen** (wie z.B. politischen Demagogen, aggressiv-durchsetzungsfähigen Gruppenmitgliedern, „harten“ ErzieherInnen usw.) einzunehmen, ist besonders wichtig. Dazu gehört auch, Hinweisen auf eine/n etwaige/n „Schuldige/n“ mit Zurückhaltung zu begegnen, da diese/r gewöhnlich als Frustrationsquelle aufgefasst wird und starke Aggressionen auf sich zieht (s. „Sündenbock-Psychologie“, S. 339).
- Erlernen konstruktiver, nicht-aggressiver **Konfliktlösungen**, d. h. „alternativen“ Verhaltens, ist nicht nur eine Frage des „guten Willens“, sondern es müssen solche Möglichkeiten bekannt sein und zur Gewohnheit werden. Wer konstruktives Vorgehen nicht gelernt hat, wird ➢ Konflikte mit anderen bedrohlich empfinden und emotional reagieren. Eine solche Konfliktsituation mag etwa die Urlaubseinteilung in einem Betrieb sein. Alternative Verhaltensweisen zu Streit, Schmollen, Sich-Zurückgesetzt-Fühlen, ein Machtwort sprechen usw. könnten z.B. sein: die eigenen Wünsche äußern, den Wünschen des (der) anderen (zunächst ohne Stellungnahme!) zuhören, über Lösungen nachdenken, Vorschläge machen (vor allem Kompromissvorschläge), diskutieren und verhandeln. **Selbstbehauptung** ist ein durchaus legitimes und erstrebenswertes Ziel und von Aggression klar zu trennen. Die „niederlagslose“ Methode der Konfliktlösung ist möglich, wenn man seine eigenen Ziele nicht überbewertet und bereit ist, auch Abstriche bei den eigenen Forderungen zu machen und die Wünsche des anderen zu respektieren.

Niederlagslose Konfliktlösung wird in der **Schule** (s. S. 248) und auch am Arbeitsplatz (s. S. 351 ff.) immer wichtiger. Gewalt in der Schule stellt zunehmend ein Problem dar, dem entgegengewirkt werden muss. Auch die Wirtschaft macht sich die Erkenntnisse um gelungene Konfliktlösungen zunutze. Das Konfliktmanagement gehört wesentlich zum modernen Unternehmensbereich, denn dieser hat sowohl den Vorteil erkannt, den ein weit gehend konfliktfreies Zusammenarbeiten für ArbeitgeberInnen und ArbeitnehmerInnen bringt, als auch das kreative Moment, das in auftauchenden Konflikten enthalten sein kann (s. auch „Organisationspsychologie“, S. 345 ff.).

1. *Beurteilen Sie die drei grundsätzlichen Auffassungen über die Entstehung von Aggressivität!*
2. *Geben Sie Beispiele für aggressives Verhalten im Alltag durch Modelllernen!*
3. *Geben Sie Beispiele für die mögliche Förderung aggressiven Verhaltens durch verschiedene Arten von Belohnung!*
4. *Diskutieren Sie über die Formen aggressiven Verhaltens, die bei bekannten Filmhelden zu beobachten sind! Auf welche Weise versucht man im Film, die Aggressionen des Helden zu legitimieren? Welche Arten von Belohnung werden dem Helden zuteil?*

5 *Versuchen Sie, einen Kausalzusammenhang zwischen den beiden folgenden Ereignissen herzustellen: Ein Familienvater wird von seinem Chef gerügt und bloßgestellt. Einige Stunden später ärgert das ältere Kind sein jüngeres Geschwisterchen. Was könnte sich in der Zeit zwischen der Rüge und dem Streit der Kinder zwischen den Familienmitgliedern abgespielt haben?*

6 *In welchen Situationen reagieren Sie besonders aggressiv? Weisen diese Situationen Gemeinsamkeiten auf?*

INTERESSEN UND WERTHALTUNGEN

In der psychologischen Terminologie versteht man unter Interessen die Anteilnahme an etwas, das für den Menschen einen **Wert** darstellt. Die Interessen (sei es Wissens-, Erkenntnis- oder Schaffensdrang auf jedem denkbaren Gebiet der Wissenschaft oder Kunst) drängen den Menschen, ähnlich wie die Triebe zum Handeln in Richtung dessen, was für ihn einen Wert darstellt. Während die Triebe entweder den unmittelbaren vitalen Bedürfnissen des einzelnen Lebewesens oder als soziale Triebe der Erhaltung der Gemeinschaft dienen, ist eine solche biologische Zweckmäßigkeit bei den Interessen nicht festzustellen. Triebe sind den Menschen und Tieren gemein, Interessen („Kulturtriebe“) sind aber nur beim Menschen vorhanden.

Die Beschäftigung mit Kunst, Wissenschaft und Religion, die Entwicklungung sozialer und politischer Ideen ist nur dadurch erklärbar, dass die Menschen in ihnen Werte erblicken. „Wert“ ist zweifellos kein psychologischer Begriff, sondern ein Begriff der Philosophie; wenn die Psychologie die in ihren Forschungs- und Zuständigkeitsbereich fallenden Aussagen beweisen will, beschreibt sie die psychische ➢ **Einstellung**, die der Mensch gegenüber Dingen, die für ihn einen Wert darstellen, einnimmt – vermeidet aber die Diskussion darüber, was eigentlich ein Wert ist.

- Der deutsche Pädagoge *Eduard **Spranger*** sprach von ➢ **objektiven Wertgebilden** außerhalb des Menschen und unabhängig von seinem Erleben und meinte, dass sich zwischen diesen und dem subjektiven Erleben des Menschen eine gegenseitige Verflechtung herstelle. Für diese Auffassung spricht, dass der Mensch nicht nur von Triebzielen, sondern auch von einem **Streben nach Wert- und Sinnerfüllung** bestimmt scheint. ***Spranger*** konzipierte sechs grundlegende Werte (z.B. das Wahre, das Schöne, ...), nach denen sich die Menschen in unterschiedlicher Weise ausrichten, und unterscheidet demgemäß so genannte „**Werttypen**“: den theoretischen, den ästhetischen, den ökonomischen, den sozialen, den politischen und den religiösen Menschen. Selbstverständlich wird man kaum reine Ausprägungen solcher Werttypen vorfinden, sondern vielmehr Mischungen dieser mehr oder weniger bevorzugten Grundhaltungen.
- Eine ähnliche Auffassung vertritt der Wiener Existenzanalytiker *V. E. **Frankl***, der aus dem psychischen Erleben des Menschen den Nachweis für das objektive Vorhandensein von Werten ableitet.

  Die ➢ Existenzanalyse unterscheidet drei Wertkategorien:

  Schöpferische Werte: Das sind alle Akte, die ihrer Intention nach zu einer objektiven Bereicherung der Welt führen.

Erlebniswerte: Der Vollzug der schöpferischen Werte setzt das In-sich-Aufnehmen der Welt, das „Erleben" voraus. Erlebniswerte können aber auch allein für sich bestehen, z.B. im Erleben von etwas Gutem, Schönem, Erhabenem.

Einstellungswerte: Das Erleben verlangt, dass sich der Mensch mutig der Welt zuwendet und sich einem ungewissen Schicksal öffnet. Dieser Wagemut und die Bereitschaft, im Notfall unvermeidbare oder schicksalhaft auferlegte Leiden auf sich zu nehmen, macht die Einstellungswerte aus, die das Fundament der menschlichen Existenz darstellen.

Im Suchen, Finden, Gestalten und Vollziehen seiner für ihn spezifischen Werte baut der Mensch sein persönliches Verhältnis zur Welt auf. Dieses Verhältnis ist auch das Fundament seiner Persönlichkeit. Durch die Verantwortung, die der Mensch für den Vollzug seiner Werte übernimmt, tritt er in seine persönliche Geschichte. Vom psychologischen Standpunkt aus betrachtet spricht vieles dafür, dass es einen außerhalb des Menschen gelegenen „Wert" und „Sinn" gibt. Etwas allgemein Gültiges darüber auszusagen, worin und unter welchen Bedingungen ein Wert besteht usf., fällt in den Aufgabenbereich der ➢ Ethik.

● *Diskutieren Sie in kleinen Gruppen, was für Sie einen besonderen Wert darstellt. –Können sich Werte Ihrer Meinung nach ändern? Wovon wäre eine Änderung abhängig?*

- Die ➢ **Lerntheoretiker** behaupten, dass jedes Verhalten gelernt, d.h. eine Folge des wirksamen Einsatzes von positiven und negativen ➢ Verstärkern sei. Nach Ansicht des Lerntheoretikers ***Skinner*** ist moralisches Verhalten ebenso eine „erlernbare Fertigkeit" wie beispielsweise Autofahren; das Streben nach einem Wert (z.B. nach dem Guten) ist lt. ***Skinner*** keine freie Willensentscheidung, sondern lediglich ein mögliches Ergebnis eines Lernprozesses, den jede Gesellschaft, die ja eine Reihe allgemeiner objektiver Werte vertritt und durchzusetzen gewillt ist, ihren Individuen mittels Sanktionen abverlangt (s. auch S. 96 f.).

1 *Beurteilen Sie die Auffassung B. F. **Skinner**s anhand der folgenden Textstelle:*

[…] Wir sagen nicht, daß ein Autofahrer das tut, ‚was er tun sollte', weil ihm eine innere Stimme sagt, was richtig ist. Allerdings berufen wir uns gern auf eine solche innere Tugend, wenn es darum geht, warum sich jemand seinen Mitmenschen gegenüber anständig verhält. Er verhält sich aber anständig, nicht weil er von den Mitmenschen mit Verantwortungs- oder Pflichtgefühl oder mit Loyalität oder Achtung anderen gegenüber ausgestattet worden ist, sondern weil seine Mitmenschen sein Verhalten durch wirksame Kontingenzen prägten. Die Verhaltensweisen, die als gut oder schlecht und als richtig oder falsch eingestuft werden, sind nicht auf Tugendhaftigkeit oder Schlechtigkeit, auf einen guten oder schlechten Charakter oder auf ein Wissen um Gut und Böse zurückzuführen; sie sind zurückzuführen auf Folgewirkungen, zu denen eine Vielzahl von Verstärkern gehört, darunter auch die verallgemeinerten verbalen Verstärker ‚Gut!', ‚Schlecht!', ‚Richtig!!' und ‚Falsch!'...

[...] Die Formulierung ‚Du sollst nicht stehlen', der wir in den Zehn Geboten begegnen, läßt auf übernatürliche Sanktionen schließen. Dagegen impliziert ein ‚Du sollst nicht stehlen' relevante soziale Folgen, die man folgendermaßen übersetzen könnte: ‚Wenn du Bestrafung vermeiden möchtest, dann vermeide es zu stehlen', oder: ‚Stehlen ist falsch, und falsches Verhalten wird bestraft.' Eine solche Feststellung ist nicht normativer als die Feststellung: ‚Wenn Kaffee dich wachhält und du schlafen möchtest, dann trinke keinen.'

Aus: Skinner, B. F.: Jenseits von Freiheit und Würde

*Bilden Sie zwei Gruppen, von denen eine Argumente für die Standpunkte **Frankl**s bzw. **Spranger**s, die zweite Argumente für den lerntheoretischen Standpunkt **Skinner**s sammelt. Versuchen Sie anschließend, eine Plenar- oder Podiumsdiskussion zu führen!*

ALTRUISMUS

B

***Altruismus** beinhaltet, dass man das Wohlergehen, die Interessen und das Überleben anderer über das Eigenwohl, das Selbstinteresse und das eigene Überleben stellt.*

Auch Altruismus vermag unser Verhalten zu motivieren. Altruismus und Aggression haben hinsichtlich ihrer Entwicklung und der Bedingungfaktoren vieles gemeinsam. Die Entwicklung sowohl prosozialer als auch antisozialer Verhaltensweisen sind nach Auffassung der

- **Evolutionstheorie** in der Evolution der Arten verankert:

  Prosozial ist ein Verhalten, das dazu angetan ist, die eigene Familie, Gruppe, Gemeinschaft zu erhalten bzw. zu stärken, für deren Wohl durch Kooperation, Arbeitsteilung, Aufzucht der Nachkommen usw. zu sorgen. Ein solches hilfreiches Verhalten ist biologisch sinnvoll, besonders da zu erwarten ist, dass sich der Nutznießer mit einer Gegenleistung revanchieren wird. Altruismus ist daher eher von Gruppen-Mitgliedern zu erwarten als von Nicht-Mitgliedern. (Auch Aggression kann prosozial sein, sofern sie in den Dienst sozial akzeptabler Zwecke gestellt wird, wie etwa das Bestreben, die in der Gemeinschaft geltenden Regeln zu festigen oder Mitglieder der Gemeinschaft zu bestrafen, wenn diese die geltenden Regeln und Gesetze verletzen.)

  Antisoziale Verhaltensweisen sind solche, die das eigene Wohl über das der Gemeinschaft stellen; in gelinder Form ausgelebt, handelt es sich dabei um Individualismus, in höherem Maße praktiziert, um Egoismus bis hin zu destruktiven Bestrebungen wie Außerkraftsetzen der geltenden Regeln, Zerstörung von Leben, Lebensräumen, Kulturgütern, usw. Es erweist sich als nicht sinnvoll, die eigene Gruppe durch solche Verhaltensweisen zu schädigen.

Der **Evolutionstheorie** zufolge haben sich diese antisozialen Verhaltensweisen sinnvollerweise gegen Nicht-Mitglieder der Gruppe gewandt, die prosozialen hingegen waren an Gruppenmitglieder gerichtet. Die Evolutionstheorie legt außerdem nahe, dass die Disposition zu altruistischem Verhalten bei Frauen, die ja meist mit der Versorgung des Nachwuchses beschäftigt sind, höher ist als bei Männern, die aggressives Verhalten bei der Jagd und Verteidigung zeigen mussten. Neuere Untersuchungen haben nachgewiesen, dass Altruismus bei Frauen, Aggression hingegen bei Männern ausgeprägter ist. Inwieweit hier jedoch biologische oder kulturelle Ursachen zum Tragen kommen, lässt sich schwer entscheiden

- **Kulturelle Normen** „festigen" dieses biologische Erbe, indem sie den selbstsüchtigen Strebungen Einzelner Grenzen setzen und altruistisches Verhalten fördern. Altruistisches Verhalten wird durch positive und negative ➢ Verstärker und durch ➢ Modelllernen in der Gesellschaft gefördert. Auf diese Weise lernt das Menschenkind bereits in der Familie, auf andere Familienmitglieder Rücksicht zu nehmen, ihnen Hilfe zu leisten, wenn es nötig ist, und die eigenen Bedürfnisse nötigenfalls – zumindest kurzzeitig – hintanzustellen.
- Für die Beantwortung der Frage, ob es eine **altruistische Persönlichkeit** gibt, liegen noch keine ausreichenden Untersuchungsergebnisse vor. Das Maß an ➢ Altruismus einer Person muss wohl an deren Bereitschaft gemessen werden, Situationen, die altruistisches Verhalten erfordern, freiwillig aufzusuchen. (Solche Untersuchungen sind im Labor kaum möglich.) Das Auftreten von altruistischem Verhalten wird sowohl von der vorliegenden **Situation**, als auch von der Persönlichkeit beeinflusst. Insoferne kann man, was z.B. Hilfsbereitschaft anbelangt, in Alltagssituationen die unterschiedlichsten Erfahrungen machen. Wie verhalten sich Menschen, wenn z.B. jemand um eine Münze zum Telefonieren bittet, wenn ein fremdes Kind seinen Wohnungsschlüssel verloren hat, wenn man einen dringenden Spitals-Besuch machen muss und das eigene Auto versagt?
- Es gibt aber noch weitere Faktoren, die das altruistische Verhalten beeinflussen: Die Wahrscheinlichkeit hilfreichen Verhaltens steigt, wenn der potenzielle Helfer glaubt, dass das Opfer **Hilfe verdient** und wenn er sich persönlich **verantwortlich** fühlt. Einem Menschen, dessen Haus ohne eigenes Verschulden abgebrannt ist, wird eher geholfen, als einem sorglosen Verschwender, der in Armut geraten ist. Der/Die KindergärtnerIn wird z.B. einem seiner/ihrer Schützlinge, der sich verletzt hat, im Allgemeinen rasch Hilfe leisten. Wenn aber ein Unbekannter, von dem außerdem noch angenommen werden kann, dass er betrunken ist, verletzt auf der Straße liegt, neigen Passanten vielfach dazu, sich möglichst rasch zu entfernen, ohne ihm Hilfe geleistet zu haben. Es ist auch schon vorgekommen, dass Menschen auf stark frequentierten öffentlichen Plätzen spitalsreif geschlagen oder gar getötet wurden, ohne dass einer der vielen Passanten helfend eingegriffen hätte. Hier werden verschiedene ➢ Motive (Angst, Eile, Involviert-Werden usw.) wirksam.

- *Untersuchen Sie den folgenden Text von Franz* ***Kafka****:*
  - *Welche Vermutungen und Rechtfertigungen sind enthalten, und welchem Zweck dienen sie?*
  - *Welche vergleichbaren Situationen haben Sie selbst erlebt?*

DIE VORÜBERLAUFENDEN

Wenn man in der Nacht durch eine Gasse spazieren geht und ein Mann, von weitem schon sichtbar – denn die Gasse vor uns steigt an, und es ist Vollmond – uns entgegenläuft, so werden wir ihn nicht anpacken, selbst wenn er schwach und zerlumpt ist, selbst wenn jemand hinter ihm läuft und schreit, sondern wir werden ihn weiterlaufen lassen.

Denn es ist Nacht, und wir können nicht dafür, dass die Gasse im Vollmond vor uns aufsteigt, und überdies, vielleicht haben diese zwei die Hetze zu ihrer Unterhaltung veranstaltet, vielleicht verfolgen beide einen Dritten, vielleicht wird der Erste unschuldig verfolgt, vielleicht will der Zweite morden, und wir würden Mitschuldige des Mordes, vielleicht wissen die zwei nichts voneinander, und es läuft nur jeder auf eigene Verantwortung in sein Bett, vielleicht sind es Nachtwandler, vielleicht hat der erste Waffen. Und endlich, dürfen wir nicht müde sein, haben wir nicht so viel Wein getrunken? Wir sind froh, dass wir auch den Zweiten nicht mehr sehn.

Aus: Kafka, F.: Sämtliche Erzählungen, S. 15f.

Vom Nutzen des Helfens:

Schwer zu glauben, aber längst nachgewiesen: Helfen nützt nicht nur demjenigen, dem Hilfe zuteil wird, sondern auch dem/der HelferIn selbst. Wir wissen nicht mit Sicherheit, ob Altruismus in den Genen verankert oder erlernt ist, sicher ist, dass helfende Personen gesundheitsfördernde positive Erfahrungen machen. Die heilende Kraft des Helfens liegt an der Ausschüttung von **Endorphinen** und im **Reduzieren von ➢ Stress**: Helfen führt zu einem sehr intensiven Gefühl, ähnlich einem Rauschzustand, eine Ausschüttung der Endorphine findet dabei statt, ein Schub an physischer und psychischer Energie lässt im Körper wohlige Wärme entstehen, er entspannt sich, der Blutkreislauf normalisiert sich, das Immunsystem wird gestärkt. Helfen wirkt gegen negative Gefühle verschiedener Art wie Zorn, Einsamkeit, Minderwertigkeitsgefühle, also gegen Stressoren, indem wir unsere Aufmerksamkeit auf anderes lenken als auf unsere eigene Person. Trotz dieser bewiesenen positiven Effekte helfen wir viel zu selten, weil viele andere Interessen, Verpflichtungen usw. unsere Aufmerksamkeit auf sich ziehen. Man sollte sich daher nicht nur selbst für Hilfeleistung Zeit nehmen, sondern sich auch nicht scheuen, andere zum Helfen zu bewegen, denn die positive Erfahrung des Helfens animiert dazu, weiterhin unaufgefordert Hilfe zu leisten, wenn sie nötig ist. **Drei Voraussetzungen** müssen erfüllt sein, um die heilende Kraft des Helfens zu erfahren: Es muss regelmäßig erfolgen, es muss ein persönlicher Kontakt zwischen Helfern und Hilfsbedürftigen vorhanden sein, und es müssen Fremde sein, denen wir helfen, nicht Familienangehörige, weil nur dann eine freiwillige Entscheidung zur Hilfeleistung gegeben ist. (Nach ***Luks***) „Verpflichtung“ zur Hilfeleistung kann unter bestimmten Bedingungen zum ➢ Burnout-Syndrom führen (s. S. 29, 32, 347).

- *Überlegen Sie, wann Sie das letzte Mal jemandem geholfen haben. – Welche Erfahrungen haben Sie dabei gemacht?*

DIE SÜCHTE ALS ERWORBENE TRIEBE

Süchte (➢ Abhängigkeit) lassen zweifellos jeden positiven **biologischen** Zweck vermissen. Ihr **psychologischer** Zweck dagegen ist sehr deutlich zu erkennen, nämlich die Herabsetzung von Spannungen. Es gibt eine große Anzahl chemisch wirksamer Mittel, die im menschlichen Körper psychische Wirkungen wie die Reduktion von Spannungen verursachen. Wie bei Trieben ist auch hier eine physiologische Grundlage nachweisbar. Wenn sich der Mensch im Laufe seines Lebens an solche Mittel gewöhnt hat, und wenn er – was unter normalen Lebensbedingungen leider nicht völlig vermeidbar ist – Spannungen nicht durch eine sachliche Erledigung und durch eine Veränderung der Umstände lösen kann, dann greift er u.U. immer wieder zu diesen Mitteln, um die unlustvolle Spannung zu überwinden und sie durch das – allerdings nur sehr vorübergehende und flüchtige – Lustgefühl der Spannungslösung zu ersetzen. Dass diese Wirkung so flüchtig ist, ist die große Gefahr aller dieser Mittel, vom Nikotin über den Alkohol bis zu den Suchtgiften (Morphium, Heroin, Kokain usw.). Denn zur Erreichung der gewünschten Wirkung werden bei manchen Suchtmitteln immer öfter größere Mengen notwendig. Schließlich überwiegt früher oder später die gesundheitliche Gefährdung durch die Giftwirkung die gewünschte Wirkung der Spannungslösung und des Wohlbefindens.

Nach der neueren Formulierung der Weltgesundheitsorganisation (World Health Organization, WHO) wird die Bezeichnung „Sucht“ durch die Bezeichnung „Abhängigkeit“ ersetzt.

DROGEN UND IHRE WIRKUNG

Mittel, die immer zur Abhängigkeit führen,

d.h. dann, wenn sie einige Zeit hindurch in nennenswerten Mengen konsumiert werden und körperliche und psychische Entzugserscheinungen bei einer Unterbrechung der Zufuhr hinterlassen, die zu neuerlichem Konsum veranlassen:

- **Opiate, Morphine** (z.B. **Heroin, Morphin-Ersatzstoffe**): Bei Unterbrechung der Zufuhr treten innerhalb kurzer Zeit körperliche Entzugserscheinungen (bei Heroin vor allem Gelenksschmerzen, Blutdruckregulationsstörungen und Schlafstörungen) auf. Die Folge ist rasche Dosissteigerung und oft Tod durch Überdosis. Heroin gilt derzeit als „härteste“ Droge der „Drogenszene“. Die Wirkung besteht darin, dass Menschen aufgeputscht werden und jede Kritik gegen sich selbst verlieren, sich in illusionärer Weise unüberwindlich stark, tüchtig und hervorragend finden. Sie erleben sich in einer Art Traumzustand siegreich in jeder Hinsicht und handeln entsprechend kritiklos oder dösen apathisch vor sich hin.

- **Schlaf- und Beruhigungsmittel**: Das Auftreten von Entzugserscheinungen dauert hier etwas länger. Bei fortgesetztem Gebrauch treten chronische Vergiftungserscheinungen auf wie Zittern, Blässe, Augenzittern, lallende Sprache.
- **Alkohol**: Körperliche Entzugserscheinungen wie Zittern, Schweißausbrüche und morgendliches Erbrechen erfolgen relativ spät. Bei fortgesetztem Alkoholkonsum können Verwirrtheitszustände mit Desorientiertheit, optischen ➢ Halluzinationen, Angst auftreten und besonders bei wiederholtem Vorkommen lebensbedrohlich werden. Andernfalls endet der Alkoholkranke in der Alkoholdemenz durch Schädigung der Gehirnzellen infolge chronischer Alkoholvergiftung.

Mittel, die teilweise zur Abhängigkeit führen

- **Tranquilizer** (Beruhigungsmittel)
- **Analgetica** (Schmerzmittel)

Mittel, die nicht immer körperliche Entzugserscheinungen, aber schwere Gesundheitsstörungen, vor allem ➢ Psychosen, verursachen

- **Kokain**: Kokain ist ein Aufputschmittel, dessen Missbrauch in den letzten Jahren drastisch gestiegen ist. Es kommt rasch zur Ausbildung eines chronischen Kokainismus mit schweren Gesundheitsschädigungen, häufig zu einer Abnahme der Intelligenz und der Gedächtnisleistung, zu ➢ Depressionen und Angstzuständen, zu Psychosen mit Verwirrtheitszuständen.
- **Aufputschmittel** (Appetitzügler, Amphetamine, „SPEED"): Die Wirkung der Aufputschmittel besteht in der Beseitigung von Ermüdung, Schlaf und Hunger und der Erweiterung des Aufmerksamkeitsfeldes, Aktivierung des Denkens und der Fantasie. Sie führen zu starker psychischer Abhängigkeit, vor allem zu enormer Toleranzbildung und in Folge zu einer übermäßigen Dosissteigerung, die quasi zwangsläufig zu psychotischen Störungen führt (z.B. Verfolgungsideen, ➢ Halluzinationen – es werden oft Tierchen in der Haut, Milben, kleine Kügelchen usw. halluziniert; häufig kommen auch ekstatische Verstimmungszustände vor, mit dem Gefühl des körperlosen Schwebens, teils mit verändertem Zeitbewusstsein).
- **„Schnüffelstoffe"** (Klebstoffverdünner, Trichloraethylen, Fleckputzmittel, Sprays und andere Lösungsmittel): Das Einatmen dieser Stoffe wirkt ähnlich wie die Aufputschmittel und kann lebensbedrohlich sein. Langfristig bewirken diese Mittel schwere Schädigungen der Leber, des Gehirns, der Nerven und des Knochenmarks. Sie werden vor allem in den Ländern der Dritten Welt missbraucht.

Mittel, die keine körperlichen Entzugserscheinungen, aber psychische Gewöhnung verursachen

- **Haschisch und Marihuana**: Das sind Cannabis-Produkte, bei denen vor allem der Übergang zu gefährlicheren Drogen wie Heroin zu bedenken ist. Diese Mittel rangieren im Konsum unmittelbar hinter Alkohol und Nikotin, den auch bei Jugendlichen beliebtesten Drogen. Als „Einstiegsdroge“ gilt Haschisch nicht, weil eine kausale Linie zu Heroin besteht, sondern deshalb, weil der Jugendliche, der Cannabis raucht, Zugang zur Drogenszene bekommt. Der Kontakt mit der Illegalität verringert allgemein die Distanz zum Drogengebrauch. Beim Rauchen von Haschisch kann – je nach individuellen psychischen Faktoren und Milieu – das Wirklichkeitserleben verzerrt werden. In hohen Dosen sollen Cannabis-Produkte, wie Beobachtungen im Orient zeigen, zur ➢ Demenz, ähnlich wie bei langjährigem Alkoholkonsum, führen.

Mittel, die weder zu Entzugserscheinungen noch zur Gewöhnung führen

- **Halluzinogene** (z.B. LSD – Lysergsäurediaethylamid): Sie führen zum Auftreten vorübergehender halluzinatorischer Zustände, die manchmal statt des erwünschten anregenden auch angstvoll-schreckhaften Charakter haben können („horror trip“). Es ist keine Voraussage des individuellen Reaktionstypus bei der Einnahme von Halluzinogenen möglich. Das Auftreten von stark ängstlich gefärbten Verfremdungserlebnissen, die oft schwer von akuten schizophrenen Schüben zu unterscheiden sind, kann zu Panikhandlungen führen. Bei latenter Anlage kann es zur Auslösung dauernder Wahnvorstellungen kommen.
- **Synthetische Drogen (Designer-Drugs)**: Meist handelt es sich um Halluzinogene und Aufputschmittel, Derivate von Amphetaminen, deren Gefahren sich addieren. Es kommt zu schweren psychischen Veränderungen bis hin zu Geisteskrankheiten. Die „Tanz-Droge“ **Ecstasy** (MDMA) z.B. kann zum Kollabieren durch Flüssigkeitsverlust führen (unermüdliche Bewegung, Schwitzen). Die in den USA entwickelte Designer-Droge **Crack** wird zunehmend auch in Europa konsumiert. Es handelt sich dabei um aufgekochtes Kokain. Die Droge ist leicht und billig herstellbar und gilt als eines der aggressivsten Rauschmittel. Die Langzeitwirkung dieser Mittel steht noch nicht fest; im Gegensatz zu anderen synthetischen Drogen führt Crack zu Entzugserscheinungen und Gewöhnung.

In der „Drogenszene“ ist die Mehrfachabhängigkeit weit verbreitet: Alkohol, Medikamente und illegale Drogen wechseln einander im Tageslauf ab.

DROGEN UND GESELLSCHAFT

Welche Rauschmittel geduldet oder sogar gefördert, welche verpönt werden, ist kulturabhängig und wird von geschichtlichen, gesellschaftlichen und wirtschaftlichen Bedingungen bestimmt. Der Islam z.B. toleriert Cannabis und verbietet Alkohol, im Abendland ist es bekanntlich umgekehrt. Kokain und Opium sind schon vor Jahrhunderten in den Anden und in China zur Steigerung der Leistungsfähigkeit und zur Betäubung des Hungers konsumiert worden. Viele, allerdings nicht alle, Rausch- und Suchtmittel können von Menschen auch in einer Form genossen werden, die nicht zur Abhängigkeit führt (z.B. der so genannte Sonntagsraucher oder jemand, der sich hin und wieder ein Gläschen Wein oder Bier leistet). Neigt der Konsument aber zur Abhängigkeit und kommt es zur Sucht, kann die Schädigung mehr oder weniger rasch fortschreiten; es gibt Formen der Sucht, die eine viel raschere Selbstzerstörung mit sich bringen und das Leben stärker und radikaler als andere verkürzen.

Seit einigen Jahren wird versucht, der Suchtmittelabhängigkeit durch die kontrollierte Abgabe von **Ersatzdrogen** zu begegnen. In Wien wird ein solches „Methadon-Programm“ („Methadon“ ist der Name der Ersatzdroge) nach etwa zweijähriger Vorbereitung seit

1988 durchgeführt, während ähnliche Programme in den USA, wo sie früher begonnen worden waren, zum Teil wieder aufgegeben wurden. Allerdings ist auch die Ersatzdroge ein Suchtmittel, das abhängig macht und den Abhängigen in Abhängigkeit erhält. Diese Methode sollte daher nur jenen Fällen vorbehalten bleiben, in denen eine zur Abstinenz, zur Heilung führende Entwöhnung sicher aussichtslos ist. Gegenüber der vieldiskutierten Möglichkeit der Freigabe des Drogenkonsums (vor allem, um der mit Drogenkonsum verbundenen Kriminalität und Kriminalisierung zu begegnen), hat die kontrollierte Abgabe nicht nur den Vorteil, dass die soziale Anpassung verbessert wird und zumindest länger erhalten bleibt, sondern es hat sich darüber hinaus gezeigt, dass die regelmäßige Kontaktaufnahme zur Grundlage einer Verbesserung der menschlichen Beziehungen wird.

Versuchung und Ende

Aus: Wilhelm Busch, Die fromme Helene

Es ist ein Brauch von alters her:
Wer Sorgen hat, hat auch Likör!

„Nein!" ruft Helene – „Aber nun
Will ich's auch ganz – und ganz – und ganz –
und ganz gewiß nicht wieder tun!"

Sie kniet von ferne fromm und frisch.
Die Flasche stehet auf dem Tisch.

Es läßt sich knien auch ohne Pult.
Die Flasche wartet mit Geduld.

Man liest nicht gerne weit vom Licht.
Die Flasche glänzt und rührt sich nicht.

Oft liest man mehr als genug.
Die Flasche ist kein Liederbuch.

Gefährlich ist des Freundes Nähe.
O Lene, Lene! Wehe, Wehe!

Prinzipiell sollte immer die Heilung, die Abstinenz, das Ziel sein – auch wenn dieses Ziel nur sehr schwer und langwierig zu erreichen ist. (Nach neuesten Erkenntnissen ist Heroin-Abhängigkeit aufgrund erwiesener gravierender Veränderungen der Hirnfunktion nicht heilbar.) Wer Heilung sucht, muss zunächst den mühevollen Weg einer Beratung in der Beratungsstelle beschreiten, dem der körperliche Entzug in der Klinik folgt. Im Anschluss daran ist eine Langzeittherapie (Gruppentherapie, Gestalttherapie, ➢ Verhaltenstherapie usw.) in einer Spezialstation notwendig. Eine fortgesetzte weitere Betreuung und Beratung im ständigen Kontakt mit einer Beratungsstelle und unter Zuhilfenahme soziotherapeutischer Maßnahmen (d.h. Einbeziehung auch des sozialen Umfelds des Patienten/der Patientin) fördert dieses Ziel einer Heilung, die trotz aller Mühe nicht immer zu erreichen ist.

1. *Warum greifen Jugendliche Ihrer Meinung nach zu Drogen? Diskutieren Sie und sammeln Sie Beweggründe.*
2. *Welche Möglichkeiten gibt es, dem Drogenkonsum vorzubeugen? Welche Möglichkeiten können Familie oder auch Freundeskreis bieten, welche liegen im öffentlichen Bereich?*
3. *Auf welche Weise versucht unsere Gesellschaft, das Drogenproblem in den Griff zu bekommen? Vergleichen Sie evtl. dazu die Maßnahmen, die in anderen Ländern diesbezüglich getroffen werden! – Wie beurteilen Sie diese Bewältigungsversuche?*

WAS TUN BEI DROGENABHÄNGIGKEIT?

Über Drogenprävention und Möglichkeiten des Entzugs informieren kostenlose Broschüren, zu beziehen beim

- Bundesministerium f. Gesundheit,
  1030 Wien, Radetzkystraße 2, Tel.: 01 / 711 00-0, www. bmgfj.at

oder z.B. auch unter folgenden Internet-Adressen:

- www.drogenhilfe.at
- www.wienxtra.at/jugendinfo

In Österreich galten im Jahr 2000 ca. 300.000, im Jahr 2004 mehr als 340.000 Menschen als chronisch alkoholabhängig (Daten späterer Jahre sind noch in Ausarbeitung). Die Dunkelziffer liegt weit darüber. Besonders bedenklich ist, dass bereits junge Menschen unter 16 Jahren regelmäßig z. T. auch „harte“ Getränke zu sich nehmen. Besorgnis erregend ist das sog. „Komatrinken“ einzelner Jugendlicher, zumal es nicht zu unterschätzende körperliche Schäden hervorrufen kann. Die zuständige Forschung widmet sich diesem noch nicht restlos geklärten Phänomen, z. B. durch Ergründung der Motive und Bedingungen, der Möglichkeiten einer Hilfestellung durch diverse ProfessionistInnen etc. Auch die Zahl der alkoholabhängigen Frauen – um das Jahr 2000 noch bei ca. 20 % der Alkoholkranken – ist längst schon auf über 25 % angestiegen. Rat und Hilfe bieten Alkoholberatungsstellen. Therapeutische Hilfestellungen geben Psychiatrische Krankenhäuser sowie die folgende Einrichtung:

- Anton-Proksch-Institut, Stiftung Genesungsheim Kalksburg
  1230 Wien, Gräfin Zichy Str. 6, Tel.: 01 / 880 10-0, www.antonprokschinstitut.at

In vielen Orten Österreichs gibt es überdies Selbsthilfegruppen der Anonymen Alkoholiker. Wo solche Gruppen existieren, ist bei der Zentralstelle zu erfragen:

- Anonyme Alkoholiker, Zentrale Kontaktstelle
  1030 Wien, Barthgasse 5, Tel.: 01 / 799 55 99, www.anonyme-alkoholiker.at

Auch für Angehörige von alkoholabhängigen Personen gibt es Selbsthilfegruppen. Die Adressen dieser Al-Anon-Gruppen (Selbsthilfe für Angehörige von Alkoholabhängigen) erfahren Sie über die o.a. Adresse oder über die

- Kontaktstelle Al-Anon
  1030 Wien, Barthgasse 5, Tel.: 01 / 796 98 55, www.al-anon.at

3. Konflikte und Konfliktverarbeitung

*Von einem **Konflikt** spricht man, wenn gleichzeitig zwei oder mehrere Zielsetzungen auftreten, die aber nicht gleichzeitig verfolgt werden können.*

Man unterscheidet

Interpersonale Konflikte: Das sind Konflikte zwischen verschiedenen Personen oder Gruppen. Sie entstehen, wenn sich unterschiedliche Interessen, Bedürfnisse und Ziele entwickeln. Politische Konflikte z.B. zeigen, wie hartnäckig sie aufrechterhalten werden können, wenn die Gegner nicht zu Kompromissen bereit sind und nicht darauf verzichten, die ausschließliche Durchsetzung der eigenen Interessen als die einzige Lösung anzusehen. Auf die ➢ **interpersonalen** Konflikte geht das Kapitel „Sozialpsychologie" ein.

Intrapersonale Konflikte: Es sind dies Konflikte innerhalb der eigenen Person, wenn es ihr nicht gelingt, die eigenen gegensätzlichen Interessen, Bedürfnisse und Wünsche zu befriedigen. Mit den ➢ intrapersonalen Konflikten setzt sich der folgende Abschnitt auseinander.

Zwischen der ersten, ursprünglichen ➢ Motivation – wobei man annehmen kann, dass die ➢ Motive nichts anderes sind als Triebe, Bedürfnisse, Gefühle, Wünsche, Gesinnungen, Überzeugungen und Interessen – und dem schließlichen Handeln läuft ein psychischer Vorgang ab, der zu einem eindeutigen Entschluss hinleitet, welcher das Handeln bestimmt. Jeder **Entscheidung** geht ein mehr oder weniger starker Konflikt voraus. Selbst durch Untätigkeit können wir uns Konfliktsituationen nicht entziehen, denn auch die Untätigkeit wäre bereits eine Entscheidung zum Nicht-Handeln. Wir müssen auch Entscheidungen treffen, wenn uns die möglichen Alternativen nicht vollständig bekannt sind.

In jedem Fall geht der Entscheidung eine **Bewertung** möglicher Alternativen voraus. Solche Bewertungen sind stets subjektiv und abhängig davon, in welcher Situation, Stimmung, ... wir uns befinden, selbst wenn wir grundsätzliche Präferenzen haben. Ob wir eine Bergtour machen oder eine Ausstellung besuchen, wird beispielsweise vom herrschenden Wetter abhängen; wenn wir traurig sind, hören wir vielleicht andere Musikstücke als die, die wir in fröhlicher Stimmung bevorzugen, ...

Die „**Konfliktstärke**" – dieser Ausdruck bezeichnet die Gesamtheit mehrerer Aspekte eines Konflikts, nicht nur die „erlebte" Stärke eine Konflikts – ist von den nachfolgend angeführten Faktoren abhängig (nach ***Herkner***):

- von der Zeit, die für die Entscheidung benötigt wird, und vom Ausmaß der erlebten Unsicherheit, ob man sich richtig entscheiden wird
- vom Wunsch nach mehr Information über die Alternativen, sollten sie und ihre Konsequenzen nicht ganz klar sein, und
- vom Grad der Erregung; bei weniger wichtigen Entscheidungen sind wir gelassener als bei solchen, die unser Leben erheblich beeinflussen.

Intrapersonale Konflikte können bewusst, teilweise bewusst oder ganz unbewusst sein. Sie können entstehen, wenn z.B. triebhafte Impulse einerseits (z.B. der Wunsch, einem/einer Vorgesetzten für eine zugefügte Demütigung die Meinung zu sagen, ihm/ihr eine Ohrfeige zu geben oder sich sonst wie zu rächen), andererseits unser bewusstes Ich (die Stimme der Vernunft, die uns sagt, dass der/die Vorgesetzte erst recht einen Sieg erringen würde, etwa indem er/sie eine Entlassung ausspricht) als „Konfliktgegner" auftreten.

KONFLIKT UND NEUROSE

B

*Eine **Neurose** liegt vor, wenn ohne entsprechenden Anlass, willentlich nicht beeinflussbar, scheinbar sinnlose Angstzustände oder Verhaltensweisen auftreten.*

Zu den neurotischen Reaktionen oder Symptomen gehören vor allem jene Zustände, die durch quälende und als unmotiviert empfundene **Ängste** charakterisiert sind, z.B. die Furcht, Straßen und Plätze zu überqueren (Agoraphobie), die Angst beim Aufenthalt in geschlossenen Räumen (Klaustrophobie), die Angst vorm Erröten usw. Aber auch **Zwänge** (z.B. Zählzwang, der Zwang, sich immer wieder die Hände zu waschen usw.) gehören hierher.

Die **tiefenpsychologische Erklärung** ***Freuds*** für die Entstehung von Neurosen besagt, dass neurotische Symptome dort entstehen, wo Triebwünsche sexueller oder aggressiver Art als „unerlaubt", „unanständig", „sündig" usw. empfunden werden, weil sie den gesellschaftlichen, religiösen, ethischen Forderungen der Kultur nicht entsprechen. Diese „unerlaubten" Triebwünsche werden „verdrängt", aus dem Bewusstsein verbannt (s. Kap. „Tiefenpsychologie"). Die Angst vor Triebwünschen geht auf Erlebnisse zurück, die einen Konflikt zwischen Triebwunsch und Forderungen der Außenwelt bzw. des eigenen Gewissens erzeugt haben, der von der Persönlichkeit nicht durch eine **bewusste Entscheidung** gelöst werden konnte. Diese Situationen ereignen sich meist in der Kindheit, wo noch keine Möglichkeit besteht, sich bewusst, mit voller innerer Zustimmung, für eine Alternative – also Befriedigung des Triebwunsches oder aber Verzicht zugunsten kultureller Forderungen oder der eigenen Vernunft zu entscheiden.

Der **Konflikt** hat sowohl eine „mentale" Komponente (das Wissen, worin der Konflikt besteht) als auch einen vegetativen Anteil (das sind die den Konflikt begleitenden, meist sehr starken Gefühle bzw. Gefühlsspannungen). Beim „Verdrängen" kann zwar die mentale Komponente aus dem Bewusstsein abgeschoben werden, die vegetative Komponente lässt sich jedoch nicht „aus der Welt schaffen" – sie kann nicht unterdrückt werden. Daher können in scheinbar harmlosen Situationen, die aber der (nicht -bewussten) Konfliktsituation ähnlich oder mit ihr assoziativ verbunden sind, willentlich nicht beeinflussbare, scheinbar unmotivierte und unbegreiflich erscheinende Angstzustände auftreten, die von heftigen vegetativen Erscheinungen, wie Schweißausbrüchen, Zittern usw. begleitet sein können. Wenn z.B. ein Zwangsneurotiker gehindert wird, seinen Zwang auszuleben, treten an die Stelle der Zwangshandlung, die eine Art Ersatz für einen Angstzustand bzw. dessen Verhinderung ist, wieder die ursprünglichen Ängste.

Einige **Lerntheoretiker** (s. S. 91 ff.) haben versucht, die Erkenntnisse der ➢ Tiefenpsychologie in eine „lerntheoretische Sprache" zu übersetzen (s. auch ➢ Verhaltensgedächtnis). Das Modell von ***Dollard*** und ***Miller*** unterscheidet je nach Art der widersprüchlichen Tendenzen drei verschiedene **Konflikttypen**:

- **Annäherungs-Annäherungskonflikt**: Gleichzeitig werden zwei miteinander unvereinbare Ziele angestrebt, wobei die Annäherung an eines dieser Ziele den Verlust des anderen zur Folge hat (nach dem Motto: „Wer die Wahl hat, hat die Qual").
- **Vermeidungs-Vermeidungskonflikt**: Von zwei Tendenzen wollen beide gemieden werden. Solche Konflikte spielen z.B. bei allen Arten von Abhängigkeiten eine Rolle. Es wird z.B. einerseits die Abhängigkeit von der Mutter abgelehnt, andererseits soll aber auch die eigene Unabhängigkeit, da gefürchtet, vermieden werden. Beispiel: eine Frau beschimpft ihre Mutter, von der sie sich herumkommandiert fühlt, gleichzeitig wird die Mutter zur Versorgung des eigenen Haushalts herangezogen.
- **Annäherungs-Vermeidungskonflikt**: Man fühlt sich zugleich von etwas angezogen und abgestoßen – ein „Ambivalenz"-Konflikt liegt vor. Ein junger Mann möchte z.B. mit einem Mädchen bekannt werden und vereinbart ein Treffen, hat aber gleichzeitig Angst vor einer Beziehung und damit auch vor dem Treffen.

Bei manchen Konflikten bietet sich als scheinbare Lösung der Rückzug, die Flucht aus der Situation an; der junge Mann im obigen Beispiel etwa wird umso mehr Angst bekommen, je näher der Rendezvous-Termin rückt, sodass er das Treffen vielleicht absagt. Die Flucht wird zunächst ein Nachlassen der Spannung bewirken, der Konflikt wird dadurch aber nicht gelöst, sondern in anderen Situationen möglicherweise erst recht verstärkt auftreten. Eine Möglichkeit, den Konflikt erfolgreich zu lösen, wäre der Versuch, die Wirkung des ➢ Motivs, auf dem die Vermeidungstendenz beruht, zu verringern (z.B. durch die psychotherapeutische Methode der ➢ Desensibilisierung) oder die Annäherungstendenz zu verstärken (z.B. durch verhaltenstherapeutische Stärkung des Selbstbewusstseins). Infolge einer bewussten Bearbeitung des Konflikts (evtl. mit therapeutischer Hilfe, z.B. im Rahmen einer ➢ Gesprächstherapie, in welcher die Einsicht in die eigenen Motive gewonnen wird) wird das Verhalten des jungen Mannes nicht mehr durch Angst motiviert sein, sondern er wird die Freiheit gewonnen haben, sich bewusst zu entscheiden, ob er mit dem Mädchen wirklich Kontakt wünscht oder nicht.

1. *Geben Sie konkrete Beispiele für die drei Möglichkeiten eines Konflikts!*
2. *Versuchen Sie festzustellen, von welchen einzelnen Aspekten die Konfliktstärke in den von Ihnen genannten Beispielen abhängt!*

1. *Welche Instinkthandlungen gibt es bei Menschen?*
2. *Welche Triebtheorien kennen Sie?*
3. *Inwiefern ist der Lernpsychologischen Triebtheorie zufolge Lernen bei der Triebbefriedigung beteiligt?*
4. *Wodurch unterscheiden sich Triebe und Motive?*
5. *Was versteht man unter „optimalem Erregungsniveau"?*
6. *Beschreiben Sie die Hierarchie der Motive nach* ***Maslow****!*
7. *Welche Rolle kommt der „Erwartung" innerhalb der Kognitiven Motivationstheorie zu?*
8. *Beschreiben Sie einige Auswirkungen von kulturellen und sozialen Normen auf das sexuelle Verhalten!*
9. *Beschreiben Sie kurz die drei Aggressionstheorien!*
10. *Welche Bedingungen erhöhen das Auftreten aggressiven Verhaltens? Nennen Sie einige Beispiele!*
11. *Nennen Sie Möglichkeiten des konstruktiven Umgangs mit Aggressionen!*
12. *Welche Charakteristika weisen Interessen auf?*
13. *Nennen Sie einige Werte!*
14. *Inwiefern tragen Biologie und Kultur zu altruistischen Verhaltensweisen des Menschen bei?*
15. *Nennen Sie einige Auswirkungen von Suchtmitteln, z.B. Kokain, Haschisch, Halluzinogenen!*
16. *Beschreiben Sie einen intrapersonalen Konflikt und die Möglichkeit seiner Bewältigung!*
17. *Was versteht man unter einer Neurose?*

Kapitel 7

EMOTIONEN

A

Gefühle – wogegen wir uns – trotz aller „Vernunft“ – kaum wehren können

Liebe – was ist das?

Stimmungen und Ver-stimmungen – himmelhoch jauchzend, zu Tode betrübt

Affekte – warum sie gefährlich sein können

Frustration – Verlust des Selbstwertgefühls?

EINLEITUNG

Emotionen unterscheiden sich in verschiedener Hinsicht von anderen psychischen Erscheinungen. Wir werden „innerlich bewegt“ durch Situationen von psychologischer Bedeutung, und diese innere Bewegtheit umfasst sowohl physiologische Reaktionen (z.B. des autonomen Nervensystems) als auch ➢ kognitive Prozesse (z.B. die Erinnerung). Wir haben dabei Gefühle der Freude, Trauer, Angst usw. und zeigen meist dementsprechende Verhaltensweisen, z.B. Weinen, Schreien, Flucht. Die Bezeichnung „Gefühl“ verwenden wir (unter Einbeziehen des physiologischen Geschehens, etc.) synonym mit „Emotion“:

B

*Eine **Emotion** ist ein komplexes Muster von Veränderungen, das physiologische Erregung, Gefühle, kognitive Prozesse und Verhaltensweisen einschließt. Diese treten in Reaktion auf eine Situation auf, die ein Individuum als persönlich bedeutsam wahrgenommen hat.*

1. Die Gefühle

Gefühle treten ohne bewusstes Zutun ins ➢ Bewusstsein, sie entstehen **autogen**. Ihr Anlass ist uns aber meist bewusst; wir wissen in der Regel, worüber wir uns freuen, warum wir traurig sind, was uns peinlich ist usw. Gefühle stellen also **Reaktionen** auf irgendein äußeres oder auch inneres Geschehen, z.B. einen Gedanken, dar. Sie sind dabei in ihrem zeitlichen Ablauf nicht an einen äußeren Reiz gebunden. Wenn wir z.B. ein schönes Urlaubserlebnis gehabt haben, so können wir uns darüber nicht nur im Augenblick freuen, sondern auch eine Zeit lang danach und in der Erinnerung; das Gefühl der Freude kann auch noch viel später in voller Intensität erlebt werden. Die Tatsache, dass man die meisten Gefühle als angenehm oder unangenehm erlebt, galt häufig als ihr Hauptmerkmal. Die Einteilung in **Lust- und Unlustgefühle** ist jedoch zu grob und unvollständig, denn es gibt auch Gefühle, die man weder als lustvoll, noch als unlustvoll bezeichnen kann, z.B. das Gefühl der Rührung oder des Mitleids. Folgende physiologische Prozesse sind an emotionalen Reaktionen beteiligt: das allgemeine retikuläre System, weiters Hypothalamus und das limbische System, die hormonelle und neuronale Funktionen steuern. Auf diese Weise steigt der Hormonspiegel im Blut und im Urin und das autonome Nervensystem wird aktiviert (s. Kap. „Organische Grundlagen“, S. 18ff.).

THEORIEN ZUR ENTSTEHUNG VON GEFÜHLEN

Zweikomponenten-Theorie (***Schachter*** und ***Singer***): Es gibt im Prinzip nur unspezifische physiologische Erregungen, welche die **Intensität** ➢ eines Gefühls bestimmen, erst der Mensch bestimmt durch seine Erkenntnisse deren **Qualität**, d.h. die Art der ➢ Emotion. Ein physiologischer Erregungszustand ist z.B. das Herzklopfen – es tritt auf bei Angst, bei freudiger Erregung, aber auch bei bloßer körperlicher Anstrengung ohne besondere Gefühlsqualität. Wenn man eine körperliche Erregung verspürt, sie aber qualitativ nicht identifizieren kann, sucht man nach Hinweisen, um diesen Zustand benennen zu können. Diese Zweikomponenten-Theorie der emotionalen Prozesse – eine Komponente stellt den unspezifischen Erregungszustand dar, die andere dessen subjektive Bedeutung – wurde in

➢ Experimenten untersucht. Allerdings sind diese Experimente nicht ganz unumstritten, da sie auch Fehlerquellen beinhalten.

Eine Versuchsgruppe erhielt eine Injektion mit Adrenalin, welches normalerweise erhöhte Herztätigkeit, beschleunigte Atmung, Zittern und Hitzewallungen bewirkt. Die Kontrollgruppe erhielt lediglich eine Injektion mit Salzlösung (Placebo). Alle Vpn waren der Ansicht, dass ein neues Vitaminpräparat an ihnen ausprobiert werden sollte.

Die Versuchsgruppe wurde wieder in drei Untergruppen geteilt, die vom Vl (Versuchsleiter) unterschiedlich manipuliert wurden. Der ersten Gruppe wurde eine angemessene Information über ihren späteren Erregungszustand gegeben, der zweiten wurde gesagt, dass die typischen Nebenerscheinungen Juckreiz, leichte Kopfschmerzen und Taubheitsgefühle seien, und der dritten wurde mitgeteilt, dass das Medikament keine Nebeneffekte habe (die zweite und dritte Gruppe erhielten also keine angemessene Erklärung). Nach Verabreichung der Spritze wurde jede Vp einzeln in einen Warteraum geschickt, in welchem sich bereits ein als Vp „getarnter" Helfer des Experimentators befand. Diese Helfer verhielten sich nun ebenfalls unterschiedlich: Bei einer Hälfte der Vpn (sowohl der Experimental- als auch der Kontrollgruppe) machte er Späße, war heiter und ausgelassen, bei der zweiten Hälfte wurde er zunehmend ärgerlich, zerriss seinen auszufüllenden Fragebogen und verließ schließlich wütend den Raum.

Die Vpn mussten anschließend einen Fragebogen ausfüllen, in welchem sie mitteilen sollten, welche Gefühle sie bewegten. Die ➢ Hypothese lautete gemäß der Zweikomponententheorie, dass die Gefühle entsprechend der ➢ Manipulation interpretiert würden. Tatsächlich interpretierte nur die richtig informierte Gruppe ihre Gefühle (Erregung) angemessen, die beiden manipulierten Versuchsgruppen schilderten ihre Gefühle so, wie sie ihnen vom Helfer induziert worden waren: also entweder „heiter, glücklich" oder aber „ärgerlich, wütend". Die Kontrollgruppe (Placebogruppe) ließ sich hingegen von den Helfern nicht beeinflussen.

Kognitive Bewertungstheorie (***Lazarus***, 1968): Diese Theorie wendet sich gegen die Annahme einer neutralen, undifferenzierten Erregung, die erst später mit Bedeutung versorgt wird; demgegenüber wird hier angenommen, dass zuerst Situationen bewertet werden und aus dieser Bewertung dann die Qualität des Gefühls resultiert. Es werden zwei Typen von Bewertungsprozessen postuliert:

- die **primäre** Bewertung – hier wird beurteilt, ob eine Situation gefährlich ist oder nicht,
- die **sekundäre** Bewertung – hier werden Möglichkeiten abgeschätzt, mit einer wahrgenommenen Bedrohung fertig zu werden. Dabei stehen zwei Bewältigungsstrategien zur Verfügung:
  1. direkte Handlung, wie Kampf oder Flucht, die von entsprechenden negativen emotionalen Zuständen begleitet wird,
  2. wohlwollende Neubewertung; die Situation wird nunmehr als weniger bedrohlich interpretiert, sodass sich auch der negative emotionale Zustand mildert. Den verschiedenen Bewertungen des Nichtbedrohtseins (einschließlich der wohlwollenden Neubewertungen) folgen positive Emotionen.

In dieser Theorie wird das Wechselspiel zwischen ➢ kognitiven Bewertungen (subjektiver Erkenntnis) und emotionalen Reaktionen betont (s. dazu S. 100).

Der Theorie von *S. Tomkins* zufolge kommen **Emotionen ohne Bewusstheit** zustande: Gefühle werden nicht von Gedanken abgeleitet, sondern sie sind unmittelbare Reaktionen auf Reize. ***Tomkins*** wies darauf hin, dass z.B. Säuglinge auf laute Geräusche oder Atemschwierigkeiten mit Furcht reagieren, ohne dass sie das kognitiv bewertet oder vorher gelernt hätten. Diese Theorie macht einsichtig, dass wir uns von bestimmten Reizen angezogen, von anderen hingegen abgestoßen fühlen, d.h. dass wir von unwillkürlichen, dem ➢ Bewusstsein nicht zugänglichen Bewertungen beeinflusst werden.

FUNKTION UND STELLENWERT DER EMOTIONEN

DIE KOMMUNIKATIVE FUNKTION DER EMOTIONEN

Nicht in jeder Situation ist es angebracht, Emotionen zu zeigen, aber in den meisten Fällen ist es im Sinne einer effektiven ➢ Kommunikation zweckmäßig, einerseits Gefühlen Ausdruck zu geben, andererseits den Gefühlsausdruck unseres Gegenübers adäquat zu entschlüsseln. Der Gesichtsausdruck stellt in vielen sozialen Situationen eine geeignete Form dar, Gefühle mitzuteilen. Viele Theoretiker behaupten, der emotionale Ausdruck sei angeboren und folglich seien die Möglichkeiten des Ausdrucks von Emotionen durch den Gesichtsausdruck für alle Menschen gleich. Kulturvergleichende Untersuchungen bestätigen, dass die Mimik für Fröhlichkeit, Traurigkeit, Wut, Furcht, Überraschung, Ekel von Angehörigen aller Kulturen in gleicher Weise erkannt und ausgedrückt werden.

1. *Bilden Sie Gruppen, in denen die Gruppenmitglieder jeweils ein Gefühl (Freude, Enttäuschung, Lustlosigkeit, Spannung, Sorge, Unsicherheit, Begeisterung, Zuneigung, Ablehnung, ...) pantomimisch ausdrücken, die anderen Mitglieder der Gruppe versuchen, das Dargestellte zu erraten.*
2. *Manche Gefühle sind sehr komplex. – Wie würden Sie z.B. das Gefühl des Fernwehs oder das der Eifersucht beschreiben?*
3. *Welchen Einfluss können Gefühle auf die psychischen Phänomene Denken, Wahrnehmung, Lernen, ... haben?*
4. *In welcher Gefühlslage müssen Sie sein, um z.B. intensiv lernen zu können?*

DER STELLENWERT DER EMOTIONEN IN WISSENSCHAFT UND LEBENSPRAXIS

Der Philosoph *Günther* ***Anders*** hat angesichts der atomaren Bedrohung in unserem Zeitalter besonders darauf hingewiesen, wie wichtig es für den Menschen ist, die Gefühle nicht dem Primat des Verstandes und Tuns unterzuordnen. Die Kapazität unserer Fantasie und unseres Fühlens ist nach ***Anders*** begrenzt, kann sich nicht oder kaum „ausweiten", die Möglichkeiten unseres Verstandes und die technische Machbarkeit scheinen jedoch unaufhörlich fortzuschreiten. Beispielsweise hat der Mensch eine Vielfalt an technischen Möglichkeiten, die Welt und sich selbst zu vernichten, er **weiß** um die Wirkung seiner Waffen, er kann sich das Resultat dieser durch die technische Machbarkeit möglichen Vernichtung vielleicht gerade noch **vorstellen**, aber er ist unfähig, die Folgen des Zerstörungsaktes zu

fühlen. „Vorstellen können wir zehn Tote vielleicht. Zur Not. Aber töten – können wir Zehntausende. Ohne weiteres. Und die Leistungssteigerung wäre und ist kein Problem." Oder: „Vor unserem eigenen Sterben können wir Angst haben. Schon die Todesangst von zehn Menschen nachzufühlen, ist uns zu viel. Vor dem Gedanken der Apokalypse aber streikt die Seele. Der Gedanke bleibt ein Wort." (Nach ***Anders***) Demzufolge leben wir nicht nur in einem „Zeitalter der Unfähigkeit zur Angst", wir sind auch unfähig zu anderen Emotionen. Der Mensch ist nicht mehr ein Ganzes, sondern er ist als der unermüdlich „tätige, produzierende" Mensch sich selbst als trägem „vorstellendem und (mit)fühlendem" Menschen weit voraus. Nur durch „moralische Streckübungen", also Versuche zur Ausweitung von Vorstellung und Gefühl – wobei in Frage steht, ob die Natur der Gefühle eine solche Ausweitung überhaupt zulässt – kann dieser „Defekt" möglicherweise behoben werden.

Die Beschäftigung mit den Gefühlen scheint auch in den **Wissenschaften** zu kurz gekommen zu sein. Die Rhetoriker der Antike waren sich wohl bewusst, dass sie mehr Wirkung mit dem Ansprechen von Gefühlen erzielten als mit Argumenten. Bis ins 17. Jh. waren die Gefühle aber im Wesentlichen Sache der Religion. Der neuzeitliche Philosoph ***Descartes*** war der Meinung, Gefühle seien subjektiv und gäben keinen Aufschluss über die Welt. Etwa zur selben Zeit gab es in England die philosophischen Empiristen, die das Gefühl als wesentliche Größe im menschlichen Handeln erkannten und ihm soziale Bedeutung beimaßen. In der Psychologie beschäftigte sich *Wilhelm* ***Wundt*** als Erster wissenschaftlich mit den Gefühlen. Wissenschaftliche Arbeiten über Gefühle blieben auch dann noch selten, verglichen mit der Zahl von Arbeiten, die das Denken betreffen. Das Gefühl scheint immer wieder von anderen Fähigkeiten des Menschen, wie Denken oder Handeln, abgegrenzt betrachtet und – nicht nur – in den Wissenschaften als gegenüber diesen zu vernachlässigende Größe behandelt zu werden. Erst im 20. Jh. wird dem Gefühl, seiner sozialen und wirtschaftlichen „Verwertbarkeit" und seiner Bedeutung im politischen Handeln große Aufmerksamkeit geschenkt. (Bemerkenswert sind die unter dem Titel „Bewegliche Ziele" erschienenen gesammelten Philosophie-Vorlesungen, die diverse Positionen zur Philosophie der Gefühle vorstellen.)

Der Begriff „Gefühl", „Fühlen" bezieht sich auf den haptischen Bereich, ebenso wie „Be-greifen". Über das „Be-greifen" lernen wir zu „begreifen", zu „verstehen". Die Sprache verweist darauf, dass **Gefühls- und Verstandeswelt zusammengehören**. Rational, also vernunftgeleitet zu handeln wird aber in westlichen Kulturen besonders geschätzt. Wichtige Entscheidungen werden jedoch in den seltensten Fällen allein auf der Sachebene getroffen, die Beziehungsebene ist wesentlich mitbeteiligt (s. S. 320) oder sogar vorrangig. Oft genug wurde ein guter Vorschlag abgelehnt, weil er von einer gefühlsbedingt „abgelehnten" Person geäußert worden war. Optimales Handeln ist also nicht gleichzusetzen mit computerhaft rationalem Handeln, auch emotionales Handeln ist wichtig im menschlichen Leben, besonderes im sozialen Bereich und vor allem dann, wenn rasches Handeln gefordert ist. Emotionalität und Rationalität sollten daher nicht künstlich getrennt werden. Gedächtnisprozesse laufen mit „Gefühlsbeteiligung" ab, jede Information beim Einspeichern ins Gedächtnis passiert das limbische System. Das ist ein Filter, der relevante Inhalte aussiebt, mit Gefühlen anfärbt, mit vorhandenen Gedächtnisspuren vergleicht und bewertet, um sie dann bestimmten Gebieten der Großhirnrinde zur Ablagerung zuzuordnen. Emotionsgeladene Dateien kommen ins „autobiografische Fach" der rechten Hirnhemisphäre, andere

Informationen kommen ins „Wissensdepot“ in der linken Hemisphäre (Diese Vorgangsweise der Informationsverteilung wurde bereits mit Magnetresonanz-Tomografie nachgewiesen.) Wir wissen, wie schwer „gefühlskaltes Speichern“ von Informationen, etwa beziehungsloses Vokabellernen, fällt, wie leicht hingegen wir uns Inhalte merken, die emotional für uns bedeutend sind. Der emotionale Gehalt einer Information bestimmt deren Repräsentation im Gehirn. (Nach *W.* ***Klaus***)

Die Gefühle spielen in so wichtigen Bereichen wie **Politik, Kultur, Wirtschaft, Technik** usw. eine bedeutende Rolle (Gesetze, Verträge, Kunstwerke, kulturelle Veranstaltungen, technische Errungenschaften kommen nicht durch rein rationale Erwägungen zustande; Werbung verkauft in erster Linie Gefühle, in zweiter Linie das Produkt.) Man „arbeitet“ in diesen Bereichen wohl durchdacht mit der Wirkung von Gefühlen, andererseits wird vielfach eine zunehmende, narzisstisch bedingte (s. S. 217 f.), Unfähigkeit des modernen Menschen zu fühlen, insbesondere „mitzufühlen“, beklagt.

1. *Versuchen Sie, Aspekte dieses Themas klassen- und fächerübergreifend mit Philosophie zu erarbeiten.*
2. *Diskutieren Sie den Ausspruch: „Der Mensch des Medienzeitalters fühlt nicht, er lässt fühlen.“ (Kino, Fernsehen, Printmedien)*
3. *Referatsvorschlag: Bedeutung und Darstellungsmittel des Gefühls im Kitschroman.*

Nichts ist so wichtig wie die Liebe

Liebe oder zumindest der Wunsch danach beschäftigt uns, so lange wir leben. Schon vor der Geburt erfahren wir ihre Bedeutung in der vorhandenen oder auch fehlenden **Mutterliebe**. Wir kennen oder vermissen die **Vaterliebe**, die meist nicht so bedingungslos erfolgt wie die Mutterliebe, sondern bisweilen an väterliche Erwartungen und unser entsprechendes Wohlverhalten geknüpft ist. In unserer Erfahrung des Getrenntseins (vom Urgrund, vom Guten, von der Natur) suchen wir die Einheit in der **Gottesliebe**. Wir verspüren die **Liebe zum Nächsten**, zu allen Mitmenschen – oder auch nicht. In unserer geglückten **Selbstliebe** liegt die Voraussetzung, andere Menschen lieben zu können. Die Bejahung des eigenen Lebens, des eigenen Glücks und Wachstums und der eigenen Freiheit ist in der Liebesfähigkeit eines jeden Menschen verwurzelt. In der exklusiven **erotischen Liebe** schließlich begegnet uns das Verlangen nach vollkommener Vereinigung, nach Einheit mit der anderen geliebten Person.

- *Abraham H.* ***Maslow*** schreibt in „Motivation und Persönlichkeit“: „Es ist erstaunlich, wie wenig die empirischen Wissenschaften zum Thema Liebe anzubieten haben. Besonders befremdend ist das Schweigen der Psychologen, denn man möchte meinen, dass es ihr besonderes Anliegen wäre. (...). Unsere Pflicht ist hier klar und deutlich. Wir müssen Liebe verstehen; wir müssen imstande sein, sie zu lehren, sie zu erschaffen, sie vorauszusagen, oder die Welt verliert sich in Feindseligkeit und Argwohn.“ Die große Bedeutung dieses Zieles rechtfertige die Versuche, sich dem Begriff anzunähern, sich damit auseinander zu setzen, auch wenn die Befunde subjektiv und unvollständig seien.
- K. *A.* ***Menninger*** trifft in seinem Buch „Love Against Hate“ die Feststellung, dass die Menschen einander wirklich lieben wollen, aber nur nicht wissen, wie sie es anstellen sollen.

Hier schränkt ***Maslow*** ein, dass nur der so genannte „Durchschnittsmensch" es nicht wüsste, für den **selbstverwirklichenden** Menschen (s. S. 135 ff.) trifft das hingegen weniger zu, er liebt frei und leicht, natürlich, wenig angstbesetzt und ohne in Konflikten oder Bedrohungen oder Hemmung zu enden. Der selbstverwirklichende Mensch erfährt erotische Liebe als Zärtlichkeit, Zuneigung, Glücksgefühl, Befriedigung, Begeisterung und Ekstase. Die geliebte Person wird von der liebenden als begehrenswert, schön, gut, sexuell anziehend erlebt. Es besteht das Verlangen, der geliebten Person nahe zu sein, bei der Arbeit, während ästhetischer und intellektueller Betätigungen, das Verlangen nach nicht nur physischer sondern auch psychischer Intimität, etwa im Teilen von Geheimnissen, von Verständigungsmöglichkeiten durch besondere Tricks und Gesten, die nur von den Liebenden verstanden werden. Charakteristisch ist auch das Gefühl der Großzügigkeit, der Absicht, zu geben und Vergnügen zu bereiten und der Wunsch, den anderen besser zu verstehen.

Der selbstverwirklichende Mensch zeichnet sich durch Einfachheit, Natürlichkeit, Spontaneität, Humor, Kreativität, demokratische Charakterstruktur, Autonomie und Gemeinschaftsgefühl aus, er hat positive interpersonale Beziehungen, ist problemorientiert und weniger ich-bezogen und akzeptiert sich selbst und andere. Dieser Mensch hat gute Voraussetzungen, liebesfähig zu sein und geliebt zu werden.

- Nach *E.* ***Fromm*** ist die **erotische Liebe** die am meisten trügerische Liebe überhaupt. Unter dem Deckmantel der Liebe finden sich alle möglichen Gefühle und Affekte, die mit Liebe nur scheinbar etwas oder auch gar nichts zu tun haben. Männer glauben durch Erfolg und Macht liebenswert zu sein, Frauen durch Schönheit mit der entsprechenden Kosmetik und einem sportlich-schlanken Körper. Der „Egoismus zu zweit", in dem man in seiner Einsamkeit einen Bund gegen die übrige Welt schließt, ist nicht Liebe, bestenfalls ein funktionierendes Team, und er unterscheidet sich kaum von zwei „funktionierenden" Angestellten in einer Firma. Liebe ist kein Tauschobjekt, auch kein sexuelles Betätigungsfeld auf Tauschbasis; gegen Frigidität und Impotenz bei ansonsten gesunden Menschen helfen in den seltensten Fällen ausgeklügelte Sexualpraktiken – oft liegen Angst und/oder Hass gegenüber dem anderen Geschlecht diesen Schwierigkeiten zugrunde. All diese Missverständnisse stellen die **gesellschaftlich bedingte Pathologie** der Liebe dar.

Der Auffassung ***Fromms*** zufolge ist die Liebe eine **aktive Kraft**, die Getrenntsein überwindet, eine Vereinigung, bei der die eigene Integrität und Individualität bewahrt bleibt. Sie ist ein Geben vom eigenen Leben, indem man den anderen an seiner Freude, seiner Trauer, seinem Humor, seinem Wissen, seinem Interesse usw. teilhaben lässt. Darüber hinaus gehören zur Liebe maßgeblich **Fürsorge, Verantwortungsgefühl, Achtung** vor dem anderen und **Erkenntnis**. Man müht und sorgt sich für das, was man liebt, fühlt sich verantwortlich, ohne beherrschen zu wollen, achtet den anderen in seiner Einzigartigkeit, wie er wirklich ist. Die Erkenntnis, das wirkliche Kennen des anderen, richtet sich nicht auf die Oberfläche, sondern dringt zum Kern vor. Es handelt sich somit nicht ausschließlich um ein starkes Gefühl, sondern Liebe ist auch eine „Entscheidung, ein Urteil, ein Versprechen".

So gesehen ist Liebe eine **Kunst**, eine Tätigkeit, die ein Leben lang geübt werden muss. Es erfordert Disziplin, Konzentration und Geduld, will man es in dieser Kunst zur Meisterschaft bringen. Man darf nichts für wichtiger halten als die Liebe. (Nach ***Fromm***)

- Einen etwas anderen Zugang zum Phänomen **Liebe** stellt *Simone* ***de Beauvoir*** zur Diskussion. Im Unterschied zu ***Fromm***, der die erotische Liebe nahezu ideal beschreibt und keine Unterschiede zwischen ihren weiblichen und männlichen Ausprägungen zu konstatieren scheint, setzt sich die Autorin hauptsächlich mit dem nicht sehr erfreulichen Ist-Zustand der erotischen Liebe (bzw. was eben vom Durchschnittsmenschen dafür gehalten wird) auseinander. Sie legt ihren Ausführungen die verschiedenen Erscheinungsformen in Gesellschaft und Kultur zugrunde und kommt zu dem Schluss, dass Liebe von beiden Geschlechtern völlig anders erlebt wird. Die Frau, die gelernt hat, in der Gesellschaft eine passive, dienende Rolle zu übernehmen, bezieht ihren „Wert" über den Geliebten. Von Kindheit an ist sie daran gewöhnt, im Manne ihren „Herrn", ein höheres Wesen zu sehen, dem gegenüber sie sich als klein, schwach und unzulänglich wahrnimmt, und von dem sie auch nur mit diesen Attributen akzeptiert wird. In dieser Konstellation wird die Liebe für die Frau zur Religion. Sie hat teil an der Existenz des Mannes, der ihren Lebensmittelpunkt ausmacht. Der umgekehrte Fall trifft nicht zu: Die geliebte Frau ist nur einer unter anderen Werten für den Mann. ***De Beauvoir*** weist allerdings darauf hin, dass dies durchaus kein Naturgesetz darstellt, sondern in der Tradition entstanden und somit veränderbar ist.

1. *Wie beurteilen Sie die Aussagen **Maslow**s und **Fromm**s über die Liebe? Wie ist Ihre Auffassung von Liebe?*
2. *Vergleichen Sie die diesbezüglichen Aussagen anderer AutorInnen (z.B.: Simone **de Beauvoir**: Das andere Geschlecht).*
3. *Die Auffassungen von Liebe unterliegen möglicherweise gesellschaftlichen Bedingungen. Sammeln Sie entsprechendes Material (eventuell mit Hilfe Ihrer Deutschlehrerin / Ihres Deutschlehrers), um z.B. die Auffassungen der Wende vom 19. zum 20. Jahrhundert oder der 30er-Jahre mit den heutigen vergleichen zu können.*

Niemand hat jemals gesagt, Liebe sei leicht zu verstehen.

2. Die Stimmungen

Jene Gemütszustände, die nicht als eine direkte Reaktion auf einen Anlass auftreten, sondern die vielmehr als ein „**Getöntsein des Bewusstseins**“ empfunden werden, bezeichnet man als **Stimmungen**. Sie ergeben sich aus der Art, wie der Mensch gefühlsmäßig mit der äußeren Wirklichkeit übereinstimmt. Stimmungen stellen eine bedeutende Grundlage für das Verhalten dar und werden z.B. als „traurig“ mit allen Zwischenschattierungen bis „heiter“ erlebt. Bei krankhaft gehobener „hypomanischer, manischer“ sowie krankhaft gedrückter „depressiver“ Stimmungslage spricht man von ➢ **Verstimmungen**.

3. Die Affekte

R. ***Plutchik*** hat acht grundlegende angeborene ➢ Emotionen festgestellt, die aus vier Gegensatzpaaren bestehen: Freude und Traurigkeit, Überraschung und Vorahnung, Akzeptanz und Ekel, Furcht und Wut. Dieser Abschnitt befasst sich mit **Furcht** und **Wut**. Da sich an diesen beiden Gefühlen die damit einhergehenden physiologischen Reaktionen mit besonderer Intensität bemerkbar machen, bezeichnet man sie als ➢ Affekte. Von den Gefühlen zu den Affekten gibt es einen fließenden Übergang, den meist nur der Betroffene selbst merkt. Oft werden subjektiv verspürte Erregungen nach außen hin unterdrückt. Wenn aber der Erregungszustand ansteigt und die „psychische Spannung“ wächst, so wird der psychische Zustand auch körperlich sichtbar: Der Blutdruck steigt, die Stimme bebt, es kommt zu einer Erhöhung der Muskelspannung, zu Schweißausbrüchen, Zittern, usw. Der nervöse Apparat, der diese körperlichen Veränderungen bei Affekten hervorbringt, ist das autonome oder vegetative Nervensystems, das die lebenswichtigen organischen Prozesse, wie Herztätigkeit, Stoffwechsel usw. reguliert und in Gang hält.

Eine Tote lag seit Tagen im öden Hochhaus, ein Opfer starb im Schlafzimmer

Streit und Eifersucht: Zwei Frauen ermordet

● Linz: Herzkranke junge Frau zu Tode geprügelt

sagte Lechner. Als die Kripo sie aufsuchte, wollte sie weder ... belasten noch zum

... Oberer (o. r.) erschoß Gattin Christiane: Aus Eifers...

● Admont: Frau mit dem Jagdgewehr erschossen

Nach einer Wirtshaustour Vater von zwei erwachsenen

*Man spricht von einem **Affekt** im eigentlichen Sinn dann, wenn ein Gefühl zu einer solchen Stärke anwächst, dass das Auftreten der Erregung und ihrer körperlichen Begleitvorgänge subjektiv spürbar wird.*

B

- **Furcht** und **Schreck** mobilisieren den Sympathicus (s. S. 26 ff.): Das Gesicht erbleicht aufgrund einer Verengung der Gefäße, es kommt zu Herzklopfen, eventuell zu Gänsehaut und Schweißausbrüchen. Das Denken verwirrt sich, das psychische Geschehen gerät in Unordnung, der Mensch „erstarrt" vor Schreck. Wenn der Affekt zu stark wird, kann plötzlich die größte Furcht in Gleichgültigkeit umschlagen („Jetzt ist mir alles egal"). Situationen, in denen es zu extremen Gefährdungen des Körperlichen und / oder seelischen Wohlergehens kommt, bezeichnet man als „➢ **Stress-Situationen**" (s. S. 29 ff.). Der Eintritt in ein Stress-Stadium ist durch das Einsetzen der so genannten „Notfallsreaktion" gekennzeichnet. Man versteht darunter – abgesehen von physiologischen Vorgängen wie der Veränderung des Cortisonspiegels – das Aufwenden aller verfügbaren Energien zur Abwendung von Ursachen und Folgen des Stress-Reizes. Eine erfolglose Notfallsreaktion hat möglicherweise einen Zusammenbruch bzw. den Tod zur Folge.
- **Wut** und **Zorn** verursachen meist Erröten, erhöhte Gehirndurchblutung, Zähnefletschen – als würde sich der Mensch auf eine energische, kraftgeladene Aktion vorbereiten, die dann oft auch gesetzt wird. Manchmal kommt es auch zum Weinen: Das Weinen ist eine spezifisch menschliche Verhaltensweise, die wahrscheinlich der Erregungsableitung in ungefährlicher Form dient.

Einige dieser Erscheinungen kann man von der ➢ Phylogenese her zu interpretieren versuchen: Das Erbleichen im Schreck entspricht möglicherweise dem „Totstellreflex" der Tiere, wodurch diese einer drohenden Gefahr entgehen können – vielleicht auch der Tatsache, dass der Blutverlust bei Verletzungen infolge verengter Blutgefäße geringer wird. Die höhere Blutversorgung des Gehirns bei Wut und Zorn sorgt für eine ausreichende Energiezufuhr für Angriffshandlungen, das Zähnefletschen schüchtert den Gegner ein.

In der experimentellen Psychologie werden verschiedene Apparate verwendet, um die körperlichen Begleiterscheinungen von Gefühlen und Affekten, wie Veränderungen von Puls, Atmung, Schweißsekretion usw., zu messen; es ist anzunehmen, dass auch die Gefühle, deren körperliche Begleiterscheinungen subjektiv nicht gespürt werden, vegetative Manifestationen haben, die man mit feinsten Messgeräten erfassen könnte. Beispiel: Es ist bekannt, dass der elektrische Leitungswiderstand des menschlichen Körpers bei affektiver Erregung infolge der wechselnden Feuchtigkeit der Hautgewebe durch Schweißsekretion verändert wird. Man nennt diese Erscheinung „Psychogalvanische Reaktion" (PGR). Wird über zwei Elektroden, die irgendwo am Körper – meist auf der Innenfläche der Hand oder am Finger – angebracht werden, ein schwacher Stromstoß geleitet, so kann an einem Registriergerät abgelesen werden, ob sich der elektrische Widerstand beim Auftreten von Gefühlen ändert. Die Gefühlsreaktion wird durch verschiedene Versuchsanordnungen provoziert: z.B. durch das Zeigen von Bildern, die allgemein als unangenehm erlebt werden (etwa der Film einer Augenoperation). In wiederholten Versuchen wurde festgestellt, dass ein Zusammenhang zwischen der Größe der PGR und der subjektiv fühlbaren Stärke der Gefühle besteht.

Gefühle und Affekte können bei einem aktuellen Anlass entstehen; sie können aber auch bei der bloßen Vorstellung eines Ereignisses auftreten. Desgleichen können sie nachhaltige und breite Wirkungen haben; es kann sogar all das, was zu einem den Affekt auslösenden Ereignis irgendwie in Beziehung steht, eine affektive Bereitschaft verursachen. Für solche affektgeladenen Vorstellungsinhalte, die die Tendenz haben, sich auf andere Inhalte auszudehnen, wurde die Bezeichnung ➢ **Komplex** eingeführt (s. S. 200, *C. G. **Jung***). Das Wesentliche an einem Komplex ist seine Überwertigkeit; alles, was zu ihm nur in entferntester Beziehung stehen könnte, bekommt einen erhöhten Stellenwert. Als häufig verwendetes Beispiel wird der Zustand der Verliebtheit angeführt: Die gefühlsbeladene Vorstellung des oder der Geliebten nimmt im Erlebnisablauf eine ganz andere Stellung ein als andere Vorstellungen – alles, was sich auf die Verliebtheit bezieht, wird als besonders bedeutungsvoll erlebt und mit erhöhter Aufmerksamkeit und Empfindlichkeit aufgenommen. Ein anderes Beispiel sind Überzeugungen, die leidenschaftlich verfochten werden, aber auch stark affektgeladene ➢ Vorurteile. Affektive Reaktionen sind normal, sofern ein gegebener Anlass vorliegt. Es gibt aber auch körperliche und seelische Zustände, die ohne entsprechenden einsichtigen Anlass auftreten; dies ist der Fall bei den ➢ **Neurosen** und ➢ **Psychosen** (z.B. Paranoia).

?

1. *Inwiefern beeinflussen Affekte unsere Meinungsbildung? In welchen Bereichen kommt dies zum Tragen? Welche Konsequenzen ergeben sich aus diesem Einfluss im sozialen bzw. politischen Bereich?*
2. *Können Sie sich erinnern, je im Affekt gehandelt zu haben? Haben Sie das hinterher bereut?*
3. *Scheint es einleuchtend, DelinquentInnen, die im Affekt straffällig geworden sind, mildernde Umstände vor Gericht zuzubilligen?*

B

EMOTIONEN

GEFÜHL	*STIMMUNG*	*AFFEKT*
Psychische Zustände, ohne Mitwirkung des Bewusstseins als Reaktion auf äußeres oder inneres Geschehen	*Tönung des Erlebens von heiter bis traurig*	*Gefühl mit subjektiv spürbaren körperlichen Begleitvorgängen der Erregung*

4. Frustrationen und ihre Wirkung

- *Sie bezeichnen sich manchmal als „frustriert". Beschreiben Sie diesen Zustand und versuchen Sie, Gemeinsamkeiten bezüglich der Situationen zu finden, in denen Sie sich frustriert fühlen.*

*Die Bezeichnung **Frustration** kommt vom lateinischen „frustra" = vergebens. In der Psychologie versteht man unter Frustration den Zustand, in dem sich eine Person befindet, wenn sie an der Befriedigung von Trieben, Wünschen, Erwartungen gehindert wird.*

Die Verhinderung einer Befriedigung kann als direkte Versagung oder Enttäuschung bewusst erlebt werden oder auch, wie die ➢ Psychoanalyse annimmt, unbewusst wirksam werden; das Ziel der Wünsche, Ansprüche usw. kann entweder klar erkennbar oder unbewusst sein. Die Wirkung von Frustrationen wurde in vielen ➢ Experimenten untersucht: Meist wurden die Vpn aufgefordert, körperliche oder geistige Leistungen zu erbringen, die in Wirklichkeit unmöglich waren – z.B. sollten unlösbare Aufgaben mit dem Hinweis, dass es sich um Aufgaben mit durchschnittlichem Schwierigkeitsgrad handle und von mittelmäßig intelligenten Personen leicht zu bewältigen wären, gelöst werden – die Vpn erlebten ein Gefühl des Versagens, sie wurden „frustriert".

Die Folgen von Frustrationserlebnissen bestehen im Allgemeinen in einer **Minderung des Selbstwertgefühls**, verbunden mit Ärger, Enttäuschung oder Resignation. Die Methoden, mit dieser Minderung des Selbstwertgefühls fertig zu werden, können individuell und in Abhängigkeit von der jeweiligen Situation verschieden sein. Häufige Reaktionen sind:

Aggressionen

- gegen andere (z.B. wurde der Vl im Experiment beschimpft)
- gegen sich (wie Selbstvorwürfe; man sei eben dumm usw.)

Fluchtverhalten

- Ersatzhandlungen (andere Aufgaben als die geforderten werden gelöst)
- Ablenkungen (die Vpn beginnen z.B. ein Gespräch über irgendwelche persönlichen Angelegenheiten usw.)
- Regressionen (Rückschritt auf eine kindlichere Entwicklungsstufe, z.B. wenn die Vpn zu spielen beginnen, wie etwa Papierflugzeuge zu werfen usw.)
- Abhängigkeitsverhalten (Weinen, bei anderen Zuflucht suchen)
- Bagatellisierungen („Saure-Trauben-Reaktion"; z.B. wenn jemand sagt: „Das ist mir sowieso ganz egal" oder „Ich wollte es sowieso nicht")

Rationalisierungen (die Person sucht nach Vernunftgründen für ihr Versagen).

Aus: Armstrong/Darrow: Freud für Kinder

Wenn du behauptest, es sei besser, ein Drache zu sein, dann ist das eine RATIONALISIERUNG.

Dabei gibt es ehrliche und weniger ehrliche „Entschuldigungen", z.B.: Man sei heute übermüdet, man hätte Sorgen, sodass man sich nicht konzentrieren könne, usw. Man kann sich mit der Unmöglichkeit, ein Ziel zu erreichen, auch vernünftig abfinden, ohne dass diese ➢ Rationalisierung eine Selbsttäuschung sein muss. Selbst bei starken Frustrationen kann man sich mit Überzeugung sagen: „Ich bin nicht begabt genug", „Ich habe mich überschätzt" usw. Dazu braucht man jedoch ein „inneres" Gleichgewicht, um Frustrationen ohne eine bedrohliche Minderung des Selbstwertgefühls aushalten zu können.

Jene Personen, die imstande sind, Frustrationen ohne besondere Beeinträchtigung ihres Selbstwertgefühls auszuhalten, bezeichnet man als „frustrationstolerant". Frustrationstoleranz ist das Ausmaß von Misserfolgs- oder Enttäuschungserlebnissen, die ohne „neurotische Reaktionen" wie z.B. „auszuweichen" oder sich selbst zu täuschen, vertragen werden. Eine neurotische Reaktion muss noch keine „habituelle", also als Dauerhaltung ausgeprägte ➢ Neurose sein, sondern ist unter Umständen nur ein vorübergehender Zustand, eben eine Reaktion auf ein frustrierendes Erlebnis.

Noch schädlichere Wirkungen als Misserfolge bei Überforderungen von außen kann die Frustration als Folge jener Ansprüche haben, die ein Mensch an sich selbst stellt. Das **Anspruchsniveau** ist der Grad von Leistungen, den man sich selbst wünscht oder zutraut. Ist dieses Anspruchsniveau unrealistisch, d.h. nicht den eigenen Möglichkeiten angepasst, so kommt es um so leichter zu Frustrationserlebnissen, mit denen man sich nicht abfinden kann.

Die Wirkungen von Frustrationen können unter kybernetischen Gesichtspunkten betrachtet werden: Das Selbstwertgefühl ist für den psychischen Allgemeinzustand von großer Bedeutung. Wird es durch ein Frustrationserlebnis herabgesetzt, so setzen automatisch Regelprozesse zur Wiederherstellung und Konstanthaltung des Selbstwertgefühls ein – es sind dies die Wirkungen der Frustration, wie ➢ Aggression, ➢ Rationalisierung, Ersatzbefriedigung usw. Diese Wirkungen versetzen das verletzte Selbstwertgefühl wieder in den ursprünglichen Zustand. (Nach ***Rohracher***)

1. *Welche Situationen haben Sie als ausgesprochen frustrierend erlebt? Wie haben Sie darauf reagiert? Würden Sie heute evtl. in derselben Situation anders empfinden bzw. sich anders verhalten?*
2. *Wie versuchen Sie, mit wiederkehrenden frustrierenden Situationen umzugehen? Vermeiden Sie solche Situationen oder trachten Sie, sie zu verändern?*

B

REGELKREIS ZUR AUFRECHTERHALTUNG DES SELBSTWERTSGEFÜHLS BEI FRUSTRATION

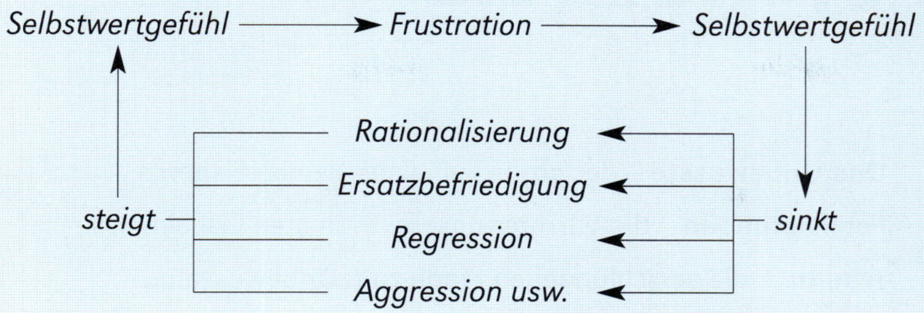

Z

1. *Was versteht man unter Emotion?*
2. *Beschreiben Sie die Theorien zur Entstehung von Gefühlen!*
3. *Inwiefern haben Gefühle kommunikative Funktion?*
4. *Welchen Stellenwert ordnen Sie den Gefühlen in verschiedenen Lebensbereichen zu?*
5. *Welches sind die wichtigsten Merkmale von Stimmungen?*
6. *Wodurch unterscheiden sich Affekte von Gefühlen?*
7. *Nennen Sie einige Affekte sowie deren mögliche phylogenetische Herkunft!*
8. *Welche Möglichkeiten zur Aufrechterhaltung des Selbstwertgefühls bei Misserfolg und Enttäuschungen kennen Sie?*
9. *Nennen Sie Möglichkeiten der Kontrolle von Gefühlen und Affekten!*

Kapitel 8
TIEFENPSYCHOLOGIE

A

Das Unbewusste – der große Fuß eines kleinen Eisbergs

Fehlleistungen – die Verräter unserer intimsten Geheimnisse

Träume – die verschlungenen Pfade zum Unbewussten

Sexualität und Aggression – zwei Triebe, die für Spannung sorgen

Angst – ein ständiger Begleiter; warum wir von „blinder" oder „lähmender" Angst sprechen; Angst kann Erwachsene zu Kleinkindern machen, Mäuse in Elefanten verwandeln ...

Geltungsstreben oder Minderwertigkeitsgefühl – eine Gratwanderung

Das kollektive Unbewusste – wie wir an der gesamten Menschheitserfahrung teilhaben

Aus: Psychologie heute

EINLEITUNG

Die Tiefenpsychologie unterscheidet sich von anderen Richtungen der Psychologie (s. S. 6 ff.) dadurch, dass sie ein „seelisch ➢ Unbewusstes“ annimmt, welches in den Tiefen der Persönlichkeit ruht. Der Ausdruck „Tiefenpsychologie“ wurde im Jahre 1910 vom Zürcher Psychiater *Eugen* ***Bleuler*** in seiner Schrift „Die Psychoanalyse Sigmund Freuds“ geprägt. Die von ***Freud*** entwickelte ➢ Psychoanalyse ist der Ausgangspunkt verschiedener späterer tiefenpsychologischer Schulen, bei deren Begründern es sich meist um ehemalige Schüler ***Freud**s* handelt (z.B. *Alfred* ***Adler***, *C. G.* ***Jung*** u.a.).

Psychoanalyse-Kongress in Weimar, 1911

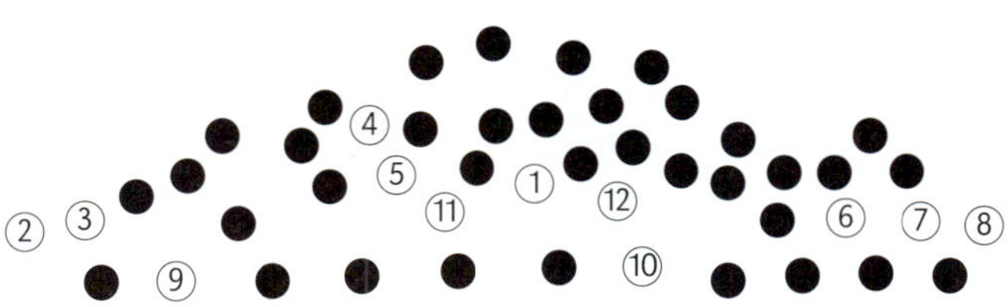

1 Sigmund Freud (Wien)
2 Otto Rank (Wien)
3 Ludwig Binswanger (Kreuzlingen)
4 A. A. Brill
5 Max Eitingen (Berlin)
6 James J. Putman (Boston)
7 Ernest Jones (Toronto)
8 Wilhelm Stekel (Wien)
9 Eugen Bleuler (Zürich)
10 Emma Jung (Küsnacht)
11 Sandor Ferenczi (Budapest)
12 C. G. Jung (Küsnacht)

1. Die Psychoanalyse Sigmund Freuds

*Sigmund F**reud***, geboren 1856 in Mähren, studierte Medizin in Wien. Dass er im Laufe seines Lebens über die Ausübung seines Berufs als Arzt hinaus tätig wurde und die Psychoanalyse begründete, lag sicher zu einem großen Teil an der Kultur und Geisteshaltung des 19. Jhdts. Der „viktorianische“ Geist der Prüderie, der auch die bessere Wiener Gesellschaft beherrschte und den Einzelnen in einen ständigen unbewussten Konflikt zwischen seinen Bedürfnissen und den Vorstellungen der Gesellschaft stürzte, versuchte alles zu vertuschen, was mit Sexualität zusammenhing. Im Zuge seiner Beobachtung der Spannungen zwischen der herrschenden Kultur und ihren ➢ Normen auf der einen Seite sowie den Triebansprüchen des Einzelnen auf der anderen Seite entdeckte ***Freud*** das Phänomen der ➢ Verdrängung ins ➢ Unbewusste. Die von der herrschenden Gesellschaft als Provokation empfundene Aussage, dass das menschliche Ich nicht „Herr im eigenen Haus“, sondern abhängig vom Unbewussten sei, führt ***Freud*** zur Entdeckung der Psychoanalyse als einer Methode, Krankheiten zu heilen, die den ➢ Konflikt zwischen Triebanspruch und gesellschaftlichen Normen zur Ursache haben. Ein Tabu bricht ***Freud***, indem er offen über Sexualität spricht (noch dazu in deutscher und nicht wie bislang unter Ärzten üblich in lateinischer Sprache), insbesondere auch über kindliche Sexualität und somit mit dem Glauben an die „Unschuld des Kindes" bricht. All die neuen Wege, die ***Freud*** beschreitet, bringen ihm zunächst heftige Ablehnung in Österreich, Deutschland und der Schweiz ein, spätestens seit 1920 jedoch – ausgehend von den USA – weltweite Anerkennung.

DAS BEWUSSTSEIN UND DER BEGRIFF DES UNBEWUSSTEN

DAS BEWUSSTE

Durch aufmerksame Beobachtung und Konzentration auf einen Gegenstand wird der höchste Grad von Bewusstseinsklarheit erreicht, gleichzeitig aber kommt es zu einer „**Enge des Bewusstseins**": Was außer diesem Gegenstand sonst noch im Gesichtsfeld liegt, wird nur nebenher in abgestuften Graden oder gar nicht bewusst.

DAS VORBEWUSSTE

Das Vorbewusste umfasst das, was zwar nicht unbedingt willkürlich und nach eigenem, freien Belieben, aber doch ohne besondere Anstrengung ins Bewusstsein treten kann. Man hat z.B. einen Menschen nicht bewusst wahrgenommen, sondern nur „halb bewusst", „unterschwellig", bemerkt; später kann einem dies eventuell „so richtig ins Bewusstsein kommen". Die Tatsache, dass man Bilder und Namen auch unterschwellig aufnehmen und behalten kann, spielt in der wirtschaftlichen **Werbung** eine bedeutende Rolle.

Ein Patient erzählte ***Freud***, er habe geträumt, dass er im Kaffeehaus gewesen sei und dort einen „Kontuszowska" bestellt habe, er wisse aber gar nicht, was das sei. Auch auf den Hinweis ***Freud****s*, das sei bekanntlich ein polnischer Schnaps, blieb er dabei, diesen Namen noch nie gehört oder gelesen zu haben. Erst später wurde dem Patienten bewusst, dass er dieses Wort auf einem Plakat, an dem er täglich vorbeikam, regelmäßig vor Augen gehabt hatte. Er hatte das Wort in wachem Zustand unterschwellig, nicht klar bewusst wahrgenommen, aber dennoch behalten, was durch den Traum bewiesen wurde.

DAS UNBEWUSSTE

Das Unbewusste (nicht: Unterbewusste!) unterscheidet sich vom Vorbewussten dadurch, dass seine Inhalte nur mit größerer, oft sogar erheblicher Mühe in Bewusstes umgewandelt werden können. Zu unterscheiden sind:

- Inhalte, die **nie bewusst** werden – z.B. Ereignisse aus der frühesten Kindheit. Unbewusst sind und bleiben auch verschiedene Körperfunktionen, außerdem viele ➢ Motive jener Handlungen, die wir bewusst ausführen.
- Inhalte, die **vergessen** wurden. – Zum „vergessenen Unbewussten" gehören Inhalte, die wir vor langer Zeit gelernt und seither nicht mehr gebraucht haben, die also aus dem Bewusstsein geschwunden sind; so pflegen wir z.B. geschichtliche Daten zu vergessen.

- Inhalte, die **verdrängt** wurden. – ***Freud*** nahm an, dass viele Bewusstseinsinhalte aus dem Bewusstsein verdrängt, ins Unbewusste „abgeschoben" werden, weil sie für das Bewusstsein der Persönlichkeit unerwünscht, peinlich und unerträglich sind; der Beweggrund für die ➢ Verdrängung ist ein Unlustmotiv. Von den verdrängten Inhalten „weiß" der betreffende Mensch nun im wahrsten Sinn des Wortes nichts mehr. Er verspürt nur ein dunkles, vages Anklingen an etwas einmal bekannt Gewesenes. Zugleich mit dem, was man eigentlich aus dem Bewusstsein verdrängen möchte, kann etwas anderes, das dem Unangenehmen ähnlich ist oder mit ihm eng zusammenhängt, verdrängt werden: ***Freud*** selbst vergaß den Namen des Malers, der dem Namen eines Patienten mit einer missglückten Behandlung sehr ähnlich war. Der Grund für ***Freud****s* Vergessen war also, dass er an sein Versagen nicht erinnert werden wollte.

Die ➢ Psychoanalyse nimmt an, dass die aus dem Bewusstsein verdrängten Gefühle bzw. Wünsche die Ursache vieler psychischer Reaktionen – und zwar sowohl normaler Reaktionen (➢ **Fehlleistungen, Träume**) als auch psychischer Störungen (➢ **Neurosen**) – sein können.

Über das persönliche Unbewusste hinaus konzipiert *C. G.* ***Jung*** noch das kollektive Unbewusste, unbewusste „archetypische" Inhalte, die nie bewusst waren, sondern ein Erbteil aus der Entwicklungsgeschichte der Menschheit darstellen (s. S. 200 ff.).

Unterscheiden Sie nach Bewusstseinsgrad (bewusst, vorbewusst, etc.):

- *Herr X sitzt in seinem weich gepolsterten Fauteuil vor dem Fernsehgerät und verfolgt aufmerksam ein Fußballspiel.*
- *Vor ca. drei Jahren hatte er dieselbe Mannschaft spielen sehen, doch an den Ausgang des Spiels kann er sich nicht mehr erinnern.*
- *Seine Hand tappt nach den Kartoffelchips, und schiebt – endlich fündig geworden – die Chips in den Mund. Dabei ist sein Verdauungsapparat immer noch damit beschäftigt, eine Riesenportion Abendessen zu bewältigen.*
- *„Tschüs, Paps!" flötet die halbwüchsige, ausgehbereite Tochter, worauf Herr X den Kopf in ihre Richtung wendet, plötzlich aber stutzt ... Sollte das etwa sein liebes kleines Mädchen sein? Enge Jeans, Glitzerbluse, der Körper kaum bedeckt, zentnerschwer scheinende Ohrringe, die Augenlider dick bemalt, der Mund grell geschminkt, ...*
- *Noch ehe Papa X seine Verwunderung über den höchst seltsamen Geschmack der heutigen Jugend ausdrücken kann, gibt es auch schon den Elfmeter, der die Aufmerksamkeit des Herrn X augenblicklich auf sich zieht.*
- *Und wie so oft wundert sich seine alte Mutter über seine Fußballbegeisterung. Sie hätte nie angenommen, dass ihr Sohn sich je für Fußball würde begeistern können, da er doch als Vierjähriger bei einem Fußballspiel eine so schreckliche Szene hatte miterleben müssen.*

BEWUSST	*Aus der Erfahrung evidente, manifeste Inhalte*
VORBEWUSST	*Inhalte in latentem Zustand – „unterschwellig", können ohne besondere Anstrengung ins Bewusstsein treten*
UNBEWUSST	*Nur mit Mühe oder überhaupt nicht reproduzierbar:* • *nie bewusst: Körperfunktionen, Inhalte aus frühester Kindheit* • *vergessen: Inhalte, die nicht mehr gebraucht werden, wenig bedeutsame Inhalte* • *verdrängt: aus Bewusstsein abgeschoben – unerwünschte, konflikthältige Inhalte Beweggrund: Unlustmotiv*
PERSÖNLICHES UNBEWUSSTES	*= verdrängte, persönlich bedeutsame Inhalte*
KOLLEKTIVES UNBEWUSSTES	*= Nach C. G.* ***Jung*** *Inhalte aus der Entwicklungsgeschichte der Menschheit („Archetypen")*

DIE FEHLLEISTUNGEN

Unter Fehlleistungen versteht die Tiefenpsychologie die alltäglich vorkommenden kleinen Irrtümer, wie **sprachliche Fehlleistungen**, z.B. Versprechen (der *„**Freud**'sche* Versprecher"), Verlesen, Verschreiben, weiters das **Vergessen**, das Vergreifen (Verwechseln von Gegenständen), **Verlieren** und **Verlegen** usw. In den Fehlleistungen erscheint das, was aus dem Bewusstsein verdrängt war, wieder, meist aber in verstümmelter Form. Die Untersuchung solcher Fehlleistungen ist deshalb (neben der Untersuchung der Träume) ein Weg zur Erforschung des ➢ Unbewussten.

SPRACHLICHE FEHLLEISTUNGEN

Während man die Tatsache, dass man etwas vergisst, auf einfache Gedächtnisschwäche zurückführen und diese daher auch als Entschuldigung gebrauchen kann, kommt es beim Versprechen oft zu so auffallenden Erscheinungen, dass diese Art der Fehlleistung schon früh das wissenschaftliche Interesse erregt hat. Wenn z.B. jemand von Vorgängen erzählt, die er für „Schweinereien" hält, und dabei sagt: „Dann aber sind Tatsachen zum Vorschwein gekommen ..." oder ein/e DiskussionsleiterIn zu Beginn einer Versammlung erklärt: „Ich stelle die Beschlussfähigkeit fest und erkläre daher die Sitzung für geschlossen!" oder: „Es ist zwar schon spät, aber wir wollen selbstverständlich niemandem die Gelegenheit geben, seine Meinung frei zu äußern", dann erscheinen diese Fehlleistungen nicht als purer Zufall! ***Freud*** hat in seiner Studie „Zur Psychopathologie des Alltagslebens" darauf hingewiesen, dass in solchen Fehlleistungen unterdrückte seelische Regungen in entstellter Form zum Durchbruch kommen.

Ein Beispiel zur Erläuterung: Eine Ärztin erinnert sich am späten Nachmittag nach Beendigung ihrer Sprechstunde plötzlich daran, dass sie für den Abend Gäste eingeladen hat – fast hätte sie es vergessen. Sie eilt nach Hause und ist sehr stolz, als es ihr gelingt, mit allen Vorbereitungen rechtzeitig fertig zu werden – allerdings ist sie todmüde. So empfängt sie die eintreffenden Gäste im Vorzimmer, deutet mit weit ausladender Handbewegung auf die Kleiderablage und sagt: „Bitte ziehen Sie ab!“

Formal handelt es sich hier zweifellos um eine Kontamination (Verschmelzung, Kompromissbildung) aus den beiden Sätzen: „Bitte ziehen Sie doch die Mäntel aus!“ und „Bitte legen Sie ab!“ **Inhaltlich** hat aber die Sprecherin selbst dieses Versprechen als Ausdruck des Wunsches, ihre Gäste recht bald, am liebsten gleich, wieder loszuwerden, empfunden und gedeutet: Sie war so müde, dass sie in Wirklichkeit am liebsten gleich schlafen gegangen wäre.

DAS VERGESSEN ALS FEHLLEISTUNG

Nach ***Freud*** beruht das Vergessen auf einem Unlustgefühl: Das nicht eingestandene und deshalb aus dem ➢ Bewusstsein verdrängte Widerstreben gegen eine Sache äußert sich darin, dass man diese Sache „vergisst“. ***Freud*** führt unter anderen folgende Beispiele an:

Ein Mann wurde von seiner Frau gedrängt, mit ihr zu einer gesellschaftlichen Veranstaltung zu gehen. Er wollte eigentlich nicht, gab aber ihrem Drängen nach und schickte sich an, seinen Frack aus dem Koffer zu holen. Dann fiel ihm ein, dass er noch unrasiert war, und er ging ins Badezimmer, um sich zuerst zu rasieren. Bei der Rückkehr fand er den Koffer verschlossen. Er hatte den Schlüssel in den Koffer gelegt und den Deckel zufallen lassen, das Schloss war eingeschnappt. Ein Schlosser war nicht aufzutreiben. Ohne Frack konnte der Mann nicht zu der Gesellschaft gehen. Seine Unlust hatte sich durchgesetzt.

Oder: Eine junge Künstlerin möchte an einem schönen Sommertag am liebsten einen Spaziergang machen, sie zwingt sich aber dazu, fleißig zu sein und zu arbeiten. Sie hat im Museum etwas abzuzeichnen. Auf dem Weg kauft sie (wie sie meint) alles ein, was sie für ihre Arbeit braucht, Bleistifte usw. Als sie endlich auf ihrem Arbeitsplatz im Museum sitzt und das Arbeitsgerät auspackt, bemerkt sie, dass sie ausgerechnet das Zeichenpapier vergessen hat. Sie kann also nicht mit ihrer Arbeit anfangen.

Wenn z.B. ein Redner das Manuskript seines Vortrags und alle anderen Unterlagen, die er brauchen würde, zu Hause vergisst, so kann sich darin etwa ein unbewusstes Widerstreben dagegen, den Vortrag zu halten, bemerkbar gemacht haben. Dieses Widerstreben war unterdrückt, es ist aus dem Bewusstsein verdrängt worden. Hier taucht es wieder auf, wird durch die Fehlleistung offenbar – allerdings nur in indirekter Form und so, dass es nicht wie Absicht, sondern wie ein zufälliges, unbeabsichtigtes Ereignis wirkt.

- *Sicherlich haben auch Sie schon einige Fehlleistungen produziert. Vielleicht hat die eine oder andere Fehlleistung mittlerweile an Peinlichkeit verloren, sodass Sie sie ohne größere Überwindung als Rollenspiel darstellen können?*

DER TRAUM UND DIE TRAUMDEUTUNG

Der Traum wurde in früheren Zeiten oft als eine Art Offenbarung aus der übersinnlichen Welt aufgefasst. Schon bei ***Aristoteles*** ist er jedoch auch ein Objekt der naturwissenschaftlichen Forschung; er wurde als Reaktion auf etwas Störendes, das im Schlaf auftritt, aufgefasst. ***Hippokrates*** hat eine Beziehung des Traumes zur Krankheit angenommen und gemeint, dass sich in ihm beginnende körperliche Veränderungen, die bei Tag noch nicht aufgefallen sind, verraten können, weil auch geringfügige körperliche Reize im Traum verstärkt erlebt werden.

QUELLEN DES TRAUMINHALTS

- **Von außen kommende Reize**, die auf den Schlafenden einwirken, können im Traum umgedeutet werden. Geringfügige Reize können oft zu eindrucksvollen, affektiv betonten Trauminhalten verarbeitet werden. Berühmt geworden ist der folgende Traum von ***Maury***, den *Sigmund* ***Freud*** in seiner „Traumdeutung" mitteilt: ***Maury*** träumt von der Schreckensherrschaft zur Zeit der Französischen Revolution, ist an Mordszenen beteiligt und wird schließlich vor den Gerichtshof zitiert. Er sieht dort Robespierre, Marat und andere, steht ihnen Rede und wird schließlich verurteilt. Von einer Menschenmenge begleitet, wird er zum Schafott geführt. Er steigt aufs Schafott, der Scharfrichter bindet ihn auf das Brett; es kippt um; das Messer der Guillotine fällt herab; er fühlt, wie sein Haupt vom Rumpf getrennt wird, wacht in entsetzlicher Angst auf – und findet, dass der Bettaufsatz herabgefallen war und seine Halswirbel getroffen hatte, während er träumte, ähnlich wie das Messer der Guillotine.

  Der gleiche Sinnesreiz, z.B. das Rasseln des Weckers, kann auf unterschiedliche Weise in Träume eingefügt werden: als Glockenläuten, als Zerbrechen von Porzellangeschirr, als Klirren von Waffen usw. Der Sinnesreiz wird im Traum nicht richtig gedeutet, sondern illusionär verkannt.

- Auch **innere Reize**, Körpergefühle, können den Trauminhalt beeinflussen. Ein leerer Magen kann zu einem Traum führen, bei dem man an einer reich gedeckten Tafel sitzt und den Speisen zuspricht. Bei Herz- und Lungenkranken finden sich häufig ausgesprochene Angstträume.

- Oft sind so genannte **Tagesreste** im Traum enthalten. Das sind verschiedene Reize, die während des Tages auf den Menschen eingewirkt haben und klar bewusst („bemerkt") wurden, aber auch solche, die unbemerkt („unterschwellig") geblieben sind, wie im Beispiel des Träumenden auf S. 176.

THEORIEN ÜBER URSACHEN DES TRAUMES

Umstritten ist die Frage, warum es überhaupt zu einem Traum kommt. Eine ➢ Theorie versucht die Entstehung von Träumen **physiologisch** zu erklären. Danach sind nicht alle Hirnregionen durch den Schlaf in gleichem Ausmaß ausgeschaltet; der Traum ist ein „partieller Wachzustand des Gehirns". In einzelnen Teilen des Gehirns laufen beim Schlafenden Vorgänge ab, die zu einem bewussten Geschehen, dem Träumen, führen.

Nach einer anderen Theorie haben Träume die Aufgabe, die Dinge, die während des Wachseins unfertig geblieben sind oder unterdrückt wurden, zum Vorschein zu bringen.

Dadurch hätte der Traum eine entlastende und **heilende Funktion**. Manchmal kann der Traum sogar eine **produktive Aufgabe** erfüllen: Ein ungelöstes Problem, das einen tage- oder wochenlang beschäftigt, kann plötzlich im Traum erledigt werden, nach dem Erwachen ist auf einmal die ersehnte Lösung da.

PSYCHOANALYTISCHE TRAUMTHEORIE

Nach ***Freuds*** Theorie sind alle Träume im Grunde **Wunschträume**. Der Traum ist nicht sinnlos und absurd, wenn auch meist die logischen Zusammenhänge fehlen und die höheren Denkleistungen ausgeschaltet sind, oftmals auch die sonst vorhandenen moralischen Hemmungen, sodass wir uns mitunter fragen, wieso wir so etwas überhaupt träumen können. Wenn z.B. jemand, der die Beine bandagiert hat, träumt, dass er fliegt oder Ski fährt, so ist dieser Traum Ausdruck einer Wunscherfüllung, sich von den Bandagen zu befreien und voll beweglich zu sein – ein Wunsch, der sicher auch nach dem Aufwachen vorhanden, jedoch unerfüllbar sein wird. (Dieses Beispiel wurde experimentell untersucht.)

In der psychoanalytischen Behandlung wird versucht, den Zugang zum ➢ Unbewussten zu finden. Zu diesem Zweck entwickelte ***Freud*** zuerst die Methode der **freien Assoziation** (s. S. 220). In der **Traumdeutung** schließlich wird die „via regia", der „Königsweg" zum Unbewussten beschritten.

Es gibt Analogien zwischen Bildern der Kunst und des Traums. *Die Sauger, um 1908, Alfred Kubin*

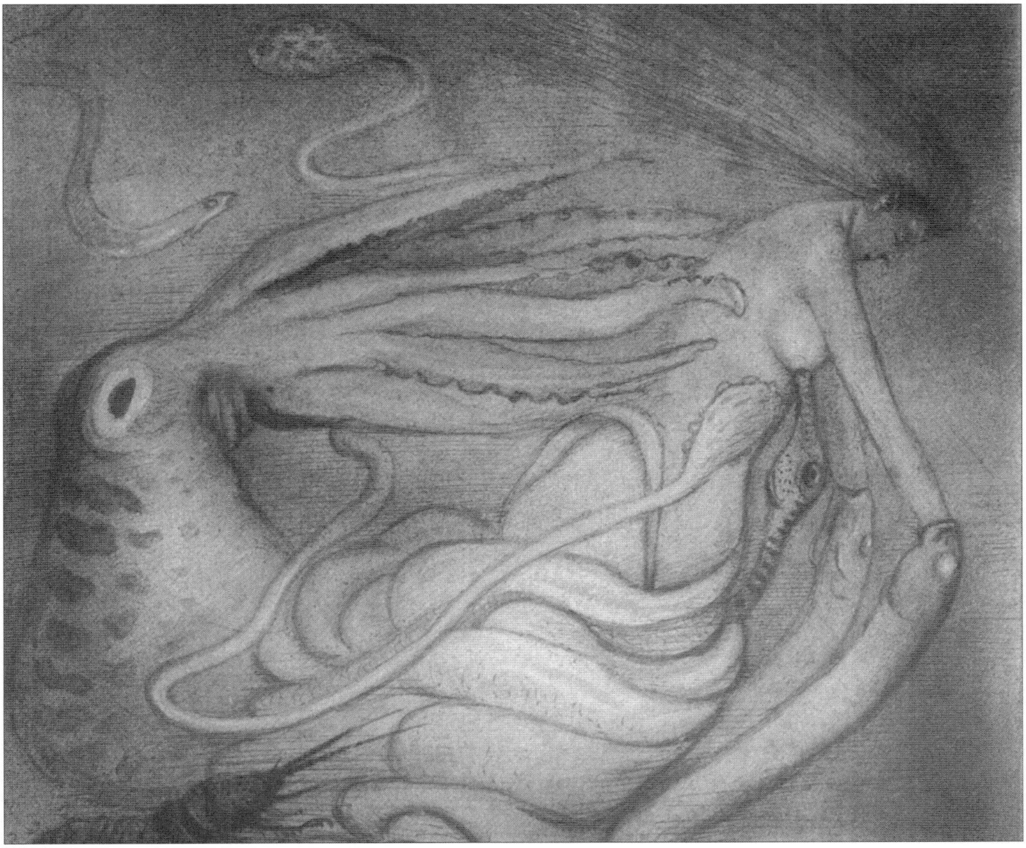

Trauminhalt

Latenter und manifester Trauminhalt: Wunscherfüllungen zeigen sich im Traum nur selten so unverhüllt, wie z.B. bei Kindern: Ein kleines Mädchen träumt, es bekäme von seiner Mutter jene Bonbons, die ihm am Tag vorher verweigert wurden. Meist zeigt sich die Wunscherfüllung nur verdeckt. Auch die so häufigen Angstträume entpuppen sich bei einer psychoanalytischen Deutung als Wunscherfüllung, die sich als latenter Trauminhalt hinter dem manifesten Angsttraum verbirgt.

Latenter (verborgener) Trauminhalt ➤ **Manifester** (offener) Trauminhalt

Unverhüllte Wunscherfüllung: bezieht sich auf unmoralisch empfundene, sozial nicht akzeptable Wünsche, die so nicht ins Bewusstsein dringen „dürfen“.

Verhüllte Wunscherfüllung: tatsächlich „erlebter“ Traum; Wunscherfüllung dringt als manifester Trauminhalt zum Bewusstsein (im Traum) vor.

Dazwischen schiebt sich die **Zensur**; diese wird von der **Traumarbeit** geleistet, und zwar durch: **Verdichtung, Verschiebung, Symbolik**.

Traumarbeit

Um aus dem eigentlichen, latenten Trauminhalt den zugelassenen manifesten Trauminhalt zu formen, bedient sich die Traumarbeit verschiedener Mittel:

- Durch **Verdichtung** werden z.B. verschiedene Gestalten mit ähnlichen Merkmalen zu einer einzigen Figur „verdichtet“: Der Lehrer im Traum kann das Gesicht des Vaters, die Uniform eines Polizisten, die Brille des Vorgesetzten haben.
- Durch **Verschiebung** wird der an einen Menschen oder Sachverhalt geknüpfte ➢ Affekt auf eine harmlosere Sache verschoben: Eine Patientin ***Freuds*** z.B. träumte, dass ein Maikäfer, dem sie die Freiheit gab, beim Schließen des Fensters getötet wurde. Die Analyse des Traums ergab, dass das im Traum auftretende Gefühl des Ekels eine Beziehung zu Konflikten mit ihrer Familie hatte.
- Mit der **Symbolisierung** verfügt die Psyche des Menschen über die Fähigkeit, rational nicht erfassbare oder nicht in Worten ausdrückbare Sachverhalte durch ein Bild, ein Zeichen oder einen anderen sinnlichen Eindruck (z.B. Farbe) dem Verständnis näher zu bringen. Symbole, die so im Traum auftreten (auch in der Kunst sowie in Märchen, Mythen und Sagen – s. dazu „Analytische Psychologie“ nach *C. G.* ***Jung***, S. 199 ff.), sind oft von starken Gefühlen begleitet. Ein ➢ Symbol ist mehrdeutig, es können in ihm sogar zugleich gegensätzliche Inhalte durch Verdichtung ausgedrückt werden. Ein solches Symbol ist etwa das Kreuz, das – außer seiner religiösen Bedeutung des Leidens und der Erlösung – auch den Raum (Längs- und Querbalken als Koordinaten) und die Unendlichkeit darstellt. Die Schlange ist Symbol der Klugheit und der Heilung (vgl. den Äskulapstab oder die Rolle einer Schlange in manchen Märchen), aber auch der Vergiftung und Verführung (tödlicher Biss einer Schlange, Paradiesschlange usw.).

Freud hat die allen Völkern geläufige Sexualsymbolik ins Zentrum gerückt: Alles Lange, Ragende, Aufgerichtete, z.B. ein Stab, ein Turm, ein Berg, ein Obelisk, repräsentiert Männliches. Alles Hohle, Ebene, Runde, Ausgebreitete, z.B. eine Schale, eine Vase, ein Zimmer, ein Labyrinth gilt als weibliches Symbol. Die Symbolik wird nicht vom Traum hergestellt, sondern ist „eine Eigentümlichkeit – wahrscheinlich unseres unbewussten Denkens", und sie liefert der Traumarbeit „das Material zur Verdichtung, Verschiebung und Dramatisierung" (nach ***Pongratz***). ***Freud*** entdeckte im Traum und seiner Entstehung Gesetzmäßigkeiten, die für ihn auffallende Analogien zu denen der ➢ Neurose und der neurotischen Symptombildung zeigen: Das Symptom, Bilder des Traums, aber auch Kunstwerke drücken eine Skala von Kompromissbildungen zwischen ➢ Trieb und Triebverzicht, zwischen ➢ Lust- und ➢ Realitätsprinzip aus (s. S. 217).

Traumanalyse

Der ursprüngliche latente Trauminhalt kann erst wieder durch eine Analyse des entstellten Traumbildes bewusst gemacht werden. Der Traum ist eine bedeutsame Auseinandersetzung mit wichtigen Lebensfragen. Durch eine passende Deutung des Traumes (etwa im Rahmen einer ➢ Psychotherapie) können verdrängte Inhalte wieder in das ➢ Bewusstsein übernommen werden und – da sie mit starken ➢ Affekten verbunden, also „energetisch geladen" sind – dem bewussten Ich Energien zuführen, die vorher im unbewussten ➢ Konflikt gebunden waren.

Die Deutung eines Traumes sollte nicht spielerisch gebraucht werden, indem man z.B. einem anderen erklärt: „Wenn du von einer Schlange geträumt hast, dann bedeutet es dieses oder jenes ...". ***Freud*** hat immer wieder darauf aufmerksam gemacht, dass es unzulässig ist, einem anderen die Deutung seiner Träume und Einfälle sozusagen „an den Kopf zu werfen", denn dies kann auf Irrwege führen oder sogar schaden. Nutzen für die Seele bringen dem Menschen nur Deutungen, die er (z.B. in einer psychoanalytischen oder ähnlichen Psychotherapie) selbst findet.

Der Traum

- *ist als codierte Botschaft aufzufassen, weil ...*
- *ist biologisch sinnvoll, da z.B. ...*
- *ist mit einer Fantasievorstellung insofern vergleichbar, als ...*
- *bedient sich der Mittel der Kunst insofern als ...*
- *ist im EEG (EOG) wie folgt festzustellen: ...*

DER AUFBAU DER PERSÖNLICHKEIT

Freud entwickelte aus den praktischen Erfahrungen seiner psychoanalytischen Arbeit mit Patienten ein Persönlichkeitsmodell, das folgende „Instanzen" der menschlichen Persönlichkeit umfasst: das ➢ **Es**, das ➢ **Ich** (**Ego**) und das ➢ **Über-Ich** (**Superego**).

- Das Es ist die ➢ ontogenetisch älteste der psychischen Instanzen und beinhaltet alles, was ererbt, bei der Geburt mitgebracht und sozusagen konstitutionell festgelegt ist, vor allem die ➢ **Triebe** (s. S. 185 ff.). Das Es bleibt unbewusst und nur indirekt zugänglich und stellt den Urgrund dar, aus dem sich das Ich und das Über-Ich entwickeln. Das Es liefert diesen die seelische Energie (**Triebenergie**), deren sie sich zur Erfüllung ihrer Aufgaben bedienen. Das Es wird als Bedürfnis- oder Triebspannung erlebt, und diese Spannung drängt auf Befriedigung des Bedürfnisses. Diese aus dem Es kommenden Bedürfnisse dienen dem ➢ **„Lustprinzip“**.
- Das Ich grenzt sich im Laufe der seelischen Entwicklung durch die Auseinandersetzung mit der Außenwelt vom Es ab. Die zu Beginn des Lebens ungesteuerten und unkontrollierbaren Äußerungen der Triebe stoßen in der Außenwelt (der „Realität“) auf Widerstand. Demgemäß übernimmt das Ich als ➢ **„Realitätsprinzip“** die Aufgabe, die aus dem Es stammenden Bedürfnisse zu prüfen und sie auf die Bedingungen der Umwelt abzustimmen, d.h. einige in der Realität durchzusetzen, andere aufzuschieben oder zu unterdrücken. Das Ich sorgt dafür, dass zwischen den Trieben (Es), der Außenwelt (Realität) und den Anforderungen des Über-Ich ein Gleichgewicht (➢ Homöostase) hergestellt wird. „Eine Handlung des Ichs ist dann korrekt, wenn sie die Ansprüche von Es, Realität und Über-Ich zu versöhnen weiß“ (***Freud***). Die Vermittlung geschieht durch Kompromisse, die manchmal nur in neurotischer (s. S. 217) Form gelingen. ***Freud*** spricht deshalb auch vom „Ich als Angststätte“.
- Das *Über-Ich* vereinigt in sich einerseits das **„Ich-Ideal“** – das Bild von dem, was „ich gerne sein möchte“ – andererseits die ethischen und sozialen ➢ Normen einer Kultur oder Gesellschaft, d.h. jene Vorstellungen, die sich im Laufe ihrer Geschichte zu einem für alle Mitglieder verbindlichen „Wertsystem“ entwickelt haben. Das Kind übernimmt gewöhnlich die Ideale seiner Leitbilder, der Eltern und anderer Erzieher, indem es sich mit diesen Leitbildern **identifiziert** und sich deren Eigenschaften und Handlungsweisen aneignet. Diesen Vorgang der „Einverleibung“, bei dem das frühere „Außen“, also die Gebote und Verbote der Umgebung, nun zu einem „Innen“ werden, bezeichnet die ➢ Psychoanalyse als ➢ **Introjektion**. Die Struktur des Über-Ich hängt daher wesentlich von der Erziehung ab. Eine Kette von ausgewogenen, miteinander in einem harmonischen Gleichgewicht stehenden ➢ Identifikationen ist Voraussetzung für die **Identitätsfindung**, d.h. für die Bildung einer ausgeglichenen, reifen Persönlichkeit. Blinde, kritiklose Identifikationen (z.B. schablonenhafte Nachahmung eines Idols ohne Berücksichtigung der eigenen Persönlichkeitsstruktur) erschweren die Identitätsfindung, stören die Anpassung an die Realität und können zu neurotischen Störungen führen.

  Die Funktion des Über-Ich stellt eine wesentliche Aufwandsersparnis, ein entlastendes Prinzip dar: Es fungiert als „innere Stimme“, die den Erwachsenen unter normalen Bedingungen zu richtigen Reaktionen veranlasst, ohne dass er jedes Mal sämtliche äußeren Umstände aufs Neue einzeln prüfen oder eine Autorität um Rat fragen muss.

DIE INSTANZEN DER PERSÖNLICHKEIT

Die drei dargestellten Instanzen sind allerdings nicht so klar voneinander abgegrenzt, wie die Abbildung vermuten lässt, sondern gehen teilweise ineinander über.

DAS TRIEBMODELL UND DIE STUFEN DER TRIEBENTWICKLUNG

DAS TRIEBMODELL

Für ***Freud*** besteht das Wesen des Menschen in Triebregungen, die auf die Befriedigung von Bedürfnissen zielen. Er postuliert zwei Grundtriebe, und zwar den ➢ **Eros** (Lebenstrieb) und den ➢ **Destruktions**- oder **Aggressionstrieb** (Todestrieb). Das Mit- und Gegeneinanderwirken dieser beiden Grundtriebe ergibt nach ***Freud*** die ganze „Buntheit der Lebenserscheinungen".

- Die Energie des **Eros** nennt ***Freud*** ➢ **„Libido"**. Die Entwicklung der Libido ist nur in den Erscheinungsformen, denen sie zugrunde liegt, fassbar, nämlich in der Entwicklung der **Sexualität**. An der zentralen Bedeutung der Sexualität hat ***Freud*** stets festgehalten. Allerdings umfasst sein Begriff der Sexualität nicht nur die Funktionen, die der Fortpflanzung dienen – diese nennt ***Freud*** „genital" – sondern alle „Funktionen der Lustgewinnung aus den Körperzonen", aber auch die Zärtlichkeit und jede Art von Zuneigung, die auf die Herstellung von Gemeinschaft gerichtet ist. Dabei wechselt er oft die Terminologie und spricht statt vom „Sexualtrieb" vom Eros. Die sexuelle Entwicklung beginnt nicht erst in der Pubertät, sondern bald nach der Geburt.
- Der **Destruktionstrieb** wird teilweise – in „gebändigter Form" – in den Dienst der Aufgabe gestellt, sich im Leben durchzusetzen; um das zu erlangen, was man braucht, muss man tierisches und pflanzliches Leben zerstören, man muss sich gegen Konkur-

renten durch in Bahnen gehaltene Anwendung der ➢ Aggression behaupten usw. Die kulturelle und soziale Entwicklung hemmt einen beträchtlichen Anteil des Destruktionstriebs in seiner Äußerung, sodass er latent im Inneren der Person verbleibt. Wie die Aggression, deren Entladung gehemmt wird, ihre Richtung umkehrt und sich gegen die eigene Person wendet, „demonstriert oft eine Person im Wutanfall, wenn sie sich die Haare rauft, mit den Fäusten ihr Gesicht bearbeitet, wobei sie offenbar diese Behandlung lieber einem anderen zugedacht hätte" (***Freud***, „Abriss der Psychoanalyse").

DIE STUFEN DER TRIEBENTWICKLUNG

Freud hat seine Auffassung, dass aus Störungen der Entwicklung der Sexualität einerseits ➢ **Neurosen**, andererseits ➢ **Perversionen** erwachsen, **Sexualtheorie** genannt. Die Darstellung der Libidoentwicklung im Verlauf der kindlichen Entwicklung ist daher eine wesentliche Grundlage der ➢ psychoanalytischen ➢ Theorie, die zum Verständnis der daraus abgeleiteten psychoanalytischen Behandlungsmethode unentbehrlich ist.

Die Sexualität des reifen Erwachsenen muss sich von klein auf entwickeln. Der Sexualtrieb durchläuft verschiedene Vorstufen, so genannte libidinöse Phasen, bei denen jeweils verschiedene Körperzonen (Mund, After usw.) als hauptsächliche Lustquelle dienen. Wenn diese Vorstufen möglichst störungsfrei bewältigt wurden, mündet die Entwicklung in die „reife Sexualität", d.h. dem Menschen ist die Fähigkeit gegeben, in reifer Weise glücklich lieben zu können. Dabei wird in den späteren Jahren immer wieder die frühkindliche ganzheitliche Sinnlichkeit und Zärtlichkeit reaktiviert. Deshalb ist die möglichst wenig behinderte Entfaltung der **prägenitalen Sexualität** so wichtig für eine seelisch gesunde Entwicklung.

1905 veröffentlicht Freud seine „Drei Abhandlungen zur Sexualtheorie".

- *Sex einfach zu genießen, ist gar nicht so einfach. Wie wird Sexualität im Allgemeinen betrachtet?*

Mit der Geburt des Menschen beginnt seine Auseinandersetzung mit der Umwelt. Er muss sich selbst allmählich von allem, was außerhalb befindlich ist – den „Objekten", zu denen auch alle Bezugspersonen gehören – abgrenzen. Die Psychoanalyse nennt diesen Vorgang „libidinöse Besetzung". Allerdings erlebt sich das Kind anfangs selbst noch nicht als ein von der Umwelt scharf abgegrenztes Ich, sondern empfindet die Umwelt als mit sich selbst identisch. Seine ➢ Libido ruht zunächst in ihm selbst, sie ist „**narzisstische**" Libido. Durch die allmähliche Abgrenzung der Objekte vom eigenen Ich wird die Möglichkeit, aus dem Reservoir narzisstischer Libido eine „**Objekt**"-**Libido** auszuschicken (Objekte „libidinös zu besetzen") vorgeformt. Das Kind beginnt, andere Menschen zärtlich zu lieben, und diese Liebe ist die Hauptbedingung für die spätere gesunde Liebes- und Glücksfähigkeit. Bei normaler Entwicklung wird das Kind befähigt, die Liebe statt dem eigenen Selbst anderen Menschen und Zielen zuzuwenden.

1. Die orale Phase (ca. 1. Lj.)

Während des ersten Lebensjahres konzentriert sich das Interesse des Säuglings in erster Linie auf die Nahrungsaufnahme. Das **Saugen** an der Mutterbrust ist der erste wichtige Kontakt mit der Außenwelt und zugleich der erste **Lustgewinn** (***Freud*** spricht vom „Wonnesaugen") des Kindes. Das erste Organ, das einen „libidinösen Anspruch" stellt, ist der Mund, deshalb die Bezeichnung „orale Phase".

In der „spätoralen Phase" geht die Betätigung des Säuglings in die aktive Form des Beißens über und erhält damit einen mehr „aggressiven" Charakter. Der Drang zur Bemächtigung seiner Umwelt nimmt zu und ist von Anfang an nicht nur durch die Zahnbildung reifungsbedingt und Ausdruck von Ungeduld und Unbefriedigtheit, sondern auch lustbetont.

Von einem Menschen, der andere ausnützt, pflegt man zu sagen, er „sauge" den anderen aus. Das Saugen an der Zigarette oder das Lutschen am Bonbon werden als lustvoll erlebt. Das Kauen von Kaugummi, aber auch an Bleistiften, Pfeifen und Brillen ist eine beliebte „orale Ersatzbefriedigung". Aggressive Charaktere pflegen „bissige" Bemerkungen zu machen usw.

2. Die anale Phase (ca. 2. Lj.)

Nun wird die Analregion zur leitenden „erogenen" Zone. Die Ausscheidungsfunktionen ziehen nun das Interesse des Kindes an. Die anale Phase wird deutlich von kulturellen Normen beeinflusst; Sauberkeit ist in den meisten Kulturen eine Norm. Dieser soziokulturelle Druck auf die Ausscheidungstätigkeit hat eine Kehrseite. Das Kind kann opponieren und die gefüllte Blase statt in den Topf ins Bett entleeren. Es wagt den Kampf mit den Eltern, weiß, dass es ein Machtmittel besitzt, mit dem es sie treffen kann, weil es z.B. meint, von ihnen nicht genug geliebt zu werden (so werden z.B. manchmal Kinder, nachdem sie die Sauberkeit bereits erlernt haben, bei der Geburt eines Geschwisterchens wieder „rückfällig"). Das „Hergeben" des Darminhalts kann das Kind andererseits mit Stolz erfüllen, und es wird sich freuen, wenn es weiß, dass es damit der Mutter eine Freude macht.

Von der liebevollen oder strengen Erziehungsmethode in dieser Entwicklungsstufe wird der spätere Lebensstil maßgeblich beeinflusst. Es wird hier die Mischung von libidinösen und destruktiven Strebungen aufgebaut, die einander beim normalen Kind die Waage halten und ergänzen. Ob später die Aggressionsbereitschaft oder die positiven, zärtlichen Strebungen der Mitwelt gegenüber überwiegen, hängt nach Auffassung der ➢ Psychoanalyse weit gehend von den Erfahrungen in dieser Phase ab. Je nachdem, wie ein Kind lernt, seine Körperfunktionen zu „meistern", wird es später mit Macht, Besitz und Leistung umgehen.

Die Psychoanalyse spricht vom „analen Charakter", wenn jemand halsstarrig, kleinlich, pedantisch, geizig und tyrannisch ist. Die Freude an der Macht kann sich dabei zur Tyrannei über die Umgebung, zur geizigen Anhäufung von Geld, Gütern und zur „Arbeitswut" steigern. Den aggressiven Aspekt der Darmentleerung kennen Alltag (vergleiche gewisse Ausdrucksweisen bei Wut und Ärger) und Dichtung (z.B. jemandem „einen Haufen vor die Tür setzen" bei Götz von Berlichingen) (nach ***Pongratz***).

3. Die phallische Phase (ca. 3. – 5. Lj.)

Jetzt entwickelt das Kind eine natürliche Neugier für sein Genitale. Das Adjektiv „phallisch" bezeichnet, genau genommen, nur die männliche Sexualausstattung. Auf das Mädchen trifft es nur indirekt zu, sofern dieses das Interesse am Penis – weil er ihm fehlt – mit dem Jungen teilt, aber auch, weil die Clitoris als Organ sexueller Erregung das Analogon zum Penis ist (daher wird beim weiblichen Geschlecht auch von „clitorieller Phase" gesprochen). In dieser Phase erlangt der **Geschlechtsunterschied** Bedeutung. In psychoanalytischer Sicht entdeckt der Knabe, dass er etwas besitzt, was dem Mädchen fehlt; das stützt seinen Penisstolz. Das Mädchen seinerseits bemerkt in dieser Zeit einen Mangel und neigt zum „Penisneid". (Das Konstrukt des „Penisneides" gab Kritikern Anlass zu der Überlegung, dass es sich dabei wohl weniger um den Penis, sondern eher um die Privilegien, die damit verbunden waren und teils noch sind, handeln dürfte, was von ***Freud*** nicht bedacht wurde.)

Die orale, anale und phallische Phase (die einander allerdings nicht glatt ablösen, sondern überlagern) bilden zusammen den **prägenitalen** Entwicklungsabschnitt. Er ist der erste Schub der sexuellen Entwicklung, die „Frühblüte der Sexualität". ***Freud*** hat mit dieser Beschreibung das Tabu von der Unschuld des Kindes verletzt, insbesondere durch seine Beschreibung der autoerotischen Befriedigung des Kindes auf dieser Entwicklungsstufe.

Ödipuskonflikt und Kastrationskomplex:

Mit der phallischen Phase fällt die Zeit zusammen, in der das Kind im „Ödipuskonflikt" steht. Dieser ➢ Konflikt nimmt eine zentrale Stellung innerhalb der psychoanalytischen Lehre ein. Mit der Bildung einer zärtlichen Bindung an den gegengeschlechtlichen Elternteil und dem Wunsch, den gleichgeschlechtlichen von dessen Seite zu verdrängen, entwickelt der Knabe eine rivalisierende Feindseligkeit gegen seinen Vater, das Mädchen gegenüber der Mutter. Dadurch gerät das Kind in eine Konfliktsituation, die ***Freud*** als Ödipuskonflikt bezeichnet hat. Beim männlichen Geschlecht wird der Ödipuskonflikt durch den **Kastrationskomplex** „abgelöst" oder, wie ***Freud*** selbst formuliert, „vernichtet". Der Knabe befürchtet, durch den Vater das Genitale einzubüßen, weil er die Mutter „begehrt". Aus Angst identifiziert er sich mit dem übermächtigen Aggressor, dem Vater, und ist nun bereit, dessen ➢ Werte (und zugleich die Werte der väterlichen Kultur) zu übernehmen. Auf diese Weise erfolgt nach ***Freud*** die **Gewissensbildung**. Die auf die Mutter als Ziel gerichtete „Verliebtheit" wird aufgegeben. Die Strebungen, die der Mutter gelten, werden durch ➢ Verdrängung ihrer aggressiv-sexuellen Anteile zu rein zärtlichen Strebungen gemildert, die sich später in der zärtlichen Strebung des Liebeslebens äußern. Die der Verdrängung anheim gefallenen sexuellen Tendenzen werden teilweise **sublimiert** (s. S. 192), d.h. als Energie der Bewältigung nichtsexueller, gesellschaftlicher und kultureller Aufgaben dienstbar gemacht. Teilweise bleiben sie so lange latent, bis sie in der Pubertät wieder erweckt werden, um – in veränderter Form – zum Aufbau der **reifen Sexualität** beizutragen.

Die Parallelen zwischen der antiken Sage und dem ➢ Ödipuskonflikt sind im Wesentlichen diese: Kampf gegen den Vater, Liebe zur Mutter, Unbewusstheit dieser Situation, Schuldgefühle und Selbstbestrafung, da menschheitliche Tabus verletzt wurden. Das **Inzestmotiv** und dessen Tragik hat die Menschen immer wieder bewegt. Dies zeigt ein Blick in die Dichtung, angefangen von den großen griechischen Tragödien bis in die Moderne. ***Freud*** hat auch auf die Darstellung ödipaler Bindungen in ***Shakespeare****s* Dramen „Hamlet" und „Macbeth" usw. hingewiesen.

1. *Lesen Sie in einem griechischen Sagenbuch über Ödipus nach!*
2. *Das Ödipus-Motiv bzw. Inzestmotiv wurde in Filmen, in Werken der Literatur und Musik bearbeitet. Besprechen Sie gemeinsam die Ihnen bekannten Werke, erweitern Sie Ihre diesbezüglichen Kenntnisse in den einschlägigen Unterrichtsfächern.*

Kritik an der Theorie des Ödipuskonflikts (-komplexes):

Der Ödipuskomplex ist zweifellos eines der meistkritisierten Phänomene der ➢ Tiefenpsychologie.

- *Erich* ***Fromm*** (s. auch S. 166 f., 203 ff.) spricht von ***Freud****s* Entdeckung der ödipalen Bindung an die Mutter als von einem der „bedeutsamsten Phänomene", schränkt aber zugleich die Bedeutung dieser Bindung wesentlich ein: Es sei „nicht das sexuelle Begehren, das diese Beziehung zur Mutter so intensiv und vital macht. Diese Intensität beruht auf der Sehnsucht nach dem [...] paradiesischen Zustand [...]". Gemeint ist jener Zustand des Kindes, in dem es sich trotz aller Gefahren und aller Hilflosigkeit beschützt und geborgen weiß, weil die Mutter „mit ihrer Liebe alle Gefahren abwehrt". Die Sehnsucht nach der Mutter sei also in der Existenz des Menschen selbst begründet, in der Kindheit ebenso wie im Erwachsenenalter, da es in jedem Lebensalter Situationen der Angst und Hilflosigkeit gebe. Rein sexuelle Beziehungen seien meist auch sehr kurzlebig, die Bindung an die Mutter zeichne sich hingegen durch Dauerhaftigkeit aus.

  Fromm sieht ***Freud****s* ➢ Theorie der inzestuösen Wünsche im Ödipus-Mythos darüber hinaus keineswegs bestätigt. In der Mythologie heiratet Ödipus seine Mutter Jokaste nicht aus sexuellem Begehren, sondern aus staatspolitischen Erfordernissen. Auch erschlägt Ödipus seinen Vater nicht wissentlich, etwa aus Eifersucht, er begegnet seinem Vater als einem Fremden, der – zufällig – seinen Zorn erregt. Der Vater-Sohn-Konflikt sei – so ***Fromm*** – keineswegs eine Folge der sexuellen Rivalität zwischen Vater und Sohn, sondern vielmehr ein Merkmal der patriarchalischen Gesellschaft, in der der Vater über den Sohn herrsche.

- *Horst Eberhard* ***Richter*** kritisiert die im Zuge der Ödipus-Phase ins Kindheits-Ich introjizierte Vater- bzw. Elternautorität mit dem Einwand, dass ***Freud*** sich zu einseitig mit der Einverleibung der Eltern durch das Kind beschäftigt und dabei gänzlich die Tatsache vernachlässigt habe, dass „die Eltern ihrerseits sich des Kindes bemächtigen und es ihren Wünschen und ➢ Projektionen unterwerfen". Die Neurotisierung des Kindes sei in vielen Fällen darauf zurückzuführen, dass sich Eltern des Kindes bemächtigten als: Substitut (Ersatz) für einen Partner, als Substitut für einen Aspekt des eigenen Selbst, als Substitut der eigenen negativen Identität oder etwa durch „Verwendung" des Kindes als Bundesgenossen (z.B. im Zuge einer Scheidung).
- **Andere Richtungen** wiederum bezweifeln nicht das Vorhandensein des Ödipuskomplexes, verweisen aber darauf, dass die im Zuge der ödipalen Phase in der Familie zwangsläufig erworbene Autoritätshörigkeit schwerwiegende politische Folgen habe. In dieser Phase werde die Bereitschaft, sich dem Staat oder einer religiösen Gemeinschaft unterzuordnen, in einem Maße forciert, die einer Gesellschaft nicht zuträglich sein könne. Staat und Religion würden demnach als Autoritäten aufgefasst – stellvertretend für den einst verfolgenden, strafenden Vater –, denen man sich allzu willig und kritiklos beuge. Die Familie sei daher, aufgrund ihrer ödipalen Konstellation, sozusagen als Produzent und Garant ödipal geschädigter, autoritätshöriger Bürger abzuschaffen.

?

- *Wie beurteilen Sie diese Standpunkte? Diskutieren Sie darüber!*

4. Die Latenzperiode (ca. 6.–14. Lj.)

Der phallisch-ödipalen Phase folgt die Latenzzeit Es ist die eigentliche **Lernzeit**, in der das Kind die infantilen Triebe sublimiert und sich an die von Vater und Mutter und anderen Erziehungspersonen übermittelten ➢ Normen anpasst. Dass sexuelle Interessen in dieser Periode ganz stumm sind, ist unwahrscheinlich, jedoch stehen das Erlernen von kulturspezifischen Geboten und Verboten und die Aneignung von sozialen ➢ Werten und Wertungen im Vordergrund.

5. Die genitale Phase

Die genitale Phase beginnt mit der **Pubertät**. Die in den frühen Phasen ausgebildeten **Partialtriebe** (oral, anal, phallisch) müssen dem „Genitalprimat" untergeordnet und integriert werden. Alle Partialbestrebungen, die nicht sublimiert werden, müssen unter dem Genitalprimat so vereinigt werden, dass sie einen kontinuierlichen Ablauf der sexuellen Erregung gewährleisten. Wenn alle sinnlichen und zärtlichen Strebungen gemeinsam jeweils auf ein Liebesobjekt gerichtet sind, ist die ideale Norm der **reifen Sexualität** erreicht.

TRIEBENTWICKLUNG

1. ORALE PHASE	*Saugen, Beißen*
2. ANALE PHASE	*Zurückhalten - Geben*
3. PHALLISCHE PHASE	*Ödipuskonflikt und Kastrationskomplex, Gewissensbildung*
4. LATENZPHASE	*Triebsublimierung*
5. GENITALE PHASE	*Reifung des Geschlechtsbewusstseins*

DIE ABWEHRMECHANISMEN, IHRE ENTSTEHUNG UND FUNKTION

Die Äußerungen der Tätigkeit des ➢ Unbewussten sind von ***Freud*** zuerst an den ➢ Fehlleistungen beobachtet worden. Es gibt aber außer diesen „negativen" Fehlleistungen auch zahlreiche positive Leistungen des Unbewussten. Die Anpassung an die Realität, die Bewältigung der Aufgaben des täglichen Lebens gehen zu einem bedeutenden Teil unbewusst oder mit Hilfe unbewusster Mechanismen vor sich. Unter anderem lernt der Mensch im Laufe seines Lebens, Gefahren zu vermeiden.

FORMEN DER ANGST

Gefahren und Ängste begleiten die Entwicklung des Kindes von früh an. Es seien hier - grob schematisiert - die wichtigsten **Formen der Angst** wiedergegeben:

Angst vor ***OBJEKTVERLUST*** *(Trennungsangst)*
Sie herrscht in der Zeit, in der das Kind beginnt, Objekte außerhalb von sich wahrzunehmen und sie libidinös zu besetzen (s. S. 187). Gleichzeitig ist es hinsichtlich der Befriedigung seiner Bedürfnisse noch restlos auf die Mutter / Pflegeperson angewiesen.

Angst vor ***LIEBESVERLUST***
Sie entwickelt sich mit der Differenzierung der affektiven und kognitiven Fähigkeiten des Kindes.

KASTRATIONSANGST
Sie resultiert aus den Spannungen in der Beziehung zu den Eltern und äußert sich in einer generellen Angst vor Bestrafung oder Vergeltung.

GEWISSENSANGST
Sie entsteht mit der Über-Ich-Konsolidierung in der ödipalen Phase. Elterliche Belohnungen und Bestrafungen werden ➢ „introjiziert" und als eigene innere Stimme wahrgenommen (s. S. 184).

Angst vor ***REALEN GEFAHREN***
Diese normale Angst entspricht einer realistischen Einschätzung von Bedrohungen.

Die genannten Ängste können in Situationen, die das ➢ Ich des Erwachsenen überfordern, regressiv (s. S. 194 f.) wieder erlebt werden. Hand in Hand mit der Angstentwicklung bildet das Ich mehr oder weniger automatisierte Verhaltensweisen aus, die ihm ein möglichst ökonomisches Umgehen mit den verschiedenen Ängsten ermöglichen, die aus dem ➢ Es, dem ➢ Über-Ich oder der äußeren, vor allem der sozialen Realität drohen. Dies gilt schließlich auch für andere Gefühle und ➢ Affekte wie Wut, Kränkung, Scham und Schuldgefühle (nach *R.* ***Bock***).

DIE ABWEHRMECHANISMEN

Die von ***Freud*** so benannten ➢ **Abwehrmechanismen des ➢ Ich** (Tochter *Anna* ***Freud*** hat diese in der Monografie „Das Ich und die Abwehrmechanismen" zusammengefasst dargestellt) dienen der Vermeidung von Gefahren, die in Form unerlaubter Triebregungen und unbewusster ➢ Konflikte von innen kommen. Mit ihrer Hilfe wird eine Anpassung an die Umwelt erzielt, allerdings – wenn sie zu massiv und zu einseitig sind – auf Kosten der seelischen Gesundheit: Der Mensch wird zwar angepasst, aber **neurotisch** krank. In schwächerer Ausprägung spielen sie auch beim seelisch Gesunden die durchaus positive Rolle, der Anpassung zu dienen.

Sublimierung

Von **Sublimierung** spricht man, wenn primäre, primitive Antriebe nicht ausgelebt, sondern in kulturelle, sozial höherstehende Strebungen umgewandelt werden. So wird z.B. Aggressivität in hochzivilisierten Kulturen nicht direkt zerstörerisch gegeneinander ausgelebt, sondern in sportliche Kampfspiele und fairen Wettkampf umgewandelt. Es ist wichtig, dass eine Kultur oder Gesellschaft möglichst viele Wahlmöglichkeiten bzw. lohnende Zielsetzungen bereitstellt, damit seelische Triebenergie sublimiert werden kann.

Sublimierung darf nicht mit ➢ **Kompensation** verwechselt werden: Sublimierung heißt, ursprüngliche oder noch unsoziale Regungen in soziale, kulturelle, wissenschaftliche Produktion überzuführen; kompensieren aber bedeutet, angeborene oder erworbene Mängel (körperlicher, geistiger oder sozialer Art) durch besonderen Fleiß wettzumachen oder durch andere Vorzüge zu verdecken (s. ***Adler***, S. 196 ff.).

Verdrängung

Neben der ➢ Sublimierung gilt die Verdrängung als wichtigster Abwehrmechanismus. Unerwünschte Inhalte (Gefühle, ➢ Affekte oder Triebregungen), die mit unseren kulturellen ➢ Normen und Werten und unserem Gewissen unvereinbar erscheinen, werden aus dem ➢ Bewusstsein verdrängt. (So kann z.B. ein Kind heftige Rachefantasien gegen den geliebten Vater unterdrücken, wenn dieser ihm einen Wunsch versagt.) Die Unterdrückung von unannehmbaren Gefühlen beansprucht seelische Energie, die **Verdrängungsenergie**; sie äußert sich beim Versuch, diese Verdrängung aufzuheben. ***Freud*** gebrauchte den Terminus **Widerstand** für die Tatsache, dass sich die Patienten gegen die Bewusstwerdung von unangenehmen Inhalten wehrten. Der unerlaubte Inhalt wird vom Bewusstsein fern gehalten, und unbewusst ist auch der ➢ **Konflikt**, der zwischen solchen unvereinbaren Regungen herrscht. Es bedarf oft einer langwierigen Anstrengung, eine Verdrängung rückgängig zu machen und den Inhalt in das Bewusstsein aufzunehmen (etwa im Zuge einer psychoanalytischen Behandlung).

Der Mensch muss in der Gemeinschaft einen beträchtlichen Teil seiner Wünsche unterdrücken; wenn ein **Triebverzicht** gelingt, ist Verdrängung nicht nötig. Bis zu einem gewissen Ausmaß ist Verdrängen jedoch normal.

Freud spricht von **gelungener Verdrängung**, so lange nicht unverhältnismäßig viel Energie dafür aufgewendet werden muss und der Mensch seelisch gesund bleibt. Von **misslungener Verdrängung** spricht er, wenn der Mensch Wünsche aus seinem Bewusstsein verdrängt, ohne wirklich auf sie verzichtet zu haben. Wird der Bedarf an Verdrängungsenergie zu groß, weil mehrere, einander widersprechende Wünsche aus dem Bewusstsein verdrängt werden müssen, kommt es zu psychischen Störungen.

Wenn aber weder die Verdrängung ausreicht (weil die unerwünschten Gefühle zu gewaltig sind), noch eine Sublimierung möglich ist (weil entsprechende Aufgaben und Ziele nicht zur Verfügung stehen), müssen andere Abwehrmechanismen eingesetzt werden, um eine Anpassung an die Realität und ein seelisches Gleichgewicht zu ermöglichen. In diesem Fall bleibt der Mensch zwar seelisch gesund, sein psychisches Wohlbefinden ist aber ein wenig beeinträchtigt, er ist etwas unfreier und weniger beweglich als andere Menschen, bleibt aber arbeitsfähig und kann in der Gemeinschaft leben. Wird jedoch die seelische Bewegungsfreiheit durch zunehmenden Einsatz von Abwehrmechanismen so stark eingeschränkt, dass das Ich seine Handlungsfähigkeit verliert, so sprechen wir von ➢ **Neurosen** oder sogar ➢ **Psychosen** (s. S. 157, 211 ff.). Die Grenze zwischen psychischer Gesundheit und psychischer Störung ist also fließend. Von der Art des eingesetzten Abwehrmechanismus hängt auch die Form der neurotischen Symptome (Krankheitserscheinungen) ab.

Konversion

Die **Konversion** setzt die seelische Energie eines unterdrückten Gefühls oder ➢ Affekts in körperliche Erscheinungen um. So entsteht aus einem verdrängten psychischen Konflikt anstatt einer seelischen Störung eine körperliche Störung. Bei der ➢ **Hysterie** (dissoziative oder Konversions-Störung) z.B. kommt es zu Lähmungen, Gangstörungen, Sehstörungen („hysterischer Blindheit") usw.; wenn etwa der unerlaubte Wunsch, gegen einen nahen und sonst geliebten Angehörigen im Zorn die Hand zu erheben, verdrängt wird, kann dieser unterdrückte Gewissens- und Gefühlskonflikt zu einer hysterischen Lähmung der Hand führen.

Verschiebung

Bei der **Verschiebung** wird ein peinlicher (unerlaubter) und deshalb aus dem Bewusstsein verdrängter Inhalt durch einen harmlosen (erlaubten) ersetzt. Dabei wird die Affektbesetzung, die ursprünglich zu den peinlichen und deshalb verdrängten Inhalten gehörte, auf den weniger peinlichen oder harmlosen Inhalt verschoben. Auf diese Art entstehen ➢ **Angstneurosen** (Angststörungen), ➢ **Phobien** und ➢ **Zwangsneurosen** (= Zwangsstörungen).

Bei der **Angstneurose** wird das Gefühl der Angst auf etwas Belangloses verschoben, z.B. auf die Scheu vor einer bestimmten Tierart (z.B. Angst vor Mäusen, Spinnen, ...) oder auf die Befürchtung, eine Brücke, über die man geht, könnte einstürzen.

Eine **Zwangsneurose** kann entstehen, wenn etwa ein Mensch so geizig ist, dass seine Familie darunter leidet, er dies auch selbst einsieht, aber von seinem Geiz nicht lassen kann. Dieser Konflikt kann aus dem Bewusstsein verdrängt werden und sich als Kontrollzwang äußern. Die seelische Energie des Affekts wird z.B. auf das Zuschließen der Tür verschoben: Nachdem er seine Tür versperrt hat, muss er zwanghaft immer wieder nachschauen, ob er sie auch wirklich gut verschlossen hat Dies geschieht mit der gleichen seelischen Energie, mit der er am Geld, an seinem Geiz hängt. Das schlechte Gewissen, das er seines Geizes wegen hat, wird jedes Mal in Form der Angst, er könnte doch nicht sorgfältig genug zugesperrt haben, auftreten. Eine andere Form der Zwangsneurose ist der Zählzwang, bei dem zwanghaft Schritte, Pflastersteine, Fenster usw. gezählt werden.

Außenprojektion

Die **Außenprojektion** ist der unbewusste Vorgang, eigene negative, unerlaubte und deshalb unterdrückte Regungen und Wünsche „nach außen", auf andere Menschen, zu „projizieren", d.h. diesen zuzuschreiben.

Der Mechanismus der Außenprojektion hat im menschlichen Alltag große Bedeutung. Wenn etwa Eltern ihrem Kind oder Eheleute dem Partner etwas schenken, was ihnen selber gut gefällt, mit der Begründung: „Er (sie) wünscht sich das so sehr!", dann spielt wohl Außenprojektion eine Rolle. Weitere Beispiele: Ein/e KäuferIn, der/die gerne einen Kunstgegenstand erwerben, dafür aber möglichst wenig Geld ausgeben möchte, ist überzeugt, dass der/die VerkäuferIn ihn/sie betrügen will. Eine Studentin, die in einen Professor verliebt ist, meint, er sehe sie besonders freundlich an und bevorzuge sie deutlich vor den anderen Studentinnen. Staaten, die ihre Kriegsrüstungen mit der Überzeugung begründen, dass der Nachbarstaat sie angreifen will, projizieren ihre eigenen Angriffsgelüste auf den Nachbarn. (Haben jedoch die Staatsmänner des aufrüstenden Staates den bewussten Wunsch, sich den Nachbarstaat einzuverleiben, handelt es sich um eine der eigenen Rechtfertigung dienende Zwecklüge. Es sind aber Übergänge von einem solchen bewussten Vorgang zur unbewussten Außenprojektion möglich).

Bei ➢ **Psychosen** stellt die Außenprojektion einen Abwehrmechanismus der erhalten gebliebenen gesunden Anteile des Seelenlebens gegen die Bedrohung durch die Grundstörung der Krankheit dar. So werden z.B. im **Verfolgungswahn** unterdrückte, aus dem Bewusstsein verdrängte aggressive Regungen des eigenen Seelenlebens anderen zugeschrieben, die dann als Verfolger erlebt werden. Statt etwa zugeben zu können, dass er die anderen hasst, ist der Kranke überzeugt, dass die anderen ihm etwas Böses antun wollen.

Regression

Unter **Regression** versteht man das seelische Zurückweichen auf eine frühere (frühkindliche) Stufe der psychischen Entwicklung, z.B. wenn ein Schulkind in einer angsterregenden Situation, die es nicht bewältigen kann, zum Schnuller oder Saugfläschchen greift, um sich zu beruhigen. Auch das Nägelbeißen gehört zu den durch Regression hervorgerufenen Handlungen, ebenso wie das Saugen, Kauen, z.B. an Zigaretten, Kaugummi, usw. Eine Regression stellt auch das Bettnässen dar, welches unbewusst der Umgebung sozusagen die Anwesenheit eines der Zuwendung und Hilfe bedürftigen Kindes signalisiert. Auf dem

Gebiet der Sprache äußert sich Regression, wenn Erwachsene in der Kindersprache sprechen („Bubi ist schon wieder brav!").

Wenn ein 40-jähriger Mann von einem Seminar, statt wie die anderen Teilnehmer die Nächte am Ort des Seminars zuzubringen, jeden Abend mehr als hundert Kilometer nach Hause fährt, um seine Frau nicht allein zu lassen, weil sie sich sonst fürchten würde und nicht schlafen könnte, liegt wohl (bei der Frau) eine Regression vor. Ist es aber der Mann selber, bei dem es sich so verhält, dann ist es seine Regression, die im gegenständlichen Fall mit einer ➢ Außenprojektion kombiniert ist. Er schreibt die eigenen peinlichen Regressionsbedürfnisse seiner Frau zu, verlegt sie also „nach außen". Es könnte sich allerdings auch um eine der Beschönigung dienende bewusste Unwahrheit handeln, hinter der andere Motive stecken.

Auch die Sucht (➢ Abhängigkeit) beruht u.U. auf einer – allerdings weniger leicht erkennbaren – Form der Regression. Der Drang oder Zwang, sich etwas einzuverleiben (z.B. Alkohol oder andere Drogen, oder – bei der ➢ Bulimie, d. i. Esssucht, – Unmengen von Nahrung usw.), tritt an die Stelle der – infolge einer Störung der Persönlichkeitsentwicklung – erschwerten menschlichen Beziehungen. Hier wird auf ein reflektorisches Verhalten der frühesten Kindheit zurückgewichen, auf ein Stadium, in welchem die Befriedigung und die Befreiung von seelischen Spannungen wesentlich durch die Tätigkeit des Mundes erreicht wurden. In der frühesten Kindheit wird bei einer regelrechten Entwicklung die Grundlage zur Ausbildung menschlicher Beziehungsfähigkeit gelegt, bei Süchtigen hat diese Entwicklung nicht stattgefunden.

Weitere Abwehrmechanismen sind

Verleugnung: Schutz vor unangenehmer Wirklichkeit durch die Weigerung, ihr Vorhandensein anzuerkennen.

Vermeidung: angsterzeugende Situationen werden gemieden.

Identifikation: Erhöhung des Selbstwertgefühls durch Gleichsetzung der eigenen Person mit „bedeutenden" Personen oder Institutionen.

Reaktionsbildung: die eigene Unzulänglichkeit wird mit – übertriebenen – gegenteiligen Verhaltensweisen kaschiert.

Aus: Psychologie heute

- *Überlegen Sie, welche Abwehrmechanismen in den folgenden Situationen wirksam sein könnten:*
  - *Welche Motive könnten unbewusst hinter dem Wunsch stehen, bedeutende soziale Aufgaben zu erfüllen?*
  - *Eine Frau lädt oft Gäste ein und erweist sich stets als überaus großzügige Gastgeberin.*
  - *Ein Mann ist überzeugt, dass sein in der Hierarchie der Firma etwas höher stehender Kollege ihn hasst und seine Karriere verhindert.*
  - *Ein vierjähriges Kind bekommt ein Geschwisterchen und beginnt bald darauf, nachts einzunässen.*
  - *Ein Mann fühlt sich berufen, jeden Menschen, der seiner Meinung nach verbotene Darstellungen von Sexualität verbreitet, anzuzeigen.*
  - *Ein/e SchülerIn hat bei einer Schularbeit / Prüfung versagt. – Wie könnte er/sie diese für ihn beschämende Tatsache seinen/ihren Eltern zu erklären versuchen?*
  - *Ein/e SchülerIn hat die geforderten schulischen Leistungen nicht erbracht. – Was könnte er/sie (unter dem anhaltenden Eindruck dieses Schulvormittags) am Nachmittag unternehmen?*
  - *Welches Verhalten könnte ein Volksschulkind als Reaktion auf ein sehr autoritäres Lehrerverhalten zeigen?*
  - *Man tut einem Erwachsenen in irgendeiner Weise Unrecht. Welche Verhaltensweisen sollte er nicht zeigen, wenn er wünscht, weiterhin als Erwachsener akzeptiert zu werden?*

2. Die Individualpsychologie Alfred Adlers

*Alfred **Adler*** (1870–1937) war anfangs ein Schüler und Mitarbeiter *Sigmund **Freud**s*. 1911 trennte er sich wegen Meinungsverschiedenheiten von Freud und der ➢ Psychoanalyse und begründete seine eigene Richtung in der Tiefenpsychologie, die er ***Individualpsychologie*** nannte. ***Adler*** war überzeugt, dass ***Freud*** dem Sexualtrieb, der ➢ Libịdo, eine zu große Bedeutung zuschreibe; er selber sah die wesentliche psychische Triebkraft dagegen im Macht- bzw. Geltungsstreben. Weiters kritisierte er, dass die Psychoanalyse ***Freuds*** vorzugsweise nach den meist unbewussten Gründen des menschlichen Handelns und Verhaltens fragte, also danach, **warum** der Mensch etwas tut. ***Adler*** richtete die Aufmerksamkeit dagegen mehr auf die Frage, **zu welchem Zweck** der Mensch etwas tut. Diese Blickrichtung nennt man finale oder „teleologische" (griech. „telos", lat. „finis") Orientierung der Individualpsychologie ***Adler**s*.

***Adler**s* Individualpsychologie betrachtet einerseits das Macht- und Geltungsstreben, andererseits das Minderwertigkeitsgefühl und das Streben, dieses zu überwinden, als die bedeutsamsten Tendenzen im menschlichen Seelenleben und in der psychischen Entwicklung.

Karikatur D. Zehentmayr

Adler beschreibt, wie ein Gefühl der Minderwertigkeit zu einer besonderen Betonung und Übersteigerung des Geltungsstrebens führt: Ein Kind, das sich minderwertig fühlt – etwa weil es schwächlich, kränklich oder missgebildet ist –, strebt nach **Kompensation** (Ausgleich) auf einem anderen Gebiet, indem es dort hervorragende Leistungen vollbringt; so wird z.B. ein Kind, dem infolge eines körperlichen Gebrechens sportliche Leistungen unmöglich sind, besondere geistige Leistungen zu erreichen trachten usw. Eine **Überkompensation** liegt vor, wenn eine Schwäche im selben Aufgabengebiet mit besonderen Leistungen auszugleichen versucht wird, z.B. Durchfallen in Mathematik, später Bestleistungen in diesem Fach. Häufig wird ein subjektiv empfundener Mangel aber durch übertriebene und unechte Verhaltensweisen zu überdecken versucht. So kann z.B. ein Mensch seine Minderwertigkeitsgefühle durch Überheblichkeit oder Vortäuschung von Begabungen zu bewältigen versuchen. Auch kann sich hinter hehren Worten von Liebe übertriebenes Machtstreben verbergen. So sagt z.B. der Fleischhauer Oskar aus *Ödön **von Horváth**s* „Geschichten aus dem Wienerwald" am Ende des Dramas zu Marianne: „Mariann. Ich hab dir mal gesagt, daß ich es dir nie wünsch, daß du das durchmachen sollst, was du mir angetan hast – und trotzdem hat dir Gott Menschen gelassen die dich trotzdem lieben – [...]. – Ich hab dir mal gesagt, Mariann, du wirst meiner Liebe nicht entgehn."

Nicht weniger eindrucksvoll nimmt *Peter **Turrini*** das verborgene Machtmotiv satirisch aufs Korn:

Ich möchte meine Feinde so lange lieben,
bis sie unter meiner Liebe zusammenbrechen.
Ich möchte meiner Freundin so lange verzeihen,
bis sie an ihrer Schlechtigkeit verzweifelt.
Ich möchte meinen Freunden so lange helfen,
bis sie ihre Unfähigkeit einsehen.
Ich möchte mit allen Mitteln ein guter Mensch sein.

Aus: Peter Turrini, Ein paar Schritte zurück

- Die Ursache für ein Minderwertigkeitsgefühl muss nicht auf persönlicher Schwächlichkeit, Körperfehlern usw. beruhen, sondern kann in einer Benachteiligung innerhalb der Familiengemeinschaft liegen, z.B. wenn ein Kind gegenüber seinen Geschwistern zurückgesetzt wird. Die Stellung in der Reihe der Geschwister, also die **soziale Rang-**

ordnung in der Familie, spielt ebenfalls eine Rolle. Einzelkinder werden oft zumindest ein bisschen verwöhnt, die älteren Geschwister müssen meist zugunsten der jüngeren, die die Obsorge der Eltern nötiger brauchen, auf manches verzichten, das jüngste Kind wird häufig von den Eltern bevorzugt.

- Später betonte ***Adler*** mehr die Bedeutung des **Gemeinschaftsgefühls**, des sozialen Interesses: Soferne es dem Menschen gelingt, die richtige Beziehung zur Gemeinschaft zu finden und ein nützliches und anerkanntes Glied dieser Gemeinschaft zu sein, hat er seine allenfalls vorhandene Minderwertigkeit ideal kompensiert. Gelingt ihm dies nicht, sucht er die Kompensation seines Minderwertigkeitsgefühls im Machtstreben oder in der Ausbildung neurotischer Symptome und muss erst wieder auf dem Weg der Therapie zur richtigen Kompensation – sich in die Gemeinschaft einzugliedern – hingeführt werden. Durch die Ausbildung eines neurotischen Symptoms entzieht sich der Mensch nach Auffassung der Individualpsychologie seinen Verpflichtungen gegenüber der Gemeinschaft, indem er als Kranker seine Umgebung durch seine neurotische Symptomatik dazu bringt, das zu tun, was er von ihr will, ohne dass er selbst dafür die Verantwortung übernehmen muss (Flucht in die Krankheit).
- Dementsprechend sieht ***Adler*** auch im Auffinden des **Lebensplanes** oder im Wiederauffinden eines verloren gegangenen Lebensplanes durch „Nacherziehung" das eigentliche Ziel der ➢ Psychotherapie. Durch die Zielsetzungen, die **Leitlinien**, die ein Mensch hat, wird er zu einem „Individuum". Menschenkenntnis im Sinne der Individualpsychologie besteht darin, diese Leitlinien oder „Perspektiven" eines Menschen, die sich hinter seinem Erscheinungsbild und seinen Handlungen verbergen, zu erkennen. Sie können entweder im Sozialen, in der Gemeinschaft liegen oder im Asozialen, also in gemeinschaftsfeindlichen Handlungen, die dem Zweck des Machtstrebens und der „Persönlichkeitserhöhung" dienen (s. auch S. 196 f.)

Die Individualpsychologie hat große Bedeutung für die Tiefenpsychologie und Psychotherapie, besonders aber für die Entwicklungspsychologie und Erziehungslehre gewonnen. Sie bildet auch in Wien die Grundlage, auf der das Institut für Erziehungshilfe (child guidance clinic) arbeitet. ***Adler*** hat gezeigt, dass verzärtelnde Erziehung ebenso entmutigt wie autoritär unterdrückende und lieblose, wenn auch aus verschiedenen Gründen. Eine ermutigende, liebevoll anleitende Erziehung, die Ziele im richtigen Maß vorgibt und zur Selbstständigkeit erzieht, ist nach ***Adler*** der richtige Weg. Er sieht auch in der Ermutigung des Menschen zur Wahrnehmung und Erfüllung der eigenen Aufgaben das Ziel der Therapie.

?

- *Kennen Sie historische Persönlichkeiten oder Persönlichkeiten des gegenwärtigen öffentlichen Lebens, die Sie als typische Machtmenschen bezeichnen würden (vielleicht können Sie entsprechende Biografien heranziehen)?*

  Worin zeigte / zeigt sich das übertriebene Geltungsstreben, welche Folgen hatte / hat es?

3. Die Analytische Psychologie von C. G. Jung

stellt die dritte Richtung innerhalb der klassischen Schulen der ➢ Tiefenpsychologie dar. Der Schweizer Nervenarzt *Carl Gustav* ***Jung*** (1875–1961) war – so wie ***Adler*** – zuerst Schüler ***Freud****s* und hat sich ebenfalls, zwei Jahre nach ***Adler***, von der ➢ Psychoanalyse gelöst. Grund für die Auseinandersetzung waren Differenzen über die Bedeutung der Sexualität. ***Jung*** war ebenfalls der Ansicht, dass die seelische Energie nicht notwendigerweise sexueller Natur sei; er fasste den ➢ Libido-Begriff viel weiter und definierte ihn als allgemeine Lebensenergie.

DER AUFBAU DER PERSÖNLICHKEIT NACH JUNG

Auch für ***Jung*** war das ➢ Unbewusste wesentlich für das Verständnis des Menschen. Er konzipierte das **bewusste Ich**, jedoch neben dem **persönlichen Unbewussten** auch das **kollektive Unbewusste** (s. S. 200 ff.).

DAS BEWUSSTE ICH

Die bewusste Persönlichkeit, das Ich, ist nach ***Jung*** ein mehr oder weniger kleiner Ausschnitt aus der Kollektivpsyche, also aus dem, was sich im Laufe der ➢ Phylogenese aus dem Seelenleben des „Urmenschen“ zum ➢ Bewusstsein herausdifferenziert hat.

DAS PERSÖNLICHE UNBEWUSSTE

Enger noch als das Ich ist die Persona: Persona war die Maske, die ein Schauspieler in der Antike trug und die die Rolle bezeichnete, in welcher der Spieler auftrat. Persona ist dementsprechend jener Ausschnitt aus der Individualität, in welchem ein Mensch als Träger einer bestimmten sozialen Rolle aufscheint. Es ist dies die „soziale Fassade“, welche eine Konzession an die Außenwelt darstellt, die von der Gesellschaft gefordert wird oder von der man meint, dass sie aus gesellschaftlichen Gründen notwendig sei. Der Mensch muss ein gewisses Ausmaß an „Hülle“, an Rollenstereotypisierung annehmen; sie soll aber nicht so weit führen, dass sich das Ich mit der Persona so identifiziert, dass nur mehr die Fassade, also die Persona gelebt wird.

Der Schatten stellt die Summe der negativen, unerwünschten Eigenschaften der Persönlichkeit dar, des „Verdrängten“ (nach ***Freud***). Der Schatten ist ein lebendiger Teil der Persönlichkeit, der „in irgendeiner Form mitleben will“ (***Jung***); wenn Schattenanteile bewusst werden (z.B. Geiz, Neid, Aggressivität, ...), hat man die Chance, sie zu korrigieren. Bleiben sie jedoch unbewusst, besteht die Gefahr, dass das Verdrängte plötzlich durchbricht. Unbewusste Schattenanteile tauchen – wie alle bewusstseinsfähigen Inhalte – zunächst in irrationalen ➢ Projektionen positiver oder negativer Art in Form von Anbetung, Verherrlichung oder umgekehrt als Antipathie bis hin zu ➢ Vorurteilen und Verfolgungen auf.

Der Schatten kann durchaus positive Anteile bergen, z.B. aggressive Tendenzen, die, wenn sie erkannt und angenommen werden, etwa als Zivilcourage gelebt werden können und so zu einer „Erweiterung“ der Persönlichkeit führen. Der Schatten soll daher als Teil der eigenen Persönlichkeit zugelassen, d.h. „anerkannt“ werden; dann besteht die Möglichkeit, sich verantwortungsbewusst mit ihm auseinander zu setzen.

Beispiel für eine „kollektive Infektion" durch Schatten-Projektionen. Das Feuerkreuz-Emblem des Ku-Klux-Klans, des nationalistischen weißen Geheimbundes im Süden der USA.

Jung hat auch den Begriff des **Komplexes** entwickelt. Komplexe sind unbewältigte, stark affektgeladene, ungelöste seelische Anliegen – „abgesprengte seelische Persönlichkeitsteile". Sie können sowohl ein störendes und hemmendes, als auch ein stimulierendes, förderndes Eigenleben gewonnen haben. ***Jung*** spricht z.B. von einem „Mutter-Komplex", wenn Gedanken, Vorstellungen usw. übermäßig stark – teils bewusst, teils unbewusst – um die Mutter und alles, was sich aus früheren Erfahrungen auf die Mutter bezieht, kreisen. Wird ein Komplex berührt, so löst dies starke Affekte aus (s. S. 170; 168 ff.).

DAS KOLLEKTIVE UNBEWUSSTE

Dieses ist ursprünglich und vor allen persönlichen Erlebnissen von Erfahrungen erfüllt, die die Menschheit seit Urzeiten gemacht hat. Die Inhalte des kollektiven Unbewussten können sich zu Sinnbildern und Symbolen verdichten, den „Urbildern" oder ➢ **Archetypen**.

Den Archetypen begegnet der Mensch in seinen Träumen, in Zuständen der Ergriffenheit, z.B. bei religiösen Erlebnissen oder während schöpferischer Prozesse usw., aber auch in den Werken der Kunst und besonders eindrucksvoll in Sagen, Märchen, Mythen und den Symbolen der Religion. Die Archetypen sind die Träger der psychischen Energie (die bei ***Freud*** aus dem „Es", den Trieben, stammt). Sie werden zur Quelle alles Schöpferischen und Echten am Menschen. Sie können aber, wenn sie nicht richtig erkannt oder unterdrückt und nicht in ein harmonisches Verhältnis zueinander gesetzt werden, Gefahren seelischer Erkrankungen bergen; auch in Wahnvorstellungen und ➢ Halluzinationen zeigen sich Bilder des kollektiven Unbewussten. Archetypen sind z.B. der „Held", „der alte Weise", „Wiedergeburt", „die große Mutter" (in ihrem doppelten Aspekt als gute-nährende und furchtbar-verschlingende), wie man sie etwa bei Göttinnen der Vegetationsmysterien, der Fruchtbarkeit (Demeter usw.) und bei solchen der Todesmysterien (Kali, Gorgo, Hekate usw.) kennt.

Wenn Archetypen im Traum oder in der Fantasie erscheinen, wirken sie affektgeladen, „faszinierend", „numinos" (= schicksalhaft): Durch sie können manche religiöse Bekehrungen, suggestive Beeinflussungen wie auch Ausbrüche von Geisteskrankheiten entstehen. So genannte „große Träume", in welchen Archetypen erscheinen, wirken auf den Träumer wie eine besondere Mitteilung. Bei manchen Naturvölkern ist es Sitte, einen „großen Traum" des Zauberers oder Häuptlings dem ganzen Stamm zu erzählen, denn er gilt als kollektiv und für alle Mitglieder des Stammes wichtig.

Die meisten Helden müssen gegen böse Mächte und Ungeheuer kämpfen. Dabei erretten sie manchmal eine junge Frau oder ein Mädchen, die sich in Not befinden.

Oben: St. Georg erschlägt einen Drachen, um ein Mädchen zu befreien (ital. Gemälde aus dem 15. Jh.)

Rechts: Der amerikanische Comicstrip-Held Superman.

Die Anima und der Animus stellen weitere Seelenanteile dar. Die Anima ist das innere Bild von der Frau im Manne und der Animus die innere Männergestalt in der Psyche der Frau. Als Gefährten treffen wir sie in unseren Träumen, sie verbinden uns aber auch mit dem Leben. Solange Anima bzw. Animus vorwiegend unbewusst sind, werden sie einerseits

Die Mona Lisa von Leonardo da Vinci ist eine bekannte Projektionsfigur für die Anima.

nach außen projiziert: Bestimmte Personen oder öffentliche Figuren können starke Aufmerksamkeit bis zu heftigen Leidenschaften auf sich ziehen. Als Animus-Projektion eignen sich vor allem Männerfiguren, die geheimnisumwittert sind und durch die Liebe einer Frau erlöst werden. Andererseits kann eine „Besessenheit" durch Anima bzw. Animus die Persönlichkeit des Betreffenden so verändern, dass Züge, die als charakteristisch für das andere Geschlecht angesehen werden, gleichsam zur Karikatur verzerrt, hervortreten: Der Mann wird zunehmend launenhaft, sentimental, von ungezügelter Emotionalität beherrscht – die Frau, die der Autorität ihres Animus unterworfen ist, wird rechthaberisch, halsstarrig, von beziehungslosen „heiligen Überzeugungen" getrieben usw. So manche sinnlose, anderen unverständliche Beziehung, steht unter der Patronanz von Anima und Animus. Da diese Archetypen mit dem kollektiven Bereich verbunden sind, wurden und werden sie in vielen kollektiven Formen und Figuren dargestellt bzw. verehrt: Anima als Aphrodite, Eva, Circe, Lorelei, Helena von Troja, Sophia usw., Animus als Hercules, Siegfried, Romeo, Apollo, Alexander der Große usw.

Anima und Animus sind aber nicht nur als „gegengeschlechtliches" psychologisches Pendant von Bedeutung, sondern sie wirken auch ganz allgemein als Mittler zwischen der unbewussten Psyche und dem ➢ Bewusstsein. Als „Seelenführer" stehen sie in Verbindung zu schöpferischen Möglichkeiten, Fantasie, ➢ Kreativität usw. und werden so zu Instrumenten der Individuation. (Nach ***Samuels***)

Ziel des menschlichen Lebens ist nach ***Jung*** die **Individuation**, das „Werde, der du bist!" Sie besteht darin, dass alle seelischen Anteile (Ich, Schatten usw.) im Prozess der „Integration" assimiliert werden, wodurch der Mensch erst zu einer Ganzheit, zum eigenen **Selbst** kommt. Der Weg der Individuation wird durch eine „Ausweitung" des Bewusstseins beschritten, nämlich durch Einblicknahme in die Inhalte des Unbewussten (vor allem die Archetypen) und die Ausrichtung des Bewusstseins aufgrund von erschlossenen Möglichkeiten und Forderungen. Das Selbst äußert sich als Archetypus in Form verschiedener Symbole, die vom Bewusstsein dechiffriert werden sollen: Eines davon, das wichtigste, ist das so genannte „Mandala" oder der magische Kreis (vgl. Abb. S. 203), eine meist runde, in sich geschlossene Figur als Symbol der Einheit, mit einem Zentrum. Ausdrucksformen des Archetypus des „Selbst" sind auch die Figuren Christi und Buddhas; überhaupt hat der Individuationsprozess häufig eine sakrale Tönung.

Wenn ein Teil der Persönlichkeit vernachlässigt, unterdrückt, nicht zur Kenntnis genommen wird, kann ein Mensch disharmonisch oder sogar seelisch krank werden. Eine ➢ Neurose ist nach ***Jung*** eine mangelhafte „Selbstentwicklung", ein Zustand der „Selbstentzweiung". In der ***Jung****'schen* Therapie spielt die Deutung von Träumen eine große Rolle. Dabei bedient sich der Therapeut auch der Methode der **„Amplifikation"** zum Zwecke der Bewusstseinsausweitung des Patienten bzw. Analysanden. Er steuert dabei sein Wissen über Sinnbilder und Symbole in Mythen und Religionen bei, welche mit den in den Träumen auftauchenden Symbolen des Unbewussten (den Archetypen) in Beziehung gesetzt werden.

Mandala

- *Wie beurteilen Sie das Persönlichkeitsmodell C. G.* ***Jung****s, insbesondere die Annahme eines „kollektiven Unbewussten"?*

4. Die Neopsychoanalyse

Aus der ➢ Psychoanalyse ***Freud****s* haben sich die neopsychoanalytischen Schulen entwickelt, die mit den Namen *Karen* ***Horney****, Henry Stack* ***Sullivan****, Harald* ***Schultz-Hencke****, Erich* ***Fromm*** u.a. verbunden sind. Gemeinsam ist diesen Schulen unter anderem, dass sie der Sexualität weniger Bedeutung beimessen als ***Freud*** und dass sie in der Aggression nicht einen Urtrieb, sondern ein unter günstigen Bedingungen vermeidbares Phänomen sehen.

ERICH FROMM (1900–1980)

Fromm, einer der bedeutendsten Psychoanalytiker und Humanisten der heutigen Zeit, sieht das Schlüsselproblem der Psychologie im Problem der **Beziehung**. Es ist die Aufgabe des Menschen, eine positive Beziehung zum anderen, zur Welt und damit auch zu sich selber herzustellen. Aus der Geborgenheit und gleichzeitigen Einengung traditioneller Bindungen der Vergangenheit, die dem Einzelnen diese Aufgabe abgenommen haben, soll sich der Mensch zu größerer Freiheit weiterentwickeln. Größere Freiheit bedeutet einerseits Zunahme an Stärke und Verantwortung, andererseits aber auch Vereinsamung.

Im Zusammenhang mit Freiheit und Verantwortung kommt dem **Gewissensbegriff** besondere Bedeutung zu. ***Fromm*** unterscheidet zwischen einem

autoritären Gewissen (vgl. ***Freud****s* Begriff des ➢ Über-Ich), welches durch ➢ Introjektion der Gebote und Verbote, die durch die Erziehungspersonen gesetzt wurden, in der Kindheit entstanden ist. Allerdings müssen diese Über-Ich-Inhalte nicht immer falsch sein, sie können – bei verantwortungsbewusster Erziehung – richtig sein. Das autoritäre Gewissen ist jenes Gewissen, dessen größte „Sünde" darin besteht, einen Verstoß gegen Befehle einer Autorität begangen zu haben. Demgegenüber ist die Stimme des

humanistischen Gewissens diskreter, ein Verstoß gegen dieses äußert sich oft nur in einem nicht näher identifizierbaren Unbehagen, welches signalisiert, dass ein Mensch im Begriffe ist, sich selbst zu „verfehlen". Die Inhalte des humanistischen Gewissens sind jene, die sich auf die Aufgaben beziehen, die ein Mensch vollziehen „soll", nämlich liebend – produktiv – lebensbejahend zu sein. Durch die Erfüllung der Forderungen des humanistischen Gewissens kommt er mit sich selbst in Einklang, er wird ein Ganzes. Wenn sein Gewissen es von ihm fordert, ist ein Mensch imstande, auf attraktivere Ziele zu verzichten oder Unannehmlichkeiten auf sich zu nehmen. Beispiel: Soll sich jemand einem Diktator unterordnen, davon Vorteile haben, auch um den Preis, mitansehen zu müssen, dass viel Unrecht geschieht? Diese Möglichkeit, menschlicher Schwäche entsprungen, kommt oft vor, sie ist aber nicht die „wahre menschliche" Alternative. Da sich der Mensch im Allgemeinen davor fürchtet, Einsamkeit ertragen zu müssen, hat er auch „Angst vor seiner Freiheit", wie ***Fromm*** immer wieder betont, und zieht es vor, auf Freiheit zu verzichten, indem er in den ➢ Konformismus flüchtet und seine Verantwortung an anonyme Institutionen oder Autoritäten delegiert (s. S. 240).

Demgemäß unterscheidet ***Fromm*** im Wesentlichen zwei gegensätzliche **Menschentypen**:

Menschen mit **produktiver Charakter-Orientierung**: Sie können lieben, sind spontan, aktiv und schöpferisch, bringen aus sich selber etwas hervor, können selbstständig denken, sich selbst ein Urteil bilden, Verantwortung für ihre Handlungen übernehmen und auch für andere etwas tun, und sie ertragen es, frei zu sein.

Menschen mit **nicht-produktiver Charakter-Orientierung**: Sie können nicht lieben, sind offen oder versteckt lebensverneinend, haben das Gute und Notwendige nicht von ihrer eigenen Tätigkeit, sondern erwarten es als Gabe oder Beute von den anderen, lassen sich von anderen versorgen und „rezeptiv" wie ein kleines Kind füttern oder möchten andere ausbeuten, sie denken nicht selbstständig, sondern passen sich dem Urteil anderer an und richten sich danach, was sie von anderen erwarten können und was ihnen, wie sie glauben, deren Wohlgefallen sichert. Sie überlassen deshalb Verantwortung und Entscheidung übergeordneten Autoritäten und ertragen es nicht, frei zu sein, sondern flüchten aus einer Abhängigkeit in die andere.

In seinem Werk über die „Anatomie der menschlichen Destruktivität" stellt ***Fromm*** noch einmal den Typus des liebesfähigen und lebensbejahenden „**biophilen**" Menschen dem „**nekrophilen**" Typus gegenüber (griech.: bios = Leben, nekros = Tod, philein = lieben), der als unheilvolle und unbefriedigende Alternative die Gewalt oder die Zerstörung wählt, weil ihm die Herstellung einer liebenden und lebensbejahenden Beziehung misslingt. Als Fernziel hat ***Fromm*** die „gesunde Gesellschaft" vor Augen, in deren Gemeinschaft sich der „vollkommene" Charakter entfalten kann. Seine Überzeugung, dass der Mensch nicht unproduktiv den anderen ausnützen, sondern produktiv etwas für sich selbst und andere tun soll, hat Erich Fromm zuletzt noch einmal unter dem Bild des „**Seins-Modus**" im Gegensatz zum „**Haben-Modus**" formuliert. Nicht auf dem, was er besitzt, sondern auf dem, was er ist, und auf dem, was er anderen geben kann, sollen sich das Glück und das Selbstbewusstsein des Menschen gründen. Nicht im Besitz, sondern im Geben und Teilen soll der Mensch seine Befriedigung finden.

5. Die Daseinsanalyse und die Existenzanalyse

Die anthropologisch-daseinsanalytische Richtung geht vor allem von philosophischen Prämissen aus, und zwar von der Phänomenologie ***Husserl**s* und der Fundamentalontologie ***Heidegger**s*. Die ➢ Anthropologie spricht dem Menschen gegenüber allem anderen Geschehen in der Natur eine Eigenständigkeit zu, die von der ➢ Psychoanalyse – so lautet die Kritik der Anthropologie – preisgegeben und auch von den späteren Schulen der ➢ Tiefenpsychologie trotz wesentlicher Ansätze nicht genügend in Rechnung gestellt worden sei. Diese Eigenständigkeit wird von den anthropologischen Schulen – in Anlehnung an die Phänomenologie ***Husserl**s* und ***Scheler**s*, die Daseinsanalytik ***Heidegger**s* und die Existenzphilosophie ***Jaspers**'* – mit dem Begriff des „Daseins" bzw. der „Existenz" näher gekennzeichnet.

Die zwei wichtigsten Repräsentanten der anthropologischen Richtung der modernen, vornehmlich medizinischen Psychologie sind die „➢ Daseinsanalyse" *Ludwig **Binswanger**s* und die „➢ Existenzanalyse" *Viktor E. **Frankl**s*.

DIE DASEINSANALYSE

In der Daseinsanalyse wird der Mensch von der „Welt" her verstanden, „in der er"– immer schon – „ist", und ohne welche er als Mensch nicht denkbar wäre. Menschliches Sein ist ein „In-der-Welt-Sein", wie es schon ***Heidegger*** im Sinne seiner philosophischen ➢ Anthropologie ausgedrückt hat. Der Mensch vollzieht sein Dasein, indem er „sich selbst" – d.h. seine biologische, aber auch seine soziologisch-psychologische Organisation – „übersteigt" („transzendiert"), in Richtung „auf die Welt hin", die die seine ist. Das Verhältnis, in dem sich der Mensch zur Welt befindet, ist sein „Weltentwurf", der sein jeweils persönliches „Weltverständnis" ausmacht. Es ist das Anliegen der Daseinsanalyse, die verschiedenen subjektiven Welten darzustellen, in denen die Menschen „existieren", und von diesen Welten her ihr spezifisches Verhalten aufzuklären. Die Daseinsanalyse ist ursprünglich von dem Anliegen ausgegangen, das bis dahin unverständliche Verhalten der Geisteskranken, insbesondere der Schizophrenen, verstehbar zu machen, was ihr durch Aufdeckung der „Welten", in denen sie leben, weit gehend gelungen ist.

DIE EXISTENZANALYSE V. E. FRANKLS

Die Existenzanalyse ***Frankl**s* betrachtet den Menschen als verantwortliche Person, die im Angesicht ihres Gewissens steht. Dieser „phänomenale Ur-Tatbestand" stellt die Geistigkeit des Menschen dar, durch welche Leib und Seele zu jener Ganzheit integriert werden, die die Eigenständigkeit des menschlichen Seins ausmacht. Als Person ist der Mensch etwas Einmaliges und Unvergleichliches, und es ist sein innerstes Anliegen, die allein ihm vorbehaltenen ➢ Werte zu erkennen und zu verwirklichen. Diese Werte machen den Sinn des menschlichen Daseins aus, sind seine „Existenz". Den **Willen zum Sinn** als geistiges Uranliegen des Menschen setzt ***Frankl*** dem Willen zur Lust der Psychoanalyse und dem Willen zur Macht der ➢ Individualpsychologie entgegen. Er kritisiert an diesen beiden Richtungen die rein biologische – „biologistische"– Interpretation des menschlichen Seins: dass der Mensch letzten Endes ein Getriebener sei, dass es ihm eigentlich nur um Triebbefriedigung – ein ruhendes Gleichgewicht, ➢ Homöostase – ginge, und dass das Geistige somit nichts Eigenständiges sei, sondern ein Mittel zum Zweck, nämlich Lust- oder Machtgewinn.

Ferner wendet sich die Existenzanalyse gegen die Auffassung, wonach es dem Menschen um biologisch-soziologische Anpassung und um Selbstbehauptung im sozialen Lebensraum ginge, allenfalls noch um „Selbstverwirklichung", nicht aber um echte Sinnverwirklichung durch Vollzug von Werten. Wo der Wille zur Lust oder zur Macht siegt, liegt eine Verfehlung der Existenz vor, die aus den Notstadien zu verstehen ist, die der Mensch immer wieder zu durchschreiten hat. Solche Stadien sind die „geistige Not" (bedingt etwa durch existenzielle ➢ Frustration bzw. das existenzielle Vakuum, d.h. das Erleben von Sinnleere des Daseins) und schließlich die **„noogene Neurose"**. Die noogene (eine im Bereich des Geistigen entstehende) ➢ Neurose ist der Ausdruck der Verzweiflung an der Möglichkeit einer echten Sinnerfüllung im Leben, aus der sich die „habituelle" Neurose – Neurose als bleibende Haltung – entwickelt.

Die therapeutische Anwendung der Existenzanalyse, also die existenzanalytische ➢ Psychotherapie, ist die ➢ Logotherapie. Sie bemüht sich darum, das „verdrängte Geistige" bewusst zu machen und den Menschen dazu anzuleiten, die in ihm vorhandenen, aber bisher verborgenen Möglichkeiten zur Wertverwirklichung wahrzunehmen.

?

- *Wie beurteilen Sie die genannten Ansätze der Neopsychoanalyse?*

Z

1. *Was ist der Unterschied zwischen bewusst und unbewusst?*
2. *Was versteht man unter dem Vorbewussten?*
3. *Wann bzw. warum werden Inhalte nicht bloß vergessen, sondern nach tiefenpsychologischer Auffassung aus dem Bewusstsein verdrängt?*
4. *Wie kommt es zu Fehlleistungen?*
5. *Welche Bedeutung kommt der Traumanalyse in der Tiefenpsychologie zu?*
6. *Was versteht man unter Traumzensur?*
7. *Von welchen äußeren und inneren Umständen wird der Traum beeinflusst?*
8. *Was ist der Unterschied zwischen manifesten und latenten Trauminhalten?*

9. *Bechreiben Sie das Triebmodell nach* ***Freud****!*
10. *Beschreiben Sie die Stufen der Triebentwicklung nach* ***Freud****!*
11. *Erklären Sie den Ödipuskonflikt und im Zusammenhang damit die Gewissensbildung!*
12. *Welche Bedeutung kommt den Abwehrmechanismen zu?*
13. *Was versteht die Psychoanalyse unter „Sublimierung"?*
14. *Welche Abwehrmechanismen gegen unerwünschte seelische Inhalte kennen Sie?*
15. *Wie kommt es nach Auffassung der Psychoanalyse zu seelischen Störungen?*
16. *Wodurch unterscheiden sich die Auffassungen der Individualpsychologie von denen der Psychoanalyse?*
17. *Nennen Sie die eine oder andere Gestalt, die sich als „Schatten"-Projektionsträger eignet!*
18. *Was versteht man unter dem „Kollektiven Unbewussten"?*
19. *Nennen Sie einen Archetypus und versuchen Sie, ihn zu beschreiben!*
20. *Nennen und beschreiben Sie einige Anima- bzw. Animus-Projektionen aus Literatur, Film, Oper und dergleichen!*
21. *Bringen Sie je ein Beispiel für einen Menschen mit vorwiegend „produktiver" Charakter-Orientierung (nach Erich* ***Fromm****) und für einen mit einer vorwiegend „nicht-produktiven" Orientierung!*
22. *Was ist das wesentliche Anliegen der Logotherapie?*

Kapitel 9
PSYCHISCHE ABWEICHUNGEN UND BEHANDLUNGSMETHODEN (PSYCHOTHERAPIEN)

A

Normalität – was ist das?

Psychische Krankheiten – oder: Worüber man nicht spricht

Psychotische und neurotische Störungen – Verlust der Realität, Verlust der Lebensfreude und andere Defizite

Therapien – auch die Psyche bedarf manchmal der Wartung

Aus der Collection de l'Art Brut (Kunst von psychisch Kranken) ein Bild von Adolf Wölfli

EINLEITUNG

Unter **Psychotherapie** versteht man die Behandlung von psychisch bedingten Leidenszuständen und Verhaltensabweichungen mit psychologisch-wissenschaftlichen Methoden. Ziel der Psychotherapie ist es, die Symptome zu beseitigen oder zu mildern und / oder eine günstige Reifung und Entwicklung der Persönlichkeit zu fördern.

1. Der Begriff der Normalität

Der Begriff der „**Normalität**" ist einer der schwierigsten und unsichersten Begriffe im gesamten Gebiet der Wissenschaft, denn ob ein vorgefundener Zustand als normal oder als abnorm eingestuft wird, hängt davon ab, **welche Art der ➢ Norm** verwendet wird:

Objektive Normen

- Statistische Norm: Normal ist, was am häufigsten vorkommt (s. ***Gauß**'sche* Glockenkurve, S. 287).
- Idealnorm: Ideale Normen orientieren sich an einem Wert, dessen Erreichung innerhalb eines sozialen ➢ Kollektivs als wünschenswert gilt. Sie haben Appellcharakter und sollen erreichen, dass der Einzelne nach dem durch die Norm repräsentierten Ideal strebt.

Subjektive Normen

- Subjektive Betrachternorm: In der medizinischen und psychologischen Praxis wird meist nach der subjektiven Norm des Betrachters/der Betrachterin beurteilt, die sich auf dessen/deren und die allgemeine Erfahrung stützt. Dabei werden statistische Norm und jeweils geltende Idealnorm berücksichtigt.
- Funktionale Norm: Diese subjektive Idealnorm definiert „normal" als einen Zustand, der „einem bestimmten Individuum hinsichtlich seiner Zielsetzungen und Leistungen gemäß ist" (***Hofstätter***).

NORMALITÄT UND KRANKHEIT

Dass zur Beurteilung, was im Gegensatz zur Normalität Krankheit ist, eine ➢ statistische Norm nicht ausreicht, zeigt z.B. die Tatsache, dass Zahnkaries in vielen ➢ Populationen nach der **statistischen Norm** ein normales Phänomen ist.

Die **Idealnorm** geht vom Begriff der Gesundheit aus, den die Weltgesundheitsorganisation (WHO – World Health Organization) als „völliges körperliches, seelisches und soziales Wohlbefinden" definiert. (Zweifel an der Allgemeingültigkeit dieser Definition sind aufgetaucht im Zusammenhang mit der Frage, ob man einen Menschen, der sich in einem diktatorischen Regime wie etwa dem Hitler-Regime körperlich, seelisch und sozial völlig wohl befindet, wirklich als normal bezeichnen soll.) In der Regel wird daher in der Psychologie und in der Medizin, speziell in der ➢ Psychiatrie, eine subjektive Betrachternorm angewendet. Der wissenschaftlich orientierte **medizinische** Krankheitsbegriff fordert allerdings, dass Abweichungen von der Norm fassbare körperliche Veränderungen sein müssen.

➢ **Psychotherapie** wird aber häufig von Menschen in Anspruch genommen, die ihren Zustand selbst als Leiden erleben (also die **subjektive ➢ Idealnorm** zur Selbstbeurteilung anwenden), ohne dass fassbare körperliche Veränderungen festzustellen sind, wie dies bei vielen neurotischen Symptomen der Fall ist. (Es gibt auch immer mehr Menschen, die sich wohl fühlen und sich an ➢ PsychotherapeutInnen wenden, um in gemeinsamer Arbeit mit diesen sich selbst besser kennen zu lernen und ihre Persönlichkeit entfalten zu können.)

2. Psychische Abweichungen

Die Beschreibung psychischer Abweichungen ist das Aufgabengebiet der speziellen ➢ Psychopathologie, ihre Erkennung (➢ Diagnose) und Behandlung ist Aufgabe der ➢ Psychiatrie und ➢ Psychotherapie. Diese Abweichungen bzw. Krankheiten werden von der Weltgesundheitsorganisation unter dem Oberbegriff „Störungen" subsumiert. (Krankenversicherungsträger in Österreich gewähren nur dann einen Kostenzuschuss zu einer Psychotherapie, wenn es sich ausdrücklich um eine „Störung" im Sinne der WHO handelt.) Sie sind in der Broschüre „WHO: Internationale Klassifikation psychischer Störungen" in vollem Umfang aufgelistet (ICD-10 Kapitel V / F. Klinisch-diagnostische Leitlinien, 1997). Wir können nur einige wenige Krankheiten daraus in diesem Kapitel anführen.

Es sei hier, um Missverständnissen vorzubeugen, vorausgeschickt, dass es sich bei den beschriebenen Zuständen und Erkrankungen um die wissenschaftliche Nomenklatur handelt, wie sie auch von der WHO vorgesehen ist, die selbstverständlich keine Abwertung betroffener Personengruppen anstrebt.

ORGANISCHE, EINSCHLIESSLICH SYMPTOMATISCHER PSYCHISCHER STÖRUNGEN

Hierher gehören vor allem die ➢ Demenzen. Wenn Ganglienzellen des Gehirns zugrunde gehen oder Durchblutungsstörungen infolge Arterienverkalkung auftreten, kommt es zum organischen Abbau. Hat dieser einen bestimmten Grad erreicht, spricht man von Demenz; sie kann durch folgende Symptome gekennzeichnet sein: Abbau der Merkfähigkeit und des Gedächtnisses, Abbau des Denkens, Abbau der Persönlichkeit mit Verschärfung der vorhandenen Charaktereigenschaften, vor allem in fortgeschrittenem Alter (der Sparsame wird geizig, der Freigiebige wird zum Verschwender, der Vorsichtige argwöhnisch, der Redselige geschwätzig usw.), Kritiklosigkeit. Altersbedingte Funktionsstörungen beginnen ca. ab dem 70. Lebensjahr und schreiten langsam fort. Die Erinnerung an lange zurückliegende Zeiten ist meist relativ gut erhalten, die an die jüngste Vergangenheit stark gestört.

Die Demenzen können von wahnhaften, affektiven, depressiven usw. psychischen Störungen begleitet sein. Hinsichtlich ihrer Ursache unterscheidet man

- **Vasculäre** (arteriosklerotische) **Demenz**: Sie tritt meist als Folge von kleineren Infarkten im Gehirn auf, die aber in ihrer Wirkung kumulieren. Es kann zu ungleichmäßigen ➢ kognitiven Beeinträchtigungen und Merkmalen, wie sie oben genannt wurden, kommen.

  Einer Demenz ähnliche Zustandsbilder können durch chronische Schädigung des Gehirns durch Alkohol oder durch Schlafmittel verursacht werden.

- **Alzheimer-Krankheit**: Fortschreitende diffuse Hirnatrophie (Atrophie = Organschwund durch Zellschrumpfung) mit Nervenzellausfällen. Neben senilen Ablagerungen, den so genannten Plaques, sind die typischen Alzheimerschen Fibrillenveränderungen und beeinträchtigte Neurotransmitterfunktionen feststellbar. Die Symptome, Merk-, Urteils- und Kritikschwäche, sind der altersbedingten Demenz ähnlich, die Krankheit beginnt aber meist viel früher, bereits ab dem 50. Lebensjahr, und schreitet rasch fort. Unruhe mit Reibe- und Zupfbewegungen, Wiederholungen beim Sprechen, Stuhl- und Harninkontinenz sind feststellbar. Diese Krankheit gilt derzeit als unheilbar.

- **Parkinson-Krankheit**: Erbkrankheit, Parkinsonismus kann aber auch durch Hirnarteriosklerose und durch medikamentöse Vergiftung (z.B. Neuroleptika – antipsychotisch wirkende Psychopharmaka) verursacht werden. Es kann im fortgeschrittenen Stadium zu einer allgemeinen psychischen und psychomotorischen Verlangsamung, Antriebsmangel und Stimmungslabilität kommen. Intelligenzabbau findet nicht zwangsläufig statt, wird aber durch die Symptome – Maskengesicht, ruckartige Bewegungen, starkes Schwitzen, oftmals depressive Verstimmung, starke Verlangsamung und Wiederholung von Sätzen und Wörtern – vorgetäuscht.

SCHIZOPHRENIE, SCHIZOTYPE UND WAHNHAFTE STÖRUNGEN

SCHIZOPHRENIE

Die schizophrenen ➢ Psychosen zeigen sehr verschiedene Verlaufsformen und eine vielfältige Symptomatik: Sie können nach einer einzigen Attacke oder **Phase** restlos ausheilen, es können wiederholte **Schübe** auftreten, nach denen wieder weit gehende Besserung eintritt (es können aber leichtere oder schwerere Defektzustände der Affektivität und des Denkens zurückbleiben), und es kann zu einem sich fortschreitend verschlechternden **Prozess** kommen.

Charakteristisch für die schizophrenen Störungen sind

Störungen des Denkens: Der Gedankenablauf ist durch Sperren unterbrochen, unzusammenhängend, sprunghaft, zerfahren.

Daneben bestehen **Störungen der Affektivität**, die steif, lahm, distanziert und uneinfühlbar wird, sodass der affektive, gefühlsmäßige Kontakt mit den Kranken gestört wird bzw. verloren geht.

Es wird auch der **Realitätskontakt** beeinträchtigt, die Kranken „leben in einer unwirklichen Welt" und können die Vorgänge der Umwelt oft nicht wirklichkeitsgetreu deuten. Es kommt zu Trugwahrnehmungen, Sinnestäuschungen auf optischem, akustischem, taktilem Gebiet: Erscheinungen, Stimmen, Beeinflussungen durch Ströme oder Strahlen, Gefühlstäuschungen.

Bei der **paranoiden ➢ Schizophrenie** werden das eigene Ich und die Umwelt verändert erlebt. Ereignisse bekommen eine besondere Bedeutung und eine Beziehung zur eigenen Person, die in Wirklichkeit nicht vorhanden ist. Neben **Beziehungswahn** kann auch ein **Verfolgungswahn** bestehen, der/die Kranke sieht in allen Vorbeigehenden Feinde, die ihm/ihr nachstellen und nach dem Leben trachten, hört, wie sie über ihn/sie reden und tuscheln usw.

SCHIZOTYPE STÖRUNGEN

Die Störungen zeigen sich in exzentrischem Verhalten mit Anomalien des Denkens. Es gibt dafür kein typisches Merkmal, jedes einzelne Merkmal der schizophrenen Störung kann vorhanden sein (z.B. ungewöhnliche Wahrnehmungserlebnisse, paranoide Ideen).

WAHNHAFTE STÖRUNGEN

Die Wahninhalte sind sehr verschieden, z.B. Verfolgungswahn, Eifersuchtswahn usw. Die Realität kann gänzlich verloren gehen, im Größenwahn kann der Kranke sich selbst für Gott, den Schöpfer usw. halten, oder der Realitätsverlust zeigt sich in ganz uneinfühlbaren, bizarren Formen: So meint etwa eine Kranke, einer ihrer Feinde und Verfolger, ein hässlicher alter Mann, habe auf magische Weise von ihrem Körper Besitz ergriffen und wohne jetzt in ihrem Inneren, was sich durch eine Veränderung der Zähne, der Gesichtszüge und der Haare zeige.

AFFEKTIVE STÖRUNGEN

Diese psychischen Krankheiten beruhen auf Erbanlagen.

MANISCHE EPISODE

Alle Lebensvorgänge sind ebenso enthemmt und beschleunigt, wie sie bei der Depression gehemmt und verlangsamt sind. Die Manie ist daher gekennzeichnet durch

unbegründete Heiterkeit oder auch zornmütige Verstimmung,

gesteigertes Selbstvertrauen und Selbstbewusstsein,

Enthemmung,

Beschleunigung und Flüchtigkeit des Gedankenablaufs, Redefluss,

geringes Schlafbedürfnis.

DEPRESSIVE EPISODE

Sie ist gekennzeichnet durch

grundlos traurige Verstimmung,

inhaltslose Angst,

Hemmung und Verlangsamung aller Lebensvorgänge, des Denkens, des Antriebs, der Willenslage, des Bewegungsablaufs,

Pessimismus, Angst vor der Zukunft, Angst vor allen Lebensaufgaben und der Überzeugung, ihnen nicht gewachsen zu sein,

Selbstbeschuldigungen, krankhafte Selbstvorwürfe und Schuldgefühle, Versündigungswahn (z.B. das Gefühl, einen Krieg verschuldet zu haben usw.)

Selbstmordneigung,

Schlafstörung, Schlaflosigkeit.

Manische wie depressive Episoden können als sich wiederholende, durch freie Intervalle getrennte (rezidivierende) Phasen auftreten.

BIPOLARE STÖRUNG

Manische und depressive Phasen wechseln einander ab.

NEUROTISCHE, BELASTUNGS- UND SOMATOFORME STÖRUNGEN

Neurotische Verhaltensmuster können beträchtlich variieren, sie alle haben jedoch den Mechanismus der Angstbegrenzung gemeinsam. Bei der Enstehung von ➢ Neurosen spielen vor allem Störungen der psychischen Entwicklung und psychische ➢ Konflikte eine ursächliche Rolle.

Man unterscheidet im Wesentlichen

- **Angststörung**

  Kennzeichnend ist die manchmal bis zur Panik gesteigerte freiflottierende (auf kein bestimmtes Objekt und keine bestimmte Situation gerichtete) Angst. Sie äußert sich in chronischer Angst oder in akuten Angstanfällen. Sekundär kann es zu Angst vor der Angst kommen, der/die Betroffene lebt in permanenter Erwartung eines Angstanfalls.

- **Phobie**

  Durch den ➢ Abwehrmechnismus der Verschiebung (s. S. 193 f.) werden peinlichen Impulsen weniger peinliche Inhalte untergeschoben. Die Angst vor eigenen verbotenen aggressiven Impulsen, etwa gegenüber den Eltern, wird verdrängt und ihr ein banaler Inhalt unterschoben. So lautet die tiefenpsychologische Entstehungshypothese. Auf diese Weise kann die Angst vor peinlichen Impulsen als „harmlosere" Angst zu Tage treten, z.B. als Tierphobie, Agoraphobie (Platzangst), Klaustrophobie (Angst vor Enge), Flugangst, in jüngster Zeit vermehrt auch als ➢ **Sozialphobie** (s. S. 316 f.) usw. Es besteht ein zwanghafter Wunsch nach Vermeidung der angstmachenden Objekte bzw. Situationen.

- **Zwangsstörung**

  An die Stelle des verdrängten Inhalts tritt ein Zwang (statt Angst wie bei der Angstneurose), wiederkehrende Zwangsgedanken oder Zwangshandlungen – etwa ein Kontrollzwang, der Zwang, immer wieder aufs Neue die Tür zu versperren, oder ein Zählzwang, ein Zwang, sich ständig die Hände zu waschen usw. – , oft in Verbindung mit depressiven Symptomen.

- **Dissoziative** oder **Konversions-Störung** (früher ➢ **„Hysterie"**)

  Nach psychoanalytischer Auffassung kommt es durch den Abwehrmechanismus der ➢ Konversion (s. S. 193) zur Umsetzung von konfliktbeladenen und deshalb aus dem Bewusstsein verdrängten psychischen Impulsen in körperliche Bewegung oder Hemmungen (s. Kap. ➢ „Tiefenpsychologie"). So entstehen Anfälle mit Krämpfen und Zuckungen; Lähmungen, Blindheit usw. ohne organischen Befund. Verlust von Erinnerungen an Vergangenes und des Identitätsbewusstseins sind kennzeichnend. Die Neigung zur **dissoziativen** Störung zeigt sich in einer Unechtheit des Gehabens und in der Vorliebe, Gefühle zu dramatisieren – möglichst vor Publikum. Hierher gehört auch die **multiple Persönlichkeit**. Ihr grundlegendes Merkmal ist das offensichtliche Vorhandensein von zwei oder mehr verschiedenen Persönlichkeiten bei einem Individuum.

- **Anpassungsstörungen**

  Das sind Zustände von subjektivem Leiden und emotionaler Beeinträchtigung, die soziale Funktionen und Leistungen behindern. Aggressives und dissoziales Verhalten (z.B. bei Jugendlichen), Bettnässen (bei Kindern) usw. gehören zu diesen Störungen.

VERHALTENSAUFFÄLLIGKEITEN MIT KÖRPERLICHEN STÖRUNGEN

Innerhalb der letzten 20 Jahre ist in unserem Kulturkreis auch die Häufigkeit zweier ➢ **Essstörungen**, der ➢ **Anorexia nervosa** und der ➢ **Bulimie**, erheblich angestiegen. Diese Störungen können die Gesundheit ernsthaft schädigen und bis zum Tod führen. Dem abweichenden Verhalten liegen tiefe emotionale ➢ Konflikte und problematische Familienbeziehungen zugrunde, die Betroffenen zeigen selbstzerstörerische Tendenzen, mangelndes Selbstwertgefühl und leiden oftmals unter ➢ Depressionen.

- Die **Anorexia nervosa** (Magersucht, „Gewichtsphobie") setzt meist um die Zeit der Pubertät ein und ist u.a. Ausdruck für erschwerte Geschlechtsrollenübernahme, meist Ablehnung der Mutter. Ihr Nicht-erwachsen-werden-Wollen ist den Betroffenen bewusst. Ihre Körperwahrnehmung ist gestört; sie hungern sich regelrecht aus und finden sich immer noch zu dick, selbst wenn sie zum Skelett abgemagert sind. Folgen sind Ausbleiben der Menstruation, Schädigung der Verdauungsorgane, Herzrhythmusstörungen, niedriger Blutdruck.
- Die **Bulimie** ist eine Essstörung, bei der wiederkehrende „Fressanfälle" mit erzwungenem Erbrechen und Abführen abwechseln. Sie tritt bei Menschen aller Gewichtsklassen auf. Folgen können chronischer Durchfall, Austrocknung, Nieren- und schließlich Herzversagen sein. Die bulimischen Attacken sind meist von Scham und Schuldgefühlen begleitet.
- Hierher gehören auch **Schlafstörungen** mit emotionalen Ursachen usw.

PSYCHISCHE UND VERHALTENS-STÖRUNGEN DURCH PSYCHOTROPE SUBSTANZEN (ABHÄNGIGKEITEN / SÜCHTE)

Anpassungsstörungen können beim Zustandekommen der Sucht (➢ Abhängigkeit) eine Rolle spielen. Nach der neueren Formulierung der Weltgesundheitsorganisation spricht man eher von Abhängigkeit als von Sucht und unterscheidet verschiedene Abhängigkeitstypen (s. S. 151 ff.).

Man kann Hilfe suchen oder warten, ob zufällig ein Helfer vorbeikommt ...

1. *In unserer Gesellschaft scheint man eher Frauen als Männern hysterisches Verhalten zuzuschreiben. Ist dieses Urteil begründet? Wie mag es entstanden sein?*
2. *Besprechen Sie in Gruppen, woran depressives Verhalten erkennbar ist und wie Sie sich einem Menschen gegenüber, der an Depressionen leidet, verhalten würden.*
3. *Wie stehen Sie zu folgenden extremen Auffassungen:*

   Das Aufsuchen eines Therapeuten / einer Therapeutin ist

   - *als „hoffnungsloses Irresein"*
   - *als eitle „Selbstbespiegelung" zu sehen?*
4. *Am Beginn dieses Kapitels finden Sie ein Werk des Künstlers Adolf* ***Wölfli****. Ersuchen Sie Ihren/Ihre KunsterzieherIn um gemeinsame Erarbeitung von Zusammenhängen zwischen Kunst und psychischer Krankheit . (Im Übrigen finden Sie auch in den anderen Kapiteln dieses Buches - oder gleichsam als Motto vorangestellt - Werke bedeutender KünstlerInnen!)*

STÖRUNGEN DES SEXUALVERHALTENS

Störungen des Sexualverhaltens sind durch Abweichungen vom üblicherweise bevorzugten Triebziel (Objektwahl) und / oder des üblicherweise bevorzugten Triebverhaltens charakterisiert. (Nach ***Feldmann***)

Aus psychoanalytischer Sicht hängt abweichendes Sexualverhalten mit einer **Fixierung** auf kindliche **Partialtriebe** (orale, anale, phallische, voyeuristische, exhibitionistische, sadistische, masochistische) zusammen, die später in die reife Sexualität integriert werden (vgl. S. 186 ff., 190). In leichter Ausprägung kann abweichendes Sexualverhalten auch Teilkomponente der normalen Sexualität sein. Wenn aber die Befriedigung des Partialtriebes ausschließliche Bedingung zur Erreichung des Orgasmus wird, handelt es sich um eine Abweichung im engeren Sinne.

FETISCHISMUS

Das Sexualverhalten konzentriert sich ganz auf ein Ersatzobjekt, einen **Fetisch** (z.B. Damenstiefel, Unterwäsche). **Transvestitismus** bezeichnet das Bedürfnis, zur sexuellen Erregung Kleidung des anderen Geschlechts anzuziehen.

EXHIBITIONISMUS

Unter Exhibitionismus versteht man das Entblößen der eigenen Geschlechtsteile in der Öffentlichkeit. Exhibitionisten beziehen ihre Lust vom Erschrecken ihrer Opfer, sie sind äußerst selten aggressiv.

VOYEURISMUS

Voyeure beobachten andere Personen bei intimen Handlungen (Entkleiden ...).

SODOMIE

Unter Sodomie versteht man sexuelle Handlungen mit Tieren.

SADISMUS, MASOCHISMUS

Der **Sadist** erreicht sexuelle Erregung dadurch, dass er andere demütigt und ihnen Schmerzen zufügt, der **Masochist** umgekehrt durch Erdulden von Demütigungen und Schmerzen. Vereint eine Person beide Tendenzen in sich, spricht man von **Sadomasochismus**. In der Extremform psychotischer Erkrankung oder Abartigkeit kann Sadismus bis zur Tötung des Anderen führen, zu Lustbefriedigung durch **Sexualmord** oder auch **Kannibalismus**.

INZEST

Unter Inzest versteht man sexuelle Handlungen unter Blutsverwandten. Das Inzest-Tabu ist in irgendeiner Form in allen Kulturen verankert, es wird aber verschieden ausgelegt (siehe z.B. die Geschwisterehe bei den ägyptischen Pharaonen). Die häufigste Form des Inzests ist der zwischen Vater und Tochter. Die Dunkelziffer bei Inzesthandlungen ist hoch.

PÄDOPHILIE

Pädophilie (von griech. „Liebe zu Kindern") bezeichnet die sexuelle Fixierung Erwachsener auf Kinder bzw. Jugendliche, **Päderastie** (von griech. „Knabenliebe") die homosexuelle Neigung von Männern zu Knaben. Sexuelle Übergriffe von Erwachsenen an Minderjährigen werden in letzter Zeit zunehmend auch in der Öffentlichkeit bekannt. Die Täter finden sich oft im Familien- oder Bekanntenkreis (Väter, Stiefväter, Onkel ...). Pädophilen begegnet man in allen Gesellschaftsschichten; sie tarnen sich durch angepasstes Verhalten und bleiben so auch für Nahestehende unerkannt. Eine Aufdeckung erzeugt im sozialen Umfeld Fassungslosigkeit, Unverständnis, Unglauben. Leugnen, Bagatellisieren und Schuldzuweisungen an das Opfer (das Kind lügt, phantasiert, wollte es selbst, hat sich aufreizend verhalten usw.) sind häufig auftretende Abwehrmechanismen seitens der Täter. Dadurch wird dem Opfer weiterer Schaden zugefügt; das Kind zweifelt an seiner Wahrnehmung und kann die Unfassbarkeit seines Erlebnisses schwer verarbeiten (s. auch S. 274).

Wie von ExpertInnen betont wird, handelt es sich bei pädophilen Taten nicht primär um die Befriedigung sexueller Lust bei unreifen narzisstischen Personen (vgl. S. 217f.), sondern um Befriedigung des Machttriebes, um Ausübung von Gewalt, um Demütigung und Folter (nach ***Perner***).

Neue Medien, insbesondere das Internet, haben die Möglichkeiten der Vermarktung der Sexualität in einem unglaublichen Ausmaß und in erschreckender Brutalität vorangetrieben. **Pornografie**, vor allem Kinderpornografie, ist zu einem lukrativen Wirtschaftszweig geworden. Auch die o. a. Übergriffe auf Minderjährige werden oft gefilmt und als Pornografie weitergegeben oder verkauft. Angesichts dieses Umstandes ist es besonders wichtig, Öffentlichkeit zu schaffen, wie auch von **Amnesty International** immer wieder gefordert wird.

SEXUELLE GEWALTTATEN

Gewaltsam erzwungene sexuelle Handlungen stellen einen Straftatbestand dar. Hier ist die Dunkelziffer sehr hoch, da die genötigten oder vergewaltigten Personen aus Angst und

Scham eine geringe Anzeigebereitschaft aufweisen. Als **Vergewaltigung** gilt nur der erzwungene Koitus, andere erzwungene sexuelle Handlungen werden als **Nötigung** bezeichnet. Dem Täter geht es dabei nicht in erster Linie um Befriedigung des Geschlechtstriebes, sondern um Ausübung von Gewalt mit sexuellen Mitteln, um die Demütigung des Opfers.

Bei Gruppenvergewaltigungen (z.B. im Krieg) spielen aggressive Mannbarkeitsrituale darüber hinaus eine Rolle (nach ***Feldmann***).

- *Indem sexuelle Vorlieben und Sonderbarkeiten, die früher als unaussprechlich und pervers galten, öffentlich diskutiert werden, hat sich die Grenze zwischen Normalität und Anormalität, zwischen Privatheit und Öffentlichkeit beträchtlich verschoben (nach **Sigusch**). – Wie beurteilen Sie diese Auffassung?*

NARZISSTISCHE STÖRUNGEN

Nach ***Freud*** hat jedes neurotische Symptom seine Wurzel in einem **unbewussten ➢ Konflikt** (s. S. 192 f.). Das neurotische Symptom stellt dabei eine unbewusste **Kompromissbildung** dieses Konflikts dar. Das Symptom ist für die Erkrankten immer noch erträglicher als die Bewusstmachung des Konflikts. Ergänzend zu dieser „klassischen" ➢ Theorie der Neurosenentstehung wurde von ➢ Psychoanalytikern im Rahmen der Untersuchungen über die **Ich-Entwicklung** ein weiteres Modell erstellt. Hiebei wurde dem sozialen Umfeld, vor allem der **Mutter-Kind-Interaktion**, besondere Aufmerksamkeit zugewendet (*René* ***Spitz***, *Margaret* ***Mahler***). Die Psychoanalytiker *Otto* ***Kernberg*** und *Heinz* ***Kohut*** haben schließlich anhand ihrer Erfahrungen mit PatientInnen Beiträge zur Erklärung und Behandlung früh entstandener seelischer Störungen, vor allem der so genannten **„narzisstischen"** Persönlichkeitsstörungen, formuliert.

Narzisstische Persönlichkeitsstörungen, für die in letzter Zeit ein Ansteigen zu verzeichnen ist, sind durch **Ich-Defizite** bedingt: Das Ich kann sich nicht zu seiner vollen Reife und Stärke entwickeln. Die mangelhafte Ich-Entwicklung beruht auf frühen **„Objektbeziehungs"-Störungen** im Rahmen der Mutter-Kind-Interaktion, in die später auch der Vater einbezogen wird. Für das Verständnis der Objektbeziehungsstörungen ist es notwendig, die **narzisstische ➢ Libido** und den Vorgang der „libidinösen Besetzung von Objekten" näher zu betrachten. Der Ausdruck ➢ „Narzissmus" darf in diesem Zusammenhang nicht negativ wertend aufgefasst werden, denn er ist die gesunde und notwendige Grundlage für die Entwicklung sowohl der richtigen Eigenliebe als auch der Fähigkeit, anderen liebend zu begegnen. Narzissmus hat insofern etwas mit dem Mythos des Narziß* zu tun, als der Säugling, das Kleinkind, durch seine Umwelt, vor allem seine Mutter, liebend „gespiegelt" werden muss, um sich gut entwickeln zu können. ***Kohut*** spricht in diesem Zusammenhang immer wieder vom „Glanz im Auge der Mutter". Erfolgt diese Spiegelung, aus welchen Gründen

**Der schöne Jäger Narziß weist die Nymphe Echo ab, die ihn liebt. Aphrodite bestraft ihn, sodass er sich in sein Spiegelbild im Wasser verliebt. Erst durch Verwandlung in eine Narzisse wird er erlöst.*

immer, nicht, dann kann die „narzisstische Besetzung von Objekten“ nicht richtig vollzogen werden; das Kind wird weder eine befriedigende Liebe und Wertschätzung seiner selbst noch anderer Menschen entwickeln können. Anstatt des „wahren“ Selbst wird ein „falsches“ Selbst aufgebaut. Das Kind wird das Gefühl haben, so wie es ist nichts wert zu sein und es wird sich so verhalten, dass es die Erwartungen anderer erfüllt, in der Meinung, nur so akzeptabel und geschätzt zu sein. (Nach ***Jacoby***)

Narzisstische Störungen äußern sich in einem sehr labilen Selbstwerterleben, einem Schwanken zwischen dem Gefühl der eigenen Großartigkeit und abgrundtiefen Minderwertigkeitsgefühlen. Sie sind weiters durch eine gestörte Beziehungsfähigkeit gekennzeichnet. Tief gehende Gefühle, wie Zuneigung, Vertrauen, Trauer fehlen, ebenso Einfühlungsfähigkeit in andere Menschen, deren Gefühle und Bedürfnisse. Oft besteht eine übergroße Empfindlichkeit gegenüber Kritik und Kränkungen, die nicht normal verarbeitet werden können, sondern als vernichtend und niemals gutzumachend erlebt werden. Es werden auch Gefühle der Leere, ➢ Depression, ein Mangel an Interesse und Initiative beklagt, die zwischenmenschlichen Beziehungen sind von Eintönigkeit geprägt. Die Kennzeichen einer gelungenen Entwicklung, ➢ Kreativität, Humor und Empathie (Fähigkeit zu Mitgefühl und Einfühlung), fehlen dementsprechend bei narzisstisch gestörten Persönlichkeiten, die im Übrigen sehr gut angepasst und leistungsfähig sein können.

Den gesellschaftlichen Hintergrund für das Ansteigen der narzisstischen Störungen bildet möglicherweise die Tatsache, dass sich Menschen der heutigen Zeit weniger auf einen herrschenden Kulturkanon, auf feste Wertsetzungen und klar umschriebene kulturelle ➢ Normen stützen können als früher. Dadurch ist die innere Orientierung und ein fester Standpunkt sowie die eigene Identitätsfindung erschwert worden. Infolge der zunehmenden Scheidungsraten werden Kinder oft von einer Mutter allein erzogen, die vielfach überfordert ist; der Vater fehlt entweder oder ist nicht ausreichend anwesend, weil auch die Arbeitsbedingungen größere Nähe zur Familie verhindern. *Alexander* ***Mitscherlich*** und andere PsychologInnen sprechen von einer zunehmend **„vaterlosen Gesellschaft“** und der damit verbundenen Schwierigkeit der Kinder, vor allem der Söhne, sich an einem Vorbild zu orientieren und an ihm Halt zu finden.

3. Techniken der Psychotherapie

SUGGESTION UND HYPNOSE

B

Suggestion *nennt man die wirksame Übertragung von Gefühlen und gefühlsbetonten Vorstellungen oder Überzeugungen von einer Person auf eine andere.*

Unter ***Hypnose*** *versteht man einen besonderen, durch Suggestion bewirkten „tranceartigen“ psychischen Zustand, in welchem der/die Hypnotisierte Suggestionen besonders leicht zugänglich ist.*

Die Suggestibilität, d.h. die Bereitschaft, eine Suggestion in sich aufzunehmen, findet man bereits beim Tier (z.B. Affektäußerungen des Leittieres), beim Menschen ist die affektive

Suggestibilität trotz der viel höheren Entwicklung seines Intellekts immer noch vorhanden. Die Logik des Suggerierten wird durch Emotionen gesteuert.

Fremdsuggestion: Übertragung eines emotional gefärbten Inhalts von einer Person auf eine andere.

Autosuggestion: Die betroffene Person überzeugt sich selbst von etwas und bringt sich dazu, daran zu glauben. Im Grunde ist jede Suggestion auch Autosuggestion, denn sie ist nur dann wirksam, wenn sie in dem Menschen, dem etwas suggeriert werden soll, eigene Wünsche und Empfindungen anspricht.

Der Suggestion zugänglich sind Gedanken (Ideen, Überzeugungen), Wahrnehmungen (man kann Trugwahrnehmungen, ➢ Illusionen und ➢ Halluzinationen suggerieren) und alle unbewussten körperlichen Funktionen, die vom Zentralnervensystem kontrolliert werden und dem Einfluss der Affekte unterliegen (Herzschlag, Tätigkeit der Eingeweide, Drüsenfunktionen usw.). Der Einfluss der Suggestion betrifft also einen viel weiteren Bereich als den des bewussten Willens.

Medizinische Methoden der Suggestivbehandlung:

Indirekte Suggestivbehandlung, bei der körperliche Behandlungsmethoden wie Medikamente, Bestrahlung usw. angewendet werden und damit zugleich suggeriert wird, dass es sich um eine heilkräftige Maßnahme handelt.

Direkte Suggestivbehandlung, bei der die verbale Suggestion – das gesprochene Wort mit suggestiver Wirkung – allein oder zusammen mit einer Entspannungs- oder Konzentrationsübung den suggestiven Effekt bewirkt. Hier sind anzuführen:

Mein linker Arm wird gaaanz waaarrm ...

Aus: Psychologie heute

- das ➢ **Autogene Training**, das von dem Berliner Psychiater *J. H.* ***Schultz*** entwickelt wurde. Es ist eine Behandlung durch ein System von Entspannungsübungen, die durch Suggestivformeln begleitet und unterstützt werden.
- die **Suggestion in Hypnose**, die von ***Mesmer*** (1733–1815) bekannt gemacht und vor allem von ***Liébault*** (1866) und ***Bernheim*** (1884) in die medizinische Behandlung eingeführt wurde.

Zur Einleitung der Hypnose wird dem Patienten / der Patientin, der/die eine entspannte Ruhelage einnimmt, der Auftrag gegeben, einen glänzenden Gegenstand (oder die Augen des hypnotisierenden Arztes) zu fixieren. Während des Fixierens tritt normalerweise Ermüdung ein; gleichzeitig wird dem Patienten /der Patientin Ermüdung suggeriert, bis ihm/ihr die Augen zufallen. Es wird suggeriert: „Ihre Augen brennen, die Lider sind ganz schwer!" und weiter: „Sie können die Augen nicht mehr offen halten, die Lider fallen zu!" Die **Somnolenz** (Schläfrigkeit) setzt ein, darauf folgt das Stadium **Paralytikum** (Lähmung), in welchem entsprechend der erteilten Suggestion „Arme und Beine sind ganz schwer!", Arme und Beine passiv auf die Unterlage zurückfallen, wenn man sie anhebt. Dann folgt das Stadium der **Katalepsie** (Starre), in dem die Gliedmaßen wie die einer Wachspuppe jede Stellung beibehalten, in die man sie bringt. Der **Somnambulismus** schließlich ist der eigentliche hypnotische Zustand, in dem der/die PatientIn erteilte Aufträge schlafwandlerisch ausführt, ohne sich nachher daran erinnern zu können. In diesem Stadium werden die eigentlichen **Heilsuggestionen** erteilt. Diese müssen immer in positiver Form gegeben werden, um wirksam zu sein (also nicht etwa: „der Kopf schmerzt nicht mehr" sondern „der Kopf ist ganz frei und leicht!" usw.). Auf diese Weise können z.B. psychisch bedingte Lähmungen und andere Symptome erfolgreich behandelt werden.

TIEFENPSYCHOLOGISCHE THERAPIEN

Der Prototyp der **aufdeckenden** tiefenpsychologischen ➢ Psychotherapien ist die Methode der ➢ **Psychoanalyse** *Sigmund* ***Freuds***. Sie ist durch folgende Charakteristika bestimmt:

Freie Assoziation: Der Analysand soll alles, was ihm einfällt, sofort aussprechen, ohne etwas wegzulassen, ohne etwas zu unterdrücken, auch wenn er es für unwichtig, unzusammenhängend oder unpassend halten sollte.

Deutung der Einfälle, der Träume (s. S. 181 ff.) und des Widerstands, der sich gegen die aufgetragene freie Äußerung der Einfälle, der Gedanken und damit zugleich auch gegen die Person des Analytikers/der Analytikerin geltend macht. Die Deutung muss der Analysand selbst vornehmen, der/die AnalytikerIn kann höchstens Deutungen anbieten, allerdings mit vorsichtiger Zurückhaltung.

Übertragung: Der Analysand überträgt Gefühle, die er/sie ursprünglich den Eltern und anderen Bezugspersonen entgegengebracht hat, unwillkürlich auf den/die ➢ Psychoana-

lytikerIn und erlebt und behandelt diesen/diese so, als ob er/sie der Vater, die Mutter usw. wäre. So kann der Analysand erleben, dass er/sie wegen Eigenschaften und Verhaltensweisen, deretwegen ihn/sie seine Eltern, Geschwister usw. abgelehnt oder verstoßen haben, vom/von der AnalytikerIn nicht abgelehnt oder verstoßen, sondern akzeptiert wird. Alle Einfälle und Phänomene des **Widerstands** haben dann eine Chance, zu einem therapeutischen Erfolg zu führen, wenn sie in der – stark gefühlsbeladenen – Atmosphäre der Übertragung erlebt, verstanden, gedeutet und durchgearbeitet werden.

TECHNIKEN DER VERHALTENSTHERAPIE

Die Verhaltenstherapie ist die systematische Anwendung von Resultaten der ➢ Lerntheorien und der experimentellen Psychologie zur Änderung unangepasster Verhaltensweisen, wie z.B. Alkoholsucht, Stottern usw. und inadäquater ➢ Emotionen, wie vor allem Angstzuständen. Diese Änderung geschieht durch Beseitigung der unerwünschten Verhaltensweisen mittels **Umkonditionierung**:

- **Systematische Desensibilisierung**

  Sie findet vor allem bei der ➢ Therapie von Angstzuständen Anwendung. Die Methode gliedert sich in drei Abschnitte:

  Intensives **Entspannungstraining** (z.B. ➢ Autogenes Training). Da Angst immer mit Spannung und Verkrampfung verbunden ist, bildet die Entspannung eine mit der Angst unvereinbare Reaktion: Wer entspannt ist, kann keine Angst haben. Die Angstfreiheit im Zustand einer tiefen Entspannung korrespondiert mit parallel im Gehirn auftretenden Alpha-Wellen. Aufgrund dieses Zusammenhangs ist eine optimale Therapiesteuerung möglich.

Aus: Quino: Therapeutikum

Die Angstinhalte werden in eine Rangreihe, eine **Angsthierarchie** gebracht. Der/Die PatientIn, der/die bereits gelernt hat, sich zu entspannen, bekommt vom Therapeuten / von der Therapeutin die Anweisung, sich den **schwächsten** Reiz der Angsthierarchie vorzustellen, z.B. soll er/sie sich einen Hund – zunächst in weiter Entfernung – vorstellen. Tritt dabei Angst auf, folgt die Anweisung, sich zu entspannen. Der/Die PatientIn wiederholt unter Entspannung so lange die Vorstellung eines entfernten Hundes, bis ihm/ihr dies ohne Auftreten von Angst gelingt. Im weiteren Verlauf der Therapie wird der nächste Reiz der Angsthierarchie zu bewältigen versucht, z.B. muss sich der/die PatientIn den Hund etwas näher vorstellen, eventuell im gleichen Zimmer – zuerst in einem Käfig, dann ohne Käfig usw. Wenn die Vorstellung allein keine Angst mehr auftreten lässt, wird der/die PatientIn mit einem realen Hund, dem **stärksten** Angstreiz, konfrontiert. In jeder Sitzung wird also durch die Entspannung während des Vorstellens oder der realen Konfrontation mit angsterregenden Objekten oder Situationen eine der Angstreaktion entgegengesetzte Reaktion aufgebaut. So wird der/die PatientIn allmählich gegen seine Ängste desensibilisiert, was sich schließlich auch in der realen **Konfrontation** mit angsterregenden Ereignissen auswirkt.

- **Operante Konditionierung**

  Erwünschtes Verhalten wird durch nachfolgende Belohnungen gelernt. Ein Kind mit Lese-Schwierigkeiten erhält für jedes korrekt gelesene Wort eine Belohnung. Die erfreulichen Konsequenzen des richtigen Verhaltens spornen das Kind zu noch besseren Leistungen im gewünschten Sinn an. Nun kann man die Bedingungen etwas erschweren, so z.B., dass man nur nach je zwei richtig gelesenen Wörtern eine Belohnung gibt, usw.

  Bestrafung eines unerwünschten Verhaltens wird therapeutisch kaum angewendet, da sie nur in Anwesenheit der strafenden Instanz wirksam und außerdem ➢ ethisch problematisch ist. Zielführend erweist sich die „Löschung" des unerwünschten Verhaltens.

- **Löschung**

  Bei Ausbleiben positiver oder negativer Verstärkung stellt der/die PatientIn das unerwünschte Verhalten allmählich ein. Bekommt z.B. eine Person, die zu hysterischen Verhaltensweisen neigt, weder positive noch negative Aufmerksamkeit, wird die Wahrscheinlichkeit des Auftretens solcher Verhaltensweisen gesenkt.

- **Negatives Lernen**

  Mit einem Patienten/einer Patientin, der/die z.B. an Angstzuständen leidet, wird bis zur völligen Ermüdung über alle Aspekte dieser Angst diskutiert. Oder jemand, der an einem Tic leidet, muss diesen bewusst recht oft produzieren. Diese Technik findet z.B. auch Anwendung in der modernen psychohygienischen Praxis der Schwangerschaftsgymnastik, bei der alle Stadien der Geburt in allen Einzelheiten mehrmals durchgeübt werden, um so die Angst bei der Geburt und damit auch die Verkrampfung weit gehend reduzieren zu können.

- **Aversionslernen**

  Unerwünschtes, vor allem schädliches, gefährliches Verhalten wird mit unangenehmen Reizen gekoppelt. Bei der Behandlung zur Beseitigung von Alkoholismus oder übermäßigem Nikotingenuss werden z.B. Mittel verabreicht, die bei Genuss von Alkohol bzw. Nikotin starke Übelkeit und Erbrechen auslösen.

- **Selbstbehauptungstraining**

  Sozial gehemmte Personen werden ermutigt, ihre Empfindungen klar auszudrücken, auch mimisch; ihr Widerspruchsgeist wird gefördert. Der/Die PatientIn soll allen Äußerungen, mit denen er/sie nicht übereinstimmt, energisch widersprechen. Er/Sie soll das Wort „Ich" so oft wie möglich aussprechen und Freude über ein Lob äußern. Darüber hinaus wird er/sie zur Improvisation und zu spontaner Handlung angeregt. Das Selbstbehauptungstraining bedient sich häufig des Rollenspiels. TherapeutIn und PatientInnen oder nur PatientInnen untereinander spielen Szenen, bei denen selbstbewusste Handlungsweisen erprobt und durch positive Rückmeldungen von der Gruppe bekräftigt werden. Der/Die PatientIn lernt, sich in sozial akzeptabler Weise durchzusetzen, ohne dabei aggressive Verhaltensweisen aufzubauen.

- **Selbstkontroll-Techniken**

  Die Selbstkontrolle besteht darin, dass der/die PatientIn Fehlverhalten, wie z.B. übermäßiges Essen, welches durch falsche Vorstellungen, Gedanken und Fantasien aufrechterhalten wurde, selbst, ohne äußere Kontrolle, verändert. Er/Sie erarbeitet gemeinsam mit dem/der TherapeutIn ➢ Einstellungen, Gedanken usw., mit deren Hilfe er/sie sein/ihr Fehlverhalten selbst in eine positive Richtung steuern kann.

- **Biofeedback**

  Dieses Verfahren ermöglicht dem Menschen, unmittelbare Rückmeldung über seine vegetativ gesteuerten Körperfunktionen wie Blutdruck, Herzfrequenz usw. zu erhalten. Entsprechende diagnostische Vorrichtungen zeigen ein Abweichen der Werte des Patienten/der Patientin von den Normalwerten an. Der Mensch lernt, vegetativ gesteuerte Funktionen seines Körpers zu beeinflussen, z.B. einen zu hohen Blutdruck dem Normalwert durch gezielte Entspannungsübungen immer mehr anzunähern.

Die hier besprochenen Techniken sind einige wichtige Anwendungen, es wird jedoch immer nach besseren Methoden gesucht werden. In letzter Zeit wurden auch Erkenntnisse der ➢ Psychoanalyse (z.B. zur „Übertragung") und der klientenzentrierten ➢ Gesprächstherapie (z.B. zur „emotionalen Wärme") in die Verhaltenstherapie einbezogen.

VERHALTENSTHERAPIE B

DESENSIBILISIERUNG	*Entspannung bei Konfrontation mit Angstobjekt*
INSTRUMENTELLE / OPERANTE KONDITIONIERUNG	*Verstärkung bzw. Löschung des gewünschten Verhaltens*
NEGATIVES LERNEN	*Überflutung mit negativen Reizen*
AVERSIONSLERNEN	*Verknüpfung von Strafreizen mit unerwünschtem Verhalten*
SELBSTBEHAUPTUNGSTRAINING	*Ermutigung und Verstärkung*
SELBSTKONTROLLE	*PatientIn „behandelt" sich selbst*
BIOFEEDBACK	*Kontrolle der eigenen vegetativen Funktionen*

- *Vergleichen Sie die Verhaltenstherapie mit der tiefenpsychologischen Methode! Welche Vor- bzw. Nachteile haben beide?*

KOGNITIVE THERAPIEN

Diese Therapien gehen von der Annahme aus, dass abweichendem Verhalten inadäquates Denken zugrundeliegt. Was und wie PatientInnen über sich selbst denken, bestimmt ihr Verhalten. Kognitive Therapien versuchen daher, das negative Selbstkonzept der PatientInnen zu verändern, indem es der Realität vergleichend gegenübergestellt wird, Schuldzuschreibungen realistisch beurteilt und alternative Problemlösungen mit den PatientInnen diskutiert werden.

HUMANISTISCHE THERAPIEN (DIE GESPRÄCHSTHERAPIE)

Der Begründer der „client-centered-therapy" ist der amerikanische Psychologe *Carl R.* ***Rogers***, ein Vertreter der Humanistischen Psychologie. ***Rogers*** geht von zwei Grundannahmen aus, nämlich dass der Mensch von Natur aus gut ist und dass jeder Mensch nach Selbstverwirklichung bzw. Selbstaktualisierung strebt. Diese im Menschen angelegte Kraft kann zwar durch ungünstige Bedingungen behindert werden, aber sie wird wirksam, sobald sich der Mensch für seine eigenen Erfahrungen öffnet und sich von seinen Abwehrhaltungen befreit, indem er lernt, sich selbst zu akzeptieren. Diese Bedingungen sollen durch den Therapeuten / die Therapeutin geschaffen werden, indem er/sie eine entsprechende Beziehung aufbaut und selbst fördernde Einstellungen und Verhaltensweisen besitzt. Die bekanntesten Therapeuten-„Basisvariablen" sind:

- **Echtheit** und **Aufrichtigkeit**, d.h. TherapeutInnen sollen in ihrer Beziehung zu KlientInnen möglichst authentisch sein.
- **Wertschätzung und emotionale Wärme**: TherapeutInnen sollen KlientInnen ohne Vorbedingungen grundsätzlich akzeptieren und schätzen.
- **Einfühlendes Verstehen**: TherapeutInnen müssen sich bemühen, sich in die innere Welt ihren KlientInnen hineinzuversetzen, sich ihre Gefühle und Wahrnehmungen zu vergegenwärtigen.

TherapeutInnen „interpretieren" nicht, was KlientInnen sagen, sondern führen sie so weit, dass sie selbst ihre wahren Gefühle erkennen und es wagen, neue Erfahrungen über sich und die Umwelt zu machen. Die KlientInnen müssen also zu einer optimalen **„Selbstexploration"** kommen. Diese Therapie eignet sich vor allem für neurotische Persönlichkeiten, deren Leiden durch geringes Selbstwertgefühl, Ängste, Hemmungen und emotionale ➢ Konflikte charakterisiert ist.

GRUPPENTHERAPIE UND „GRUPPENDYNAMIK"

Ebenso wie eine Gruppe in vieler Hinsicht leistungsfähiger ist als eine gleich große Anzahl Einzelner, sind auch psychische Impulse in vielen Fällen leichter einer Gruppe mitzuteilen als einer einzelnen Person. Gruppenunterricht und Gruppenerziehung sind aus der Pädagogik bekannt. In der Medizin wurde festgestellt, dass therapeutische Impulse bei gruppenweise zusammenlebenden Kranken besser wirksam sind als bei isolierten Kranken. Diese durch Beobachtungen auf einer Krankenabteilung in Paris gewonnenen Erkenntnisse wurden dann als „Klassen"-Methode gezielt angewendet. In Wien behandelte *Alfred* ***Adler*** zuerst psychisch kranke und schwer erziehbare Kinder systematisch in Gruppen, ***Moreno*** wandte 1911 die gleiche Methode bei einem weiteren Kreis von Kindern an. Später wurde sie für die Behandlung psychisch kranker Erwachsener, insbesondere für die Wiener Trinkerfürsorge übernommen.

- ***Moreno*** (1889–1974) entwickelte seit 1911 die Methode des **Psychodramas**, eines Stegreifspiels mit verteilten Rollen, zur Behandlung psychischer Abweichungen. Für die Resozialisierung psychisch und geistig Kranker wurde die Sonderform des **„Therapeutischen Klubs"** (*Bierer*, 1949) entwickelt.
- Die **Gestalttherapie** von *Fritz* ***Perls*** (1883–1970) konzentriert sich auf Möglichkeiten, Psyche und Körper so zu vereinen, dass die „auseinander gebrochenen Persönlichkeitsteile" einer Person wieder zu einer „Ganzheit" zusammengefügt werden. Die Gestalttherapie fragt dabei nicht nach der Ursache des Leidens, sondern es sollen gegenwärtige psychische Blockierungen gelöst und ein bestehender krank machender Lebensplan verändert werden. Der/Die KlientIn soll sich seiner/ihrer Bedürfnisse und Gefühle hier und jetzt bewusst sein, zu diesem Zweck wird er/sie immer wieder aufgefordert, diese in Ich-Form zu formulieren. Erlebnis-, Wahrnehmungs- und Kontaktfähigkeit sollen (wieder) hergestellt und die Selbstunterstützung des Klienten / der Klientin gefördert werden.
- Die **Transaktionsanalyse** von *Eric* ***Berne*** (1910–1970) unterscheidet verschiedene Ich-Zustände und ordnet diesen jeweils eine ihnen eigene Form der ➢ Interaktion zu: **Kindheits-Ich** (wenig Kontrolle, irrational, entzieht sich Verpflichtungen), **Eltern-Ich** (Spiegelung des Eltern-Bildes mit Vorschriften, Verboten), **Erwachsenen-Ich** (beurteilt die ➢ Emotionen der anderen Ich-Zustände, verfährt sachlich). Wenn nun z.B. zwei Gesprächspartner auf der Ebene des Erwachsenen-Ichs miteinander kommunizieren, wird das Gespräch konfliktfrei und sachlich ablaufen. Interaktionen können aber auch auf verschiedenen Ebenen ablaufen; handelt es sich dabei um „komplementäre" Interaktion, wird das Gespräch konfliktfrei ablaufen. Die Form der „gekreuzten" Interaktion aber lässt auf die konfliktträchtige Beziehung dieser beiden Personen schließen. Ziel ist, die Qualität der Interaktion und damit zugleich die Beziehung zu verbessern.
- Die Gruppentherapie bzw. **Gruppenpsychotherapie** hat für die Behandlung und Resozialisierung psychisch Kranker immer größere Bedeutung gewonnen. Eine besonders wichtige Rolle spielt die Gruppentherapie auf dem Gebiet der ➢ **Psychohygiene**; diese umfasst alle vorbeugenden Maßnahmen zur Verhütung psychischer Störungen und Krankheiten und bemüht sich daher darum, schädliche und krank machende Einflüsse im sozialen Milieu auszuschalten (für diese Bemühungen der psychischen Hygiene sind vor allem der Schweizer Psychiater ***Meng*** und der Wiener Nervenarzt ***Stransky*** tätig gewesen).
- Die **Familientherapie** berücksichtigt die Familie als Ganzes und wird zum Teil auf psychoanalytischer Grundlage, auch unter Einbeziehung verschiedener anderer Ansätze

wie z.B. ➢ Verhaltenstherapie, durchgeführt. Die Erkenntnis, dass zwischen psychischer Erkrankung und Familiensituation ein Zusammenhang besteht, erforderte die Betonung systemorientierter Modelle gegenüber den individuumzentrierten. Die systemische Familientherapie geht davon aus, dass die Kommunikationsweise in „pathologischen" Familien (Systemen) das pathologische Verhalten stabilisiert. Es besteht eine Familienhomöostase, in der sich bestimmte (krank machende) Strukturen und Kommunikationsmuster „eingespielt" haben, die die Familienmitglieder beizubehalten trachten, auch wenn ein Mitglied psychische Probleme bekommt. Ändert dieses Mitglied, der Symptomträger, sein Verhalten, müssen auch die anderen Beteiligten ihr Verhalten nach dem ➢ Homöostase-Prinzip ändern. Der/Die TherapeutIn hilft den Familienmitgliedern, die in der Familie herrschende Organisationsstruktur, ihre Machthierarchie und Kommunikationsmuster verstehen zu lernen und verändern zu können.

- Neben der eigentlichen Gruppentherapie, die der Behandlung und Beseitigung verschiedener psychischer Abweichungen dient, haben sich in den letzten Jahrzehnten verschiedene Arten von Gruppen und Gruppenarbeit innerhalb unterschiedlicher Anwendungsgebiete entwickelt: Gruppen, die der **Selbsterfahrung** und der besseren Kenntnis der eigenen Wirkung auf andere dienen. Diese Gruppen spielen für soziale Berufe, therapeutische und pädagogische Institutionen eine Rolle, für die Sozialarbeit, für das Management, für die Industrie usw.
- Die ersten ➢ **Selbsthilfegruppen** entstanden 1935 in den USA, später wurden nach diesem Vorbild Selbsthilfegruppen auf allen Kontinenten gebildet. Sie widmeten sich vorwiegend gesundheitlichen Interessen (AlkoholikerInnen, Personen mit Essstörungen, Krebskranke, Aidskranke, usw.) oder strebten soziale Ziele an (Feministinnen, Initiatoren von Nachbarschaftshilfe).
- Als bekannteste Methode der Gruppenarbeit entwickelte sich das **Sensitivitätstraining**. Neben diesem und den ursprünglichen Therapie- und älteren Selbsterfahrungsgruppen gibt es viele Arten von Gruppen: „encounter groups", nicht-verbale (non-verbale) Gruppen, Trainingsgruppen usw. In allen diesen Gruppen spielt die **Gruppendynamik** eine entscheidende Rolle. Gruppendynamik entsteht innerhalb einer Gruppe spontan aufgrund ihrer Zusammensetzung und des Rollenverhaltens der einzelnen Gruppenmitglieder. Es hat sich aber gegenwärtig – wenn dies auch ein ungenauer und eigentlich nicht ganz richtiger Gebrauch dieses Wortes ist – durchgesetzt, unter „Gruppendynamik" besondere Methoden in der Art des Sensitivitätstrainings und der Selbsterfahrung in Gruppen, im Gegensatz zu der eigentlichen Gruppentherapie, zu verstehen.

4. Anwendung der Psychotherapie bei Drogenabhängigkeit

Am Beispiel des besonders schwierigen Arbeitsgebietes der **Behandlung Drogenabhängiger** soll die Anwendung der Psychotherapie erläutert werden. (Eine ➢ Psychoanalyse im eigentlichen Sinne ist in diesen Fällen meist schon deshalb nicht durchzuführen, weil die Übertragungsfähigkeit (s. S. 220 f.) Drogenabhängiger unverlässlich und unzulänglich ist.

Nach der körperlichen Entzugsbehandlung wird psychotherapeutisch behandelt. Meist wird neben der ➢ **Gruppentherapie** in der einen oder anderen Modifikation die

➢ **Gestalttherapie** angewendet. Die Gestalttherapie enthält methodische Elemente des ➢ Psychodramas und der ➢ Verhaltenstherapie, die auch Gespräch und psychoanalytische Deutung zu Hilfe nimmt und sich bemüht, im „Hier und Jetzt" die „Anklammerung an die Vergangenheit", die Neigung, Vergangenem die Schuld am eigenen Unglück zuzuschreiben, zu überwinden und Eigeninitiative und Verantwortlichkeit an ihre Stelle zu setzen. Meist ist eine lang dauernde Begleitung durch **sozialfürsorgerische** und soziotherapeutische Maßnahmen notwendig. Häufig versucht man, diesen PatientInnen Aufenthalte in Therapieheimen, mit denen oft eine Landwirtschaft verbunden ist, zu ermöglichen. Diese Methoden erfordern ein erhebliches Engagement der SozialarbeiterInnen oder SoziotherapeutInnen und garantieren keineswegs eine vollständige Heilung.

Z

1. *Was versteht man unter Psychotherapie?*
2. *Wodurch unterscheidet sich die Idealnorm von der subjektiven Bewertungsnorm?*
3. *Welche Symptome zeigt die Schizophrenie?*
4. *Beschreiben Sie die Symptomatik des manischen und des depressiven Krankheits-Geschehens!*
5. *Welche Gemeinsamkeiten haben die Angst- und die Zwangsstörung, und wodurch unterscheiden sie sich?*
6. *Beschreiben Sie die bekanntesten Essstörungen!*
7. *Welche Sexualstörungen kennen Sie, denen meist Kinder und/oder Jugendliche zum Opfer fallen?*
8. *Wodurch entsteht die narzisstische Persönlichkeitsstörung und wie äußert sie sich?*
9. *Was versteht man unter Suggestion und Hypnose?*
10. *Was ist Autogenes Training?*
11. *Welches sind die wichtigsten methodischen Vorgangsweisen bei der Psychoanalyse?*
12. *Beschreiben Sie die systematische Desensibilisierung!*
13. *Beschreiben Sie die Prinzipien der Gesprächstherapie nach* ***Rogers****!*
14. *Welches Ziel hat die Gestalttherapie?*
15. *Beschreiben Sie die Methode der Familientherapie!*
16. *Was versteht man unter Gruppentherapie?*
17. *Was versteht man unter „Gruppendynamik"?*

Kapitel 10
ENTWICKLUNGSPSYCHOLOGIE

A

Das erste Lebensjahr – ein wichtiger Grundstein für das Leben

Das zweite Lebensjahr – man muss auch einmal NEIN sagen können

Kindergarten – das Miteinander in Spiel und Streit

Das Schulalter – nicht für die Schule, für das Leben

Das Jugendalter – gar nicht so einfach, wie man glauben möchte

Das Erwachsenenalter – nichts als Pflichten ...

Das Alter – ... und wo bleiben die Rechte?

Weibliche und männliche Psyche – nur einmal angenommen, Sie wären 1492 in Westindien als Mädchen geboren worden ...

Sozialisation – ... oder 1945 als Knabe in Neu-Guinea ...

Wilhelm Busch

Die Kindheit ist ein schrecklich Reich.
Die Hände, die dich streicheln, schlagen dich.
Der Mund, der dich tröstet, brüllt dich an.
Die Arme, die dich hochheben, erdrücken dich.
Die Ohren, die dir zuhören, verstehen alles falsch.
Die Decke, die dich wärmt, gehört deinem älteren Bruder.
Die Wand, der du ein farbiges Zeichen von dir gibst,
wird einmal im Jahr übermalt.
Der Satz, den du endlich sagst, ist kindisch.
Wenn du mit deinen Sätzen und Zeichen
woanders hingehen willst,
dann heißt es,
das geht die fremden Leute nichts an.
Wohin soll ich gehen,
wenn die eigenen Leute
so fremd zu mir sind?
Ich gehe nirgendwohin.

Peter Turrini

1. *Wie erleben die Personen im Bild auf S. 228 und diejenigen im Gedicht ihre Kindheit?*
2. *Welche Gedanken / Gefühle verbinden Sie rückblickend mit Ihrer Kindheit?*

EINLEITUNG

Die Entwicklungspsychologie beschäftigt sich mit der Entfaltung der Persönlichkeit des Menschen, den Veränderungen seines Verhaltens im Verlauf seines Lebens. Eine besondere Rolle spielen dabei Kindheit und Jugend.

Als bekannteste Vertreter der Entwicklungspsychologie gelten *Jean* ***Piaget***, *René* ***Spitz*** und *Margaret* ***Mahler***. Auch *Anna* ***Freud***, *Alfred* ***Adler*** und *Erik H.* ***Erikson*** verdanken wir wichtige Erkenntnisse über die psychische Entwicklung des Menschen. Erikson hat sich besonders mit dem Problem der ➢ **Identität** beschäftigt: Die Entwicklung der Identität hängt von der erfolgreichen Lösung verschiedener von der jeweiligen Entwicklungsstufe abhängiger Krisen ab, die im Leben des Einzelnen auftreten. Jede Bewältigung einer Entwicklungskrise trägt zur Bildung einer zunehmend reiferen Persönlichkeit bei.

Stufen der Identität (nach ***Erikson***)

1. Lebensjahr	Urvertrauen	– Ur-Misstrauen
2. Lebensjahr	Autonomie	– Scham und Zweifel
4. – 6. Lebensjahr	Initiative	– Schuldgefühl
Schulalter	Werksinn	– Minderwertigkeitsgefühl
Adoleszenz	Erwachsenenidentität	– Identitätsdiffusion
Frühes Erwachsenenalter	Intimität	– Isolierung
Erwachsenenalter	Generativität	– Selbstabsorption
Reifes Erwachsenenalter, Alter	Integrität	– Lebensekel

Das Kapitel „Entwicklungspsychologie“ orientiert sich hinsichtlich seines Aufbaus an den oben genannten Stufen der psychosozialen Entwicklung. Im Anschluss daran folgen Textabschnitte, die sich gesondert mit einzelnen wichtigen – und mehrere Identitätsstufen umfassenden – Phänomenen menschlicher Entwicklung auseinander setzen: mit der Psychologie der Geschlechter und der Sozialisation.

1. Die früheste Kindheit – das 1. Lebensjahr

- Schon die Zeit, die der Mensch im **Mutterleib** verbringt, ist für seine psychische Entwicklung bedeutungsvoll. Werdende Mütter sollten Zigaretten, Alkohol und andere Drogen, auch Medikamente – sofern vom Arzt nicht ausdrücklich verordnet – meiden, um Fehlgeburten, Missbildungen, erhöhtes Sterblichkeitsrisiko, Krankheitsanfälligkeit des Kindes möglichst auszuschließen. Auch psychische Belastungen der Mutter oder ihre Ablehnung des Ungeborenen können sich ungünstig auf die Entwicklung des Kindes auswirken.
- Mit der Durchtrennung der Nabelschnur bei der **Geburt**, mit dem ersten Atemzug, wird das Kind zu einer von der Mutter getrennten körperlichen Einheit. Eine selbstständige psychische Einheit ist es aber noch nicht; es bleibt zunächst mit der Mutter psychisch verbunden (**symbiotische Phase**). Das Neugeborene zeigt unbewusst eine „soziale Bereitschaft“. Die neuere ➢ empirische Forschung konnte nachweisen, dass ein Säugling aktiv zu seinem Überleben beisteuert; z.B. kann er sich bereits einer menschlichen Stimme zuwenden und deren „Quelle“ suchen. Sein Schreien und Weinen hat einen Mitteilungswert an die Umwelt; es ist ein Hilferuf, der der Mutter oder einer anderen „primären“ Pflegeperson signalisiert, dass es ihrer Fürsorge bedarf. Später sind es nicht nur Gefühle des Unbehagens, sondern auch der Zufriedenheit, die sich im Lächeln, Glucksen usw. äußern. Auch das Schauen oder Sich-Anklammern sind Mittel des Säuglings, seine Wün-

Früh zeigt er seine Energie,

Indem er ausdermaßen schrie;
Denn früh belehrt ihn die Erfahrung:
Sobald er schrie, bekam er Nahrung.

Dann lutscht er emsig und behende,
Bis daß die Flüssigkeit zu Ende.

Auch schien's ihm höchst verwundersam,
Wenn jemand mit der Lampe kam,
Er staunt, er glotzt, er schaut verquer,
Folgt der Erscheinung hin und her

Und weidet sich am Lichteffekt.
Man sieht bereits, was in ihm steckt.
Schnell nimmt er zu, wird stark und feist
An Leib nicht minder wie an Geist ...

Aus: Wilhelm Busch

sche nach Kontakt kundzutun. Man nennt diese Verhaltensweisen zusammenfassend „**Bindungsverhalten**“ (***Bowlby***). Die ➢ Interaktion zwischen Kind und sozialer Umwelt muss natürlich in erster Linie von den Pflegepersonen ausgehen.

- *René* ***Spitz***, der die psychische Entwicklung in den ersten Lebensjahren, ihre Störungen und deren Folgen, untersucht hat, hat auf einen besonders bedeutsamen Umstand hingewiesen: Von Geburt an bestimmen unbewusst zwei entgegengesetzte Tendenzen im Kind wie in der Mutter die weitere Entwicklung: die **Tendenz zur Loslösung** und die **Tendenz zum Festhalten**. So wie das Kind einerseits danach strebt, sich von der Mutter zu lösen und selbstständig zu werden, strebt es andererseits danach, sich an die Mutter zu klammern. Ebenso strebt die Mutter danach, das Kind von sich abzulösen, ihm die Selbstständigkeit zu ermöglichen, andererseits neigt sie dazu, es an sich zu binden. Anfangs sind diese beiden Tendenzen im Gleichgewicht, später muss die Tendenz zum Loslassen bzw. zur Loslösung überwiegen, wenn die Entwicklung „regelrecht“ verlaufen soll.

  In den ersten Monaten ist das Kind auf die Versorgung durch die Eltern oder deren Ersatzpersonen angewiesen. Seine Wahrnehmungsfähigkeit ist noch nicht so weit ausgebildet, dass es zwischen **sich selbst** und dem, was **nicht es selbst** ist, also der Umgebung oder Umwelt, unterscheiden kann.

  Der Säugling ist noch nicht imstande, den Kopf zu heben, weil seine Halsmuskulatur noch zu schwach ist. Er kann daher mit den Lippen noch nichts zielbewusst ergreifen. Er sucht nach der Mutterbrust mit einer Bewegung, die ein erbanlagemäßig bedingtes **angeborenes Suchverhalten** (Orientierungsverhalten) darstellt und in einem Hin- und Herdrehen des Kopfes von rechts nach links und von links nach rechts besteht: Spürt der Säugling bei einer Drehung des Kopfes während dieses Suchens die Mutterbrust an seiner Wange, so dreht er den Kopf weiter in diese Richtung und ergreift die Brustwarze der Mutter mit den Lippen. Am Ende des **3. Lebensmonats** sind die Halsmuskeln des Säuglings gut entwickelt, sodass er den Kopf heben kann. Die Bewegung, die ihm bisher dazu gedient hat, die Mutterbrust zu suchen, verwendet er von da an auch, um sie **abzulehnen**, wenn er seinen Hunger gestillt hat. Es ist nun ganz besonders wichtig, dass die Mutter auch diese Signale des Säuglings mit Einfühlung erkennt und sie liebevoll akzeptiert.

  Zur gleichen Zeit hat das Kind auch in der liebevollen Zuwendung seiner Mutter gelernt, das, was **nicht es selbst** ist, von dem, was **es selbst** ist, zu unterscheiden. Dies zeigt sich darin, dass das Kind am Ende des 3. Lebensmonats das Lächeln der Mutter mit einem Lächeln erwidert. Dieses **Lächeln** ist nicht nur eine Freude für die Mutter, sondern auch für den Arzt und Psychologen ein wichtiger Indikator (Hinweis) dafür, dass mit der körperlichen Reifung und der psychischen Entwicklung in idealer Weise der **erste wesentliche Schritt der Entwicklung** abgeschlossen ist.

- Das Kind beginnt sich langsam zu einer nun auch **psychisch abgegrenzten Einheit** zu entwickeln. Die Reifung seines Wahrnehmungsapparats macht es ihm nun möglich, das, was es außen sieht, von dem, was es innen fühlt, zu unterscheiden. Mit dieser Unterscheidung hat das Kind die Grundlage für sein **Selbst** (*René* ***Spitz*** spricht vom „Ur-Selbst“), für seine ➢ **Identität**, für sein **Selbstbewusstsein** erlangt.

Die Tatsache, dass sich die Mutterbrust vorübergehend immer wieder dem Kind entzieht und erst wieder gesucht und gefunden werden muss, trägt zum Lernen des Kindes bei. Mit der Möglichkeit, die Suchbewegung auch als Bewegung der **Ablehnung** einsetzen zu können, erwirbt das Kind die Fähigkeit, eine eigene, möglicherweise auch gegen andere gerichtete Meinung auszudrücken und ein **Urteil** zu fällen. ***Spitz*** betont: In der psychischen Entwicklung ist das „Ja" anfänglich nur in einem Zustand der undifferenzierten Einheit mit der Mutter vorhanden, während das „Nein" im Verlauf der persönlichen Entwicklung zur ersten Form des Urteils wird.

- In den folgenden Monaten lernt das Kind in seiner Entwicklung, unmittelbaren **Hautkontakt** – der ihm in dieser Zeit mehr und mehr entzogen wird – durch **Gefühlsbeziehung** zu ersetzen. Voraussetzungen für eine „regelrechte" Entwicklung:

  1. zunächst Hautkontakt
  2. schrittweiser Entzug des Hautkontakts
  3. verlässliche, liebevolle Zuwendung der Mutter.

  Auf diese Weise wird das Gefühl, mit der Mutter psychisch verbunden zu sein (d.h. die Gefühlsbeziehung) ausgebildet und erhalten. Ist das Kind für Gefühlsbeziehungen reif geworden, ist für die weitere Entwicklung auch der Kontakt mit dem Vater, dessen Anerkennung und liebevolle Zuwendung, von großer Bedeutung. Die heutige Väter-Generation hat zwar durchschnittlich nicht mehr Zeit für den Nachwuchs zur Verfügung als deren männliche Vorfahren, doch ist ihre Beschäftigung mit den Kindern im Allgemeinen intensiver. Viele Väter beteiligen sich an der Pflege und Versorgung des Kindes, spielen und unternehmen viel gemeinsam mit dem Kind. Der **Vater** ist zwar nicht in vollem Umfang Bestandteil der geschilderten „symbiotischen" Phase zwischen Mutter und Kind, die Beziehung des Kindes zum Vater scheint jedoch von ganz besonderer Bedeutung für das Gelingen der späteren Entwicklung zur **Selbstständigkeit** zu sein (nach ***Mahler***).

  Der Mangel einer ausreichenden liebevollen Zuwendung hat eine schwerwiegende Störung der psychischen Entwicklung zur Folge. *René* ***Spitz*** hat diese Störungen bei Heimkindern als so genannten seelischen ➢ **Hospitalismus** beschrieben: psychische Verwahrlosung, Störung der geistigen Entwicklung, spätere Asozialität und Kriminalität und vielfach schwere psychische Probleme. Aber auch dann, wenn es die psychische Verfassung der Mutter unmöglich macht, die Tendenz des Kindes zur **Loslösung**, also seine **Selbstständigkeit**, zu fördern oder auch nur zu dulden – wenn die Mutter das Kind als eine Art Besitz für sich zu behalten trachtet –, kommt es zu nicht weniger schweren psychischen Problemen, wenn auch anderer Art als beim Hospitalismus.

  Die Fähigkeit des Menschen, Beziehungen zu anderen herzustellen, die Fähigkeit, andere zu lieben, ist untrennbar verbunden mit der Fähigkeit, die eigene **Identität** zu finden und Selbstbewusstsein zu entwickeln. Identität wie Selbstbewusstsein beruhen auf der liebevollen Zuwendung anderer, besonders natürlich der Eltern (s. dazu die Ausführungen über frühe Beziehungsstörungen, so genannte „narzisstische Störungen", S. 217 f.).

- Bis zum 8. Lebensmonat lernt das Kind auch, Lebendes von Unbelebtem und Bekanntes von Unbekanntem zu unterscheiden. Der Abschluss dieses Lernvorgangs zeigt sich in dem Indikator der **Acht-Monat-Angst**: Wenn dem Kind unerwartet statt des bekannten Gesichts der Mutter ein unbekanntes begegnet, wendet es sich ab bzw. bricht es in ängstliches Weinen aus. In Fällen, in denen spätere Erwachsene nicht fähig sind, Beziehungen zu anderen Menschen aufzunehmen und sie wie Dinge behandeln, können wir eine grundlegende Störung in dieser Phase der Entwicklung vermuten.

Wir sehen also, dass in dieser Phase im Verlauf der zweiten Hälfte des ersten Lebensjahres, auf den schon vorhandenen Grundlagen aufbauend, ein weiterer wichtiger Schritt erfolgt ist. Dieser Schritt stellt einen zusätzlichen Baustein für die spätere **Kommunikations-** und **Beziehungsfähigkeit** dar.

- Aber auch der Umgang mit der **Welt der Dinge** muss geübt werden. Im ersten Lebensjahr erweitert sich der Erfahrungsraum des Kindes beträchtlich. Es **er-greift** die Gegenstände, deren es habhaft werden kann, hantiert damit und beginnt dadurch, sie zu **begreifen.** Es lernt Farben, Formen, Gewichte und vieles andere kennen und damit umzugehen. Durch Ergreifen, Fallenlassen, Schieben, Ziehen, Rollen, Werfen der Gegenstände erwirbt das Kind Materialkenntnisse und versucht Problemlösungen. Entsprechende Spielgaben, wie Ball, Würfel, Stofftiere, Spieluhr, einfache Steckspiele, Puzzle usw., wirken anregend, umso mehr, wenn ein interessierter Erwachsener sich am Spiel beteiligt.

Mit ca. 8 Monaten kann sich das Kind bereits an Möbeln hochziehen, mit etwa 12 Monaten kann es die ersten selbstständigen Schritte tun und meist schon einzelne Wörter formulieren. Damit ist die Möglichkeit gegeben, den Erfahrungsbereich auszudehnen und dabei spannende, mitunter aber auch gefährliche Abenteuer zu erleben.

Im **ersten Lebensjahr** sieht u.a. ***Erikson*** die Phase, in der die Entscheidung über die Entwicklung eines ➢ **Urvertrauens** oder aber eines **Ur-Misstrauens** fällt. Die Ausbildung des Urvertrauens entspricht dabei der Entwicklung ausreichender Gefühlsbeziehungen. Diese Gefühlsbeziehungen, die zunächst zwischen dem Kind und den Eltern bestehen, sind fest und verlässlich und bleiben auch bei räumlicher Entfernung aufrecht. Die Ausbildung eines Ur-Misstrauens dagegen entspricht dem Mangel an ausreichenden Gefühlsbeziehungen.

1. *Welche Bedeutung kommt der/den Bezugsperson/en im 1. Lebensjahr des Kindes zu?*
2. *Welche Bedeutung messen Sie dem Stillen bei? – Vergleichen Sie Ihre Auffassung mit den Ansichten Ihrer KollegInnen!*
3. *Fassen Sie die bisher genannten Bedürfnisse des Kindes kurz zusammen und ergänzen Sie, falls Ihnen dies nötig erscheint!*
4. *Welche Erziehungsaufgaben können Sie von diesen Bedürfnissen ableiten?*
5. *Inwiefern ist das Spiel für das Kind bedeutsam? Wie viel Zeit sollten Ihrer Meinung nach Mutter / Vater / Sonstige dem gemeinsamen Spiel mit dem Kind widmen?*

2. Die frühe Kindheit – das 2. Lebensjahr

Der Kaspar, der war kerngesund,
ein dicker Bub und kugelrund,
er hatte Backen rot und frisch,
die Suppe aß er hübsch bei Tisch.
Doch einmal fing er an zu schrei'n:
„Ich esse keine Suppe! Nein!
Ich esse meine Suppe nicht!
Nein, meine Suppe ess' ich nicht!"
[...]

Aus: Der Struwelpeter

- Gegen Ende des ersten Lebensjahres ist der Säugling noch auf die Fürsorge der Eltern angewiesen. Diese müssen die Ausführungsorgane seiner Wünsche sein und ihn vor Schaden und Gefahren bewahren. Dass das Schreien des Säuglings genügt, die Hilfe der Eltern herbeizurufen, als ob das Kind allmächtig wäre, wird in der ➢ Psychoanalyse *Sigmund* ***Freuds*** als narzisstische **Allmacht des Säuglings** bezeichnet. Das Kind lernt allmählich, selbst Ausführungsorgan zur Erfüllung seiner Wünsche zu sein. Die gesamte Körpermuskulatur des Kindes ist stark genug geworden, um die Umwelt für sich zu erobern. Das Kind greift nach den Dingen, es beginnt, sich das Gewünschte selber zu holen. Da es aber die Gefahren noch nicht in genügendem Maße erkennt, bedarf es der Lenkung und Behütung durch die Eltern. Diese Situation des Kindes macht es notwendig, aber auch möglich, sich mit den Erwachsenen, den Eltern, zu identifizieren.
- Der Vorgang der ➢ **Identifikation** bildet wahrscheinlich den wichtigsten Aspekt der Entwicklung von der Abhängigkeit und **Unselbstständigkeit** zur Unabhängigkeit und **Selbstständigkeit**. Im Zuge dieser Entwicklung entsteht aus den Vorformen des „Nein", aus der Geste der Ablehnung, nun das semantische Zeichen der Negation. Das „Nein"-Sagen des Kindes ist ein Indikator dafür, dass der Vorgang der Identifikation stattgefunden hat. Wenn das Kind angefangen hat, vom passiven Da-Liegen zur aktiven Eroberung der Welt überzugehen, bringt es sich in Gefahr. Da es in seinen Bewegungen noch unsicher ist, stößt es sich an, verliert das Gleichgewicht, fällt hin, gefährdet sich. Um das Kind vor diesen Gefahren zu bewahren, müssen ihm die Eltern **Einschränkungen** auferlegen, die oft unerfreulich für das Kind sind. Die Eltern müssen immer wieder Verbote aussprechen, immer wieder „Nein, nein!" sagen – was sie zur Verdeutlichung für das Kind, das in dieser Zeit gerade erst anfängt, die ersten Wörter der Sprache zu erlernen, mit einem energischen Kopfschütteln zu begleiten pflegen. Diese notwendigen Verbote, das „Nein" der Eltern (von unnötigen und willkürlichen Verboten ist hier nicht die Rede!) zusammen mit dem Kopfschütteln, stellen für das Kind Versagungen dar, bereiten ihm Unlust und machen es aggressiv: Die Aufladung mit Unlust ruft eine aggressive Besetzung hervor, die mittels Assoziationen mit der Gedächtnisspur verknüpft wird, welche das „Nein" im Erinnerungssystem des Kindes hinterlassen hat. Die Verbindung des „Nein" mit Unlusterfahrungen bewirkt die aggressive Besetzung, bei der das „Nein" zu einem geeigneten Mittel geworden ist, ➢ **Aggressionen** auszudrücken.

In dieser Situation beginnt das Kind, sich gegen Einschränkungen zu wenden und um seine Autonomie zu kämpfen. Als Mittel der Selbstverteidigung verwendet das Kind das „Nein". In einem erweiterten Umfang der Verwendung (also nicht nur zur Negation eines Sachverhalts oder eines Willensaktes) wendet das Kind jetzt sein „Nein" gegen die Eltern, die ihm Verbote und Versagungen auferlegen, wendet es als Waffe gegen sie, schleudert es ihnen förmlich entgegen. So wie es das „Nein" von Vater und Mutter, das ihm Unlust bereitet und in ihm Aggressivität weckt, als aggressiv erlebt, so sagt jetzt das Kind in aggressiver Art dem Vater und der Mutter „Nein!" und begleitet dies mit energischem Kopfschütteln – mit der Geste, die es schon einmal, zu Ende des dritten Monats seines Lebens, im Sinne einer Ablehnung zu gebrauchen gelernt hat. In diesem Vorgang aber **identifiziert** sich das Kind mit den verbietenden Eltern, die es auf diese Weise nachahmt. Es beginnt, das, was Vater und Mutter bewegt, so zu erleben, als ob es seine eigene Person beträfe. Damit trifft es in diesem Falle genau das Richtige, denn das, was Vater und Mutter betrifft, ist ja die Sorge, das Kind vor Gefahren zu schützen. Auf diesem Umweg der Identifikation, und nur auf diesem Umweg, lernt das Kind nach und nach die ihm bis dahin unbekannte Sorgfalt, sich vor Gefahr zu schützen. Dass es sich um Identifikationen und nicht nur um bloße Nachahmung handelt, zeigt sich deutlich darin, dass das Kind im Laufe des zweiten Lebensjahres die erlernte Fähigkeit des Verbietens und Nein-Sagens nicht nur gegen sich selbst anwendet, zu sich selber „Nein, nein!" sagt, sondern auch im Spiel in der Rolle der Mutter oder des Vaters zu seiner Puppe, seinem Teddybär. Das Kind handelt also so, als ob es diejenige Person wäre, die von der Aufgabe betroffen ist, ein Kind durch Verbieten vor Gefahren zu bewahren. Es übernimmt die Rolle dieser Person.

In der Identifikation mit den Eltern und gleichzeitiger Autonomie ihnen gegenüber verbindet sich das Kind mit den Eltern auf einer neuen und höheren Stufe – nämlich nicht mehr als undifferenzierte archaische psychische Einheit, sondern als Verbindung und Vereinigung selbstständiger menschlicher Individuen.

- Die Entzweiung wird also zum Mittel der Vereinigung auf höherer Stufe. Das Meinungsverschiedenheit ausdrückende „Nein", welches Zeichen und Symbol der **Autonomie** ist, wird so zugleich zum identifikatorischen Bindeglied und damit zum Grundelement der ➢ **Kommunikation**, die der Verbindung selbstständiger Persönlichkeiten entspricht. Das Kind hat mit dem Abschluss dieses entscheidenden Schrittes der Entwicklung gelernt, dem, mit dem es in Liebe verbunden ist, „Nein" zu sagen, hat gelernt, dass Menschen, die miteinander in Liebe verbunden sind, auch unterschiedlicher und gegensätzlicher Meinung sein können. Die Möglichkeit, einem nahe stehenden Menschen „Nein" sagen zu können, ermöglicht aber auch, die Diskussion an die Stelle tätlicher Auseinandersetzung zu setzen. Solange die Entwicklung dies noch nicht zulässt, steht nur die unmittelbare Handlung zur Verfügung, ist es nur möglich, Liebe, Hass und Angst in Form des Angriffs und Kampfes, der Flucht oder der Unterwerfung auszudrücken. An die Stelle der **tätlichen Entladung** triebhafter Regungen tritt die **geistige Operation**, die Erörterung und psychische Verständigung mittels verbaler Verständigung, die **Kommunikation**.

Es ist kein Zufall, dass mit dieser psychischen Entwicklung des Individuums seine sprachliche Entwicklung, **das Erlernen der Sprache**, Hand in Hand geht. Sind notfalls und unter der Voraussetzung, dass die sonstigen Bedingungen für vernünftiges Handeln und für soziale Verständigung gegeben sind, manchmal auch nicht-verbale Verständigungsmittel möglich, so ist doch zweifellos die Sprache das vorteilhafteste Mittel zur sozialen Verständigung, zur „Herstellung und Aufrechterhaltung von Gemeinschaft" (***Kainz***). Auch in der **Sprachentwicklung** wird deutlich, wie entscheidend die liebevolle Zuwendung der Eltern ihrem Kind gegenüber ist: Das Kind spricht zunächst vieles falsch oder ungenau aus. Es ist wichtig, dass ihm für das, was es richtig gesprochen hat, eine ermutigende Bestätigung gegeben wird und dass Fehler unaufdringlich, aber deutlich berichtigt werden. Wenn das Kind z.B. sagt: „Das ist der Dasten!", sollte die Antwort lauten: „Ja – das ist der Kasten!".

- Damit das Kind zunehmend lernt, sein eigener Hüter zu sein, muss es das eigene Tun beobachten und kontrollieren. Dazu bedarf es der Fähigkeit zu urteilen. Für die Fähigkeit ist der gedankliche Besitz der Negation, des „Nein", eine logische Voraussetzung, da Urteilen die Fähigkeit der Entscheidung zwischen Bejahung und Verneinung ist. Die Kombination der drei Funktionen: Ausführung, Beobachtung und Urteil macht es erst möglich, **aus Erfahrung zu lernen**, und diese Fähigkeit ist das wichtigste Hilfsmittel zur **Bewältigung der Aufgaben und Schwierigkeiten des Lebens**.

Die notwendige Vorbedingung für den Aufbau, die Organisation und das Zusammenwirken dieser drei Funktionen besteht im Vorhandensein und **Funktionieren von Beziehungen**, die dem Kind einerseits genügend Unterstützung, Schutz und Geborgenheit, andererseits aber auch genügend Freiheit und Selbstständigkeit bieten. **Geborgenheit und Freiheit** gehören zur Liebe. Mit Hilfe von Beziehungen, die ihm beides gewähren, wird das Kind fähig, sich zu einem Menschen zu entwickeln, der andere lieben kann, gleichzeitig aber selbstbewusst und selbstständig ist, sich also des eigenen Wertes bewusst ist, und der fähig ist, für sich und für andere tätig zu sein. Kinder, denen diese Beziehungen in ihrer Entwicklung gefehlt haben, leiden häufig an Persönlichkeitsstörungen, und es ist bezeichnend, dass sie aus Erfahrung nicht lernen können, vor allem nicht aus schmerzhaften Erfahrungen. Am eindruckvollsten sieht man dies bei den so genannten **Süchtigen**, bei Menschen, die vom Alkohol oder anderen Drogen abhängig sind. Häufig sind diese Menschen in wirklichkeitsfremder Weise fest davon überzeugt, dass sie „ja jederzeit aufhören können, wenn sie das wollen, und es ihnen daher nicht im Geringsten schaden kann, ein bisschen zu trinken, zu schnupfen, zu rauchen oder zu spritzen". Sie lehnen deshalb immer wieder angeratene Entwöhnungsbehandlungen als unnötig ab und sind unfähig, aus der schmerzlichen Erfahrung zu lernen, dass sie in Wirklichkeit nicht aufhören können. Es soll hier allerdings nicht versäumt werden, darauf hinzuweisen, dass das Verlassen der Ersatzwelt für viele Süchtige auch deshalb gar nicht erstrebenswert erscheint, weil unsere Gesellschaft in ihrer überwiegenden Leistungs- und Profitorientiertheit wenig „schöne Lebenslinien" zeigt, mit denen sich ein ohnedies schon gefühlsmäßig zu kurz gekommener Mensch identifizieren könnte. Vielleicht ist es Menschen mit solchen Problemen manchmal möglich, aus positiven Erfahrungen aufgrund späterer liebevoller Zuwendung – etwa durch eine Therapie – zu lernen, aber allzu großen Erwartungen darf man sich wohl diesbezüglich nicht hingeben.

- Störungen der Entwicklung, insbesondere solche infolge eines Mangels an liebevoller Zuwendung, die Geborgenheit und Freiheit vereint, haben für den späteren Verlauf des Lebens eine große Bedeutung. Zusammenfassend können wir sagen, dass die Entwicklung der **Identität** untrennbar verflochten ist mit der Entwicklung der **Kommunikationsfähigkeit** und der Liebesfähigkeit. Diese Entwicklung der menschlichen Kommunikation ist nicht nur die Grundlage zur Bewältigung der Lebensaufgaben, sondern, wie *René* ***Spitz*** formuliert hat, auch der Weg zur eigentlichen Menschwerdung.

Das mit dem **zweiten Lebensjahr** einsetzende Kleinkindalter beschreibt ***Erikson*** als die Phase, in der es sich entscheidet, ob das Kind seine **Autonomie** erlangt oder aber, wenn es ihm nicht gelingt, seine Selbstständigkeit zu erlangen, in **Scham und Zweifel** gefangen bleibt.

1. *Wie verhalten Sie sich, wenn Ihnen ein Wunsch versagt wird?*
2. *Stellen Sie sich folgende Situation vor: Der knapp dreijährige Hans spielt mit Bauklötzen. Die restliche Familie sitzt bei Tisch, denn das Mittagessen steht bereit, aber Hansi weigert sich, zum Essen zu kommen. – Was tun Sie nun?*
3. *Kinder lernen im 2. und 3. Lebensjahr viele Verhaltensweisen durch Nachahmung. – Welche Spielgaben scheinen Ihnen zur Durchführung von Rollenspielen geeignet (s. auch S. 242)?*
4. *Welche Spiele würden Sie einem zwei- bis dreijährigen Kind schenken? Denken Sie daran, dass Kinder in diesem Alter fantasievolle „Baumeister“ sind, dass sie auch jede Form von Bewegung begeistert beobachten bzw. selbst erleben!*
5. *Überlegen Sie, unter welchen Bedingungen es sinnvoll ist, die Anweisungen / Ratschläge anderer nicht zu befolgen!*

LOB DES UNGEHORSAMS

Sie waren sieben Geißlein,
und durften überall reinschaun,
nur nicht in den Uhrenkasten,
das könnte die Uhr verderben,
hatte die Mutter gesagt.
Es waren sechs artige Geißlein,
die wollten überall reinschaun,
nur nicht in den Uhrenkasten,
das könnte die Uhr verderben,
hatte die Mutter gesagt.
Es war ein unfolgsames Geißlein,
das wollte überall reinschaun,
auch in den Uhrenkasten,
da hat es die Uhr verdorben,
wie es die Mutter gesagt.
Da kam der böse Wolf.
Es waren sechs artige Geißlein,
die versteckten sich, als der Wolf kam,
unterm Tisch, unterm Bett, unterm Sessel,
und keins im Uhrenkasten,
sie alle fraß der Wolf.
Es war ein unartiges Geißlein,
das sprang in den Uhrenkasten,
es wußte, daß er hohl war,
dort hat's der Wolf nicht gefunden,
so ist es am Leben geblieben.
Da war Mutter Geiß aber froh.

Franz Fühmann

3. Das Vorschulalter (3. – 6. Lebensjahr)

In dieser Altersstufe werden für das Kind **Gleichaltrige** immer wichtiger, und das soziale **Spiel** wird zur bedeutsamsten Aktivität. Das Spiel mit dem eigenen Körper, wie es beim Säugling vorherrscht, und das Spiel mit Objekten wird immer mehr zu einem gemeinsamen Spiel mit anderen, zum gemeinsamen **Fantasieren** und **Imaginieren**.

- Es stellt sich nun ein wesentlicher Fortschritt in der Entwicklung ein: Ereignisse und Gegenstände des alltäglichen Lebens können etwas darstellen, was über sie hinausgeht z.B. ein Sessel stellt das Haus dar, eine Puppe das Baby, ein Knäuel Wolle die Hauskatze usw. Es erwacht das **Symbolbewusstsein** (s. S. 107, kognitive Entwicklung, Stufe des „symbolisch-vorbegrifflichen Denkens" nach ***Piaget***). Die Symbolisierungsfähigkeit zeigt sich vor allem im **sozialen Spiel** und in der **Rollenübernahme**. Im Spiel heben die Kinder die Realität auf, so wie ein Schriftsteller sich eine Geschichte ausdenkt. Kinder nehmen im Spiel **Rollen** ein, in denen sie „auftreten". Sie gestalten ein Thema. Die **Fantasie**, das „Als-Ob" siegt über die Realität, dennoch kennen schon kleine Kinder den Unterschied zwischen Realität und Spiel: Ein 3-jähriges Mädchen übernimmt z.B. in einem Spiel die Rolle eines Säuglings, während sein gleichaltriger Gespiele die Rolle eines Elternteils spielt. Das kleine Mädchen schlüpft manchmal aus seiner Baby-Rolle und gibt dem Gespielen Anweisungen, was er als Elternteil zu sagen habe, z.B.: „Sag jetzt: Geh schlafen!" Daraus kann man erkennen, dass den Kindern die Künstlichkeit ihres Tuns durchaus bewusst ist (nach ***Damon***).

  Das Gestalten von Fantasiethemen bietet dem Kind ein wichtiges Übungsfeld für **kreative** Fähigkeiten. Ferner können Kinder mit sozialen Regeln und Rollen experimentieren und dabei mit anderen kooperieren. Das Spiel ist daher auch ganz essenziell wichtig für die weitere **soziale Entwicklung**. Ebenso können Ängste und Konflikte zum Ausdruck gebracht werden, womit zusätzlich Möglichkeiten eröffnet werden, sich selbst und andere spielerisch zu beherrschen und anderweitig unerfüllbare Wünsche in der Fantasie zu befriedigen. Das Spiel bietet so die Chance zur **emotionalen Verarbeitung**.

- Ein zweiter wesentlicher Entwicklungsschritt neben der Symbolisierungsfähigkeit ist das Erwachen eines Gefühls der **moralischen Verpflichtung**. Diese Fähigkeit kann ebenfalls im Spiel eingeübt werden: Beim Teilen von Spielzeug, beim Abwechseln in begehrten Tätigkeiten, beim Innehaben von Privilegien und später auch beim gemeinsamen Auf-sich-Nehmen von Nachteilen entfaltet sich ein **„Gerechtigkeitssinn"**. Das Kind zeigt eine zunehmende Tendenz zu fairem Verhalten gegenüber Gleichaltrigen. Geben, Helfen, Teilen und andere Formen **sozialen Verhaltens** werden immer häufiger. Durch das Übernehmen fremder Rollen im Spiel beginnt das Kind schon früh, sich in andere einzufühlen. Anfangs gilt dies für einzelne Personen, später kann sich die Einfühlung auf andere Gruppen und ➢ Kollektive ausweiten, es lernt ➢ **Empathie**.

- Eine weitere einschneidende psychische Veränderung im Vorschulalter zeigt sich darin, dass das Kind beginnt, soziale ➢ Interaktionen als Teil eines Systems **stabiler Beziehungen** zu betrachten, die über die unmittelbare Gegenwart hinaus dauern. Anfangs beschränkten sich die Beziehungen zwischen Gleichaltrigen auf die gemeinsame Geselligkeit, das gemeinsame Spielen („er/sie schläft manchmal bei mir", „wir spielen zusammen"). Später bestehen Freundschaften zwischen Gleichaltrigen im Teilen von gemeinsamen Interessen, Problemen und Geheimnissen. Bereits kleinere Kinder sind imstande, ein Klima der Harmonie und Solidarität zu schaffen. Ältere Kinder können dagegen bereits Meinungsverschiedenheiten in der Freundschaft tolerieren.

Eine gut verlaufende Entwicklung in dieser Lebensphase hat weit reichende Konsequenzen: Sie beeinflusst sowohl die **Selbst-Entwicklung**, die **Selbst-Identität**, als auch die **soziale Entwicklung**, die Entwicklung der **kommunikativen Fähigkeiten** während der ganzen Kindheit und darüber hinaus. Es gibt gute Gründe dafür, auch im sozialen Verhalten und im Spiel der Kinder dieses Alters wichtige Vorläufer der späteren **moralischen Entwicklung** zu sehen.

Erikson hat in seinem Modell der Identitätsentwicklung darauf hingewiesen, dass es sich nun entscheidet, ob ein Kind, bei dem die schon besprochene Förderung der **Selbstständigkeit** konsequent fortgesetzt wird, lernt, **Initiative** zu entwickeln. In einem häuslichen Klima, in welchem Unterdrückung, Bevormundung und vorwurfsvolle Einengung vorherrschen, und dem Kind Freiheit und Selbstständigkeit versagt werden, entwickelt dieses statt der Initiative **Schuldgefühle**.

- In diesen Lebensjahren erwirbt das Kind erste **Wertkonzepte**. Es beurteilt, was „gut" und was „böse" ist. Das Kind übernimmt die Auffassung und Wertvorstellungen der Eltern. Es ist bereit, das „Gute" zu tun, weil es die Eltern sagen, und weil es dafür belohnt wird, ihm Lob, Zuwendung, ein Lächeln zuteil werden. Es ist bereit, das „Böse" zu unterlassen, weil es andernfalls mit Strafe, mit Liebesentzug zu rechnen hat.

An dieser Stelle soll die Bedeutung der **Märchen** als Hilfe beim Erwerb einfacher Wertkonzepte nicht unerwähnt bleiben: Das Märchen macht das Kind mit guten und bösen Personen bzw. Taten in simpler Schwarz-weiß-Malerei bekannt. Die gute Tat wird im Märchen belohnt, die böse bestraft. Eventuell vorhandene subtile Motive spielen dabei keine Rolle. Das Märchen bietet dem Kind überdies die Möglichkeit, aggressive Fantasien zuzulassen. Die realen Eltern dürfen, wenn sie z.B. dem Kind Einschränkungen auferlegen, nicht vom Kind gehasst werden, das Kind würde dadurch Schuldgefühle bekommen; über die böse Stiefmutter im Märchen darf sich dagegen der Hass des Kindes „gerechterweise" entladen. Märchen können bei der Bewältigung verschiedenster ➢ Konflikte hilfreich sein. (***Bettelheim***, *Bruno*: Kinder brauchen Märchen; ***Kast***, *Verena*: Familienkonflikte im Märchen; Dies.: Liebe im Märchen.)

Piaget hat in seinen Ausführungen über die Entwicklung des **moralischen Urteils** darauf hingewiesen, dass sich Kinder im Verlauf ihrer Entwicklung auf zweierlei Weise mit moralischen Urteilen auseinander setzen. Die erste ist die erwachsenenorientierte Moral des einseitigen Respekts vor den Regeln und Sanktionen der Erwachsenen. Da die Kinder von den Erwachsenen Schutz und Pflege benötigen, sind ihre Beziehungen zu ihnen andere als Spielkameraden gegenüber. Bei der „anderen" Moral handelt es sich um eine auf die Gleichaltrigen hin orientierte Moral der Kooperation und des Austausches. (***Piaget*** versteht unter „moralisch" die Achtung vor verbindlichen sozialen Regeln, welche auf Prinzipien der Gerechtigkeit beruhen). Die Entwicklung des Kindes geht im Regelfall dahin, dass die kooperativen Regeln der Gegenseitigkeit einseitige autoritäre Maßstäbe der erwachsenenorientierten Moral ersetzen. Dies bedeutet nicht, dass die von den Erwachsenen vertretenen moralischen Auffassungen inhaltlich andere sein müssen als die auf der Grundlage der Gerechtigkeit beruhende Moral des Austausches zwischen Gleichberechtigten. ***Piaget*** will damit nur sagen, dass sich aus dem kindlichen Urteil, das Befohlene sei „gut", das Verbotene aber „böse", allmählich ein differenziertes Gerechtigkeitsempfinden entwickelt.

Erich ***Fromm*** unterscheidet zwischen „autoritärem" und „humanistischem" Gewissen (s. auch S. 203 f.). Beim „autoritären" Gewissen handelt es sich darum, den Vorschriften der Autoritäten Genüge zu tun, unabhängig von ihrem Inhalt. „Diese Vorschriften wurden aber nicht deswegen Gewissensvorschriften, weil sie gut sind, sondern weil es Vorschriften sind, die von der Autorität gesetzt wurden. Sie würden auch dann vom Gewissen aufgenommen, wenn sie schlecht wären." (Aus: *E.* ***Fromm***: Psychoanalyse und Ethik). Das autoritäre Gewissen sollte, so ***Fromm***, nur eine Vorstufe zum humanistischen Gewissen sein. Nicht Angst vor Strafe soll das Handeln bestimmen, sondern echtes Verantwortungsgefühl sich selbst gegenüber. Das humanistische Gewissen zeigt sich in der Fähigkeit, auf sich selbst zu hören, auch auf die Gefahr hin, der Missbilligung durch die Mitmenschen ausgesetzt zu sein. Eltern und ErzieherInnen sollten dem Kind bei der Ausbildung einer differenzierten moralischen Urteilskraft und dem daraus resultierenden Handeln eine Stütze sein.

- Eine wesentliche Erfahrung für Kinder im Vorschulalter ist der Besuch des **Kindergartens**. In vielen Fällen ist er, begründet durch die Berufstätigkeit der Eltern, unumgänglich, doch sollte er nicht die Funktion eines Aufbewahrungsortes haben. Kinder sollten nicht zu früh in den Kindergarten geschickt werden, und die ersten Besuche sollten nicht länger als eine halbe Stunde bis eine Stunde dauern, wenn möglich, unter Anwesenheit der Bezugsperson. Im Idealfall freut sich das Kind auf das Spiel mit den Gleichaltrigen im Kindergarten, und es freut sich, wenn die Bezugsperson es abholt.

  Ein Kindergarten hat die Aufgabe, die Erziehung der Kinder durch die Familie zu unterstützen und zu ergänzen. Der Kindergarten soll zur Entwicklung eines gesunden Gefühlslebens beitragen, aber auch ➢ kognitive Fähigkeiten und schöpferische Aktivitäten fördern. Ebenso bietet ein guter Kindergarten zahlreiche Möglichkeiten des Einübens kommunikativen Verhaltens und achtet auf die körperliche Pflege und Gesundheit der Kinder.

  Es gibt in Österreich derzeit ca. 4500–5000 Kindergärten, viele davon haben aber über Mittag geschlossen, was die Situation berufstätiger ErzieherInnen, insbesondere der AlleinerzieherInnen, erschwert. Immerhin gibt es in Österreich derzeit fast 400.000 alleinerziehende Elternteile, vorwiegend Mütter, mit Kindern unterschiedlichen Alters. Es ist bekannt, dass besonders Alleinerzieherinnen und deren Kinder als „armutsgefährdet" gelten, daher ist es gerade in diesen Fällen nötig, für die betroffenen Frauen sowohl Arbeitsmöglichkeiten als auch Unterbringungsmöglichkeiten für deren Kinder während der Arbeitszeit zu schaffen. (Die Einrichtung von Betriebskindergärten wird staatlich gefördert und zunehmend in Anspruch genommen.) Auch gemeinsam lebenden Elternteilen – vor allem den Müttern – wird die Möglichkeit der Berufstätigkeit durch den Mangel an Kindergartenplätzen bzw. Horten erheblich erschwert. Berufliche und/oder finanzielle Sorgen der Eltern können sich jedoch negativ auf die Entwicklung ihrer Kinder auswirken.

Frau, Mond und Vögel, 1950 *Joan Miró*

DIE BEDEUTUNG DES SPIELS

Im Spiel entdecken und festigen Kinder ihre Fähigkeiten, gewinnen laufend Erkenntnisse und eignen sich spielerisch Kompetenzen des Alltags an, wie z.B. das Verhalten im Straßenverkehr, oder die Erkenntnis, dass Ausdauer zum Erfolg führt. Es können Probleme des Alltags verarbeitet werden, wie z.B. ein Arztbesuch (durch Rollenspiele); beim Doktorspiel kann der eigene Körper und der Körper des anderen erkundet werden. Kinder trainieren intellektuelle Fähigkeiten, erproben Rollen und Wertvorstellungen (z.B. das Gefühl für Gerechtigkeit), lernen den Umgang mit Konkurrenten, das Schließen von Kompromissen, kurz, sie üben **soziale Kompetenzen**.

In bestimmten Lebensabschnitten werden bestimmte Formen des Spiels bevorzugt, es zeigt sich eine altersbedingte Reihenfolge, die auch über verschiedene Kulturen hinweg beobachtet wurde. Die einzelnen Stufen überschneiden sich jedoch:

1) **Das sensumotorische Spiel**: Säuglinge spielen zunächst mit ihrem Körper, dann mit Gegenständen, die in ihrer Reichweite sind. Anfangs werden die eigenen Körperteile als „Gegenstände" betrachtet. Im 1. und 2. Lebensjahr hat das Kind besondere Freude an Körperbewegungen und wiederholt diese oft. Indem es Gegenstände ergreift und wirft, erlernt das Kind das Zusammenwirken von Augen und Händen.

2) **Das Informationsspiel, Explorationsspiel**: Der Umgang mit Gegenständen hat Erkundungsfunktion; das Kind will herausbekommen, was man mit einem Gegenstand machen kann, wie er innen aussieht, wie er beschaffen ist (durch Zerlegen).

3) **Das Konstruktionsspiel**: Das Kind benützt Gegenstände, um aus ihnen einen „Ziel-Gegenstand" herzustellen; es kann dies z.B. ein Bauwerk sein, ein Gerät (Fahrzeug,

Maschine), eine Figur. Bei diesem Spiel müssen zwei Klassen von Objekten realitätskonform gehandhabt werden: Werkzeuge (Hammer, Schaufel usw.) und Rohmaterialien (Holz, Sand usw.).

4) **Das Symbolspiel, Fiktionsspiel**: Dieses tritt ziemlich abrupt erstmals mit 12 bis 13 Monaten auf, nimmt über die Jahre der Vorschulzeit zu und sinkt dann in seiner Häufigkeit wieder ab. Bei sozial benachteiligten Kindern fand man den Höhepunkt des Symbol- und Rollenspiels (siehe Punkt 5) im Alter der 1. und 2. Grundschulklasse und danach einen plötzlichen Abfall. Das Symbolspiel gilt als die eigentliche kindliche Spielform. Das Kind deutet einen Spielgegenstand wie auch das auf ihn bezogene Handeln nach eigenen Ziel- und Wunschvorstellungen um. Die Handlungen werden aus dem sozialen Umfeld übernommen (z.B. Puppenspiele, Autospiele, Cowboy-Spiele usw.), es entwickeln sich aber auch soziale Spiele, die dann die Bezeichnung Rollenspiel erhalten.

5) **Das Rollenspiel**: Das ist das Zusammenspiel mehrerer Personen, die fiktive Rollen bekleiden. Dieses „sozialdramatische" Spiel erfordert wegen des eine Zeit lang koordinierten gemeinsamen Handelns bereits höhere soziale und ➢ kognitive Kompetenzen. Es ist bei 3-Jährigen noch kaum zu finden, während bei „normaler" Entwicklung bereits alle 4-Jährigen Rollenspiele veranstalten. Es tritt dann bis zum Übergang in das Grundschulalter immer häufiger auf. (Zur Beschreibung der sozialen Spiele mit Gleichaltrigen s. S. 238.)

6) **Das Regelspiel**: Hier wird nach festgelegten Regeln gehandelt, deren Einhaltung unabdingbar ist und den Reiz des Spieles ausmacht. Kinder im Alter von 9 bis 10 Jahren sind meist reif für Regelspiele wie „Mensch ärgere dich nicht", da sie erst jetzt in der Lage sind, mit Gewinnen und Verlieren seelisch fertigzuwerden. Es handelt sich hier fast immer um Wettkampfspiele, wobei der Wettkampf anfangs weniger bedeutsam ist (z.B. bei Hüpfspielen mit dem Seil), später erhält er immer mehr eine zentrale Rolle (Sportspiele wie Handball, Fußball; Brett- und Gesellschaftsspiele). Regelspiele erfordern bereits vorher gelernte spezifische soziale und kognitive Kompetenzen. Das Reizvolle bei diesen Spielen ist der Leistungsvergleich mit Partnern von ungefähr gleichem Fähigkeitsniveau.

Hier geht die eigentliche Spielzeit zu Ende. Das Alte ist überholt, die Kinder haben keine rechte Freude mehr an früher verwendetem Spielzeug. Sie beginnen nun, ihr Recht auf Unabhängigkeit einzufordern – Freizeitaktivitäten wie Ski- oder Skateboard-Fahren usw., mit denen auch Mutproben bestanden werden können, sind nun interessant. (Nach ***Oerter-Montada***)

BEDEUTUNG UND FUNKTION DES SPIELS IM ÜBERBLICK

Symbolbewusstsein – Rollenübernahme, Experimentieren mit Regeln
Entfaltung von Initiative
Beginn stabiler Beziehungen
Entwicklung von Gerechtigkeitsgefühl (Teilen, Verzichten ...)
Entwicklung von Empathie
Emotionale Verarbeitung von Erfahrungen
Kreative Fähigkeiten, Fantasie und Imagination
Bildung der Selbst-Identität
Soziale Entwicklung (kommunikative Fähigkeit)

1. *Welche Spielgaben sind Ihrer Meinung nach für Vorschulkinder interessant? Berücksichtigen Sie dabei den Entwicklungsstand und die entsprechenden Fähigkeiten des Kindes!*
2. *Welche kognitiven und kommunikativen Fähigkeiten kann ein Kind im Kindergarten erwerben?*
3. *Welche Möglichkeiten gibt es, die kreativen Fähigkeiten des Vorschulkindes zu fördern?*
4. *Lesen Sie einer Gruppe von Vorschulkindern (Geschwister, Nachbarn, evtl. Kindergarten) Märchen vor oder erzählen Sie sie. Sprechen Sie anschließend mit den Kindern darüber und achten Sie dabei auf deren moralische Beurteilung der handelnden Märchenfiguren!*
5. *Sind Kinderwunsch und Berufstätigkeit vereinbar? Finden Sie es richtig, dass der Karenzurlaub wahlweise von Mutter oder Vater in Anspruch genommen werden kann? Was könnte Frauen helfen, Kinderwunsch und Berufstätigkeit zu vereinen?*

4. Das Schulalter

Ich war traurig.
Ihr aber habt ein fröhliches Gesicht von mir verlangt.

Ich wollte selbsttätig Wissen erwerben.
Ihr aber habt es verhindert.

Ich wollte meinen nackten Bruder kleiden.
Ihr aber habt mich dafür bestraft.

Ich wollte meiner hungernden Schwester Brot geben.
Ihr habt es mir aus der Hand geschlagen.

Ich wollte meinen Nächsten wichtig nehmen wie mich selbst.
Ihr aber habt mich gelehrt, vor allem
um mein eigenes Wohlergehen besorgt zu sein.

Ich wollte ich selber werden.
Ihr aber habt mich in eine Schablone gepreßt.

Ich wollte, wollte, wollte ...
Ihr aber habt mein Wollen als unreif belächelt
und selber alles besser gewußt.

Was ich noch wollte?
Ich wollte eigentlich nur MENSCH werden.

Aus: Ringel, Erwin: Die österreichische Seele

Im Schulalter kommt es – im günstigen Falle, d.h. durch konsequente Anwendung der entwickelten Initiative unter entsprechend verständnisvoller Anleitung, die Mut und Selbstvertrauen fördert – zur Entfaltung jener Fähigkeit, die ***Erikson*** **Werksinn** nennt. Es ist dies die Fähigkeit, in ➢ Identifikation mit einem Vorbild – dem Vorbild eines Menschen, der etwas leistet und etwas hervorbringt, das Anerkennung, ja Bewunderung verdient – selbst etwas

Brauchbares, Nützliches, Schönes zu produzieren, eine anerkennenswerte Leistung zu vollbringen. Im gegenteiligen, ungünstigen Fall tritt eine Identitätssperre ein, es gelingt nicht, dem Vorbild nachzukommen, und ein **Minderwertigkeitsgefühl** entwickelt sich.

- *Alfred* ***Adler*** hat gezeigt, dass **Minderwertigkeitsgefühle** aus mancherlei Anlässen entstehen; sie können in physischer Schwächlichkeit, Kränklichkeit, in Verzärtelung oder ungünstiger Stellung in der Geschwisterreihe wurzeln. Es kann sogar einfach die Tatsache, dass ein Kind deshalb, weil es „nur ein Mädchen“ ist und daher gegenüber den männlichen Kindern benachteiligt wird, der Grund sein. Ein Minderwertigkeitsgefühl kann durch ➢ **Kompensation** (Ausgleichen einer Schwäche durch überdurchschnittliche Leistungen auf einem **anderen** Gebiet) oder ➢ **Überkompensation** (Ausgleichen einer Schwäche durch überdurchschnittliche Leistungen auf **demselben** Gebiet) überwunden werden. Ob der günstige Fall einer echten, sozial anerkannten (Über-)Kompensation oder der ungünstige einer neurotischen Symptombildung, durch die das Minderwertigkeitsgefühl nicht überwunden wird, eintritt, hat ***Adler*** vor allem davon abhängig gesehen, ob eine erfolgreiche **Ermutigung** oder im Gegenteil eine **Entmutigung** stattgefunden hat. Er sieht das wesentliche Moment der günstigen Entwicklung im Erfolgserlebnis, welches ermutigt – er nennt dies „gute Erfahrung“ –, das wesentliche der ungünstigen Entwicklung in entmutigenden Enttäuschungen, ➢ Frustrationen, die er „schlechte Erfahrungen“ nennt. Wenn ein Erfolgserlebnis allerdings nicht auf einem echten Erfolg durch eigene befriedigende Leistung beruht, sondern verzärtelt und illusorische Erwartungen weckt, wird es zu einer schlechten „guten Erfahrung“, dann verkehrt sich seine Wirkung ins Schlechte. Wenn eine Enttäuschung andererseits nicht nur entmutigt und völlig verzweifelt macht, sondern die richtige Erfahrung vermittelt, dass nicht alle Wünsche erfüllt werden können, dabei aber den Leistungswillen anspornt und zur Überwindung der Schwierigkeiten anfeuert, also ermutigt, wird sie zur guten „schlechten Erfahrung“, ihre Wirkung hat sich ins Gute gewendet.

  Verzärtelnde Erziehung entmutigt, weil sie frustrationsintolerant macht; **repressive autoritäre** Erziehung entmutigt, weil sie unselbstständig macht, das Selbstvertrauen hemmt und durch Unterdrückung zu indirekter (heimtückischer und hinterlistiger) Aggressivität führt; **lieblose** Erziehung entmutigt, weil sie verzweifelt macht, und deshalb führt sie auch meist zu direkter Aggression und Asozialität.

- Im Folgenden stellen wir zwei von Lehrern praktizierte **Erziehungsstile**, den **autokratischen** und den **sozial-integrativen** bzw. demokratischen Erziehungsstil einander gegenüber. Die Merkmale dieser Erziehungsstile können auch auf den Umgang von Eltern mit ihren Kindern übertragen werden (eine dritte mögliche Form der Erziehung, der ➢ Laissez-faire-Stil, soll hier nicht berücksichtigt werden, da er am wenigsten vom Eingreifen der erziehenden Person abhängt). Die Gegenüberstellung orientiert sich an folgenden Vergleichsgesichtspunkten:

  1. Wer bestimmt, was im Unterricht geschieht und wie es geschieht?
  2. Wie erfolgt die Unterrichtsführung?
  3. Wie erfolgt die Beurteilung und die Kritik?
  4. Mit welchen einzelnen Maßnahmen arbeitet der Lehrer?
  5. Welche Grundeinstellung des Lehrers/der Lehrerin zum jungen Menschen herrscht vor?

Erziehungsstil

autokratisch	sozial-integrativ bzw. demokratisch
1. ausschließlich der/die LehrerIn	1. das Was und Wie des Unterrichts werden oft zwischen LehrerInnen und SchülerInnen diskutiert
2. streng vom/von der LehrerIn dirigiert, durch einen Frage-Antwort-Unterricht, durch Vormachen und Nachmachen, durch Vorerklärung oder Demonstration der Lehrperson und Wiederholung des Schülers / der Schülerin usf.	2. hier vollzieht sich der Unterricht oft in der Form des Unterrichtsgespräches der ganzen Klasse, in Gruppenarbeit kleiner Gruppen oder in Partnerarbeit jeweils zweier SchülerInnen; im weit gehend selbstständigen Bemühen dieser SchülerInnen, Lösungen für Probleme zu finden (z.B. Experimente von SchülerInnen); der/die LehrerIn regt oft zu selbstständigen Einfällen und Initiativen der SchülerInnen an usw.
3. ausschließlich oder fast ausschließlich durch den/die LehrerIn	3. hier werden die SchülerInnen häufig zur Selbstkontrolle und zur wechselseitigen Beurteilung und Kritik aufgefordert, und zwar auch zur Beurteilung der Unterrichtsführung der LehrerInnen
4. vorwiegend mit Anweisungen, Befehlen, Forderungen, Androhungen und Strafen, aber auch mit persönlichem Lob und Hervorhebung der SchülerInnen, die sich seinem/ihrem Stil voll anpassen	4. diesen Stil kennzeichnen offene Aufgabenstellungen, echte Fragen, wenig Drohungen, Strafen und andere Zwangsmittel; hingegen die Betonung der Solidarität, das freundliche und verständnisvolle Eingehen der Lehrperson auf einzelne SchülerInnen und Gruppen von SchülerInnen
5. eine vorwiegend pessimistische Auffassung vom jungen Menschen, seinem Lernwillen, seiner Bereitschaft, Vertrauen zu schenken, seiner Urteilsfähigkeit usw.	5. es liegt eine optimistische Auffassung von den Möglichkeiten des jungen Menschen zugrunde

Auswirkungen

des autokratischen Stils	des sozial-integrativen bzw. demokratischen Stils
Er löst bei den meisten SchülerInnen überwiegend negative Erfahrungen aus, sie fühlen sich unter Druck gesetzt und unfrei, weit gehend unverstanden und in ihren eigenen Wünschen und Interessen nicht berücksichtigt. Nur bestimmte SchülerInnen identifizieren sich mit diesem Stil und erfahren ihn,	Wo dagegen der sozial-integrative Stil praktiziert wird, äußern sich die meisten der betroffenen SchülerInnen zufriedener, sie fühlen sich entspannter, freier; sie meinen, dass die Erziehenden ihnen Verständnis entgegenbringen und ihre eigenen Wünsche und Interessen zu berücksichtigen versuchen. Nur

nachdem sie sich ihm angepasst haben, als positiv.	manche junge Menschen, die – bevor sie einen demokratischen Erziehungsstil erlebten, autokratisch erzogen worden sind und sich bereits mit diesem Stil identifiziert haben –, fühlen sich im demokratischen Stil verunsichert, zu sehr auf sich selbst gestellt und der Beziehung zu Gleichaltrigen ausgesetzt. Der sozial-integrative Stil regt die meisten zur Mitwirkung am Erziehungsgeschehen an.
Auf den autokratischen Stil antworten die meisten jungen Menschen entweder mit Gehorsam und Anpassung oder mit Opposition, sie empfinden meist eine deutliche Distanz zwischen sich und dem Erziehenden.	Auf diesen Stil antworten die meisten jungen Menschen mit Zuneigung und persönlichem Vertrauen zu den ErzieherInnen, was die offene Kritik nicht ausschließt.
Der autokratische Erziehungsstil isoliert den einzelnen jungen Menschen oft gegenüber seinen MitschülerInnen oder Geschwistern, er erzeugt häufig eine ehrgeizige Wettbewerbsstimmung zwischen den Einzelnen, oder er ruft oppositionelle Cliquen hervor.	Er integriert die jungen Menschen stärker in die Klasse oder Gruppe und regt – in Kooperation und wechselseitiger Kritik – immer wieder Beziehungen zwischen den jungen Menschen an.
Er führt innerhalb der Gruppe zu Spannungen, die nur für begrenzte Zeit durch Gewaltakte zum Stillstand kommen. Die Kinder agieren untereinander mit Unhöflichkeit, Drohungen, Aggression.	Der sozial-integrative Stil verhindert nicht etwa Spannungen zwischen den Kindern, aber er führt solche Spannungen häufiger zu Lösungen durch Diskussion, Übereinkunft, Kompromiss. Die Kinder gehen – häufiger als unter dem autokratischen Stil – zwar kritisch, aber doch höflicher, hilfsbereiter, ohne Gewaltanwendung miteinander um.
Unter autokratischer Leitung fügen sie sich zwar schneller den Anweisungen, Geboten oder Verboten ihrer ErzieherInnen, aber diese Haltung verliert sich, sobald die Kontrolle verschwindet.	Unter sozial-integrativer Leitung kommen die Kinder meist langsamer zu bestimmten, erzieherisch wünschenswerten Haltungen, aber diese erweisen sich als dauerhafter, weil es sich um einsichtige und freiwillig übernommene Einstellungen handelt.
Durch autokratische Führung kann man hohe Schulleistungen, gelerntes Wissen und eingeübte Fertigkeiten erzielen, aber nur wenig geistige Selbstständigkeit auslösen. Dieser Stil befördert oft die Neigung zum Übernehmen der Meinungen vermeintlicher Autoritäten, zum Denken und Urteilen in festen Schemata.	Der sozial-integrative Führungsstil erfordert zunächst immer mehr Zeit, die Menge des erlernten Wissens bleibt zunächst oft geringer als unter autokratischer Führung, aber auch hier sind die Wirkungen meist dauerhafter. Geistige Selbstständigkeit wird in größerem Maße ausgelöst, damit auch die Fähigkeit zu kritischer Prüfung vorgegebener Ansichten und Urteile, zu differenziertem Denken und Werten.

*(Nach **Funk-Kolleg** Erziehungswissenschaft 1)*

- Man darf nicht vergessen, dass die Schule nur **eine** Sozialisationsinstanz im gesellschaftlichen Gefüge darstellt. Die **Erziehungs-** und **Bildungsziele** einer Schule können sich nicht immer mit den unterschiedlichen Anforderungen außerschulischer Instanzen decken, zum Teil stehen sie sogar in Gegensatz zu diesen.

  Schon die Ansprüche der Eltern und der LehrerInnen unterscheiden sich deutlich. Laut *„**Profil**"* (Nr. 45 vom 2. 11. 1992) soll die Schule folgende Bereiche vermitteln bzw. fördern:

	lt. Eltern	lt. Lehrern/Lehrerinnen
Fachwissen	50%	25%
Berufsvorbereitung	61%	31%
Disziplin	53%	25%
Selbstständigkeit	38%	50%
Persönlichkeitsbildung	33%	50%
Sozialempfinden	24%	40%

  Ganz oben in der Rangordnung der LehrerInnen – aber durchaus nicht der Eltern – stehen **Selbstständigkeit**, **Persönlichkeitsbildung** und **Sozialverhalten** der Schüler. Das bedeutet nicht, dass den Eltern diese Werte nicht wichtig wären, vielmehr ist anzunehmen, dass sie diese Werte ihren Kindern selbst zu vermitteln wünschen, der Schule hingegen die **Vermittlung von Fachwissen**, die **Vorbereitung auf den Beruf** und die **Erziehung zur Disziplin** überantworten wollen.Tatsächlich muss die Schule versuchen, allen genannten Anforderungen gerecht zu werden.

  Eltern fürchten, dass ihre Kinder im späteren Leben Konkurrenzkämpfe führen müssen, die sie nur mit Wissen und Können gewinnen können. So werden bereits Pflichtschulkinder von wohlmeinenden Eltern zu zahlreichen zusätzlichen Betätigungen angeregt. Dazu gehören: Reiten, Fechten, Theater, Konzert, Musizieren, Ballett, Malen, Töpfern, Computer, zahlreiche Varianten von Ballspielen, Winter- und Sommersportarten in großer Zahl ..., das Angebot ist unüberschaubar, und es wird reichlich genützt. Die Kinder jagen von einem Veranstaltungsort zum anderen und von einer Nachhilfestunde zur anderen. Nicht selten unterscheidet sich der Terminkalender eines Schülers/einer Schülerin nur inhaltlich von dem eines Managers/einer Managerin.

  Andererseits werden vom Schulkind **Arbeitstugenden** wie Aufmerksamkeit, Ruhe, Geduld, Ausdauer, Sorgfalt usw. verlangt. Haben die Erwachsenen bereits verlernt, „Stille" zu ertragen, die Kinder können dies erst gar nicht lernen. Die **Kontinuität der Wahrnehmung**, die schon beim schlichten Lesen eines Textes notwendig ist, fehlt bereits den Erwachsenen. Was die Kinder schon im Kinderwagen wahrnehmen, ist ein vorbeirasendes Auto, das Aufflackern einer Leuchtschrift, ein Fetzen Musik, ein Hupen, eine Flut von Geräuschen, Farben, Formen, Gerüchen, die verschwinden, kaum, dass sie wahrnehmbar geworden sind. Das Fernsehgerät schließlich ist der Vermittler punktueller Wahrnehmung schlechthin (nach ***Spinner***).

  Es ist zu überlegen, wie die Diskrepanz zwischen den oben genannten, seitens der Pädagogik geforderten Arbeitstugenden und der sich ständig verändernden Wahrnehmungswelt der Kinder überwunden werden kann. Die Lösung kann nicht sein, Schulkinder mit Hilfe von Aufputschmitteln, Schlafmitteln, Anti-Übelkeitstabletten usw. den jeweiligen so genannten „Sachzwängen" anzupassen, damit sie den Schul- bzw. Freizeitanforderungen gerecht werden können. Und es kann auch nicht die Lösung sein, dass man hilflos zusieht, wie privat und/oder schulisch völlig überlastete SchülerInnen aus nichtigen Anlässen, die allerdings immer eine traurige Vorgeschichte haben, die Nerven gänzlich verlieren und nicht mehr zu produktiven **Konfliktlösungen** imstande sind. Viele LehrerInnen wären willens, sich weiterzubilden, um den SchülerInnen bei Konfliktlösungsversuchen eine wirksame Hilfe zu sein. Das so genannte „Konfliktmanagement" hat sich mittlerweile zu einem lukrativen Wirtschaftszweig entwickelt, jedoch ist nicht sicher, dass ihr Erfolg über eine kurzdauernde Symptombekämpfung hinausgeht. Es muss daher vor allem darum gehen, die Erwartungen, die von der Gesellschaft an die SchülerInnen herangetragen werden, sei es seitens der Wirtschaft, der Politik, im privaten Bereich usw. auf ein vernünftiges **kindgerechtes Maß** zu beschränken. Zu bedenken wäre dabei nicht nur, ob das **Ausmaß**, sondern auch, ob die **Art der Wissensvermittlung**, die Art der abverlangten Leistung, der Wesensart heutiger PflichtschülerInnen überhaupt noch entspricht.

- Der Schule kommt es weiters vorrangig zu, sich mit der **Ausländerproblematik** zu beschäftigen. Die Frage der Sprachbarriere, der Integration, des Identitätsverlustes, der Heimatlosigkeit ist auf dem Boden der Schule zu lösen. Einige Modelle zur Integration von Ausländerkindern in Schulen wurden mit gutem Erfolg realisiert. Eine Förderung besteht vor allem in zusätzlichem Deutsch-Unterricht und in der Unterstützung des Klassenlehrers / der Klassenlehrerin durch eine Begleitlehrperson, die nach Möglichkeit der entsprechenden Fremdsprache mächtig sein soll. Der Schule fällt die Aufgabe zu, junge Menschen mit der Realität anzufreunden, auch mit der Realität der Gemeinschaft mit nicht-deutschsprachigen Kindern. Auch das Ausländer-Kind will seine Zukunftschancen durch die österreichische Schule vermittelt bekommen. Über diese Erwartung hinaus aber liegen Welten zwischen den Ansprüchen ausländischer und inländischer SchülerInnen und Eltern.
- Die Schule muss weiters die durch Isolation des Individuums, durch zunehmenden Leistungsdruck und Konkurrenzkampf verursachte, ständig steigende **Gewaltbereitschaft** mildern, indem sie das ➢ **soziale Lernen** mehr denn je fördert, wobei die reale Welt wie die Medienwelt diesen Bestrebungen weit gehend entgegenwirken. Schon in den Grundschulen nimmt destruktives und gewalttätiges Gruppenverhalten zu. Der Grund dafür wird vor allem auch in den sozialen Bedingungen der Familien geortet, wo vielfach Modelle für sozial angemessenes Verhalten und alternative Konfliktlösungen fehlen. Kinder, die sich durch impulsives, herausforderndes und aggressives Verhalten hervortun, werden oft von MitschülerInnen und LehrerInnen abgelehnt, wodurch ihre Aggres-

Aus: Zimbardo/Ruch: Lehrbuch der Psychologie, S. 351

sionen nur noch gesteigert werden. In den USA wurden Lehrprogramme entwickelt, in denen SchülerInnen Empathiefähigkeit, Impulskontrolle und den Umgang mit Ärger und Wut in mindestens einer wöchentlichen Unterrichtsstunde im Klassenverband – teils werden die Eltern einbezogen – üben. Auch in Europa gibt es bereits die „**Konfliktmediation**" in Schulen mit ähnlichen Zielen (s. S. 352). Für verschiedenste schulische Anliegen stehen schulpsychologische Beratungsstellen zur Verfügung.

1. *Wie beurteilen Sie die verschiedenen Erziehungsstile? Zur Verdeutlichung könnten Sie ein Unterrichtsgeschehen im demokratischen und im autokratischen Erziehungsstil als Rollenspiel abwickeln.*
2. *Welche Erziehungsstile wenden / wendeten Ihre LehrerInnen an? Ziehen Sie Vergleiche mit Ihrem Idealbild einer LehrerInnenpersönlichkeit und deren Unterrichtspraxis.*
3. *Vergleichen Sie die auf S. 247 von Eltern und LehrerInnen genannten Erziehungs- und Bildungsziele mit entsprechenden aktuellen Daten aus dem Internet. Worauf führen Sie mögliche Änderungen zurück?*
4. *Inwiefern entsprechen schulische Anforderungen den Anforderungen der späteren Lebenspraxis (Übernahme von Rechten und Pflichten im Beruf, im Privatleben, als Staatsbürger)?*

5. Die Adoleszenz

Die Zeit der Adoleszenz, des Alters der heranwachsenden Jugendlichen, ist **biologisch** durch die Freisetzung von Sexualhormonen gekennzeichnet. Damit verbunden sind die bekannten körperlichen Veränderungen, die mit dem Wandel des Kinderkörpers in den eines Erwachsenen einhergehen. Bei Mädchen setzt in der westlichen Welt die **Pubertät** mit der ersten Monatsblutung etwa im 12. Lebensjahr ein, bei Burschen im Schnitt 2 Jahre später. Bei Mädchen ist die körperliche Entwicklung mit etwa 16–17 Jahren vollendet, bei männlichen Jugendlichen im Alter von 18–20 Jahren.

DER BEGRIFF „JUGENDLICHE"

Da die klassischen Kennzeichen des Übergangs vom Status des Jugendlichen zu dem des Erwachsenen, wie **Schulabgang**, Eintritt in den **Beruf**, Verlassen der **Herkunftsfamilie**, **Heirat** usw. fließend geworden sind – die Grenze zum Erwachsenen verschiebt sich teilweise nach vorne, teilweise nach hinten – wird es zunehmend schwieriger, den Begriff des „Jugendlichen" klar zu definieren. So nimmt der junge Mensch entsprechend den Erfordernissen unserer heutigen Gesellschaft das Bildungssystem sehr lange in Anspruch, während er andererseits längst beansprucht, eigene kulturelle ➢ **Normen** und ➢ **Werte** zu vertreten. Schwer festzulegen ist der Zeitpunkt des Eintritts in den Beruf, da nicht eindeutig festgestellt werden kann, ob eine bestimmte Bildung bzw. Ausbildung noch der schulischen Laufbahn oder bereits der Berufslaufbahn zuzuordnen ist. Auch das Verlassen der Herkunftsfamilie kann kein Kriterium sein. Wegen der langen Berufsausbildung bleiben Jugendliche längere Zeit ökonomisch abhängig und leben daher bei ihren Eltern; andere wieder verlassen ihr Elternhaus mit materieller Absicherung oder auch ohne diese. Auch durch die Heirat verliert man heute nicht unbedingt den Status des Jugendlichen: Viele junge Leute sind verheiratet, ohne ökonomisch unabhängig zu sein, und zählen sich selbst zu den Jugendlichen.

Ritualisierte Statusübergänge verlieren also zusehends ihre Gültigkeit. Die Jugendzeit scheint nach oben wie unten länger anzudauern: Kinderpartys und Kinderdiscos für 10- bis 12-Jährige sind keine Seltenheit. In den letzten Jahren wurden und werden auch **sexuelle Erfahrungen** früher gemacht. Die **Massenmedien** übernehmen die Aufweichung der Altersgrenzen: Die gleichen Programme werden von jungen und weniger jungen Menschen konsumiert. Auch bei der Freizeitgestaltung ist eine deutliche Annäherung, insbesonders auf dem Gebiet des Sports, zu verzeichnen.

Insgesamt also kann man heute den 12- bis 30-Jährigen den Status des Jugendlichen – mehr oder weniger treffend – zuordnen. (Nach ***Baacke***)

ERWACHSENENIDENTITÄT – IDENTITÄTSDIFFUSION

In der Zeit der ➢ Adoleszenz entscheidet es sich, ob der/die Heranwachsende seine/ihre „endgültige“ Identität, die **Erwachsenen-Identität** auf den im Kindesalter erworbenen Grundlagen zu finden und zu gestalten vermag.

- Der/Die Jugendliche orientiert sich an vielen verschiedenen Vorbildern, seinen/ihren Eltern, Verwandten, LehrerInnen, KünstlerInnen, so genannten Stars usw. Er/Sie identifiziert sich mit ihnen. Sind diese ➢ **Identifikationen** ausgewogen, so dienen sie der eigenen Identitätsfindung, ermöglichen es, aus vielen übernommenen Eigenschaften und Fähigkeiten die eigene „Erwachsenen-Identität“ gleichsam zusammenzusetzen. Der Prozess der Identitätsbildung bringt eine Bewertung aller früheren und jetzigen Eigenschaften der eigenen Person mit sich und verlangt gleichzeitig eine Entscheidung darüber, welche Lebensrichtung man einschlagen will. Eine konsolidierte Erwachsenen-Identität äußert sich hauptsächlich darin, dass der junge Mensch sich selbst, seine Handlungen und die Ereignisse des eigenen Lebens annehmen und mit Zufriedenheit sagen kann: „Ich bin, was ich bin“.

  Auf dem Wege zur Erwachsenen-Identität „probieren“ die meisten Jugendlichen verschiedene Lebensausrichtungen aus, um schließlich das zu finden, was für den Einzelnen richtig ist. ***Erikson*** nannte die Suche nach der Identität eine „Krise“, und sie kann für viele Adoleszente tatsächlich eine solche werden. In Fällen einer länger anhaltenden „**Identitätsverwirrung**“ oder „**Identitätsdiffusion**“ können unerfreuliche psychische Zustände auftreten, wie ein ständiges Mit-sich-selbst-befasst-Sein, Arbeitslähmungen, eine „Zeit-Diffusion“, bei der der junge Mensch das Gefühl dafür verliert, dass die Zeit und das eigene Handeln im Leben Veränderungen bringen können, Klagen wie „ich weiß nicht“, „ich gebe auf“ als Ausdruck der Verzweiflung. ***Erikson*** weist darauf hin, dass es sich hier nicht um klinische Störungen handeln muss, sondern um **Entwicklungsstörungen**. Die Symptome der Identitätsverwirrung verlieren sich nämlich in den meisten Fällen im Verlauf eines normalen Wachstumsprozesses und machen keine psychotherapeutische Behandlung notwendig. Positiver oder negativer Ausgang der Identitätskrise äußern sich im emotionalen Befinden, im Selbstwertgefühl, in den eigenen Werten sowie in dem Gefühl, im Leben eine Ausrichtung zu haben.

Wenn aber die Grundlagen im frühen Kindesalter nicht geschaffen werden konnten und/oder die Vorbilder versagt haben und die Integration der „Erwachsenen-Identität" nicht gelingt, kommt es zu einer **Identitätsdiffusion** im Sinne einer psychischen Störung. Bleibende Störungen der bewussten Ich-Identität können auftreten, oder es kommt zur Flucht in eine **negative Identität**. In einer Art Trotzreaktion drängt der Jugendliche in eine „Identität", die dem Bild des Menschen, der Vorbild hätte sein sollen, geradezu entgegengesetzt ist, was im Regelfall einer bürgerlichen Familie **Asozialität** und **Kriminalität** bedeutet und oft **Drogenabhängigkeit** einschließt. Wenn auch von einer einheitlich feststehenden „Persönlichkeit des/der Süchtigen" bisher nicht gesprochen werden kann und viele ursächliche Faktoren noch nicht genügend geklärt sind, spielt die Störung der Identitätsfindung als Teilursache sicher eine Rolle.

- Am Ende der Adoleszenz gehen Identität und **Intimität** Hand in Hand. Es besteht in der Psychologie keine Einigkeit darüber, welche der beiden die entwicklungsmäßige Voraussetzung der anderen ist. Nach Auffassung der einen bedarf es eines gefestigten Selbstgefühls, um sich auf die Risiken einer Verbindung mit einem anderen Menschen einlassen zu können, andere sind der Ansicht, dass es unmöglich sei, „sich selbst" zu finden, ohne zuvor intime Beziehungen mit anderen Menschen erlebt zu haben. Vielleicht sind Identität und Intimität gleichzeitig errungene Fähigkeiten, die sich gegenseitig unterstützen. Auf jeden Fall stellen sie die letzten Errungenschaften der Adoleszenz-Jahre dar, die den Weg zu erfolgreicher Arbeitshaltung und geglückten Liebesbeziehungen im Erwachsenenalter freigeben (nach ***Damon***).

Ein wichtiger Teilaspekt der Identitätsfindung ist die Übernahme der **Geschlechts-Identität**, das Hineinwachsen in die ➢ Geschlechtsrolle, die Rolle der Frau bzw. die Rolle des Mannes. Die Bedingungen für das Gelingen dieses Vorgangs werden schon in der frühesten und frühen Zeit der psychischen Entwicklung gelegt (s.o.).

Aus: Psychologie heute

Mit der Übernahme der Geschlechtsrolle hängt auch das Problem der **sexuellen Aufklärung zusammen**: Hier gilt die Regel, die vom Kind selbst gestellten Fragen wahrheitsgemäß zu beantworten, aber nicht mehr, da das Kind mit der Art seiner Fragen die Grenzen seines Fassungsvermögens selbst am besten festlegt. Wenn im Idealfall die sexuelle Aufklärung in einer emotional günstigen Atmosphäre des Elternhauses stattfindet, ist weitere Aufklärung von anderer Seite nicht mehr erforderlich, abgesehen von Detailfragen, die eine besondere Sachkenntnis erfordern, wie z.B. die Beobachtung besonderer Einzelheiten des weiblichen Zyklus und dergleichen.

Was das Thema „Jugend und Sexualität heute" betrifft, so sprechen wir gegenwärtig eher von Trends, da es aufgrund radikaler Veränderungen in den letzten Jahrzehnten kaum brauchbare diesbezügliche Daten gibt. Das Sexualverhalten Jugendlicher begann sich bereits in den 60er und 70er Jahren zu ändern. Sexualität ist seither kein Monopol der Erwachsenen mehr, Kontrazeptiva stehen zur Verfügung, Jugendliche haben mehr Geld und sind weniger Kontrolle ausgesetzt. Eine Art Pionierfunktion für die Entwicklung sexueller ➢ Normen in westlichen Industriegesellschaften dürften die StudentInnen haben. Veränderungen im studentischen Bereich können als richtungsweisend für andere soziale Gruppen in westlichen Gesellschaften angesehen werden. Ein knappes Drittel der Jugendlichen lehnt heute Heirat zwar nicht ab, sieht sie aber auch nicht als notwendiges Element eines Lebensplanes an.

Insgesamt lassen sich folgende Trends ablesen: Beide Geschlechter lassen sich früher und häufiger aufeinander ein und wechseln auch etwas häufiger die PartnerInnen. Dies gilt für alle sozialen Schichten in ähnlicher Weise.

Aus: Karli Berger: Wir Supermänner

Homosexuelle und bisexuelle Kontakte scheinen zuzunehmen, und zwar bei Frauen stärker als bei Männern. Sicherlich fällt es in einer toleranter gewordenen Gesellschaft auch leichter, solche Kontakte zuzugeben. Bemerkenswert ist auch, dass Sexualität von Männern romantischer, zärtlicher erlebt und praktiziert wird als noch zwanzig Jahre davor.

Die steigenden Prozentzahlen, die das zunehmend befriedigende Ausleben weiblicher Sexualität zu bestätigen scheinen, dürfen jedoch nicht zu dem Schluss führen, dass die Gleichberechtigung der Frau lediglich durch die Angleichung der statistischen Werte an jene des männlichen Sexualverhaltens erreicht werden könnte. Vielmehr wird von frauenrechtlerischer Seite immer wieder darauf hingewiesen, dass es einer eingehenden Erforschung weiblicher Sexualität bedürfe, die bislang nicht oder nur unzureichend betrieben worden sei. Weibliche Sexualität wurde – so auch von ***Freud*** – meist nur als Negativmodell der männlichen Sexualität aufgefasst. Das gesellschaftliche Sein der Frau wird aber nicht zuletzt vom herrschenden Begriff weiblicher Sexualität bestimmt. Andererseits beeinflusst ihre gesellschaftliche Stellung ihre Erlebnisweise nicht unbeträchtlich.

Zweifellos wird das Sexualverhalten in Zukunft durch das Auftreten der Virusinfektion **Aids** und die Errungenschaften der **Reproduktionsmedizin** eine Veränderung erfahren. Auf welche Weise sich die Sexualbeziehungen dadurch ändern werden bzw. sich teilweise bereits geändert haben, darüber kann man vorläufig nur spekulieren. (Nach: ***Krüger***, Handbuch der Jugendforschung)

VERHÄLTNIS JUGENDLICHER ZUR ELTERNGENERATION

Das Verhältnis der Jugendlichen zur **Elterngeneration** hat sich deutlich geändert. Zwar zeigen Jugendliche nach wie vor große Distanz gegenüber den Überzeugungen der Erwachsenengeneration, doch werden ➢ **Konflikte** kaum noch unmittelbar zwischen Jugendlichen und Eltern bzw. LehrerInnen ausgetragen, sie werden vielmehr als **kollektive Konflikte** erfahren. Das Verständnis der Eltern für die Probleme der Kinder ist größer geworden, der Einfluss der Jugendlichen innerhalb der Familie nimmt zu; bei vielen Entscheidungen, die Familieninteressen betreffen, haben die Jugendlichen mehr Mitspracherecht als früher, z.B. wenn es um Anschaffungen geht, um Urlaubsreisen etc. Jugendliche können immer häufiger auf die Ansichten der älteren Generation einwirken und deren Handlungen beeinflussen. Laut einer Umfrage bestätigen 41% der Mitte-40 bis Mitte-50-Jährigen, dass sie unter dem Einfluss ihrer Kinder z.B. mehr Verständnis in Erziehungsfragen hätten, mehr Selbstkritik übten, andere Ansichten über Politik, Sexualität usw. gewonnen hätten.

Auch hier ist der Einfluss der **Massenmedien** bestimmend: Jugendliche sind den über die Massenmedien transportierten Neuerungen gegenüber offener, sie greifen Trends sehr schnell auf und favorisieren sie, sie probieren elektronische Neuerungen weit unbefangener aus als ihre Eltern und erfüllen viele Voraussetzungen, zu Lehrmeistern der Elterngeneration zu werden. In diesem Zusammenhang sollte allerdings auf die Gefahr hingewiesen werden, die ein zu starker Konsum der Massenmedien für die wichtige ➢ Kommunikation innerhalb der Familie bildet.

Der nach wie vor bestehende **kollektive Generationskonflikt** entzündet sich eher an gesellschaftlichen und politischen Fragen, z.B. der atomaren Gefährdung, der Umweltverschmutzung, der Jugendarbeitslosigkeit, der Zukunftsaussichten allgemein. Diesbezügliche Vorwürfe der Jugendlichen werden seitens der älteren Generation mit dem Vorwurf beantwortet, diese Jugend sei wehleidig, wenig leistungsfreudig und nicht bereit, die Leistungen der Älteren zu würdigen. (Nach ***Baacke***)

AUSBILDUNG UND BERUFSWAHL

Die gesellschaftlichen Entwicklungen der letzten Jahre mit all ihren sozialen Konsequenzen haben bei vielen Jugendlichen zu tiefer Verunsicherung geführt. Die Jugendlichen müssen, um ihre zukünftige Existenz zu sichern, in einem immer härter werdenden Konkurrenzkampf auf dem Arbeitsmarkt bestehen können. Voraussetzung dafür ist zunächst Erfolg in einem auf Selektion ausgerichteten **Bildungs-** und **Ausbildungssystem**. In diesem System fallen die Jugendlichen mitunter harten Auslesekriterien zum Opfer, wobei die Anforderungen der Schulen bzw. Ausbildungsstätten aber mit jenen der künftigen Berufspraxis teils nicht übereinstimmen. Allein die oft unfreiwillig getroffene Wahl einer Hauptschulbildung weist dem jungen Menschen von vorneherein einen bestimmten Berufsweg zu bzw. schränkt seine beruflichen Möglichkeiten erheblich ein. Voraussetzung für den Erfolg auf dem Arbeitsmarkt ist meist auch eine seitens der Wirtschaft geforderte zukunftsorientierte Ausbildung, für die es zu wenig Ausbildungsplätze gibt. Die Jugendlichen begnügen sich dann mit irgendeinem Ausbildungsplatz, ohne Rücksicht auf die damit verbundenen Zukunftschancen. Die ursprünglich positive Leistungsorientierung, sich für einen gewünschten Beruf qualifizieren zu wollen, weicht damit einer defensiven Orientierung, nämlich der Wahl eines Arbeitsplatzes allein zu dem Zweck, Arbeitslosigkeit zu vermeiden.

Weiters ist ein verstärkter Zuzug zu den **Universitäten**, vornehmlich zu Wirtschaftsuniversitäten, feststellbar, da letztere am ehesten Zukunftsorientiertheit und damit einen relativ sicheren Arbeitsplatz zu gewährleisten scheinen. Die große Zahl von StudentInnen hat verstärkten Konkurrenzkampf unter schlechten Bedingungen für den Einzelnen zur Folge, was in vielen Fällen zum Studienabbruch führt.

Arbeit bedeutet für Jugendliche **sinnerfüllende Zeitverwendung**, soziale Kontakte, Berufsprestige, Integration, soziale Anerkennung, Existenzsicherung und damit eine günstige Entwicklung von Selbstsicherheit, Selbst- und Fremdeinschätzung. Können Jugendliche nicht den Beruf ergreifen, den sie sich erhofft haben oder bleiben sie über einen längeren Zeitraum hinweg ohne Ausbildungsplatz oder ohne berufliche Arbeit, dann ist zu erwarten, dass Beruf und Arbeit für ihre Identitätsbildung an Bedeutung verlieren und nicht mehr als sinnstiftende Instanz für ihre Lebensperspektive angesehen werden – eine negative Erfahrung besonders in einer Gesellschaft, die Wert, Status und Prestige eines Menschen von dessen Beruf her bestimmt. Fehlt die identitätsstiftende berufliche Arbeit, kann dies zwei unterschiedliche Verhaltenskonsequenzen nach sich ziehen: die innere Abwendung von der Arbeit als möglichem Bereich persönlicher Selbstbestätigung und -entfaltung einerseits und andererseits eine erhöhte Anpassungsbereitschaft gegenüber vorgegebenen Arbeitsanforderungen und verstärkte individuelle Anstrengungen, sich doch noch Karrierechancen zu eröffnen und zu sichern. Wenn die Arbeit für den Jugendlichen ihre **identitätsstiftende Wirkung** verliert, ist zu erwarten, dass er eine „Aufteilung" seines Lebens in die Bereiche Beruf und Freizeit vornimmt. ***Baacke*** weist darauf hin, dass Jugendliche ihre Arbeitswelt immer mehr vom Freizeiterleben trennen. Freizeit dient nicht mehr dem Ausruhen, der Wiederherstellung der Arbeitskraft, sondern wird als völlig anderer, vom Berufsleben isolierter Bereich betrachtet.

WERTHALTUNGEN

Ende der 60er-Jahre kämpfte die damalige Jugend für klar formulierte **Werte**: für politische Freiheit, freie Wissenschaften, demokratische Erziehung, Toleranz, Gleichberechtigung, usw. Sie zeigte lebhaftes Interesse an Politik und trat offen auf gegen Leistungsdruck, Konsum, heuchlerische Moral, etc. Heute gehen Jugendliche selten auf die Straße, um mittels Demonstrationen auf Missstände hinzuweisen. Sie sind, was Weltanschauung und Wertvorstellungen betrifft, beängstigend still geworden. Angesichts ihrer objektiv vorhandenen gesellschaftlichen Ohnmacht suchen sie die offene Konfrontation und die verbale Auseinandersetzung nur noch selten. Lediglich einige wenige Fragen, wie etwa die des **Umweltschutzes**, der **Integration** von AusländerInnen, etc., also Probleme, deren VerursacherInnen noch irgendwie greifbar erscheinen, vermögen die Jugendlichen zu verbalem Protest zu bewegen. Und selbst dieser Protest ist nicht allein Sache der Jugend, sondern wird von Bevölkerungsgruppen unterschiedlichen Alters vorgebracht.

Der verbale Jugend-Protest in Form klar formulierter Ziele bzw. konstruktiver Kritik, wird zunehmend von der **Ausdruckshandlung** abgelöst: der gelebte Stil, die Fassade, die Verkleidung, die Maske sind Ausdruck des – teils ungerichteten, weil einem global empfundenen Unbehagen entsprungenen – Protests bzw. des Sich-Ausgrenzens geworden. Man „verkleidet" sich als Mod, Ted, Punk, Rocker, Skinhead, ... Eine besondere Form der Ausdruckshandlung ist der nonverbale gewalttätige Protest.

Religiöses und **politisches Engagement**, die in der Sachliteratur der Pädagogik und Psychologie bisher meist an erster Stelle genannten Phänomene, wenn es darum ging, Aussagen über die Werthaltungen der Jugend zu machen, scheinen in letzter Zeit an Bedeutung verloren zu haben. Dies mag u.a. darauf zurückzuführen sein, dass der Erziehungswille der heutigen Elterngeneration weniger auf Disziplin, Respekt, Höflichkeit, Gehorsam, Selbstbeherrschung abzielt, wie dies die Bereiche Religion und Politik zum Teil erfordern, sondern vielmehr auf Gesundheit, Umweltbewusstsein, Ehrgeiz, Selbstbewusstsein und Misstrauen (lt. ***KURIER*** v. 19. 11. 1993). Dieselbe IMAS-Umfrage ergab, dass 1993 etwa 25% der Erziehungsberechtigten die Erziehung zu Frömmigkeit und zu christlichem Glauben für wichtig halten, 1973 waren es noch 37% gewesen, die IMAS-Befragung von 2005 ermittelte 34%.

Über die „**Politikverdrossenheit**" Jugendlicher wird ständig Klage geführt. Eltern und LehrerInnen glauben, den Grund dafür zu kennen: Die permanente Veränderung im außen- und innenpolitischen Bereich und die damit verbundenen wirtschaftlichen und sozialen Konsequenzen, besonders seit 1989, sind für die Jugendlichen, allerdings auch für sehr viele Erwachsene, nicht mehr durchschaubar. Der junge Mensch fühlt sich aufgrund mangelnder oder zu viel Information überfahren und traut sich kein Urteil mehr zu, wenn aber doch, enden seine Überlegungen in der Erkenntnis, den Ereignissen völlig machtlos gegenüberzustehen. Oder er kommt aufgrund mangelnder Information zu Fehlschlüssen und greift zum vermeintlichen Selbstschutz vor politischen, wirtschaftlichen und sozialen Bedrohungen, was sich in kriminellen Übergriffen, etwa Attacken gegen ausländische ArbeitnehmerInnen, äußert (s. auch S. 370). Solche befremdliche und beschämende Ereignisse machen deutlich, wie wichtig es wäre, eine fundierte politische Bildung, fächerübergreifend mit dem einschlägigen Wissen über internationale wirtschaftliche Zusammenhänge, nicht nur in höheren Schulen, sondern ganz besonders in Pflichtschulen zu vermitteln. Auch eine Förderung des demokratischen Bewusstseins scheint wünschenswert, denn laut IMAS-Umfrage von 2005 stellt es für nur 33% der befragten ÖsterreicherInnen ein wichtiges Erziehungsziel dar, für demokratische Grundsätze einzutreten.

Es scheint nahe liegend, dass angesichts der zunehmenden Bedrohung der Gesundheit durch Umweltverschmutzung gerade die **Gesundheit** und die **Umwelt** bedeutende Werte für den Einzelnen darstellen, wie angesichts der sozialen Bedrohung **Ehrgeiz** und angesichts der Nivellierung in einer Industriegesellschaft Werte wie **Selbstbewusstsein** und **Individualität** in der Werthierarchie steigen.

1. *Wie wirkt sich Ihr Wissen um Aids auf Ihre Einstellung zur Sexualität aus?*
2. *An welchen Problemen entzündet sich der Generationskonflikt innerhalb Ihrer Familie?*
3. *Welche Vorwürfe würden Sie der älteren Generation machen? Versuchen Sie, ohne Vorurteile auszukommen!*
4. *Nach welchen Kriterien treffen bzw. trafen Sie Ihre Berufswahl?*
5. *Stellen Sie eine Rangordnung von Werten her, die Ihnen erstrebenswert erscheinen!*
6. *Verfügen Jugendliche über genügend Freizeit? Welche Art von Freizeitgestaltung wird bevorzugt?*
7. *Welche Ansprüche stellt die Gesellschaft Ihrer Meinung nach an den Jugendlichen bzw. umgekehrt? Werden diese beiderseitigen Ansprüche erfüllt?*

(Sie können die Fragen für sich selbst oder in Gruppen beantworten, mittels selbst erstellter Fragebogen erarbeiten oder als Diskussionsthemen behandeln.)

6. Das frühe Erwachsenenalter und das Erwachsenenalter

Bei dem bestimmenden Schritt in das frühe Erwachsenenalter geht es um die Entscheidung zwischen **Intimität** und **Isolierung** – darum also, ob sich der junge Erwachsene als fähig erweist, eine wirklich tragfähige und innige Beziehung aufzunehmen, oder ob er sich beziehungsunfähig zeigt und isoliert bleibt. Dieser Lebensabschnitt ist bestimmt durch Erproben und Pflegen von Gemeinschaften, Einlassen auf den (Lebens)Partner, Arbeits- und Wohnungsbeschaffung, Erziehung der Kinder. Heute bleiben diese Unternehmungen jedoch nicht auf das frühe Erwachsenenalter beschränkt, sondern dehnen sich zunehmend auf das Erwachsenenalter aus.

In der Periode des Erwachsenenalters fällt die Entscheidung zwischen **Generativität** und **Selbstabsorption**: Kann der/die nun Erwachsene etwas Konstruktives hervorbringen oder mangels dieser Fähigkeit nur sich selbst verzehren? Ob soziale Aufgeschlossenheit erreicht wird, eine konstruktive Auseinandersetzung mit Familie und Gesellschaft gelingt, wird jedoch von der Gesellschaft, in der er/sie lebt, wesentlich mitbestimmt.

- Es wird immer wieder betont, dass mit vielen **technischen Errungenschaften** der Gegenwart, vor allem mit der Entwicklung der Elektronik, des Computers usw., Gefahren der Verkümmerung des geistigen Lebens und des Gefühlslebens, verbunden sind. Sicher sind die diesbezüglichen Folgen gegenwärtig noch gar nicht abzusehen. Aus diesem Grund sollte der Mensch sich davor hüten, sich aus Bequemlichkeit auf die Tätigkeit der elektronischen Maschinen zu verlassen (wie z.B. *Erich **Fromm*** besonders betont hat). Es sollte der Mensch nicht unbedingt dümmer werden, nur deshalb, weil die Maschinen leistungsfähiger geworden sind. Und er sollte sich in Konfrontation mit der

Leistungsfähigkeit von Maschinen auch nicht als minderwertig einschätzen (wie z.B. ***Günther Anders*** ausführt).

Gerade die fortschreitende Technologie mit Arbeitslosigkeit als einer ihrer drohenden Folgen zeigt, wie wichtig es ist, auch als Erwachsene/r zu **lernen** und sich **weiterzubilden**. So wie der Mensch lernen muss, sich in neuen sozialen Situationen zurechtzufinden, etwa nach der freiwilligen oder unfreiwilligen Trennung von Freunden, (Ehe)Partnern, Organisationen, muss er/sie auch bereit sein, sich im Bedarfsfalle neue Kompetenzen im beruflichen Bereich anzueignen. Die beruflichen Anforderungen wechseln immer rascher, immer rigider werden die Anforderungen an die Lernbereitschaft und Lernfähigkeit auch des erwachsenen Menschen. Das Lernangebot von Institutionen wie Volkshochschule, Wirtschaftsförderungsinstitut, Berufsförderungsinstitut usw. über die bereits „abgeschlossene" Berufsausbildung hinaus, ist dementsprechend breit gefächert und wird durch firmeneigene Seminare und sonstige berufliche Weiterbildungs- und Umschulungmöglichkeiten ergänzt. Auch die Verbesserung sozialer Kompetenzen, Persönlichkeitsbildung, ➢ Psychohygiene (z.B. im Zusammenhang mit ➢ Stress, ➢ Burnout-Syndrom) sind mit Lernen neuer ➢ Einstellungen und Verhaltensweisen verbunden.

- Schwer zu lösende psychische Probleme sind durch die seit Mitte der 70er-Jahre in den meisten westlichen Industrieländern dramatisch angestiegene **Arbeitslosigkeit** entstanden. In der berühmten „Marienthal-Studie" (***Jahoda et al.*** 1933 / 1975) wurden die psychischen Auswirkungen der Arbeitslosigkeit einer ganzen Gemeinde beschrieben: Eine Typologie von Reaktionsformen der Betroffenen wurde erstellt. Auch andere Untersuchungen zur Arbeitslosigkeit in den 30er Jahren erbrachten die Schlussfolgerung: „[...] Zuerst findet sich ein **Schock**, der gefolgt wird von einer aktiven Phase der Arbeitssuche, in der der Einzelne noch **optimistisch** und unresigniert ist. Er behält eine ungebrochene Einstellung. Zweitens, wenn alle Bemühungen vergeblich waren, wird der Betroffene **pessimistisch**, ängstlich und leidet unter starkem Stress; dies ist die kritischste Phase. Und drittens, wird der Einzelne **fatalistisch** und adaptiert sich an seine neue Situation, aber mit reduzierten Hoffnungen. Er weist jetzt eine gebrochene Einstellung auf." (***Eisenberg*** und ***Lazarsfeld***, 1938). Nahezu alle Auffassungen über die Arbeitslosigkeit und deren psychische Folgen bauen auf dieser Darstellung der Phasenverläufe der Arbeitslosigkeit in den letzten 50 Jahren auf: **Schock** – **Optimismus** – **Pessimismus** – **Fatalismus**. Die momentane Verfassung bei Eintritt der Arbeitslosigkeit kann jedoch unterschiedlich sein, je nachdem ob sie z.B. einen allein verdienenden Familienvater, der 20 Jahre bei einer Firma gearbeitet hat und plötzlich entlassen wird, oder einen Jugendlichen, der im Anschluss an seine Schulausbildung keinen Arbeitsplatz finden kann, betrifft.

In letzter Zeit wurden Überlegungen angestellt, wie psychische Erfüllungen, die in der Situation der Arbeitslosigkeit zuerst fortfallen, durch andere Tätigkeiten substituiert (ersetzt) werden können: Eine **konstruktive** Anpassung an die Arbeitslosigkeit konnte vorerst nur bei einzelnen „psychologisch privilegierten" Arbeitslosen beobachtet werden, denen es gelingt, sich trotz starker finanzieller Probleme eine positive Grundhaltung und psychisches Wohlbefinden zu bewahren. Diese Gruppe findet Interessen und Aktivitäten außerhalb des konventionellen Arbeitsmarktes, pflegt Hobbys und soziale Aktivitäten oder übernimmt persönlich befriedigende Rollen in freiwilligen religiösen oder Gemeinde-Organisationen (USA). Verständlicherweise sind die bedauerlichen **resignativen** Folgen von Arbeitslosigkeit viel häufiger anzutreffen: Aufgabe zukunftsorientierter Zielsetzungen; Einstellungen und Grundhaltungen, die durch geringes Selbstwertgefühl, Hilflosigkeit, Hoffnungslosigkeit und unbestimmte Zukunftsängste gekennzeichnet sind („Demoralisierung"); Selbstisolation und weit gehende Reduktion von Ansprüchen in vielen Lebensbereichen. Der fehlende Zwang, die Wohnung und die familiäre Umgebung zu verlassen, führt bei gleichzeitiger Verringerung der finanziellen Möglichkeiten zu einem Verlust des anregenden Kontrastes zwischen Arbeit und Freizeit und damit zu einer geringeren Abwechslung (dies gilt im Übrigen auch für viele Pensionisten), in zahlreichen Fällen auch zur **Isolation**. Bei Jugendlichen, denen durch die Arbeitslosigkeit mehr Zeit zur Verfügung steht, wurden zum Teil verstärkte zwischenmenschliche Kontakte beobachtet. Andererseits findet man jedoch auch bei Jugendlichen starke Isolationstendenzen aufgrund finanzieller Einschränkungen oder schamvollen Rückzugs.

Die gesellschaftlich herrschende Arbeitsethik wertet die Arbeitslosen häufig sozial ab. Die **soziale Wertschätzung** der Arbeitslosen ist oft aufgrund bornierter privater Ideologien, wie „Wer arbeiten will, der bekommt auch Arbeit!", gering; den Ansprüchen Arbeitsloser an die Gesellschaft wird dadurch die Legitimation entzogen. Hinzu tritt die Abhängigkeit von staatlichen Institutionen oder Wohlfahrtsorganisationen, welche die von ihnen Abhängigen in die Rolle von Bittstellern bringen und Gefühle von Wertlosigkeit und Unselbstständigkeit wecken können.

Die Folgen der Arbeitslosigkeit betreffen aber nicht nur die Arbeitslosen selbst, sondern auch ihre unmittelbar Angehörigen. Die Beziehungen zwischen den **Partnern** verschlechtern sich besonders dann, wenn schon vor dem Arbeitsverlust Spannungen vorhanden waren. Die größere Nähe und die Veränderung der familiären Rollen- und Machtverteilung sorgen für Konfliktstoff. Ein stärker autoritäres Verhalten des arbeitslosen Vaters wurde bereits in den 30er Jahren festgestellt und auch in neueren Studien bestätigt. Die Kinder sind davon besonders betroffen: Sie entwickeln häufig nervöse Symptome, werden gefühlsmäßig labiler, weisen schlechtere schulische Leistungen auf und engagieren sich in antisozialen Aktivitäten. In den USA wurde ein Zusammenhang zwischen ökonomischem Stress und **Kindesmisshandlungen** festgestellt. Auch Infektionskrankheiten stiegen an. Daraus lässt sich insgesamt schließen, dass die Massenarbeitslosigkeit eine Verschlechterung und Bedrohung der **Lebens- und Erziehungsbedingungen** vieler Kinder bedeutet.

Derzeit können die Folgen der Arbeitslosigkeit nur durch Arbeit beseitigt werden – es lässt sich in unserer gegenwärtigen Gesellschaft noch keine andere Tätigkeit denken, die die Funktion der Erwerbstätigkeit ersetzen könnte. Solange die Arbeitslosigkeit im gegenwärtigen Umfang existiert, müssen für Arbeitslose, die in eine Krise geraten, Hilfs-, Beratungs- und Betreuungsangebote geschaffen werden, um sie mit ihren gesellschaftlich verursachten Problemen nicht allein zu lassen. Die Arbeitslosen sollten besonders dabei unterstützt werden, ihre soziale und politische Autonomie, die ihnen mit dem Arbeitsplatzverlust, den Tendenzen zur gesellschaftlichen Ausgrenzung und der Selbstisolation weit gehend verloren ging, zurückzugewinnen. Zusätzlich müssen natürlich Fortbildungs- und Umschulungsprogramme angeboten werden (nach ***Kieselbach***).

Über die Entwicklung der Arbeitsmarktsituation geben Veröffentlichungen des BM f. Wirtschaft und Arbeit Auskunft. Man kann dort entsprechende Broschüren, Statistiken usw. kostenlos anfordern. Hier wird auf diesbezügliche Zahlenangaben verzichtet, da deren Aktualität kurzlebig ist; es können nur Trends skizziert werden: Die Arbeitslosenrate ist – mit einigen kurzen Perioden rückläufiger Arbeitslosenziffern – in den letzten Jahrzehnten kontinuierlich gestiegen, besonders in den letzten Jahren. Die Zahl der Arbeitslosen in Österreich geht auf 400.000 zu, wobei seit 1986 jeweils etwas mehr Frauen als Männer arbeitslos gemeldet sind. Von Arbeitslosigkeit sind vor allem Personen mit Pflichtschulabschluss und solche mit Lehrabschluss betroffen. Aber auch die Zahl der arbeitslosen AkademikerInnen ist in jüngster Zeit erheblich angestiegen. Umschulungen sind kein in allen Fällen probates Mittel gegen diese Misere. Durch die immer größer werdende Zahl von Teilzeitbeschäftigten und so genannten Minderbeschäftigten wird die Arbeitslosenrate zwar möglicherweise scheinbar gesenkt, ein echter Beschäftigungszuwachs liegt dadurch aber natürlich nicht vor, und die Entlohnung ist in diesen Fällen entsprechend gering.

1. *Welche Aufgaben soll der Mensch unserer Gesellschaft im frühen Erwachsenenalter (ca. 18. – 30. Lebensjahr) erfüllen?*
2. *Welche Anforderungen werden an Erwachsene zwischen dem 30. und dem 60. Lebensjahr gestellt?*
3. *Informieren Sie sich über die derzeitige Arbeitsmarktsituation (Höhe der Arbeitslosenrate, arbeitslose Männer / Frauen, Berufsgruppen, AusländerInnenanteil etc.)!*

Wir sind die Generation, die jede Krise meistert, ...

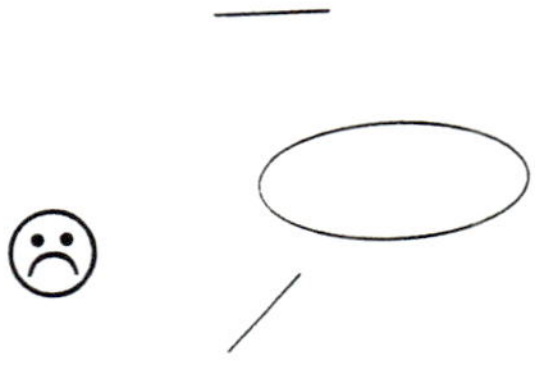

oder vielleicht doch nicht???

7. Das reife Erwachsenenalter und das Alter

Das reife Erwachsenenalter als letzte Phase aller Entwicklungsstufen entscheidet über **Integrität** oder **Lebensekel** – darüber, ob der reife und schließlich alt gewordene Mensch im Rückblick am Sinn seines Lebens und seiner Lebensarbeit verzweifelt oder ob er im Gegenteil mit berechtigter Freude und Befriedigung, wenn auch sicher nicht in kritikloser eitler Selbstgefälligkeit, auf die erfüllten Aufgaben seines Lebens zurückblicken kann. In diesem Fall wird er seine Arbeit, solange seine Kräfte reichen, fortsetzen und Nützliches hervorbringen können, sich und anderen Freude machen und das Leben genießen können. Natürlich hängt das Maß der Fähigkeit, den nicht immer erfreulichen Prozess des Altwerdens so gut wie möglich zu verarbeiten und zu ertragen, wesentlich von der psychischen Entwicklung des Menschen in seiner Kindheit und Jugend ab – davon, was er in seiner früheren Entwicklung an seelischer Energie mitbekommen hat.

Allerdings spielen auch Umweltbedingungen unter sonst gleichen Umständen bei der Bewältigung des Altwerdens eine Rolle: Vereinsamung, Überflüssigwerden, das Fehlen einer befriedigenden sinnvollen Beschäftigung, die Isolierung von der jüngeren Generation einerseits, Verbindung und Zuneigung, sinnvolle Tätigkeit und angemessene Teilnahme am Familienleben andererseits können das Altern jeweils erschweren oder erleichtern. (Die Selbstmordrate alter Menschen, insbesondere der Männer über 80 ist in den letzten Jahren drastisch angestiegen, als Gründe werden Vereinsamung und Krankheit genannt.) Auch bei der ➢ Einstellung und dem Verhalten der jüngeren Generation gegenüber der älteren entscheiden die Grundlagen, die in der frühen psychischen Entwicklung gelegt wurden.

Diese Einstellungen werden im Verlauf der Entwicklung und der Erziehung aufgebaut, und wenn darauf Einfluss genommen werden soll, dann muss dieser Prozess früh genug beginnen! Wer in einem Milieu aufgewachsen ist, in dem die ältere Generation ausschließlich als Last empfunden wurde, wird die Einstellung entwickeln, dass sie am besten abgeschoben gehörte; wenn sein Milieu und seine Erziehung ihm dabei aber moralische Hemmungen vermittelt haben, wird er diese Überzeugung nicht haben.

Alternde und alt gewordene Menschen sollten so lange wie möglich aktiv bleiben. Die Aktivitäten sollten selbstverständlich und ungezwungen sein, nicht etwa künstlich und mehr oder weniger gewaltsam herbeigeholt. Die Betreuung und Pflege alt gewordener Menschen, deren Kräfte schon so nachgelassen haben, dass sie nicht mehr aktiv sein können, bringt manche Schwierigkeit mit sich, da Altersschwäche, Krankheit und die Einsicht in das Herannahen des **Todes** begreiflicherweise missmutig und reizbar machen können. Das muss aber nicht so sein, wenn der alte Mensch – wie es ***Erikson*** als Ideal beschreibt – auch Integrität und abgeklärte Reife erlangt und befriedigt auf das Geleistete und Erlebte zurückblickt.

Das Problem der älteren Menschen wird mit der Verlängerung der Lebensdauer einerseits und andererseits den gesellschaftlichen Veränderungen, aufgrund derer die Betreuung immer häufiger aus der Familie in Institutionen verlagert wird, immer größer. Dass **pflegebedürftige alte Menschen** von ihren Kindern gepflegt werden sollten, ist eine ideale, zumeist aber schwer realisierbare Vorstellung. Diese Kinder, meist sind nur die Töchter und Schwiegertöchter gemeint, sind selbst oft schon ältere Personen, berufstätig, teils weit entfernt wohnend. Sie werden hin- und hergerissen zwischen Pflichtgefühl und Widerstreben. Es wird als große Herausforderung empfunden, den körperlichen und geistigen Abbau der Eltern hautnah zu erleben; überdies ist in vielen Fällen die Eltern-Kind-Beziehung noch von früher belastet, was den liebevollen Umgang mit den hilflos, anstrengend und fordernd gewordenen Eltern zusätzlich erschwert. Die Hälfte der pflegenden Kinder leidet unter schweren Depressionen, sie fühlen sich verbraucht und ausgebrannt, zwei Drittel sind frustriert, fühlen sich hilflos und im Stich gelassen. Die aufkommende Wut wird gefolgt von Schuldgefühlen. Man ist den Eltern Achtung, Ehre, Verständnis, respektvolle Zuneigung, Liebe schuldig, auch wenn die Symptome von Inkontinenz, Demenz, Senilität oder Alzheimer Krankheit das Bild der einstigen Persönlichkeit drastisch verändert haben. Es gibt keine Vorbilder, von denen erwachsene pflegende Kinder lernen könnten, denn die Generationen vor ihnen hatten diese Probleme wegen der allgemein niedrigeren Lebenserwartung nicht. Eine Alternative stellen gute Seniorenheime dar, die auch die Pflege schwer Kranker übernehmen. (Nach ***Käsler-Heide***)

Auf diesem Gebiet ist noch sehr viel Arbeit zur Verbesserung der Situation zu leisten. Ein ähnliches Problem stellt die Pflege todkranker Menschen jeder Altersstufe dar. Es sei hier auf die 1967 von der englischen Ärztin *Cicely* ***Saunders*** ins Leben gerufene „**Hospiz**“-

Bewegung hingewiesen, die bereits in kürzester Zeit in vielen Ländern Verbreitung gefunden hat. Auch in Österreich wurden diese Bestrebungen (durch die Caritas Socialis) aufgegriffen, und man ist bemüht, sie in die Praxis umzusetzen. Der Hospiz-Gedanke beruht, in Kürze dargestellt, auf folgenden Grundsätzen:

Margret Kohler-Heilingsetzer: „Dialogpartner", 1989

1. Es handelt sich um Sterbebegleitung chronisch kranker und todkranker Menschen, z.B. Krebskranker, Aids-Patienten usw.
2. Es handelt sich keineswegs um aktive Sterbehilfe (Euthanasie), sondern darum, dass es den Kranken ermöglicht wird, bei weit reichender Schmerzfreiheit in Würde und innerem Frieden zu sterben.
3. Dies wird durch physische und psychische Betreuung erreicht. Physische Hilfestellung bedeutet, die oft unerträglichen Schmerzen der Kranken zu beseitigen bzw. zu lindern. Die Methode der **aktiven Schmerzkontrolle** bedient sich moderner Medikamente und Psychopharmaka. Der/Die PatientIn erhält die Medikamente in Intervallen, sodass Schmerzen erst gar nicht wieder spürbar werden. Es gibt auch die Möglichkeit, die Dosierung selbst nach den eigenen Bedürfnissen vorzunehmen. Eine gefürchtete Gewöhnung oder Missbrauch haben sich nicht gezeigt, im Gegenteil: Da die PatientInnen psychisch ruhiger und ausgeglichener werden, muss die Dosis – wie die Erfahrung gezeigt hat – lange nicht gesteigert bzw. kann sie oft sogar herabgesetzt werden.
4. Die psychische Betreuung hat zur Voraussetzung, dass für die Kranken **viel Zeit** zur Verfügung steht. Liebevolle Pflege, bei der versucht wird, auf alle Wünsche der Kranken einzugehen und sie nach Möglichkeit zu erfüllen, ist Bestandteil des harmonischen Klimas im Hospiz. Die Angehörigen können die PatientInnen jederzeit besuchen und länger bei ihnen bleiben, und er/sie hat die Möglichkeit, mit ihnen, den ÄrztInnen, Schwestern, und – wenn erwünscht – mit SeelsorgerInnen und anderen Personen **Gespräche** zu führen.
5. Neben dem Hospiz mit stationärem Aufenthalt gibt es auch ambulante Hospiz-Betreuung. In diesem Falle, aber auch dann, wenn der/die PatientIn zu Hause bleiben möchte oder wieder nach Hause gehen kann, stehen ihm/ihr ÄrztInnen, KrankenpflegerInnen und ehrenamtliche BetreuerInnen zur Verfügung, die ebenso die Angehörigen in ihrer oft hilflosen Verfassung unterstützen.
6. Die Hospiz-Bewegung ist aus einem christlichen Weltbild entstanden, steht aber ausnahmslos für alle Menschen offen. Sie respektiert jedes religiöse Bekenntnis, aber auch

Bekenntnislosigkeit. Die tiefe Ehrfurcht vor der Einmaligkeit und Einzigartigkeit eines Menschen und seinem Recht auf Würde und Freiheit ist ein oberster Grundsatz der Hospiz-Bewegung.

7. Die Betreuung ist für die PatientInnen prinzipiell unentgeltlich. Die nötigen finanziellen Mittel werden vorwiegend durch Spenden aufgebracht.

1. *Überlegen Sie, durch welche Umstände die Einsamkeit alter Menschen zustandekommt bzw. gefördert wird. Sind diese Umstände unabänderlich, oder könnte man sie durch gezielte Maßnahmen verändern?*
2. *Mit welchen Problemen sieht sich ein/e PensionistIn, insbesondere in einer Leistungsgesellschaft, konfrontiert?*
3. *Versuchen Sie, sich in die Lage eines alten Menschen unserer Zeit zu versetzen und dessen Bedürfnisse zu überdenken. Inwiefern wird Ihrer Meinung nach diesen Bedürfnissen vonseiten der Familie, des weiteren sozialen Umfeldes, des Staates etc. Rechnung getragen?*
4. *Vielleicht können Sie mit Hilfe von Interviews einen solchen Bedürfniskatalog erstellen und entsprechende Verbesserungsvorschläge erarbeiten?*

J. [redacted] (u.) schoß H. [redacted] (o.) nieder
Bilder: Schachermaier
Repro: Gruber

Pensionist wollte die Nachbarin mit in den Tod nehmen

Mörderische Einsamkeit

Noch immer in Lebensgefahr schwebt die 65jährige H[redacted] aus Zipf, Bezirk Vöcklabruck, OÖ, die – wie der KURIER berichtete – Freitag nachmittag von ihrem Nachbarn mit einem Schrotgewehr in den Kopf geschossen wurde. Nach der Wahnsinnstat hatte der Schütze mit seinem Gewehr Selbstmord verübt.

Inzwischen konnten die Beamten der oö. Kriminalabteilung auch die Hintergründe für den Amoklauf erheben. In einem Abschiedsbrief kündigte der 81jährige J[redacted] seinen Selbstmord an: Aus Einsamkeit wollte er „noch jemanden in den Tod mitnehmen"; das Glück des benachbarten Ehepaares konnte er nicht ertragen.

Freitag, gegen 15 Uhr, machte er sein Vorhaben wahr: Er holte sein Schrotgewehr und schoß gezielt auf die im Gemüsegarten stehende Nachbarin. H[redacted] wurde aus rund 15 Metern in den Kopf getroffen und lebensgefährlich verletzt.

Anschließend richtete Johann Schlecht die Waffe gegen sich selbst und schoß sich in den Kopf. „Es war ein grauenvolles Bild, als wir in die Wohnung kamen", schildert ein Gendarm. H[redacted] wurde zunächst im Krankenhaus Vöcklabruck erstversorgt und mit dem Notarzthubschrauber „Martin 1" in die Neurochirurgie nach Salzburg geflogen. Dort mußten dem Opfer einige Schrotkörner aus dem Gerhirn entfernt werden.

GERHARD LUKESCH ■

8. Zur Psychologie der Geschlechter

GESCHLECHTSROLLEN – ANLAGE- ODER UMWELTBEDINGT?

Die Frage nach einer begründbaren psychischen Unterscheidung der Geschlechter hat sowohl in der Forschung als auch in der Öffentlichkeit zahlreiche Kontroversen ausgelöst. Die Standpunkte sind manchmal dahingehend polarisiert, dass die einen alle feststellbaren Unterschiede für **anlagebedingt** (biologisch begründet) erklären, die anderen wiederum nur den Einfluss der ➢ **Umwelt** (der Gesellschaft, der Sozietät) gelten lassen. Tatsächlich hat die Übernahme der **Geschlechtsidentität** weit reichende soziale Implikationen, die ➢ **Geschlechtsrolle** beinhaltet das Einhalten bestimmter Verpflichtungen, erfordert spezifische Leistungen und ist mit Geboten und Verboten verbunden.

Jene, die die Anlage für wesentlich halten, meinen, dass infolge des körperlichen Andersseins auch funktionale und somit gesellschaftliche Unterschiede zwischen den Geschlechtern naturgegeben sind. Damit verbunden sind auch verschiedene „Bewertungen"; oft – so wird gemutmaßt – zum Zwecke der Herabsetzung des weiblichen Geschlechts und zur Befestigung der männlichen Dominanz. So wirke sich die spezifisch weibliche biologische Funktion des Kindergebärens auch in der ➢ Einstellung zur Umwelt aus und mache die Frau z.B. mehr von ➢ Emotionen als vom Verstand abhängig usw.

Diese angeblich „natürlichen" psychischen Wesensunterschiede werden wiederum von Ethnologen (Völkerkundlern) und Soziologen, die an verschiedenen Kulturen situationsbedingte und milieuabhängige Definitionen des „Männlichen" und „Weiblichen" im Verhalten beobachten konnten, bestritten. In diesen Gesellschaften gilt als typisch „männlich" oder „weiblich", was einige Zeit, aus welchem Grund immer, überwiegend von einem Geschlecht im Gehaben beansprucht wurde. Diese Gewohnheiten verfestigen sich, erhalten bald die Geltung von ➢ Normen und werden unreflektiert als „naturgemäß" übernommen. Als solche Verhaltensweisen wurden von *Margaret* ***Mead*** und anderen ForscherInnen z.B. die Kindererziehung, die Einstellung zum Eigentum, die Kundgabe von Gefühlen, vor allem Aggressionen, das Verhalten in der Pubertät usw. studiert. So hat ***Mead*** in ihren schon klassischen Untersuchungen bei den Tschambuli Neu-Guineas gefunden, dass die Frauen alle wichtigeren Geschäfte führen, die Anweisungen für Heiraten geben und allgemein dominieren (also Eigenschaften haben, die bei uns als „männlich" gelten), während die Männer in ihrer Lebensnotdurft von den Frauen abhängig sind und sich hauptsächlich mit Schnitzen, Malen und Tanzen beschäftigen. Sie tragen künstliche Locken, Schmuckketten und geben sich gerne der Muße und dem Klatsch hin (tragen also Verhaltensweisen zur Schau, die bei uns eher als „weiblich" gelten). Bei den Mundugumor ist es z.B. üblich, dass Frauen sexuell aktiv sind, bei den Arapesh sind die Männer weich und passiv. Bei den Marind-Amin müssen junge Männer eine Periode streng konventionell geregelter homosexueller Erfahrungen durchmachen, bevor sie heiraten usw.

Der Standpunkt der modernen Psychologie zum Thema „**Geschlechtsunterschiede**" ist der gleiche wie zum Thema „**Anlage - Umwelt**". Es wäre allenfalls noch in der frühesten Kindheit möglich, bezüglich allfälliger Unterschiede die Frage zu stellen, ob es sich um **Angeborenes** oder **Erlerntes** handelt. Die Ergebnisse sind hier jedoch so spärlich, dass nicht viel Bedeutsames auszusagen ist.

- Bis zu seinem 3. Lebensjahr hat das Kind viele soziale Rückmeldungen erhalten. Biologische Unterschiede wurden durch **Umwelteinflüsse** unterdrückt, verstärkt oder auf andere Weise überformt. Mädchen und Knaben haben von Geburt an sicher eine unterschiedliche Behandlung erfahren, und diese Erfahrungen haben zweifellos ihre Auswirkungen. Das klassische ➢ Experiment mit „Baby X" bestätigt nur allzu Bekanntes: Einem 3-Monate alten Baby halten Besucher einen Ball hin, wenn es als „Johnny" vorgestellt wird, wird es hingegen „Jenny" genannt, dann wird zielsicher eine Puppe gegeben (GEO Wissen, Sept. 1993). „Lange bevor Kinder begreifen, was Jungen und Mädchen unterscheidet, bevor sie sich selbst einordnen und entsprechend handeln, beschreiben Eltern ihre Töchter als eher zart und hübsch, ihre Söhne als eher groß und kräftig" (***Trautner***). Selbst aufgeklärte Eltern, die ihre Kinder vor Rollenklischees bewahren möchten, drängen ihren Nachwuchs unbewusst in Richtung Barbie-Puppe oder Bagger, Tanzen oder Toben, Krankenschwester oder Soldat. KindergärtnerInnen geben zu, dass sie die Mädchen eher zum Aufräumen, die Knaben eher zum Spiel im Freien ermuntern (GEO Wissen, Sept. 1993).

?

1. *Betrachten Sie bitte die Zeichnungen von Mordillo – Besteht eine Beziehung zu den realen Anforderungen unserer Gesellschaft an Frau und Mann?*

- Es wurden jedoch in zahlreichen Untersuchungen zwei Unterschiede zwischen Knaben und Mädchen im Alter von 3 bis 4 Jahren beobachtet, und diese Ergebnisse gelten als gesichert:

  Knaben spielen **aggressiver** als Mädchen: In männlichen Spielgruppen geht es allgemein rauer zu, es wird mehr gestritten, geschubst, geschlagen und laut geschrien. Der Spiel-Stil der Mädchen ist weniger aggressiv – körperliche Auseinandersetzungen sind selten, hingegen werden mehr Regelsysteme für gegenseitige ➢ Interaktionen entwickelt. Beim Auftreten von Zwistigkeiten werden diese seltener als bei Knaben durch Entreißen und Schlagen, sondern öfter durch Anwendung solcher Regeln gelöst. Die größere männliche Tendenz zur **Aggressivität** wurde ebenso bei Kindern in anderen Kulturen festgestellt, auch in solchen, die sich von der westlichen Kultur stark unterscheiden, z.B. bei afrikanischen Stämmen und in asiatischen Insel-Kolonien. (***Maccoby***).

  Der zweite Befund lautet dahingehend, dass kleine Kinder **gleichgeschlechtliche** Spielgefährten bevorzugen. Möglicherweise ist die Unterschiedlichkeit des oben angeführten Spiel-Stils dafür verantwortlich: Der weniger aggressive „Mädchen-Stil" scheint Knaben nicht sehr zu interessieren, und kleine Mädchen wiederum fühlen sich durch den raueren „Knaben-Stil" in Abwehrhaltung versetzt und zum Rückzug bewogen (***Damon***).

GESCHLECHTSROLLEN IM KULTURVERGLEICH

Was die Frage betrifft, welchen Einfluss die **Gene** auf das menschliche Verhalten haben und welchen die gesellschaftlich wandelbare **Kultur**, oder anders formuliert, welches Verhalten universell, welches individuell ist, versucht die vergleichende Verhaltensforschung (**Human-Ethologie**) Beiträge zu liefern.

Nach Ansicht von *Irenäus* ***Eibl-Eibesfeldt*** könnte uns der Kulturvergleich anregen, unseren eigenen Lebensstil und unseren Umgang mit Kindern neu zu überdenken. Die nun angeführten Ergebnisse stammen aus Beobachtungen an männerorientierten, kriegerischen Kulturen (Eipo im Hochland von West-Neuguinea, Yanomami in Venezuela, Himba in der afrikanischen Kalahari) sowie an friedlichen Stämmen (Trobriander von Inseln an der Ostküste Neuguineas, Kung-Buschmänner, Inuit). Die Ergebnisse lauten, kurz zusammengefasst, folgendermaßen:

- Je jünger die Kinder sind, desto ähnlicher ist der Umgang mit ihnen bei den verschiedenen Naturvölkern. Säuglinge und Kleinkinder genießen intensiven **Körperkontakt** mit ihren Müttern, aber auch Vätern, Großeltern, Geschwistern. Auch Väter aus kriegerischen Kulturen sind zu ihren kleinen Kindern, egal ob Bub oder Mädchen, zärtlich und fürsorglich, spielen mit ihnen, betätscheln und küssen sie. Säuglinge werden, wenn sie weinen – ist dies doch ein angeborener Hilferuf, um den Körperkontakt wiederherzustellen – fast sofort getröstet; die Kinder entwickeln sich trotzdem nicht zu kleinen Tyrannen.
- Erst wenn die Naturvölker-Kinder etwa 3 Jahre alt sind, werden sie entwöhnt, und es rückt die **Kinderspielgruppe** in den Mittelpunkt. Kung-Kinder (Buschmänner) sind im Wesentlichen sich selbst überlassen. Sie imitieren im Spiel die Erwachsenen, singen und tanzen, bauen Hütten und spielen Eltern und Kind. Sie erwerben in der Spielgruppe viel von dem Können, das sie später zu produktiven Erwachsenen macht.

- Mit zunehmendem Alter der Kinder wachsen die Diskrepanzen zwischen den **Erziehungszielen** der unterschiedlichen Völker. Bei friedfertigen Völkern, wie den Inuit, werden die Kinder zu Friedfertigkeit erzogen: „Prügel dich nicht!", lautet eine häufige elterliche Ermahnung. Bei den kriegerischen Völkern lernen die Kinder bald, Schmerzen zu ertragen und Vergeltung zu üben. Wenn Kinder weinen oder sich fürchten, werden sie verspottet. Wenn ein Kind von einem anderen geschlagen wird, wird es von den Eltern nachdrücklich ermutigt, zurückzuschlagen, egal, ob es sich dabei um einen Knaben oder ein Mädchen handelt.
- Wenn die jungen Menschen in die **Pubertät** kommen, schwindet der Einfluss der Familie immer mehr, und sie orientieren sich nun hin zur Gemeinschaft. Viele Kulturen feiern den Übergang zum Erwachsenenalter mit ➢ **Initiationsritualen,** wobei die Geschlechter hier höchst unterschiedlich behandelt werden. Die Eipo z.B. sagen: „Mädchen wachsen ganz allein zu Frauen heran, aber die Knaben müssen wir zu Männern formen." Bevor die Eipo-Knaben 10 Jahre alt werden, führen die Männer sie aus dem Kreis der Frauen heraus in das Männerhaus. Dort müssen sie die ganze Nacht aufrecht stehen und Mut beweisen, wenn die älteren Männer sie in Furcht erregender Verkleidung mit Pfeil und Bogen bedrohen oder sonst wie erschrecken. Der Höhepunkt der Initiation besteht darin, dass die Männer die Ahnen anrufen und den Knaben deren tabuisierte Namen mitteilen. Außerdem werden die Knaben auch in andere Kenntnisse, z.B. wichtiger Pflanzen und Tiere, eingeweiht. Schließlich müssen die Novizen strikte Geheimhaltung der rituellen Vorkommnisse gegenüber Frauen und Mädchen geloben. Mit 18 Jahren erhalten die Jugendlichen den ersten Gürtel als Zeichen der **männlichen** Würde. Schmerzhafte Prozeduren, wie Hautritzungen, Beschneidungen, sollen die männlichen Jugendlichen aus ihrem früheren Status in der Frauenwelt lösen – sie erleiden gleichsam eine Art rituellen Tod, dem die Initiation als Wiedergeburt in die Welt der Männer mit ihren geheimen, sinnstiftenden Bünden folgt. Die schmerzvollen Reifeweihen und Ritua-

M. Kohler-Heilingsetzer: Keramikobjekt, Serie „topes" 1998

le fördern die Loyalität der Jugendlichen und deren Bereitschaft, sich notfalls für die Gruppe, der sie angehören, zu opfern. Die Verhaltensforscher argumentieren: In der Hierarchie eines Männerhauses auf Neuguinea findet ein Mann – in gleicher Weise wie ein Europäer in einem englischen Club oder einem Offizierscasino – seine Position und damit sein Selbstwertgefühl (aus GEO Wissen, Sept. 1993).

Die schmerzvollen Beschneidungsprozeduren **weiblicher** Kinder, speziell derer aus dem afrikanischen Kulturkreis, scheinen mit weihevollen Initiationsriten und Steigerung des weiblichen Selbstwertgefühls wenig zu tun zu haben. Bereits im vorpubertären Alter werden die Mädchen durch Entfernen der Klitoris und der inneren Schamlippen – meist mittels Rasierklingen – sexuell verstümmelt.

Bei solchen Beschneidungen, die mit Einverständnis der Eltern von einer weiblichen Stammesangehörigen durchgeführt werden, verbluten viele Mädchen, sterben an Sepsis, verlieren ihr Leben später bei der Geburt ihres ersten Kindes oder leiden zumindest ihr Leben lang Schmerzen. Diese Praktiken dienen keinem anderen Zweck als dem, sexuelles Empfinden im Genitalbereich unmöglich zu machen und die so verstümmelten Mädchen später in verständlicherweise unberührtem Zustand – ihre äußeren Schamlippen werden nach der Beschneidung zusammengenäht – einem Ehemann zuzuführen. In den letzten Jahren wurde die Beschneidung in vielen Staaten verboten, sie wird aber nach wie vor illegal betrieben. Millionen von Frauen sind davon betroffen. Bei Mädchen in indigenen Völkern markiert üblicherweise die erste Menstruation den Übergang zur Frau; zwar lösen sie sich auch von der Mutter und gründen eine eigene Familie, aber sie können sich weiterhin mit dem Geschlecht der Mutter identifizieren. Knaben können dies nicht, sie müssen ihre eigene Geschlechtsidentität finden, auch dann, wenn in ihrer Kultur Männerhäuser und Gruppeninitiationen fehlen – etwa bei den Inuit, Kung und Trobriandern.

Mit biologischem Schicksal haben solche Initiationen offensichtlich kaum etwas zu tun. Wenn ein Mensch dem Kleinkindalter entwachsen ist, bestimmt seine **Kultur** in weit höherem Ausmaß sein Verhalten als die **Natur**. Die Befunde der Verhaltensforscher zeigen aber auch deutlich: Eine liebevolle Zuwendung im Kleinkindalter allein macht noch nicht friedfertig. Sie führt aber dazu, dass die Kinder sich gerne mit ihren Eltern identifizieren, und je nachdem, wie diese sich verhalten, eifert das Kind einem friedfertigen oder kriegerischen Vorbild nach (***Eibl-Eibesfeldt***).

1. *Versuchen Sie, jene Merkmale aufzulisten, die die ideale Frau / der ideale Mann in unserer Gesellschaft aufweisen sollte! – Vergleichen Sie Ihre Beurteilung mit den gängigen Klischees, die uns von den Medien vermittelt werden!*
2. *Welche Merkmale sollte Ihr/e Ideal-PartnerIn haben? (Sind Sie vor klischeehaften Wünschen gefeit?)*
3. *Könnte unsere moderne Gesellschaft aus dem Verhalten der so genannten Naturvölker lernen?*
4. *Finden Sie Parallelen zwischen dem Verhalten der Väter der Naturvölker und den Vätern unserer Gesellschaft gegenüber ihren Kindern? (s. auch den folgenden Abschnitt)*

9. Die Sozialisation

DER BEGRIFF DER SOZIALISATION

Unter **Sozialisation** versteht man die Anpassung eines Individuums an die Gesellschaft, in der es lebt. Diese Anpassung ist notwendig, damit der Fortbestand der Gesellschaft gewährleistet ist; das Kind lernt, kulturelle Maßstäbe, Werte und Regeln zu übernehmen, auf denen die soziale Ordnung beruht. Gleichzeitig muss auch den Bedürfnissen des Einzelnen Rechnung getragen werden, obwohl sie mit den kollektiven Bedürfnissen keineswegs übereinstimmen müssen. Es ist die Aufgabe und die Leistung der **Erziehung**, den Ansprüchen beider Seiten, des ➢ **Kollektivs** und des **Individuums**, in akzeptabler Weise gerecht zu werden.

Die Entwicklung der Persönlichkeit hängt nicht nur von den ererbten Anlagen, sondern weit gehend auch von den Einwirkungen der ➢ **Umwelt** ab. Um zu einer reifen Persönlichkeit zu werden, ist der Mensch in seiner Entwicklung auf den anderen Menschen und damit auf die Gemeinschaft, auf die Sozietät, angewiesen. Wäre er allein, könnte er sich überhaupt nicht entwickeln und entfalten.

SOZIALISATIONSINSTANZEN

Im **Sozialisationsprozess** lernt der Mensch, sich den ➢ Normen, den Wertmaßstäben seiner Gesellschaft anzupassen (z. B. bestimmte Gebote einzuhalten, wie etwa Pünktlichkeit, oder bestimmte Verbote anzuerkennen, beispielsweise Verzicht auf aggressive Verhaltensweisen, auf egoistisches Durchsetzen eigener Wünsche auf Kosten anderer Menschen usw.). Die gesellschaftlichen und kulturellen Anforderungen werden dem Kind durch seine Erziehungspersonen bzw. Sozialisationsinstanzen vermittelt.

Die wichtigsten **Sozialisationsinstanzen**:

- **Primäre Sozialisationsinstanz: Familie**
- **Sekundäre Sozialisationsinstanzen: Schule** und **Medien**, insbesondere das Fernsehen, außerdem **Partei**, **Religion** usw.

Die Wirkung der Sozialisation besteht darin, dass das Kind die ihm vermittelten gesellschaftlichen Normen und kulturellen Wertvorstellungen verinnerlicht, d.h. so weit übernimmt, dass es sie von sich aus einhält, ohne durch äußere Sanktionen dazu gezwungen zu werden. Diesen Vorgang der Verinnerlichung nennt man **Internalisierung**. Die ➢ Psychoanalyse spricht in diesem Zusammenhang von ➢ **Introjektion**. Die Zugehörigkeit zu anderen Gruppen mit anderen Wertvorstellungen, etwa zu einer bestimmten Religionsgemeinschaft, zu einer nationalen Minorität, zu einer unterprivilegierten sozialen Schicht, zu kriminellen „Subkulturen" usw. kann das Verhalten eines Menschen charakteristisch formen.

KULTUR UND FAMILIE

Dass sich Menschen oder Menschengruppen voneinander unterscheiden, wird meist darauf zurückgeführt, dass sie zu verschiedenen Kulturen, Völkern, Klassen, Gesellschaftssystemen usw. gehören, wobei diese Kulturen bzw. Gesellschaften einen unterschiedlichen „Charakter" besitzen. Für diesen Begriff des „kollektiven Charakters" hat sich die Bezeichnung **Modalpersönlichkeit** eingebürgert. Die Modalpersönlichkeit ist dabei die Gesamtheit jener Persönlichkeitsmerkmale, die bei den Mitgliedern einer Gesellschaft oder Kultur am häufigsten auftreten, d.h. alle jene Persönlichkeitsmerkmale, die den Menschen geeignet machen, die Forderungen seiner eigenen Gesellschaft oder Kultur zu erfüllen, sich dieser anzupassen. In einer bürokratischen Industriegesellschaft wäre die Modalpersönlichkeit z.B. eine solche, die sich durch Leistungsfähigkeit, Disziplin, Ordentlichkeit und Pünktlichkeit auszeichnet, zugleich aber durch die negativen Aspekte dieser Merkmale, wie Intoleranz gegenüber Menschen, die diese Merkmale nicht aufweisen usw. Mitglieder anderer Gesellschaften können wiederum vorwiegend gastfreundlich, individualistisch, künstlerisch usw. eingestellt sein, wenn diese Eigenschaften als erwünschte Merkmale gelten.

DIE FAMILIE ALS PRIMÄRE SOZIALISATIONSINSTANZ

Den Einfluss von Kulturnormen auf die Persönlichkeitsformung eines Menschen kann man am besten in der **Familie** untersuchen. Die Familie ist der wichtigste Vermittler zwischen dem Individuum und den ➢ Normen einer Gesellschaft und Kultur.

In der historischen Entwicklung lässt sich eine fortschreitende Verkleinerung und Einengung der Familiengruppen erkennen. In früheren Zeiten umfasste die Familie (die „Sippe", der „Clan") eine weit größere Zahl entfernter Verwandter als heute – zumindest im abendländischen Kulturkreis. In unserer Kultur ist der übliche Familientyp die so genannte **Kernfamilie**. Sie besteht aus zwei Generationen: einem Mann, einer Frau und ihren gemeinsamen Kindern. Die Kernfamilie hat sich aus der Großfamilie entwickelt, die meist drei Generationen umfasst: Großeltern (meist die Eltern eines Elternteils), Eltern und deren Kinder. Der Trend zu **Single**-Haushalten und **Kleinst-Familien** (AlleinerzieherInnen) ist stark im Steigen begriffen, was eine zunehmende Zahl an Alleinerziehern und -erzieherinnen zur Folge hat. Stark rückläufig ist die Zahl der Mehrkind-Familien zugunsten der Einkind-Familien. In naher Zukunft dürfte die Kernfamilie (auch als so genannte „Patchwork"-Familie) als Form des Zusammenlebens vorherrschend bleiben.

Die verschiedenen Aspekte des **Familieneinflusses** auf das Kind können folgendermaßen klassifiziert werden:

Familiencharakter

Man kann die gesamte Familie als ein Gefüge von bestimmten Merkmalen ansehen, durch welche sie sich von anderen Familien unterscheidet. So kann z.B. eine Familie in ihrem Charakter als „demokratisch", eine andere als „autoritär", eine dritte als ohne Zusammenhalt usw. erscheinen. *H. E.* ***Richter*** sieht die Familie auch als „Kollektiv-Ich" und unterscheidet die angstneurotische Familie, die er „Sanatorium" nennt, die paranoide Familie, die sich gegen die feindliche Umwelt zur „Festung" zusammenschließt, und die hysterische Familie, die „Theater" spielt.

Familienstruktur

Die Familienstruktur zeigt je nach der Rollenverteilung zwischen Vater, Mutter und Kindern ein unterschiedliches Bild. Wie stark „führerzentriert" eine Familie ist, wie sehr also Vater oder Mutter als Familienoberhaupt und Anführer hervortreten, wird einerseits von der jeweiligen Gesellschaftsordnung abhängen – in einer patriarchalischen Gesellschaftsord-

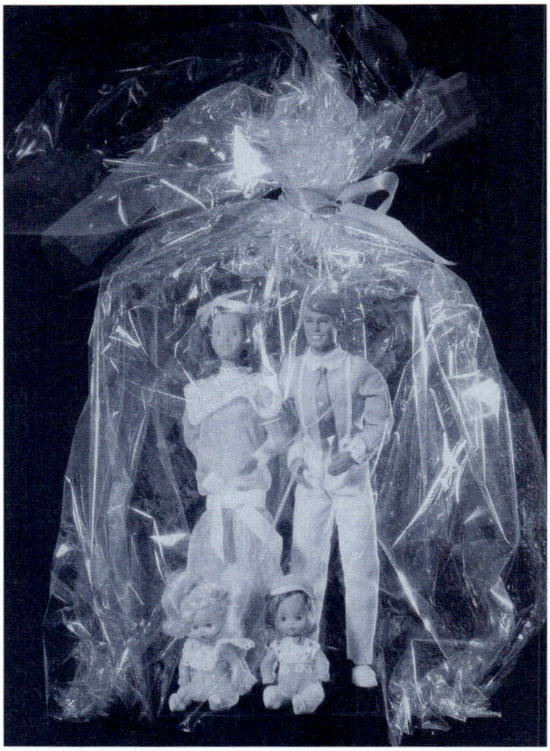

Aus: Psychologie heute

nung ist selbstverständlich der Vater das Oberhaupt der Familie – andererseits wird sie aber auch durch die Persönlichkeit der Eltern bestimmt. In zunehmendem Maß entwickelt sich eine partnerschaftliche Familienstruktur, in welcher die einzelnen Rollen immer beweglicher und auswechselbar werden; so kann z.B. die Mutter statt des Vaters die Rolle des Familienoberhaupts einnehmen; oder es kann zu einer „gruppenzentrierten" Gemeinschaft kommen, die ohne eigentlichen „Anführer" auskommt.

Innerhalb des Gefüges der Familie wird dem Kind, dem Jugendlichen dementsprechend auch eine bestimmte Rolle und Sozialposition zugewiesen. Ein Kind hat als Familienmitglied eine gewisse Stellung, z.B. die des jüngsten Bruders von zwei Schwestern oder der ältesten Tochter in einem vaterlosen Haushalt usw. Die Stellung innerhalb der Familie und die sich daraus ergebenden Rollen sind mitbestimmend für die Entwicklung der kindlichen Persönlichkeit. Dem gewöhnlichen Lauf der Entwicklung folgend, übernimmt der/die Einzelne im Heranwachsen immer mehr Verantwortung in seiner/ihrer Familie, bis er/sie sich schließlich von ihr löst und eine eigene Familie gründet.

Die Persönlichkeit der einzelnen Familienmitglieder

Die Persönlichkeitsmerkmale der einzelnen Familienmitglieder können sich stark auf die Entwicklung und Entfaltung des Kindes auswirken. Es ist sicher von Bedeutung, ob der Vater dominierend ist oder aber nachgiebig und passiv, ob die Mutter besonders liebevoll oder übermäßig kontrollierend ist usw.

- **Die Persönlichkeit der Mutter**: Eine enge Beziehung zu einem liebevollen Erwachsenen ist der erste Schritt eines Kindes auf dem Weg zu einer gesunden körperlichen Entwicklung und einer normalen Sozialisation. Aus dieser ersten wichtigen Beziehung zur Mutter (oder zur weiblichen Bezugsperson) entwickelt das Kind die Neigung, den Bedürfnissen anderer Menschen in einer sozialisierten Welt Rechnung zu tragen. Diese stabile emotionale Beziehung zwischen Mutter und Kind, die vor allem in den ersten Lebensmonaten durch engen Körperkontakt gefördert wird (s. S. 230 f.), wird als **Bindung** bezeichnet. Bindungsverhalten ist dadurch gekennzeichnet, dass das Kind die Nähe der Mutter sucht, sich der Trennung widersetzt, sich anklammert, die Mutter als sichere Basis in nicht vertrauten Situationen benützt und sich um Aufmerksamkeit und Anerkennung seitens der Mutter bzw. Bezugsperson bemüht. Die Auswirkungen des Fehlens dieser Beziehung werden unter dem Begriff ➢ „Hospitalismus" zusammengefasst.

Der Staat ermöglicht und unterstützt die Versorgung und Pflege des Kindes und dessen Bindung an die Mutter durch besonderen Mutterschutz, durch Karenzzeit und Karenzgeld in den ersten Lebensjahren des Kindes. Durch den eventuellen späteren Wiedereinstieg der Mutter in den Beruf sehen manche die Kindererziehung und gesellschaftlich wünschenswerte Sozialisation gefährdet, allerdings muss zu diesem Zeitpunkt die Bindung als Grundlage des Sozialisationsprozesses bereits geglückt sein. Auch ist es dann nicht mehr so wichtig, wie viel Zeit die Bezugsperson mit dem Kind verbringt, sondern ausschlaggebend ist die Intensität der Zuwendung. Gefährdet scheint die Intensität der Zuwendung aber dadurch, dass die berufstätige Mutter durch die Doppelbelastung müde, gestresst und unduldsam wird. Die Alternative kann jedoch nicht sein, Frauen aus dem Berufsleben fern zu halten, vielmehr müssten Staat, Arbeitswelt und die übrigen Familienmitglieder durch entsprechende Organisation und Hilfe brauchbare Lösungen bereitstellen.

- **Die Persönlichkeit des Vaters**: Das tradierte Rollenbild präsentiert einen strengen, disziplinierenden Vater. Aber nicht Strenge und Männlichkeit, sondern freundliche, warmherzige Zuwendung wirkt sich im Hinblick auf die Übernahme von Werten und Normen sowie die Intelligenzentwicklung am besten auf das Kind aus. Väterliche Anwesenheit bei der Geburt und in den ersten Lebensmonaten und die Beteiligung an der Säuglingspflege fördert die Zuneigung zwischen Vater und Kind. In Belastungssituationen – besonders außerhalb der elterlichen Wohnung – wird vom Kind zwar die Mutter bevorzugt, im normalen Familienleben selbst aber wird dem Vater, der aus beruflichen Gründen gewöhnlich öfter abwesend ist, der Vorzug vor der Mutter gegeben. Von ihm erwartet sich das Kind Anregungen, Abwechslung, attraktive Spiele.

  Das Fehlen des Vaters oder einer männlichen Bezugsperson kann gravierende Schäden, besonders für das Kind im Alter von bis zu neun Jahren, zur Folge haben: Abhängigkeit, geschwächte Leistungen, Neigung zu Aggression, ständige Suche nach männlichen Bezugspersonen. Oft wird das Bild des fehlenden Vaters idealisiert oder aber extrem negativ beurteilt.

- **Die geschlechtsspezifische Sozialisation des Kindes**: Die Rolle der **Töchter** und **Söhne** ist durch Gesellschaft, Familie, deren Charakter, Struktur, durch Machtverhältnisse zwischen den Familienmitgliedern, die Geschwisterreihe, seine Geschlechtszugehörigkeit usw. und nicht zuletzt durch eigene Charaktermerkmale wie Temperament usw. beeinflusst. Hier sollen insbesondere die Auswirkungen der geschlechtsspezifischen Erziehung bzw. des unbewussten und bewussten unterschiedlichen Einflusses der Elternteile auf das weibliche bzw. männliche Kind betrachtet werden.

  Es wurde schon darauf hingewiesen, dass die Sozialisation der **Töchter** verhältnismäßig leicht, wenn auch nicht immer unproblematisch, auf der Basis ihrer ➢ Identifikation mit der **Mutter** gelingt. Verletzte oder nicht vorhandene Beziehungen zum Vater können sich äußerst negativ auf weibliche Kinder auswirken, etwa durch Angst vor den realen Ansprüchen des Lebens, durch Selbstverachtung, durch Gefühle der Sinnlosigkeit, durch Identitätsverlust. Diese Töchter neigen dazu, sich später über männliche Ideale zu identifizieren, die Weltanschauung des Vaters zu übernehmen und sich als kämpferische „Amazonen" durch besondere Leistungen in ihrem Beruf zu bestätigen oder andererseits sich als ewige „Puella" entzückend und angepasst zu präsentieren, sich in wichtigen Entscheidungen auf einen Stärkeren zu verlassen, keine Verantwortung zu übernehmen, also möglichst nicht erwachsen zu werden. (Nach ***Leonhard***)

Auf die Bedeutung des Vaters für das Selbstbild der Tochter weist auch die Psychoanalytikerin *Christiane* ***Olivier*** hin: Während sich die Mutter dem männlichen Kind gegenüber unbewusst begehrend verhält, ist das weibliche Kind für sie nicht begehrenswert. Der Vater aber, dem dieses Begehren der Tochter zukäme, ist physisch oder psychisch abwesend. Die Tochter, die den „begehrenden" Blick des Vaters vermisst, fühlt sich daher sexuell minderwertig und leidet an Identitätszweifeln. Sie ist, in ihrem permanenten Bestreben, begehrt zu werden, sich selbst und anderen Frauen gegenüber misstrauisch, macht sich zur Sklavin der Männer und lebt in ständiger Konkurrenz mit anderen Frauen.

Die Verhaltensweisen der Männer, Stärke zu demonstrieren und ihre „schwache Seite" nicht zuzulassen, sondern letztere ausschließlich den Frauen zuzuschreiben und ihre Töchter entsprechend zu erziehen, hat gesellschaftliche Konsequenzen. „Solange die Männer ihre verletzliche Seite, ihren Wunsch nach Hingabe, von sich abspalten und auf die Frau projizieren, wird die Tochter lediglich auf die Formen des Weiblichen reduziert werden, und dies nicht nur innerhalb der Familie, sondern innerhalb der Kultur." (***Psychologie heute***, Feber 1992)

S. ***Freud*** hat in seiner Konstruktion des ➢ Ödipuskomplexes die Sozialisation der **Söhne** eindrucksvoll zu erklären versucht. Bedingt durch das unbewusste sexuelle Begehren des Sohnes, das sich auf die **Mutter** richtet, wird der **Vater** während der ödipalen Phase zum Feind des Kindes und potenzieller Aggressor. Der Sohn verbündet sich später mit dem übermächtigen Aggressor Vater und ist bereit, dessen Werte und Normen zu vertreten, der Mutter bleibt er aber in Zärtlichkeit ohne Begehren verbunden.

Mütter erleben und akzeptieren das Anderssein ihrer Söhne. Sie definieren ihre Söhne als das Andere ihrer selbst, indem sie diejenigen Attribute, die ihnen ihrem Selbstbild zufolge nicht zukommen, ihren Söhnen zuschreiben. Knaben werden von Vater und Mutter dazu angeleitet, sich durchzusetzen. Für den Sohn ist aber zur Übernahme der eigenen Geschlechtsrolle nicht Männlichkeit, Durchsetzungsvermögen und Macht des Vaters wichtig, sondern dessen Engagement in Erziehungs- und Organisationsfragen. Dauernde Abwesenheit des Vaters, mangelndes Interesse, starke Kritik und einschränkendes Verhalten des Vaters wirken sich negativ auf die geistige Entfaltung besonders des männlichen Kindes aus. Dominant-autoritäre Väter erziehen nicht unbedingt „männliche" Söhne, sondern hauptsächlich „mädchenhafte" Töchter, weil sie das sog. „weibliche" Verhalten, nämlich Nachgiebigkeit, Liebenswürdigkeit usw. belohnen und verstärken.

Erziehungspraxis und elterliche Erziehungsstile

Grundformen der Erziehungshaltungen sind der machtorientierte (autoritäre) und der liebesorientierte (sozial-integrative, demokratische) Erziehungsstil (s. auch S. 244 ff.).

- Der **machtorientierte** Erziehungsstil ist durch Strenge und geringe emotionale Wärme charakterisiert. Belohnungen erfolgen meist materiell, Bestrafungen durch Entzug von Vorteilen und durch körperliche Strafen. Verstärkt oder bestraft wird mehr die Handlung selbst als die Handlungsabsicht (z.B. wird das Zerschlagen einer Fensterscheibe bestraft, gleichgültig, ob dies mit oder ohne Absicht erfolgt ist).

- Der **liebesorientierte** Stil ist durch emotionale Wärme und Gewährenlassen gekennzeichnet. Die Eltern berücksichtigen die Meinung der Kinder, es werden partnerschaftliche Aussprachen geführt. Belohnt wird meist durch Lob, bestraft durch Beendigung einer Annehmlichkeit; verstärkt oder bestraft wird eher die Handlungsabsicht als die Handlung selbst.
- Neben diesen beiden Erziehungshaltungen wird häufig noch ein dritter Stil angeführt: der so genannte **Laissez-faire-Stil** (permissiver Stil – lat. permittere = erlauben), der im Grunde genommen gar kein Stil ist. Diese Haltung drückt lediglich den Wunsch des Erziehers aus, möglichst wenig mit den Ansprüchen und Bedürfnissen des Kindes zu tun zu haben (nach ***Herrmann***).

Untersuchungen haben gezeigt, dass es am günstigsten ist, wenn die Eltern neben einer warmen und liebevollen Haltung gleichzeitig ein vernünftiges Maß an Kontrolle ausüben und dem Kind die zu vermittelnden Maßstäbe in einer seinem Reifegrad angepassten Art und Weise mitteilen. Es wird dadurch beim Kind jene **„instrumentelle Kompetenz"** gefördert, welche für eine geglückte Anpassung an die Gesellschaft und eine erfolgreiche Lebensbewältigung notwendig ist. Die instrumentelle Kompetenz umfasst Merkmale wie: Selbstvertrauen, Selbstständigkeit, soziales Einfühlungsvermögen und ein Gefühl der Vitalität.

Sowohl die autoritäre als auch die rein permissive Erziehungshaltung scheinen diese Kompetenz zu blockieren. Elterliche Kontrolle, bei der Strafen (Machtdemonstrationen, Liebesentzug) das hervorstechendste Merkmal sind, lenken die Aufmerksamkeit des Kindes auf die disziplinarischen Sanktionen anstatt auf die kulturellen Werte, die dadurch in den Hintergrund treten. Die rein permissive Erziehungshaltung scheitert, weil sie nicht genug Reifeanforderungen stellt und Halt bietet, um die Aufmerksamkeit überhaupt auf die kulturellen Maßstäbe zu lenken (nach ***Damon***).

Die Familie als Ort der Machtausübung

Abschließend soll hier noch auf **extreme Praktiken der Machtausübung** im Bereich der Familie hingewiesen werden, auf Gewalt gegen Frauen sowie Misshandlung und Missbrauch der Kinder. Diese Phänomene treten zwar innerhalb der Familie auf, haben aber ihre tiefen Wurzeln in Kultur und Gesellschaft. Die Gewalt gegen Frauen wird daher im Kapitel „Umwelt- und Friedenspsychologie" im Zusammenhang mit Rassismus und Nationalismus genauer behandelt. Zur Kindesmisshandlung aber soll noch an dieser Stelle informiert werden.

Der Psychoanalytiker *H.* ***Strotzka*** hat in seinem Buch „Macht" unter vielen anderen Instanzen auch die Familie als einen Ort der Machtausübung beschrieben. Hier heißt es: „Während es selbstverständlich ist, dass elterliche Macht über Kinder schon wegen deren Schwäche und Hilflosigkeit praktisch unbegrenzt ist und von liebevoller Führung bis zu Kindesmisshandlung, ja sogar Mord reicht, kann andererseits etwa ein schreiendes oder sich irgendwelchen Wünschen der Eltern widersetzendes Kind (zum Beispiel beim Toilettetraining) ebenfalls eine Familie tyrannisieren. Die komplexen Beziehungen zu verstehen, die solchen Vorgängen zugrundeliegen und tragische Ausmaße erreichen können, ist Aufgabe der Kinderpsychologen (...). Sicher wäre es ganz falsch, alle Familienschwierigkeiten nur von der Machtproblematik her zu interpretieren – aber häufig wird gerade dieser Aspekt übersehen."

Fälle von Machtmissbrauch wie **Kindesmisshandlungen** hat es wohl immer gegeben, aber es ist schwer zu beweisen, ob ihre Anzahl zugenommen hat, oder ob solche Vorkommnisse heute öfter an die Öffentlichkeit dringen als in früheren Zeiten. So gut wie sicher ist jedenfalls zum einen, dass in Kindergärten und Schulen das Aufzeigen elterlicher Brutalitäten zunehmend weniger tabuisiert wird; die Erziehungspersonen in den sekundären Sozialisationsinstanzen werden immer besser geschult und verhalten sich daher mutiger im Umgang mit solchen Vorkommnissen bzw. mit solcherart betroffenen Kindern. Weiters ist festzustellen, dass die Brutalität der Misshandlungen zunimmt. Die subtilen psychischen Misshandlungen von Kindern lassen sich verständlicherweise kaum nachweisen. Das Faktum der körperlichen Kindesmisshandlung geht meist Hand in Hand mit finanzieller Not der Eltern, Arbeitslosigkeit, Alkohol- und/oder Scheidungsproblemen. Misshandelte Kinder ziehen sich zurück, verbergen vorhandene Wundmale, zeigen sich stiller, ängstlicher und aggressiver als zuvor.

Eine besondere Form der Kindesmisshandlung ist der **sexuelle Missbrauch**. Die Verhaltensweisen missbrauchter Kinder sind denen der „nur" misshandelten ähnlich, sie zeigen darüber hinaus noch auffällige Distanz dem „guten Onkel" gegenüber und klagen meist über unklare Schmerzen wie „Bauchweh". Pro Jahr werden in Österreich ca. 800 Fälle von Kindesmissbrauch angezeigt, doch die Dunkelziffer wird auf mehr als 10.000 Missbrauchsfälle geschätzt (s. www.kripo-online.at). Die Opfer tragen in der Folge schwere psychische Schäden davon. Meist gehören die Täter zum engsten Familien- oder Bekanntenkreis. Das erschwert die Wahrnehmung der anderen Familienmitglieder. Bei einem Missbrauchs-Fall ist professionelle Hilfe nötig. Es gibt in jedem Bundesland Jugendämter und private Vereine, an die man sich wenden kann (s. auch S. 216).

1. *Welche Bedeutung messen Sie der Familie als primärer Sozialisationsinstanz bei?*
2. *Nennen Sie sekundäre Sozialisationsinstanzen! – Inwiefern ist deren Einfluss bedeutend?*
3. *Wie beurteilen Sie die hier vorgestellten Standpunkte zur geschlechtsspezifischen Erziehung?*
4. *Welches Verhalten einer Mutter/eines Vaters finden Sie persönlich wichtig als Voraussetzung für eine möglichst geglückte Sozialisation der Kinder?*
5. *Woran liegt es Ihrer Meinung nach, dass so gut wie nie die Frage gestellt wird, ob ein Mann einen Beruf ausüben sollte, andererseits aber die Berufstätigkeit der Frau ein unerschöpfliches Diskussionsthema darstellt? Welche Fragen ergeben sich daraus in weiterer Folge?*

ENTFALTUNG DER PERSÖNLICHKEIT

GRUNDLAGEN	*MODIFIKATIONSBEDINGUNGEN*	*RESULTAT*
Vererbte Anlagen	*Umwelt* *Modalpersönlichkeit* *Familiencharakter* *Struktur der Familie* *Persönlichkeit der Familienmitglieder* *Erziehungspraxis* ↓ *Anpassung (SOZIALISATION)*	*Persönlichkeit*

1. *Was verstehen Sie in der Entwicklungspsychologie unter dem Begriff „symbiotische Phase"?*
2. *Woran kann man den geglückten Abschluss der Entwicklung bis zum 8. Lebensmonat erkennen? Was hat das Kleinkind in einer regelrechten Entwicklung bis dahin gelernt?*
3. *Beschreiben Sie einige Merkmale des Entwicklungsvorgangs beim Säugling und Kleinkind, von der symbiotischen Phase bis zur Entwicklung von Autonomie und Kommunikationsfähigkeit!*
4. *Was versteht **Erikson** unter „Urvertrauen"?*
5. *Was versteht man unter „Hospitalismus"?*
6. *Was will und soll das Kleinkind im 2. Lebensjahr erlernen?*
7. *Was sollen die Eltern bei der Sprachentwicklung des Kindes beachten?*
8. *Wie könnten Sie sich den Umgang mit einem Kind in der so genannten „Trotzphase" vorstellen?*
9. *Wie kann sich das Kind zu einem liebes- und bindungsfähigen wie auch selbstständigen Menschen entwickeln?*
10. *Was versteht man unter einem „Rollenspiel"? Können Sie sich noch an Rollenspiele in Ihrer Kindheit erinnern?*
11. *Nennen Sie einige wichtige Fähigkeiten, die das Kind im Vorschulalter beim sozialen Spiel einübt.*
12. *Was halten Sie persönlich von Computerspielen für Kinder? Begründen Sie Ihre Meinung!*
13. *Wie sieht **Piaget** die Entwicklung des moralischen Urteils beim Kind?*
14. *Wodurch können beim Schulkind Minderwertigkeitsgefühle entstehen? Wie könnte man ihre Entstehung in der Erziehung verhindern?*

15 *Welche Erziehungsstile kennen Sie, und welchen Stil halten Sie persönlich für den günstigsten? Begründen Sie Ihre Meinung!*

16 *Beschreiben Sie einige psychische und soziale Veränderungen, mit denen der junge Mensch in der Zeit der Adoleszenz konfrontiert wird!*

17 *Was versteht man unter einer „negativen Identität"?*

18 *Nennen Sie einige Merkmale einer geglückten Identitätsfindung sowie einer Identitätsverwirrung!*

19 *Was verstehen Sie unter „Geschlechtsidentität"?*

20 *Überlegen Sie, in welchen Punkten sich etwa Unterschiede der Geschlechtsrollen in der heutigen Zeit gegenüber früher (z.B. bei Ihren Eltern oder Großeltern) abzeichnen könnten!*

21 *Beschreiben Sie die Dimension „Intimität – Isolierung" im (frühen) Erwachsenenalter (nach* ***Erikson****)!*

22 *Beschreiben Sie einige Probleme, die durch Arbeitslosigkeit entstehen können!*

23 *Überlegen Sie sich einige Möglichkeiten einer „konstruktiven" Anpassung an die Arbeitslosigkeit!*

24 *Wann könnte eine Familientherapie angebracht sein? Bringen Sie ein Beispiel!*

25 *Welche Aufgaben und Probleme bringt nach* ***Erikson*** *das reife Erwachsenenalter mit sich?*

26 *Nennen Sie Gesichtspunkte, die Ihrer Ansicht nach für eine günstige Gestaltung von Beziehungen zwischen jungen und alt gewordenen Menschen in unserer Gesellschaft von Bedeutung wären!*

27 *Halten Sie psychosoziale Unterschiede zwischen den Geschlechtern für angeboren oder durch die Umwelt verursacht? Welche Auffassungen zu dieser Frage kennen Sie?*

28 *Beschreiben Sie einige Ergebnisse der Vergleichenden Verhaltensforschung zum Umgang mit kleinen Kindern!*

29 *Was versteht man unter einem „Initiationsritual"? Beschreiben Sie ein solches Ritual aus dem Bereich der so genannten „Naturvölker"!*

30 *Überlegen Sie, ob es auch in unserer Kultur, etwa ansatzweise, solche Rituale gibt!*

31 *Was versteht man unter „Sozialisation"? Wann kann man von einer gelungenen Sozialisation sprechen?*

32 *Nennen und beschreiben Sie einige Aspekte der Sozialisationsinstanz „Familie"!*

33 *Wie wirkt sich der Einfluss der Mutter auf das Rollenverhalten ihrer Töchter/ Söhne aus? Wie wirkt sich der Einfluss des Vaters auf das Rollenverhalten seiner Töchter/Söhne aus?*

Kapitel 11
PSYCHOLOGIE DER PERSÖNLICHKEIT (DIFFERENZIELLE PSYCHOLOGIE)

Individuum und Typus – Wären Sie gerne der/die „typische" SchülerIn / ÖsterreicherIn / PhlegmatikerIn / ...?

Pykniker oder Leptosom – Sind die Dicken wirklich sooo gemütlich?

Persönlichkeit – Sind das immer nur die Michael Jacksons, die Einsteins, die BundesministerInnen oder Fußballstars?

Test – Die Stunde der Wahrheit?

Intelligenz – Garantie für Lebensglück und -erfolg?

Tintenkleckse und Lieblingsfarben können sehr bedeutsam sein ...

Wer wollte da noch Beamter sein?

Aus: „Im Reich der Beamten"
Karikatur: D. Zehentmayr

1. *Welche Merkmale der Beamten streicht der Karikaturist ganz besonders heraus (Stilmittel der Karikatur)?*
2. *Wie würden Sie einen für Sie typischen Beamten charakterisieren?*

EINLEITUNG

Die **Differenzielle Psychologie** (*Wilhelm* ***Stern***) vergleicht die seelisch-geistigen Eigenschaften verschiedener Menschen oder Menschengruppen (Berufsgruppen, Nationen usw.) und untersucht die Bedingungen individueller Abweichungen. Aus der Differenziellen Psychologie entwickelte sich – im deutschen Sprachraum über die **Charakterologie** – historisch das, was man heute meist als **Persönlichkeitspsychologie** bezeichnet. Sie versucht, die Unterschiede („Differenzen") festzustellen und ihre Ursachen zu erforschen.

1. Individuum und Typus

Obwohl es schwierig erscheint, Menschen, die ja Individuen sind, in Gruppen oder Klassen gleichartiger Persönlichkeiten zu kategorisieren, wurde dies in der Wissenschaft, aber auch im Alltag immer wieder versucht. Dabei wurden bestimmte hervorstechende und häufig zusammenkommende Merkmale zu einem „Komplex" von Merkmalen – einem „Typus" – verbunden und Menschen solchen Merkmalsverbindungen (Typen) zugeordnet.

1. *Welche Merkmale ordnen Sie dem typischen Franzosen (Amerikaner, Türken, ...) zu, welche dem typischen Österreicher?*
2. *Ist Ihnen eine Person bekannt, die alle jene Merkmale, die Sie soeben dem typischen Österreicher zugedacht haben, auf sich vereinigt?*
3. *Wie sehr entspricht Ihr eigenes Verhalten dem des von Ihnen konstruierten Typus des Österreichers / der Österreicherin?*
4. *Diskussionsvorschlag: Die Problematik der Stereotypenbildung (s. auch „Sozialpsychologie", ab S. 314).*

Allgemein bekannt ist die alte Typologie nach ***Hippokrates*** (460 – 377 v. Chr.), die später von ***Galenus*** ausgestaltet wurde. ***Hippokrates*** glaubte, die Typen (er nannte sie ➢ „Temperamente") auf die verschiedene Mischung der Körpersäfte zurückführen zu können und unterschied danach **vier Temperamentsausprägungen**, bei denen jeweils Blut (sanguis), Schleim (phlegma), Galle (cholé) oder schwarze Galle (melaina cholé) den Haupteinfluss ausüben. Der Leichtblütige und leicht Ansprechbare heißt hiernach **Sanguiniker**, der Kaltblütige und schwer Ansprechbare **Phlegmatiker**, der Heftige und Unbefriedigte **Choleriker** und der Tiefgründige und Schwermütige **Melancholiker**.

Der einzelne Mensch wird nur in seltenen Fällen ein „reiner" Vertreter eines Typus sein, d.h. er wird nur selten alle Merkmale eines Typus in idealer Ausprägung besitzen. Für die Zugehörigkeit zu einem Typus genügt es daher schon, wenn jemand möglichst viele Merkmale bzw. einige Merkmale in ausgeprägter Weise aufweist.

Ein ***Typus*** *ist eine durch einen bestimmten Merkmalskomplex charakterisierte Gruppe, wobei die Einzelmerkmale in verschiedenem Grad vorhanden sein können.*

DIE TYPOLOGIE VON KRETSCHMER

Der Psychiater *Ernst* ***Kretschmer*** (1888–1964) hat versucht, bestimmte körperliche Merkmalskomplexe – Körperbautypen – aufgrund statistischer Ergebnisse ganz bestimmten Charaktermerkmalen zuzuordnen. Die Beobachtung psychisch Kranker ließ den Schluss zu, dass bestimmte Formen der Krankheiten bei bestimmten Körperbautypen häufiger auftreten als bei anderen. Diese Typen, die in ihrer reinen Form allerdings in Wirklichkeit nur selten vorkommen, sind der leptosome, der pyknische und der athletische Typus.

KÖRPERBAUTYPEN

leptosom pyknisch athletisch

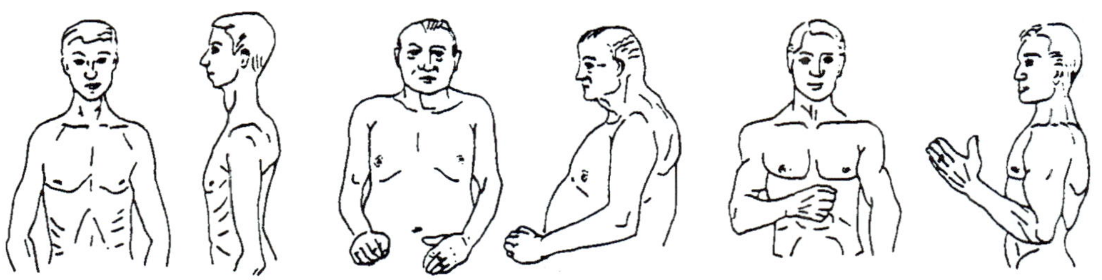

Der **leptosome Typ**: Er zeichnet sich durch geringes Dickenwachstum bei durchschnittlich unvermindertem Längenwachstum aus. Der Brustkorb ist flach, die Arme sind mager, die Hände zart und feingliedrig. Die Muskeln sind dünn, das Gesicht ist fettarm, die Haut dünn und von fahler Farbe, das Profil meist scharf geschnitten, die Haare dicht. Bei Frauen ist das Längenwachstum nicht ein so sicheres Symptom des leptosomen Körperbaus wie bei Männern, sie können klein und zart sein, auch das scharfe Profil findet sich bei ihnen nicht so oft wie bei Männern.

Der **pyknische Typ**: Er ist durch starke Umfangentwicklung und Fettbildung bei schwächlicher Ausbildung des Knochenbaus gekennzeichnet. Die Gestalt ist mittelgroß und gedrungen, das Gesicht breit. Die Gliedmaßen sind weich und rundlich, die Gelenke oft ausgesprochen zart. Die Fettleibigkeit kann aber oft erst später sichtbar werden. Das verlässlichste Merkmal des Pyknikers ist die Brust-Schulter-Hals-Proportion: geringe Schulterbreite im Verhältnis zum Umfang der Brust und zur Kürze und Massivität des Halses.

Der **athletische Typ**: Er weist eine kräftige Entwicklung des Skeletts und der Muskulatur auf. Die Schultern und der Brustkorb sind breit und kräftig, die Rumpfform scheint sich nach unten zu verjüngen. Das Gesicht ist muskulös und plastisch, die Haut fest und dick. Athletischen Frauen fehlt das Grazile der Leptosomen, Skelett und Muskulatur sind kräftig ausgebildet.

Der **dysplastische Typ**: Menschen dieses Typs weisen entweder Unter- oder Überentwicklung einer Körperregion bei normaler Entwicklung des übrigen Körpers auf (Hypo- und Hyperplasien, Infantilismen, männliche Züge bei der Frau, weibliche beim Mann, Hoch- und Fettwuchs, Zwergwuchs). Auf diesen statistisch zu vernachlässigenden Typ geht ***Kretschmers*** Typologie nicht näher ein.

Kretschmer fand Zusammenhänge zwischen **leptosomem** Körperbau und Erkrankungen des ➢ **schizophrenen** Formenkreises, zwischen **pyknischem** Körperbau und **manisch-depressivem** Krankheitsgeschehen, sowie – etwas geringere – zwischen **athletischem** Körperbau und **Epilepsie**:

Bei internationalen Untersuchungen an 8.824 psychisch Kranken hinsichtlich ihrer Zuordnung zur Typologie ***Kretschmers*** wurden die früheren Ergebnisse bestätigt. ***Kretschmer*** dehnte seine Typologie auf psychisch gesunde Menschen aus: Er stellte die ➢ Theorie auf, dass die Übergänge zwischen normal und krank fließend seien, und unterschied dementsprechend Zwischenformen zwischen „normal" und „abnormal", die er als **schizoide** und **zykloide** Psychopathien bezeichnete. Bei Durchschnittsmenschen spricht er vom **schizothymen**, **zyklothymen** bzw. **viskösen** Temperament, welche Formen wiederum Abschwächungen der zykloiden und schizoiden bzw. epileptoiden Reaktionsbereitschaft sind (die Zwischenstufe „epileptoid" wird von ***Kretschmer*** nicht genannt).

Der **schizothyme** Mensch neigt zu innerem Zwiespalt und Gefühlskälte oder zumindest zur Beschränkung des Gefühlslebens auf enge, scharf abgegrenzte Erlebnisbereiche („Gefühlsoasen"). Er verbirgt sein Wesen oft hinter einer vielgestaltigen Fassade. Schizothyme können ganz verschieden erscheinen: als gekünstelt heitere und gesprächige Menschen, als gleichmäßig freundliche, scheinbar ausgeglichene – dabei vielleicht etwas distanzierte – Naturen oder als scheue, empfindsame, als langweilige, oft auch als kalte, nüchterne Menschen oder sogar als brutale Zyniker. Das Charakteristische aller Schizothymen ist ihre Distanziertheit gegenüber der Umwelt. In ihrer Denkweise sind sie unpersönlich und objektiv eingestellt und neigen zur Abstraktion; ein einmal als wichtig erkannter Gedanke wird konsequent weiterhin vertreten.

Der **zyklothyme** Mensch hat ein leicht ansprechbares Gefühlsleben mit vorwiegend heiterer oder trauriger Stimmungslage oder Schwankungen zwischen beiden. Er ist leicht erregbar und mitteilsam. Der Zyklothyme verbirgt nicht – wie der Schizothyme – sein Inneres hinter einer Fassade. Er ist nicht konsequent, sondern impulsiv. Einzelzüge des zyklothymen Temperaments sind z.B. seine Religiosität, die aber nie fanatische Züge trägt. Der Zyklothyme neigt zu Ängstlichkeit und Wehleidigkeit. Die Denkweise ist persönlich gefärbt und dementsprechend subjektiv, sie bewegt sich eher in anschaulichen Vorstellungen; der Assoziationsverlauf ist rasch und flüssig.

Der **Visköse** ist von zähflüssigem Temperament, d.h der Übergang von einer Stimmungslage zur anderen vollzieht sich relativ langsam, auch die übrigen psychischen Funktionen verlaufen eher träge.

2. Persönlichkeitstheorien

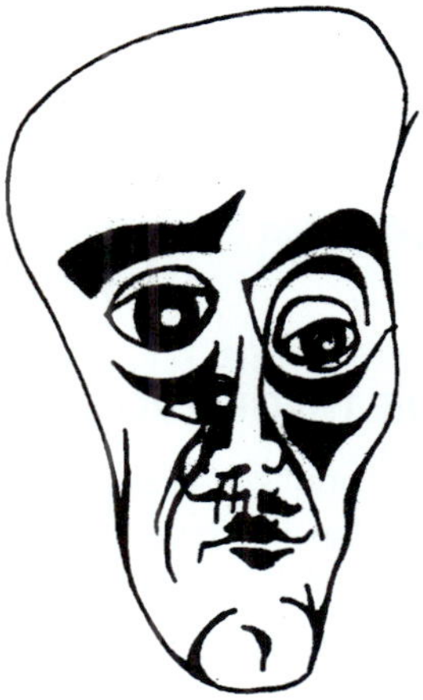

Michael Smuc

Persönlichkeit – Versuch einer Begriffsklärung:

persona (lat.) die Maske, per-sonare (lat.) durchklingen

Wörtlich verstanden, könnte Persönlichkeit als Maske aufgefasst werden samt dem Ton, der durch sie dringt, d.h. als die Gesamtheit der Rollen, die wir im gesellschaftlichen Gefüge spielen wollen, sollen oder sogar müssen, samt unserem ureigensten Wesen, das durch diese Rollen durchklingt und ihnen in ganz besonderer, individueller Weise Ausdruck (Stimme) verleiht (vergleichbar einem Schauspieler, der eine Rolle verkörpert, die er anders als jeder andere Schauspieler spielt). Persönlichkeit ist, so gesehen, das Individuelle, das Einzigartige eines jeden Menschen hinsichtlich Erleben und Verhalten, sein ureigenstes, unnachahmliches „Maskenspiel". (s. auch *C. G.* ***Jung***)

1. *Überlegen Sie, welche Rollen Ihr Vater / Ihre Mutter im Kommunikationsablauf mit anderen spielen. Er / sie ist nicht nur Vater / Mutter, Ehemann / Ehefrau, Angestellter der Firma X / Übersetzerin im Institut Y, sondern auch ...*
2. *Ist es für Sie vorstellbar, dass diese Ihnen vertrauten Personen all diese verschiedenen Rollen völlig unterschiedlich erleben und ein grundsätzlich anderes Verhalten zeigen als das Ihnen bekannte?*

Die gesunde Persönlichkeit ändert sich nicht grundlegend je nach Situation bzw. innerhalb kürzester Zeit, wohl aber zeigt sie einen Facettenreichtum, dem **Typologien** nicht gerecht werden. Typologien stellen einen ganz bestimmten Merkmalskomplex der Persönlichkeit in den Vordergrund der Betrachtung und abstrahieren von individuellen Merkmalen, vor allem jedoch vernachlässigen sie die besondere Weise, in der bestimmte Merkmale bei Individuen kombiniert auftreten. Es wurden daher **Persönlichkeitsmodelle** entwickelt, die die Struktur der Gesamtpersönlichkeit zu erfassen trachten, d.h. ihre ganz bestimmten Merkmale in ihrer ganz besonderen Kombination und Wechselwirkung zueinander. Die Vorstellungen (Modelle), die man sich in der Psychologie vom Aufbau der Persönlichkeit macht, reichen von der psychoanalytischen Auffassung der Persönlichkeit (Es, Ich und Über-Ich als Instanzen der Persönlichkeit) bis zu mathematischen Modellen.

FAKTORENANALYTISCHE PERSÖNLICHKEITSTHEORIEN

Das Unbehagen an der Empirieferne mancher philosophischer Persönlichkeitstheorien hat – zunächst im anglo-amerikanischen Raum – zur Entwicklung mathematisch-statistischer Methoden in der Psychologie geführt, die auch zur Erforschung der Persönlichkeit herangezogen wurden. Von den statistischen Persönlichkeitstheorien (= theoretische Vorstellungen über den Aufbau der Persönlichkeit) sind vor allem die faktorenanalytischen Modelle zu nennen. Ziel der Faktorenanalyse ist es, eine Vielzahl von miteinander korrelierenden Maßen aus ➢ Tests und Beobachtungen zu einer kleineren Anzahl von „Faktoren" zusammenzufassen. Das sind statistisch ermittelte Dimensionen oder Merkmale. ***Spearman*** verwendete als Erster in größerem Ausmaß die Faktorenanalyse. (s. seine ➢ Theorie der „allgemeinen Intelligenz", S. 120 f.)

DIE THEORIE VON EYSENCK

Der englische Psychologe *Hans Jürgen* ***Eysenck***, ein wichtiger Vertreter der faktorenanalytischen Persönlichkeitsforschung, erstellte ein Persönlichkeitsmodell, das auf rein experimentell-statistischen Grundlagen aufgebaut ist. Im Laufe seiner Arbeiten kam es auch zu Auseinandersetzungen mit den Typologien von ***Kretschmer*** und *C. G.* ***Jung***.

Eysenck nimmt einen **hierarchischen Aufbau der Persönlichkeit** an:

1. **Spezifische Reaktionen**: Sie bilden das niedrigste „Niveau" der Persönlichkeit. Es sind Verhaltensweisen, die nicht konstant sind, sondern mehr oder weniger zufällig vorkommen. Eine spezifische Reaktion ist z.B., wenn jemand zufällig einmal zu Fuß zu seinem Arbeitsplatz geht, obwohl er sonst immer mit der Straßenbahn fährt, oder wenn jemand einmal in einem chinesischen Restaurant isst, obwohl er sonst eher einheimische Kost bevorzugt.
2. **Habituelle** (gewohnheitsmäßige) **Reaktionen**: Diese sind den spezifischen Reaktionen übergeordnet. Habituelle Reaktionen sind Verhaltensweisen, die bei einer bestimmten Person mehr oder weniger konstant sind, wie z.B. tägliches Zähneputzen, häufiger Besuch von Konzerten, Vorliebe für Autofahren usw.
3. **Eigenschaften** oder **Persönlichkeitszüge (Traits)**: Sie sind den habituellen Reaktionen übergeordnet und setzen sich aus einer Anzahl von gewohnheitsmäßigen Verhaltensweisen zusammen. Wenn z.B. jemand darauf achtet, seine Wohnung in Ordnung zu halten, sich täglich die Zähne zu putzen, immer saubere Kleidung zu tragen (= habituelle Reaktionen), so ergeben alle diese einzelnen Tendenzen die übergeordnete Eigenschaft „Reinlichkeit".
4. **Der Typus** wird von mehreren zusammengehörigen Eigenschaften gebildet. Der ➢ Typus ist ein Syndrom (= Anzahl von Merkmalen) von statistisch zusammengehörenden, ➢ empirisch festgestellten Eigenschaften. Die Typen bilden das „oberste Niveau" der Persönlichkeit. So kommt auch ***Eysenck*** auf empirischem Wege letztlich zu einer Typologie, die der von *C. G.* ***Jung*** intuitiv erstellten Typologie der Extra- und Introversion inhaltlich teilweise ähnlich ist.

Die folgende Tabelle zeigt den hierarchischen Aufbau des ersten von ***Eysenck*** aufgefundenen Typusfaktors, „Extraversion". Der Typusfaktor der ➢ Extraversion und ➢ Introversion stellt – ebenso wie der zweite große Typusfaktor des „Neurotizismus" (oder der „Emotionalität") – jeweils zwei einander polar gegenüberstehende Reaktions- und Verhaltensweisen dar:

HIERARCHISCHER AUFBAU DER PERSÖNLICHKEIT

*nach **Eysenck**, dargestellt am Typusfaktor Extraversion*

B

TYPUSFAKTOR	**EXTRAVERSION**			
EIGENSCHAFTEN	*Impulsivität*	*Kontaktfreudigkeit*	*Optimismus*	*Bewegungsdrang*
gewohnheitsmäßige Reaktionen	*spontanes Agieren, Schlagfertigkeit, oft unüberlegt, wechselhaft, stimmungsabhängig*	*Gesprächigkeit, viele Freunde, nicht gern allein, aus sich herausgehend*	*sorglos, sanguinisch*	*aktiv, unruhig usw.*
	SPEZIFISCHES VERHALTEN			

Der typisch **Extravertierte** ist, nach ***Eysenck***, umgänglich und kontaktfreudig. Er braucht die Gesellschaft anderer Menschen, mit denen er reden kann, und nimmt gern die Gelegenheit wahr, aus sich herauszugehen, er agiert spontan und ist allgemein impulsiv. Er ist schlagfertig, lacht gerne, hat einen starken Bewegungsdrang und neigt auch dazu, manchmal aggressiv zu werden. Seine Lebenseinstellung ist optimistisch.

Der typisch **Introvertierte** ist hingegen ruhig, zieht sich von anderen Menschen zurück und neigt zur Selbstbeobachtung. Im Allgemeinen sind ihm Bücher lieber als Menschen; er ist im Kontakt reserviert und distanziert. Die Zukunft wird genau geplant, alle Handlungen werden vorher genau überlegt. Der Introvertierte nimmt die Dinge des täglichen Lebens sehr ernst, er ist verlässlich und legt Wert auf Ordnung und ➢ ethische Grundsätze. Er hält seine Gefühle unter Kontrolle und benimmt sich selten aggressiv, aber auch selten spontan. Seine Lebenseinstellung ist etwas pessimistisch.

Der Aufbau des Typusfaktors ➢ **Introversion** entspricht dem für die ➢ **Extraversion** oben angeführten Schema.

Der zweite Typusfaktor ***Eysencks*** ist die **Emotionalität**: Hier finden sich an einem Pol extrem stabile (normale) Menschen und am anderen Pol instabile (neurotische) Menschen. Dazwischen finden sich weniger ausgeprägte Grade der emotionalen Stabilität bzw. Labilität. ***Eysenck*** charakterisiert die stabilen Menschen als emotional weniger leicht ansprechbar, ruhig, ausgeglichen; die instabilen Menschen sind leicht erregbar und neigen zu Empfindlichkeit, Ängstlichkeit, Unruhe und Verstimmungen. Solche Menschen sind neurosenanfällig bzw. bei stark ausgeprägter Labilität auch manifest neurotisch. (Daher nennt ***Eysenck*** diesen Faktor auch **Neurotizismus**.) Personen, bei denen der Faktor „Neurotizismus" stark ausgeprägt ist, besitzen nach ***Eysenck*** eine ausgeprägte Labilität des autonomen (vegetativen) Nervensystems und sind aufgrund dieser physiologischen Eigenschaft dazu disponiert, auf verschiedene Ereignisse schneller, länger und intensiver zu reagieren. Diese Labilität kann sich auch nur auf einzelne Teile des vegetativen Nervensystems beziehen. Je nach Art des anfälligen Systems kann es zu verschiedenartigen Beschwerden kommen, wie z.B. Anfälligkeit für nervöse Herzleiden oder Magenbeschwerden.

Die Persönlichkeitsfaktoren der Extraversion – Introversion sowie der Emotionalität wurden durch faktorenanalytische Untersuchungen anderer Forscher bestätigt. Die Untersuchungen ***Eysencks*** und anderer PsychologInnen tragen zur theoretischen Erforschung der Persönlichkeit bei. Sie bilden die Grundlage eines großen Teils der praktischen Persönlichkeitsdiagnostik, die auch bei der Erstellung von ➢ Tests eine große Rolle spielt.

WEITERE PERSÖNLICHKEITSMODELLE

- Das **lerntheoretische Modell** (s. S. 90 ff.)
- Die **psychoanalytische Persönlichkeitstheorie** (s. S. 183 ff.)
- Die **sozialpsychologische Theorie** (s. S. 314 ff.)

3. Psychologische Tests

Die wissenschaftliche Psychologie strebt danach, die persönliche Eigenart von Menschen oder die Eigenart von Gruppen, wie z.B. von verschiedenen Altersgruppen, Gruppen psychisch behandlungsbedürftiger Menschen, soziologischen Gruppen, wie etwa solchen von delinquenten (straffällig gewordenen) Jugendlichen usw. auf ➢ objektivem Wege zu erfassen. Sie bedient sich dazu **psychodiagnostischer Verfahren**, die sich durch ihre wissenschaftlich erarbeiteten Grundlagen von der rein intuitiven Menschenkenntnis unterscheiden. Die Psychologie versucht, Methoden zu finden, bei denen die Möglichkeit unwillkürlicher oder absichtlicher Täuschung einigermaßen auszuschließen ist; die Diagnostik soll rasch und sicher zu einem richtigen Persönlichkeitsbild oder zur Feststellung von Verhaltensweisen führen, auf Grund derer Prognosen (Vorhersagen) über zukünftiges Verhalten möglich sind. Neben Methoden der **Verhaltensbeobachtung** und der ➢ **Exploration** (Erforschung) sollten **psychologische Tests** solche raschen und sicheren Methoden ergänzen.

__Psychologische Tests__ sind Verfahren, mit deren Hilfe man von einem Menschen in kurzer Zeit Leistungen oder Reaktionen gewinnen kann, die sich zu einer Hypothese über seine Persönlichkeit oder ihre Einzelkomponenten auswerten lassen. (Nach __Rohracher__)

Es ist üblich, psychologische Tests in zwei große Gruppen zu gliedern:

- **Fähigkeits- und Leistungstests**: Sie messen funktionale Merkmale der Persönlichkeit, wie ➢ Intelligenz, Gedächtnis, Konzentration, und verschiedene Fertigkeiten (z.B. motorische Geschicklichkeit) und Fähigkeiten (z.B. technische Begabung).
- **Persönlichkeitstests** im engeren Sinne: Sie umfassen jene Methoden, welche die dynamischen Merkmale eines Menschen untersuchen. Solche Merkmale sind z.B. Angstbereitschaft, Neigung zu aggressiven Verhaltensweisen, verschiedene Temperamentsmerkmale und Eigenschaften wie Extraversion – Introversion, Tendenz zu dominantem Verhalten und vieles mehr.

FÄHIGKEITS- UND LEISTUNGSTESTS, INTELLIGENZTESTS

Auf die große Gruppe der Fähigkeits- und Leistungstests gehen wir am Beispiel des Intelligenztests ein. Die Untersuchung der Intelligenz ist ein wichtiger Teilbereich der Persönlichkeitsforschung. Intelligenztests werden durchgeführt, wenn z.B. ein/e SchülerIn wenig Lernerfolg aufweist. Mit Hilfe des Tests kann festgestellt werden, ob die Lernstörungen auf mangelnder Intelligenz beruhen oder ob andere Faktoren diese Störungen bewirken. Im letzteren Fall wird man mittels Persönlichkeitstests die Ursachen der Lernstörungen eruieren. Auch viele Firmen verwenden u.a. Intelligenztests als Auswahlkriterium bei der Vergabe höherer Posten.

DIE INTELLIGENZMESSUNG

- **„Intelligenzalter"** nach ***Binet*** und ***Simon***

  Im Jahre 1905 machten ***Binet*** und ***Simon*** in Frankreich die ersten wesentlichen Versuche, die Intelligenz zu „messen". Den Anstoß dazu gab das französische Unterrichtsministerium, welches ***Binet*** beauftragte, eine geeignete Methode zu finden, in den Pariser Schulen zwischen lernunwilligen und wirklich intellektuell unterbegabten Kindern zu unterscheiden. Der ***Binet-Simon***-Test wurde oftmals revidiert und in viele Sprachen übersetzt; er wird auch heute noch häufig, in modifizierter Form, verwendet.

  Um Gradunterschiede der Intelligenz quantitativ erfassen zu können, entwickelten ***Binet*** und ***Simon*** Aufgabenreihen für verschiedene Altersstufen (vom 3. bis zum 11. Lebensjahr), die der Schwierigkeit nach geordnet waren. Bei der ➢ empirischen Überprüfung dieser Aufgaben stellten sie fest, wie viele Aufgaben von Kindern einer Altersgruppe im Durchschnitt gelöst wurden. Eine Aufgabe galt dann als gelöst und wurde in den Test aufgenommen, wenn sie von etwa 70% der untersuchten Kinder (der „Eichstichprobe") gleichen Alters bewältigt wurde.

  Beispiel: Aufgabenreihe für 8-jährige Kinder:
  5 Ziffern wiederholen;
  2 Gegenstände aus dem Gedächtnis miteinander vergleichen;
  Rückwärts von 20 bis 0 zählen;
  Lücken und Figuren in einem Muster erkennen;
  das Datum angeben.

  Das einer bestimmten Altersstufe entsprechende durchschnittliche Leistungsniveau wurde als **Intelligenzalter** bezeichnet: Wenn das Intelligenzalter bei einem Kind genau so hoch ist wie sein Lebensalter, dann hat das Kind das Durchschnittsniveau seiner Altersklasse erreicht; ist das Intelligenzalter höher als das Lebensalter, dann hat es das Durchschnittsniveau übertroffen, ist es niedriger, dann unterschritten. Die **Differenz zwischen Intelligenz- und Lebensalter** bildete also das Maß für die Abweichung von der der Altersstufe eines Kindes entsprechenden ➢ Norm. Ein Zurückbleiben des Intelligenzalters unter dem Lebensalter um mehr als zwei Jahre wurde von ***Binet*** als ausreichend für die ➢ Diagnose „Schwachsinn" betrachtet.

  Die 30 Fragen und Aufgaben der ersten Form des ***Binet-Simon***-Intelligenztests sind in der Praxis mit vielen Kindern erarbeitet worden. Die wichtigsten Kriterien der Intelligenz waren für ***Binet*** und ***Simon***: „Gut urteilen, gut verstehen und gut denken." Es war ihnen aber klar, dass das, was sie zu messen versuchten, nicht nur angeborene Intelligenz, sondern ebenso erworbenes Wissen und Lernfreudigkeit waren. Sie empfahlen daher nachdrücklich eine genaue Beobachtung des einzelnen Kindes während der Testdurchführung.

- **Intelligenzquotient** nach ***Stern***

Ehe sich die Weiterentwicklung von Intelligenztests nach England und Amerika verlagerte, gelang es dem deutschen Psychologen *Wilhelm* ***Stern*** im Jahre 1912, das Werk ***Binet****s* zu einem systematischen Abschluss zu bringen. ***Stern*** gab folgende Definition der Intelligenz:

Intelligenz *ist die allgemeine Fähigkeit eines Individuums, sein Denken bewusst auf neue Forderungen einzustellen; sie ist die allgemeine geistige Anpassungsfähigkeit an neue Aufgaben und Bedingungen des Lebens.*

Stern hat gegen die Berechnung der Intelligenz nach ***Binet*** und ***Simon*** eingewendet, dass eine Differenz zwischen Intelligenz- und Lebensalter in verschiedenen Lebensaltern ganz verschiedene Bedeutung habe; während ein Intelligenzrückstand von 3 Jahren bei einem sechsjährigen Kind schwerwiegend ist, bedeutet die gleiche Differenz bei einem Sechzehnjährigen einen leichteren Grad eines Rückstands. ***Stern*** schlug daher eine neue Methode der Erstellung eines Intelligenzmaßes vor, das später überall als **Intelligenzquotient** (IQ) aufgegriffen wurde:

Intelligenzquotient (IQ) = Intelligenzalter / Lebensalter (das Intelligenzalter wird mit 100 multipliziert, um handlichere Zahlen zu erhalten).

Der ***Intelligenzquotient (IQ)*** *gibt an, über wie viel Prozent der in einer Altersstufe durchschnittlich „vorhandenen" Intelligenz die getestete Person verfügt.*

Ein IQ von 100 bedeutet „durchschnittliche" Intelligenz,
ein höherer als 100 „überdurchschnittliche" (dabei kommt es darauf an, um wie viele Punkte der IQ höher ist als 100),
ein niedrigerer als 100 „unterdurchschnittliche" Intelligenz.

Beispiel: ein 12-jähriges Kind erreicht das Intelligenzalter von 15, der IQ beträgt daher 125. (Dieser IQ entspricht einer weit überdurchschnittlichen Intelligenz).
$\left(\frac{15}{12} \cdot 100 = 125\right)$

Individual- und Gruppentests: Die Einstufung von Schulkindern war also der Anlass für die Entwicklung von Intelligenztests, die später auch für Erwachsene Anwendung fanden. Im Jahre 1917 verwendete die Armee in den Vereinigten Staaten zum ersten Mal in größerem Umfang Tests zur Intelligenzmessung Erwachsener. Damals wurde auch der erste Persönlichkeitsfragebogen konstruiert. Diese Tests wurden als „Gruppentests" bezeichnet, im Gegensatz zu „Individualtests", mit denen jeweils nur eine Person untersucht werden kann.

- **„Abweichungs"-Intelligenzquotient** nach ***Wechsler***

  Der Amerikaner *David* ***Wechsler*** entwickelte im Jahre 1939 die ***„Wechsler***-Bellevue-Adult-Intelligence-Scale", einen Individualtest speziell für Erwachsene. Auf diesem Konzept basieren fast alle neueren Intelligenz-, aber auch andere Leistungs- und Persönlichkeitstests. Entscheidend ist die individuelle „Abweichung" der Testpunkte, die eine Person bei dem Test erreicht, vom Mittelwert ihrer Altersgruppe. Daher wird der IQ nach ***Wechsler*** auch **Abweichungs-Intelligenzquotient** genannt. Zur Berechnung eines Abweichungs-Intelligenzquotienten müssen zunächst Durchschnittswerte für alle Altersstufen an einer ➢ **„Eichstichprobe"** erhoben werden. Eine Eichstichprobe ist eine genügend große Anzahl von Personen, deren Ergebnisse einer statistischen Analyse unterzogen wurden, um als Vergleichswerte (Normen) für den einzelnen Prüfling dienen zu können (s. S. 304). Die statistischen Messwerte beziehen sich auf die ***Gauß****'sche* Normalverteilungskurve, wie sie hier zu sehen ist:

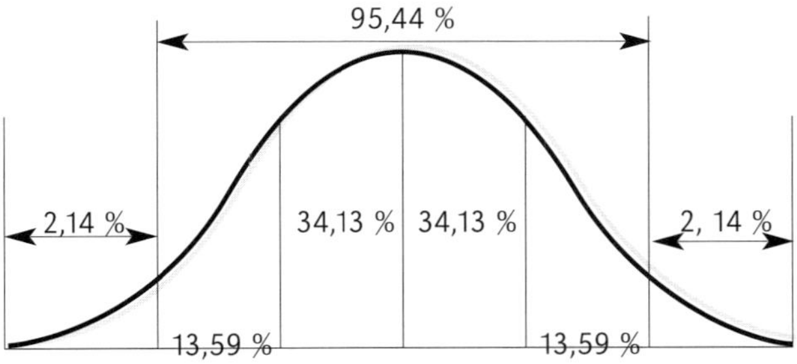

3s	-2s	-1s	MW	+1s	+2s	+3s	*Standardabweichung*
55	70	85	100	115	130	145	*IQ nach Wechsler*
70	80	90	100	110	120	130	*Standardwert SW nach Amthauer*
0,13 %	2,3 %	15,9 %	50,0 %	84,1 %	97,7 %	99,87 %	*Prozentuale Häufigkeiten bis zu diesem IQ-Wert*

Zusammenhang zwischen der gaußschen Normalverteilungskurve und dem IQ nach Wechsler bzw. Standardwert nach Amthauer (nach E. Roth et al.)
Das Summieren der Prozente ergibt nicht 100 %, minimale Anteile liegen außerhalb von -3s / +3s.

Im Bereich zwischen dem Mittelwert und einer Streuungseinheit (Standardabweichung), also einem IQ von 100 ± 15, d.h. dem Bereich zwischen den IQs von 85 bis 115, sind nach der Normalverteilungskurve 68,26 % aller Fälle zu beobachten (beim Intelligenz-Struktur-Test von ***Amthauer***, bei dem die Ergebnisse aber nicht als IQ bezeichnet werden, sondern als Standardwertpunkte (SW), wäre dies im Bereich von 100 ± 10, also von 90 bis 110 der Fall), Personen, die im ***Wechsler****'schen* Intelligenztest also IQ-Werte zwischen 85 bis 115 erzielen, verfügen über eine „durchschnittliche" Intelligenz im Vergleich zu Personen ihrer Altersgruppe.

Im Bereich zwischen Mittelwert und 2 Streuungseinheiten finden sich 95,44% aller Fälle, und im Bereich zwischen Mittelwert und 3 Streuungseinheiten 99,74% aller beobachteten Personen, und damit fast die gesamte Verteilung der Intelligenz. Man kann bei der Verteilungskurve auch die prozentualen Häufigkeiten eines IQ ablesen: bei Personen, die einen IQ von 115 (***Wechsler***) erreichen, sind 84,1% der Gleichaltrigen weniger intelligent bzw. 15,9% gleich intelligent oder intelligenter.

Wechsler**s* Test dient der Erfassung der **globalen Intelligenz** (ausgedrückt im IQ) – er beruht auf der ➢ Theorie der „allgemeinen Intelligenz" nach ***Spearman (s. S. 120).

Der so genannte **Hamburg-Wechsler-Intelligenztest für Erwachsene = HAWIE** ist für Personen vom 10. – 76. Lebensjahr geeignet. Die Komponenten, aus denen sich die „globale Intelligenz" nach ***Wechsler*** zusammensetzt, werden in 11 „Subtests" erfasst. **Subtests** sind Aufgabengruppen innerhalb eines Tests, die aus einer Anzahl von Fragen, Aufgaben (den so genannten „Items") bestehen. Die **Items** eines Subtests sollen das gleiche Merkmal messen, sie müssen also miteinander hoch korreliert sein. Die einzelnen Subtests innerhalb eines Tests sollen hingegen verschiedene Fähigkeiten und Merkmale messen, also niedrig miteinander korrelieren.

Der **Hamburg-Wechsler-Intelligenztest für Kinder = HAWIK** besteht, ebenso wie der HAWIE, aus einem **„Verbalteil"** und einem **„Handlungsteil"**, für welche getrennt Intelligenzquotienten berechnet werden können. Im Verbalteil wird das Allgemeinwissen geprüft, außerdem Gewandtheit im Rechnen, Merkfähigkeit für Zahlen, abstrahierendes Denken (hier muss zu jeweils zwei Einzelbegriffen ein Oberbegriff gefunden werden) usw. Der Handlungsteil ist sprachfrei und prüft das Verstehen sozialer Situationen (s. der Test auf S. 289, der aber nicht aus dem HAWIE stammt), weiters die Fähigkeit, Gestalten zu erkennen und zu ergänzen (es müssen bei 15 unvollständig gezeichneten Bildern fehlende Teile gefunden und benannt werden), usw.

- **Intelligenz-Struktur-Tests**

Neben Intelligenztests, die ein globales **Intelligenz-Niveau** ermitteln, das zahlenmäßig im IQ ausgedrückt wird, gibt es Tests, die die **Struktur** der Intelligenz, d.h. eine Reihe von Fähigkeiten und Begabungen einzeln erfassen. Diese Tests lehnen sich oft an die Intelligenztheorie ***Thurstone**s* (Theorie der 7 Primärfähigkeiten; s. S. 120) an. So werden z.B. im **Intelligenz-Struktur-Test** (**IST**) von ***Amthauer*** 9 Fähigkeiten in insgesamt 176 Einzelaufgaben untersucht. Das **Leistungsprüfungssystem** (**LPS**) von ***Horn*** bezieht sich direkt auf die 7 Gruppenfaktoren von ***Thurstone***, das sind: Fähigkeit, mit sprachlichen Begriffen umzugehen, Wortflüssigkeit, Rechenfertigkeit, Raumwahrnehmung, Logisches Denken, Wahrnehmungs- und Auffassungsgeschwindigkeit, Gedächtnis.

Viele Intelligenzaufgaben bedienen sich als **verbale** Tests der Sprache; sie sind schon aufgrund dieser Tatsache stark zeit- und kulturgebunden. Daneben gibt es viele **nichtverbale** Tests, von denen manche nach dem Prinzip von „Matrizen" aufgebaut sind und vorwiegend das logische Denken messen. Der Test auf S. 296 ähnelt den Aufgaben im **Progressiven Matrizentest** (**PMT**) von ***Raven*** oder dem **Wiener Matrizentest** (**WMT**) von ***Formann*** und ***Piswanger***.

- **Kulturfreie Tests**

In dem Bestreben, auch die Intelligenzleistungen von Angehörigen anderer Kulturen oder Personen mit anderen Umweltverhältnissen in gerechter Weise zu erfassen und sie nicht zu Unrecht nach Maßstäben ihnen fremder Kulturen oder Gesellschaften zu bewerten, wurden so genannte **kulturfreie** Tests konstruiert. Solche kulturfreien, selbstverständlich nicht-verbalen Tests garantieren aber keineswegs die Ausschaltung der Einflüsse der Umwelt, der jeweiligen Kultur. Praktisch ist dies wahrscheinlich nicht möglich, da jeder Mensch von Geburt an in ein bestimmtes Milieu eingebettet ist; es wird daher seitens der PsychologInnen dem Wort „Kulturfreiheit" das Wort „Kulturangepasstheit" (anstatt „culture-free" „culture-fair") vorgezogen. Der Amerikaner *R. B.* ***Cattell*** hat einen – den Matrizentests ähnlichen – Test, den Culture Faire Intelligence Test (CFT) entwickelt, der von Personen verschiedener Kulturkreise in gleicher Weise gelöst werden kann. Nach ***Cattells*** Intention erfasst der Test vor allem die angeborene, von kulturellen Einflüssen (z.B. auch Schulbildung) unabhängige Komponente der Intelligenz. ***Cattell*** nennt diese Komponente **fluid** (flüssige) Intelligenz im Gegensatz zu der **crystallized** (kristallisierten) Intelligenzkomponente, welche vor allem durch Lerneinflüsse, also z.B. durch Bildung zustandekommt. Ein Beispiel für einen kulturfreien Intelligenztest finden sie auf S. 296.

BEISPIELE FÜR INTELLIGENZTESTS

1

2

3

4

5

Eine Aufgabe aus einem Subtest „Bilder ordnen". Die 5 Bilder ergeben eine sinnvolle Geschichte, wenn sie in die richtige Reihenfolge gebracht werden.

(Lösung s. S. 311)

T

Der nachfolgende Intelligenztest besteht aus 40 Aufgaben, für deren Bearbeitung Sie genau 30 Minuten Zeit haben. Bearbeiten Sie die Aufgaben in der gegebenen Reihenfolge so schnell wie möglich. Jede Aufgabe hat mindestens eine sinnvolle Lösung. Die Zahl der Punkte in den Klammern entspricht der Zahl der Buchstaben, die einzusetzen sind.

(Die richtigen Antworten finden Sie auf S. 311 ff., ebenso ein Diagramm, in dem Sie auf der Horizontalen die Anzahl der gelösten Aufgaben eintragen und so Ihren Intelligenzquotienten ermitteln können.)

Noch ein Tipp: Nehmen Sie Ihr erzieltes Ergebnis nicht tierisch ernst, sondern setzen Sie sich mit dem Intelligenzbegriff (z.B. anhand der Ausführungen auf S. 119 ff. und 297) kritisch auseinander!

INTELLIGENZTEST

1 Setzen Sie die fehlende Zahl ein.	2 5 8 11 ☐
2 Unterstreichen Sie das Wort, das nicht zu den anderen passt.	Haus Iglu Villa Kaufhaus Hütte
3 Suchen Sie die fehlenden Zahlen.	7 10 9 12 11 ☐ ☐
4 Unterstreichen Sie das Wort, das nicht zu den anderen passt.	Hering Wal Hai Steinbutt Kabeljau
5 Unterstreichen Sie die Zeile, die keine Automarke enthält.	ROFD NOGIEB DERESCEM LEPO PRESCHO
6 Setzen Sie das Wort ein, das in der Klammer fehlt	SCHICKSAL (LOS) LOTTERIESCHEIN TANZ (☐☐☐☐) KUGEL

7
Setzen Sie den fehlenden Buchstaben ein.

E H L O S [ ]

8
Setzen Sie das Wort ein, mit dem das erste Wort endet und das zweite beginnt.

AN( )TER

(Schlüsselwort: HOFFNUNG)

9
Setzen Sie die fehlende Zahl ein.

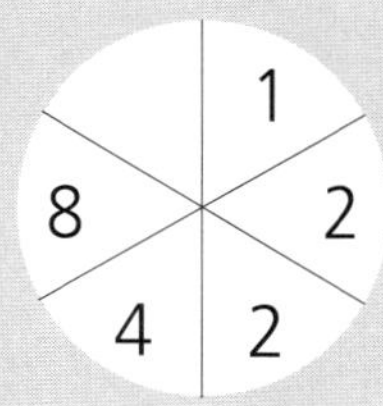

10
Unterstreichen Sie die Figur, die nicht zu den anderen passt.

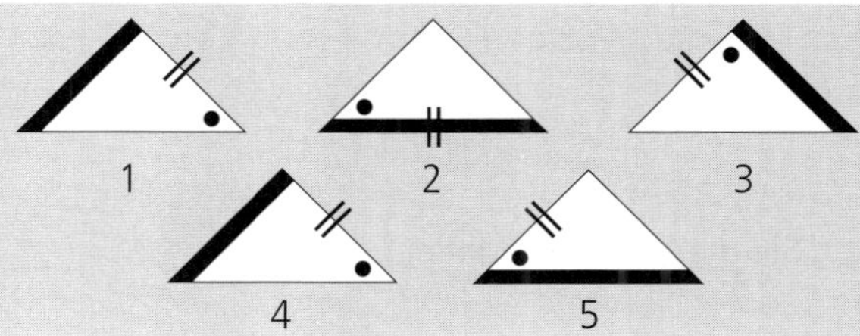

11
Setzen Sie die fehlenden Zahlen ein.

16	15	17	14	[ ]
32	33	31	34	[ ]

12
Suchen Sie unter den nummerierten Figuren die richtige heraus und schreiben Sie die Nummer in das Quadrat.

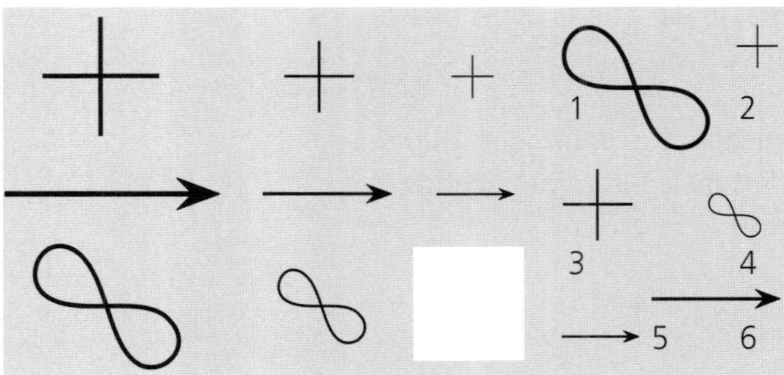

13
Setzen Sie das Wort ein, dem jeder der Buchstaben auf der linken Seite vorangestellt werden kann.

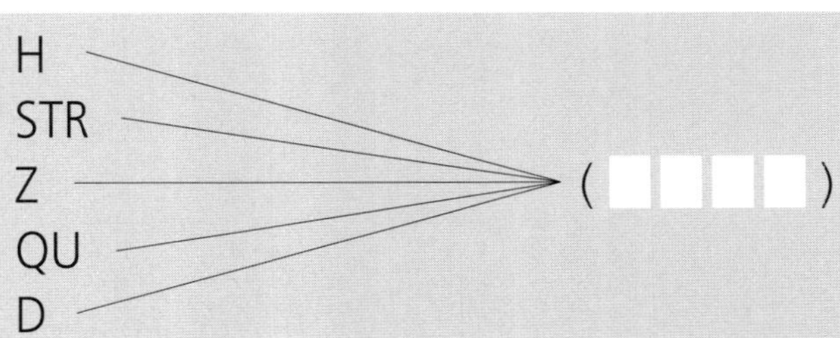

14

Suchen Sie unter den nummerierten Figuren die richtige heraus.

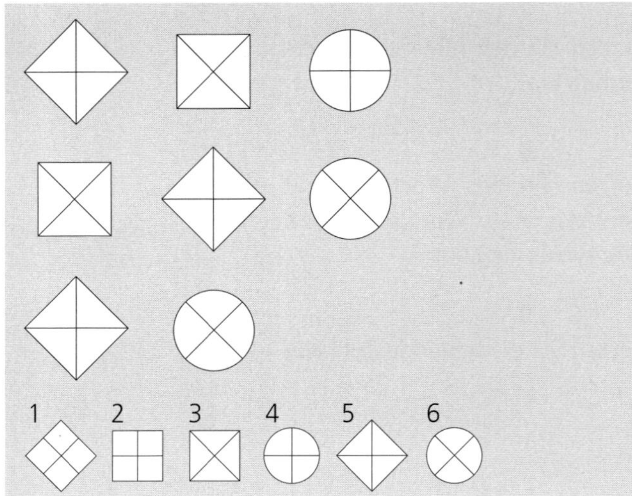

15

Suchen Sie die Wörter in den Klammern.

K + (Schaf) = (ein enges Tal)

16

Setzen Sie die fehlende Zahl ein.

2	5	7
4	7	5
3	6	

17

Unterstreichen Sie das Wort in der unteren Zeile, das zu den drei in der oberen Zeile passt.

KATZE TÜR FRAU

Flur Stadt Maschine Schlange Mann Angst

18

Suchen Sie unter den nummerierten Figuren die richtige heraus.

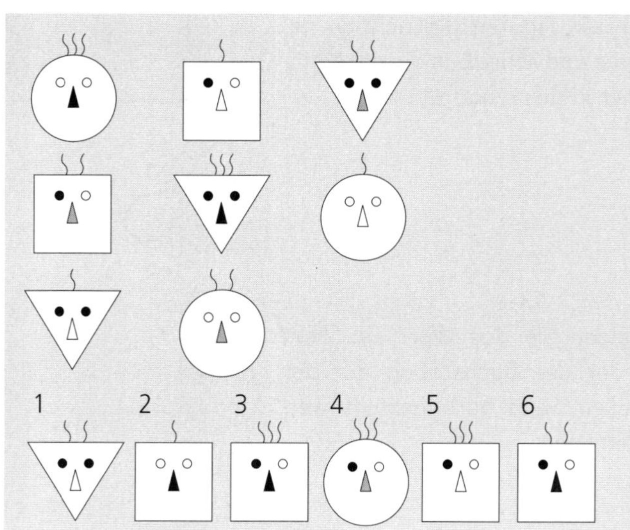

19
Setzen Sie das Wort ein, mit dem das erste Wort endet und das zweite beginnt.

P (_ _ _) IE
(Schlüsselwort: HANDLUNG)

20
Setzen Sie ein Wort ein, das dieselbe Bedeutung hat wie beide Wörter außerhalb der Klammer.

RAUPE (_ _ _ _ _) MASKE

21
Streichen Sie die Buchstabengruppe an, die nicht den Namen eines berühmten Dichters enthält.

ENHIE BEHLBE SERLILCH
MENGOT HAUNDL

22
Setzen Sie die fehlende Zahl ein.

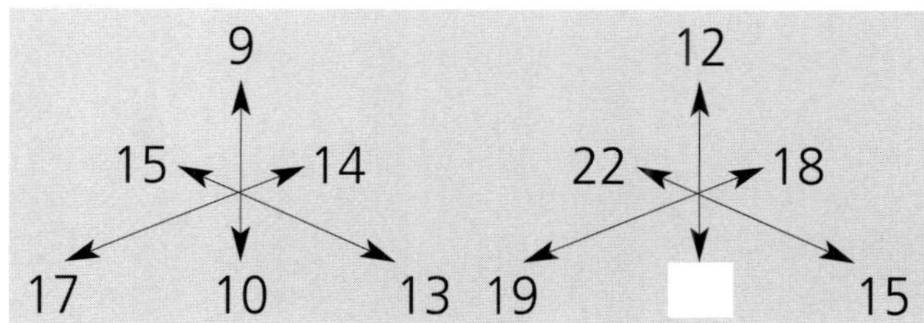

23
Vervollständigen Sie das Wort in der Klammer.

NA (VORHANG) RO
NU (H _ _ Z _ _ G) IE

24
Streichen Sie die Figur an, die nicht zu den anderen passt.

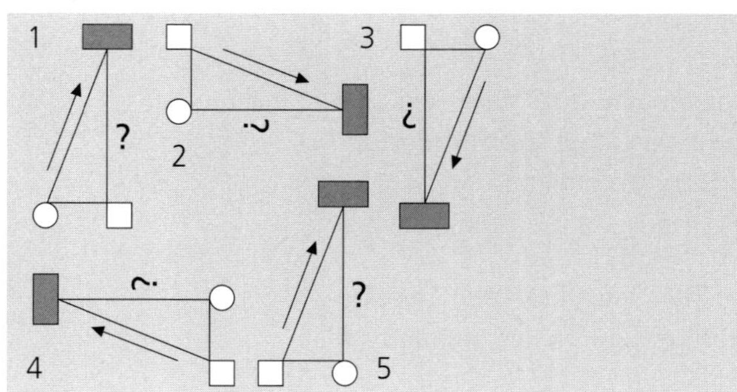

25
Suchen Sie die richtige Lösung.

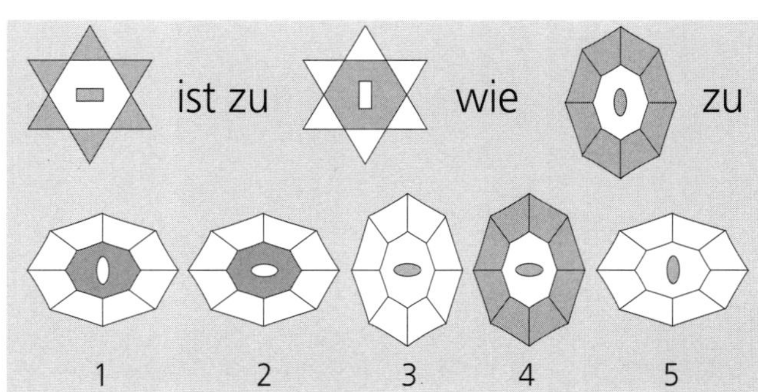

26

Setzen Sie den fehlenden Buchstaben ein.

K	N	H
P	I	L
I	N	

27

Streichen Sie die Buchstabengruppe an, die nicht den Namen eines berühmten Komponisten enthält.

SIONIRS SATSURS

REVID MALESO

28

Suchen Sie die richtige Lösung.

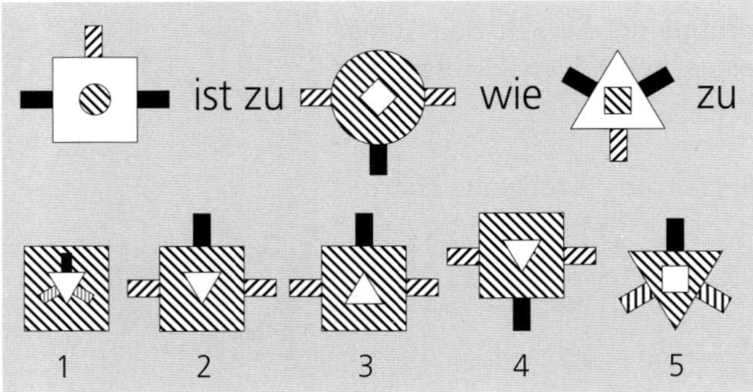

29

Setzen Sie das Wort ein, das in der Klammer fehlt.

WIEDERGABE (AGIL) STILIST

HALBAFFE (☐☐☐☐) RÄTSEL

30

Setzen Sie das Wort ein, mit dem das erste Wort endet und das zweite beginnt.

T (☐☐☐☐) E

(Schlüsselwort: SCHMAL)

31

Suchen Sie unter den nummerierten Figuren die richtige heraus.

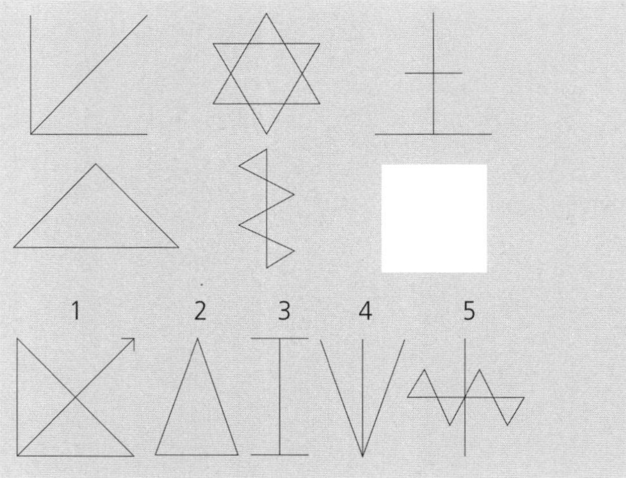

32
Setzen Sie die fehlende Zahl ein.

7	9	5	11
4	15	12	7
13	8	11	

33
Unterstreichen Sie die Stadt, die nicht zu den anderen passt.

HELSINKI WASHINGTON LONDON
PARIS NEW YORK BERLIN OTTAWA

34
Suchen Sie unter den nummerierten Figuren die richtige heraus und schreiben Sie die Nummer in das Quadrat.

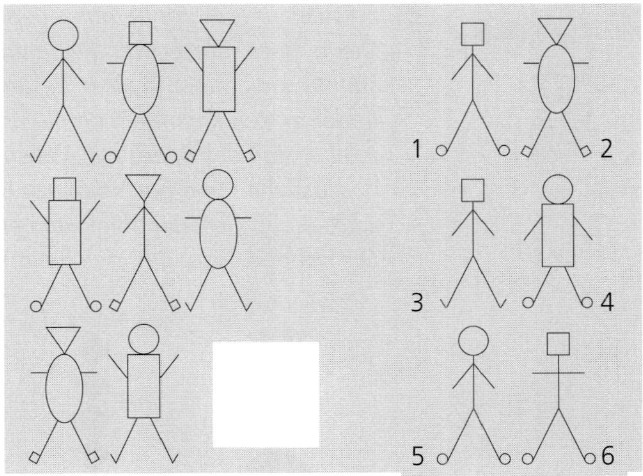

35
Setzen Sie die fehlende Zahl ein.

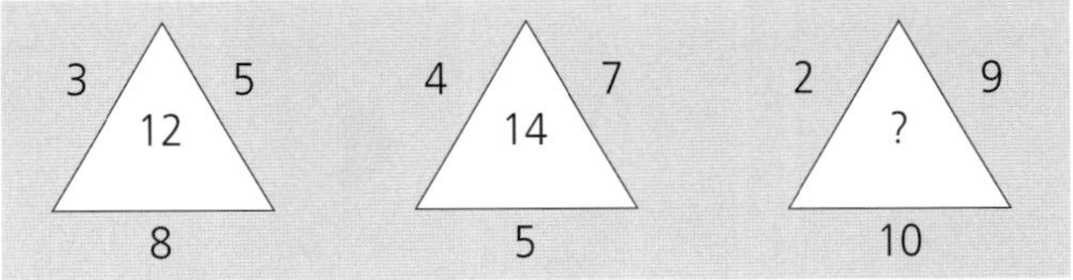

36
Setzen Sie die fehlenden Buchstaben ein.

A	F		J	I
D	C		G	L

37
Setzen Sie das Wort in die Klammer, mit dem das erste Wort endet und das zweite beginnt.

ST (_ _ _ _ _) TUM
(Schlüsselwort: ÜPPIG)

38
Setzen Sie die fehlende Zahl ein.

8 10 14 18 ☐ 34 50 66

39
Setzen sie den nächsten Buchstaben in dieser Reihe ein.

A D A E A G A I A M A ☐

40
Setzen Sie die fehlende Zahl ein.

2 7 24 77 ☐

Aus: Hans Jürgen Eysenck, „Intelligenztest", Rowohlt 1972

?

1. *Fassen Sie jene Aufgaben, die gleiche oder ähnliche Merkmale messen, zu Gruppen zusammen!*
2. *Welche Fähigkeiten / Kenntnisse benötigt man, um die Aufgaben 5, 21 und 27 lösen zu können? – Welche Konsequenzen ergeben sich daraus für den Begriff „Intelligenz"?*
3. *Diskussionsvorschlag: Ist ein hoher Intelligenzquotient entscheidend dafür, ob ein Mensch Ziele erreicht, die für ihn wichtig sind?*

T

- *Beispiel einer Aufgabe aus einem kulturfreien Intelligenztest. Die in einer senkrechten Reihe untereinander stehenden Figuren stehen zueinander in einer bestimmten gesetzmäßigen Beziehung. In der dritten Kolonne fehlt die unterste Figur; sie ist aus den im zweiten Teil des Bildes zur Auswahl vorhandenen sechs Figuren auszusuchen und nach den aus den beiden ersten Kolonnen abzulesenden Gesetzmäßigkeiten einzusetzen.*
  (Die richtige Lösung finden Sie auf S. 311.)

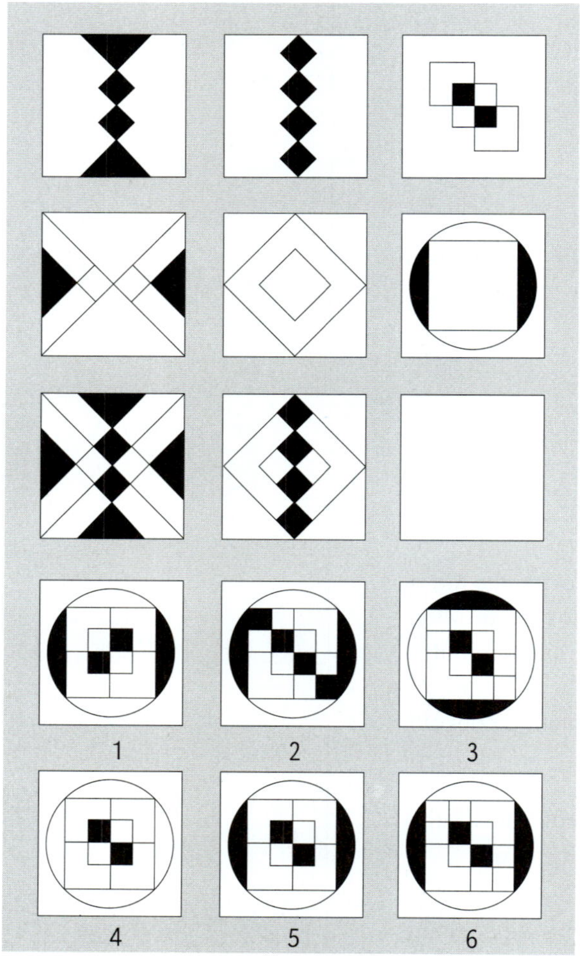

KRITIK AM INTELLIGENZ-BEGRIFF bzw. AN INTELLIGENZTESTS

- Die Auffassungen vom Begriff „Intelligenz“ sind unterschiedlich, eine allgemein gültige Definition fehlt (s. auch S. 119 ff.).
- Der Intelligenz-Begriff orientiert sich an den Leistungen der Mittelschicht, z.B. an bestimmten sprachlichen Fähigkeiten, und diskriminiert auf diese Weise eine große Gruppe von Menschen.
- Intelligenz-Tests sind an Schulleistungen der Mittleren und Höheren Schulen orientiert. Oft ist auch der sog. „Mangel“ an Intelligenz bei einem/r SchülerIn darauf zurückzuführen, dass eine für ihn/sie inadäquate Lehrmethode angewendet wurde.
- Intelligenz-Tests sind oft von (kulturabhängigen!) Bildungsfragen durchsetzt (s. ***Cattell***, S. 289).
- I-Tests berücksichtigen den Faktor ➢ „Kreativität“ nicht oder nur wenig.
- Ergebnisse des I-Tests bedeuten nicht unbedingt „Lebenserfolg“, welcher eher durch Motivation, Ausdauer, Fleiß, Kommunikationsfähigkeit usw. zustandekommt.
- Intelligenz-Quotient und Einkommen bedingen einander oft gegenseitig. Hier spielt der so genannte „Armutskreislauf“ eine wichtige Rolle: Untere Schichten – restringierter Sprachkode (mangelnde Abstraktionsfähigkeit = mangelnde Intelligenz?) – mangelnder Schulerfolg – durch entsprechende Berufswahl weiterhin Unterschicht-Zugehörigkeit ... (s. auch „Sprache“, S. 109 ff.)

● *Diskutieren Sie diese Kritikpunkte und ergänzen Sie sie, falls nötig, durch weitere Argumente (s. Fragen S. 119 f.).*

PERSÖNLICHKEITSTESTS

Bei den Persönlichkeitstests werden **strukturierte** Tests – hier sind für jedes Test-Item nur vorgegebene Antworten möglich – und **nicht-strukturierte** Tests, die mehrere qualitativ verschiedene Lösungen zulassen, unterschieden.

STRUKTURIERTE TESTS

Fragebogen: Die Testperson soll auf einer Liste von Fragen oder Feststellungen, die sich auf verschiedene Vorlieben, Handlungstendenzen, Interessen usw. beziehen, entscheiden, welche sie als für sich zutreffend empfindet und welche nicht. Die Antwort ist durch Ankreuzen von „Ja“ – „Nein“ oder „Stimmt“ – „Stimmt nicht“ zu vermerken, manchmal sind auch Zwischenstufen vorgesehen wie „Selten“, „Oft“, „Unsicher“ usw. Für jede Art von Beantwortung einer Frage ist eine bestimmte Punktezahl vorgesehen. Nach Beendigung des Tests wird die Gesamtpunktezahl für die jeweils erfassten Persönlichkeitsmerkmale nach einem vom Testautor vorgegebenen Schlüssel berechnet. Die Fragen eines Fragebogens werden, bevor sie zum endgültigen Fragebogen zusammengestellt werden, an einer entsprechend großen ➢ Stichprobe von Menschen „geeicht". Aus dieser Stichprobe werden Durchschnittswerte oder Durchschnittsbereiche ermittelt, innerhalb derer die gemessenen Merkmale als „durchschnittlich ausgeprägt" gelten.

Im deutschen Sprachraum gibt es eine große Anzahl von **Fragebogen**, die die verschiedensten Merkmale messen. Viele von ihnen sind von anglo-amerikanischen Autoren übernommen worden, wie z.B. zur Messung der ➢ **Extra**- und ➢ **Introversion** im Sinne von ***Eysenck*** (s. dazu die Theorien auf S. 282 ff.).

- Hier ein Beispiel für einige Fragen aus dem ***Eysenck*-Persönlichkeits-Inventar** (**EPI**):

1. Halten Sie andere gern zum Narren?	Ja	Nein
2. Sind Sie in einigen Dingen empfindlich?	Ja	Nein
3. Würden Sie lieber allein zu Hause bleiben, als zu einer langweiligen Gesellschaft zu gehen?	Ja	Nein
4. Wird Ihnen leicht schwindlig?	Ja	Nein
5. Beantworten Sie einen persönlichen Brief immer sofort nach dem Lesen?	Ja	Nein

  Wenn Sie bei den Fragen 1 mit Ja und bei 3 mit Nein antworten, dann haben Sie extravertierte Tendenzen. Wenn Sie bei den Fragen 2 und 4 mit Ja antworten, dann bekommen Sie je einen Punkt für „Neurotizismus". Wenn Sie bei Frage 5 mit Ja antworten, dann sind Sie vielleicht nicht ganz ehrlich bei der Beantwortung.

- Im folgenden Beispiel sind 3 Fragen angeführt, die jenen ähnlich sind, die in einem Subtest für die Dimension „schizothym-zyklothym" im ***Cattell****'schen* **Persönlichkeitstest** vorkommen, der 16 Persönlichkeitsfaktoren misst (16 PF):

  1. Bekannten gegenüber ziehe ich es vor:
     a) mich auf sachliche, unpersönliche Gespräche zu beschränken,
     b) unsicher,
     c) mich über andere Menschen und Meinungen zu unterhalten.
  2. In einem Betrieb würde ich folgende Arbeit vorziehen:
     a) mit Kunden sprechen,
     b) unsicher,
     c) Geschäftsbücher und Akten führen.
  3. Bei gleichem Gehalt wäre ich lieber:
     a) Rechtsanwalt,
     b) unsicher,
     c) Steuermann oder Pilot.

  Hier würden die Beanwortungen 1 c), 2 a) und 3 a) für Zyklothymie und die Beantwortungen 1 a), 2 c) und 3 c) für Schizothymie sprechen.

BEISPIEL EINES PERSÖNLICHKEITSPROFILS (nach: ***Fahrenberg***)

		Prozent	4	7	12	17	20	17	12	7	4	
Skala	Rohwert	Standardwert		9	8	7	6	5	4	3	2 1	Stanine
1		NERVOSITÄT psychosomatisch gestört										psychosomatisch nicht gestört
2		SPONTANE AGGRESSIVITÄT spontan aggressiv, emotional unreif										nicht aggressiv, beherrscht
3		DEPRESSIVITÄT missgestimmt, selbstunsicher.										zufrieden, selbstsicher
4		ERREGBARKEIT reizbar, leicht frustriert										ruhig, stumpf
5		GESELLIGKEIT gesellig, lebhaft.										ungesellig, zurückhaltend
6		GELASSENHEIT selbstvertrauend, gut gelaunt										irritierbar, zögernd
7		REAKTIVE AGGRESSIVITÄT, DOMINANZSTREBEN reaktiv aggressiv, sich durchsetzend										nachgiebig, gemäßigt
8		KONSERVATIVISMUS traditionsgebunden										radikal, freidenkerisch
9		OFFENHEIT offen, selbstkritisch										verschlossen, unkritisch
10		EXTRAVERSION extravertiert										introvertiert
11		EMOT. LABILITÄT emotional labil										emotional stabil
12		HÄRTE realistisch, praktisch										sensibel, künstlerisch

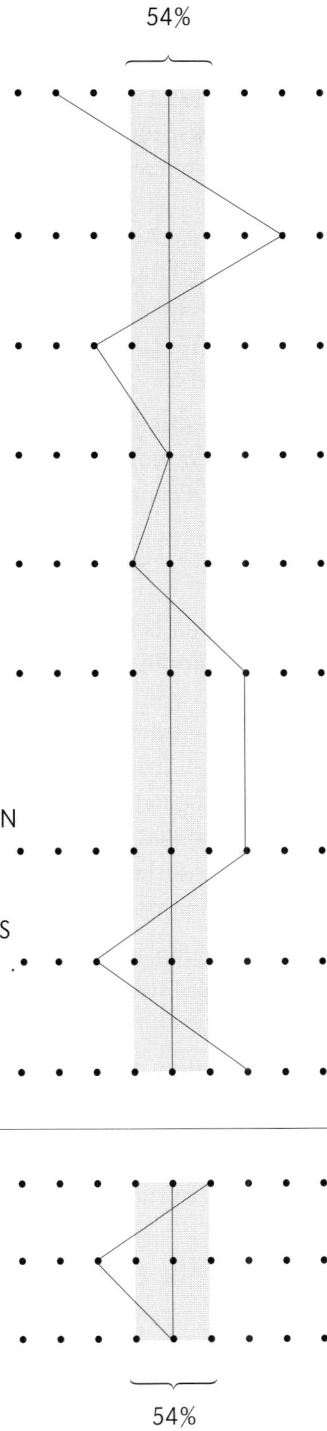

- Im **Freiburger Persönlichkeitsinventar** (**FPI**) von ***Fahrenberg*** werden zwölf Persönlichkeitsmerkmale erfasst. Die individuellen Ergebnisse können in Form eines „Profils" dargestellt werden, aus welchem ersichtlich ist, welche Merkmale innerhalb und welche außerhalb des Durchschnittbereiches liegen. S. 299 zeigt ein solches (nicht ganz dem Originaltest entsprechendes) fingiertes Persönlichkeitsprofil.

Neben solchen „**mehrdimensionalen**" Fragebogen, in welchen gleichzeitig eine Anzahl von Persönlichkeitsmerkmalen erfasst wird, gibt es **spezielle Fragebogen**, die nur **ein** Merkmal, z.B. den individuellen Ausprägungsgrad von Ängstlichkeit, von aggressiven Tendenzen, Leistungsmotivation, Dominanzstreben und dgl. ermitteln. Sie können für verschiedene Fragen innerhalb einer psychologischen Beratung, im klinischen Bereich oder innerhalb der Wirtschaft, z.B. für die Auswahl geeigneter Fachkräfte, usw. eingesetzt werden. Zu nennen wären zusätzlich Fragebogen, die speziell Interessen und Interessensschwerpunkte erfassen und sich daher besonders für die Berufsberatung eignen.

1. *Besprechen Sie die Vor- und Nachteile von Fragebogen!*
2. *Welche Faktoren entscheiden darüber, ob bestimmte Eigenschaften des Probanden/der Probandin als erwünscht bzw. unerwünscht eingestuft werden?*

Einschätzskalen: Sollen z.B. für den Einsatz einer bestimmten Form der ➢ **Psychotherapie** oder in der **Psychopharmakologie** (= Untersuchung der Wirkung von Medikamenten auf das psychische Befinden) Angstgefühle, Anspannung, Veränderungen der Stimmungslage oder des Antriebs usw. ermittelt werden, kann der/die Untersuchte seinen/ihren jeweiligen psychischen Zustand einzuschätzen versuchen: Bei solchen Einschätzskalen besteht die Möglichkeit, seinen Zustand in graduell abgestufter Form (z.B. sind 5 oder 7 Möglichkeiten für die Ausprägung vorgesehen) anzugeben. Man kann auch eine Person aus der näheren Umgebung dieses Menschen bitten, ihn anhand dieser Skala zu beurteilen, um die Ergebnisse der Selbstbeurteilung mit denen der Fremdbeurteilung zu vergleichen.

Begibt sich z.B. jemand in Behandlung, weil er unter quälender Unsicherheit leidet, so wird sich der/die PsychotherapeutIn in erster Linie dafür interessieren, in welchen Situationen und wie stark solche Unsicherheitsgefühle auftreten.

- Folgendes Beispiel stammt aus dem „**Unsicherheitsfragebogen**" von ***Ullrich***:

„Ich finde es schwierig, mit einem Fremden ein Gespräch zu beginnen"	0	1	2	3	4	5
„Ich unterlasse alles, was Widerspruch herausfordern könnte"	0	1	2	3	4	5
„Ich neige dazu, mich für alles zu entschuldigen"	0	1	2	3	4	5

Die Ankreuzung von „0" bedeutet: „stimmt gar nicht", die von „5" bedeutet: „stimmt vollkommen"; die Zahlen dazwischen bedeuten gradmäßig stärkere bzw. schwächere Abstufungen als die beiden Extreme 0 und 5.

- Mit dem **Gießen**-Test (**GT**) von ***Beckmann*** und ***Richter*** kann man sowohl sich selbst (das **Selbstbild**) beurteilen, als auch ein **Fremdbild** (Beurteilung einer anderen Person durch den Untersuchten, z.B. seines Partners) und ein **Idealbild** (wie man im Gegensatz zum Selbstbild gerne sein möchte oder wie man sich das Idealbild des Partners wünscht) abgeben. Dieser Test kann daher auch bei der Paar- und Gruppendiagnostik verwendet werden, z.B. im Rahmen einer „Partnertherapie", wenn es gilt, gegenseitige Missverständnisse oder verfahrene Haltungen zu mildern und so wieder zu einem besseren Einverständnis zu kommen. Der GT besteht aus 40 Items, die zu 6 Skalen zusammengefasst werden können, wie „Grundstimmung", „Soziale Resonanz" (ich fühle mich unbeliebt oder im Gegenteil sehr anziehend usw.), „Dominanz" usw.

NICHT-STRUKTURIERTE TESTS

Projektive Tests: Sie zählen zu den wichtigsten „nicht-strukturierten" Persönlichkeitstests. Sie geben Aufgaben vor, die individuelle Antwortmöglichkeiten erlauben, sodass die untersuchte Person ihre eigenen, persönlichen Tendenzen und Anliegen ausdrücken – sie in das Testmaterial „hineinprojizieren" – kann.

- Der ***Rorschach***-Test ist ein sehr bekannter projektiver Test, der vor allem für klinische Fragestellungen benutzt wird. Er besteht aus 10 Tafeln mit Klecksgebilden, die „gedeutet" werden sollen; die individuellen Antworten werden nach bestimmten, recht komplizierten Gesichtspunkten ausgewertet. Der ➢ Psychologe/die Psychologin kann aus ihnen Hinweise auf die charakteristische Wahrnehmungsweise des Untersuchten finden und daraus Schlussfolgerungen hinsichtlich der Stimmungslage, Denkweise, Affektivität usw. ziehen.

Beispiel einer Vorlage, wie sie ähnlich im ***Rorschach***-Test verwendet werden. Sie stammt von *Justinus* ***Kerner*** (1786–1862), einem Arzt und Dichter, der ein Büchlein mit dem Titel „Klecksografie" herausgegeben hat. Darin stellt er dem Publikum 50 Tintenklecks-Gebilde mit dazugehörigen Versen vor, z.B. zum folgenden Bild: „Tintensäure machen Bilder, druckt man sie fest oder milder, Menschenfratzen, Schmetterlinge, und auch nie gesehne Dinge."

- Der **Thematische Apperzeptionstest** (**TAT**) von ***Murray*** ist ein sehr verbreiteter projektiver Test, bei dem die untersuchte Person zu unklaren, undeutlichen Fotografien, auf denen bestimmte Szenen zu sehen sind, Geschichten frei erfinden soll.

So erzählt eine junge Frau zu dem Bild oben: „Eine Frau lebt in einer großen Stadt, sie hat weder Geschwister noch Verwandte, die Eltern sind auch schon lange tot. Sie fühlt sich einsam und verzweifelt. Obwohl sie sich bemüht, an ihre Arbeitskollegen Anschluss zu finden, gelingt ihr dies nicht. Jetzt hat sie einen Menschen kennen gelernt und hat gehofft, sie würden einander verstehen. Aber sie fühlt, dass auch dies nicht das Richtige ist. Sie wartet nun schon über eine halbe Stunde, und er kommt nicht. Sie denkt sich: ‚Niemand mag mich', und ist ganz unglücklich. Aber dann rafft sie sich doch auf und denkt sich, dass man nie die Hoffnung verlieren darf, dass sie noch an das Gute glaubt. Sie wird nachdenken, ob nicht vielleicht sie selbst Fehler macht, die sie in die Isolation führen."

Der Psychologe/die Psychologin kann aus solchen Geschichten Aufschluss über Probleme, Gefühle, Wünsche und innere Zustände der Menschen erhalten, die bei ihm Rat und Hilfe suchen und oft selbst nicht genau wissen, worunter sie leiden. Im obigen Beispiel kann er z.B. das Gefühl der Vereinsamung und Verzweiflung erkennen. Der Schluss der Geschichte deutet auf die noch vorhandene Hoffnung der Rat Suchenden und ihren Willen, an sich zu arbeiten, hin (s. auch S. 360).

- **Farbtests**: Im ***Lüscher***-Test z.B. wird aufgrund der angegebenen Vorlieben und Ablehnungen von Farben ein „Persönlichkeitsbild" erstellt.
- **Zeichentests**: Sie geben der Testperson meist ein Thema zur freien zeichnerischen Gestaltung vor. Im **Baumtest** nach ***Koch*** soll z.B. ein Baum gezeichnet werden, oder ein Kind soll sich vorstellen, ein Zauberer hätte seine Familie verzaubert, und es wird gebeten, die so **verzauberte Familie** darzustellen. Bei anderen Zeichentests, z.B. dem ***Wartegg***-Zeichentest müssen angefangene Figuren nach freiem Ermessen vollendet werden.

- **Spieltests**: Sie haben sich bei Kindern oder Personen, die ihre Gefühle nicht gut ausdrücken können, sehr bewährt. Mit einer Anzahl vorgegebener Figuren (z.B. im **Welt**-Test nach *Charlotte* ***Bühler***) oder Puppen (**Sceno**-Test von *Gerhild von* ***Staabs***) sollen Szenerien dargestellt werden, die wertvolle Hinweise auf die innere Befindlichkeit geben können. In ähnlicher Weise kann auch das **Psychodrama** nach ***Moreno*** (s. S. 225) verwendet werden, in dem jemand sich selbst oder andere Personen seiner Umgebung innerhalb einer Gruppe schauspielerisch verkörpert, z.B. in Szenen aus der häuslichen Umwelt.

Aus solchen Gestaltungsversuchen können – mit entprechender Vorsicht und ergänzt durch gewissenhafte Aussprachen und ➢ Explorationen mit dem Untersuchten und evtl. auch mit Personen seiner Umgebung – hilfreiche Hinweise auf das Erleben und die Probleme eines Menschen gewonnen werden. Es ist ein Vorteil projektiver Tests, dass sie nicht so leicht wie Fragebogen auf ihren Zweck hin durchschaut werden können und vielfach tiefere, unbewusste „Schichten" im Menschen aufdecken. Da sie aber weniger exakt und ➢ objektiv sind, erfordern sie sehr viel Erfahrung und Verantwortungsbewusstsein des anwendenden Psychologen bzw. der Psychologin.

INTELLIGENZ- UND PERSÖNLICHKEITSTESTS

LEISTUNGSTESTS	*PERSÖNLICHKEITSTESTS*
untersuchen Intelligenzniveau, Gedächtnis, Konzentration, usw.	*untersuchen Extraversion-Introversion, Aktivität-Passivität, Dominanz-Unterordnung, usw.*

STRUKTURIERTE TESTS	*NICHT-STRUKTURIERTE TESTS*
Fragebogen, Schätzskalen usw.	*Projektive Tests, wie z.B.: Rorschachtest, TAT, Farbtests, usw.*
(Lösungen in Alternativen, leichter interpretierbar objektiver)	*(Lösungen individuell, schwerer zu interpretieren, weniger objektiv)*

PROBLEME DER PSYCHOLOGISCHEN DIAGNOSTIK

STATISTISCHE FORDERUNGEN AN TESTS

Ein Test muss drei Grundvoraussetzungen erfüllen, um ein gutes Messinstrument zu sein:

1. **Validität** (Gültigkeit): Der ➢ Test muss das erfassen, was er zu erfassen vorgibt. Die Validität wird meist aufgrund eines „externen Kriteriums" geprüft. Ein externes Kriterium für einen Intelligenztest bei Kindern wäre z.B.die Einstufung der ➢ Intelligenz der Kinder durch die Lehrperson oder mittels Schulerfolg (gemessen am Durchschnitt der Noten). Die berufliche Eignung oder Bewährung sind weitere „externe Kriterien". – Man-

che Persönlichkeitsmerkmale sind schwer zu fassen, weil die Testperson selbst ihre wahrscheinlichen Reaktionen in bestimmten Situationen nicht kennt (z.B. Übernehmen von Verantwortung in unbekannten Situationen, Reagieren in bestimmten Belastungssituationen, Ehrlichkeit in einer Situation der Versuchung usw.).

2. **Reliabilität** (Zuverlässigkeit): Ein Test ist reliabel, wenn er bei wiederholten Messungen an derselben Person die gleichen Ergebnisse liefert, soferne sich diese Person nicht selbst inzwischen verändert hat, z.B. durch eine Therapie.
3. **Objektivität**: Verschiedene TestleiterInnen und TestauswerterInnen müssen bei ein und demselben Testprotokoll unabhängig voneinander zu gleichen Ergebnissen und Interpretationen gelangen. Fragebogen z.B., die mit einer Schablone ausgewertet werden, sind ➢ objektiver als ➢ projektive Tests (s. dazu S. 301 ff.), weil alle Auswerter, soferne sie sich nicht verrechnen, zum gleichen Ergebnis kommen müssen. Der/Die Getestete erhält aufgrund seiner/ihrer Antworten im Fragebogen meist eine bestimmte Punkteanzahl, die nach vorgegebenen Regeln objektiv interpretiert wird.

Ein Test muss an möglichst vielen Personen, die für den vorgesehenen Geltungsbereich geeignet sind, ausprobiert werden: Soll z.B. ein Rechtschreibtest für Jugendliche konstruiert werden, dann müssen die vorgesehenen Aufgaben einer möglichst großen Anzahl von Angehörigen der jugendlichen Altersgruppen in Österreich bzw. im deutschsprachigen Raum vorgegeben werden. Es wird dabei eine repräsentative Stichprobe, die **„Eichstichprobe"** (s. S. 287), zusammengestellt, z.B. bezüglich Schultypus, männlichen und weiblichen Jugendlichen usw. Die erhaltenen Leistungen der Eichstichprobe gelten dann stellvertretend für die Gesamtheit (im vorliegenden Fall aller Jugendlichen in Österreich bzw. im deutschsprachigen Raum).

Aufgrund der Leistungen der Eichstichprobe wird der Test in der Folge „normiert", d.h. er erhält so genannte ➢ **Normen**, die angeben, welche Leistungen als durchschnittlich bzw. über- oder unterdurchschnittlich, bezogen auf die Gesamtheit der Gruppe, zu interpretieren sind. Bei der „Normierung" werden statistische Kennwerte ermittelt, vor allem der Mittelwert und die Standardabweichung (s. dazu S. 287, die ***Gauß**'sche* Normalverteilungskurve, sowie den Anhang). Von einer „Normalleistung" einer Person spricht man, wenn diese Leistung vom Durchschnitt der Eichstichprobe erreicht wurde; als Durchschnitt wird der Bereich zwischen dem Mittelwert und einer Standardabweichung nach oben und nach unten definiert – es ist dies der Bereich, in dem sich die Leistungen von 68,26% der Eichstichprobe befinden (dazu S. 209 und 287, „statistische Norm").

Die Betrachtung der ***Gauß**'schen* Kurve erlaubt differenziertere Aussagen über die Güte einer von einer Person erbrachten Leistung, wie folgendes Beispiel demonstriert:

Angenommen, dass für den genannten Rechtschreibtest ein Mittelwert von 16 Punkten und eine Standardabweichung von 2 Punkten ermittelt wurde: Eine konkrete Person A hat nun z.B. im Test 18 Punkte erreicht; dies bedeutet, dass ihre Leistung nur mehr von annähernd 16% der Bezugsgruppe übertroffen wird. Bei einer Standardabweichung von einem Punkt bei gleichem Mittelwert von 16 Punkten (der Durchschnittsbereich befindet sich dann zwischen 15 und 17 Punkten), bedeutet das Ergebnis, dass die Person A mit 18 Punkten so gut rechtschreiben kann, dass sie nur von etwa 2,2% der Testpersonen übertroffen wird.

- *Welche externen Validitätskriterien könnten Sie sich für einen Test (z.B. für technisches Verständnis) vorstellen?*

DIE TESTSITUATION

Versuchsleiter- oder **Rosenthaleffekt**: Es ist erwiesen, dass die soziale Beziehung zwischen TestleiterIn und Testperson ebenso wie die Persönlichkeit der beiden Beteiligten Einfluss auf das Verhalten in der Testsituation und damit auch auf die Resultate des Tests haben können.

„**Testangst**": Die Testergebnisse besonders ängstlicher, schüchterner Menschen in dieser besonderen Situation, die ja eine Prüfungssituation darstellen kann (besonders wenn es sich um eine so genannte „Eignungsuntersuchung" handelt), können ein falsches Bild ergeben. Deshalb sollte es dem Psychologen/der Psychologin gelingen, eine positive, Vertrauen erweckende Beziehung herzustellen.

Neben der **psychischen Verfassung** (Angst, ➢ Frustration, Niedergeschlagenheit usw.) wirkt sich auch das **physische Befinden** (Müdigkeit, Krankheit) auf das Testergebnis aus.

BEISPIEL FÜR DIE ANWENDUNG PSYCHOLOGISCH-DIAGNOSTISCHER METHODEN: DIE STELLENBEWERBUNG

Wenn ein Unternehmen geeignete MitarbeiterInnen einstellen möchte, ist es wichtig festzustellen, ob ein/e BewerberIn den an ihn/sie gestellten Anforderungen entspricht. Es ist dies nicht nur für das Unternehmen von Bedeutung, sondern auch für den/die BewerberIn, denn auch er/sie wird nur dann Freude und Zufriedenheit empfinden, wenn er/sie eine Anstellung findet, die seinen/ihren Fähigkeiten entspricht.

Diagnostische Methoden, die zu diesem Zweck angewendet werden:

Intelligenztest
Leistungstest (z.B. zur Prüfung technischer Fähigkeiten)
Vorstellungsgespräch (➢ **Interview**, s. S. 306).

Da es schwierig ist, in kurzer Zeit unbekannte Menschen richtig zu beurteilen, wurden eine Reihe von Vorschlägen und **Leitfäden** ausgearbeitet, die es dem Psychologen/der Psychologin erleichtern sollen, ein möglichst objektives Bild vom/von der BewerberIn zu bekommen. Wie könnten Stellensuche, Bewerbung und Vorstellung ablaufen?

1. In den **Bewerbungsunterlagen** sollten wichtige Informationen enthalten sein. Diese Unterlagen werden vom Betrieb noch vor dem Vorstellungsgespräch analysiert. Immer mehr Betriebe gehen dazu über, außer den sonstigen Bewerbungsunterlagen das Ausfüllen von vorgedruckten **Personalfragebogen** zu verlangen, in welchen die für die Beurteilung des Bewerbers/der Bewerberin wichtigen Fragen vorgegeben sind.

Im **Bewerbungsschreiben** zeigen sich an Inhalt und Stil bereits wichtige Einzelheiten. Denkt jemand z.B. nur an das Gehalt oder macht er sich ganz falsche Vorstellungen von der Tätigkeit usw.

In einem **Lebenslauf** sollen wichtige persönliche Daten angeführt sein: Geburtsdatum, Familienstand, Wohnort, aber vor allem der bisherige berufliche Werdegang. Alle wichtigen Etappen des Berufslebens, eingeschlossen die Schul- und Ausbildungsabschlüsse sollen durch entsprechende Zeugnisse und Nachweise belegt sein. Zeugnisnoten sollten dabei allerdings nicht überbewertet werden, da die Prüfungsbestimmungen nicht einheitlich sind, die PrüferInnen verschiedene Anforderungen an die SchülerInnen oder StudentInnen stellen usw. In einer Untersuchung wurden 50 Personen, die sich um die Stellung eines Fremdsprachenkorrespondenten/einer Fremdsprachenkorrespondentin bewarben und alle „sehr gute" englische Sprachkenntnisse in ihren Zeugnissen nachweisen konnten, nochmals geprüft: dabei wiesen 11 nur mäßige, 9 recht mangelhafte und 7 vollkommen unzureichende Kenntnisse auf (nach ***Knebel***). Manchmal wird der Lebenslauf handschriftlich verlangt und dann von einem **Grafologen**/einer **Grafologin** begutachtet. Solche Gutachten sind allerdings sehr umstritten.

2. In einer **Funktions**- oder **Stellenbeschreibung**, die vom Unternehmen zu erstellen ist, sollen alle bedeutsamen Informationen über die verlangte Tätigkeit enthalten sein. Sowohl für den/die BewerberIn als auch für das Unternehmen ist es wesentlich, genaue Vorstellungen darüber zu haben, welche Tätigkeiten an der ausgeschriebenen Stelle ausgeübt werden sollen.

3. Ein **Qualifikations**- oder **Anforderungsprofil**, das ➢ „Idealbild" eines Bewerbers/einer Bewerberin, wird angelegt (dem Punkt 2 entsprechend), welches später – nach dem Interview und der Durchführung von Tests – mit dem tatsächlichen Bild der Stellensuchenden („Ist-Profil") verglichen wird. Die „Ideal-" oder „Soll-Profile" sind nahezu unerlässlich für die Beurteilung der Eignung von BewerberInnen. Sie können vom Psychologen/von der Psychologin oder PersonalchefIn auch selbst vor dem Vorstellungsgespräch erstellt werden. Es gibt auch Fragebogentests, die für viele Berufszweige einen solchen Ist-Soll-Vergleich ermöglichen (z.B. der 16-PF-Test von ***Cattell***, s. S. 298).

4. Das **Interview** sollte einen „roten Faden" haben, an den sich der/die InterviewerIn halten kann, besonders wenn mehrere BewerberInnen miteinander verglichen werden müssen. Hier haben sich halbstandardisierte Leitfäden sehr bewährt; die vorgegebenen Fragen können je nach Situation abgeändert bzw. weggelassen werden. Auf Seite 308 ist das Beispiel eines vollständig standardisierten Interview-Leitfadens zu sehen, in dem die Fragen vorgegeben sind und die Antworten sofort „gewichtet" werden können.

5. Die **Entscheidung**, den/die BewerberIn entweder aufzunehmen oder abzuweisen, sollte schließlich aufgrund des Interviews und aller anderen erhaltenen Informationen (z.B. Tests, Bewerbungsunterlagen, Vergleich des Anforderungsprofils mit dem Eignungsprofil) möglich sein (s. S. 309).

(Aus: H. Knebel: Das Vorstellungsgespräch)

- *Beurteilen Sie, welche Fragen seitens des Arbeitsgebers/der Arbeitgeberin zulässig sind und welche vom/von der ArbeitnehmerIn nicht oder nur bedingt beantwortet werden müssen:*
  - *Wie war der bisherige berufliche Werdegang?*
  - *Werden Sie in nächster Zukunft heiraten?*
  - *Grund für die Bewerbung in diesem Unternehmen?*
  - *Religions- und Parteizugehörigkeit?*
  - *Leiden Sie unter irgendwelchen (chronischen) Krankheiten?*
  - *Sind Sie Mitglied einer Gewerkschaft?*
  - *Woher kennen Sie das Unternehmen, aufgrund welcher Empfehlung bewerben Sie sich für diese Stellung?*
  - *Besteht eine Schwangerschaft?*

Aus: Heckenschütz/Rauschenbach: Lehrer-ärger dich! S. 69

ANTWORTBOGEN STAFF – FRIEDERICHS

NAME: Beispiel | VORNAME: Jochen | ALTER: 36

TÄTIGKEIT: Vertriebsleiter | VORGANG: Einstellung

	Frage / Antwort	Antwortkategorien	Skala
L 1	Was bedeutet die Arbeit für Sie?	Job	1
	– Broterwerb	Existenzgrundlage	2
	– Freude an der Arbeit	Lebensaufgabe	3
	– mit vielen Menschen zusammenkommen	Lebensaufgabe, habe noch nie etwas halb gemacht	④
	– Erfolgserlebnisse	Identifizierung mit der Aufgabe, Entfaltung der eigenen Fähigkeiten	5
L 2	Würden Sie lieber mehr oder weniger arbeiten als jetzt?	lieber weniger	1
		mehr geht nicht	2
	– mit höherem ideellen Anspruch auch mehr arbeiten	so wie jetzt, arbeite viel	3
		bei Karriere, Notwendigkeit	4
		ja, bei entprechender, kreativer, interessanter Aufgabe	⑤
L 3	Was würden Sie am meisten vermissen, wenn Sie aus irgendeinem Grund nicht mehr arbeiten können?	Abwechslung, nichts	1
		Lebensstil fehlt, Geld	2
		Menschen, Firma	3
	– Wertigkeitsgefühl bleibt auf der Strecke = Arbeit ist Erfüllung	Erfolg	④
		Probleme lösen	5
L 4	Schildern Sie kurz die für Sie idealen Arbeitsverhältnisse	gibt es nicht	1
		geregelte Arbeit	2
	– das beste Produkt	Leistung gegen Gegenleistung	3
	– Preisniveau in Ordnung	erfolgreiche Produkte, Aufgabe	④
	– optimale Kunden	selbständig arbeiten, kreativ	5
L 5	Was hat Ihnen in Ihrer bisherigen Arbeit am meisten missfallen?	sehr zufrieden / total frustriert	1
		Papierkrieg, Kleinkram	2
	– Verhältnis zum Vorgesetzten	Führung, Firmenstil	③
	– Motivation vom Vorgesetzten	Aufgabeninhalt	4
	– mehr Fingerspitzengefühl	Entscheidung, Kompetenz	5
L 6	Können Sie sich über bestimmte Verhältnisse am Arbeitsplatz ärgern?	ja / unbestimmte Hinweise / nein	1
		Statistiken anfertigen, Lärm	②
		Belastung zu groß, Randfaktoren	3
	– Routinearbeit	Aufgabeninhalt	4
		mangelnde Mitwirkung, Autonomie	5

VERGLEICH VON ANFORDERUNGS- UND EIGNUNGSPROFIL

ANFORDERUNGSMERKMALE		ANFORDERUNGSPROFIL									EIGNUNGSPROFIL								
		wenig ausgeprägt		ausgeprägt		gut ausgeprägt		sehr gut ausgeprägt		hervorstechend	wenig ausgeprägt		ausgeprägt		gut ausgeprägt		sehr gut ausgeprägt		hervorstechend
1.	Ausdrucksvermögen	1	2	3	4	5	6	7	8	9	1	2	3	4	5	6	7	8	9
2.	Mobilität	1	2	3	4	5	6	7	8	9	1	2	3	4	5	6	7	8	9
3.	Belastbarkeit	1	2	3	4	5	6	7	8	9	1	2	3	4	5	6	7	8	9
4.	Kreativität	1	2	3	4	5	6	7	8	9	1	2	3	4	5	6	7	8	9
5.	Einsatzbereitschaft	1	2	3	4	5	6	7	8	9	1	2	3	4	5	6	7	8	9
6.	Initiative	1	2	3	4	5	6	7	8	9	1	2	3	4	5	6	7	8	9
7.	Kontaktfähigkeit	1	2	3	4	5	6	7	8	9	1	2	3	4	5	6	7	8	9
8.	Kritisches Denken	1	2	3	4	5	6	7	8	9	1	2	3	4	5	6	7	8	9
9.	Personalführung	1	2	3	4	5	6	7	8	9	1	2	3	4	5	6	7	8	9
10.	Organisationsgeschick	1	2	3	4	5	6	7	8	9	1	2	3	4	5	6	7	8	9
11.	Fachkenntnisse	1	2	3	4	5	6	7	8	9	1	2	3	4	5	6	7	8	9
12.	Selbstvertrauen	1	2	3	4	5	6	7	8	9	1	2	3	4	5	6	7	8	9
13.	Sorgfalt	1	2	3	4	5	6	7	8	9	1	2	3	4	5	6	7	8	9
14.	Teamfähigkeit	1	2	3	4	5	6	7	8	9	1	2	3	4	5	6	7	8	9
15.	Flexibilität	1	2	3	4	5	6	7	8	9	1	2	3	4	5	6	7	8	9
16.	Zahlenverständnis	1	2	3	4	5	6	7	8	9	1	2	3	4	5	6	7	8	9
17.	Zukunftsorientierung	1	2	3	4	5	6	7	8	9	1	2	3	4	5	6	7	8	9

ENTSCHEIDUNG
Ergebnis:
nicht geeignet / geeignet / sehr geeignet

wichtig

sehr wichtig

- *Entwerfen Sie ein Anforderungsprofil für die Einstellung eines Lehrers/einer Lehrerin!*

Z

1. *Versteht die Psychologie unter „Persönlichkeit" etwas anderes als der alltägliche Sprachgebrauch?*
2. *Womit beschäftigt sich die Differenzielle Psychologie?*
3. *Was ist ein Typus?*
4. *Wie hängen Körperbau und Charaktermerkmale zusammen? Beschreiben Sie kurz die Typologie* ***Kretschmer****s!*
5. *Was versteht man unter Persönlichkeitsfaktoren?*
6. *Wie könnte man die Struktur der Persönlichkeit beschreiben? – Denken Sie an das hierarchische Modell von* ***Eysenck****!*
7. *Welche Charaktermerkmale haben Extravertierte bzw. Introvertierte bei* ***Eysenck****?*
8. *Hängt das Verhalten eines Menschen nur von seinen Eigenschaften ab?*
9. *Was versteht man unter Intelligenz?*
   Welche Bedeutung hat in diesem Zusammenhang der so genannte Armutskreislauf?
10. *Welche Vor- und Nachteile hat das Fragebogen-Verfahren?*
11. *Was versteht man unter „projektiven" Tests?*
12. *Nennen und beschreiben Sie einen projektiven Test!*
13. *Welche Vorbereitungen sollte ein Personalchef/eine Personalchefin (Psychologe/Psychologin, InterviewerIn ...) treffen, bevor er er/sie einen/eine BewerberIn einstellt?*
14. *Welche Tipps würden Sie Ihrem Freund/Ihrer Freundin geben, damit er/sie bei einem Vorstellungsgespräch einen möglichst guten Eindruck macht?*

LÖSUNG DER TESTAUFGABEN

S. 289: Die richtige Reihenfolge der Bilder ist 4, 2, 1, 5, 3

S. 296: Die richtige Lösung ist Figur 5. Die Gesetzmäßigkeit besteht darin, dass die erste und zweite Figur in jeder Kolonne zusammen die unterste ergeben.

S. 290 ff: Intelligenztest

Auswertung: Vergleichen Sie Ihre Antworten mit den folgenden Lösungen. Tragen Sie auf der Horizontalen des Diagramms die Anzahl der gelösten Aufgaben (= Rohwert) ein. Von diesem Punkt aus ziehen Sie eine Senkrechte zur Diagonale. Wenn Sie nun diesen Schnittpunkt mit der IQ-Achse durch eine Waagrechte verbinden, erhalten Sie Ihren Intelligenzquotienten.

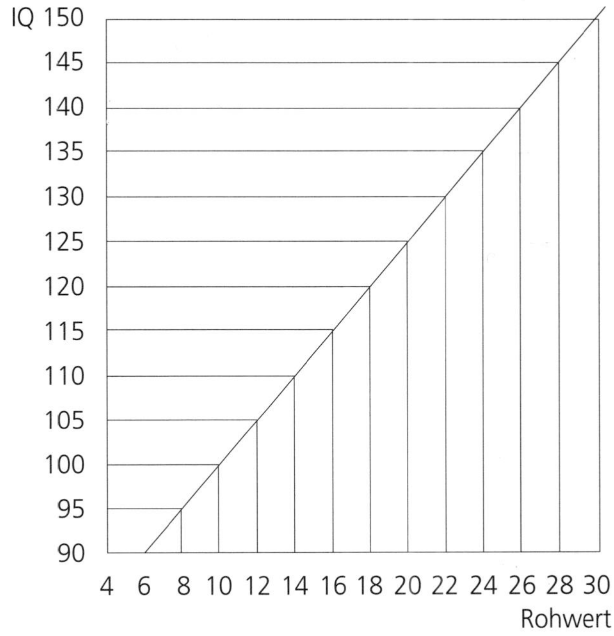

Lösungen:

1. *14. (Jede Zahl ist um 3 größer als die vorhergehende.)*
2. *Kaufhaus. (In einem Kaufhaus wohnt niemand.)*
3. *14 und 13. (Die Zahlen an der 1., der 3., der 5. Stelle bilden eine Reihe, die Zahlen an der 2. und 4. Stelle eine zweite Reihe; beide Reihen steigen um jeweils 2 an.)*
4. *Wal. (Er ist ein Säugetier, die anderen Tiere sind Fische.)*
5. *Boeing. (Die Automarken sind Ford, Mercedes, Porsche und Opel; Boeing ist eine Flugzeugmarke.)*
6. *Ball. (Das Wort in der Klammer hat dieselbe Bedeutung wie jedes der beiden Wörter außerhalb der Klammer; ein Tanz ist ein Ball, und ein Ball ist eine Kugel.)*
7. *V. (Die Buchstaben stehen in ihrer alphabetischen Reihenfolge; es werden abwechselnd zwei und drei Buchstaben übersprungen.)*
8. *Mut.*
9. *32 oder 8. (Jede Zahl ist das Produkt der beiden vorhergehenden Zahlen, 4 mal 8 ist 32; die Zahlen auf der linken Seite sind viermal so groß wie die gegenüberliegenden Zahlen auf der rechten Seite, 4 mal 2 ist 8.)*
10. *5. (Die beiden parallelen Striche bewegen sich im Uhrzeigersinn; in Figur 5 müssten sie unten sein.)*
11. *18 / 30 (Die oberen Zahlen ändern sich in der Folge –1, +2, –3, +4; die unteren Zahlen ändern sich in der Folge + 1, –2, + 3, – 4.)*

12. 4. (Die Figuren werden von links nach rechts immer kleiner.)

13. Ecke.

14. 2. (In jeder Linie ist ein Kreis, ein auf der Spitze stehendes Quadrat und ein auf der Seite stehendes Quadrat enthalten; das Kreuz in der rechten Figur entspricht dem in der linken Figur.)

15. K + Lamm = Klamm.

16. 6. (Obere Zahl + mittlere Zahl dividiert durch 2 ergibt die untere Zahl; 7 + 5 = 12, 12 : 2 = 6.)

17. Flur. (Dem Wort Flur kann ebenso wie den drei Wörtern der oberen Zeile das Wort Haus vorangestellt werden.)

18. 3. (In jeder Zeile kommen alle drei Gesichtsformen je einmal vor; in jeder Zeile hat jeweils ein Kopf einmal ein Haar, einmal zwei und einmal drei; in jeder Zeile hat jeweils ein Kopf einmal beide Augen weiß, einmal beide Augen schwarz und einmal ein weißes und ein schwarzes Auge; in jeder Zeile kommt eine weiße, eine schwarze und eine graue Nase vor.)

19. Akt.

20. Larve. (Eine Larve ist eine Raupe und eine Maske.)

21. Egmont. (Heine, Hebbel, Schiller, und Uhland sind Dichter; Egmont ist eine Dramengestalt.)

22. 6. (Die Zahlen an den Enden der langen Pfeile werden zusammengezählt; von der Summe werden die Zahlen an den Enden der kurzen Pfeile abgezogen; das Ergebnis ist die gesuchte Zahl.)

23. Heizung. (Die Buchstaben außerhalb der Klammer werden in umgekehrter Reihenfolge an die freien Stellen gesetzt.)

24. 5. (Der Kreis und das Quadrat wechseln von Figur zu Figur ihre Position, mit Ausnahme von Figur 5. Der Pfeil und das Fragezeichen bleiben immer an derselben Stelle.)

25. 2. (Die gesamte Figur wird um 90 Grad gedreht; graue Flächen werden weiß, weiße grau.)

26. D. (Die Buchstaben der mittleren Spalte sind in der alphabetischen Reihe ebenso viele Stellen nach oben von den Buchstaben der ersten Spalte entfernt, wie die Buchstaben der dritten Spalte nach unten entfernt sind.)

27. Salome. (Die Komponisten sind Rossini, Strauss und Verdi.)

28. 2. (Das Quadrat mit dem Innenkreis der ersten Figur wird zu einem Kreis mit einem gedrehten inneren Quadrat; die Schraffierung wechselt von der kleineren Figur auf die größere. Das auf der Grundfläche stehende Dreieck mit dem inneren Quadrat der dritten Figur muss entsprechend zu einem Quadrat werden, in dessen Innerem sich ein auf der Spitze stehendes Dreieck befindet, die Schraffierung wechselt von der kleinen Figur zur großen. Ist in der ersten bzw. dritten Figur ein Rechteck oben angesetzt, so ist es in der zweiten bzw. vierten Figur unten, und umgekehrt. Schraffierung und schwarze Fläche der Rechtecke wechseln dabei die Stellen.)

29. *Fast. (Der drittletzte und der viertletzte Buchstabe des ersten Wortes und der drittletzte und der viertletzte Buchstabe des zweiten Wortes bilden in dieser Reihenfolge das Wort in der Klammer.)*

30. *Rank.*

31. *3. (Gesucht ist eine Figur, die entweder aus drei Linien besteht und einen rechten Winkel enthält, oder die aus sechs Linien besteht und keinen rechten Winkel enthält.)*

32. *10. (Erste Zahl – zweite Zahl – dritte Zahl = vierte Zahl; 13 + 8 – 11 = 10.)*

33. *New York. (New York ist als Einzige dieser Städte keine Hauptstadt.)*

34. *1. (In jeder Zeile ist jeweils ein runder, ein quadratischer und ein dreieckiger Kopf; ein ovaler und ein rechteckiger Körper sowie ein Strichkörper; runde und quadratische Füße und Strichfüße; waagrecht ausgestreckte, nach oben erhobene und nach unten gesenkte Arme.)*

35. *18. (Die äußeren Zahlen werden miteinander multipliziert und durch 10 geteilt; 2 mal 9 mal 10 ist 180, 180 durch 10 ist 18.)*

36. *E / H (Es gibt zwei Reihen; die erste beginnt im ersten Kästchen oben, setzt sich im zweiten Kästchen unten fort, geht dann im dritten Kästchen wieder nach oben usw. Dabei wird jeweils ein Buchstabe der alphabetischen Reihe übersprungen. Die zweite Reihe beginnt im ersten Kästchen unten, setzt sich um zweiten Kästchen oben fort usw. Auch in dieser Reihe wird jeweils ein Buchstabe übersprungen.)*

37. *Reich.*

38. *26. (Jede Zahl ist die vorletzte verdoppelt minus zwei; 14 + 14 – 2 = 26.)*

39. *O. (Der Abstand der Buchstaben zu dem vorhergehenden A wächst in der Reihenfolge der Primzahlen.)*

40. *238. (Die Zahlen werden aus der Grundzahl 3 gebildet. Die erste Zahl ist $3^1 - 1$, die zweite Zahl ist $3^2 - 2$ usw. $3^5 - 5$ ist 238.)*

Kapitel 12
SOZIALPSYCHOLOGIE

A

Gemeinschaft – nicht immer überzeugen schlagkräftige Argumente

Die eigene Meinung – ein beglückendes Ergebnis des Medieneinflusses?

Menge, Masse, Gruppe – und wie wir als deren Mitglieder agieren

Stereotypenbildung – oder: Von der Nützlichkeit des „gesunden Vorurteils“

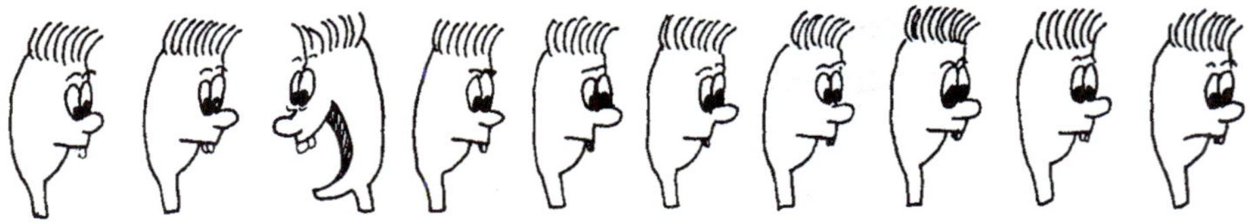

Michael Smuc

Aufpassen
Jeder muß lernen,
sich anzupassen,
aber gleichzeitig
aufpassen,
daß er nicht verpaßt
zu sagen:
Das paßt mir nicht!

Aus: Hans Manz: Worte kann man drehen

EINLEITUNG

Die **Sozialpsychologie** beschäftigt sich mit der Situation des einzelnen Menschen in der Gemeinschaft, seiner Beeinflussung durch das ➢ Kollektiv, den Interaktions- und Kommunikationsprozessen in der Gesellschaft sowie der Eigenart von Gruppen im Gegensatz zu ➢ Mengen und zu einer ➢ Masse. Zu den Themen der Sozialpsychologie gehören die Ausbildung von ➢ Stereotypen und Kollektivnormen mit ihren differenzierten Konsequenzen.

Im Unterschied zur **Soziologie**, der Gesellschaftslehre, die ihr Interesse mehr auf die objektiven, festgelegten und äußerlich erkennbaren Formen (die „patterns") der Gesellschaft und des sozialen Lebens richtet, beschäftigt sich die Sozialpsychologie vorwiegend mit den psychischen Vorgängen und Verhaltensweisen im menschlichen Zusammenleben.

1. Die Bedeutung der Sozialpsychologie

DER EINZELNE IN DER GEMEINSCHAFT

Das Leben des Menschen ist ein **Leben in einer sozialen Gemeinschaft**. Kein Mensch bleibt von seinem mitmenschlichen Milieu unbeeinflusst. Von Geburt an hat der Mensch mit anderen Menschen zu tun, mit Familienmitgliedern, Freunden, Schulkollegen, Berufskollegen, die ihm weitere Erfahrungen vermitteln und sein Verhalten beeinflussen. Will man ihn verstehen und seiner Eigenart gerecht werden, so darf man ihn nicht von seiner sozialen Umgebung, der Gesellschaft, in der er lebt, und dem Kulturkreis, in dem er geboren wurde, getrennt betrachten.

Eine Ausnahme bilden vielleicht die so genannten „Wolfskinder" und die Figur des **Kaspar Hauser**; immer wieder tauchen Berichte über Kinder auf, die, von menschlicher Gesellschaft völlig abgesondert, unter Tieren aufgewachsen sein sollen, wie dies ***Kipling*** in dichterischer Form in seinem „Dschungelbuch" beschreibt, und Kaspar Hauser soll angeblich in der Zeit von 1812–1833 in vollkommener gesellschaftlicher Absonderung gelebt haben. So genannte „Kaspar-Hauser-Versuche" spielen auf dem Gebiet der Verhaltensforschung in der Tierpsychologie eine wichtige Rolle: Tiere werden in völliger Absonderung aufgezogen, sodass sie keine Erfahrung im Kontakt mit Artgenossen sammeln können und nur angeborene Verhaltensweisen entwickeln, die dann isoliert beobachtet werden können. Aus diesen Versuchen kann auf die Bedeutung der im sozialen Kontakt gewonnenen Erfahrung für das Verhalten geschlossen werden. Die Auswirkungen einer solch vollständigen Isolierung können beim Menschen nicht beobachtet werden, weil er sie nicht überlebt. Es können nur die allerdings auch noch recht schwerwiegenden Folgen einer teilweisen Isolierung untersucht werden. Der deutsche Psychoanalytiker *Alexander* ***Mitscherlich*** hat ein so genanntes **„Kaspar-Hauser-Syndrom"** beschrieben; es handelt sich dabei um eine Entwicklungsstörung, die durch Isolierung, durch einen Mangel an sozialer Bindung, hervorgerufen wird und durch Gemütsarmut und Kontaktschwierigkeiten charakterisiert ist. Auch die bereits erwähnten Untersuchungen des amerikanischen Kinderpsychologen *René* ***Spitz*** haben gezeigt, dass Kinder, die im Verlauf des ersten Lebensjahres zwar mit allem materiell Nötigen, also Nahrung und Pflege, versorgt werden, die liebevolle Zuwendung der Umgebung aber entbehren müssen, schwerste Schäden davontragen; es kommt häufig zu Kriminalität, verminderter ➢ Intelligenz und sogar zum Tod solcher Kinder.

Im Allgemeinen ist die Isolation für das psychologische Verständnis menschlichen Verhaltens kein bedeutender Faktor, da der Einzelne in ein Netz von interpersonellen Beziehungen, von wechselseitigen intellektuellen und gefühlsmäßigen Einwirkungen verstrickt ist, für welche ***Moreno*** und einige amerikanische SoziologInnen und SozialpsychologInnen den Begriff der ➢ Interaktion eingeführt haben. Die Interaktion zwischen Menschen kann aber unterschiedlich gut verlaufen.

Indikatoren für **Störungen der Interaktion** sind z.B.

- auftretende Gefühle der **Einsamkeit**: Fast jeder vierte Erwachsene im deutschsprachigen Raum wünscht sich mehr Mitmenschlichkeit und Gemeinsamkeit. Ältere Menschen leiden an sozialer Isolation, die jüngeren an einem Gefühl innerer Einsamkeit, obwohl sie nicht allein sind. Mindestens jedes sechste österreichische Kind hat psychische Probleme; Schulstress und Einsamkeit werden als vorrangige Ursachen genannt. Soziologen weisen darauf hin, dass die Massengesellschaft den Trend zur Individualisierung und zur Isolierung fördert. Wer z.B. beim Demonstrieren von Gruppenzugehörigkeit – meist sogar durch Oberflächlichkeiten wie etwa dem Tragen von Markenkleidung – nicht mithalten kann, wird ausgeschlossen bzw. geht selbst auf Distanz. Wer einsam ist, fühlt sich nicht gesellschaftsfähig und gibt sich meist selbst die Schuld daran. Andererseits ist das gehemmte Verhalten einsamer Menschen nicht gut zu ertragen, folglich werden sie gemieden. Aus diesem Teufelskreis kommt man schwer heraus, im Gegenteil, es folgt oft eine Zunahme **sozialer Ängste**, die sich in Schüchternheit und Kontaktschwierigkeiten äußern. Begründet sind diese Ängste in einem Ich-Ideal, das den Menschen mit allzu großen Erwartungen an sich selbst schmerzhaft konfrontiert.

- Die **Sozialphobie** ist ein Leiden, das in den letzten Jahrzehnten oft konstatiert wird. Sie ist gekennzeichnet durch quälende Angst vor anderen Menschen, Angst vor deren Kritik, Angst, sich nicht adäquat zu verhalten. Wer darunter leidet – und das sind immerhin 13% der Bevölkerung –, fühlt sich hässlich, unzulänglich, minderwertig usw. und ist unfähig, die Versuche anderer Menschen, Kontakt aufzunehmen, zu registrieren. Die Arbeitslosenrate unter den Betroffenen ist dreimal so hoch wie im Bevölkerungsdurchschnitt. Fast ein Viertel der Betroffenen ist psychisch schwer beeinträchtigt, viele befinden sich in psychiatrischer Behandlung. Sozialphobiker neigen zu ➢ Depressionen – vor allem jene, bei denen die Angst vor Zurückweisung besonders groß ist – und/oder angstreduzierendem Alkohol- und Medikamenten-Missbrauch.

Aus: Psychologie heute

Man unterscheidet die **generalisierte Sozialphobie** und die **nicht generalisierte Sozialphobie** (= Leistungstyp). Beim generalisierten Typ sind sämtliche Sozialkontakte von der Kindheit oder von der Pubertät an angsterzeugend, beim Leistungstyp tritt die Angst in bestimmten Leistungssituationen auf (z.B. Reden, Schreiben, Essen in der Öffentl chkeit).

Die Behandlung der Sozialphobie erfolgt beim Leistungstyp hauptsächlich medikamentös, beim generalisierten Typ meist umfassender unter Kombination verschiedener Therapien, u.a. Psychopharmakatherapie, ➢ Verhaltenstherapie (Training sozialer Fertigkeiten), Familientherapie, ➢ kognitiver Therapie usw.

- *Welche Maßnahmen würden Sie einem über Einsamkeit klagenden Menschen als Strategie zur Bewältigung seiner Situation empfehlen?*

DIE BEZIEHUNGEN IN DER GEMEINSCHAFT

Eine einfache, aber grundlegende experimentelle Methode der Sozialpsychologie ist das ➢ **Soziogramm** (***Moreno***, 1934). Ausgehend von der – eigentlich eine Art Gesellschaftsspiel darstellenden – Frage: „Wenn Sie auf einem sinkenden Schiff wären und ein kleines Rettungsboot hätten, auf dem Sie außer sich noch eine einzige Person retten könnten, wen (von den Anwesenden) würden Sie mitnehmen?", untersuchte ***Moreno*** die Beliebtheit von Gruppenmitgliedern in ihrem ➢ Kollektiv. In einer Schulklasse kann diese Methode der ➢ **Soziometrie** in Form der Frage „Neben wem möchtest du am liebsten sitzen?" oder „Neben welchem/welcher MitschülerIn möchtest du auf gar keinen Fall sitzen?" angewendet werden. Die Antworten aller SchülerInnen einer Klasse zeigen dann, auf wen die Wahl am häufigsten fällt, wer also der/die Beliebteste und umgekehrt, wer der/die Unbeliebteste ist. Die erhaltene Konfiguration kann grafisch dargestellt werden; diese Darstellung bezeichnet man als Soziogramm.

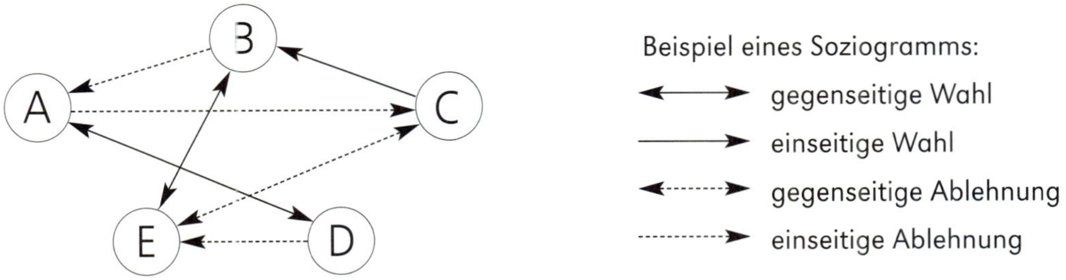

Weitere soziometrische Konfigurationen sind: das Paar, das Dreieck, das „Comcon" (je nachdem, ob zwei, drei oder mehrere Personen einander wählen), die Kette, der Stern (eine Person wird sehr häufig von anderen gewählt, diese anderen Personen wählen einander aber nur selten), die Clique (eine bestimmte Personengruppe weist viele Wahlen untereinander auf, aber nur sehr wenige gegenüber Außenstehenden, die ihrerseits auch nur selten Personen dieser Gruppe wählen), der Star (Mittelpunkt eines Sterns, er/sie kann der/die Beliebteste sein, der/die am besten Informierte oder der/die ExpertIn auf einem Gebiet), die graue Eminenz (eine Person, die nur zum Star Beziehungen hat), der/die Isolierte, Vergessene und Abgelehnte.

Gruppenstrukturen:

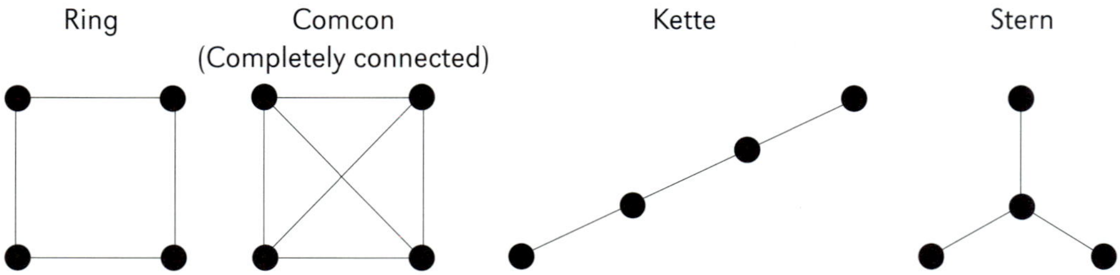

Dieses System der Soziometrie ist weiter ausgebildet worden und hat vielfache Anwendung zur Erforschung der Gefühlseinstellung in Gruppen und Kollektiven gefunden. Auf dem gleichen Prinzip beruht die **Meinungsforschung**, die in der modernen Wirtschaft eine wesentliche Bedeutung erlangt hat, aber auch in Fragen des öffentlichen Lebens oft als Hilfsmittel herangezogen wird.

- *Welche Vor- und Nachteile bringt die Erstellung eines Soziogramms einer Gruppe (z.B. einer Schulklasse) mit sich? Bedenken Sie vor allem, was das Ergebnis für die einzelnen Gruppenmitglieder bedeuten kann!*

DIE BEEINFLUSSUNG DES EINZELNEN DURCH DAS KOLLEKTIV

Bevor man die Gesetzmäßigkeiten feststellen kann, nach denen die wechselseitigen Beziehungen, die ➢ Interaktionen, in einem Kollektiv, einer Gruppe oder ➢ Masse ablaufen, muss die Stellung des Einzelnen in der Gemeinschaft (in der Gruppe, im Kollektiv) untersucht und die psychischen Einflüsse, die das Kollektiv auf den Einzelnen ausüben, geklärt werden. *Alfred* ***Adler*** zeigte die Bedeutung der Stellung des Einzelnen in der Gemeinschaft am Beispiel der Familie.

- **Angleichung der Leistung in der Gruppe**: Die Frage nach der Leistung in der Gruppe hat ***Moede*** als Erster untersucht, der damit das ➢ Experiment in die Sozialpsychologie eingeführt hat. Er beobachtete, dass bei individuellen Leistungsunterschieden in der Gruppe die Tendenz besteht, sich dieser anzugleichen: SchülerInnen, die schlechte Leistungen zeigten, wenn sie isoliert arbeiteten, verbesserten sich in der Gruppe. Solche, die allein arbeitend sehr gute Leistungen aufwiesen, sanken in ihrem Leistungsniveau in der Gruppe ab. Durch eine hemmende bzw. anregende Wirkung, die von der Gruppe auf ihre Mitglieder ausgeübt wird, entsteht eine gewisse ➢ **Konformität**.
- **Angleichung von Urteilen, Konvergenz der Meinungen**: Große theoretische Bedeutung erlangte das Experiment des in Amerika tätigen türkischen Psychologen ***Sherif***

(1935). Er erbrachte den Nachweis, dass sich in einer Gruppe ein kollektives Bezugssystem ausbildet, welches die Ähnlichkeit der Urteile und Handlungen der Gruppenmitglieder bedingt:

Wenn man in einem verdunkelten Raum einen Lichtpunkt betrachtet, entsteht eine optische Täuschung. Der Lichtpunkt scheint sich nach einiger Zeit zu bewegen. ***Sherif*** forderte seine Vpn auf, ein Signal zu geben, sobald sie eine Bewegung des Lichtpunktes bemerkten, und anzugeben, wie weit er sich ihrer Meinung nach bewegt hat. Im Einzelversuch waren die Schätzungen der Strecke, die für diese scheinbare Bewegung angegeben wurden, bei ein und derselben Vp ziemlich konstant. Bei verschiedenen Vpn zeigten die Schätzungen dagegen große individuelle Differenzen. Wenn man aber diese verschiedenen Vpn in einer Gruppe zusammenbrachte, näherten sie ihre Schätzungen einander an, die Differenzen wurden wesentlich geringer. Der Einfluss der Gruppensituation auf den Einzelnen wurde noch größer, wenn dieser Versuch von Anfang an in einer Gruppe gemacht wurde, ohne dass die Vp sich vorher in einem Einzelversuch eine eigene Meinung gebildet hatte. ***Sherif****s* Versuch führte zu dem Schluss, dass in einer Gruppe eine Tendenz zur **Konvergenz der Meinungen** besteht: Die Mitglieder einer Gruppe neigen dazu, ihre zunächst sehr unterschiedlichen Urteile und Meinungen einander anzunähern. Diese Konvergenz nimmt bei fortgesetzter Wechselwirkung in der Gruppe zu.

Sodhi (1953) zeigte in Untersuchungen, dass die individuelle Urteilsbildung durch das **Wissen**, wie die anderen Menschen urteilen, beeinflusst wird. Im Kollektiv, in der Gruppensituation, hat der Mensch die Tendenz, sein Urteil an die Meinung der anderen Gruppenmitglieder anzulehnen.

Diese Beeinflussung der Urteilsbildung hängt in zweiter Linie auch vom **Prestige** der Person oder der Gruppe ab, an deren Meinung sich das eigene Urteil anlehnt. Für die Urteilsbildung ist die Kenntnis des Urteils von Menschen, die sich allgemeiner Achtung und Wertschätzung erfreuen, wichtig. Eine genaue ➢ Interpretation der Versuche zeigt dennoch, dass das Urteil einer geachteten Persönlichkeit in einer Gruppe durchaus nicht blind übernommen, sondern durch eigene Einsicht kontrolliert wird.

- **Beeinflussung der Minorität durch die Majorität** (in Wahrnehmung, Urteil und Verhalten): ***Asch*** (1956) hat den Einfluss der Meinung der Majorität einer Gruppe auf die Urteilsbildung der Minorität untersucht und dabei herausgefunden, dass die Wirkung der Meinung der Mehrheit auf die Minderheit zwar beträchtlich, aber nicht in jedem Fall nachweisbar ist:

  Es wurde die Aufgabe gestellt, die Länge mehrerer Strecken miteinander zu vergleichen und anzugeben, welche zwei Strecken gleich lang seien. Während die Vpn mit der Lösung dieser Aufgabe beschäftigt waren, gab eine Mehrheit (die aus Helfern des Versuchsleiters bestand, die als Vpn „getarnt" waren) ein absichtlich falsches Urteil ab. Nur 29 von 123 Vpn ließen sich von diesem falschen Urteil der Mehrheit überhaupt nicht beeinflussen, 6 unterwarfen sich in jedem Fall gegen die eigene Überzeugung der falschen Meinung der Mehrheit, der Rest passte sich mehr oder weniger oft der Meinung der Majorität an. Dabei blieben die Vpn bei mehrmaligen Wiederholungen bei ihrem Urteil. Nur einzelne Vpn begannen, an der Richtigkeit ihrer eigenen Sinneswahrnehmungen zu zweifeln.

Man unterscheidet nach diesen Experimenten **unabhängige** und **abhängige** (**unselbstständige**) Typen.

Unter den **unabhängigen** gibt es solche,

die im festen Vertrauen auf die Richtigkeit des eigenen Urteils fest darauf beharren und die bedrückende Gegnerschaft einer Mehrheit der Gruppe erfolgreich überwinden;

die sich bewusst von der Meinung der Mehrheit distanzieren, sie sind „individualistisch aus Prinzip";

die sich in Opposition zur Meinung der Majorität befinden, was zwar beträchtliche Zweifel und psychische Spannungen auslöst. Dennoch bleiben sie bei ihrer eigenen, ursprünglich als richtig erkannten Meinung.

Unter den **abhängigen** Typen

lassen sich wenige so sehr von der Mehrheit beeinflussen, dass sie deren falsche Meinung wirklich für richtig halten; bei ihnen kommt es also zu einer **Verfälschung des Urteils**;

stimmt der Rest der Meinung der Majorität zu, obwohl er sich dessen bewusst ist, dass deren Meinung falsch ist. Hier handelt es sich also um eine **Verfälschung des Handelns**; diese Menschen geben der Mehrheit nach und verzichten auf ihr eigenes, richtiges Urteil zugunsten eines falschen, weil sie in den Augen dieser Mehrheit nicht als Außenseiter dastehen, nicht als „minderwertig" oder „abnormal"" erscheinen wollen.

1. *Leistungsgruppen sind Gruppen, von deren Mitgliedern zu erwarten ist, dass sie im Hinblick auf Erreichung eines bestimmten Gruppenzieles (Lernen von Fremdsprachen, Mathematik, etc., Tanz, Basteln, usw.) ein annähernd gleiches Leistungsniveau erbringen. Welche Vor- und Nachteile hat die Bildung von solchen Gruppen?*
2. *Führen Sie die Experimente von **Sherif** bzw. **Asch** z.B. in Schulklassen durch oder entwerfen Sie selber ähnliche Experimente.*
3. *Diskutieren Sie, auf welchen Gebieten des öffentlichen Lebens die Tatsache, dass es „unanbhängige" und „abhängige" Typen gibt, eine wichtige Rolle spielt. Welche Gefahren könnte diese Tatsache in sich bergen?*

2. Interaktion und Kommunikation

DIE UNTERSCHEIDUNG VON INTERAKTION UND KOMMUNIKATION

Zur **Interaktion**, d.h. zu wechselseitigen intellektuellen und emotionalen Beziehungen zwischen Menschen kommt es überall dort, wo ein Mensch mit einem anderen zu tun hat oder wo Menschen in einer Gruppe persönlich miteinander zu tun haben.

Indem man die Freqɩ enz der Interaktionen bestimmt, kann man sowohl Persönlichkeits- und Verhaltensbeurteilungen vornehmen als auch Gruppenstrukturen untersuchen. Zählt man z.B., wie oft sich ein einzelnes Mitglied einer Gruppe an die anderen wendet, erfährt man zunächst etwas über seine Persönlichkeit: Der/Die eine ist redseliger, nimmt häufiger Kontakt auf, übt mehr Einfluss aus. Bringt man diese Menschen in anderer Zusammensetzung in neuen Gruppen zusammen, dann zeigt sich, dass ihr Verhalten nicht nur von der persönlichen Eigenart (wie Schweigsamkeit oder Redseligkeit) allein, sondern auch von dem Verhalten ihres Gegenübers in der Gruppe abhängt; die Zahl der Kontakt- und Einflussnahmen wird größer gegenüber schweigsamen und zurückhaltenden Partnern, kleiner gegenüber aktiven und redseligen. Das Verhalten des/der Einzelnen in der Gruppe wird also von seiner persönlichen Eigenart und dem Verhalten seines/ihres Gegenübers im gegenseitigen Wechselspiel (Interaktion) bestimmt.

Kommunikation ist gar nicht so einfach ...

©1964 United Feature Syndicate, Inc.

©1968 United Feature Syndicate, Inc.

Kommunikation ist jede Art von Beziehung zwischen Menschen: Sie umfasst alles, was Beeinflussung durch andere Menschen darstellt – sei es eine gegenseitige Beeinflussung, sei es eine einseitige. Kommunikation ist also der umfassende Begriff, Interaktion ist eine besondere Art von Kommunikation. Die Kommunikation ist der Träger des gesamten sozialen Geschehens, durch sie wird der Mensch zum sozialen Wesen. Sie ermöglicht es dem Menschen, die Erfahrungen anderer Menschen zu nutzen und das in sich aufzunehmen, was er selbst nicht direkt erfahren konnte.

Kommunikation kann in **zwei** Richtungen geschehen, wenn beide Teile sowohl aktiv als auch passiv an ihr teilhaben. Dabei ist jeder Teil – der auch aus mehreren Personen bestehen kann – sowohl „Sender“ als auch „Empfänger“, wie dies z.B. bei einer **Konversation** oder in einer **Diskussion** der Fall ist. Bei dieser zweiseitigen Art der Kommunikation handelt es sich um eine Interaktion.

Kommunikation kann aber auch nur in **einer** Richtung vor sich gehen, sodass nur ein Teil „Sender“, der andere nur „Empfänger“ ist. Diese Art der Kommunikation findet vor allem in den **Massenmedien** (Radio, Fernsehen, Film, Zeitung und dergleichen) statt. ZuhörerInnen oder LeserInnen sind ausschließlich „Empfänger“, und als solche sind auch nur sie allein durch den Inhalt der Kommunikation mehr oder weniger beeinflussbar. Sie werden sich allerdings nicht völlig passiv verhalten, sondern den Inhalt der Informationen interpretieren. Ihre Interpretation wird von ihrem Wissen, ihrer ➢ Einstellung zum Gegenstand selbst und zum Übermittler der Information abhängen. Die LeserInnen einer Zeitung etwa werden eine Nachricht nicht nur nach ihren persönlichen Auffassungen und ihrem bisherigen Erkenntnisstand interpretieren, sondern sich auch Gedanken darüber machen, wer diese Nachricht übermittelt hat.

Der Psychologe ***Watzlawick*** hat in seiner bekannten Darstellung der Phänomene menschlicher Kommunikation einige kommunikationstheoretische Axiome aufgestellt:

1. Man kann nicht **nicht kommunizieren**, jedes Verhalten eines Menschen unter Menschen begründet Kommunikation.
2. Jede Kommunikation hat einen **Inhalts**- und einen **Beziehungsaspekt**: Jede Mitteilung, jede Kommunikation enthält außer einer sachlichen Information (**Inhaltsaspekt**) eine meist weniger augenfällige, gefühlsmäßige, meist nonverbale, ausdrucksmäßig z.B. durch den Tonfall mitgeteilte, Bestimmung, wie die gegebene inhaltlich-sachliche Information im Rahmen der bestehenden gegenseitigen Beziehung emotional aufzufassen ist (**Beziehungsaspekt**). Wenn etwa eine Dame auf die Halskette einer anderen deutet und fragt: „Sind das echte Perlen?“ so ist der Inhalt dieser Frage ein Ersuchen um Information. Tonfall, Ausdruck, Art der Frage drücken dabei aber aus, ob die Fragende zu der anderen dabei in einer Beziehung des Wohlwollens und der Freundlichkeit, des Neides, der Bewunderung, der Geringschätzung oder des Misstrauens usw. steht.

- *Gestalten Sie schriftlich einen kurzen, möglichst „wertfrei“ abgefassten Dialog z.B. zum Thema „Am Montag habe ich blaugemacht“. Verwenden Sie nun den Text in einem Rollenspiel, in dem Ihr/e GesprächspartnerIn a) ein/e wohlwollende/r, verständnisvolle/r FreundIn, b) ein/e gehässige/r MitschülerIn/MitarbeiterIn ist.*

Kommunikation enthält also auch eine affektive Komponente, die unsere Gefühle **nonverbal** übermittelt. Auf nonverbaler Ebene kommunizieren wir mittels **Blickkontakt**, **Gesichtsausdruck**, **Stimmlage** und **Körpersprache**.

Für grundlegende ➢ Emotionen wie Freude, Ärger, Überraschung etc. haben alle Kulturen einen sehr ähnlichen **Gesichtsausdruck**, der auf der ganzen Welt ziemlich gleich interpretiert wird. Allzu sehr sollte man sich jedoch nicht darauf verlassen, dass der Gesichtsausdruck dem tatsächlichen Gefühl immer entspricht, denn wir wissen, dass es ausgezeichnete SchauspielerInnen gibt. Der Klang der **Stimme** straft mitunter noch so freundliche sprachliche Äußerungen Lügen und mahnt zur Vorsicht, auch wenn wir das auf ➢ kognitiver Ebene nicht begründen können.

Ein wesentliches Phänomen nonverbaler Kommunikation ist die **Körpersprache**:

Der Choleriker *Der Phlegmatiker* *Der Melancholiker* *Der Sanguiniker*

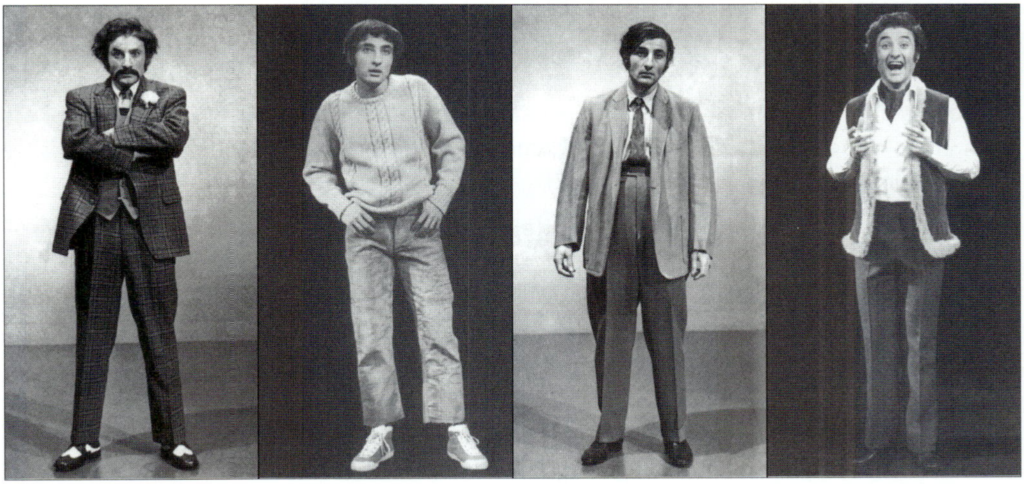

Aus: Samy Molcho: Körpersprache

Die Haltung demonstriert Zuneigung, Ablehnung, Aufregung, Schüchternheit usw. Kopfhaltung, Schulterpartie, Fuß- und Handbewegungen, Gangart, Sitzweise etc. vermögen dem aufmerksamen Beobachter Aufschluss über die Befindlichkeit seines Gegenübers zu geben. Ein Mensch, der sich dem anderen gegenüber gefühlsmäßig verschließt, bringt dies körperlich dadurch zum Ausdruck, dass er die Arme verschränkt und die Beine übereinander schlägt. Die Kunst der Pantomime, die in vielen Kulturen sehr beliebt ist, lebt von der Ausdruckskraft der Körpersprache und dem Variationsreichtum des Gesichtsausdrucks.

Kommunikationstrainer weisen allerdings darauf hin, dass sich Körpersprache immer nur anlässlich einer **Situation** und im **Verlauf** der Kommunikation interpretieren lässt. Körpersprache ist grundsätzlich individuell (bestimmter Klang der Stimme, bestimmte Art des Gestikulierens in bestimmten Situationen), daher kann man über einen/eine GesprächspartnerIn erst Aussagen machen, wenn man ihn über längere Zeit hinweg beobachtet hat. Drei Prinzipien der Körpersprache, die Hinweise auf das Erleben und Verhalten geben, können allerdings festgehalten werden:

- **Kongruenz des körpersprachlichen Verhaltens**: Übereinstimmung von Inhalt des Gesagten mit dem körpersprachlichen Ausdruck des Sprechers;
- **Symmetrisierung**: Wenn Personen ein „psychisches Gleichgewicht“ erreicht haben (z.B. durch Lösen eines Problems), zeigen sie auch nach außen hin spontan eine symmetrische Körperhaltung;
- **Aufbau eines Rapports**: Ob Menschen harmonisch miteinander kommunizieren, sich also gegenseitig „spiegeln“, erkennt man an deren Tendenz, mit dem Körper ähnliche Bewegungen auszuführen.

1. *Versuchen Sie, Ihre Körpersprache bei der Kommunikation mit Freunden, Mitarbeitern, Vorgesetzten, usw. zu beobachten! – Was können Sie daraus lernen? Inwiefern ergeben sich Schwierigkeiten?*
2. *Versuchen Sie, eine kurze Szene pantomimisch darzustellen! Ersuchen Sie Ihre ZuschauerInnen, die Szene zu verbalisieren!*

KOMMUNIKATION UND MEINUNGSBILDUNG

Im Prozess der Kommunikation unterscheidet man den „Sender" einer Information, weiters ihren „Empfänger", und schließlich die Kommunikation selbst, ihren Inhalt und ihre Wirkung auf die Beteiligten.

- **Eigenschaften des Senders**: Der **„Sender"** („Kommunikator") einer Information – sei es ein/e JournalistIn, eine politische Partei, ein/e SchriftstellerIn usw. – wird in vielen Fällen die Absicht haben, seine LeserInnen, ZuhörerInnen („Empfänger") in ihrer bisherigen ➢ Einstellung bzw. in ihrem bisherigen Verhalten zu bestärken, wenn diese seinen eigenen Vorstellungen und Ansichten entsprechen, oder deren Einstellung zu verändern, sollten sie seinen Ansichten nicht entsprechen. Er wird sich also bemühen, die Information so zu gestalten, dass seine Auffassung vermittelt und dennoch akzeptiert wird. Den Vorgang einer gezielten Beeinflussung, die zu Einstellungs- bzw. Verhaltensänderungen führen soll, bezeichnet man als **Manipulation**. Manipulation beeinflusst Menschen gezielt, ohne ihr Wissen, der Anschein der Entscheidungsfreiheit aber bleibt erhalten.

  Der Erfolg der Kommunikation hängt von mehreren Faktoren ab, von denen **Fachkenntnis** und **Glaub-** und **Vertrauenswürdigkeit** die größte Rolle spielen. Letztere hängt wiederum von äußeren Faktoren ab, z.B. der äußeren Erscheinung des Kommunikators, seiner Art, sich auszudrücken, der Organisation, der er angehört, usw.

  Asch hat in seinem ➢ Experiment die Beziehung zwischen Glaubwürdigkeit des Kommunikators (der Einschätzung seiner Person und seiner Aussagen) und dem Grad der Einstellungsänderung, die durch seine Aussagen bewirkt wurde, demonstriert:

  Zwei Gruppen amerikanischer College-StudentInnen erhielten völlig gleiche Sätze mitgeteilt; der einen Gruppe wurde gesagt, dass diese Aussage von Jefferson stamme (Präsident Jefferson ist eine Art amerikanischer „Nationalheld"), der anderen Gruppe wurde mitgeteilt, dass der russische Revolutionär Lenin ihr Urheber sei. Die identischen Aussagen wurden völlig unterschiedlich interpretiert. Die Auslegung bezog sich also nicht allein auf den Inhalt, sondern wurde durch die „Kenntnis", die die ZuhörerInnen über die Person des vermeintlichen Autors schon vorher besaßen, mit beeinflusst.

- **Eigenschaften des Empfängers**: Ob eine Information eine Änderung der Einstellung und des Verhaltens bewirkt, hängt auch von Faktoren ab, die im Empfänger dieser Information gelegen sind. Die ➢ **Theorie der kognitiven Dissonanz** von ***Festinger*** versucht, die Bedingungen zu beschreiben, durch die ein Mensch bewogen wird, in einer bestimmten Richtung zu denken und zu handeln.

  Jeder Mensch verfügt über eine Anzahl von Informationen und Kenntnissen (***Festinger*** nennt diese „kognitive Elemente"), Meinungen, Einstellungen und Verhaltenstendenzen, die mehr oder weniger stark affektiv mitbestimmt sind. Diese einzelnen Faktoren können zueinander entweder **konsonant** oder **dissonant** sein, also entweder harmonisch zueinander passen oder eine Disharmonie ergeben. Wenn einzelne Inhalte miteinander eine Dissonanz ergeben, besteht die Tendenz, durch Ausscheidung oder Angleichung eines dieser dissonanten Inhalte wieder einen Zustand des inneren Gleichgewichts, der Konsonanz, herzustellen. Dies kann auf verschiedene Weise erfolgen. Wenn z.B. jemand ein starker Raucher ist (affektiv bestimmtes Verhalten), er aber die Information besitzt, dass das Rauchen gesundheitsschädlich ist („kognitives Element"), so befindet sich hier Information gegenüber Verhaltenstendenz in einem dissonanten Zustand. Es wird die Tendenz bestehen, diese unangenehme Dissonanz auszugleichen – etwa dadurch, dass der Raucher seine Kenntnis von der Schädlichkeit des Rauchens bagatellisiert: „Ich kenne viele Leute, die starke Raucher waren und trotzdem ein hohes Alter erreicht haben" usw. In diesem Fall wurden also Einstellung und Verhalten beibehalten und eine Information, die eigentlich eine Verhaltensänderung herbeiführen sollte, negiert. Es könnte aber zur Erhaltung der Konsonanz die Information der Gesundheitsschädigung akzeptiert und das Verhalten, das zu ihr dissonant ist, geändert werden. Dann wäre eine Verhaltens- und Einstellungsänderung erzielt worden.

- **Eigenschaften der Botschaft**: *Festingers* Theorie geht davon aus, dass Harmonie der Disharmonie vorgezogen wird und immer die Tendenz besteht, ein Gleichgewicht, die ➢ Homöostase, herzustellen. Neue Elemente, die zu den bisherigen Einstellungen und Verhaltenstendenzen dazu kommen, müssen so geartet sein, dass sie leicht zu einem harmonischen Zustand integriert werden können. Daher werden im Allgemeinen jene Informationen am ehesten zu einer Einstellungs- und Verhaltensänderung führen, die **vorsichtig dosiert** sind.

  Untersuchungen amerikanischer ForscherInnen ergaben, dass z.B. Appelle, die ausschließlich Angst auslösen, eher negiert werden. Als Beispiel für diese Haltung dienten drei verschiedene Filme, die die Gefahren mangelnder Mund- und Zahnhygiene zeigten, um für bessere Zahnpflege zu werben. Bei stark angsterregendem Appell, der die Gefahren einer Mundinfektion und die damit verbundenen Schmerzen an Hand eindrucksvoller Fotografien besonders herausstrich, wurde nur bei 8% der Vpn eine Änderung des Verhaltens, nämlich die Intensivierung der Zahnpflege, erzielt.

  Bei einem schwach angsterregenden Appell, bei dem Bilder eines schönen, gesunden Gebisses gezeigt wurden, der also vor allem die Vorteile und Annehmlichkeiten der Gesundheit betonte und nur wenige Daten über die Erkrankungen brachte, wurde die gewünschte Verhaltensänderung bei 36% aller Vpn festgestellt.

  Bei einem gegenteiligen Beeinflussungsversuch eine Woche später, bei welchem den Vpn gesagt wurde, dass die Zahn- und Mundhygiene ohne jede Bedeutung sei, zeigte sich, dass die Vpn, die dem nur schwach angsterregenden Appell gefolgt waren, ihre neu erworbene Verhaltensweise (Intensivierung der Zahnpflege) beibehielten und gegenüber dem gegenteiligen Beeinflussungsversuch unempfindlich waren. Jene 8% der Vpn, die durch den stark angsterregenden Appell zu einer Verhaltensänderung bewogen wurden, sind bei diesem neuerlichen Beeinflussungsversuch viel leichter schwankend geworden.

  Eine **Information, die wenig Angst macht** und vor allem das Angenehme betont, kann leichter integriert werden und zu einer Änderung des Verhaltens führen, da die Dissonanz zwischen der neuen Information und den bisherigen Einstellungen bzw. Verhaltenstendenzen gering ist. Erweckt eine Information jedoch große Angst, ist die Dissonanz zur bisherigen Einstellung zu groß; die Dissonanzreduktion, d.h. die Herstellung eines harmonischen Gleichgewichts, wird daher nicht durch Integration dieses neuen Inhalts, sondern durch dessen Abweisung bewerkstelligt.

1. *Sicherlich gibt es einen Politiker/eine Politikerin oder einen Vertreter/eine Vertreterin einer Organisation, der/die Ihnen besonders glaubwürdig erscheint. Überlegen Sie genau, worauf diese Glaubwürdigkeit beruht bzw. durch welche äußeren Merkmale diese zumindest gestützt wird.*
2. *Ein Mensch, den Sie schätzen, zeigt ein Verhalten, das Sie schwer akzeptieren können (nehmen Sie ein Beispiel aus Ihrem Erlebnisbereich). – Was tun Sie / haben Sie getan, um die an sich harmonische Beziehung zu erhalten?*

PSYCHOLOGIE DER MEDIEN

Auf dem Gebiet der Kommunikationstechnik gibt es eine permanente rasante Weiterentwicklung. Das wichtigste moderne Kommunikationsmittel ist das Fernsehen. Dazu kommen Kabelfernsehen, Satellitenfernsehen, Bildschirmtext, Videotext, Videorecorder, Telespiele, Computer. In Deutschland wurde z.B. schon Ende 1984 erhoben, dass Kinder täglich im Durchschnitt 1 bis 1 1/2 Stunden vor dem Bildschirm verbringen (in extremen Fällen sogar 2 3/4 Stunden und Erwachsene bis zu 4 Stunden). In den USA liegen die Werte deutlich höher (***Winterhoff-Spurk***).

Laut ORF-Medienforschung ist 2008 die tägliche TV-Nutzungszeit in Österreich bei Kindern im Alter von 3 bis 12 Jahren mit ca. 1 bis 1 1/2 Stunden gleich geblieben, die Nutzungszeit ab 12 Jahren aber auf durchschnittlich 156 Minuten pro Tag angestiegen. Die Verweildauer vor dem Fernseher steigt mit zunehmendem Lebensalter deutlich an.

EINFLUSS DER MEDIEN AUF DIE SOZIALISATION IN DER FAMILIE

Es wurden Untersuchungen durchgeführt, die sich mit Einflüssen von Medien auf die Erziehung von Kindern und Jugendlichen beschäftigen, auf ihre Erlebnis- und Verhaltensweisen sowie auf die Kommunikation in der Familie. Wichtige Themenkreise sind dabei: **soziales** Verhalten, **aggressive** Verhaltensweisen, die Ausbildung von ➢ **Stereotypen über die ➢ Geschlechtsrollen**, die **emotionale** und ➢ **kognitive Wirkung der Werbung** und die **politische Meinungsbildung**.

- Filme üben im Hinblick auf Nachahmung und Erwerb von Verhaltensweisen eher kurzfristige Wirkung aus. Filme, die **soziale Verhaltensweisen** vermitteln (wie Hilfsbereitschaft, Verlässlichkeit, die Fähigkeit, sich bei ➢ Konflikten in die Position anderer hineinzuversetzen, sich stärker an Wünschen und Verhaltensweisen der Interaktionspartner zu orientieren), zeigen allerdings dann einen deutlich anhaltenden Lerneffekt, wenn die Kinder und Jugendlichen über die Sendungen mit ihren Eltern sprechen können. Der „elektronische Hauslehrer" kann also nur Nachhilfeunterricht geben, er kann die Eltern aber nicht ersetzen.
- Filme, die **aggressives Verhalten** vermitteln, wirken sich vor allem dann aus, wenn Kinder diese nicht mit ihren Eltern besprechen können, wenn sie etwa infolge einer ge-

störten ➢ Kommunikation in der Familie Stunden des „Trostes" vor dem Fernsehschirm verbringen. Dabei werden einerseits aggressive Verhaltens- und Redeweisen nachgeahmt, andererseits können brutale Szenen starke ➢ Emotionen hervorrufen, vor allem Angst (s. auch Kap. „Friedenspsychologie").

Zweifellos sind gerade Filme, die Gewaltanwendung zeigen, schädlich. Einige Zahlen mögen hier einen Anstoß zum Nachdenken geben: In den USA sehen Kinder von 2 – 5 Jahren täglich fast 4 Stunden fern, 6- bis 12-jährige Kinder 3 1/2 Stunden. Alle 10 Minuten wird physische Gewaltanwendung gezeigt. Nimmt man die geringere Sendezeit an, also 3 1/2 Stunden pro Tag, dann sieht ein Kind täglich 20, jährlich 7.282, bis zum 12. Lebensjahr insgesamt 80.099 Gewaltdarstellungen im Fernsehen. Nach Schätzungen eines amerikanischen Kinderarztes hat es somit bis zum Alter von 12 Jahren ca. 14.000 Fernseh-Tote wahrgenommen. (nach ***Winterhoff-Spurk***)

Was den Einfluss aggressiver Filme anbelangt, werden auch nach wie vor die Untersuchungsergebnisse von *A.* ***Bandura*** (s. S. 99 f., Modelllernen) bestätigt. In jüngster Zeit wurde immer wieder auch darauf hingewiesen, dass die Wirkung von Filmen, die Gewalt zeigen, erst dann voll zum Tragen kommt, wenn in der Familie Gewalt vorgelebt wird, z.B. durch Kindesmisshandlungen, oder wenn Gewalt in der Familie zumindest mit Gleichgültigkeit zur Kenntnis genommen wird. Erst diese „doppelte Dosis" (nicht allein der Medieneinfluss) macht kriminell.

- Im Fernsehen werden Frauen und Männer in ziemlich **stereotyper** Weise dargestellt. Bei Kindern, die viel fernsehen, kommt es nachweislich schon bald zur Ausbildung von stereotypen Auffassungen über die ➢ **Geschlechterrollen**: Männer sind Ärzte, Frauen Krankenschwestern; Männer sind Anwälte, Frauen Sekretärinnen; Männer sind Angreifer, Frauen sind Opfer. Dieser Trend in der Darstellung scheint sich nur langsam ein wenig zu ändern.
- Auch **Werbespots** haben eine nicht unproblematische Wirkung auf Kinder. Hier gilt wiederum: Die kritische Konsumhaltung der Eltern verringert die Suggestivkraft der Werbung.
- Die **emotionale** Wirkung: In verschiedenen Untersuchungen über die **emotionalen Medienwirkungen** hat sich gezeigt, dass Inhalte von Fernsehsendungen entsprechend der bekannten Vergessenskurve (s. S. 82) vergessen werden, also zuerst schnell, dann langsamer. Im Gegensatz dazu verändern sich emotionale Eindrücke nicht. Sie sind aufgrund ihrer lange anhaltenden Wirkungen emotionalen Bindungen gleichzusetzen. Die Möglichkeit, dass emotional besetzte Personen im Fernsehen nur unregelmäßig oder gar nicht mehr wiederkehren, erweckt in den Kindern eine „Verlustangst", die einem emotionalen ➢ Stress gleichkommt, besonders wenn die Kinder beim Verarbeiten ihrer Gefühle von den Eltern alleingelassen werden.

  Es wurde auch nachgewiesen, dass ängstliche oder instabile Menschen durch die Medien noch ängstlicher, noch labiler wurden. Die psychisch Stabilen hingegen werden eher gefestigt.
- Die **kognitive** Wirkung: Viele Eltern rechtfertigen den hohen Fernsehkonsum ihrer Kinder mit dem Hinweis darauf, dass das Fernsehen Wissen und Bildung vermittle. Es ist anzunehmen, dass Kinder bis zum Alter von etwa 7 Jahren durch das Fernsehen eine gewissen Förderung erfahren, da sie Bilder besser verstehen als nichtbildliche Vorlagen.

Dieser Vorsprung hält jedoch nicht lange an, und es zeigen sich bei hohem Fernsehkonsum später eher nachteilige Folgen (***Ingenkamp***). Außerdem wird bei Kindern das Speichern von Informationen zwar erweitert, die Fähigkeit zu kritischem Bewusstsein und eigenständigem Denken jedoch nicht gefördert (***Heitger***). Die Hoffnung, dass sich durch Informationsvermittlung im Fernsehen die Wissenskluft zwischen Menschen mit unterschiedlichem Bildungsniveau verringere, erwies sich als falsch. Ein medienkompetenter Mensch kann aus dem Informationswust von wichtigen und unwichtigen Mitteilungen relevantes Wissen auswählen und für sich nutzen. Weniger begabte Erwachsene und Kinder können das ohne Hilfe kaum. Jedenfalls muss selbst bei wohlwollender Betrachtungsweise betont werden: Eine ausgewogene Entwicklung des Kindes erfordert zweifellos nicht nur die Fähigkeiten, die vom Fernsehen vermittelt werden, sondern auch jene, die von anderen Kommunikationsmedien gefördert werden (Bücher, mündlicher Unterricht usw.).

- **(Politische) Meinungsbildung** durch Medien: Die Vorstellungen über die soziale und gesellschaftliche Wirklichkeit werden durch die Medien, vor allem das Fernsehen, mitbestimmt. Was in den Medien vorrangig behandelt wird, erscheint auch den Menschen besonders wichtig. Die „Wichtigkeit" bemisst sich allerdings danach, was irgendein/e JournalistIn für wichtig bzw. „sensationell" hält. Die Medien haben also weit gehenden Einfluss darauf, worüber wir nachdenken - und das ist letztlich von den Einschaltquoten abhängig.

  Was die Bildung einer sog. „öffentlichen Meinung" betrifft, so werden dem Publikum vom Fernsehen „versteckte Botschaften" übermittelt, bei denen die Kameraleute eine nicht unbedeutende Rolle spielen; Politikern ist dieser Zusammenhang nicht verborgen geblieben, und sie verstehen es, ihre Positionen medial aktiv zu nutzen. Pressekonferenzen, Besuche in Altersheimen, Einweihungen öffentlicher Einrichtungen, Podiumsdiskussionen finden hauptsächlich zu dem Zweck statt, sich dem Publikum möglichst oft zu zeigen. Die Medien sorgen (z.B. anlässlich von Wahlkämpfen) in erster Linie für eine Imageförderung und/oder -korrektur. Diese Tatsache ist seit den Fernsehdiskussionen zwischen Kennedy und Nixon bekannt, sie wurde in mehr als 30 Projekten untersucht. Kennedy konnte eine deutliche Imageverbesserung aufweisen, während Nixon leicht an Sympathien verlor (es wird berichtet, dass z.B. sein „nicht sehr gut rasierter Bart" auch zu diesem Imageverlust beitrug). Von den Kameraleuten eingesetzte optische Mittel können eine Person besonders vorteilhaft oder unvorteilhaft erscheinen lassen; z.B. erweckt eine Frontalansicht eher Gefühle von Sympathie und den Eindruck von „Ruhe" und „Ungezwungenheit", während eine starke Draufsicht („Vogelperspektive") und eine Untersicht („Froschperspektive") eher Antipathie erzeugen und den Eindruck von „Schwäche" und „Leere" hinterlassen.

  Im Übrigen könnte es aber bei zu häufigen Darbietungen – so vermuten Medienpsychologen – leicht auch zu einem „Bumerang-Effekt" kommen, da Untersuchungen über die Äußerungen von Zuschauern während des Fernsehens – soferne sie sich überhaupt auf das Fernsehen bezogen – zu einem großen Teil negative Bewertungen enthalten, wie z.B. „Der ist aber unmöglich angezogen" oder „Die wird auch immer fetter" usw.

Auch bei vorsichtiger Bewertung entsteht doch der Eindruck, dass die **Urteilsbildung** der Menschen durch das Fernsehen nicht verbessert, sondern eher gefährdet wird. Die Erweiterung der Programme bringt zwar scheinbar mehr Freiheit für die Zuseher, wird aber nicht genügend genutzt; Analysen zeigten, dass die Programmerweiterung eher dazu führt, dass immer mehr vordergründige Filme und Unterhaltungssendungen angesehen werden, während die Einschaltquoten bei informierenden Sendungen geringer werden. Besonders bedauerlich ist, dass Kinder immer mehr Filme für Erwachsene ansehen, offensichtlich in Nachahmung der Fernsehgewohnheiten der Eltern.

Den ErzieherInnen sind die Auswirkungen des Fernsehens auf ihre SchülerInnen nicht unbekannt, und sie bemühen sich um „Medienbewusstsein“. Es ergibt sich die Erziehungsaufgabe, Fernsehen und Fernseh-Gewohnheiten besser zu kontrollieren.

Unbarmherzige Kritik am Fernsehen äußert *H. E.* ***Richter*** in seinem Buch „Die hohe Kunst der Korruption“. Sinngemäß führt er folgende Mittel an, derer sich das Fernsehen bedient, „den Bürgern das Denken abzugewöhnen“:

- Das Fernsehen präsentiert einen prominenten Experten, der in einem Zwei-Minuten-Statement zu einem Problem genau das sagt, was er sagen soll.
- Geistige Tätigkeit wird auf bloße Gedächtnisleistungen z.B. in Ratespielen, Quiz-Sendungen etc. reduziert.
- Zum kritischen Denken anregende Eindrücke werden schnell durch darauf folgende Unterhaltungssendungen gelöscht bzw. verdrängt.
- Fernsehen befreit vom Denken durch seine Punktualität. Nur Momentaufnahmen werden präsentiert, größere und logische Zusammenhänge werden nicht dargeboten.
- Kreativität ist nur zum Werben, Überreden und Siegen da, nicht für die Suche nach Wahrheit.
- Politikprogramme werden nach dem Kommunikationsmuster „Eltern – Politiker reden, Kinder – Zuschauer hören zu“ gestaltet.
- Der einfache Mann wird als Ratloser, als Nichtwisser dargestellt, der Mächtige hingegen als der, der Rat und Wissen anzubieten hat.
- Bilder erlösen durch Suggestivwirkung vom Denken, sie vereinfachen und sagen wenig aus, aber man glaubt ihnen.

Aus: Karli Berger: Wir Supermänner

- *Wie beurteilen Sie die Kritik* ***H. E. Richters****? Können Sie diese Aussagen evtl. mit konkreten Beispielen belegen? Gibt es Gegenargumente und entsprechende Beispiele?*

KOMMUNIKATION MITTELS COMPUTER

Neue Möglichkeiten der Kommunikation – auch über große Distanzen hinweg – bietet der Computer. CD-ROM und Internet ermöglichen den Zugriff auf eine enorme Informationsfülle auf allen erdenklichen Wissensgebieten, seien dies Geschichtsdaten, technische Errungenschaften, Exponate von Museen und Galerien, geografische Daten, Politik, Umwelt usw. In vielen Bereichen ist die virtuelle Welt des Computers hilfreich bei Problemlösungen, etwa in der Industrie, Architektur, Kunst, Medizin (z.B. bei Operationen) usw. Meinungsumfragen und psychologische Tests werden zum Teil bereits mittels Computer durchgeführt.

Die Entwicklung des www (world wide web), des **Internets**, erfährt eine permanente Erweiterung und Verbesserung. Dies bedeutet eine Potenzierung der Informationsfülle. Die Möglichkeiten virtueller wissenschaftlicher Veranstaltungen und politischer und Wirtschafts-Konferenzen versprechen eine bedeutende Zeit-, Weg-, Organisations- und Kostenersparnis. Aber schon Internet-BenützerInnen mit bescheideneren Kommunikationsansprüchen finden lebhaften Austausch via E-Mail und Chat. Für die ➢ Sozialpsychologie von Interesse ist der mühelose, unkomplizierte, auf Kürzest-Mitteilungen beschränkte Kontakt zwischen den Netzbewohnern, deren Heraustreten aus den sozialen Bindungen des Alltags, deren Flexibilität durch Tausch der Geschlechtsrollen und Wechsel ihrer Identität (oft in einem selbst gebastelten virtuellen Körper, der übrigens im Spiel „sterben" kann), besonders in den sehr beliebten Rollenspielen. Die Internet-Benützerin versucht sich in einer männlichen Online-Identität, der Lehrling legt sich eine Helden-Identität zu, usw. Es gibt keine „Lebensschicksale" im Internet, sondern die beliebige Wahl von Identitäten, die eine virtuose Beherrschung unterschiedlicher Rollenstrategien erstrebenswert macht.

Die amerikanische Cyberspace-Expertin *Sherry* ***Turkle*** weist auf die Tatsache hin, dass sich hier auf irritierende Weise eine neue Art des eigenen „Körper-Bewusstseins" und des Selbstbildes abzeichne, dass sich das Internet zu einem „sozialen Laboratorium" entwickelt habe, in dem mit der Erzeugung von Ich-Identitäten im postmodernen Zeitalter experimentiert werde. Es drängt sich die Frage auf, ob das Spiel im Internet der neuen Entwicklung im realen Leben vorauseilt. Heute ist die Flexibilität zum Prinzip erhoben: Der Mensch – insbesondere als ArbeitnehmerIn – soll bereit sein, immer wieder „von vorne anzufangen", neue Arbeitsverhältnisse, neue zwischenmenschliche Beziehungen einzugehen, neue Wohnsitze zu akzeptieren, er/sie soll ständig „jugendlich" und „geschichtslos" sein (die Erfahrung 40- und 50-Jähriger ist am Arbeitsmarkt kaum noch gefragt). (Nach ***Lorenz***)

Wie immer man diese Möglichkeiten bewertet, durch Längsschnittstudien wurden bereits folgende **negative soziale Konsequenzen** festgestellt: Personen, die oft das Internet benutzen, klagen häufiger über Alltagsstress und Kommunikationsunlust, ➢ Depressionen, fühlen sich zunehmend isoliert, ihre psychische Befindlichkeit scheint sich zu verschlechtern (nach ***Zimmermann***).

Der Computer, anfänglich militärischen und wissenschaftlichen Zwecken vorbehalten, dann für wirtschaftliche Zwecke genutzt, spielt heute als **Informationsvermittler kognitiver Inhalte** in Ausbildungsstätten, Schulen, Universitäten eine immer bedeutendere Rolle. Man erhofft sich vom Computer eine Modernisierung des Bildungswesens, eine motivierende Wirkung auf SchülerInnen und LehrerInnen durch lustbetontes Lernen bzw. Lehren, effizientes Lernen durch individuelle Lernprogramme und eindrucksvolle Präsentation der Inhalte und nicht zuletzt Entlastung der Eltern durch die mediale Lernhilfe. Zum Einsatz von **Computern an Schulen** äußern sich KritikerInnen dahingehend, dass die PC-Lerninhalte punktuelle Informationen darstellen, jedoch keine kontinuierliche Bildung vermitteln können, dass weiters SchülerInnen (vorübergehend) Spaß an der Präsentation haben, sich die Inhalte jedoch nicht merken, dass außerdem so genannte „lernschwache" SchülerInnen sich gerade durch das Fehlen von assoziativem Denken bei der Erarbeitung von Themen ausweisen, negative Merkmale, die durch das Lernen mittels Computer noch verstärkt werden. Ausreichende ➢ empirische Daten stehen jedoch noch aus.

Hinsichtlich Informationsbeschaffung sind die Vorteile des Internets nicht zu unterschätzen. Aber auch hier gilt die Polarisierung, die dem Fernsehen zugeschrieben werden kann – überspitzt formuliert: „Die Gescheiten" werden durch geschickte Nutzung klüger, „die Dummen" hingegen werden dümmer, weil sie aus der Informationsfülle schlecht auswählen, z.B. Fantasiegebilde nicht von wissenschaftlichen Infos unterschieden können etc. Lehrpersonen sollten hier die nötige Hilfestellung geben. Zudem wird bei der Internet-Nutzung fremdes geistiges Eigentum vielfach wenig respektiert, was in dem Augenblick unmoralisch wird, wenn Ansehen, Anerkennung von Kreativitätsleistungen, Titel, Geld damit verbunden sind, die sich jemand – letztlich zum Schaden anderer Personen – zu eigen macht. Meist haben Plagiatoren dadurch selbst keinen echten Wissenszuwachs zu verzeichnen. Es empfiehlt sich daher, die in Fachbereichs- und Diplomarbeiten etc. verwendeten Quellen zu zitieren, vor allem aber auf die eigenen Fähigkeiten zu vertrauen.

1. *Diskutieren Sie die Vor- und Nachteile des Computer-Gebrauchs in verschiedenen Tätigkeitsbereichen! – Wie nutzen Sie dieses Medium?*
2. *Was halten Sie speziell vom Computer-Einsatz zum Zwecke der Wissensvermittlung an Schulen? Welche Aufgaben sollten die Lehrpersonen dabei übernehmen?*
   - *Erläutern Sie Ihre Ansicht anhand konkreter Unterrichtsfächer!*
   - *Wie könnte z.B. ein Projekt Ihrer Wahl unter bestmöglicher Computer-Nutzung ablaufen?*

3. Sozialpsychologische bzw. soziologische Einheiten – Kollektive

Der Mensch in der sozialen Gesellschaft ist bestrebt, sich an das Kollektiv anzugleichen, andererseits sich selbst, seine eigenen Wünsche und Überzeugungen gegenüber andersartigen Meinungen im Kollektiv zur Geltung zu bringen. Der Einzelne und das Kollektiv stehen also in einer ständigen Wechselbeziehung, und dieses Wechselspiel bestimmt die Formen des sozialen Zusammenlebens.

DIE MENGE

B *Unter einer **Menge** versteht man eine unorganisierte und zufällige Ansammlung einer größeren Anzahl von Menschen, die nicht durch Beziehungen miteinander verbunden sind.*

Eine Menge ist ein unstrukturiertes Kollektiv, eine beziehungslose Anhäufung von Individuen. Die einzige Gemeinschaft, die die einzelnen Individuen in einer Menge miteinander verbindet, ist eine Situationsgemeinschaft, z.B. gleichzeitige Anwesenheit an einem bestimmten Platz.

DIE MASSE

B *Unter **Masse** versteht man ein Kollektiv, das gleichzeitig durch eine äußere Wahrnehmung von einem gemeinsamen emotionalen Antrieb erfasst wird.*

Eine Masse entsteht nicht durch verstandesmäßige Bindung, sondern durch affektive „Ansteckung", durch unwillkürliche Nachahmung. Sie besteht aus Mitgliedern, die „gefühlsmäßig und triebhaft miteinander verbunden" bzw. auf ein stark emotional betontes Ziel hin „gleichgeschaltet" sind.

DIE ENTSTEHUNG DER MASSE

Die Masse entsteht meist aus einer ➢ **Menge**, und zwar dadurch, dass deren Mitglieder gemeinsam und zur gleichen Zeit von einem affektiv beeindruckenden Erlebnis betroffen und so zu einem affektiv verbundenen Kollektiv werden; doch kann unter besonderen Umständen, durch besondere emotionale Eindrücke, auch eine ➢ **Gruppe** zu einer Masse werden (z.B. eine Schulklasse).

- Die Entstehung der Masse aus einer **Menge**: Die Wartenden auf einem Bahnsteig etwa bilden zunächst eine Menge. Ein vorbeifahrender Zug kann für die Einzelnen, aus denen diese Menge besteht, ein gemeinsamer, äußerer Wahrnehmungsgegenstand sein, ohne dass sie durch diese gemeinsame Wahrnehmung zu einer psychischen Einheit verschmolzen werden. Wenn nun ein Zug einfährt, in den alle einsteigen wollen und im Zug genügend Platz ist, wird das affektive Interesse noch gering sein. Ist der Zug stark besetzt, wird die wartende Menge von der Furcht, keinen Platz zu bekommen und von dem Wunsch, sich vorzudrängen, ergriffen werden. In diesem Augenblick sind alle durch den gemeinsamen, starken ➢ Affekt zu einer Masse verschmolzen. Die gefühlsmäßigen Antriebe herrschen vor, die verstandesmäßige Kontrolle ist in den Hintergrund getreten.
- Die Entstehung der Masse aus einer **Gruppe**: Wird eine Gruppe mit fester innerer Ordnung und Organisation, wie z.B. eine Schulklasse, in der jeder Einzelne die Grenzen sei-

ner Rolle kennt und einhält, durch eine krasse Verhöhnung seitens eines „Gegners“ (sei es ein „äußerer Gegner“, sei es ein opponierendes Mitglied der Gruppe selbst) gereizt, kann es zu einem plötzlichen Gefühlsausbruch kommen. In diesem Moment wird die Klasse durch den allen gemeinsamen starken Affekt, z.B. des Zorns, zu einer Einheit verschmolzen. Die Gruppe wird zu einer von einem gemeinsamen starken Affekt beherrschten Masse, u. U. zu einer enthemmten und aggressiven, blindwütig auf einen gemeinsamen Feind losgehenden Horde.

Die Reaktion auf einen gemeinsam erlebten, stark affektiven Reiz ist regelmäßig eine unmittelbare, plötzliche; auf den äußeren Anlass erfolgt sofort die Aktion. Im Gegensatz zu einer solchen **äußeren Ursache** ist die Aufstauung von Affekten eine Ursache des Massengeschehens, die im Kollektiv selbst gelegen ist, also eine **innere Ursache**. Durch einen **Anführer** können die in einer Menschenmenge aufgestauten Gefühle so angestachelt werden, dass sie plötzlich zum Ausbruch kommen. Ist der Ausbruch einmal erfolgt, kann er von einem Anführer in die von ihm erwünschte Richtung gelenkt werden, wenn diese mit den ungerichteten oder weniger gerichteten Intentionen der Masse übereinstimmt.

Bei der Entstehung der Masse aus einer Gruppe sind zunächst die gleichen Faktoren wirksam wie bei ihrer Entstehung aus einer Menge. Allerdings wird eine gut geordnete Gruppe gegen äußere affektive Reize oft widerstandsfähiger sein als die beziehungslose Menge. Bei Ausbruch eines Brandes wird sich z.B. eine Schulklasse, die eine psychisch gut organisierte Gruppe mit fester Ordnung darstellt, unter Umständen besonnen und ruhig verhalten, während eine Menschenmenge in Panik versetzt wird.

In der Gruppe wird die Rolle des Anführers durch die Kritik und Mitarbeit der übrigen Mitglieder reguliert, seine Macht begrenzt. Versagt dieses Regulationssystem, kann der Anführer der Gruppe die gleiche Stellung erlangen wie in einer Masse: Alles folgt ihm in blindem Gehorsam.

1. *Geben Sie Beispiele für die Umwandlung einer Menge bzw. Gruppe in eine Masse (historische Ereignisse, aktuelle Zeitungsberichte, ...)!*
2. *Vielleicht haben Sie sich selbst schon als Teil einer Masse erfahren (evtl. bei einer Demonstration, als Zuschauer bei einem Fußball-Spiel). – Was haben Sie dabei gefühlt, wie haben Sie sich verhalten?*

MASSENPSYCHOLOGISCHE ERSCHEINUNGEN

- Die psychologische Verbundenheit vieler Individuen zu einer Masse ist durch ein **Vorherrschen der ➢ Affekte und Triebe** und ein **Zurücktreten der intellektuellen Funktion** gekennzeichnet.

Eine typische massenpsychologische Erscheinung ist die **Panik**, z.B. bei Ausbruch eines Brandes. Der verbindende Affekt, der die Einzelnen zu einer Masse verschmilzt, ist hier die Angst, das gemeinsame affektive Ziel – die (blinde) Flucht. Bei einem Brand z.B. ist für die Angst ein realer äußerer Grund vorhanden; es kann aber auch ohne einen solchen bedrohlichen, äußeren Anlass zu einer Panik kommen, z.B. im Gedränge an einem engen Ausgang, wo bei genügender Besonnenheit, intellektueller Kontrolle und Geduld kein Anlass zur Angst wäre.

Ein Gegenstück zur Panik ist der **Tumult**, der (blindwütige) Aufruhr, bei dem aufgestaute Affekte (mit oder ohne äußeren Anlass, eventuell durch einen Anführer oder Provokateur angestachelt) durchbrechen und sich in zielloser Aggression und Zerstörung Luft machen. Diese Handlungen können von einem Anführer in die von ihm gewünschte Richtung gelenkt werden, sofern dieser innerhalb des Bereiches liegt, der den gemeinsamen Affekt umfasst. Der gemeinsame Affekt ist beim Tumult die Aggression, die Wut, das gemeinsame affektive Ziel dementsprechend die Zerstörung.

- Die Masse ist durch **hochgradige ➢ Suggestibilität** (Reaktionsbereitschaft auf Suggestion) charakterisiert. Infolge des Zurücktretens der verstandesmäßigen Kritik ist die Masse jedem Einfluss leicht zugänglich, der den in ihr vorhandenen Affekt anspricht und die in ihr schlummernden Gefühle zum Ausdruck bringt.

Ein Beispiel für eine Massensuggestion ist der in manchen Sekten entstandene feste Glaube an den nahe bevorstehenden Weltuntergang, welcher dann ein entsprechendes Verhalten – Verschenken des Vermögens, Flucht an einen bestimmten Platz und dergleichen – mit sich bringt. Die Suggestibilität der Masse kann so weit führen, dass kollektive Wahnideen ausgebildet werden, Visionen auftreten usw. Zahlreiche SozialpsychologInnen und SoziologInnen in der Zeit um 1900 meinten, dass solchen Erscheinungen durch zunehmende Bildung und Aufklärung der Boden entzogen worden sei. Es gibt aber auch AutorInnen (***Battegay***), die vergleichbare Erscheinungen nach wie vor in bestimmten heutigen Verhaltensweisen zu erkennen glauben.

Phänomene, bei denen die Suggestibilität der Masse eine Rolle spielt, sind z. B. Sportveranstaltungen. Die Fans in ihrer Begeisterung umarmen einander, feiern, in Extremfällen schlagen sie vor Glück Schaufenster ein, beschädigen Mauern, Autos, Fahrräder, grölen gemeinsam Lieder, werfen Flaschen; die Fans in Ihrer Wut schlagen auf den Gegner ein, beschädigen Mauern, Autos, Fahrräder, grölen gemeinsam Lieder, werfen Flaschen. Überall herrscht gleichermaßen Spannung innen und Abfuhr nach außen, um die innere Spannung abzubauen. Das gleiche Bild kann sich uns bei brisanten politischen Veranstaltungen zeigen, das gleiche Bild kann bei fanatisch-religiösen Veranstaltungen zu beobachten und die gleiche Spannung zu spüren sein. Allen drei Situationen ist gemeinsam: das Vorherrschen des Affekts, der leicht auszumachende äußere Feind, der den Zusammenhalt in der Gruppe unbeabsichtigt stärkt, die Identifikation mit den Mitgliedern der eigenen Fan-Gemeinde und die Identifikation mit den Anführern. Die Masse hat meist einen Anführer – und der muss keineswegs besonders geistvoll sein.

- Die Mitglieder einer Masse **identifizieren sich miteinander und mit dem** – von der Masse gewählten oder im Augenblick ihres Aktivwerdens selbst hervortretenden – **Anführer**.

Die Bereitschaft zur ➢ **Identifikation** entspringt der starken gefühls- und triebmäßigen gegenseitigen Verbundenheit. Infolge dieser Identifikation verhalten sich die Einzelnen in der Masse entsprechend dem von der Masse als Ganzem oder speziell von ihrem Anführer gegebenen Vorbild. Entsprechend ihrer Bereitschaft, ein Vorbild nachzuahmen, ist in der Masse ein starkes Bedürfnis wirksam, von einem Anführer geleitet zu werden; dessen Tätigkeit kann sich darauf beschränken, die Masse durch einen einzigen, aufreizenden oder anfeuernden Zuruf in Bewegung zu setzen. Die Rolle des Anführers kann aber oft auch zu einer festen Institution werden. Er kann allerdings nur solche Aktionen auslösen, zu denen die Masse bewusst oder unbewusst bereit ist, die ihren gefühls- und triebmäßigen Tendenzen entsprechen. Der Anführer ist daher nicht der völlig willkürliche Beherrscher der Masse, sondern ihr Exponent. Außer Führer und Geführten gibt es keine weitere Gliederung in einer Masse.

Der spanische Kulturphilosoph *José* ***Ortega y Gasset*** beklagte 1930 in seinem berühmten Werk „Der Aufstand der Massen" den Prozess der „Vermassung". Er meint damit die Erscheinung, dass „sich in der Gegenwart undifferenzierte, primitive und nivellierte Menschen – d.h. Menschen, die schon in ihrer individuellen Wesensart solche psychischen Züge aufweisen, die sonst der Masse zuzuschreiben sind – ins Rampenlicht der Gesellschaft vordrängen und schließlich tonangebend werden", wodurch Erscheinungen im Sinne eines Massengeschehens begünstigt werden. Im Zusammenhang damit „verlieren die Menschen mehr und mehr ihre Individualität und Originalität und gehen in einem anonymen Kollektiv auf". Viele ➢ PsychologInnen, die ihm kritische Einwände entgegenhielten, stimmten jedoch mit Einschränkungen zu, dass die Menschen in der Gegenwart tatsächlich an Individualität einbüßten und weniger bereit seien als früher, Verantwortung zu tragen. ***Battegay*** weist in diesem Zusammenhang darauf hin, dass nicht nur „undifferenzierte" Menschen, wie ***Ortega y Gasset*** meint, sondern auch sehr differenzierte, oft hervorragende Geister sich vorbehaltlos in ein Massengeschehen miteinbeziehen ließen.

?

Sind Sie der Meinung, dass die Menschen heute

- *weniger Individualität aufweisen*
- *weniger bereit sind, Verantwortung zu tragen, als früher?*

Belegen Sie Ihre Meinung anhand von Beispielen!

DIE GRUPPE

B

Die ***Gruppe*** *ist ein hochorganisiertes Kollektiv, das sich meist aus einer kleinen Anzahl von Mitgliedern zusammensetzt, die untereinander in Beziehung stehen.*

Die Gesellschaft in ihrer Gesamtheit stellt ein übergeordnetes System aus einer Vielzahl größerer und kleinerer Gruppen dar, wobei sich immer mehrere Gruppen zu einem größeren, übergeordneten ➢ Kollektiv zusammenschließen. Zwischen den einzelnen Gruppen und Kollektiven innerhalb der Gesellschaft bestehen ähnliche psychologische Beziehungen, wie sie innerhalb einer Gruppe zwischen den einzelnen Individuen bestehen. Auch die einzelnen Gruppen innerhalb der Gesellschaft beeinflussen einander, geben ihre Selbstständigkeit aber nicht auf; sie sind miteinander verbunden, stehen einander aber auch kritisch gegenüber. Allerdings kann es auch innerhalb dieses Systems der Gesellschaft zur Ausbildung von ➢ Massen und zu massenpsychologischen Erscheinungen kommen.

CHARAKTERISTIKA DER GRUPPE

- In einer Gruppe sind die einzelnen Mitglieder miteinander ➢ **affektiv und intellektuell** verbunden. Zwischen den Mitgliedern einer Gruppe findet zwar wie in der Masse eine gegenseitige psychische Beeinflussung statt, diese wird aber durch individuelle Kontrollvorgänge reguliert. In der Gruppe stehen die Mitglieder untereinander in gefühlsmäßigem Rapport (Wechselbeziehung); sie stehen einander wohlwollend, aber kritisch gegenüber.
- Unter den Mitgliedern findet eine ständige ➢ **Interaktion** statt. Die gegenseitige psychische Beeinflussung darf nicht zu stark werden, wenn die innere Ordnung und Organisation der Gruppe aufrechterhalten bleiben soll. In der Gruppe schafft jeder Einzelne um sich, und die Gruppe schafft um jedes Mitglied einen Raum psychischer Freiheit und Selbstständigkeit. Jeder hält also zum anderen, ist aber von dessen psychischem Einfluss weit gehend unabhängig. Diese **Sozialdistanz** setzt der Intensität der Interaktionen eine bestimmte Grenze.
- Durch die Mitgliedschaft in einer Gruppe kann der Mensch mehr Freiheit erlangen, als dem Einzelnen zu erreichen möglich wäre. So ist z.B. ein/e allein arbeitende/r Psychologe/Psychologin oft auf die Hilfe eines Statistikers/einer Statistikerin und eines Mediziners/einer Medizinerin angewiesen; das Arbeitsteam ist hier als Gruppe arbeitsmäßig nicht mehr auf die Mithilfe Außenstehender angewiesen. Auch politische und andere gesellschaftliche Gruppen können sich mehr Freiheit verschaffen als ein Einzelner. Dafür muss der Mensch in der Gruppe einen Teil seiner individuellen, persönlichen Freiheiten zugunsten der anderen Gruppenmitglieder bzw. der Gemeinschaft zurückstellen. Vermehrung der **Freiheit** und freiwillige **Selbstbeschränkung** stehen in einer Wechselbeziehung.
- In einer Gruppe besteht ein **Gleichgewicht der Kräfte**. Wenn ein Teil der Mitglieder eine neue Meinung vertritt oder Aktionen vorschlägt, die von der bisherigen „Linie" der Gruppe stark abweichen, bringt der Rest der Gruppe regelmäßig Gegenargumente vor. Wenn die vorgeschlagene Neuerung nur wenig von der bisherigen Einstellung der Gesamtheit der Gruppe abweicht, kann sie nach einer entsprechenden Diskussion akzeptiert werden. Jede Gruppe strebt nach Erhaltung des Gleichgewichts. Der Weg, den sie einschlägt, ist das Resultat einer Aktion in der einen Richtung und einer Reaktion in der entgegengesetzten Richtung, „ihre Linie pendelt sich ein".
- Die Gruppe kann als Ganzes die Stelle einer Bezugsperson einnehmen. Die **Übertragung persönlicher Gefühle** auf eine Gruppe statt auf einen einzelnen Menschen ist oft leichter möglich, weil sich hier die psychischen Ansprüche nicht auf einen Einzelnen konzentrieren, der ihnen vielleicht nicht gewachsen wäre. Der Mensch überträgt immer wieder persönliche Gefühle von einem Mitmenschen auf den anderen, z.B. überträgt er das Gefühl der Verehrung, das er seinem ersten Lehrer/seiner ersten Lehrerin entgegenbrachte, auf eine/n spätere/n, und er erwartet (unbewusst) von diesem/dieser auch dasselbe, was er bei dem/der ersten erlebt und erfahren hat. Genauso können Gefühle der Furcht, Abneigung usw. übertragen werden. Es handelt sich dabei also immer um Bezugspersonen, die eine besondere psychologische Bedeutung haben. In diesem Übertragungsprozess kann eine Gruppe als Ganzes für den Einzelnen Vorbild, Gesprächspartner sein.
- Die Gruppe ist **mehr als die Summe ihrer Mitglieder**. Durch die gegenseitige Beeinflussung und Rücksichtnahme in der Gruppe werden manche psychische Eigenschaften

und Verhaltensweisen des Einzelnen abgeschwächt, andere dagegen verstärkt. Darüber hinaus aber können in einer Gruppe sogar ganz neue psychische Eigenschaften entwickelt werden, die beim Einzelnen vorher nur latent vorhanden waren. Der französische Soziologe ***Durkheim*** meint, dass „durch die Verbindung von Individuen eine neue psychische Individualtiät konstitutiert wird".

Wenn z.B. Menschen, die einzeln schwer Kontakt finden, sich zu einer Gruppe zusammenschließen, finden sie meist sehr bald guten Kontakt zueinander. Was jedem Einzelnen für sich nicht möglich war, ist in der Gruppe möglich geworden.

Experimentell wurde auch festgestellt, dass eine Gruppe die Lösung eines Problems leichter findet als eine gleich große Anzahl von Einzelpersonen. Die **Leistung** einer Gruppe ist den Leistungen gleich vieler einzelner Personen überlegen.

Entscheidungen in der Gruppe: s. S. 349 f.

1. *Versuchen Sie, jene Gruppe/n, der/denen Sie angehören, jeweils nach den genannten Kriterien zu analysieren!*
2. *Wie erleben Sie sich selbst in einer Gruppe? Neigen Sie dazu, die Führung zu übernehmen, sind Sie kooperativ, ziehen Sie sich eher zurück?*

GRUPPENSTRUKTUREN

Aus den möglichen Beziehungen zwischen den TeilnehmerInnen der Gruppe ergeben sich verschiedene Gruppenstrukturen.

- **„Führerzentrierte Gruppen"** und **„Gruppenzentrierte Gruppen"**: In der **„führerzentrierten Gruppe"** spielen sich besondere psychische Wechselbeziehungen zwischen den einzelnen Gruppenmitgliedern einerseits und dem Anführer der Gruppe andererseits ab; ähnliche Beziehungen können aber auch zwischen den einzelnen Gruppenmitgliedern bestehen. Die „führerzentrierte Gruppe" hat insofern Ähnlichkeit mit der Masse, als „der Anführer für jedes einzelne Mitglied des Kollektivs etwas Besonders bedeu-

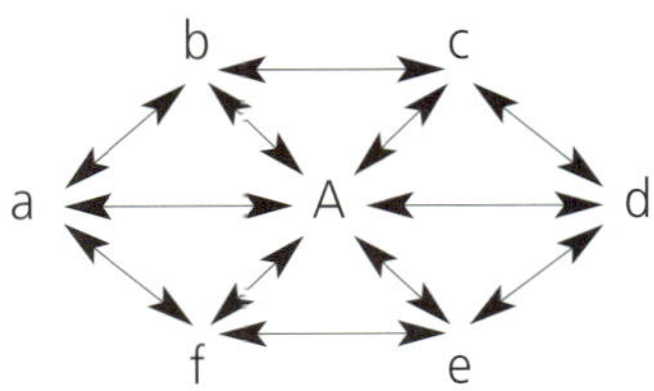

„Führerzentrierte Gruppe"

A ist der Anführer, auf den z.B. hier dreimal so viel psychische Beziehungen konzentriert sind wie auf jedes andere (einfache) Gruppenmitglied.

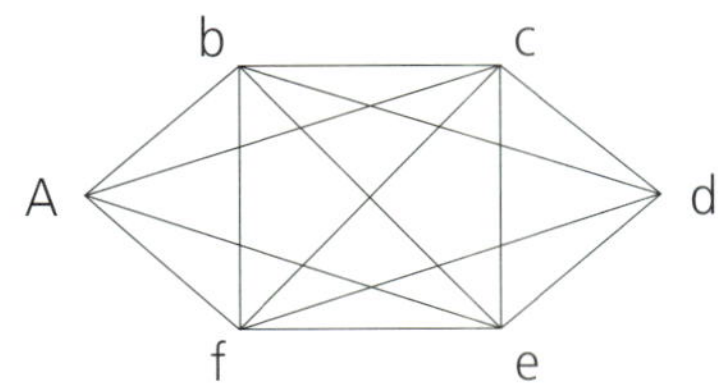

„Gruppenzentrierte Gruppe"

A als Anführer ist hier nur der Erste unter den Gleichen, und die Zahl der psychischen Wechselbeziehungen zwischen allen Gruppenmitgliedern untereinander ist für jedes einzelne Mitglied gleich.

tet" und einen besonderen Einfluss ausübt. Der Anführer der Gruppe hat eine Sonder-, aber keine Monopolstellung, sein Handeln unterliegt der Regulation, der Kontrolle und der Kritik seitens der Gesamtheit der Gruppe, aber er ist für alle Mitglieder die wichtigste Person in der Gruppe. In der **„gruppenzentrierten Gruppe"** beschränkt sich die Rolle des Anführers darauf, Wechselbeziehungen zwischen den einzelnen Gruppenmitgliedern anzuregen, einen Vorgang in der Gruppe in Gang zu bringen. Im Übrigen ist er ein Mitglied der Gruppe wie jeder andere. Hier bestehen gleich starke psychische Wechselbeziehungen zwischen allen Gruppenmitgliedern.

Die Gruppe kann sich auch um ein aus mehreren Personen gebildetes **Führungsteam** oder **Führungszentrum** scharen. Gruppen besitzen in der Regel nicht einen einzigen Anführer, sondern zwei, nämlich einen **„Leistungsführer"**, der als der Tüchtigste gilt und die Mittel und Wege zur Erreichung eines angestrebten Zieles anzugeben hat, und einen Zweiten, der der **Beliebteste** ist und dementsprechend gefühlsmäßig den Ton angibt.

Über die Bedeutung verschiedener **Führungsstile** für die geführte Gruppe haben einige interessante Untersuchungen Aufschluss gegeben. Man kann (nach ***Lewin***) im Wesentlichen einen **autoritären** Führungsstil (andere Autoren sprechen in diesem Fall von einer „führerzentrierten" Gruppe), einen **demokratischen** (einer „gruppenzentrierten" Gruppe) und einem ➢ **„Laissez-faire"**-Stil (der den Mitgliedern der Gruppe die Initiative völlig überlässt) unterscheiden. Untersuchungen zeigen, dass eine „Laissez-faire"-Gruppe, soweit es sich bei ihren Mitgliedern um Erwachsene handelt, subjektiv ein starkes Gefühl der Befriedigung vermittelt, aber der Bewältigung von Aufgaben weniger gewachsen ist. Bei Kindern hat sich allerdings herausgestellt, dass auch das subjektive Gefühl der Befriedigung dann, wenn eine Leitung völlig fehlt, schwindet und einer gewissen Ratlosigkeit und dem Wunsch nach Lenkung und Beratung Platz macht. Autoritär geleitete Gruppen können Aufgaben, die den Interessen und Fähigkeiten des Führers entsprechen, gut lösen. Demokratische Gruppen können solche Spezialaufgaben nicht so prompt bewältigen wie eine führerzentrierte Gruppe. Sie sind jedoch in vielerlei anderer Hinsicht einer autoritär geführten Gruppe überlegen, so z.B. in ihrer Fähigkeit, sich wechselnden Umweltsituationen anzupassen. Der Erforschung solcher Gruppenstrukturen dient auch die ➢ **Soziometrie** (***Moreno***; s. S. 317 f.).

- Gruppen mit **fester Rollenverteilung** und mit **wechselnder Rollenverteilung**: Ein Arbeitsteam mit SpezialistInnen verschiedener Wissensgebiete wird arbeitsmäßig notwendigerweise eine **feste Rollenverteilung** einhalten: Jedes Mitglied erfüllt konstant seine Rolle, das Fachwissen aus seinem Spezialgebiet beizusteuern. Auch eine militärische Gruppe wird meist, allerdings vorwiegend aus anderen Gründen, eine feste Rollenverteilung haben. Gruppen und Körperschaften, die in bestimmten Abständen ihre Vorsitzenden und Funktionäre neu wählen, sind dagegen Gruppen mit **wechselnder Rollenverteilung**; ebenso gibt es Gruppen, in denen sich dieser Wechsel im Ablauf der Geschehnisse von selbst ergibt. Meist ist eine bewegliche Rollenverteilung einer festen Rollenverteilung in einer Gruppe vorzuziehen. Die soziale Gruppe muss hinsichtlich der Rollenverteilung weit gehend beweglich bleiben, um den Menschen in seiner Entwicklung zu fördern; der Mensch soll nicht Instrument der Gruppe, sondern die Gruppe soll Instrument zur Entfaltung der menschlichen Persönlichkeit sein.

- Das **spontane Auftreten eines Anführers**: In jeder Gruppe, in der die Rolle des Gruppenleiters nicht von vornherein festgelegt ist, tritt ein Gruppenmitglied aktiv hervor und übernimmt zunächst die Leitung. Wenn eine Gruppe führerlos sich selbst überlassen ist, wird sie spontan denjenigen „zum Anführer" wählen, dessen Bestrebungen mit den jeweiligen Gruppenzielen bzw. mit den Gruppeninteressen am ehesten übereinstimmen und der sie am besten auszudrücken vermag. Die Wahl des Leiters ergibt sich also aus einer gegenseitigen affektiven und emotionalen Fühlung- und Einflussnahme.

  Der amerikanische Gruppentherapeut ***Slavson*** bezeichnet die Gruppenmitglieder, die eine führende und für die Zielsetzung der Gruppe bestimmende Rolle zugeteilt erhalten, als „Anführer", andere Autoren sprechen vom „ersten spontanen Leiter".

  Die Rollen in einer Gruppe bilden sich erst langsam heraus. Das Bild von der Rollenverteilung einer Gruppe ändert sich im Verlauf ihres Bestehens. Auch die Gruppenmitglieder, die zuerst die Rolle des Leiters übernommen haben, werden in dieser Funktion häufig nach einiger Zeit abgelöst. Dieser Wechsel entsteht, weil die Gruppe erst nach und nach in gegenseitiger Fühlung- und Einflussnahme ihrer Mitglieder ihr Interesse klärt, ihre Ziele festigt und damit auch den Anführer findet, dessen Bestrebungen mit dem neu gefundenen Gruppenziel besser übereinstimmen.

- Die **Rollenverteilung**: Analog zur Wahl des Anführers verhält sich die Rollendifferenzierung. Den einzelnen Gruppenmitgliedern werden bestimmte Rollen übertragen. Als Ergebnis dieses Vorgangs entsteht eine bestimmte Gruppenstruktur, die für einige Zeit oder auch dauernd bestehen bleibt. Solche Rollen sind die eines Beraters/einer Beraterin des Gruppenleiters/der Gruppenleiterin, eines Spezialisten/einer Spezialistin für ein bestimmtes Gebiet, aber auch die eines bloßen Anhängers/einer Anhängerin, der/die nichts anderes tut, als die Aktivität zu unterstützen, die der Anführer und sein Berater zur Erreichung des Gruppenzieles entfalten. In einer Gruppe ist diese Anhängerschaft allerdings nicht blindgläubig, sondern wohlwollend kritisch. Einzelne oder mehrere Gruppenmitglieder können eine Opposition in der Gruppe bilden. Eine besondere psychologische Rolle spielt häufig der **„Sündenbock"**. Während die Meinung einer Opposition von der Mehrheit zwar nicht geteilt aber respektiert wird, wird jenes Gruppenmitglied zum „Sündenbock", das sich so ungeschickt verhält, dass es dadurch die Aggressionen der Übrigen auf sich lenkt.

- **Formelle und informelle Gruppen**: s. S. 349.

1. *Finden Sie, dass die Rollen, die Sie in Ihrer/Ihren Gruppe/n spielen (müssen), zu Ihnen passen, oder fühlen Sie sich unbehaglich, weil zwischen der jeweiligen Rolle und Ihrem Selbstbild eine Diskrepanz herrscht?*
2. *Welche Konsequenzen könnten sich ergeben, wenn Sie sich auf die Seite des Sündenbocks schlagen?*

B

KOLLEKTIVE (IM WEITESTEN SINN)

FAMILIE	*KLASSE*	*MENGE*
primäre Sozialisationsinstanz	*abstraktes Kollektiv: alle mit bestimmten Eigenschaften;*	*konkretes Kollektiv: zur gleichen Zeit am gleichen Ort;*
	einander unbekannt	*unstrukturiert*

MASSE	*GRUPPE*
niedrige Organisation	*hohe Organisation*
Triebe, Affekte (Panik, Tumult)	*intellektuell und emotional verbunden* *mehr als die Summe der Mitglieder*
Führer – Geführte: *Suggestion* *Nachahmung* *Identifikation*	*Beschränkung der Anführerrolle* *Interaktion, Sozialdistanz* *Gleichgewicht* *Freiheit und Selbstbeschränkung* *Übertragung persönlicher Gefühle* *Rollenverteilung*
	Gruppenstrukturen: *autoritär – demokratisch* *formell – informell*

4. Kollektive Normen, Stereotype und Vorurteile

Durch die Tendenz zur ➢ Konformität der Meinungen entwickeln sich sowohl in einer Gruppe oder Masse als auch in jedem größeren ➢ Kollektiv gruppeneigene bzw. kollektive Regeln und ➢ Normen aus. Infolge der psychischen Gleichschaltung der Masse sind sie hier nur wesentlich starrer, fester und in ihren Konsequenzen oft viel schwerwiegender als in einer Gruppe. Dasselbe gilt auch für die kollektiven Urteile, die Stereotype.

- Die Beispiele für **kollektive Normen** sind ungemein zahlreich. Sie betreffen oft auch äußere Kennzeichen, Abzeichen, Einzelheiten der Kleidung usw.; so gehört z.B. konventionelle Kleidung in vielen Gruppen zur Gruppennorm, in anderen ist sie ein Verstoß gegen die Norm der Gruppe. In vielen Gruppen Jugendlicher würde ein Mensch im dunklen Anzug, mit Kragen und Krawatte ebenso als Außenseiter wirken wie in anderen gesellschaftlichen Gruppen jemand mit Rollkragenpullover und Blue Jeans. Ähnlich gehört in manchen Gruppen das Trinken zur Norm, ein/e AbstinenzlerIn wäre ein/e AußenseiterIn, während andere Gruppen wieder die Abstinenz von alkoholischen Getränken zur Norm erhoben haben usw.

- In jeder Gruppe entwickeln sich auch gruppeneigene Klassifikationen der Angehörigen der eigenen und der Mitglieder fremder Gruppen. Solche kollektiven Urteile nennt man **Stereotype**. Ein kollektives Urteil, das eine Gruppe über alle Mitglieder einer anderen, fremden Gruppe fällt, nennt man **Heterostereotyp**, ein Urteil über alle Mitglieder der eigenen Gruppe **Autostereotyp**: Wenn z.B. ein italienischer Autofahrer behauptet: „Alle Engländer sind rücksichtsvolle Autofahrer, alle Deutschen fahren schneidig, alle Holländer sind schlechte Fahrer, aber alle Italiener sind gute Autofahrer", dann ist die Behauptung, „alle Italiener sind gute Autofahrer" ein Autostereotyp, die übrigen Urteile sind Heterostereotype.

- Alle Stereotype schließen ein ➢ **Vorurteil** ein, jedes einzelne Mitglied eines Kollektivs hätte genau die Eigenschaften, die man dem ganzen Kollektiv, dem es angehört, als typisch zuschreibt. In Wahrheit entspricht aber der Einzelne nie der Gruppenschablone, sondern trägt neben einzelnen Eigenschaften, die allen Mitgliedern seiner Gruppe gemeinsam sind, individuelle Züge, die von den typischen Eigenschaften, vom Stereotyp seiner Gruppe abweichen.

Eine besondere Bedeutung bekommen Stereotype dann, wenn ein Angehöriger einer Gruppe den einer anderen Gruppe beurteilt. Wenn er dabei nicht die Normen und Maßstäbe des Kollektivs berücksichtigt, dem der andere angehört, sondern nur die seiner eigenen Gruppe, kommt es zu Missverständnissen. Deshalb kann der Mensch nur im sozialen und kulturellen Zusammenhang verstanden werden. Hochzeitsrituale beispielsweise werden in den verschiedenen Kulturen unterschiedlich zelebriert. In unserer Kultur, vor allem in ländlichen Gegenden, gibt es noch den Brauch des Brautraubes, dessen tiefere Bedeutung kaum noch von uns selbst verstanden wird, geschweige denn von Angehörigen anderer Kulturkreise. Muslime, die einen Christen ohne Kopfbedeckung ein Gotteshaus betreten sehen, könnten diesen möglicherweise für einen pietätlosen Menschen halten, weil ihre eigene religiöse Norm die Kopfbedeckung vorschreibt. Sehr zurückhaltende Kulturangehörige, wie etwa die JapanerInnen, werden womöglich das „laute Gehabe" z.B. von ItalienerInnen als ungehörig empfinden. Mancher Gast wird erwarten, sogar bei einem Buffet bedient zu werden, weil in seinem Heimaltland Selbstbedienung am Buffet unüblich ist.

Aus solchen Unterschieden der Normen und Beurteilungsmaßstäbe ergeben sich weit reichende Probleme für das Zusammenleben verschiedener sozialer Gruppen und Kollektive. Werden aus einem kollektiven Stereotyp **Vorurteile**, die eine moralische oder sonstige Abwertung der fremden Gruppe bedeuten, zeigt sich die Problematik besonders deutlich: In dem einen Kollektiv gehört es z.B. zur Norm, einen Bart zu tragen, in dem anderen, ihn abzurasieren. Die Norm kann durch Kultur, Mode, Ideologie oder auch Religion bestimmt sein. In der Antike entwickelten sich so die Stereotype: „Römer sind glattrasiert" und „Germanen, Skythen usw. sind bärtig" und damit das Vorurteil, jeder Römer müsse glattrasiert sein, jeder Germane, Skythe usw. einen Bart tragen. Daraus entstanden die Vorurteile: „Alle Bärtigen sind roh und unkultiviert" und „alle Glattrasierten sind sittenlos und gottlos".

Unangenehm und gefährlich werden Vorurteile, wenn sie in eine so genannte „Herrenmoral" ausarten, wo bestimmte Gruppen, „Rassen", Minderheiten als minderwertig gelten, bzw. sich andere von Natur aus überlegen und als zum Herrrschen geboren empfinden. (Beispiele gibt es vom alten Ägypten vor etlichen Jahrtausenden bis in unsere jüngste Vergangenheit.)

Betrifft ein solches abwertendes gesellschaftliches Stereotyp einen Einzelnen in einem Kollektiv (z.B. das Vorurteil „Rothaarige sind heimtückisch"), so ändert dieser möglicherweise durch das Verhalten der Umwelt gegen ihn sein eigenes Verhalten so, dass er schließlich dem Stereotyp der Gesellschaft wirklich entspricht, also wirklich „heimtückisch" wird (vgl. das Schauspiel „Andorra" von *Max* ***Frisch***, s. S. 67 f.). Wenn jemand sich in Richtung des gegen ihn bestehenden Stereotyps ändert, so nennt man dies eine „sich selbst erfüllende Prophezeiung".

*Von einem **Vorurteil** im engeren Sinn spricht man dann, wenn vorläufige Urteile (Stereotype) auch unter dem Eindruck neuen Wissens, neuer Informationen nicht korrigiert werden.*

Abwertende Vorurteile und falsche Verallgemeinerungen können nur dadurch vermieden werden, dass jeder bei der Beurteilung eines anderen nicht nur die Maßstäbe der eigenen Gruppe, sondern auch die des Kollektivs, dem der andere angehört, berücksichtigt. Die Untersuchung der gruppeneigenen und kollektiven Wertmaßstäbe und Normen ist daher eine wesentliche Aufgabe der ➢ Sozialpsychologie.

1. *Legen Sie versuchsweise eine Ihrer Meinung nach zu missbilligende Aussage eines/einer von Ihnen wenig geschätzten Politikers/Politikerin Ihrem/Ihrer LieblingspolitikerIn in den Mund. – Wie erscheint Ihnen nun die Qualität dieser Aussage?*
2. *Ein wenig „Gewissenserforschung": Was halten Sie eigentlich von*
   - *Joggern*
   - *Jazzhörern*
   - *Bücherwürmern*
   - *Mohammedanern*
   - *Italienern*
   - *bestimmten Zeitungen*
   - *Managern*
   - *Mercedes-Fahrern*
   - *Arbeitslosen*
   - *Lehrern*
   - *Abgeordneten*
   - *Kommunisten?*

KOLLEKTIVE NORMEN

STEREOTYPE

Autostereotype | *Heterostereotype*

Kollektive Urteile und Klassifikationen über „typische" Eigenschaften von Mitgliedern

eigener Gruppen | *fremder Gruppen*

VORURTEILE IM ENGEREN SINN

Trotz neuer Informationen werden vorläufige Urteile (Stereotype) nicht korrigiert.

Z

1. *Welche Aufgaben stellt sich die Sozialpsychologie? Wodurch unterscheidet sie sich von der Soziologie?*
2. *Wodurch sind Sozialphobien gekennzeichnet?*
3. *Welche Bedeutung hat die Gemeinschaft für den Einzelnen?*
4. *Inwiefern ist die Individualpsychologie* ***Adler****s ein wichtiger Beitrag zur Sozialpsychologie?*
5. *Was ist ein Soziogramm? Welche Ergebnisse erhält man daraus?*
6. *Inwiefern kann von einem Einfluss des Kollektivs auf den Einzelnen gesprochen werden (vgl.* ***Sodhi****,* ***Asch****,* ***Moede****,* ***Sherif****)?*
7. *Was versteht man unter Interaktion und Kommunikation?*
8. *Was versteht man unter Einstellungen?*
9. *Welche wichtigen Komponenten kann man in der Kommunikation unterscheiden?*
10. *Wann werden Argumente bagatellisiert und wann werden sie berücksichtigt, eventuell sogar in einer Verhaltensänderung? (s. die Ergebnisse der Dissonanztheorie)*
11. *Beschreiben Sie die Wirkung des Medieneinflusses!*
12. *Nennen Sie Möglichkeiten der Kommunikation mittels Computer und mögliche Folgen für den einzelnen Benützer und für die Gesellschaft!*
13. *Wie unterscheidet sich die Masse von einer Menge und von einer Gruppe?*
14. *Welche Eigenschaften hat die Masse? Welche Bedeutung hat der Führer in einer Masse?*
15. *Welche massenpsychologischen Erscheinungen gibt es?*
16. *Welche Eigenschaften hat die Gruppe?*
17. *Welche gruppenpsychologischen Vorgänge gibt es?*
18. *Was versteht man unter Kollektivnormen, Stereotypen und Vorurteilen?*

Kapitel 13
UMWELT- UND FRIEDENS-PSYCHOLOGIE

A

Die Umwelt – die zweite Haut des Menschen

Arbeitsumwelt – Organisationspsychologie oder: Die hohe Kunst der Menschenführung

Wohnumwelt –Geborgenheit, Prestige, Repräsentation

Freizeit – Erholung oder Action?

Friedenspsychologie – ist Gewalt immer nur Gewalt der „anderen"?

Klaus Staeck: Im Mittelpunkt steht immer der Mensch 1981

EINLEITUNG

Umwelt bedeutet für den Menschen nicht allein die ihn umgebende Natur, sondern zunächst **Wohn- und Arbeitsumwelt** – seine Erwerbstätigkeit, sein Arbeitsplatz legen ihn meist auf bestimmte Zeitspannen auf bestimmte Orte fest. Die verbleibende Zeit verbringt er damit, sich zu regenerieren, das bedeutet aber nicht nur, seine Arbeitskraft wieder herzustellen, sondern die freie Zeit entweder in seiner Wohnung oder außerhalb dieser zu nützen und zu genießen. Die Erhaltung der Arbeitsumwelt, die Gestaltung der Wohnumwelt und ein enormes Angebot an Möglichkeiten der **Freizeitgestaltung** haben für den Menschen der Erwerbsgesellschaft große Bedeutung. Eine Gefährdung dieser Bereiche bedeutet sozialen Unfrieden, in Extremfällen Bereitschaft zu kriegerischen Auseinandersetzungen, was letztlich zur größten Umweltzerstörung führen kann.

1. Organisationspsychologie

GEGENSTAND DER ORGANISATIONSPSYCHOLOGIE

B

*Gegenstand der **Organisationspsychologie** ist das Erleben und Verhalten von Menschen in Organisationen (das sind strukturierte soziale Gebilde mit genau definierten Zielen).*

Zu **Organisationen** zählen nicht nur wirtschaftliche Betriebe und Produktionsstätten, sondern auch Schulen, Universitäten, Parteien, Krankenhäuser, Kirchen, Vereine, Gefängnisse usw. Organisationen haben eine bestimmte **Struktur** und sind meist durch **Arbeitsteilung** und durch eine **Hierarchie** bezüglich Macht und Verantwortung gekennzeichnet (z.B. Generaldirektor an der Spitze, Management, Sekretärinnen, Angestellte, Arbeiter ...). Zu Organisationen sind Individuen bzw. Gruppen von Menschen zusammengeschlossen, die genau definierte Ziele verfolgen (z.B. Absatz von Produkten, Produktion, verschiedene Serviceleistungen).

Klaus Staeck: Vollbeschäftigung, 1983

In der Organisationspsychologie spielen Arbeitsgestaltung, organisierte Zusammenarbeit, Kommunikationsfähigkeit, Konfliktbewältigung zum Zwecke effektiver Leistung, weiters ➢ Motivation, Stressbelastung, Arbeitszufriedenheit der Organisationsmitglieder, die Auswirkung der Technologie usw. eine wichtige Rolle. Es müssen sowohl die **Interessen des Individuums** als auch die der **Organisation** Inhalt organisationspsychologischer Überlegungen sein.

ASPEKTE DER ORGANISATIONSPSYCHOLOGIE

Eine Organisation wird gegründet, um Ziele zu erreichen. Die Komplexität der Ziele macht Arbeitsteilung erforderlich. Im Zusammenspiel der Interessen der Individuen und der Organisation ergeben sich daher vier wesentliche Aspekte der Organisationspsychologie: bestimmte **Aufgaben** für die einzelnen **Individuen** bzw. für **Gruppen** (da die Aufgaben umfangreich sind und unterschiedliche Qualifikationen verlangen) in dieser **Organisation**. (Nach ***Rosenstiel***)

DIE AUFGABE

Arbeitsanalyse und Arbeitsgestaltung

Die berufliche **Arbeit** des Menschen setzt sich aus vielen Aufgaben zusammen. **Arbeitsanalyse** und **Arbeitsgestaltung** gehören in den Tätigkeitsbereich der Organisationspsychologie.

Arbeitsanalyse beinhaltet Fragen nach den Belastungen (z.B. Zeitaufwand, Lärm, Schmutz), die eine bestimmte Aufgabe mit sich bringt, nach erforderlichen Fähigkeiten und Fertigkeiten, nach dem Handlungsspielraum (Autonomie), nach der sozialen Struktur (Unterstützung durch Kollegen), nach der Funktionsteilung zwischen Mensch und Maschine, usw. Die Fragen der Arbeitsanalyse richten sich nach ihrem Zweck: Sollen z.B. zur Leistung bestimmter Aufgaben Maschinen angeschafft werden, geht es um die Erarbeitung eines Entlohnungsschemas, soll ein Fehler in der Produktion gefunden werden usw.

Ziel der Arbeitsgestaltung ist die Anpassung der Arbeit an den Menschen, nicht umgekehrt, z.B. die Verteilung von Arbeitszeit und Pausen unter Berücksichtigung der rhythmischen Schwankungen der physiologisch bedingten Leistungsfähigkeit des Menschen, weiters Licht, Lärm, Temperatur, Sicherheit usw. (Nach ***Rosenstiel***)

Arbeitsbelastungen sollen nach Möglichkeit eingeschränkt oder sogar vermieden werden:

- **Risikobelastung**: Die systematische Beseitigung von Unfallursachen am Arbeitsplatz ist nötig, um dem Arbeitnehmer Schutz zu gewähren.
- **Klimatische Belastung**: Die Gesundheitsgefährdung des Arbeitnehmers durch Kälte, Hitze, Luftfeuchtigkeit usw. ist zu minimieren.
- **Konzentrationsbelastung**: Sie tritt vor allem dort auf, wo Lärm herrscht oder Verletzungsgefahr droht.
- **Mentale Belastung**: Sie betrifft jede geistige und körperliche Arbeit, in allen Fällen spielen sich Informationsprozesse ab, die der Arbeitende entsprechend seiner Aufgabe bewältigen muss.

- **Stressbelastung**: ➢ Stress ist eine der am schlimmsten empfundenen und folgenschwersten Arbeitsbelastungen; hier ist insbesondere der Stress in den Sozialberufen hervorzuheben, dessen Folge das so genannte ➢ **Burnout-Syndrom** ist. Es betrifft vorwiegend Berufsgruppen, die in ihrer Funktion mehr als das in der Berufsausbildung Erlernte vermitteln müssen. Sie sind mit ihrer Persönlichkeit und emotionalen Hingabe ganz verbunden und erschöpfen sich nicht nur am üblichen Arbeitsstress, sondern sie werden von den Bedürfnissen der zu betreuenden oder heilenden Menschen erfasst und erfüllt. Das Syndrom ist gekennzeichnet durch **emotionale Erschöpfung**, **Depersonalisierung** und **Einschränkung der persönlichen Anliegen**. Über lange Zeit können ErzieherInnen, PflegerInnen usw. ihre Energie investieren und auf private Erholungsräume verzichten. Dann kommt es zur „Alarmreaktion": lange Urlaube, Krankenstand, unangebrachte Forderungen an die Dienststelle. Zuletzt zeigt sich bei den Betroffenen Erschöpfung, Verbitterung, Humorlosigkeit.

  Personenbezogene Strategien gegen Stress: Klare Arbeitsziele setzen, Zeit-Management, Suche nach sozialer Unterstützung, Humor, Entspannungstraining, klare Trennung von Arbeit und Freizeit, usw.

  Organisationsbezogene Strategien: Supervision, Schaffung von Weiterbildungsmöglichkeiten, Rückzugsmöglichkeiten, Schaffung eines positiven Arbeitsklimas und sozialer Unterstützung, Dienstzeitregelung usw. (Nach ***Sozialpädagogische Impulse*** 2/91)

  Besonders belastende Einsätze, etwa zur Rettung von Selbstmördern, verunglückter Kinder oder der Eindruck verstümmelter Leichen, führen sehr oft zu **posttraumatischen Belastungsstörungen**, Störungen des Erlebens und Verhaltens der betreffenden Helfer. Nach solchen Einsätzen wurde ein erhöhter Spiegel des Stresshormons Cortisol gemessen. Hier muss eine individuelle therapeutische Behandlung geboten werden.

DAS INDIVIDUUM

Neben der Leistung steht das Individuum, das diese Leistung erbringen soll, im Mittelpunkt. Im Regelfall arbeitet das Individuum effizienter, wenn es sich physisch und psychisch wohl fühlt. Die Beziehung zwischen Individuum und Organisation ist in der Geschichte der Organisationspsychologie recht unterschiedlich interpretiert worden. In der Anfangsphase wurde der Mensch als „l'homme machine" angesehen, als Maschine, die keinen Bezug zu dem hat, was sie produziert. In der zweiten Phase wurde der Mensch als soziales Wesen betrachtet, das seine Befriedigung allein in seinen Bezügen zu anderen Menschen, gleich oder höher Gestellten, findet, nicht aber in seiner Tätigkeit. In der dritten Phase geht man davon aus, dass der/die Einzelne in seiner/ihrer Tätigkeit nach Selbstverwirklichung strebt und man ihm/ihr Autonomie gewähren müsse.

Einerseits ist berufliche Arbeit für den/die Einzelne/n der Weg zu Selbstverwirklichung und sozialer Integration, wie das Auftreten psychischer Probleme als Folge von Arbeitslosigkeit beweist. Andererseits wird der/die Einzelne, der/die in der Organisation tätig ist, zum Instrument reduziert, das den Zwecken der Organisation zu dienen hat. Kritische Stimmen ergänzen, dass es den Organisationen in erster Linie um Profitmaximierung und Herrschaftssicherung und nur solange um das Wohlbefinden des Arbeitnehmers/der Arbeitnehmerin gehe, als dieses Wohlbefinden eben die Profitmaximierung gewährleiste. Die Organisationspsychologie muss bemüht sein, die unterschiedlichen Interessen beider Seiten angemessen zu berücksichtigen (nach ***Rosenstiel***).

Die einzelnen **MitarbeiterInnen** einer Organisation haben **Erwartungen** und verfolgen **Ziele**:

- **Karriereziele**, d.h. sie erwarten zu deren Realisierung Förderungsprogramme;
- **Einkommensziele**, zumal die meisten ArbeitnehmerInnen vom Verkauf ihrer Arbeitskraft leben;
- **Leistungs- und Informationsziele**, d.h. sie erwarten Rückmeldungen (Anerkennung, Kritik) über die Erreichung von Leistungszielen. Diese Ziele müssen von der Organisation offen gelegt werden. (Nach ***Kasper*** u. ***Mayrhofer***)

Andererseits haben **Organisationen** ein Interesse daran, kompetente MitarbeiterInnen aufzunehmen. Über **Sachkompetenz** hinaus sind menschliche Qualitäten von den MitarbeiterInnen (ganz besonders von Führungskräften) erwünscht, die man unter dem Begriff der **emotionalen Intelligenz** zusammenfasst (s. auch S. 121).

Die fünf Dimensionen der emotionalen Intelligenz sind nach *D.* ***Goleman***:

- **Selbstbewusstheit**: Das ist die Fähigkeit, seine Stärken und Schwächen realistisch zu erkennen und zu akzeptieren. Ehrlichkeit und Selbstironie gehören zur Selbstbewusstheit.
- **Selbststeuerung**: Vor dem Handeln denken, Urteile genügend reifen lassen.
- **Motivation**: Arbeitsziele ausdauernd und mit Hingabe verfolgen, sich mit dem Unternehmen identifizieren (s. auch S. 360 ff.).
- **Empathie**: Emotionale Befindlichkeiten anderer Menschen (Kunden, Geschäftspartner) zu verstehen und angemessen darauf zu reagieren.
- **Soziale Kompetenz**: Die Fähigkeit, Teams zu bilden und zu führen, Kontakte zu knüpfen und auszubauen (das betrifft vor allem Führungskräfte).

Goleman weist darauf hin, dass man all diese Fähigkeiten lernen und trainieren kann.

Menschen mit mehr Möglichkeiten einer beruflichen **Selbstverwirklichung** sind im Allgemeinen zufriedener und neigen seltener zu stressbedingten Krankheiten. *F.* ***Vester*** hat in diesem Zusammenhang auf **drei Prinzipien** des modernen Berufslebens hingewiesen:

- Das **Parkinson-Prinzip** ist die sich selbst vermehrende Verwaltungstätigkeit innerhalb jeder Organisation. Es kommt zur Aufblähung von Ressorts, die sich dann nur noch selbst und gegenseitig bestätigen. Ineffizienz aber führt zu ➢ Frustration.
- Das **Peter-Prinzip** lautet: Solange ein/e ArbeitnehmerIn für die ihm/ihr zugewiesenen Aufgaben kompetent ist, wird er/sie befördert; wenn er/sie nicht mehr befördert wird, heißt das somit, er/sie bekleidet bereits einen Posten, auf dem er/sie nicht mehr kompetent ist. Es kommt möglicherweise zur Überforderung.
- Das **Paul-Prinzip**: Die Arbeit wird zur Routine, wenn man einen sicheren Posten kompetent innehat. Dieser Zustand ist nicht für alle Zeiten garantiert. Inkompetenz tritt ein, sobald neue Verfahren, Kommunikationsmittel usw. erforderlich sind.

Die **Organisation** muss Möglichkeiten zur Verhinderung solcher Phänomene anbieten, z.B. Evaluierung, Weiterbildungsmöglichkeiten, positives Arbeitsklima usw.

DIE GRUPPE

Formelle und informelle Gruppen

Organisationen sind **formelle Strukturen**. Sie sind nach einem bestimmen Plan festgelegt. Die Menschen innerhalb dieser Organisationen gehören meist wiederum einer Gruppe an, in welcher sie gemeinsam bestimmte Aufgaben zu erbringen haben und in der jedes Gruppenmitglied zur Erfüllung seiner Aufgabe eine bestimmte Rolle innehat, z.B. die Rolle der ÄrztInnen an einer Krankenstation, die Rolle der Krankenschwester innerhalb der Gruppe des Pflegepersonals in einem Spital, die MitarbeiterInnen einer Planungs- oder Verkaufsabteilung einer Firma, der Lehrkörper in Schulen etc. Innerhalb der Organisationen entwickeln sich neben den „offiziellen", **formellen Gruppen** auch **informelle Gruppen**: Sie entstehen spontan, sie sind eine „soziale Realität". Zwischen den Mitgliedern informeller Gruppen besteht ein direkter, persönlicher Kontakt; z.B. handelt es sich um privat miteinander befreundete Menschen, Menschen, die sich regelmäßig beim Mittagessen treffen, Angehörige von Religionsgemeinschaften, die innerhalb der Organisation miteinander in Kontakt treten usw. Informelle Gruppen bilden oft ein informelles Netzwerk, das auch als „geheimer Nachrichtendienst" oder als „Gerüchteküche" bezeichnet wird. So dauert es meist längere Zeit, bis eine Information die offiziellen Wege eines Betriebes durchläuft, aber nur wenige Stunden über diesen „Nachrichtendienst": TelefonistInnen, Amtsdiener, der Portier usw. verbreiten Neuigkeiten viel schneller (nach ***Eunson***).

Die informellen Gruppen können die Anliegen der formellen Gruppe unterstützen, sie können aber auch in Widerspruch zu ihnen geraten.

Entscheidungen in Gruppen

Das „Gruppendenken", welches in Gruppen mit starkem Zusammenhalt zu finden ist, führt oft zu schlechten Entscheidungen. Das ist u.a. folgendermaßen zu begründen (nach ***Janis***):

- Die Gruppe hat die Illusion der Unverwundbarkeit, wodurch es zu übertriebenem Optimismus und Risikobereitschaft kommt. Gruppen neigen zu mehr Risikobereitschaft als Einzelpersonen.
- Mitglieder anderer Gruppen (Kritiker) werden als böse, dumm stereotypisiert und deshalb nicht ernst genug genommen.
- Schweigen gilt als Zustimmung, somit herrscht die Illusion von Eintracht. Umgekehrt hat nicht jeder, der viel redet, auch viel zu sagen.
- Manche Mitglieder der Gruppe setzen sich als Zensoren ein, die verhindern, dass bedrohliche Informationen, die außerhalb der Gruppe erhältlich sind, die Gruppe erreichen.
- Mitglieder der Gruppe glauben an die Moral und Richtigkeit ihrer Entscheidungen und verwerfen jeden Gedanken an Unmoral mit dem Hinweis darauf, dass „wir ja so etwas nie tun könnten".
- Vermeidung ➢ kognitiver Dissonanz: Einmal getroffene Entscheidungen werden nicht wieder in Frage gestellt. Da beim Gruppendenken der Blickwinkel zu eng ist, kann eine Erweiterung dieses Blickwinkels bessere Entscheidungen ermöglichen. Beispielsweise kann ein „advocatus diaboli" eingesetzt werden, der voraussichtliche Kritikpunkte vorwegnimmt, ohne dabei als unloyal gegenüber der Gruppe stigmatisiert zu werden.

Die Sitzung

Ein verbreiteter Typ des Gruppentreffens ist die **„Sitzung"**. Sie funktioniert, indem bestimmte Taktiken angewendet werden, die sowohl förderlich als auch manipulativ eingesetzt werden können. Im Folgenden sollen einige Regeln für „fiese" und für „förderliche" manipulative Taktiken angeführt werden (nach ***Eunson***).

Manipulative Taktiken in Sitzungen:

- Die abgekartete Sitzung: Sie ist auf öffentliche Wirkung angelegt und dient dem Lippenbekenntnis zur Partizipation. Halten Sie sie zu ungünstigen Zeiten oder an ungünstigen Plätzen ab und kümmern Sie sich darum, dass die Teilnehmer die Einladung zu spät erhalten.
- Desinformation: Benutzen Sie Gerüchte, um ungünstige Informationen über sich und Ihre Gegner zu verbreiten. Beweise der eigenen Unschuld müssen bei der Abstimmung zu Ihren Gunsten ausgespielt werden, und Beweise oder Indizien für die Schuld des Gegners sollen vorliegen.
- Scheinkampf: Schreiben Sie mit Ihren Verbündeten ein Drehbuch für einen Kampf und fechten Sie diesen mit Ihren als „GegnerInnen" getarnten Verbündeten in dem Moment aus, wenn die Entscheidung nahe ist und Ihre wirklichen GegnerInnen die Deckung fallen ließen.
- Setzen Sie auf Vertagung, wenn Sie am Verlieren sind: Vergeuden Sie die Sitzungszeit mit Ablenkungsmanövern und kämpfen Sie lieber an einem anderen Tag mit Ihren GegnerInnen; vielleicht sind diese dann krank oder schlechter organisiert. Zumindest können Sie sich bis dahin besser formieren.
- Wenn Sie am Verlieren sind, fragen Sie nach dem Budget: Dies gibt Ihnen den Anschein von Verantwortungsbewusstsein. Beantragen Sie wegen der gefährlich eskalierenden Kosten sorgenvoll die Verschiebung oder Aufhebung der ganzen Angelegenheit.
- Benutzen Sie einen Fachjargon / Fachchinesisch: Benutzen Sie nicht den Jargon, den die anderen verstehen, sondern z.B. Computer-Jargon bei JuristInnen, Marketing-Jargon bei TechnikerInnen usw.

- *Übrigens, welche manipulativen Taktiken wenden Sie bei Besprechungen, bei Diskussionen in der Klasse etc. an?*

Wege, gute Sitzungen durchzuführen:

- Wählen Sie einen guten Vorsitzenden/eine gute Vorsitzende: Ein/e gute/r Vorsitzende/r ist froh, wenn er/sie den Vorsitz führt und dabei keine eigenen wichtigen Überzeugungen vertreten muss.
- Fangen Sie pünktlich an: Bestrafen Sie nicht die Ordentlichen und belohnen Sie nicht die Trödler durch einen verspäteten Beginn.

- Vermeiden Sie keinen ➢ Konflikt in der Sitzung: Sie werden nämlich nicht in der Lage sein, ihn außerhalb der Sitzung zu vermeiden – dann findet er allerdings nicht zu Ihren Bedingungen statt. Konflikte sind normal.
- Halten Sie sich an die Drittel-Regel: Besprechen Sie schwierige Punkte im mittleren Drittel der Sitzung. Dann sind die Mitglieder am frischesten, es sind die zu spät Gekommenen da, ebenso jene, die die Sitzung früher verlassen.
- Begrenzen Sie die Zeit für die Tagesordnungspunkte: Das so genannte 5. ***Parkinson**'sche* Gesetz besagt, dass die Menge an Zeit, die für jeden Tagesordnungspunkt verwendet wird, umgekehrt proportional zu seiner Bedeutung ist.
- Halten Sie die DiskussionsrednerInnen unter Kontrolle: Legen Sie gleich die Reihenfolge für fünf oder sechs fest und rufen Sie sie entsprechend auf. Das verringert Selbstdarstellungen und überflüssiges Reden.
- Fragen Sie sich selbst: Ist diese Sitzung wirklich notwendig?

1. *Können Sie weitere Vorschläge machen, die zum guten Gelingen von Sitzungen beitragen?*
2. *Wählen Sie ein Thema, das Sie nicht zu sehr interessiert (starke Emotionalität vermindert die Beobachtungsfähigkeit), aber auch nicht zu wenig (Sie sollen sich dabei nicht langweilen). Einige Mitglieder Ihrer Gruppe wenden nun fiese Taktiken an, der Rest der Gruppe versucht eine konstruktive Besprechung. – Beobachten Sie den Verlauf der Besprechung (Sie können auch BeobachterInnen bestimmen, die selbst an der Besprechung nicht teilnehmen.)*

Konflikte und Konfliktbewältigung

Auf **intrapersonale Konflikte** (Unvereinbarkeit von Verhaltenstendenzen innerhalb **einer** Person) wurde bereits im Rahmen der Motivationspsychologie hingewiesen. **Interpersonale Konflikte** (Unvereinbarkeit von Verhaltenstendenzen zwischen **zwei** oder **mehreren** Personen) werden auch als **soziale Konflikte** bezeichnet.

*Ein **sozialer Konflikt** liegt vor, wenn eine Spannungssituation besteht, in der zwei oder mehr Parteien, die voneinander abhängig sind, mit Nachdruck versuchen, unvereinbare Handlungspläne zu verwirklichen und sich dabei ihrer Gegnerschaft bewusst sind.*

Ein Beispiel für einen Konflikt in einer Firma wäre etwa, wenn die Geschäftsleitung weitere Maschinen anschaffen will, um effektiver produzieren zu können, der Betriebsrat aber dagegen auftritt, weil durch eine solche Maßnahme eine große Zahl von Mitarbeitern gekündigt werden müsste. Ein weiteres Beispiel: Das Management will auf billigere, aber gesundheitlich fragwürdige Rohstoffe zur Herstellung der Produkte umsteigen. Der Leiter der Abteilung, die den Rohstoff unmittelbar bearbeiten soll, ist dagegen. Hier handelt es sich um schwerwiegende Folgen. Aber schon weit weniger bedeutende Konflikte können eine konstruktive Zusammenarbeit erheblich erschweren.

Besonders bewährt hat sich die **Konfliktmediation** in den verschiedensten Organisationen. In Konflikten zwischen Einzelpersonen geht es nicht vorrangig um Meinungsverschiedenheiten auf Sachebene, sondern in erster Linie um Zwistigkeiten, die im emotionalen Bereich (Neid auf vermeintliche Privilegien, Argwohn, der andere mache es sich zu leicht usw.) wurzeln. Daher setzt die Konfliktmediation auf der **Beziehungsebene** (s. S. 322) an: Die Kontrahenten werden an einen neutralen Ort mit angenehmer Atmosphäre eingeladen, wo ein/e unbeteiligte/r (allparteiliche/r) Dritte/r zwischen ihnen zu vermitteln versucht. Die GegnerInnen tragen ihre Sichtweise des Konflikts, ihre Wünsche und Erwartungen vor, der/die jeweils andere hört aufmerksam zu, ohne zu unterbrechen. Allmählich wird die Kommunikation über den/die VermittlerIn in eine direkte Diskussion übergeführt. Der/Die VermittlerIn moderiert, macht Vorschläge, gibt Anweisungen und unterstützt auf diese Weise die Suche nach gemeinsamen übergeordneten Interessen, wobei zuletzt eine Lösung auf **Sachebene** beide Kontrahenten mehr oder weniger als Gewinner zufrieden stellt. Der bewältigte Konflikt macht den Kopf frei für konstruktive Tätigkeit. (Nach ***Glasl***)

Es mögen Konflikte brisanten oder weniger brisanten Inhalts vorliegen, die Maßnahmen zu einer befriedigenden **Konfliktlösung** bauen immer auf der Beherrschung ganz bestimmter **Techniken der Gesprächsführung** und des sozialen Verhaltens auf. ***Zuschlag*** und ***Thielke*** nennen z.B.:

- **partnerzentrierte Gesprächsführung**: Aufmerksames Zuhören, den Gesprächspartner ernstnehmen und zu verstehen suchen.
- **Fragetechniken**: Nicht jede Fragetechnik ist zielführend. Geschlossene Fragen lassen nur ein Ja oder Nein als Antwort zu (Beispiel: „Können Sie mir sagen, wie spät es ist?" „Ja"). Die offene Frageform hingegen regt zu Stellungnahmen an, erlaubt aber das Ausweichen vor dem Problem. Beispiel für geschlossene Frage: „Haben Sie das Problem verstanden?"; offene Frage: „Welches sind nun die wichtigsten Schritte in diesem Arbeitsvorgang?"
- **Techniken der Einwandbegegnung**: Wenn unterschiedliche Auffassungen in Sachfragen bestehen, wird ein/e GesprächspartnerIn Einwände erheben und der/die andere diese Einwände zu entkräften versuchen. Einwände können sein: Vorwände, echte Argumente, Bluff (etwa, um den Preis zu drücken) oder ➢ Vorurteile. Die Einwandbegegnung muss überzeugen; das gelingt nur in freundlicher, nicht-aggressiver Atmosphäre, wenn aufmerksam zugehört und der Einwand ernst genommen wird. Man kann versuchen, den Einwand zu klären: „Welche Daten liegen Ihrem Argument zugrunde?" Einwände können auch „gewendet" werden: „Ihr Argument ist überzeugend, doch zeigt sich bei genauerer Betrachtung, dass ...", usw.
- **Vermeidung von Killerphrasen**: Killerphrasen töten das Gespräch; wenn sich ein Gesprächspartner bemüht, eine Sachfrage zu klären, der andere aber konsequent mit Killerphrasen antwortet, bleiben Sachfragen ungeklärt. Killerphrasen sind z.B.: „Dafür habe ich keine Zeit!" „Das betrifft uns nicht!" „Auf diesem Gebiet habe ich doch jahrelange Erfahrung!" „Trauen Sie mir das etwa nicht zu?"
- **zweckmäßige Körpersprache**: Widersprüchlichkeiten zwischen sprachlichem und nichtsprachlichem Verhalten vermeiden!

- **Berücksichtigung der Annahmen der Transaktionsanalyse** (**TA**): Mit Hilfe der TA (s. S. 225) kann man das eigene Verhalten im Gespräch und somit das Gesprächsklima beeinflussen, sie soll aber nicht manipulativ eingesetzt werden. Die TA unterscheidet drei Ich-Zustände: Eltern-Ich (befiehlt, kritisiert, moralisiert, bestraft), Erwachsenen-Ich (hört zu, beobachtet, stellt sachliche Fragen, versucht eine konstruktive Problemlösung) und Kindheits-Ich (egozentrisch, hilflos, ängstlich, unselbstständig). Transaktionen auf der Erwachsenen-Ich-Ebene sind am ehesten zielführend, konflikvermeidend und dienen sachlichen Zwecken. Die anderen möglichen Transaktionen erweisen sich als konfliktträchtig und/oder wenig zielführend.
- **Anwendung der Regeln der themenzentrierten Interaktion** (**TZI**):

  Die TZI nennt 10 Gesprächsregeln, deren Befolgung zu konstruktiven Lösungen führt:

  1. Sei dein eigener „chairman", eigenverantwortlicher Leiter!
  2. Störungen haben Vorrang: Hindernisse im Gespräch, wie negative Gefühle, vermeiden!
  3. Vertritt dich selbst in deinen Aussagen: Sprich per Ich, nicht per Wir oder Man!
  4. Sprich deine Meinung und deine Gefühle aus!
  5. Begründe deine Fragen!
  6. Vermeide Verallgemeinerungen!
  7. Sei zurückhaltend mit der Interpretation anderer!
  8. Höre aufmerksam zu!
  9. Lass andere ausreden!
  10. Beachte deine Körpersignale! (nach ***Zuschlag*** und ***Thielke***)

1. *Können Sie sich eine Konfliktmediation in der Schule vorstellen? Versuchen Sie ein entsprechendes Rollenspiel.*
2. *Führen Sie ein Verkaufsgespräch unter Anwendung der TA!*
3. *Versuchen Sie, einen unter Ihren KollegInnen vorhandenen (oder konstruierten) Konflikt unter Anwendung der TZI-Regeln zu lösen!*

Mobbing:

Eine besondere Art, Konflikte auszutragen, ist das **Mobbing**. Es ist dies die gezielt gegen eine Person gerichtete Schikane am Arbeitsplatz unter folgenden Bedingungen: Die Schikanen passieren mindestens einmal die Woche, ziehen sich über mindestens ein halbes Jahr hin und haben System. Das Opfer findet keine soziale Unterstützung und kann sich kaum wehren, zumal solche „kleinen Aggressionen" nicht ernst genommen werden und sich auch sehr unklar beschreiben lassen. Wie ernst solche subtil geführten Angriffe zu nehmen sind, lässt sich jedoch an den Folgen feststellen: Bei den Betroffenen treten massive Gesundheitsschäden wie Nervosität, Schlaf- und Konzentrationsstörungen, depressive Verstimmungen auf, in schlimmen Fällen kommt es zu Reaktionen, wie sie bei Opfern von Gewaltverbrechen typisch sind, nämlich zu Angstzuständen, Albträumen, Reizbarkeit usw. Über die Ursachen des Mobbings liegen kaum Untersuchungsergebnisse vor, es dürften Bedingungen der Organisation, der sozialen Gruppe, die Persönlichkeit des Täters oder des Opfers zugrundeliegen, schlechtes soziales Klima, konfliktreiche, wettbewerbsorientierte Atmosphäre, Führungsversagen usw. (***Psychologie heute***, Aug. 1997).

Cartoon: Michael Ammann

Etwa 70 bis 80% der Vorgesetzten – meist im mittleren Management – sind selbst am Mobbing beteiligt, man nennt ihr Vorgehen **Bossing**. Ihre Schikane dient meist dem Zweck, MitarbeiterInnen zur Kündigung zu bewegen und sich dadurch evtl. die Abfertigung ersparen zu können. Laut ***KURIER*** v. 22. 7. 1997 lag die Zahl der Mobbing-Opfer unter den ArbeitnehmerInnen zu dieser Zeit bei ca. 3%. Gemäß einer Statistik aus dem Jahr 2001 muss bereits jede neunte Person damit rechnen, mindestens einmal im Laufe ihrer Erwerbstätigkeit gemobbt zu werden (Marion Venus, Mobbing. Opfer: Schutzlos ausgeliefert? s. www.psychologie.at). Seither ist diese Zahl noch weiter gestiegen.

- *Diskutieren Sie mit Ihren KollegInnen Möglichkeiten, sich gegen Mobbing und Bossing zu wehren. Informieren Sie sich dabei auch im Internet über den Aspekt der Kostenfrage für die Gesellschaft (Gesundheit, Arbeitsausfall usw.).*

ORGANISATION

Der Begriff des Organisationsklimas lässt sich mit den Faktoren individuelle Autonomie des Einzelnen in der Organisation, Rücksichtnahme der Organisationsmitglieder untereinander, Anerkennung und Belohnung von Leistungen, usw. umschreiben; auch die Art der Austragung von Konflikten bestimmt das Organisationsklima. Ein von den Beteiligten positiv erlebtes Organisationsklima hat motivierende Funktion, ebenso wie die Arbeitszufriedenheit und die als gerecht empfundene Entlohnung. Verantwortlich für das Organisationsklima, für Zufriedenheit und gerechte Entlohnung sind Führung und Management der Organisation. Auch der Organisationspsychologe kann seinen Teil dazu beitragen.

Führung, Macht, Management

Die „Spitze" einer Organisation bildet z.B. der/die GeneraldirektorIn. Zur **Führungsspitze** gehören heute auch Spitzenfunktionäre oder -angestellte größerer Organisationen. Dieses **Management** besitzt die meiste legitimierte **Macht**: Über Macht verfügt jemand, der die höheren Rangplätze innerhalb der Organisations-Hierarchie innehat. Der Mächtige kann die unter ihm Stehenden „belohnen", z.B. durch Beförderungen, Freizeit, Gehaltserhöhungen, usw. oder „bestrafen", z.B. durch Entlassung, Versetzung auf schlechtere Posten usw. In großen Organisationen ist die Macht meist nicht zentralisiert, hier bietet sich die dezentralisierte Organisationsform an, die aus relativ eigenständigen Einheiten mit eigenem Verantwortungsbereich besteht. Derart große Systeme sind ein Nährboden für ➢ Konflikte und Rivalitäten und müssen mit organisationspsychologischen Strategien zusammengehalten werden.

Die wichtigsten Kooperationsstrategien sind

- **Informationsstrategien**: Aufträge für die Belegschaft verständlich machen
- **Motivierungsstrategien**: Motivierung zur Verantwortlichkeit des Einzelnen durch Beteiligung an der Planung, usw. (s. S. 360 ff.)
- **Förderungsstrategien**: Führungsseminare, Organisationberatung. Besondere Sorgfalt lässt man der permanenten Fortbildung der **Führungskräfte** angedeihen, denn der Erfolg einer Organisation ist vor allem von den Führungsqualitäten des Managements abhängig.

Während sich bei informellen Gruppen die Rollen und Führer von selbst ausbilden, werden die **Führungspositionen** in einer Organisation durch Auswahl vergeben, dabei können sich Machtkämpfe abspielen. Die Frage, ob bestimmte Charakterzüge jemanden zu einer **Führungspersönlichkeit** prädestinieren (z.B. Extravertiertheit, Diplomatie, Aggressivität, Leistungswille), wird in letzter Zeit eher verneint. Dagegen wird die Frage der „besten" **Führungsstile** diskutiert. Je besser Manager auch subtile Veränderungen in der sozialen Atmosphäre wahrnehmen und soziale Vorgänge richtig beurteilen können, desto erfolgreicher sind sie in ihrer Arbeit. Bei der Ausbildung von Führungskräften wird daher besonders darauf geachtet, die **soziale Wahrnehmungsfähigkeit** (s. auch „emotionale Intelligenz" S. 121) zu schärfen.

Mit Hilfe des so genannten **Johari-Fensters** (nach ***Ingham*** und ***Luft***) kann die soziale Wahrnehmung, wie sie zwischen einzelnen Personen, aber auch zwischen Gruppen, stattfindet, dargestellt werden: Das Johari-Fenster lässt sich sowohl für einzelne Personen als auch für Beziehungen in Gruppen anwenden.

JOHARI-FENSTER	Dem Selbst bekannt	Dem Selbst nicht bekannt
Anderen bekannt	I Bereich der freien Aktivität	II Bereich des blinden Flecks
Anderen nicht bekannt	III Bereich des Vermeidens oder Verbergens	IV Bereich der unbekannten Aktivität

Quadrant I – der Bereich der freien Aktivität sagt etwas über Verhaltensweisen und Motivationen aus, die einem selbst oder – auf Gruppen bezogen – der Gruppe selbst und anderen bekannt sind.

Quadrant II – der Bereich des blinden Flecks bezeichnet das Gebiet, wo andere Menschen etwas in uns bzw. in unserer Gruppe sehen können, von dem wir nichts wissen, z.B. bei Kultbildungen oder Vorurteilen.

Quadrant III – der Bereich des Vermeidens oder Verbergens stellt Inhalte dar, die wir zwar wissen, aber anderen nicht offenbaren, z.B. ein geheimes Programm, Zukunftspläne oder etwas, das wir verheimlichen wollen.

Quadrant IV – der Bereich der unbekannten Aktivität bedeutet, dass das Individuum oder die Gruppe über bestimmte Verhaltensweisen oder Motive nicht Bescheid weiß, aber auch andere Menschen/Gruppen diese nicht erkennen. Dennoch können wir annehmen, dass diese Verhaltensweisen existieren und die Beziehungen schon lange unerkannt beeinflusst haben. Später, wenn der Einzelne/die Gruppe mehr über sich erfährt, findet eine Verlagerung von IV auf andere Quadranten statt.

In einer neuen Gruppe ist der Quadrant I sehr klein; es gibt nicht viele freie und spontane Interaktionen. Je mehr die Gruppe wächst und reift, desto mehr vergrößert sich Quadrant I. Das bedeutet gewöhnlich, dass wir freier sind, uns so zu benehmen, wie wir sind, und andere so wahrzunehmen, wie sie wirklich sind. Je größer Quadrant I wird, desto mehr schrumpft der Bereich des Quadranten III zusammen. Wir empfinden es als weniger notwendig, Inhalte, die wir wissen oder fühlen, zu verbergen oder zu leugnen. In einer Atmosphäre des wachsenden gegenseitigen Vertrauens besteht ein geringeres Bedürfnis, Gedanken oder Gefühle, die zur Situation gehören, zu verbergen. Quadrant II nimmt langsamer an Umfang ab, denn gewöhnlich gibt es gute Gründe dafür, dass wir bestimmten Gefühlen oder Motiven gegenüber blind sind.

Die Abbildung zeigt die Vergrößerung des Quadranten I, während alle anderen Quadranten kleiner werden. Ein vergrößerter Bereich der freien Aktivität unter Gruppenmitgliedern bringt sofort eine Abnahme der Bedrohung oder Angst mit sich. Es werden weniger Energien für III – Verbergen und Vermeiden – benötigt und für die eigenen Bedürfnisse verfügbar. Dadurch wird z.B. die Zufriedenheit mit der Arbeit wahrscheinlicher, ebenso eine größere Anteilnahme daran, was die Gruppe tut.

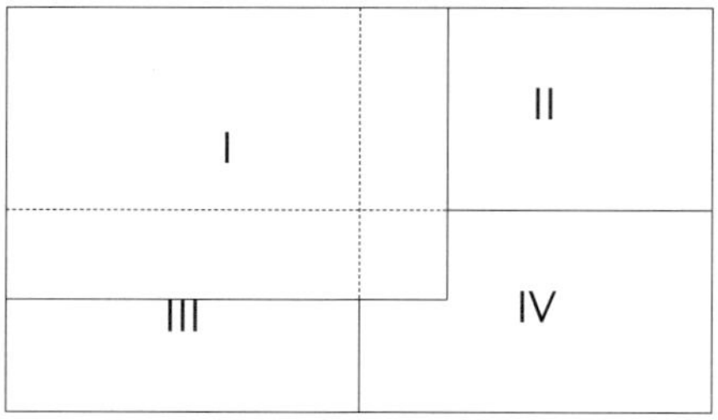

Aus: Luft: Einführung in die Gruppendynamik

Führungsstile

Bei der Untersuchung von „Führungsstilen" haben sich zwei unterschiedliche Auffassungen ausgebildet: die Existenz des „besten Führungsstiles", der immer richtig ist, auf der einen und die Annahme, dass der „beste Führungsstil" je nach den Besonderheiten einer jeden Situation variiert, auf der anderen Seite.

- **Der „beste" Stil**: Stellvertretend für alle anderen Modelle steht hier die Theorie von *Rensis* ***Likert***. Dieser hat vier Führungsstile herausgearbeitet, wobei der Unterschied zwischen diesen Stilen im Ausmaß der „Partizipation" (Anteilnahme) liegt, die der Führer bei den Untergebenen sucht. Die vier Stile sind:
    - Ausbeuterisch-autoritär (System 1)
    - Wohlwollend-autoritär (System 2)
    - Beratend (System 3)
    - Partizipativ (System 4)

  Das System 1 kann für kurze Zeit positive Auswirkungen für das Unternehmen haben, längerfristig wird es aber ungünstige Ergebnisse zeigen. Ein/e ManagerIn, der/die das System 4 praktiziert und Entscheidungen auf einer breiten Basis fällt, indem er/sie die Hilfestellung aller Gruppen (einschließlich der informellen Gruppen) sucht, wird auf längere Sicht zu besseren Resultaten gelangen.

BETRIEBLICHE UND LEISTUNGSMÄSSIGE CHARAKTERISTIKA VON VERSCHIEDENEN MANAGEMENT-SYSTEMEN

	System des Betriebes			
Wirksame Charakteristika	Autoritär		Partizipativ	
	ausbeuterisch-autoritär	wohlwollend-autoritär	beratend	partizipative Gruppe
Organisations-variable	System 1	System 2	System 3	System 4
Angewandte Führungsprozesse, Ausmaß, in dem Vorgesetzte Vertrauen und Glauben in Untergebene setzen	Kein Vertrauen und Zutrauen in Untergebene	Herablassendes Vertrauen und Zutrauen wie im Verhältnis von Herr zu Diener	Substantielles, aber nicht vollkommenes Vertrauen, will noch Entscheidungen kontrollieren	Völliges Vertrauen und Zutrauen auf allen Gebieten
Ausmaß, in dem sich Vorgesetzte so verhalten, dass Untergebene sich frei fühlen, wichtige Dinge über ihre Arbeit mit ihrem unmittelbaren Vorgesetzten zu besprechen	Furcht, Drohungen, Strafen und gelegentliche Belohnungen	Belohnungen und einige tatsächliche oder potentielle Strafen	Belohnungen, gelegentliche Strafen und einiges an Einbeziehung	Wirtschaftliche Belohnungen, basierend auf einem Kompensationssystem, das durch Partizipation, Gruppenpartizipation und Einbeziehung in die Zielsetzung, Verbesserung der Methoden zur Abschätzung der Fortschritte bei der Zielerreichung etc. entwickelt wurde.
Ausmaß, in dem der unmittelbare Vorgesetzte beim Lösen von Arbeitsproblemen für gewöhnlich versucht, die Gedanken und Meinungen seiner Untergebenen zu erfahren und konstruktiven Gebrauch davon zu machen	Wenig Interaktion und stets mit Furcht und Misstrauen	Wenig Interaktion und für gewöhnlich mit einer gewissen Herablassung vonseiten der Vorgesetzten; Furcht und Vorsicht bei Untergebenen	Mäßige Interaktion, oft mit einem ansehnlichen Maß an Vertrauen und Zutrauen	Ausgedehnte, freundliche Interaktion mit hohem Grad an Vertrauen und Zutrauen

Aus: Eunson: Betriebspsychologie

Aus: Quino: Therapeutikum

- **Der beste Stil im Hinblick auf die jeweilige Situation:**

Das Führungsmodell von ***Hersey*** und ***Blanchard*** kann auf einem Raster von vier Quadranten anschaulich gemacht werden. Die Achsen des Quadranten sind „Beziehungsverhalten" (Anteilnahme des Managements an seinen MitarbeiterInnen) und „Aufgabenverhalten" (Bedeutung, die das Management der Aufgabenerfüllung durch die MitarbeiterInnen beimisst).

Die 4 Führungsstile (s. Abb. S. 359) werden folgendermaßen charakterisiert:

S 1 – hohe Aufgaben-/schwache Beziehungsorientierung; entspricht einem „anweisenden" Stil.

S 2 – eher wohlwollend-autoritärer Stil; das Management ist an der Effizienz der Arbeitsleistung interessiert, aber auch an der Befindlichkeit der ArbeitnehmerInnen.

S 3 – entspricht etwa dem beratend-demokratischen Stil; das Management hat ein gewisses Zutrauen in die Fähigkeit der MitarbeiterInnen, kontrolliert aber noch.

S 4 – partizipativer Stil; das Management hat volles Zutrauen in die Kompetenz der MitarbeiterInnen und übt kaum mehr eine Kontrolle aus.

In dem Modell von ***Hersey*** und ***Blanchard*** wird jeder der genannten Stile als „richtig" angesehen, sofern er dem entsprechenen „Reifegrad" der Belegschaft entspricht (s. S. 359, Abb. 26). Der Reifegrad kann sich von M 1 zu M 4 fortbewegen, wozu vor allem eine verbesserte Ausbildung beitragen kann. Je „reifer" die MitarbeiterInnen, umso mehr kann sich der Führungsstil von S 1 zu S 4 bewegen. Der S 1-Stil mag für Anfänger, Auszubildende angemessen sein, der S 4-Stil wird aber langfristig als der wünschenswerteste angesehen.

Das Vorgehen des Managements in diesem Modell ist vergleichbar mit dem eines Lehrers/ einer Lehrerin, der/die versucht, in der Klasse „unterschiedlich“ zu unterrichten, je nach den Bedürfnissen und der Reife der SchülerInnen. Kritiker haben angemerkt, dass dieses Vorgehen nicht einfach zu erreichen ist, zumal auch die Definition des „Reifegrades“ problematisch sei.

Das Konzept der **Partizipation** (s. auch S. 361), das bei den Führungsstil-Theorien eine große Rolle spielt, bedeutet eigentlich die Teilung von Macht, was aber nur selten explizit ausgesprochen wird. Kritiker drücken dementsprechend ihre Sorge aus, dass das „partizipative Management lediglich eine verfeinerte Technik zur Erhöhung der Produktivität auf Kosten der ArbeitnehmerInnen“ darstelle. (Nach ***Eunson***)

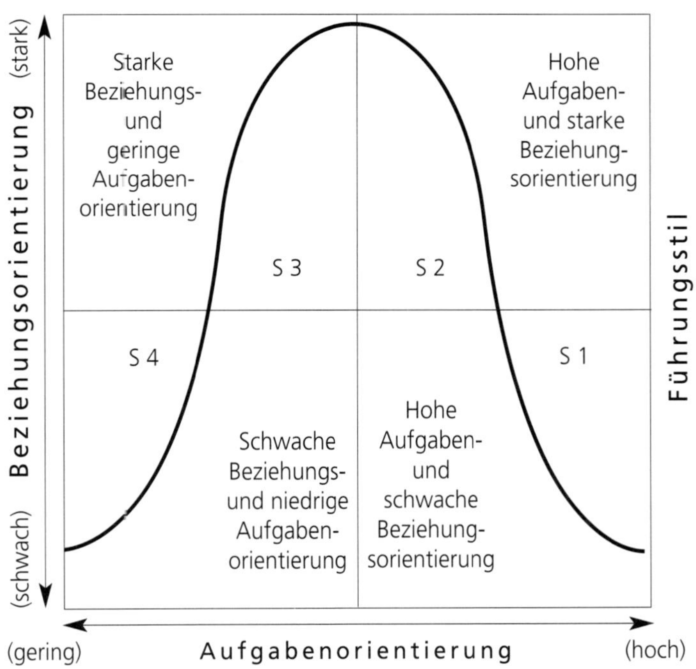

Reif ←	Hoch	Mäßig		Gering	Unreif	Reife der MitarbeiterInnen
	M 4	M 3	M 2	M 1		
	willig	unwillig	willig	unwillig		psychische Reife
	fähig	fähig	unfähig	unfähig		Arbeitsreife

Abb. 26: Herseys und Blanchards Modell der situationsbezogenen Führung

MOTIVATION IN ORGANISATIONEN

Leistungsmotivation

Bei der ➢ **Leistungsmotivation** handelt es sich um ein bereits im Vorschulalter gelerntes Motiv, das über die künftige Neigung, Erfolg anzustreben, entscheidet. Die verschieden starken Ausprägungen des Leistungsmotivs korrelieren mit dem Leistungsdruck, dem die Personen in früher Kindheit ausgesetzt waren. Die Leistungsmotivation im späteren Schul- und Berufsleben ist bei Personen, die als Kinder nach strengen Regeln ernährt und rigide zur Sauberkeit erzogen wurden, stark ausgeprägt. Sie kann durch Lob für erbrachte Leistungen vonseiten der Bezugsperson gefördert, durch Tadel oder Nichtbeachtung gehemmt werden. Innerhalb des Leistungsmotivs unterscheiden ***McClelland*** und ***Atkinson*** die beiden Motivtendenzen „Hoffnung auf Erfolg“ und „Furcht vor Misserfolg“. Zur Messung der Leistungsmotivation verwendeten die beiden Forscher den TAT-Test (s. S. 302), u. zw. mit Bildern, die leistungsbezogene Themen nahe legen.

Die **Kontrollorientierung** bestimmt, ob eine Person das erzielte Ergebnis der eigenen Handlung, d.h. also einer internalen Ursache, zuschreibt („Ich habe mich optimal auf die Prüfung vorbereitet!“) oder irgendwelchen Umweltfaktoren, also einer externalen Ursache („Es wurde unfair geprüft!“). Im ersten Fall spricht man von internaler Kontrollorientierung, im zweiten Fall von externaler Kontrollorientierung. Ein internaler, globaler und stabiler ➢ **Attributionsstil** kann durchwegs optimistisch sein („Ich bin in allem überaus geschickt!“) oder aber pessimistisch („Ich mache niemals etwas richtig!“). Attributionsstile beeinflussen, welche Aufgaben Menschen übernehmen und inwieweit sie bei der Bearbeitung dieser Aufgaben durchhalten. Unsere Erwartung beeinflusst unseren Erfolg. Man kann Attributionsstile durch Training verändern. (Nach ***Zimbardo, Gerrig***)

Theorien der Motivation

Das Bemühen, die ➢ **Leistungsmotivation** der MitarbeiterInnen in Organisationen aufrecht zu erhalten, besser noch, sie zu steigern, hat in den letzten Jahren besonders an Bedeutung gewonnen.

Man unterscheidet **Inhalts**- und **Prozesstheorien** der Motivation:

a) **Inhaltstheorien** gehen den inhaltlichen Faktoren der Arbeitsmotivation nach, den **Bedürfnissen**. Diese können sein: Bedürfnisse nach Schutz, Lob, sozialer Nähe, nach Macht, usw.

   Zu den Inhaltstheorien gehören die Bedürfnispyramide von ***Maslow*** (s. S. 134f.), weiters die ERG-Theorie von ***Alderfer*** (1969), der ähnliche Bedürfnisse nennt wie ***Maslow***.

   Die Zwei-Faktoren-Theorie von ***Herzberg*** (1959) unterscheidet zwei Faktorengruppen, nämlich die Motivatoren (satisfiers), welche Zufriedenheit bewirken, wie z.B. Aufstiegsmöglichkeiten, Anerkennung etc., und die Hygienefaktoren (dissatisfiers), die Unzufriedenheit auslösen, wie z.B. ein unpassender Führungsstil, eine problematische Beziehung zu KollegInnen.

   Die X-Y-Theorie von ***McGregor*** (1960) stellt zwei konträre Menschenbilder in den Mittelpunkt, die ManagerInnen von ihren MitarbeiterInnen haben. Die mit diesen Bildern verbundene Erwartungshaltung bringt MitarbeiterInnen gemäß der selbsterfüllenden

Prophezeiung dazu, sich verantwortungsscheu oder aber einsatzfreudig und verantwortungsbewusst zu verhalten. ***McGregors*** Verdienst ist es, die Wirkung von Vorurteilen aufgezeigt und ManagerInnen zur Reflexion ihrer eigenen Menschenbilder und ihres Verhaltens gebracht zu haben.

In den Arbeiten von ***McClelland*** (1971) sind Leistungs-, Macht- und Affiliationsmotivation (Anschluss- oder Geselligkeitsmotiv) die zentralen Begriffe und können mit Fragebogen ermittelt werden.

Die **praktische Anwendung** der Inhaltstheorien ist möglich in Form von **Mitarbeiter-Partizipations-Programmen**, z.B. durch Erweitern des Handlungsspielraumes der MitarbeiterInnen, durch gewählte Betriebsräte, indirekte Mitsprache, Aktienbeteiligung, usw. (s. auch S. 359). Motivation kann durch ➢ **Job enlargement** gefördert werden, d.h. durch die Erweiterung des Aufgabenbereichs, ohne dass den MitarbeiterInnen mehr Verantwortung übertragen würde. Anstelle einer Routinetätigkeit werden größere Tätigkeitseinheiten von einer Person verrichtet. Durch ➢ **Job rotation**, den Wechsel des Arbeitsplatzes innerhalb des Betriebes, sammeln die MitarbeiterInnen Erfahrungen in mehreren Abteilungen des Betriebes und denken und handeln abteilungsübergreifend. ➢ **Job enrichment** bezeichnet die Erweiterung des Aufgabengebietes und der Eigenverantwortung der MitarbeiterInnen. Diese Maßnahme kann allerdings durch die erforderliche Umstrukturierung der Arbeitsvorgänge umständlich und kostspielig sein.

b) **Prozesstheorien** beziehen auch Fragen nach der Auswahl der Motive und deren Alternativen mit ein, weiters Fragen nach den Zielen, Handlungsergebnissen und deren Bewertung durch die betreffende Person sowie die Frage, wie eine Person das Verhältnis zwischen Aufwand und Belohnung erlebt. Im Zusammenhang mit Prozesstheorien sind Autoren wie ***Vroom***, ***Latham*** und ***Locke***, ***Porter*** und ***Lawler*** zu nennen. Das Rubikon-Modell von ***Heckhausen*** wird als das kompletteste angesehen und soll deshalb hier genauer beschrieben werden; Arbeiten der übrigen genannten Autoren gehen zum Teil in ***Heckhausens*** Modell mit ein:

   Im **Rubikon-Modell** von ***Heckhausen*** wird der Handlungsverlauf in vier Segmente der Motivation und Volition (Wille zur Überwindung von Handlungsbarrieren) geteilt:

   1) Motivation in der ➢ *prädezisionalen Phase* (= Phase vor der Entscheidung): Sie ist durch das Wählen der Aufgabe charakterisiert. Dabei ist die **Erwartung** richtungsweisend, z.B.: „Wenn ich diese Arbeit mit Bravour erledige, werde ich befördert werden, werde ich keine Zeit für meine Familie haben, werden meine Familie und ich mehr Geld haben, werden mich meine MitarbeiterInnen für einen Streber halten, ...". Entsprechend solcher Abwägungen wird dann eine Handlungsalternative gewählt. Ein Ziel mit hohem Wert, das auch erreichbar ist, ist besonders attraktiv. Eine weitere Entscheidungshilfe ist die subjektive Einschätzung des **Risikos**: Jede Aufgabe beinhaltet eine gewisse Erfolgs- und Misserfolgswahrscheinlichkeit. Während Personen mit Hoffnung auf Erfolg den Erfolg aktiv suchen, streben MitarbeiterInnen mit Furcht vor Misserfolg danach, Misserfolge zu vermeiden und wählen dementsprechend leichte Aufgaben. ***Vrooms*** Theorie stellt die Höhe des ➢ **Anspruchsniveaus** (s. S. 172) in den Mittelpunkt: Ein hohes Anspruchsniveau wird gewählt, wenn ein Handlungsergebnis hohe Valenz aufweist und die subjektive Wahrscheinlichkeit, die Handlung erfolgreich auszuführen, ebenfalls hoch ist.

2) Volition in der ➢ *präaktionalen Phase* ist durch **Zielsetzung** und die gewollte Realisierung charakterisiert. Die Zielsetzungs-Theorie von ***Latham*** und ***Locke*** geht davon aus, dass Ziele motivierend wirken. Während die Leistung bis zum Erreichen einer Grenze mit der Zielschwierigkeit ansteigt, fällt sie bei weiterer Steigerung der Zielschwierigkeit stark ab, d.h. Ziele müssen zwar klar formuliert werden, z.B. „Verkaufen Sie bis heute Abend 15 Stück vom Produkt X!", wenn jedoch unrealistische Forderungen an MitarbeiterInnen gestellt werden, wie vergleichsweise „Verkaufen Sie bis heute Abend 200 Stück vom Produkt X!", dann sinkt die Motivation stark ab. Die MitarbeiterInnen sollten ein konkretes Feedback über ihre Leistungen bekommen und dieses auch selbst überprüfen lernen, um ihre Leistungen verbessern zu können.

3) Volition in der *aktionalen Phase* ist durch **Handeln** und **Handlungskontrolle** charakterisiert. Handlungsorientierte Menschen drängen auf die Umsetzung des Intendierten, lageorientierte Menschen hingegen verhalten sich zögernd, passiv. Verbesserungen in dieser Phase werden durch Selbstmanagement-Trainings erzielt, die die MitarbeiterInnen in die Lage versetzen, Techniken der Selbstregulation anzuwenden. Solche Techniken sind Selbstbeobachtung des eigenen Handelns, Selbstbewertung, Selbstreaktion (Selbstverstärkung durch Belohnung/Bestrafung). Zeit-Management-Konzepte (z.B. günstige Prioritätensetzung) können die Arbeitszeitverwendung optimieren.

4) Motivation in der *postaktionalen Phase* ist durch ➢ **Attribuierung** und **Bewertung** der geleisteten Arbeit charakterisiert. Für die Bewertung relevant sind Attribuierung, also Ursachenzuschreibung des Erfolgs oder Misserfolgs, und die erlebte Gerechtigkeit von Belohnung im Verhältnis zur erbrachten Leistung. Personen erleben ihr Gehalt als gerecht, wenn das Verhältnis zwischen eigener Leistung und eigenem Lohn dem Verhältnis der Leistung anderer und deren Lohn entspricht. Überbezahlung scheint zu etwas geringerer Zufriedenheit zu führen als gerechte Entlohnung; Unterbezahlung führt zu Ärger und Frustration. Nachgewiesen ist, dass unterbezahlte Personen die Quantität und / oder Qualität ihrer Leistung zu drosseln versuchen, überbezahlte versuchen, die Lohndifferenz durch Mehrleistung zu rechtfertigen. (Nach ***Kirchler, Rodler***)

Im Idealfall arbeiten Menschen gerne und werden zufrieden stellend entlohnt. Allerdings werden ausgeklügelte Motivationstechniken und verschiedenste Umschulungen usw. kaum zu hemmungsloser Arbeitsfreude führen, wo der/die ArbeitnehmerIn die Sinnhaftigkeit und zumindest relative Freiwilligkeit seines/ihres Tuns vermisst.

Csikszentmihalyi entdeckte den „Flow-Effekt", das ist das völlige Aufgehen in einer Aufgabe. Dabei wird intrinsische Motivation wirksam, die Tätigkeit selbst zum Antrieb, z.B. bei KünstlerInnen, SportlerInnen, Computerfreaks. Flow entsteht dann, wenn eine subjektiv bedeutsame Tätigkeit als Herausforderung erlebt wird und die eigenen Fertigkeiten und Fähigkeiten der Herausforderung entsprechend erlebt werden. (Nach ***Csikszentmihalyi***)

1. *Diskutieren Sie die Vor- und Nachteile der genannten Motivationstechniken. Bedenken Sie dabei Ihrer Meinung nach zu kritisierende Praktiken und Probleme in Organisationen!*
2. *Bei welchen Tätigkeiten erleben Sie den Flow-Effekt?*

2. Einige Aspekte der Umweltpsychologie

Die **Umweltpsychologie** entstand parallel zum gestiegenen Umweltbewusstsein, sie beschäftigt sich mit Fragen der Umweltverschmutzung, Überbevölkerung, mit den Wohnverhältnissen usw. und beteiligt sich als praktische Disziplin an der Besserung des allgemeinen Umweltbewusstseins.

Guy Erskine, Sonnenblumen

MENSCH UND UMWELT

Mensch und Umwelt stehen in ständiger Wechselbeziehung, und in diesem Mensch-Umwelt-Öko-System müssen die Bedürfnisse des Menschen so weit erfüllt sein, dass er nicht Not leidet. Vor 30.000 Jahren beschränkten sich die Bedürfnisse des Menschen auf die Grundbedürfnisse nach Nahrung, Wohnung, Bekleidung, Tätigkeit und Ruhe, Nachkommenschaft und Kultus. Die Bedürfnisse des Jetzt-Menschen, besonders in den Industrieländern, sind explosionsartig gestiegen. Er strebt danach, seine Grundbedürfnisse auch für die Zukunft abzusichern und entwickelt damit bereits einen Überbedarf. Der **Bedürfnisanstieg** und der **Bevölkerungsanstieg** führen dazu, dass die Ressourcen der Erde immer stärker ausgeplündert werden und die Umwelt mit Schmutz und Lärm erfüllt wird. Diese zunehmende Umweltbelastung richtet sich zugleich gegen den Menschen selbst. Im Folgenden werden die Umweltprobleme der wichtigsten **Umweltsektoren**, das sind **Wohn-** und **Arbeitsumwelt**, und **Stadt-** bzw. **Naturumwelt**, erörtert. Aber auch der Gesellschaft – die ja für das Individuum „Umwelt" bedeutet – kommt in diesem Zusammenhang wesentliche Bedeutung zu, da sie die Umwelt einerseits durch friedliche Bestrebungen zu erhalten trachtet, sie andererseits aber durch zerstörerische Unternehmungen gefährdet.

ARBEITSUMWELT

Einige Aspekte der **Arbeitsumwelt** wurden im Rahmen der ➢ Organisationspsychologie bereits besprochen. Das Problem der Arbeitslosigkeit wurde im Zusammenhang mit den Aufgaben des Erwachsenenalters im Rahmen der ➢ Entwicklungspsychologie erörtert. Vollbeschäftigung nach dem herkömmlichen Muster der Industriegesellschaft wird in naher Zukunft nicht mehr möglich sein. Die zunehmende Arbeitslosigkeit, die die fortschreitende Technisierung zwangsläufig mit sich bringt, rechtfertigt die Vision von Arbeitsmodellen als Alternativen zur herkömmlichen Erwerbsarbeit. Das Modell des so genannten „**New Work**" vom amerikanischen Philosophen und Ökonomen *Frithjof **Bergmann*** ist eine Alternative zur Entlassung und sieht eine Dreiteilung der Arbeitswoche vor: Ein Drittel widmet man dem Job, das ist die Erwerbsarbeit im bisherigen, einem anderen oder neu gegründeten Unternehmen; der Rest ist in die Bereiche „Paid calling" (dabei gilt es herauszufinden, wozu man sich wirklich berufen fühlt und dessen Verwirklichung, um damit Geld zu verdienen) und „High-tech self-providing" (Ausbau von Eigenarbeit und Selbstversorgung auf Basis modernster Technologien – etwa in den Bereichen Haus- und Wohnungsbau, Landwirtschaft auf kleinen Flächen oder Textilherstellung). Es entstehen immer mehr ähnliche Modelle, sie alle haben zum Ziel, mit eingeschränkter Erwerbsarbeit und vermehrter Selbstversorgung eine gesicherte Zukunft zu bieten.

WOHNUMWELT (WOHNEN, FREIZEIT, STADT- UND NATURERLEBEN)

WOHNEN – MEHR ALS NUR EIN GRUNDBEDÜRFNIS

Die Frühmenschen fanden ihr Auslangen an **Wohnstätten** mit Höhlen, später mit Zelten. Die Sesshaftigkeit brachte eine höhere Stufe des Wohnbedarfs (z.B. Erweiterung und funktionelle Aufteilung in Küche, Bad, Kinderzimmer, etc.) mit sich. Die Wohnung hat im Laufe der Zeit immer mehr Funktionen dazugewonnen. Sie deckt nicht nur **Grundbedürfnisse** nach Sicherheit und Gebogenheit ab, sondern hat darüberhinaus auch **Repräsentationsfunktion**; sie zeugt von Sozialstatus, Gemütlichkeit, Individualität, Geschmack. Sie kann eine Quelle für Inspiration und Kreativität sein. Komfortables Wohnen bzw. Wohnen in „guten" Wohngegenden, in gesunder Umgebung ist jedoch meist nur mit entsprechenden finanziellen Mitteln und daher nur vergleichsweise wenigen Menschen möglich.

Mit der zunehmenden Vermassung des Wohnens wurde zugleich ein Herd für Lebensstress geschaffen. Die Wohnung kann ein **Ort der Geborgenheit** sein, sie kann aber auch zu einem **konfliktträchtigen Ort** für die Familienmitglieder werden, wenn es etwa um Probleme folgender Art geht: Wer bezahlt welche Kosten, wer benützt wann das Bad, laute Musik, Lärm im Allgemeinen, welches Fernseh-Programm wird gesehen, wer behält die Wohnung im Falle einer Trennung usw. Die meisten Wohnungen, vor allem in den Städten, sind für ihre BewohnerInnen zu klein. Sie bieten keine oder wenig Rückzugsmöglichkeit für die einzelnen Familienmitglieder, es gibt wenig Raum für Hobbys.

Früher war – etwa bei Handwerkern – die Wohnung zugleich Arbeitsraum, heute ist sie das zum Teil für Schulkinder, immer mehr auch für Erwachsene, weil die Art ihrer Arbeit an keinen bestimmten Ort gebunden ist. Möglicherweise wird die Wohnung wieder der Arbeit dienen, wenn die Fernkommunikation die Anfahrtswege zu einem Arbeitsplatz erspart. Die Frage der zukünftigen Arbeitsorganisation ist in diesem Zusammenhang zu sehen.

1. *Überlegen Sie, ob es in Ihrer Wohnung / an Ihrem Arbeitsplatz etwas gibt, das Ihr psychisches Wohlbefinden beeinträchtigt. Welche Möglichkeiten einer zufrieden stellenden Lösung sehen Sie?*
2. *Diskutieren Sie, welche Forderungen (hinsichtlich Wohlbefinden der SchülerInnen und LehrerInnen und Anregung zum Lernen) Sie dem Architekten bei der Planung eines Schulneubaues vorlegen würden, und machen Sie eine Liste in der Reihenfolge der Wichtigkeit!*

FREIZEIT

In diesem Zusammenhang soll auch die Freizeitpsychologie Erwähnung finden. **Freizeit** dient einerseits der Erholung, andererseits auch dem Genuss **kultureller Veranstaltungen** oder **sportlicher Aktivitäten**, wobei der **Gesundheitsaspekt** meist eine wichtige Rolle spielt. Jüngste Untersuchungen ergaben, dass Faulenzen (etwa passives Herumlungern vor dem Fernseher) in der Freizeit wenig erholsam ist und nicht glücklich macht. Menschen fühlen sich offenbar wohler, wenn sie aktiv einem Hobby nachgehen, Sport treiben, kreative Fähigkeiten und Fertigkeiten fördern.

Die höhere Mobilität erlaubt **Urlaubsreisen**, auch in ferne Länder, was mit einem erhöhten Gesundheitsrisiko, wie Überbelastung, Klimawechsel, ungewohnter Kost usw., und Umweltverschmutzung einhergeht. Urlaub macht oft „innere Leere“ bewusst, Beziehungskrisen werden akut, weil man die Andersartigkeit des anderen deutlicher erkennt, es entsteht Unsicherheit, weil die gewohnte soziale Rolle nicht verfügbar ist.

- *Welche Zwecke können Urlaubsreisen erfüllen? Welche Konsequenzen ergeben sich für die Reisenden und für das Urlaubsland bzw. dessen BewohnerInnen?*

STADT- UND NATURERLEBEN:

Die Einstellungen zur Stadt sind zwiespältig, man schätzt einerseits ihre „logistischen“ Vorteile z.B. an Verbindungen und Angeboten, andererseits erfährt man sie als belastend und anonymisierend. Seit dem 19. Jh. drängt die Bevölkerung vom Land in die Stadt – hauptsächlich um Arbeit zu finden. Diese Ballung konzentriert die Reizüberflutung, die Verschmutzung und fordert insgesamt eine höhere Lebensenergie. ➢ Stress und Kriminalitätsrate sind höher als auf dem Land; die urbane **Anonymität** führt oft zu **Einsamkeit** oder verleitet StadtbewohnerInnen zu **Verantwortungsreduzierung** und **Enthemmung**. Daher muss vor allem der Anonymität entgegengewirkt werden, beispielsweise durch Schaffung von Nachbarschaftseinheiten. Kommunikationsmöglichkeiten sollen die Situation der StadtbewohnerInnen verbessern helfen. Die Architektur versucht in jüngster Zeit immer mehr die Bedürfnisse der BewohnerInnen zu berücksichtigen. *F.* ***Vester*** weist darauf hin, dass allein die Wahrnehmung des Reklame-Flackerlichts in den Städten, die modernen Hausfassaden mit ihren kaum unterbrochenen perspektivisch aufeinander zulaufenden Linien Eile, Bewegung suggerieren. Neue Architektur berücksichtigt psychologische Aspekte weitgehend.

Die Stadt wird aber nicht nur negativ erlebt, sie bietet vielen Menschen **mehr Lebensqualität** durch ihre kulturellen, sportlichen, wirtschaftlichen Angebote usw.

Die Naturpsychologie beschäftigt sich mit der **Wahrnehmung** und **Behandlung** der Natur durch den Menschen. **Naturerlebnisse** zählen zu den häufigsten positiven Erlebnisnachwirkungen. Viele Menschen erinnern sich gerne an Sonnenauf- oder untergänge, an das Ruhe- und Geborgenheitserleben oder an aufregende Abenteuer in der Natur. **Naturbehandlung** umfasst sowohl die Domestizierung von Tieren als auch das Verwerten anorganischer Natur. Diese Ausbeutung der Natur führte zur Gefährdung der eigenen Lebensbasis des Menschen. Doch nur im Zusammenwirken von Natur, Zivilisation und Kultur liegt die Voraussetzung für ein humanes Überleben.

Die **Umweltzerstörung** rächt sich durch Katastrophen, durch Klimaveränderungen, durch „Umwelterkrankungen" wie Krebs, Kreislauferkrankungen, Allergien, Vergiftungserscheinungen usw. Die „**Umweltmedizin**" versucht, diese Krankheiten in den Griff zu bekommen. Dies ist äußerst schwierig, weil sich in den seltensten Fällen der Krankheitsverursacher nach einem monokausalen Ursache-Wirkungszusammenhang feststellen lässt. An den Abgasen, Rauchteilchen, Aerosolen usw. sammeln sich praktisch alle Ionen, mit denen nunmehr unser Blut durch die Atmung nicht mehr angereichert werden kann. Klimakonferenzen, die sich zum Ziel setzen, die einzelnen Staaten zu möglichst geringer Luftverschmutzung zu verpflichten, werden mit mehr oder weniger Erfolg abgehalten. Wesentliche Faktoren der Umweltschonung sind **Mülltrennung** und **Recycling**. Konzepte zur **Reduzierung von Abfall** werden erarbeitet. Firmen verzichten etwa auf überflüssige Verpackung, Abfall reduzierende Maschinen und Herstellungsverfahren werden entwickelt, usw. Motivierender Nebeneffekt ist, dass die Kostenersparnis enorm sein kann.

Wie schmerzlich „**Naturverlust**" vom Menschen erlebt werden kann, davon zeugen „Aussteiger", der oftmalige Rückzug ins Landleben in der Pension, die kreative, liebevolle und den naturfremden GartenbesitzerInnen dennoch oft nicht „natürlich" geglückte Gartengestaltung. Unterschiedliche Naturgestaltungen zeigen zeitbedingte Naturvorstellungen oder gar Weltanschauungen (der „französische", der „englische" Garten, japanische Stein-Gärten). Natursymbolik begegnet uns in den Religionen, z.B. die Blumenteppiche des Islam, der Bodhi-Baum des Buddhismus, die Lotos-Teichgärten des Konfuzianismus und Taoismus usw. (nach ***dtv-Atlas*** zur Psychologie)

- *Diskutieren Sie mit Ihren KollegInnen die Vor- und Nachteile der Anonymität in Organisationen (Schule, Universität, Großbetrieb usw.) und städtischen Wohnbereichen!*

3. Friedenspsychologie

UMWELTZERSTÖRUNG DURCH KRIEGE

Die größten **Umweltzerstörungen** werden durch **Kriege** verursacht. Sie zerstören das Leben von Millionen Menschen, sie vernichten kulturelle und materielle Werte und führen zu einer massenpsychologischen Verrohung.

Amnesty International: Das geht vielen durch den Kopf

Die ungeheuren Vernichtungsmöglichkeiten unserer Zeit machen die Vermeidung von Kriegen zu einer Frage des Überlebens der ganzen Menschheit. Aber **Frieden** bedeutet nicht allein die Abwesenheit von Krieg, vielmehr beinhaltet Frieden auch Freiheit, sozialen Frieden, d.h. Verwirklichung bestimmter Werte, Achtung der Menschenrechte durch Vermeidung bzw. Unterbindung sozialer Ungerechtigkeiten und Benachteiligungen aufgrund von Geschlecht, ethnischer Herkunft, Religion usw.

Das **Österreichische Studienzentrum für Frieden und Konfliktlösung (ÖSFK), Stadtschlaining**, bemüht sich um Erhaltung bzw. Durchsetzung dieser Werte und pflegt internationale Kontakte zur Förderung des Friedens.

VOM „NUTZEN" DES KRIEGES

Die drei klassischen „Kriegsnutzen" sind **Landgewinn**, **Rohstofferbeutung** und die **Versklavung** von Menschen. Diese drei Gründe werden meist durch irrationale Ängste (überzogene Sicherheitsbedürfnisse) und irrationale Hoffnungen (Machtansprüche, sonstige Interessensvorteile) begünstigt. Aus Angst vor Machtverlust kommt es zu prophylaktischen Angriffen, oder die vermeintliche Schwäche des Gegners verleitet dazu, dessen Ressourcen den eigenen Interessen einzuverleiben. Die Machtmechanismen werden nicht reflektiert, sondern erscheinen als Selbstverständlichkeit. Auch Ideologien können mit ihrem Anspruch, im Besitze der alleinigen Wahrheit für alle Menschen zu sein, zu Zwecken der Kriegstreiberei eingesetzt werden. In diesem Falle herrscht oft die Ansicht, man habe ein Recht, Andersdenkende, Andersgläubige zur Annahme der eigenen „Wahrheit" zu zwingen. (Nach ***dtv-Atlas*** zur Psychologie)

ÜBER DIE URSACHEN DES KRIEGES

Laut *E.* ***Fromm*** belegt die Geschichte, dass nicht die ➢ Aggression des Menschen Ursache für Kriege ist. Primitive Völker haben kaum Kriege geführt, erst mit der Zivilisation nehmen Häufigkeit und Grausamkeit der Kriege zu. Als Beweggründe für Kriege nennt ***Fromm*** wirtschaftliche, politische und militärische Interessen einer führenden Minderheit im Staat, nicht der Gesamtbevölkerung. Die Kriegsbegeisterung der Massen sei vielmehr nur kurz vor und kurz nach Beginn des Krieges zu bemerken. Diese Begeisterung werde durch ➢ Suggestion von Regierung und Presse hervorgerufen. Dies gelinge umso eher, je autoritätsgläubiger die ➢ Masse sei.

Beim Einzelnen kann als Beweggrund Abenteuerlust eine Rolle spielen. Aber auch dann, wenn der/die SoldatIn keinerlei Kriegsbegeisterung verspürt, wird er/sie kämpfen müssen, um am Leben zu bleiben, andernfalls wird er/sie dem „Feind" oder den Sanktionen der eigenen Regierung zum Opfer fallen.

Nach Ansicht ***Fromms*** liegt die Aggression also nicht in der „Natur" des Menschen, sondern sie ist Antwort auf die Bedrohung vitaler Interessen und als solche eine ➢ phylogenetisch programmierte Reaktion. Diese defensive Aggression kann jedoch reduziert werden, und zwar unter folgenden Bedingungen: Die Grundbedürfnisse aller müssen befriedigt sein, es darf keine Hierarchien geben und keine Klassen, die ausgebeutet werden, kein Autoritätsglaube soll das selbstständige, kritische Denken der Menschen beeinträchtigen, und nicht zuletzt muss der Mensch vom Primat des Habens und Hortens zum Primat des Seins übergehen. (Nach *E.* ***Fromm***, s. auch S. 204 f.)

1. *Diskutieren Sie die Thesen* ***Fromms*** *(wenn möglich, anhand aktueller Gegebenheiten)!*
2. *Welche Rolle spielen die Medien angesichts drohender Auseinandersetzungen im In- und Ausland? Analysieren Sie deren Kommentare anhand eines konkreten Beispieles!*

URSACHEN UND ZIELE VON GEWALTAUSÜBUNG:

Die Aufgabe der psychologischen Friedensforschung ist es, die Ursachen von Kriegen zu erforschen und zu deren Verhinderung beizutragen.

Zunächst sind die Formen der Gewaltausübung im Vorfeld der ungeheuren Auseinandersetzung „Krieg" zu untersuchen. Unter **Gewalt** versteht man die Zerstörung oder Verminderung von Lebens- und Entwicklungsmöglichkeiten. **Personale oder direkte Gewalt zerstört, strukturelle oder indirekte Gewalt vermindert Entwicklungsmöglichkeiten**, indem sie sozial ungerechte Maßnahmen anerkennt bzw. fördert (nach ***Arbeitstexte Reclam***).

Thomas Nemec: Zu „Vesalius" 9/10, 1997

Soziale Ungerechtigkeit basiert immer auf ➢ **Vorurteilen**, und Vorurteile sind Ansichten und Werthaltungen, die bedrohte Vorrechte sichern sollen und zu diesem Zweck auch Diskriminierungen enthalten. Vorurteile erlauben eine sozial und gesellschaftlich gebilligte Aggressionsabfuhr: Ärger, Hass und Angst richten sich gegen Außenstehende. Sündenböcke stabilisieren den Zusammenhalt nach innen. Das Freund-Feind-Schema stellt ein soziales Bezugsschema dar, das aus dem Vorurteil lebt (nach ***Freudenreich***). In diesem Sinne können auch ➢ Nationalismus, ➢ Rassismus und Frauenfeindlichkeit erklärt werden.

GEFÄHRDUNG DES (SOZIALEN) FRIEDENS DURCH NATIONALISMUS, RASSISMUS UND FRAUENFEINDLICHKEIT

NATIONALISMUS UND RASSISMUS

Ursachen von ➢ Nationalismus und ➢ Rassismus:

- **Ökonomisch-soziale Faktoren**: Phasen wirtschaftlicher Rezession tragen zur Intensivierung von Vorurteilsbildungen bei; vorhandene innergesellschaftliche ➢ Konflikte werden auf Außenstehende projiziert. Sozial und ökonomisch benachteiligte inländische Bevölkerungsgruppen neigen zu ➢ Vorurteilen gegenüber „Außenstehenden", das sind in diesem Fall AsylwerberInnen, GastarbeiterInnen, die ihrerseits wenig Sozialprestige haben. Diese Konkurrenzsituation zwischen Minderheiten und benachteiligten inländischen Gruppen ruft meist Ausgrenzungsmechanismen hervor, und es kommt dadurch oft zur Entstehung von Feindbildern und Verfestigung von Vorurteilen.

- **Psychoanalytisch orientierte Erklärungsmodelle**: Was gesellschaftlich tabuisiert wird oder was man an sich selbst nicht wahrhaben will, wird abgespalten oder verdrängt. Das dem ➢ Bewusstsein auf diese Art Entzogene kann aber wiederkehren, indem es auf andere projiziert wird (vgl. *C. G. **Jung***, „Schatten"). So kann im Bild des bedrohlichen Fremden die verdrängte eigene Aggressivität wiederkehren. Was man an der eigenen Geschichte und Kultur nicht wahrhaben will, wird auf Geschichte und Kultur des Fremden projiziert (z.B. wo man viel arbeiten muss, ist der Fremde faul; wo sexuelles Begehren nicht gelebt werden darf, gilt der Ausländer als triebhaft usw.). Die Ablehnung des Fremden resultiert auch aus Angst vor den eigenen Wünschen nach einem besseren Leben. Die Abwehr soll dafür sorgen, dass das Fremde nicht die eigene innere Sicherheit und ➢ Identität gefährdet.
- **Entwicklungspsychologische Theorien zur Fremdenfeindlichkeit**: Entscheidend für das Gelingen menschlicher Reifungsprozesse ist, wie die Ablösung vom Vertrauten und die Hinwendung zum Fremden in der Kindheit gelingt. Am Modell des Mütterlichen und Weiblichen lernen männliche Wesen den Umgang mit dem, was sie selbst nicht sind. Untersuchungen über „autoritätsgebundene Charaktere", die zum Totalitären neigen, zeigen eine Verbindung von unterschwellig angstbesetzter **Frauenfeindlichkeit** und ➢ „ethnozentrischen" Einstellungen. Die Abwehr und Diskriminierung des Weiblichen beim Mann geht mit Ablehnung des Fremden einher. Das Bild des abgelehnten Fremden zeigt bei Männern meist „feminine" Züge wie Gefühlsbetontheit, Sinnlichkeit.

Mit der **Fremdenfeindlichkeit** ist üblicherweise **Nationalismus** verbunden. (Das Andere ist ein Spiegel, in dem man sich selbst sehen kann. Eigenschaften, die man der eigenen Nation zuweist, sind der Effekt ständiger Vergleiche mit dem Fremden. Auf diese Weise entstehen Gegenüberstellungen wie: deutsche Gründlichkeit – französische Leichtsinnigkeit. – Nach ***Malachov***). Das nationalistische Weltbild nimmt die Komplexität ökonomischer und sozialer Prozesse nicht zur Kenntnis und sucht stattdessen im nationalen Führer eine starke väterliche Macht, die die eigene Heimat gegen „fremde Horden" verteidigt. Wer „mutig" Andersartigkeit tolerieren kann, braucht nicht mit Angstabwehr zu reagieren. (Nach ***Lischke*** u. ***Rögl***; ***Schöneberg***; ***Vinnai***)

Der **Rassismus** streicht – unter Zuhilfenahme biologistischer Begründungen – durch Betonung der Unterschiede zwischen Menschen die Vorteile der eigenen Kultur und ihrer Werte hervor. Er verschließt sich gegen Internationalisierungen, Zuwanderung und Vermischung von Kulturen. Laut ***KURIER*** vom 21. 12. 1997 bekennt sich in der EU jede/r dritte BürgerIn zum Rassismus. Einer IMAS-Umfrage von 2005 zufolge sprechen sich 38% der ÖsterreicherInnen für Toleranz gegenüber AusländerInnen und AsylantInnen aus. Gemäß einer Studie des Österr. Institutes für Familienforschung, 2004, fordern 77% der befragten ÖsterreicherInnen von MigrantInnen mehr Anpassung an den heimischen Lebensstil.

- *Besprechen Sie die einzelnen Theorien zur Entstehung von Nationalismus und Rassismus mit Ihren KollegInnen! Inwiefern können die o.a. Erklärungsansätze genutzt werden, um rassistischen und nationalistischen Bestrebungen in der täglichen Lebenspraxis entgegenzuwirken?*

FRAUENFEINDLICHKEIT

Im Zusammenhang mit sozialer Benachteiligung (resp. Verminderung von Lebens- und Entwicklungsmöglichkeiten, s.o.) muss auch die Frauenfeindlichkeit erörtert werden, wobei deren verschiedenste und sogar scheinbar harmlose Ausprägungen nicht zu verniedlichen sind. In Österreich ist der Frauenanteil in der Gruppe der Singles seit Jahren im Steigen begriffen, und noch nie waren so viele Frauen im Alter zwischen 20 und 30 unverheiratet. Immer mehr Frauen genießen eine gute Ausbildung, auf manchen Universitäts-Instituten sind sie sogar überrepräsentiert. Im Beruf trauen sie sich immer mehr zu und drängen in Führungspositionen. Dieser Tatbestand mutet zunächst sehr positiv an, da er auf zunehmende Unabhängigkeit der Frauen hindeutet. Seit 1979 gibt es das Gleichbehandlungsgesetz in Österreich, seit 1990 die Novellierung des Gleichbehandlungsgesetzes, die sich auf das Arbeitsleben allgemein und auf das Entgelt im Besonderen bezieht. Doch viele Probleme der Gleichbehandlung müssen als nicht oder nicht zufrieden stellend gelöst betrachtet werden, denn Gesetze müssen sich in der täglichen Lebenspraxis bewähren, und dies ist nicht in vollem Umfang geschehen.

M. Kohler-Heilingsetzer: Zerreißprobe, 1998

Viele Frauen verzichten auf Kinder, da es zu wenig Kindergarten-Plätze und Schulen mit Nachmittags-Betreuung gibt. Nach dem Karenzurlaub ist der Wiedereinstieg in den Beruf sehr schwierig. Hat die Frau aber die Möglichkeit, wieder einzusteigen, drohen ihr Doppelbelastung und dementsprechend ➢ Stress. Die Aufteilung der Hausarbeit zwischen den Partnern funktioniert einmal mehr, meistens weniger. Immer mehr junge Männer nehmen jedoch ihre Partnerinnen ernst, die Frau wird nicht mehr in dem Ausmaß als Haushälterin und Gebärerin ausgebeutet wie früher.

Dennoch sind die Frauenhäuser, in welche misshandelte Frauen mit ihren Kindern flüchten können, überbelegt. Die in fast jedem österreichischen Bundesland vorhandene Einrichtung „Notruf und Beratung für vergewaltigte Frauen in Österreich" wird oft in Anspruch genommen. Auch hier gilt, was von misshandelten Kindern gesagt wird: Die Dunkelziffer ist weit höher.

Hilde ***Schmölzer*** behauptet, dass Männer in matriarchalen Kulturen den Frauen als Gebärenden unterlegen waren und daraus die aggressive Haltung gegenüber Frauen entstanden sei. Der Frühzeit-Mann habe in der Jagd ein eigenes Arbeitsgebiet gefunden, in der Folge seien Routinearbeiten der Frau zugefallen. Damit sei die Vorbedingung für Sklaverei geschaffen worden. Auch seine Unfähigkeit, Kinder zu gebären, kompensiere der Mann durch sexuelle Dominanz und Aggressivität gegenüber Frauen.

- *Wie beurteilen Sie die Situation der Frau in der Arbeitswelt / im Privatbereich? In welchen Bereichen und mittels welcher Maßnahmen wird Ihrer Meinung nach Gewalt (im Sinne obiger Ausführungen) gegen Frauen angewendet?*

ZUR „BRUTALISIERUNG" DER GESELLSCHAFT

Die Frage, ob der Mensch von Natur „gut" oder „böse" sei, kann nicht beantwortet werden, ohne das Urteil darüber von der optimistischen oder pessimistischen Sichtweise des Betrachters/der Betrachterin abhängig zu machen. Gewalt scheint im Zunehmen begriffen zu sein. Die Medien versorgen die Konsumenten mit Schreckenstaten, Gewalt wird verübt in der Familie, Gewalt und Aggressivität begegnen uns in der Schule (sog. „Bullying"; Bully = grober Kerl), die Aggressivität des ➢ „Mobbing" (s. S. 353 f.) am Arbeitsplatz ist hinlänglich bekannt, wir werden über Kriminalität, verübt an Bekannten und Unbekannten, informiert, wir konstatieren rassistische und ausländerfeindliche Gewalttaten im Inland und entsetzen uns über kriegerische Auseinandersetzungen im Ausland. Und viele fragen sich ängstlich, ob in Zeiten wie diesen der Mensch, und ganz speziell der jugendliche und erziehungsbedürftige Mensch, nicht etwa böser geworden sei, und dies weshalb und wodurch.

Lange Zeit hindurch hat man die Familie und die Vorbildwirkung der Medien für die Gewalttätigkeit der Jugend verantwortlich gemacht. Man hat den Grundstein der Gewalttätigkeit (mit Ausnahme von Kriegen) in der häuslichen Privatheit gesehen und damit bequeme Schuldzuschreibungen vorgenommen. Heute ist erwiesen, dass diese Zuschreibungen nicht haltbar oder jedenfalls nicht hinreichend sind. Nicht nur die Familie, sondern darüber hinaus Kultur, Geschichte und Politik werden daher bei diesen Überlegungen in dem bedeutenden Maß zu berücksichtigen sein, das ihnen tatsächlich zukommt. Die Gesellschaftsrealität zeigt, **dass** Gewalt ausgeübt und toleriert wird (etwa die Existenzvernichtung zahlreicher Menschen durch Entlassungen, die Diskriminierung von Minderheiten), die Medien zeigen, **wie** man Gewaltausübung eindrucksvoll präsentiert. *Ulla* ***Gosman*** spricht von der „Faszination der Gewalt" und vom Gewalt-„Genuss", den die Medien verschaffen, und nicht nur die Medien. Wäre etwa eine ➢ Identifikation mit dem Täter möglich, wenn die Rolle des Aggressors nicht so attraktiv schiene? *Sigmund* ***Freud*** sprach von der kathartischen

Wirkung, die von Literatur unheimlichen, grausigen Inhalts ausgeht: Der/Die LeserIn kann sich wohlig gruseln, sich fürchten, die Erleichterung einer Affektabfuhr genießen, ohne das reale Grauen selbst erleben zu müssen. Doch diese Faszination von Gewalt und die eigene Gewaltbereitschaft wurden in unserer Gesellschaft unter Entrüstung verdrängt oder verleugnet, statt sie (als „Schatten") zuzulassen, sich damit auseinander zu setzen und unter dieser Voraussetzung die ➢ Identifikation mit dem Schwächeren statt mit dem Stärkeren und das Entsetzen vor der Gewalt, nicht die Faszination, als eine echte kulturelle Leistung zu erlernen.

1. *Versuchen Sie die überaus schwierige Beantwortung folgender Fragen: In welchen Situationen haben Sie an sich selbst Gewaltbereitschaft / Identifikation mit einem Aggressor / Faszination von Gewalt verspürt? Wie haben Sie darauf reagiert? Wie würden Sie heute darauf reagieren?*
2. *Kann man Ihrer Meinung nach von zunehmender Brutalisierung der Gesellschaft und zunehmender Toleranz gegenüber Gewaltanwendung sprechen? Bilden Sie zwei Gruppen, die in einer Diskussion jeweils Argumente dafür bzw. dagegen vertreten.*
3. *Nennen Sie Beispiele für Toleranz gegenüber Gewaltausübung in der gesellschaftlichen Realität und in den Medien!*

GLOBALISIERUNG UND INTERKULTURALITÄT

Angesichts der ➢ Globalisierung ist „**Interkulturalität**" zu einem wichtigen Begriff geworden. „Inter" verweist auf die wechselseitige Relation zwischen Kulturen. Dabei ist eben nicht einseitige Beeinflussung das Ziel; man hat erkannt, wie wichtig und befruchtend das Lernen voneinander, der Austausch miteinander, die Verständigung untereinander sind. Der Begriff „interkulturell" ist so gesehen ein Fortschritt zu ➢ „multikulturell", das ein bloß akzeptiertes unverbundenes Nebeneinander von Kulturen suggeriert.

Frühere Kulturen waren ethnisch, sprachlich, weltanschaulich getrennt bzw. auf bestimmte Klimazonen und Regionen beschränkt. Im Reich Alexanders des Großen, bei den Römern, in der Österreichisch-Ungarischen Monarchie haben wir aber schon Beispiele von Kulturvermischungen, die – manchmal mehr, manchmal weniger – ein friedliches Miteinander ermöglichten. Heute bewirken fortschreitende Kommunikations-, Wirtschafts- und Transportmöglichkeiten usw. eine Annäherung auch recht fern von einander entstandener Kulturen. Dass diese Annäherung häufig nicht mit Wertschätzung und Gleichberechtigung einhergeht, ist leider eine Tatsache. *Franz Martin* ***Wimmer*** nennt drei Arten der Stereotypenbildung, die bei der Begegnung mit Fremden oft festzustellen sind:

1. Der Fremde wird als **Barbar** gesehen. Das verführt dazu, ihm zu misstrauen, ihn belehren, „entwickeln" zu wollen, ihm in einer Weise zu „helfen", dass er sich unfähig und dumm fühlen muss. Hier werden wechselseitiger Austausch und Toleranz ausgeschlossen.

2. Der Fremde wird als **Exote** bestaunt, er wird nur in einer ästhetischen Kategorie wahrgenommen. Man genießt seinen Tanz, seinen Gesang oder sonstige Darbietungen. Ernsthafte Probleme des Fremden werden nicht bedacht. Hier ist zumindest Toleranz gegeben, keinesfalls aber Akzeptanz, wie sie einem Menschen gerechterweise zukommen sollte.
3. Der Fremde wird als **Heide** betrachtet. Das bedeutet, er hat an der „allein und ewig gültigen Wahrheit" nicht Teil. Eine solche Auffassung schließt einen Dialog auf gleicher Ebene von vornherein aus.

Gelebte Interkulturalität ist darum bemüht, solche Asymmetrien zu vermeiden. Es mag oft schwierig sein, fremde Kulturen zu verstehen, fremde Sitten und Gebräuche respektvoll betrachten zu können, dem Fremden ergeht es aber ebenso. Hier ist wechselseitige Toleranz gefordert.

Es kann auch nicht darum gehen, dass sich fremde Kulturen einer dominanten Kultur unterordnen, denn dies wäre, ebenso wie eine Nivellierung der Kulturunterschiede, in vielen Bereichen ein bedauerlicher Verlust.

Wenn es um Fragen geht, die mehrere oder alle Kulturen angehen, sollte eine gemeinsame Lösung in Form eines ➢ Polylogs angestrebt werden, d.h. möglichst viele, am besten alle betroffenen Kulturen sollten in den Prozess der Entscheidungsfindung eingebunden werden. Eine zeitweilige Dominanz einzelner Kulturen wird dabei nicht immer vermieden werden können. Homogenität ist ja auch innerhalb der einzelnen Kulturen selbst keineswegs durchgängig. Der **Polylog**, der gleichberechtigte Austausch unter allen Betroffenen, ist der Idealfall der Kommunikation, den wir anstreben sollten. Er hat das Ziel, **Humanität und Frieden** zu fördern. (Nach ***Wimmer***)

1. *Was können Sie aus dem Abschnitt „Globalisierung und Interkulturalität" für die Psychologie ableiten, welche psychologischen Aspekte spielen hier eine Rolle (z.B. Rassismus, ...)?*
2. *Was können die Menschenrechte als interkultureller Kodex zur Verbesserung des interkulturellen Austausches und der Verständigung leisten? Erarbeiten Sie das Thema „Menschenrechte" fächerübergreifend mit Philosophie und/oder Geschichte!*

Z

1. *Welchen Belastungen ist der Mensch in der Arbeitswelt ausgesetzt?*
2. *Wodurch ist das Burnout-Syndrom charakterisiert und welche Strategien stehen dagegen zur Verfügung?*
3. *Was ist eine posttraumatische Belastungsstörung?*
4. *Beschreiben Sie die Dimensionen der emotionalen Intelligenz!*
5. *Was versteht man unter formellen und was unter informellen Gruppen?*
6. *Was können Sie sich unter „Gruppendenken" vorstellen? Welche Nachteile können sich aus einem solchen Denken ergeben?*
7. *Welche Taktiken können in Sitzungen benutzt werden? Können Sie sich irgendwelche Taktiken vorstellen, die nicht erwähnt wurden?*
8. *Nennen Sie Maßnahmen zur Konfliktbewältigung!*
9. *Welche Ursachen und Folgen kann Mobbing haben?*
10. *Was kann man mit Hilfe des „Johari-Fensters" untersuchen?*
11. *Vergleichen Sie den „wohlwollend-autoritären" mit dem „partizipativen" Management-Stil!*
12. *Kennen Sie Modelle, Visionen der künftigen Arbeitsgestaltung?*
13. *Was können Sie über die Bedeutung der Leistungsmotivation sagen?*
14. *Beschreiben Sie mindestens eine Inhaltstheorie der Motivation!*
15. *Beschreiben Sie die vier Segmente des Rubikon-Modells von* ***Heckhausen****!*
16. *Welche menschlichen Bedürfnisse soll eine Wohnung befriedigen?*
17. *Welche Aufgaben hat die Umweltmedizin?*
18. *Nennen Sie Ursachen und Ziele von Gewaltausübung.*
19. *Nennen Sie Ursachen für die Entstehung von Nationalismus und Rassismus!*
20. *Welche Aspekte haben Frauenfeindlichkeit und Fremdenfeindlichkeit gemeinsam?*
21. *Nennen Sie Strategien zur Verhinderung einer „Brutalisierung" der Gesellschaft!*
22. *Was bedeutet „Polylog" im Hinblick auf Humanität und Frieden?*

ANHANG

1. Statistik als Hilfsmittel der Psychologie*

HAUPTGEBIETE DER STATISTIK

Unter Statistik versteht man

- Methoden zur Zusammenfassung, Beschreibung und übersichtlichen Darstellung von Beobachtungen.
- Methoden zum Treffen vernünftiger Entscheidungen im Falle von Ungewissheit bzw. Methoden zum Abschätzen der Sicherheit von Vermutungen, die nur auf unvollständigen Beobachtungen beruhen.

Wer also unter Statistik nur eine Aufzählung bestimmter numerischer Tatsachen versteht, z.B. eine Statistik über die Geburtenziffer in Österreich während der letzten Jahre oder eine Statistik der Betriebsunfälle in Groß- und Mittelbetrieben, kennt nur einen Teil der Statistik, nämlich die **deskriptive Statistik**, und auch von dieser nur einen kleinen Teil. Er/Sie hat vielleicht die eine oder andere Aufstellung bestimmter Daten gesehen, kennt aber nicht die Verfahren zur Herstellung von Tabellen, von Übersichtsgrafiken (wie z.B. Blockdiagramme, vgl. S. 379), desgleichen nicht die Methoden der Zusammenfassung von mehreren Beobachtungen (z.B. durch den Durchschnitt, vgl. S. 378) usw.

Um ganz andere Fragestellungen geht es in der analytischen oder schlussfolgernden Statistik (auch **Inferenzstatistik**). Hier werden Entscheidungen darüber gefällt, ob z.B. Abweichungen zwischen verschiedenen Beobachtungen signifikant, d.h. wesentlich, oder nur zufällig sind. Es wird aber auch das Problem behandelt, wie sicher man die Ergebnisse, die man in einer ➢ Stichprobe (= eine Teilmenge) gewonnen hat, auf die Gesamtheit (die Grundmenge) übertragen kann. Um z.B. die Schulleistungen in Österreich sicher zu kennen, müssten alle Schulen beobachtet werden. Man begnügt sich jedoch aus ökonomischen Gründen oft mit der Prüfung einer Schule (also unvollständigen Beobachtungen = Stichprobe). Von den dabei beobachteten Leistungsverhältnissen kann aber nur mit einiger Wahrscheinlichkeit und nicht mit Sicherheit auf die Leistungsverhältnisse in allen Schulen Österreichs geschlossen werden.

STATISTIK UND PSYCHOLOGIE

Die Statistik ist als wissenschaftliche Methode nicht nur für die Psychologie, sondern für alle ➢ empirischen Wissenschaften von Bedeutung. Für jede Wissenschaftsrichtung ergeben sich natürlich andere Fragestellungen und spezifische Daten. Diese Daten sind in der Psychologie z.B. Verhaltensweisen von Vpn (oder Versuchstieren) in bestimmten, experimentell kontrollierten oder beliebigen, Situationen oder auch Erlebnisberichte der untersuchten Personen, aber auch Fremdbeurteilungen, d.h. Aussagen der Versuchsteilneh-

* *Nach: Franz Sedlak*

merInnen über andere. Desgleichen sind demografische Daten (= statistisch erfasste Merkmale der Bevölkerung), z.B. soziale Schichtzugehörigkeit, Alter, Geschlecht, Bildung, anthropologische Daten, z.B. Körperbau, physiologische Merkmale, wie etwa Blutdruck oder Gehirnwellen usw., für die psychologische Forschung wichtig. Die Psychologie bemüht sich, zwischen diesen Daten Beziehungen herzustellen. So werden etwa die Relationen zwischen bestimmten experimentell hervorgerufenen Gefühlen (z.B. Ärger über eine/n unhöfliche/n VersuchsleiterIn) und Schweißabsonderung, Blutdruckänderung, Atemfrequenz usw. untersucht. Beziehungen zwischen Körperbau und psychischen Merkmalen z.B. wurden vom Psychiater ***Kretschmer*** in seiner bekannten Typenlehre erforscht.

ZUFALL UND GESETZMÄSSIGKEIT

Die Wissenschaft hat die Aufgabe, zu überprüfen, ob zwischen beobachteten Erscheinungen gesetzmäßige Zusammenhänge bestehen, z.B. ob es richtig ist, dass ItalienerInnen schneller sprechen als HolländerInnen (ob also gesetzmäßige Zusammenhänge zwischen Nationalität und Sprechtempo nachweisbar sind), ob tatsächlich LandarbeiterInnen häufiger Gelenksleiden haben als Beamte/Beamtinnen (ob ein gesetzmäßiger Zusammenhang zwischen Beruf und Krankheitsanfälligkeit besteht) oder ob ältere Leute wirklich vergesslicher sind als junge (ob also ein gesetzmäßiger Zusammenhang zwischen Lebensalter und Gedächtnis und Merkfähigkeit vorhanden ist). Dazu ist es notwendig, **gesetzmäßige Zusammenhänge** von bloß **zufälligem Zusammentreffen** zu unterscheiden. Die Wissenschaft bedient sich dazu der statistischen Erfassung einer größeren Zahl von Versuchsobjekten. Sie nimmt einen gesetzmäßigen Zusammenhang erst dann als erwiesen an, wenn die Wahrscheinlichkeit, dass es sich um zufälliges Zusammentreffen handeln könnte, kleiner als 1% (für weniger wichtige Zusammenhänge kleiner als 5%) ist. Ein solcher Zusammenhang, bei dem die Zufallswahrscheinlichkeit kleiner als 5% ist, wird als statistisch signifikant, einer, bei dem sie kleiner als 1% ist, als sehr signifikant bezeichnet.

Wenn man eine Münze wirft (also das bekannte Spiel „Kopf oder Adler" bzw. „Kopf oder Schrift" spielt), ist die Wahrscheinlichkeit, dass die Kopf-Seite zufällig nach oben zu liegen kommt, 50%, die Wahrscheinlichkeit, dass die Schrift- (oder „Adler-")Seite zufällig nach oben zu liegen kommt (**Zufallswahrscheinlichkeit**), natürlich ebenfalls 50%.

Bei einem Fragebogen mit Wissensfragen, die nur mit „Ja" oder „Nein" beantwortet werden können (z.B.: War der deutsche Kaiser Wilhelm II. der unmittelbare Nachfolger Wilhelm I.?), ist die Wahrscheinlichkeit, dass eine Frage zufällig richtig beantwortet wird, 50%.

Bei jeder Wahl, die nur zwei Entscheidungsmöglichkeiten (Alternativen) offen lässt, ist daher (sofern die Wahl überhaupt erfolgt, nicht unterlassen bzw. verweigert wird) die Zufallswahrscheinlichkeit für jede der beiden 50%.

Diese kurzen Überlegungen haben schon in ein Gebiet der analytischen Statistik geführt. Sie zeigen, wie vorsichtig in der Wissenschaft bei der Bestätigung einer ➢ Hypothese vorgegangen werden muss, viel vorsichtiger als im Alltag, wo man vielleicht nur mit zwei Drittel oder 66,6% Wahrscheinlichkeit etwas für gegeben hält, obwohl es nur zufällig zustande gekommen sein kann.

Wenn ein/e VersuchsleiterIn einer Zahl von Vpn, von denen er/sie nicht weiß, was sie wissen und was nicht, und deren Wissen er/sie prüfen möchte, einen solchen Fragebogen vorlegt, dann kann er bei einer einzelnen Frage natürlich nicht wissen, ob der Prüfling die richtige Antwort aus seinem Wissen heraus gegeben hat (ob also ein echter Zusammenhang zwischen Wissen und Antwort besteht) oder ob er sie zufällig getroffen hat (die Wahrscheinlichkeit, das Richtige zufällig zu treffen, beträgt, wie erwähnt, 50%). Hier hilft ihm nun die statistische Methode: Je mehr Antworten richtig gegeben werden, desto wahrscheinlicher ist es, dass dies kein Zufall ist, sondern ein echter Zusammenhang zwischen Wissen und richtiger Antwort besteht. – Das Ergebnis und die Methode werden daher um so sicherer, je größer die Zahl der Antworten (je umfangreicher das statistisch erfasste Material) ist.

Als bewiesen nimmt die Psychologie, wie erwähnt, einen gesetzmäßigen Zusammenhang erst dann an, wenn die Wahrscheinlichkeit, dass es sich um einen Zufall handelt, geringer als 1% (bzw. geringer als 5%) wird: Diese Prozentwerte werden vor dem ➢ Experiment festgelegt, und zwar um so kleiner, je sicherer man ausschließen will, dass ein zufälliges Ergebnis irrtümlich als Effekt betrachtet wird.

BESCHREIBUNG VON RESULTATEN

Die übersichtliche Darstellung von Ergebnissen ist fast ebenso wichtig wie die Beurteilung der Zufälligkeit oder Wesentlichkeit von Ergebnissen. Eine Lehrperson, die sich über die Lateinfortschritte ihrer Klasse im Laufe des Schuljahres informieren möchte und die Lateinnoten der ersten und letzten Schularbeit vergleicht, kann mit ihrem Notenkatalog nur wenig anfangen, weil sie in diesem Zusammenhang nicht die Leistung der einzelnen SchülerInnen, sondern die Durchschnittsleistung interessiert. Die Noten liegen auch noch (als Beispiel) folgendermaßen ungeordnet vor:

3, 1, 2, 3, 4, 4, 3, 3, 3, 4, 5, 1, 1, 3, 1, 3, 3, 1, 3, 3 erste Schularbeit

2, 2, 1, 2, 3, 4, 1, 2, 2, 2, 1, 2, 2, 1, 2, 1, 3, 1, 2, 2 letzte Schularbeit

Ein Vergleich ist hier kaum möglich. Der/Die LehrerIn wird daher die Noten der Größe nach ordnen und feststellen, wie viele „sehr gut", „gut" usw. bei der ersten und wie viele bei der letzten Schularbeit (bei insgesamt 20 SchülerInnen) vergeben wurden.

z.B.:	sehr gut	gut	befriedigend	genügend	nicht genügend
erste Schularbeit:	5	1	10	3	1
letzte Schularbeit:	6	11	2	1	0

Hier kann er/sie schon ersehen, dass das Leistungsniveau gestiegen ist. Aber der/die LehrerIn möchte nun die Leistungen seiner/ihrer Klasse mit denen einer anderen vergleichen. Er/Sie wird zu diesem Zweck die Daten zusammenfassen. Dies ist möglich, indem er/sie eine Durchschnittsnote für die erste und letzte Schularbeit berechnet (das arithmetische Mittel = Summe der Einzelwerte-Noten – dividiert durch Anzahl der SchülerInnen). Sie beträgt hier für die erste Schularbeit 2,7 (nämlich 5 x 1 plus 1 x 2 usw., dividiert durch 20), für die letzte Schularbeit 1,9.

Weiters interessiert ihn/sie auch, ob die Leistungen einheitlicher (= die Streuung geringer) geworden sind. Die dazu notwendigen Berechnungen können hier nicht dargestellt werden, man kann sich das Ergebnis aber auch durch eine Grafik veranschaulichen, bei der die Notenwerte auf der Abszisse, die Anzahl ihres Auftretens auf der Ordinate aufgetragen werden.

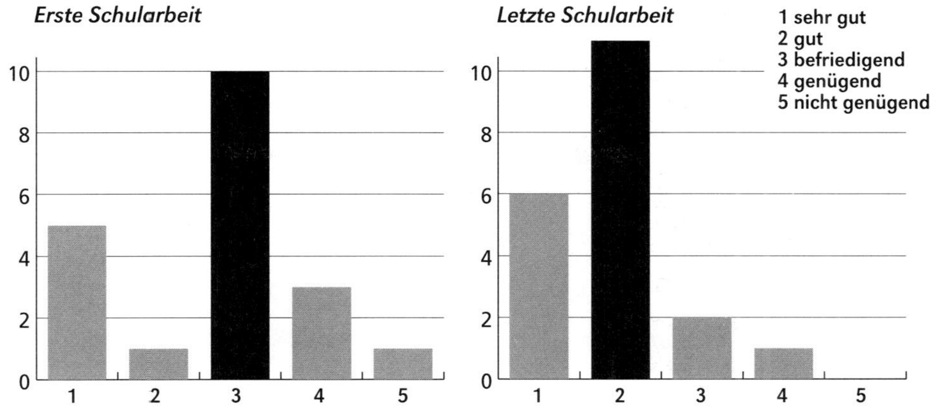

Man sieht in diesen **Blockdiagrammen** oder **Histogrammen**, dass sich die Mehrheit der Leistungen nach links verschiebt, was einem Lernfortschritt entspricht, und außerdem, dass sich die anderen Leistungen enger um die Note „gut" gruppieren; die Basis bei der letzten Schularbeit ist nicht mehr so breit (die „Nicht genügend" fehlen), die Leistungen sind einheitlicher geworden (sie „streuen" weniger).

Hätte man auf der Abszisse nicht **diskrete** (d.h. voneinander deutlich abgrenzbare) Merkmalsklassen, sondern ein **kontinuierliches** Merkmal (d.h. zwischen den ganzen Zahlen liegen noch unendlich viele Abstufungen von Werten), wie z.B. Körpergröße, aufgetragen, so könnte man auch eine **Verteilungskurve** zeichnen, die angeben würde, welche Körpergröße am meisten, welche weniger vertreten ist.

In der Überlegung zu den Daten der Psychologie (vgl. S. 377 f.) ist schon angeklungen, dass auch Interesse besteht für die **Zusammenhänge** zwischen zwei (oder mehreren) Merkmalen, z.B. Körpergröße und Körpergewicht (oder Alter und Namensgedächtnis, u.a.m.), und nicht nur zwischen einem Merkmal und der Häufigkeit seines Auftretens. Den Zusammenhang (die **Korrelation**) zwischen diesen beiden Merkmalen könnte man folgendermaßen veranschaulichen (auf die Berechnung der Korrelation kann hier nicht eingegangen werden): Man braucht nur auf der Horizontalen die Ausprägung des einen, auf der Vertikalen die des anderen Merkmals aufzutragen und die einzelnen Kombinationen durch Punkte zu markieren, z.B. 170 cm – 68 kg (s. S. 380, Abb. 27).

Die Punkte im dadurch gegebenen zweidimensionalen Feld zeigen die Kombinationen an. Je enger, schmäler der Punktschwarm ist, desto enger hängen die Merkmale zusammen: Die Korrelation ist bei Abb. 27 positiv, d.h.: Je mehr Körpergröße, desto mehr Körpergewicht.

Abb. 28 zeigt die Ergebnisse einer Untersuchung über den Zusammenhang zwischen Körpergewicht und Schnelligkeit im Laufen. Hier ist auch ein deutlicher Zusammenhang zu sehen, jedoch kein positiver, sondern ein negativer: Je höher das Gewicht, desto niedriger ist die Schnelligkeit.

In Abb. 29 sind die Resultate einer Korrelationsstudie zu Körpergewicht und ➢ Intelligenzquotienten dargestellt. Es konnte keine Beziehung zwischen diesen beiden Merkmalen gefunden werden.

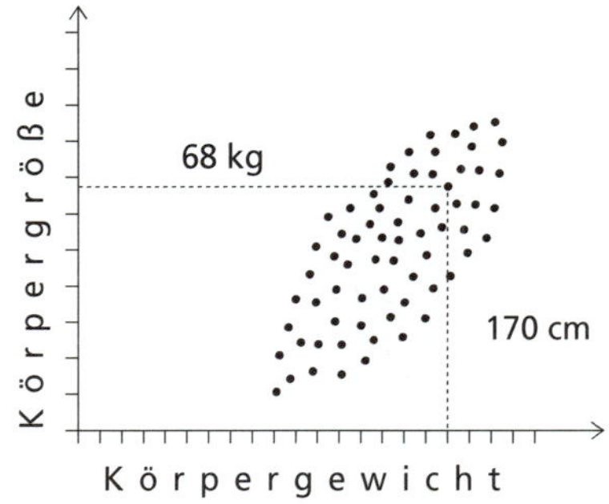

Abb. 27: Positive Korrelation

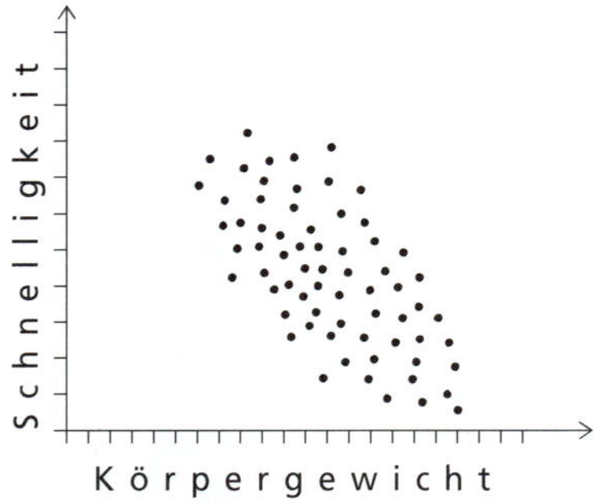

Abb. 28: Negative Korrelation

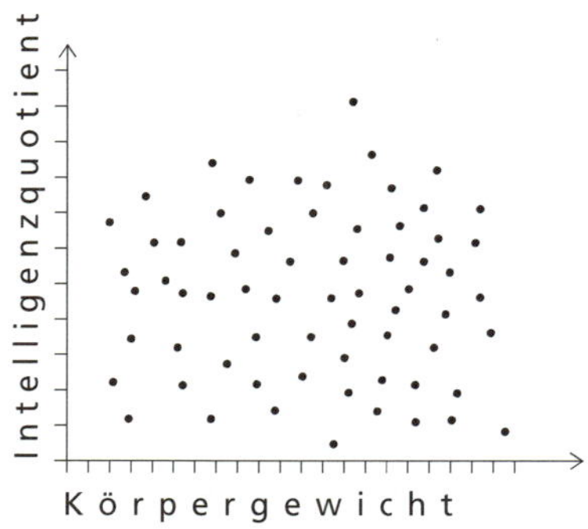

Abb. 29: Keine Korrelation

STATISTIK

B

DESKRIPTIVE STATISTIK

Statistische Verfahren, mit deren Hilfe man die aus einem Experiment erhaltenen Ergebnisse mit einigen wenigen Maßzahlen charakterisiert.

INFERENZSTATISTIK

Statistische Verfahren, mit denen geprüft wird, ob eine erstellte Hypothese aufgrund der beobachteten Daten aufrechterhalten werden kann oder ob die Hypothese zu verwerfen ist.

2. Literaturverzeichnis

Adler, Alfred: Menschenkenntnis. Frankfurt: Fischer, Bücher des Wissens 6080.

Amelang, Manfred, ***Bartussek***, Dieter: Differentielle Psychologie und Persönlichkeitsforschung. Stuttgart: Kohlhammer, Standard Psychologie, 1981.

Anders, Günther: Die Antiquiertheit des Menschen. München: C. H. Beck'sche Verlagsbuchhandlung, 1980.

Angermeier, W. F.: Kontrolle des Verhaltens. Berlin: Springer, Heidelberger Taschenbücher, Basistext Psychologie, 1972.

Arbeitstexte für den Unterricht: Frieden - Friedensstrategien. Stuttgart: Reclam 9523.

Asanger, R., ***Wenninger***, G. (Hrsg.): Handwörterbuch der Psychologie. Weinheim: Beltz, 1988.

Austeder, F.: Wörterbuch für Philosophie. Humboldt TB 580. 1978.

Autorenkollektiv: Der Oedipuskomplex und seine politischen Folgen. Frankfurt/Main: 1980.

Baake, Dieter: Jugend und Jugendkulturen. 2.Aufl., Weinheim u.München: Juventa, 1993

Bartel, Hans: Statistik I für Psychologen, Pädagogen und Sozialwissenschaftler. Stuttgart: UTB 3, 1979.

Bartel, Hans: Statistik II. Stuttgart: UTB 30, 1972.

Battegay, R.: Der Mensch in der Gruppe. Bd. 1. Bern: Huber, 1967.

Beauvoir, Simone de: Das andere Geschlecht. Sitte und Sexus der Frau. Hamburg, Rowohlt, 1951

Berendt, Joachim-Ernst: Nada Brahma. Die Welt ist Klang. Reinbek: Rowohlt, rororo Sachbuch 7949.

Bettelheim, Bruno: Kinder brauchen Märchen. Stuttgart: Deutsche Verlags-Anstalt GmbH. 1977.

Beyer, Günther: Erfolgreich lernen – Superlearning. Humboldt Ratgeber 491.

Bock, R: Am Anfang war die Couch. - In: ***Petzold***, Hilarion (Hrsg.): Wege zum Menschen. Paderborn: Junfermann-Verlag, 1987.

Bowlby, J.: Attachment and Loss. - In: ***Damon***, W.: Die soziale Entwicklung des Kindes. Stuttgart: Klett-Cotta, 1989.

Brandstätter, H., ***Schuler,*** H., ***Stocker-Kreichgauer,*** Gisela, ***Boch,*** R.: Psychologie der Person. Stuttgart: Kohlhammer, Urban-Taschenbücher 502, 1974.

Bundesministerium f. Unterricht u. kulturelle Angelegenheiten: Informationsblätter des Referats f. Interkulturelles Lernen Nr. 3/98

Csikszentmihalyi, Mihaly: FLOW. Das Geheimnis des Glücks. 9. Aufl., Stuttgart: Klett-Cotta, 2001.

Damon, W.: Die soziale Entwicklung des Kindes. Stuttgart: Klett-Cotta, 1989.

Dorsch, F. (Hrsg.): Psychologisches Wörterbuch. Bern: Huber, 1976.

Drever-Fröhlich: Wörterbuch zur Psychologie. München: dtv 3031, 1977.

dtv-Atlas zur Psychologie. Bd.2, München 1991.

Elhardt, Siegfried: Tiefenpsychologie – Eine Einführung. Stuttgart: Kohlhammer, Urban-TB 136, 1976 .

Erikson, Erik H.: Kindheit und Gesellschaft. Stuttgart: Klett-Cotta, 1982.

Erikson, Erik H.: Identität und Lebenszyklus. Frankfurt/Main: Suhrkamp, 1970.

Eunson, Baden: Betriebspsychologie. Hamburg: Mc Graw Hill, 1990.

Eysenck, H. J.: Intelligenz-Test. Reinbek: Rowohlt, 1972.

Fabry, Joseph B.: Das Ringen um Sinn. Wien: Herder, Herder-Bücherei 657,1978.

Federn, Paul: Seelische Hygiene des Geschlechtslebens. In: ***Federn,*** P., ***Meng,*** H. (Hrsg.): Psychoanalyse und Alltag. Bern: Huber, 1964.

Feldmann, Harald: Psychiatrie und Psychotherapie. Ein kurzgefaßtes Lehrbuch für Studierende und Ärzte. Germering: Karger, 1984.

Frankl, Viktor E.: Anthropologische Grundlagen der Psychotherapie. Bern: Huber, 1975.

Frankl, Viktor E.: Der Mensch auf der Suche nach dem Sinn. Wien: Herder, Herder-Bücherei 430, 1973.

Frankl, Viktor E.: Der Wille zum Sinn. Bern: Huber, 1982.

Freud, Anna: Das Ich und die Abwehrmechanismen. Geist und Psyche. München: Kindler.

Freud, Sigmund: Zur Psychopathologie des Alltaglebens. Frankfurt: Fischer, FiTb 6079.

Freud, Sigmund: Über Träume und Traumdeutungen. Frankfurt: Fischer, FiTb 6073.

Freud, Sigmund: Abriß der Psychoanalyse. Das Unbehagen in der Kultur. Frankfurt: Fischer, FiTb 6043.

Freudenreich, D.: Freund-Feind-Bilder. Schritte zum Bewußtwerden. In: ***Duncker***, L. (Hrsg.): Frieden lehren? Beiträge zu einer undogmatischen Friedenserziehung in Schule und Unterricht. Armin Vaas Vlg., 1988.

Fromm, Erich: Anatomie der menschlichen Destruktivität. Stuttgart: Deutsche Verlagsanstalt, 1974.

Fromm, Erich: Die Furcht vor der Freiheit. Frankfurt/Main: Europ. Verlagsanstalt, 1980.

Fromm, Erich: Haben oder Sein. Die seelischen Grundlagen einer neuen Gesellschaft. Stuttgart: Deutsche Verlagsanstalt, 1976.

Fromm, Erich: Die Kunst des Liebens. Stuttgart 1980.

Fromm, Erich: Psychoanalyse und Ethik. München: dtv 15003, 1985.

Funkkolleg Erziehungswissenschaft 1 (Klafki, W., Rückriem, G.M., Wolf, W., Freudenstein, R., Beckmann, H.-K., Lingelbach, K.-Ch., Iben, G., Diederich, J.). Frankfurt: Fischer, FiTb 6106.
GEO WISSEN Nr. 2, September 1993 - Kindheit und Jugend.
GEO WISSEN Nr. 3 v. 24.8.1992.
Gerstl, W., ***Koller***, M. In: Sozialpädagogische Impulse 2/91
Glasl, F.: Konfliktmanagement. Ein Handbuch für Führungskräfte, Beraterinnen und Berater. - 5. erw. Aufl., Bern: Haupt, 1997.
Goleman, D: Emotionale Intelligenz. dtv 1690, 1997
Gosman, U.: Die Brutalisierung der Gesellschaft oder: Ist Gewalt ein Bestandteil unserer Kultur? - In: Psychologie heute, Oktober 1997.
Greenfield, Patricia M.: Kinder und neue Medien. München-Weinheim: 1987.
Gregory, Richard L.: Auge und Gehirn – Zur Psychophysik des Sehens. Frankfurt: Fischer, FiTb 6156.
Grey, Walter: Das lebende Gehirn – Entwicklung und Funktion. Köln-Berlin: Kiepenheuer & Witsch, 1961.
Guttmann, Giselher: Einführung in die Neuropsychologie. Bern: Huber, 1981.
Guttmann, G., ***Beer***, F.: Lernen unter Selbstkontrolle, Das Wiener Unterrichtsmodell. Ludwig Boltzmann-Institut f. Lernforschung des BM f. UKS.
Halder, Petra: Verhaltenstherapie. Stuttgart: Kohlhammer, Urban-Taschenbücher 167.
Hauss, K. (Hrsg.): Medizinische Psychologie im Grundriß. Göttingen: Hogrefe, 1976.
Heitger, M.: Bildung und Massenmedien in der modernen Gesellschaft. In: Kind und Fernsehen. Schriftenreihe des Kath. Familienverbandes 16.
Herkner, Werner: Einführung in die Sozialpsychologie. Bern: Huber, 1986.
Herkner, Werner: Psychologie. Berlin: Springer, 1986.
Herrmann, Theo. Lehrbuch der empirischen Persönlichkeitsforschung. Göttingen: Hogrefe, 1984.
Hinckelmann, Gunhild et al.: Leichter lehren. Leitfaden für den Unterricht mit Superlearning und Suggestopädie. PLS – Verlag für Psychologische Lernsysteme, 1989.
Hochkeppel, W.: Denken als Spiel. Hundertundelf Intelligenz-Übungen für Anfänger und Fortgeschrittene. dtv 965, 1977.
Hofstätter, P. R.: Differentielle Psychologie. Stuttgart: Kröner, 1971.
Hofstätter, P. R.: Einführung in die Sozialpsycholgie. Stuttgart: Kröner, 1973.
Hofstätter, P. R.: Gruppendynamik. Reinbek: Rowohlt, Rowohlts Deutsche Enzyklopädie, 1986.
Ingenkamp, Frank D.: Neue Medien vor der Schultür. Weinheim:Beltz, 1984.
Jahoda, M., ***Lazarsfeld,*** P., ***Zeisel,*** H.: Die Arbeitslosen von Marienthal. Ein soziographischer Versuch über die Wirkung langdauernder Arbeitslosigkeit. Leipzig 1933. Neudruck: Frankfurt/Main 1969.
Jacobi, Jolande: Die Psychologie von C. G. Jung. Eine Einführung in das Gesamtwerk.. Frankfurt: Fischer, FiTb 6365.
Jung, C. G.: Bewußtes und Unbewußtes. Frankfurt: Fischer, FiTb 6058.
Jung, C. G.: Der Mensch und seine Symbole. Olten und Freiburg: Walter, 1968.
Käsler-Heide, H.: Wenn die Eltern älter werden. Ein Ratgeber für erwachsene Kinder. Frankfurt: Campus 1998.
Kammer für Arbeiter und Angestellte Wien: Einführung in die Verführung.
Kast, Verena: Familienkonflikte im Märchen. Eine psychologische Deutung. dtv 15042.
Kast, Verena: Liebe im Märchen. Olten: Walter, 1992.
Keintzel, B. (Hrsg.): Bewegliche Ziele. Positionen zur Philosophie der Gefühle. Wien Turia und Kant, 1998.
Kieselbach, Thomas: Arbeitslosigkeit. In: ***Asanger***, ***Wenninger*** (Hrsg.): Handwörterbuch der Psychologie. Weinheim: Beltz, 1988.
Kirchler, Erich, ***Rodler***, Christa: Motivation in Organisationen (Arbeits- und Organisationspsychologie 1). Wien: WUV-Univ.-Verl., 2002.
Klaus, W.: Wenn die Vergangenheit entschwebt. In: Psychologie heute, August 1999.
Klebelsberg, Dieter: Verkehrspsychologie. Berlin: 1982.
Klientenzentrierte Gesprächspsychotherapie. Geist und Psyche. München: Kindler 02149.
Knebel, Heinz: Das Vorstellungsgespräch. Die erfolgreiche Art, Mitarbeiter auszuwählen. Freiburg: Rudolf Haufe Verlag, 1989.
Kurier vom 22. 7. 1997
Kurier vom 21. 12. 1997
Kursbuch Kinder (Ernst, A., Herbst, V., Langbein, K., Skalnik, Ch.) Köln: Kiepenheuer & Witsch, 1993.
Krüger, Heinz-Hermann (Hrsg.): Handbuch der Jugendforschung. Opladen: Leske und Budrich, 1988.
Landau, Erika: Psychologie der Kreativität. München: Ernst-Reinhardt, 1971.
Legewie, H., Ehlers, W.: Knaurs moderne Psychologie. München: Knaur, 1978.
Leonhard, Linda: Töchter und Väter. Frankfurt: Fischer, 1990.
Lischke, U./ ***Rögl,*** H.: Multikulturalität. - Hrsg. IKUS/BMWF, Wien 1991.
Lorenz, Dagmar: Verändert das Netz den Menschen? Kommunikation und Persönlichkeit im Cyberspace. In: Psychologie heute, August 1997.

Lorenz, K.: Die acht Todsünden der zivilisierten Menschheit. München: Piper, Piper 50, 1973.
Lüscher, M.: Die Lüscher Farben zur Persönlichkeitsbeurteilung und Konfliktlösung. München: Mosaik 1989
Luft, J.: Einführung in die Gruppendynamik. Fankfurt: Fischer, 1989.
Luks A.: Der Mehrwert des Guten. Wenn Helfen zu heilenden Kraft wird. Freiburg: Herder 1998.
Maccoby, E.E., ***Jacklin,*** C.N.: The Psychology of Sex Differences. - In: Damon, W. a.a.O.
Mahler, Margaret S., ***Pine,*** Fred, ***Bergman,*** Anni: Die psychische Geburt des Menschen. Frankfurt: Fischer, FiTb 6731.
Malachov, V.: Was heißt es, national zu denken? In: IWK-Mitteilungen 3/1997.
Maslow, A. H.: Motivation und Persönlichkeit. Rowohlt, rororo 7395.
Mayer, R. E.: Denken und Problemlösen. Berlin: Springer, 1979.
Mead, Margaret: Mann und Weib. Reinbek: Rowohlt, rororo 69, 1979.
Menninger, K. A.: Love Against Hate. New York 1942.
Mueller, Conrad G.: Licht und Sehen. Reinbek: Rowohlt, rororo 680.
Noll, W.: Wenn Frommsein krank macht. Ekklesiogene Neurosen uns psychische Gefahren christlicher Pädagogik aus der Sicht einer psychotherapeutischen Praxis. Planegg: Socio medico 1989
Nolting, H. P.: Lernfall Aggression. Reinbek: Rowohlt, rororo 7139.
Oerter, R., Montada, L.: Entwicklungspsychologie. München 1987.
Ogilvy, David: Geständnisse eines Werbemannes. ECON 1991.
Olivier, Christiane: Jokastes Kinder. Die Psyche der Frau im Schatten der Mutter. dtv 15053.
Ornstein, Robert E.: Die Psychologie des Bewußtseins. Köln: Kiepenheuer & Witsch, 1974.
Packard, Vance: Die geheimen Verführer. ECON 1992.
Perner, Rotraud A.: Schuld & Unschuld. Täter und Opfer sexueller Misshandlungen. Wien: Aaptos-Verl., 1994.
Piaget, J.: In: ***Furth*** H.G. (Hrsg.): Intelligenz und Erkennen. Die Grundlagen der genetischen Erkenntnistheorie Piaget`s. Frankfurt: Suhrkamp.
Pongratz, L. J.: Hauptströmungen der Tiefenpsychologie. Stuttgart: Kröner, 1983.
Popper, K. R., ***Eccles,*** J. C.: Das Ich und sein Gehirn. München: Piper, 1985.
Postman, Neil: Wir amüsieren uns zu Tode. Frankfurt: Fischer, 1988.
PROFIL Nr. 45 v. 2. 11. 1992
Psychologie heute, Sonderband: Neue Formen der Psychotherapie. Weinheim: Beltz, 1980.
Richter, H. E.: Die hohe Kunst der Korruption. Erkenntnisse eines Politik-Beraters. Hamburg: Hoffmann und Campe, 1989.
Richter, H. E.: Patient Familie. Entstehung, Struktur und Therapie von Konflikten in Ehe und Familie. Reinbek: rororo 6772.
Riemann, Fritz: Grundformen der Angst. München: Ernst Reinhardt, 1975.
Ringel, Erwin: Die österreichische Seele. 10 Reden über Medizin, Politik, Kunst und Religion. Wien - Köln - Graz 1984.
Rohracher, Hubert: Einführung in die Psychologie. Wien: Urban & Schwarzenberg, 1976.
Rosenstiel, L. v.: Grundlagen der Organisationspsychologie. 3.überarb. u. erg. Aufl., Stuttgart: Schaeffer-Poeschl, 1992.
Rosenstiel, L.v., ***Molt,*** W., ***Rüttinger,*** B.: Organisationspsychologie. Urban 501.
Roth, E., ***Oswald,*** W. D. und ***Daumenlang,*** K.: Intelligenz. Urban 144.
Samuels, Andrew et al.: Wörterbuch Jungscher Psycholgie. München: Kösel, 1989.
Saunders, Cicely: Ein Leben für Sterbende. Von: Shirley du Boulay. Innsbruck-Wien: Tyrolia, 1987.
Schmidbauer, Wolfgang: Sensitivitätstraining und analytische Gruppendynamik. München: Piper 56, 1973.
Schmölzer, Hilde: Der Krieg ist männlich. Ist der Friede weiblich? Wien: Vlg. f. Gesellschaftskritik, 1996.
Schöneberg, U.: Vorurteile - Feindbilder. Wurzeln und Dynamik. - In: Politische Bildung. 13. Jg., 1, 1991.
Schönpflug, W., ***Schönpflug,*** U.: Psychologie. München: Urban & Schwarzenberg, 1983.
Schuster, Martin, ***Beisl,*** Horst: Kunstpsychologie. Köln: DuMont, dumont kunst taschenbücher 61, 1978.
Sedlak, Franz: Lernen kann jeder lernen. Wien: ÖBV, 1984.
Sigusch, Volkmar: Sexuelle Störungen und ihre Behandlung. 3. Aufl., Stuttgart: Thieme, 2001.
Strotzka, Hans: Macht. Ein psychoanalytischer Essay. Wien, Hamburg: Zsolnay, 1985.
Strunk-Sachs, Jaqueline: zit. nach Schönpflug und Schönpflug, S. 192ff.
Spinner, H.H.: Die sanften Wilden. - In: "Schüler". Seelze, Friedrich 1984.
Spitz, René A.: Vom Säugling zum Kleinkind. Stuttgart: Klett-Cotta, 1983.
Trautner, Hanns Martin: Lehrbuch der Entwicklungspsychologie. 2 Bände. Göttingen: Hogrefe 1991, 1992.
Ullmann, Gisela: Kreativität. Pädagog. Zentrum, Reihe C, Bd. 11. Weinheim: Beltz, 1968.
Vester, F.: Phänomen Stress. dtv-sachb. 1396
Vinnai, G.: Das innere Ausland. Thesen zur Sozialpsychologie der Fremdenfeindlichkeit. – In: TAZ v. 27. 11. 1991/12.
Watzlawick, P., ***Beavin,*** J. H., ***Jackson,*** Don D.: Menschliche Kommunikation. Bern: Huber, 1974.

Wendt, Hermann: Sexualität. In: ***Asanger, Wenninger*** (Hrsg.): Handwörterbuch der Psychologie. Weinheim: Beltz, 1988.
WHO: Internationale Klassifikation psychischer Störungen. ICD-10 Kapitel V (F), 1997.
Whorf, B. L.: Sprache, Denken, Wirklichkeit. Reinbek: Rowohlt, Rde 174, 1960.
Wimmer, Franz M.: Globalität und Philosophie. Studien zur Interkulturalität. Wien: Verlag Turia + Kant, 2003.
Winterhoff-Spurk, P.: Fernsehen. Bern: 1986.
Zapf, D./ ***Warth,*** K.: Mobbing: Subtile Kriegsführung am Arbeitsplatz. - In: Psychologie heute, August 1997.
Zimbardo, Ph. G.: Lehrbuch der Psychologie. Berlin: Springer, 1983.
Zimbardo, Ph.. G.: Lehrbuch der Psychologie, 6.Aufl., Berlin: Springer, 1995.
Zimbardo, Ph. G., ***Gerrig***, R. J.: Psychologie. 16. aktualisierte Aufl., München: Pearson Education Deutschland G.m.b.H., 2004.
Zimmermann, Th.: Das Medium ist nicht „unschuldig". - In: Psychologie heute, August 1999.
Zuschlag, B., ***Thielke***, W.: Konfliktsituationen im Alltag, 2.erg. u. überarb. Aufl., Stuttgart: Vlg.f. Angewandte Psychologie, 1989.

3. Bildnachweis

Albrecht, Eva, Zeichnung S. 289
Ammann, Michael, in: Kurier, 29. 9. 1999: S. 354
Amnesty International, „Das geht vielen durch den Kopf": S. 367
The Arcimboldo Effect, Mailand: Gruppo Editionale Fabbri, Bompiani, Sonzogno, Etas S.p.A., 1987: S. 41
Armstrong, Louise / ***Darrow***, Whitney, Freud für Kinder. Gießen: Focus-Verlag, 1976: S. 172
Berger, Karli, in: Wir Supermänner. Wien: Frischfleisch & Löwenmaul, 1979: S. 16 f., 68, 70, 251, 329
Busch, Wilhelm, Sämtliche Werke. Gütersloh: C. Bertelsmann Verlag, 1959: S. 154, 228, 230
Collection de l´Art Brut. Lausanne 1976: S. 208
Dali, Salvador: © Salvador Dali. Foundation Gala – Salvador Dali/VBK, Wien: S. 1
Erskine, Guy, TMC 059: S. 363
Die Welten des M. C. ***Escher***. Herrsching: Manfred Pawlak Verlagsgesellschaft mbH, 1971: S. 56, 59
Heckenschütz, Dieter / ***Rauschenbach***, Erich, Lehrer-ärger dich! Frankfurt/Main: Vito von Eichborn Verlag, 1984: S. 75, 307
Hoffmann, Heinrich, Der Struwelpeter. Erlangen: Pestalozzi Verlag, 1951: S. 234
Jung, *C. G.,* Der Mensch und seine Symbole. 13. Auflage. Olten: Walter-Verlag AG, 1981: S. 175, 200, 201, 202, 203
Kammer für Arbeiter und Angestellte Wien: Einführung in die Verführung: S. 71
Kohler-Heilingsetzer, Margret, „Dialogpartner", 1989 : S. 261; Keramikobjekt, Serie „topes", 1998: S. 266; „Zerreißprobe", 1998: S. 371
Kubin, Alfred: © Eberhard Spangenberg/VBK: S. 181
Magritte, René. Köln: Benedikt Taschen Verlag GmbH & CoKG, 1985: S. 104
Manz, Hans, Worte kann man drehen. Weinheim: Beltz-Verlag, 1974: S. 314
Marx, Eva, Abb. S. 296, 302
Miró, Joan: © Succession Miró/VBK: S. 241
Molcho, Samy, Körpersprache. Mosaik-Verlag München, 1983. (Weitere Titel zum Thema: Körpersprache als Dialog, Partnerschaft und Körpersprache, Die Magie der Stille; alle: S. Molcho, Mosaik-Verlag München): S. 323.
Mordillo, Guillermo, Der große Mordillo. Oldenburg und Hamburg: Verlag Gerhard Stalling, 1974: S. 214, 264
Nay, Ernst Wilhelm, in: Die goldene Palette, Stuttgart: Deutscher Bücherbund 1968: S. 54
Nemec, Th., „Zu Vesalius" 9/10, 1997: S. 369
Psychologie heute. Weinheim: Beltz-Verlag, 1987 (14. Jahrg. Heft 3): S. 174; 1987 (14. Jahrg. Heft 11): S. 270; 1988 (15. Jahrg. Heft 3): S. 219; 1988 (15. Jahrg. Heft 5): S. 18; 1988 (15. Jahrg. Heft 7): S. 251; 1988 (15. Jahrg. Heft 8): S. 195; 1988 (15. Jahrg. Heft 12): S. 316
Quino, Therapeutikum. Frankfurt am Main: Fischer Taschenbuch Verlag, 1988: S. 220 f., 358
Schulz, Charles M., aus: Snoopy Taschenbücher. Frankfurt: Wolfgang Krüger Verlag: S. 167, 321
Smuc, Michael. Wien, 1990: S. 131, 281, 314
Söllinger / Konecny / Mateja, Erlebte Sprache 4, S. 90
Sowjetunion heute, 7. 7. 1981: S. 94
Staeck, Klaus, „Im Mittelpunkt steht immer der Mensch", 1981: S. 344; „Vollbeschäftigung", 1983: S. 345
Zarate, Oscar, in: Freud für Anfänger: S. 186
Zehentmayr, Dietmar, Im Reich der Beamten, Wien: Jugend & Volk, S. 197, 277
Zimbardo / Ruch, Lehrbuch der Psychologie, Berlin: Springer-Verlag, 1983: S. 101, 160, 248

GLOSSAR

1. Verzeichnis psychologischer Fachausdrücke

Abhängigkeit, Sucht: Übermäßiges Verlangen nach einem Gift (Suchtmittel, Droge), dessen Zufuhr in irgendeiner Form Wohlbehagen, dessen Entziehung unangenehme Entzugserscheinungen verursacht

Abwehrmechanismen: psychische Strategien des Ich, die der automatischen und unbewussten Abwehr bedrohlich erscheinender Gedanken und Empfindungen dienen

Adaptation: Anpassung

Adaptationsniveau: jene „durchschnittliche" Situation, nach der wir die Umweltgegebenheiten gemäß vorangegangener Erfahrung einschätzen

adoleszent: die ➢ Adoleszenz betreffend; jugendlich

Adoleszenz: Alter des heranwachsenden Jugendlichen

Affekt: besonders starkes Gefühl mit körperlich bewussten Erscheinungen

affektive Störungen: psychische Störungen mit entweder übermäßiger Niedergeschlagenheit (➢ Depression) oder Euphorie (➢ Manie) oder mit beiden abwechselnd

Aggression: allgemeine Bezeichnung für feindseliges Verhalten

-**stheorien:** Projektion des Todestriebes (n. ***Freud***)
Manifestation des „Willens zur Macht" (n. ***Adler***)
Aggression als Reaktion auf ➢ Frustration (n. div. psych. Schulen)

-**strieb:** ➢ Destruktionstrieb

Agnosie: mangelnde Sinneswahrnehmung (z.B. im optischen Bereich: optische A. ➢ Seelenblindheit)

Allgemeines Adaptationssyndrom: unspezifische Anpassungsreaktionen des Organismus, um drohende Schädigung (durch fortgesetzt wirkende Stressoren) zu vermeiden

Alternative: Entscheidungsmöglichkeit, Wahlmöglichkeit

Altruismus: Nächstenliebe, Hintansetzung der eigenen Interessen gegenüber denen des anderen

Alzheimer-Krankheit: in späteren Lebensjahren möglicherweise auftretende fortschreitende diffuse Hirnatrophie mit Ausfällen von Nervenzellen; von altersbedingter Demenz zu unterscheiden

Amnesie: Gedächtnisverlust, Gedächtnislücke

Analytische Psychologie: von *C. G.* ***Jung*** vertretene Richtung der Tiefenpsychologie

Anamnese: Vorgeschichte (einer Krankheit), wörtl. Wiedererinnerung

Angstneurose (Angststörung): krankhaftes Auftreten von vernunftmäßig nicht begründeten Ängsten, einhergehend mit physiologischer Erregung, Gefühlen der Spannung und der Besorgnis (lt. Psychoanalyse aus unbewussten, aus dem ➢ Bewusstsein verdrängten und daher nicht vernunftmäßig erkennbaren Ursachen)

Angststörung ➢ Angstneurose

Anima, Animus: Bereich der Psyche, der als Mittler zwischen ➢ Bewusstsein und ➢ Unbewusstem fungiert (s. auch ➢ Archetypus); Anima ist das innere Bild von der Frau im Manne und umgekehrt Animus das innere Bild vom Manne in der Frau (n. ***Jung***)

Anorexia nervosa (Magersucht): Essstörung, bei der die Betroffenen sich selbst wie unter Zwang aushungern

Anspruchsniveau: Grad von Leistungen, den man sich selbst wünscht bzw. zutraut

Anthropologie: Wissenschaft vom Menschen (gr. *anthropos*, der Mensch)

- **vergleichende A.:** ➢ Human-Ethologie

anthropologisch: menschenkundlich, zur Lehre vom Menschen gehörig

Aphasie: Sprach- bzw. Sprechstörung,

- **motorische A.:** Störung der Sprechfähigkeit ohne Beeinträchtigung des Sprachverständnisses
- **sensorische A.:** Störung des Sprachverständnisses

Archetypus: seelisches Urbild; Inhalte des kollektiven Unbewussten (n. *C. G.* ***Jung***)

Attribution: Urteil über die Ursachen von Ergebnissen

- **sstil:** optimistischer oder pessimistischer A. bei der Beurteilung von Erfolg oder Misserfolg

Außenprojektion: unbewusster Vorgang, eigene unerlaubte und deshalb unterdrückte Regungen anderen Menschen zuzuschreiben

autistisch: krankhaft auf sich selbst bezogen, eingeschränkt im psychischen Kontakt zur Außenwelt

Autogenes Training: ein Entspannungsverfahren (Selbsthypnose n. *J. H.* ***Schultz***)

Behaviorismus: Verhaltenslehre; psychologische Richtung (Begr. ***Watson***, Vertr. ***Skinner***, ***Eysenck*** u.a.), die die Aufgabe der Psychologie auf die Analyse unmittelbar beobachtbarer Reiz-Reaktions-Zusammenhänge reduziert

Bewegungstäuschung: unrichtige Wahrnehmung einer tatsächlich stattfindenden Bewegung
Bewusstsein: allgemeiner Begriff für Bewusstheit; das Ich als Zentrum des Bewusstseins kennt das Wissen um die Objekte außerhalb von uns (Gegenstands-Bewusstsein) und das Wissen um sich selbst als Subjekt des Erlebens (Ich-Bewusstsein)
Biofeedback: Verfahren, bei dem die Person (auf Grundlage der ➢ operanten Konditionierung) Kontrolle über nicht bewusste Körperfunktionen erlangen kann
Brainstorming: Methode der Kreativitätsförderung, die vor allem dem Wegfall von Denkhemmungen dient
Bulimie: Essstörung mit wiederkehrenden „Fressanfällen" und erzwungenem Erbrechen
Burnout-Syndrom: emotionale Erschöpfung, Depersonalisierung und Einschränkung der persönlichen Anliegen als Reaktion auf massive emotionale Belastung

Computer-Tomografie: Verfahren der Hirnuntersuchung mittels Computer
Cortex (Hirnrinde): äußere Schicht des Großhirns, bestehend aus den Zellkörpern und myelinlosen Fasern von Milliarden von Neuronen
cortikal: den ➢ Cortex betreffend
Daseinsanalyse: anthropologische Richtung der Psychologie, die besonders die Eigenständigkeit des Menschen betont (ausgehend von der Phänomenologie ***Husserls*** und der Fundamentalontologie ***Heideggers***)
DelinquentIn: straffällig Gewordene/r
Demenz: durch das Zugrundegehen von Ganglienzellen des Gehirns erfolgter beträchtlicher Funktionsabbau (infolge z.B. Arterienverkalkung und anderer Gehirnerkrankungen, chron. Alkoholismus, Drogen-Missbrauch usw.)
Depression: affektive Störung mit Veränderung des Denkens, der Emotion und Motivation; Gedrücktheit, Niedergeschlagenheit, Pessimismus (Ggs.: ➢ Manie)
Deprivation: Beraubung, Fernhaltung (von Reizen, Nahrungsmitteln usw.)
Desensibilisierung, systematische: Methode der Verhaltenstherapie, unerwünschtes Verhalten durch systematische Umkonditionierung (z.B. stufenweises Reduzieren von Angst mit abwechselndem Entspannungstraining) abzubauen
Destruktion: Zerstörung
Destruktionstrieb: Zerstörungstrieb (n. ***Freud***: Todestrieb)
Diagnose: Erkennung von psychologischen Merkmalen (eines Krankheitsbildes usw.)
Differenzielle Psychologie (Psychologie der Persönlichkeit): Lehre von den Unterschieden psychischer Merkmale
direktiv: befehlend, anordnend
Dissonanztheorie: sozialpsychologische ➢ Theorie ***Festingers***, dass bei der Aufnahme von Informationen solche Elemente, die die Harmonie des Bildes stören (z.B. zu vorherigen, gewohnten Meinungen, Gefühlen, Werten in Widerspruch stehen), ausgeschieden werden
dissoziative Störung (Konversionsstörung, Hysterie): psychische Störung mit zeitweiliger Veränderung des Bewusstseins (Verlust des Gedächtnisses, Persönlichkeitsverlust), z.B.: Multiple Persönlichkeit
divergentes Denken: kreatives D., das sich in viele Richtungen bewegt, um unterschiedliche Lösungen oder verschiedene Aspekte einer Lösung eines Problems zu finden (Ggs.: ➢ konvergentes D.)
Dynamik: Kräftespiel

Eichstichprobe ➢ Stichprobe
Eichung: Festlegung von Test-Statistiken, wie Mittelwert, Streuung, ➢ Normen
Einstellung: das Bewusstwerden ausgewählter Erlebnisinhalte aus den objektiv gegebenen Erlebnismöglichkeiten (erlernte Urteile)
Elektroencephalogramm (EEG): Messung der vom Gehirn produzierten elektrischen Signale an der Schädeloberfläche.
Emotion: Gefühl; komplexes Muster von Veränderungen, das physiologische Erregung, Gefühle, kognitive Prozesse und Verhaltensweisen einschließt, die in Reaktion auf eine Situation auftreten, welche ein Individuum als persönlich bedeutsam wahrgenommen hat
Empathie: Einfühlung
empirisch: erfahrungsgemäß, durch Erfahrung gewonnen
Empirismus: Auffassung, der zufolge die menschliche Entwicklung ausschließlich Ergebnis von Umwelteinflüssen ist.
endokrin: innersekretorisch
Entwicklungspsychologie: Teilgebiet der Psychologie, das sich mit den Veränderungen des Verhaltens und Erlebens im Laufe des menschlichen Lebens befasst
Eros: Liebe; interne Verhaltensbedingung, die die Energie für Wachsen und Überleben bereit stellt (n. ***Freud***: Lebenstrieb),
Erziehungsstil: Erziehungshaltung
- **autoritärer:** machtorientierter E.
- **demokratischer:** liebesorientierter E., sozialintegrativer E.
- **Laissez-faire-Stil:** „Erziehung" ohne jede Lenkung bzw. Einschränkung, daher kein Erziehungsstil im eigentlichen Sinne

Es: Energie des ➢ Unbewussten, die sich bewusster Kontrolle entzieht; oft gleichbedeutend mit

„triebhaft" (n. ***Freud***); s. auch ➢ Ich und ➢ Über-Ich
Essstörung ➢ Anorexia nervosa, ➢ Bulimie
Ethik: Lehre vom sittlichen Sein
ethisch: sittlich
Ethnologie: Völkerkunde
Ethnozentrismus: Einstellung oder Ideologie, die das Verhältnis von Eigen- und Fremdgruppen betrifft (Merkmale der Eigengruppe werden positiv beurteilt, die der Fremdgruppen meist stark abgewertet)
Ethologie: Teildisziplin der Biologie, Verhaltensforschung, speziell vergleichende Beobachtung und Erforschung des tierischen Verhaltens (Vertr. *K.* ***Lorenz*** u.a.)
evoziertes Potenzial: Muster elektrischer Gehirnaktivität, das durch spezifische Reize verursacht wird
Exhibitionismus: sexuelle Störung, die durch Neigung zur Entblößung der Geschlechtsteile in der Öffentlichkeit gekennzeichnet ist
Existenzanalyse: anthropologische Richtung der Psychologie, die den Menschen als leiblich-seelische Ganzheit mit dem Ziel verantwortungsvoller Wert- und Sinnverwirklichung versteht (Vertr. *V. E.* ***Frankl***)
existenzielles Vakuum: Lebensleere (Sinnverlust)
Experiment: Versuch; absichtliche, planmäßige Auslösung eines Vorgangs zum Zwecke der Beobachtung
Exploration: Erforschung, insbesondere erforschendes Gespräch (Ausfragen)
Extinktion: Löschung eines bedingten Reflexes
Extraversion: Weltoffenheit

Faktorenanalyse: mathematisches Verfahren, mit dessen Hilfe eine Vielzahl von Merkmalen auf eine geringere Zahl reduziert wird
Familientherapie: systemorientierte Methode der Psychotherapie, die davon ausgeht, dass zwischen psychischer Erkrankung und Familiensituation ein Zusammenhang besteht; Kommunikations- und Verhaltensmuster müssen daher bei allen Beteiligten nach dem Homöostase-Prinzip geändert werden
Fehlleistungen: Handlungen oder Unterlassungen, die aus unbewussten und daher vernunftmäßig nicht erkennbaren psychischen Gründen erfolgen, z.B. Vergessen, Versprechen usw. (n. ***Freud***)
Fetischismus: sexuelle Störung, die durch Konzentrieren der Sexualität auf ein Ersatzobjekt (Fetisch) gekennzeichnet ist
Fixierung: Festlegung
Flow-Effekt: das selbstvergessene Aufgehen in einer Tätigkeit (n. ***Csikszentmihalyi***)
Friedenspsychologie: Teilgebiet der Psychologie, das die Möglichkeiten zur Verhinderung von Kriegen und zur Bewahrung von Frieden erforscht (z.B. den Aufbau von Vorurteilen, Feindbildern, die Untersuchung von Kriegsängsten usw.)
frustran: vergeblich
Frustration: psychische Reaktion bei Unterbrechung oder Blockierung einer Reaktion, die auf die Erreichung eines Zieles ausgerichtet ist

Ganglienzelle: Nervenzelle
Gedächtnishemmung: negative Beeinflussung des gegenwärtigen Lernens oder Abrufens aus dem Gedächtnis
Generalisation: Verallgemeinerung, Ausdehnung eines bedingten Reflexes auf weitere Gebiete
Geschlechtsrolle: Bezeichnung für Erwartungen, die sich auf die Zugehörigkeit zum weiblichen bzw. männlichen Geschlecht beziehen
Gesprächstherapie: psychische Behandlung in Gesprächsform (Begr. *C.* ***Rogers***)
Gestaltpsychologie: psychologische Richtung, die von der Tendenz des Menschen ausgeht, Ganzheiten („Gestalten") wahrzunehmen (Begr. ***Köhler, Koffka, Wertheimer***)
Gestalttherapie: psychotherapeutische Methode mit dem Ziel, gegenwärtige psychische Blockaden zu lösen, sodass sich die „auseinander gebrochenen Persönlichkeitsanteile" einer Person wieder zu einer „Ganzheit" zusammenfügen (Begr. *F.* ***Perls***)
Gesundheitspsychologie: psychologische Teildisziplin, die sich mit den psychologischen Einflüssen auf Gesundheit und Erkrankung, mit den Ursachen von Erkrankungen und den Reaktionen auf das Kranksein befasst
Globalisierung: Prozess der zunehmenden weltweiten Vernetzung der Menschen und Gesellschaften – insbesondere in den Bereichen Information, Kommunikation, Transport, Verkehr und Kapital – sowie der zunehmenden Liberalisierung des Welthandels
Gruppe: hochorganisiertes ➢ Kollektiv, das sich meist aus einer kleinen Anzahl von Mitgliedern zusammensetzt, die untereinander in Beziehung stehen
Gruppendynamik: psychisches Kräftespiel und die sich aus ihm ergebenden Vorgänge in einer Gruppe; auch die Benutzung dieser Vorgänge in der ➢ Gruppentherapie
Gruppentherapie: Methode der Psychotherapie, bei der mehrere Personen gleichzeitig, bes. unter Anwendung der Gruppendynamik, behandelt werden

Halluzinationen: Sinneswahrnehmungen ohne reale Reizgrundlage

haptisch: den Tastsinn betreffend
Homöostase: Prozess der Aufrechterhaltung des Gleichgewichts eines Organismus
Hospitalismus: Folgen von längeren Aufenthalten in Pflegeheimen, Anstalten, z.B. psychische Verwahrlosung, Störung der geistigen Entwicklung, spätere Asozialität und Kriminalität
Hospiz-Bewegung: Betreuung und Begleitung chronisch Kranker und Sterbender sowie deren Angehöriger
Human-Ethologie: vergleichende Verhaltensforschung zwischen Zugehörigen verschiedener Kulturen
Humanistische Psychologie: psychologische Richtung, die die Integrität des Individuums, sein Entwicklungspotenzial und sein Streben nach Selbstverwirklichung besonders betont
Hypnose: veränderter Bewusstseinszustand durch (Auto-)Suggestion
Hypothese: begründete Annahme, deren Wahrheitsgehalt noch nicht erwiesen ist bzw. muss prinzipiell die Möglichkeit bestehen, sie auf ihren Wahrheitsgehalt hin zu prüfen
Hysterie ➢ dissoziative Störung

Ich: ➢ Realitätsprinzip, vermittelnde Instanz zw. ➢ Es und ➢ Über-Ich und den Anforderungen der Realität (n. psychoanalytischer Auffassung)
Idealbild: Vorstellung von dem, was jemand gerne sein möchte
Idealismus: philosophischer Standpunkt, dem zufolge die Gesamtwirklichkeit geistiger Natur ist
Idealnorm: Norm, die an einem (gesellschaftlich) erwünschten Wert orientiert ist
Identifikation: Erleben und Handeln, als ob man anstelle eines anderen wäre
Identität: Selbstbegriff, unverwechselbare eigene Persönlichkeit
Illusion: Verkennung, Täuschung; Trugwahrnehmung durch Verkennung der objektiv gegebenen Wirklichkeit
Imitationslernen (Modelllernen): Lernen durch Nachahmung
Individualpsychologie: von *A.* ***Adler*** begründete Richtung der Tiefenpsychologie
Individuation: Vorgang der Integration von Inhalten des persönlichen und kollektiven ➢ Unbewussten auf dem Weg zur individuellen Ganzheit (n. ***Jung***)
Initiationsritual: kulturabhängige Gepflogenheiten (feierliche Zeremonien), durch die der junge Mensch in die Erwachsenenwelt eingeführt wird
Informationsverarbeitung: die zwischen Reiz und Erleben stattfindenden Prozesse (analog techn. Systemen)
Instinkt: komplexe Handlungsabfolgen, die der Erhaltung des eigenen Lebens bzw. der Art dienen; beim Menschen durch Lernprozesse überlagert
instrumentelle ➢ Konditionierung
Intelligenz: die allgemeine Fähigkeit des Individuums, sein Denken bewusst auf neue Forderungen einzustellen; sie ist die allgemeine geistige Anpassungsfähigkeit an neue Aufgaben und Bedingungen des Lebens (weitere Definitionen s. S. 119 ff.)
-quotient (IQ): Zahl, die das durchschnittliche intellektuelle Leistungsniveau ausdrückt (heute als Abweichungsquotient gemessen)
-test: Verfahren zur Feststellung des ➢ Intelligenzquotienten
Intensitätsschwelle: quantitative ➢ Reizschwelle
Interaktion: wechselseitige intellektuelle und gefühlsmäßige Einwirkung; gegenseitige Information, Beeinflussung und ➢ Kommunikation
Interkulturalität: Interaktion zwischen zwei oder mehreren Kulturen, wobei sich die jeweiligen TeilnehmerInnen zwangsläufig in ihrem Handeln und Verstehen unter dem Einfluss des eigenen Ethnozentrismus (Bezogenheit auf die eigene Kultur) sehen. Im interkulturellen Lernen soll ein gedeihlicher Umgang mit Fremdheit gefunden werden.
Interpretation: Auslegung
intervenierende Variable: innere, nicht direkt beobachtbare Verhaltensbedingung, die aus beobachtbaren Zusammenhängen von Reizen und Reaktionen erschlossen wird
Interview: gezieltes schriftliches oder mündliches Befragen (je nach Ausmaß der Strukturiertheit: ➢ standardisiertes, halb stand. oder nicht stand. I.)
Introjektion: Einverleibung, Hineinnehmen von Vorstellungen und insbesondere auch ➢ Normen eines Vorbilds in die eigene Persönlichkeit
Introspektion: Selbstbeobachtung, Beobachtung der eigenen Bewusstseinsinhalte
Introversion: Wendung nach innen

Job: (Gelegenheits-)Arbeit
-enlargement: Erweiterung des Aufgabenbereichs für ArbeitnehmerInnen, jedoch *ohne* Verantwortungszuwachs
-enrichment: Erweiterung des Aufgabenbereichs für ArbeitnehmerInnen, *mit* gleichzeitiger Übertragung von vermehrter Verantwortung
-rotation: Wechsel des Arbeitsplatzes innerhalb desselben Betriebes

Kastrationsangst (-komplex): Angst des Knaben vor Verlust des Genitals (n. ***Freud***)
Kastrationskomplex ➢ Kastrationsangst

klassische ➢ **Konditionierung**
Klinische Psychologie: Teilgebiet der Psychologie, das sich mit der Entwicklung, Erforschung und Anwendung psychologischer Behandlungsmethoden befasst
Kognition: Strukturen oder Prozesse des Erkennens und Wissens
kognitiv: erkenntnismäßig
Kognitive Psychologie (Kognitionspsychologie): psychologische Richtung, die sich mit der Erforschung der Prozesse und Strukturen des Erkennens und Wissens (der menschlichen Intelligenz) befasst
Kollektiv: Ansammlung von Menschen
Kommunikation: jede Art von Beziehung zwischen Menschen; Informationsaustausch („Zweiweg"-Kommunikation) oder Mitteilung („Einweg"-Kommunikation) in einer Beziehung zwischen Einzelnen
Kompensation: Ausgleich eines Mangels durch besondere Leistung in einem anderen Bereich
Komplex: affektgeladene Vorstellungsinhalte (n. tiefenpsychologischer Auffassung)
Konditionierung: elementare Form des Lernens (n. lerntheoretischer Auffassung)
- **klassische K.:** Lernen durch Reiz-Reaktions-Verknüpfung
- **instrumentelle K.:** Lernen durch Verknüpfen einer Reaktion mit ihren Folgen
- **operante K.:** Lernen durch Verstärkung von spontanen Reaktionen

Konfabulation: erfundene Inhalte, speziell im Gespräch zum Ausfüllen von Gedächtnislücken
Konflikt: Zwiespalt, Widerstreit, weil zwei oder mehrere Zielsetzungen gleichzeitig auftreten, jedoch nicht gleichzeitig verfolgt werden können
- **interpersonaler:** zwischen verschiedenen Personen
- **intrapersonaler:** innerhalb einer Person

Konformität: Übereinstimmung (der Meinungen)
Kontamination: Verschmelzung von Begriffen
konvergentes Denken: D., das Informationen in Richtung auf die Lösung eines Problems zusammenbringt oder integriert (Ggs. ➢ divergentes D.)
Konversion: Umwandlung psychischer Erregung oder Hemmung in körperliche Innervation oder Hemmung; ➢ somatoforme Störungen
Kreativität: schöpferische Fähigkeit

Laissez-faire: Gewährenlassen
Laissez-faire-Stil: Erziehungsstil, der sich auf Gewährenlassen beschränkt
Läsion: Verletzung, Beschädigung
Leib-Seele-Problem: Frage nach dem Zusammenhang zwischen psychischem Erleben und Körperlichkeit
Leistungsmotiv: (meist in früher Kindheit erworbene) Neigung, Erfolg anzustreben
Lerntheoretiker: Vertreter der ➢ Lerntheorie
-theorie: Auffassung der Behavioristen, dass nahezu jedes Verhalten durch ➢ Konditionierung gelernt werden kann
-typ: Personen mit bevorzugten Wahrnehmungsgebieten beim Lernen (optischer, akustischer, motorischer, verbaler T.)
Libido: Liebesverlangen; Energie des Lebenstriebes (n. ***Freud***)
linguale Hemmung: zeitweiliges Unvermögen, einen gedachten Begriff mit dem entsprechenden Wort zu benennen
Linguistik: Lehre vom Wesen der Sprache
linguistischer Kode: Sprachkode; schichtspezifische Sprechweisen (n. ***Bernstein***: elaborierter = ausgearbeiteter K. und restringierter = eingeschränkter K.)
Logotherapie: seelische Behandlungsmethode der Existenzanalyse (Begr. ***Frankl***)
Lustprinzip: aus dem ➢ Es kommende Bedürfnisse nach Befriedigung von ➢ Trieben (n. ***Freud***)

Manie: affektive Störung mit Veränderung des Denkens, der Emotion und der Motivation; unbegründete Heiterkeit oder zornmütige Verstimmung mit gesteigertem Selbstvertrauen, Enthemmung usw. (Ggs.: ➢ Depression)
Manipulation: gezielte Beeinflussung von Personen (ohne deren Wissen), wobei der Anschein der Entscheidungsfreiheit gewahrt bleibt
Masochismus: pathologische Form der Leidensbereitschaft
Masse: ➢ Kollektiv, das gleichzeitig durch eine äußere Wahrnehmung von einem gemeinsamen emotionalen Antrieb erfasst wird
Materialismus: philosophischer Standpunkt, dem zufolge die Gesamtwirklichkeit an sich materieller Natur ist, also auch das seelische und geistige Leben nur eine Funktion der Materie darstellt
- **dialektischer:** der von ***Marx***, ***Engels*** und ***Lenin*** vertretene Materialismus, der die Naturerscheinungen materialistisch deutet und zu ihrer Erforschung die dialektische Methode anwendet

Menge: unorganisierte und zufällige Ansammlung einer größeren Anzahl von Menschen, die nicht duch Beziehungen miteinander verbunden sind
Mentaltraining: mentales (geistiges) Nachvollziehen von Fertigkeiten

Migration: (Zu-)Wanderung; jeder längerfristige Wohnortswechsel eines Menschen
Milieutheorie: Auffassung, dass die menschliche Entwicklung wesentlich von der Umwelt beeinflusst wird
Mobbing: gezielt und über einen längeren Zeitraum hinweg gegen eine Person gerichtete Schikane am Arbeitsplatz
Modelllernen ➢ Imitationslernen
Moment: Dauer eines gerade noch wahrnehmbaren Reizes (1/18 Sek.)
Motiv: Beweggrund, interne Bedingung für das Ingangsetzen, Steuern und Aufrechterhalten von Verhaltensweisen
Motivation: Verursachung, Begründung (körperlicher oder psychischer Aktivitäten)
Multikulturalismus: Haltung, die kulturelle Unterschiede in einer pluralistischen Gesellschaft anerkennt und die Prinzipien der Gleichheit und Würde aller Kulturen vertritt. Der Gedanke einer Leitkultur in einer Gesellschaft wie auch der einer Angleichung der verschiedenen Kulturen wird abgelehnt.

Narzissmus: Haften der Zuneigung an der eigenen Person
Nationalismus: politische Ideologie, die Ruhm, Wohlergehen, Macht und meist auch Überlegenheit der eigenen Nation in den Mittelpunkt stellt. Dabei wird die Nation häufig mit Begriffen wie Volk, Kultur, ethnische Abstammung, Territorium, Staat oder Religion gleichgesetzt. NationalistInnen benutzen einzelne oder alle diese Attribute, um die Gruppe, der sie sich zugehörig fühlen, gegenüber anderen Gruppen zu überhöhen und zu idealisieren.
Nativismus: Auffassung, dass die menschliche Entwicklung genetisch festgelegt ist
Neurose (neurotische Störung): psychische Störung, die durch ineffektive Versuche der Angstbewältigung (z.B. Phobien, Zwänge) gekennzeichnet ist
neurotische Störung ➢ Neurose
New Work: alternatives Arbeitsmodell von *F.* ***Bergmann***
Norm: Regel, Vorschrift
- **statistische N.:** als normal gelten die laut Statistik am häufigsten vorkommenden Erscheinungen bzw. Merkmale

objektiv: durch Beobachtung von außen her festgestellt
Ödipuskonflikt (Ödipuskomplex): der Wunsch des Kindes, den andersgeschlechtlichen Elternteil für sich in Anspruch zu nehmen und den gleichgeschlechtlichen von seiner Seite zu verdrängen (n. psychoanalytischer Auffassung)
ontogenetisch: die Entwicklung des Einzelwesens betreffend
operante ➢ **Konditionierung**
Organisation: Strukturierte soziale Gebilde mit genau definierten Zielen
Organisationspsychologie: Teildisziplin der Psychologie, die sich mit dem Erleben und Verhalten von Menschen in ➢ Organisationen befasst
Orientierungsreaktion: relativ unspezifische Reaktion des Organismus auf einen neuen unerwarteten oder bedrohlichen Reiz

Parkinson-Krankheit: Nervenschädigung, bedingt durch Dopaminmangel, der zu starrer Mimik, schlurfendem Gang, Tremor etc. führt; P. tritt in späteren Lebensjahren auf, kann (aber muss nicht) erblich sein
Päderastie: (gr. „Knabenliebe") homosexuelle Neigung von Männern zu Knaben
Pädophilie: (gr. „Liebe zu Kindern") sexuelle Fixierung Erwachsener auf Kinder und Jugendliche
Perversion: Abwegigkeit
Perzept: Ergebnis des gesamten Wahrnehmungsprozesses
Phobie: Angst vor bestimmten Gegenständen, Tieren, Situationen
phylogenetisch: die Entwicklung der Art betreffend
Polylog: (gr. *poly*, viel), Gespräch bzw. Interaktion zw. mehreren bzw. vielen gleichberechtigten TeilnehmerInnen (vgl. gr. *„Dialog"*, Zwiesprache)
Population: in der Statistik Bezeichnung für Grundgesamtheit (Bevölkerungsganzheit)
posttraumatische Belastungsstörung: Reaktion auf traumatische Erlebnisse, die u.a. im ungewollten Wiedererleben der traumatischen Erfahrung, insbesondere des ursprünglichen Gefühls von Schock, Furcht und Schrecken, besteht
präaktionale Phase: Phase vor der Handlung; Organisationspsychologie
prädezisionale Phase: Phase vor der Entscheidung; Organisationspsychologie
Präsenzzeit, psychische: Zeitspanne (6–12 Sek.), in der das eben Vergangene noch ohne Gedächtnisanstrengung verfügbar ist
Projektion: Darstellung innerer Erlebnisse in der Außenwelt
projektive Tests: Tests, bei denen die eigenen Tendenzen (das Innenleben) äußerlich dargestellt werden, z.B. indem Bilder oder Gestalten im Sinne der eigenen inneren Tendenzen gesehen oder gedeutet werden
PsychiaterIn: Facharzt / Fachärztin für ➢ Psychiatrie
Psychiatrie: Seelenheilkunde; medizinische Disziplin, die sich mit medikamentöser Behandlung psychischer Krankheiten befasst

Psychoanalyse: das von *S. **Freud***, seinen Schülern und Nachfolgern geschaffene theoretische System, um psychische Prozesse, insbesondere ➢ psychopathologische Erscheinungen, zu klären; auch die auf diesem System beruhende Therapieform wird oft als P. bezeichnet
psychoanalytische Therapie: die auf der ➢ Psychoanalyse beruhende Therapieform, bei der die Erkundung unbewusster Motive und Konflikte im Vordergrund steht
Psychodrama: Selbstdarstellung, Stegreiftheater (n. ***Moreno***)
Psychohygiene: Erhaltung der psychischen Gesundheit
Psychologe, Psychologin: AbsolventIn der Universitäts-Studienrichtung Psychologie (div. Aufgabenbereiche s. Kap. 1)
Psychopathologie: Lehre von den abnormen psychischen Vorgängen
Psychophysik: Beziehung zwischen physikalischen Phänomenen und Wahrnehmung
Psychose: allgemeiner Begriff für eine Reihe schwerer psychischer Störungen, bei welchen gravierende Beeinträchtigungen der Wahrnehmung, der Emotionalität und des Denkens auftreten
Psychosomatik: Lehre von den Krankheiten, bei denen nachweisbare körperliche Veränderungen durch psychische Einflüsse entstehen
psychosomatische Störung: körperliche Erkrankung, bei deren Genese psychische Prozesse eine zentrale Rolle spielen
PsychotherapeutIn: die ➢ Psychotherapie ausübende/r, fachlich ausgebildete/r SpezialistIn
Psychotherapie: Behandlung von psychisch bedingten Leidenszuständen und Verhaltensabweichungen mit psychologisch-wissenschaftlichen Methoden (ohne medizinisch-medikamentöse Eingriffe)

Qualitätsschwelle: qualitative ➢ Reizschwelle

Rapid Eye Movements (REM): Phasen von raschen Augenbewegungen im Schlaf, die darauf hindeuten, dass der Schlafende träumt; das EEG-Niedrigspannungsmuster ähnelt während dieser Phasen dem des Wachzustands
Rassismus: Ideologie, der zufolge bestimmte Menschengruppen mittels biologistischer, pseudoanthropologischer oder sozialer Begründungen als gesellschaftlich und/oder kulturell überlegen betrachtet und andere Gruppen als minderwertig abqualifiziert werden; biologisch ist R. nicht wissenschaftlich haltbar, es werden vielmehr von Laien Zuschreibungen von Merkmalen konstruiert und auf dieser Grundlage Menschen diskriminiert. R. ist eine Form der Diskriminierung, deren Ursachen sich mit historischen, ökonomischen Gegebenheiten jeweils ändern; man spricht daher heute oft von „Rassismen", die das Ergebnis allgemeiner Aggressionsgefühle, von Neid, Fremdenhass, Frauenfeindlichkeit und sonstigen Ressentiments sein können.
Rationalisierung: Erklärung (von Handlungen) durch einleuchtende, aber unwahre Beweggründe
reaktiv: als Reaktion auf einen Reiz folgend
Realitätsprinzip: ➢ Ich; die Anforderungen der Realität (Außenwelt) sollen mit den Ansprüchen des ➢ Es (mit den ➢ Trieben) und des ➢ Über-Ich in ein Gleichgewicht (➢ Homöostase) gebracht werden; dieses Gleichgewicht wird vom ➢ Ich geleistet, jener Persönlichkeitsinstanz, die das Realitätsprinzip „vertritt" (n. ***Freud***)
Regression: Rückfall auf eine frühere Stufe der psychischen Entwicklung
Reizschwelle: Übergang vom Unmerklichen zum Eben-Merklichen (untere Reizschwelle) bzw. vom Merklichen zum Nicht-mehr-Merklichen (obere Reizschwelle)
Reliabilität: Zuverlässigkeit, Messgenauigkeit von Tests
Rubikon-Modell: Bezeichnung für eine von mehreren Prozesstheorien der Motivation in Organisationen (n. ***Heckhausen***)

Sadismus: pathologische Form der Aggression
Scheinbewegung: Vortäuschen einer Bewegung durch ein ruhendes Objekt
schizophrene Störung ➢ Schizophrenie
Schizophrenie: schwere psychische Störung, gekennzeichnet durch verzerrte Wahrnehmung, abgestumpfte Emotionen, bizarre Gedanken und fremdartige Sprache
Schlüsselreiz: äußerer Reiz, durch den eine Instinkthandlung in Gang gesetzt wird
Seelenblindheit: Verlust des Erkennungsvermögens durch Verletzung der Sehregion der Hirnrinde ➢ Agnosie
Selbsthilfegruppe: Gruppe, deren Mitglieder ein gemeinsames (gesundheitliches, soziales) Ziel zur Verbesserung der eigenen Situation anstreben (z. B. anonyme Alkoholiker)
Selektion: Auswahl
selektiv: auswählend
sensibel: empfindend, speziell für die Empfindungen leitenden Nerven gebraucht
sensorisch: Sinnesempfindungen leitend
somatoforme Störungen: psychische Störungen, bei denen psychische Konflikte in Klagen über das körperliche Befinden umgewandelt werden, aber keine organischen Störungen festgestellt werden können (Konversionsstörung)

soziale (emotionale) Intelligenz: Fähigkeit zu ➢ sozialer Wahrnehmung und dementsprechendem Verhalten
soziale Kompetenz: Fähigkeit, in bestimmten sozialen Situationen adäquat zu handeln (z. B. Teamfähigkeit, Kontaktfähigkeit zu zeigen)
soziales Lernen ➢ Imitations-, Modelllernen
soziale Wahrnehmung: Prozess, der es einer Person ermöglicht, ihre persönlichen Eigenheiten und die Eigenschaften anderer Menschen zu erkennen oder wahrzunehmen
Sozialisation: lebenslanger Prozess der Entstehung individueller Verhaltensmuster, Werte, Maßstäbe, Fähigkeiten und Motive in der Auseinandersetzung mit den entsprechenden Maßstäben der Gesellschaft
Sozialphobie: Angst vor bestimmten sozialen Situationen
Sozialpsychologie: Teilgebiet der Psychologie, das sich mit Einflüssen des sozialen Kontextes auf das Verhalten, Erleben und das Bewusstsein befasst
Soziogramm: Darstellung der quantitativen Messung sozialer Beziehungen in Gruppen
Soziometrie: Verfahren der Sozialpsychologie zur quantitativen Messung sozialer Beziehungen in Gruppen; die Messergebnisse werden mittels ➢ Soziogramm dargestellt
standardisieren: Schaffung von gleich bleibenden Bedingungen (z.B. bei der Beobachtung oder beim Test)
Stereotyp: starre, festgelegte Sichtweisen bzw. Überzeugungen
Stichprobe (Eichstichprobe): aus der Statistik stammende Bezeichnung für eine Teilmenge aus der Grundgesamtheit (Population) aller Individuen, auf die sich der Geltungsbereich einer Untersuchung oder einer wissenschaftlichen Aussage bezieht
Stimmung: „Getöntsein des Bewusstseins"
Stimulus: Reiz
Stress: Muster spezifischer oder unspezifischer Reaktionen eines Organismus auf Reize, die sein Gleichgewicht stören und seine Fähigkeiten zur Bewältigung strapazieren oder überschreiten
sublimieren ➢ Sublimierung
Sublimierung: Verwendung von Triebenergie für höhere kulturelle oder gemeinschaftsfördernde Zwecke (n. psychoanalytischer Auffassung)
Substitut: Ersatz, Vertreter
Substitution: Ersetzung
Sucht: ➢ Abhängigkeit
Suggestibilität: Beeinflussbarkeit
Suggestion: Einreden einer Überzeugung (sodass sie der Beeinflusste als seine eigene ansieht)
Suggestopädie (Superlearning): Lernen unter suggestiven Bedingungen (z.B. Autogenem Training, Atmungstechniken usw.)
Superlearning ➢ Suggestopädie
Symbol: Sinnbild
Temperament: individuelle Mischung von Stimmung und Antrieb
Tests, psychologische: Verfahren zur Feststellung psychischer Merkmale
Thanatos (Todestrieb n. ***Freud***): angeborene interne Verhaltenstendenz, die auf die Selbstzerstörung des Individuums gerichtet ist und oft als Aggression gegen andere nach außen umgelenkt wird
Theorie: System von Erfahrungssätzen und ➢ Hypothesen, durch die ein Teil der Wirklichkeit zusammenfassend beschrieben wird (z.B. die Relativitätstheorie, die Gravitationstheorie); aus versuchsweise aufgestellten allgemeinen Sätzen können speziellere Aussagen abgeleitet werden, die auf ihre Verträglichkeit mit den Beobachtungsdaten zu überprüfen sind
Tiefenpsychologie: psychologische Richtungen, die ein seelisch ➢ Unbewusstes annehmen und sich um dessen Erforschung bemühen (z.B. die Psychoanalyse ***Freud***s, die Individualpsychologie ***Adler***s usw.)
Transaktionsanalyse: gruppentherapeutische Methode mit dem Ziel, die ➢ Interaktion zwischen Konfliktpartnern zu analysieren, die Qualität der Interaktion und damit die Beziehung zwischen den beteiligten Personen zu verbessern
Transfer: Übertragung von einem Gebiet auf ein anderes, insbesondere von Übungsfertigkeiten
Trieb: Handlungsmotivation mit primär biologischen Voraussetzungen
- **primäre T.:** angeborene, biologisch zweckmäßige, sog. vitale Triebe (z. B. Hunger)
- **sekundäre T.:** erworbene, durch ➢ Konditionierung gelernte Triebe (z. B. Süchte)

Typus: durch einen Komplex von Merkmalen charakterisierte Gruppe

Über-Ich: moralische Instanz im Menschen, erworben durch Gebote und Verbote seitens der Erziehungspersonen (n. psychoanalytischer Auffassung)
Überkompensation: Ausgleich eines Mangels durch besondere Leistungen auf demselben Gebiet
Übertragung: Prozess bei der ➢ psychoanalytischen Therapie; der Klient überträgt auf den Therapeuten jene Gefühle, die er gegenüber einer Person hatte, die im Mittelpunkt eines emotionalen Konflikts stand
Umwelt: sowohl die natürliche als auch die von Menschen geschaffene Lebenswelt einer Person
Unbewusstes: zentraler Begriff der ➢ Tiefenpsychologie für Vorgänge, die sich zwar nicht im

➢ Bewusstsein vollziehen, jedoch in symbolischer oder sublimierter Form das Bewusstsein beeinflussen
- **persönlich U.:** individueller Anteil der Persönlichkeit, der entweder nie bewusst erlebt wird bzw. vergessene und verdrängte Inhalte enthält (n. ***Freud***)
- **kollektiv U.:** jener Teil des Unbewussten, der angeboren ist und an dem die gesamte Menschheit teil hat; seine Inhalte können sich zu Sinnbildern, den sog. ➢ Archetypen verdichten (n. ***Jung***)

Urvertrauen: Zustand, der durch Bejahung der eigenen Existenz und durch Fähigkeit zu ausreichenden und stabilen Gefühlsbeziehungen charakterisiert ist (n. ***Erikson***; Ggs. Ur-Misstrauen)

Validität: Gültigkeit von Tests; Sicherheit, mit der ein Test das Merkmal, das er feststellen soll, tatsächlich erfasst

Verdrängung: Abschieben unerwünschter, peinlicher Inhalte in das ➢ Unbewusste

Verhaltensmodifikation: Änderung von Verhaltensweisen, insbesondere Umlernen unerwünschten Verhaltens in erwünschtes

Verhaltenstherapie: ➢ lerntheoretischen Erkenntnissen gehorchende Methoden der ➢ Verhaltensmodifikation

Verstärker (Verstärkung): Reize, die die Reaktion eines Organismus festigen können

Verstimmung: übermäßig und krankhaft gehobene oder herabgesetzte Stimmungslage

Volition: Wille (zur Überwindung von Handlungsbarrieren; ➢ Organisationspsychologie)

Vorbewusstes: Inhalte, die mit geringer Anstrengung aus dem Unbewussten abgerufen werden können

Vorurteil: unbegründete Voreingenommenheit, auf der trotz rationaler Gegenargumente beharrt wird

Voyeurismus: sexuelle Störung, die durch das Beobachten anderer Personen bei intimen Handlungen gekennzeichnet ist

Wahrnehmungsabwehr: Nicht-zur-Kenntnis-Nehmen unangenehmer Wahrnehmungsinhalte

Wert: Gegenstände an sich sind wertfrei, sie bekommen erst ihren Wert durch den betrachtenden bewertenden Menschen; so werden von verschiedenen Menschen und Kulturkreisen zu verschiedenen Zeiten verschiedene Werte gesetzt; Werte sind daher nichts Gegenständlich-Konkretes, sondern eine Abstraktion, die zum Ausdruck bringt, dass Menschen diesem Gegenstand, dieser Idee usw. Bedeutung zugesprochen haben, die aber nicht für immer gelten muss

Zwangsneurose (Zwangsstörung): neurotische Störung mit wiederkehrenden Zwangsgedanken oder Zwangshandlungen, die an Stelle des ins Unbewusste verdrängten Inhalts treten, oft in Verbindung mit depressiven Symptomen

Zwangsstörung ➢ Zwangsneurose

2. Sachregister